法律监督现代化

——第二十四届全国检察理论研究年会
暨中国法学会检察学研究会年会论文集

最高人民检察院检察理论研究所 ◎编
中国法学会检察学研究会

中国检察出版社

图书在版编目（CIP）数据

法律监督现代化：第二十四届全国检察理论研究年会暨中国法学会检察学研究会年会论文集／最高人民检察院检察理论研究所，中国法学会检察学研究会编．—北京：中国检察出版社，2023.7
　ISBN 978－7－5102－2901－5

　Ⅰ.①法… Ⅱ.①最… Ⅲ.①检察机关－司法制度－中国－文集 Ⅳ.①D926.3－53

中国国家版本馆 CIP 数据核字（2023）第 078440 号

法律监督现代化

第二十四届全国检察理论研究年会暨中国法学会检察学研究会年会论文集
最高人民检察院检察理论研究所　中国法学会检察学研究会　编

责任编辑：彭羽涵
技术编辑：王英英
美术编辑：曹　晓

出版发行：	中国检察出版社
社　　址：	北京市石景山区香山南路 109 号（100144）
网　　址：	中国检察出版社 www.zgjccbs.com
编辑电话：	（010）86423798
发行电话：	（010）86423726　86423727　86423728
	（010）86423730　86423732
经　　销：	新华书店
印　　刷：	河北宝昌佳彩印刷有限公司
开　　本：	710mm×960mm　16 开
印　　张：	45　插页 4
字　　数：	833 千字
版　　次：	2023 年 7 月第一版　2023 年 7 月第一次印刷
书　　号：	ISBN 978－7－5102－2901－5
定　　价：	148.00 元

检察版图书，版权所有，侵权必究
如遇图书印装质量问题本社负责调换

目 录

一、法律监督理念现代化

检察机关依法能动参与社会治理的理论根基与格局构建 …………陈凤超（3）
关于学习贯彻党的二十大精神　在新时代新征程推进检察工作
　高质量发展的思考 ………………………………………陈　勇等（12）
论新时代检察机关法律监督理念现代化 ……王建军　黄祖帅　董泽史（34）
责任本位：新时代检察机关法律监督工作的理念定位
　………………………………………………………胡梅奎　李　作（46）
深化人民至上的法律监督理念研究 …………盛振宇　胡玉鸿　赵悦淳（66）
以"六个必须坚持"为统领　创新检察理论研究范式 …………安素洁（91）

二、法律监督体系现代化

中国式刑事检察现代化背景下少捕慎诉慎押适用研究 ………高继明（105）
关于加强法律监督体系现代化建设的理论思考和实践探索
　……………………………………………………………… 宋文娟等（116）
刷榜刷量控评类互联网灰黑产业链的刑事检察监督现代化分析
　…………………………………………鲁建武　潘　颖　张大伟（125）
支付结算型信息网络犯罪帮助行为的实证分析
　…………………………………………李高生　刘辉宇　龚正良（133）
精准监督理念下民事检察监督体系现代化的价值及构建
　………………………………………………………丁霞敏　高嘉澍（143）
以新时代检察高质量发展为契机　系统推进知识产权检察综合履职
　…………………………………………龚培华　顾晓军　魏　华（154）

中国式公益诉讼检察现代化的现实图景与拓展道路 …………… 高　杰等（171）
检察公益诉讼的裁量性及其规制 ………………… 吴　彦　王帮元（188）
反垄断检察公益诉讼：基于公共利益的竞争司法新路径 ……… 谭　晨（202）
生态环境民事公益诉讼中检察机关法律监督职能的拓展与完善
　　………………………………………………… 王　燕　姜　晗（222）
分野与交互：权力差异视域下优化生态损害赔偿诉讼与检察
　　环境公益诉讼衔接路径的实践检视
　　………………………… 邓　虹　甘乃予　李　佳　吕晓雯（240）
未成年人司法综合保护的现实困境与完善路径 ……………… 唐云骢（251）
检察机关对专门法院监督现状及完善建议 …………………… 李大扬（262）
提升检察意见监督质效　助推刑事检察工作现代化的路径选择
　　………………………………………… 黄　胜　赖冬水　张　莉（276）

三、法律监督机制现代化

加强侦查监督与协作配合办公室建设的路径研究
　　………………………………………… 福建省人民检察院课题组（287）
优化侦查监督与协作配合机制路径研究
　　………………………… 杨淑雅　王　欢　杨　阳　李梦可（312）
新时代认罪认罚从宽制度的发展完善 ………………………… 阮建华（322）
非讼程序的检察参与和监督 …………………………………… 李龙刚（341）
暂予监外执行检察监督现代化研究 …………………………… 陈　速等（358）
减刑、假释检察监督实质化研究 ……………………………… 何　剑（370）
逮捕社会危险性量化评估的限度定位与构建 ………… 陆　旭　曲文博（391）
大数据背景下社会危险性量化评估模型科学性与公正性问题研究
　　……………………………………………… 王媛媛　王双印（401）
中国式微罪记录封存制度之构建 ……………………… 李　勇　曹艳晓（418）
论刑事侦查中"辨认"与"指认"程序的混用与纠偏 ………… 薛　培（442）
民事执行检察监督刍论 ………………………………… 李　易　王　伟（457）
检察公益诉讼专门立法的理论溯源 …………………………… 田　凯（471）

涉案企业合规第三方监督评估机制的实践探索与完善路径
.... 刘山泉　李　梓　赵　恒（482）
涉案企业合规第三方监督评估机制实效化运行问题探讨 .... 吴婉碧（501）
从协作到协同：企业合规背景下的行刑衔接路径扩展 .... 彭　越（519）
中国式现代化语境下检察机关办理涉企案件诉源治理路径的都市化演进
.... 叶伟忠　史笑晓　董　彬（532）
完善检察建议工作机制　推动诉源治理的实践与探索
.... 王水明　宋生琳　张天佑（544）
法律监督机制现代化视域下能动履职服务保障法治化营商环境路径研究
.... 刘清洋（554）
从实践发展看加快推进国家司法救助立法的必要性
.... 商凤廷　林　建（563）
矿产资源领域行政执法与刑事司法衔接机制研究 ...... 王天栋　何国安（575）
涉案中小微企业定向简式合规问题研究 .... 刘志惠（593）
基层检察院服务和保障乡村振兴战略探析
.... 余　敏　黄卡铁　周乐灿（602）

四、法律监督能力现代化

大数据赋能法律监督工作机制研究 .... 季美君　杜依宁（613）
数字检察的实施逻辑与推进路径 .... 简小文　白秀峰（637）
数字司法的要素解析与反思重构 .... 苏文玉（650）
完善检察管理体系研究 .... 韩晋丽　武德祥　牛子敬（668）
检察机关案件质量评查工作现代化的路径探索
.... 柳　燕　沈琳梅　陆　婵（677）
基层检察机关检察官业绩考评机制运行与优化完善的实践思考
.... 徐光岩　毛淑玲（687）
新时代人民监督员制度转型分析及完善建议 .... 王玄玮（699）
政治培训和业务培训融合推进初探 .... 邢晓芸（709）

一、法律监督理念现代化

检察机关依法能动参与社会治理的
理论根基与格局构建

陈凤超[*]

社会治理是中国之治的重要方面，推进社会治理体系和治理能力现代化是检察机关应承担的政治责任和法治责任。检察机关在参与社会治理中，如何按照检察工作现代化的要求，实现治理理论创新、机制和方式完善，是应当高度重视的理论和实践问题。习近平总书记关于国家治理现代化的重要论述是中国特色国家治理的理论之源和实践之基，社会治理是国家治理在社会领域的体现，中国特色社会社会主义治理要求检察机关必须能动履职。对检察机关依法能动参与社会治理理论进行分析，发挥基础理论的指引作用，有利于提升工作视野格局，促进创新能动履职。工作格局是开展工作的制度保证，能否有效构建协同有力的内外部格局，是效能履职的关键。在社会治理大格局中，应按照治理规律要求，以系统方法构建融入对接大格局的检察依法能动参与社会治理的工作格局，实现从已有格局向完善、管用格局转变。此外，应主动适应现代化治理形势任务要求，不断提升检察机关依法能动参与社会治理的能力。

一、检察机关依法能动参与社会治理的理论基础

（一）国家治理新理念新思想新实践推动国家治理理论创新

1. 习近平总书记关于国家治理现代化的重要论述是中国特色国家治理的理论之源和实践之基。在回顾习近平新时代中国特色社会主义思想发展过程中，深入学习掌握其中所蕴含的世界观和方法论，我们认识到，习近平总书记是在马克思主义观点方法指导下，以当代中国特色社会主义实践为关键点，去研究所有的理论问题，指引推动实践创新发展。这些问题概括起来为两个方面：中国特色社会主义道路怎么走、中国特色社会主义国家如何建设。在中国特色社会主义国家如何建设方面，就是坚持在中国特色社会主义制度轨道上建

---

[*] 天津市人民检察院党组书记、检察长。

设社会主义国家，着眼中国式现代化的发展方向，用现代的眼光、中国的实践和科学的治理方式方法来观察如何建设社会主义国家，推动中国式现代化建设。在这一视野下，在党的十八大以来的治国理政的实践中，习近平国家治理理念、治理思想逐步形成。这一思想高度重视国家治理，将推进国家治理体系和治理能力现代化作为实现中国式现代化的路径和方式，体现了习近平总书记作为政治家、战略家在治国理政中的世界观和方法论中的战略把握。理论主线是在中国共产党的领导下，坚持以人民为中心，坚持依法治理、多元治理、系统治理、效能治理。其中治理法治化和治理效能化是两个最重要的治理理念和方式，也是明确上升为治国理政基本方式、目标要求的内容，体现出鲜明的中国式现代化建设的时代特征。① 治理法治化和治理效能化各自具有丰富内涵和内在要求，在习近平总书记关于国家治理现代化的重要论述中，又是从辩证统一的角度进行理解和把握。关于法治与国家治理的关系，习近平总书记指出，"法律是治国之重器，法治是国家治理体系和治理能力的重要依托"。② "坚持顶层设计和法治实践相结合，提升法治促进国家治理体系和治理能力现代化的效能"，"要加强对法律实施的监督……更好把社会主义法治优势转化为国家治理效能"。③ 伟大的理论必须应用于实践中，方能产生实践的伟力。习近平总书记关于国家治理现代化的重要论述作为统摄型的理论，指引所有涉及国家治理职能的各级公共机关和社会各领域、各方面进行理论创新升级和实践探索。所有关于中国式现代化建设的其他理论和实践，都要从这一思想出发，寻找理论初心，标定实践逻辑起点。

2. 国家治理视域下的中国特色社会主义治理基本特征。社会治理是国家治理的重要组成部分，是国家治理在社会领域的体现。加强和创新社会治理，逐步实现社会治理结构的合理化、治理方式的科学化、治理过程的民主化，将有力推进国家治理现代化的进程。只有将社会治理放在国家治理中理解把握，才能在国家治理的总体格局中实现治理目标、机制、举措等的精准有序对接，

---

① 习近平总书记在党的十九届四中全会中指出，"要坚持好、完善好、发展好我国国家制度和国家治理体系，不断把我国制度优势更好转化为国家治理效能"。党的二十大报告指出，"全面依法治国是国家治理的一场深刻革命""必须发挥法治固根本稳预期利长远的保障作用，在法治轨道上全面建设社会主义现代化国家""全面推进国家各方面工作法治化"。

② 中共中央文献研究室编：《习近平关于全面依法治国论述摘编》，中央文献出版社2015年版，第6页。

③ 习近平：《推进全面依法治国，发挥法治在国家治理体系和治理能力现代化中的积极作用》，载《求是》2020年第22期。

一、法律监督理念现代化

也只有在总体格局中才能有效调动各种治理资源和方式,实现治理目标。因此,推进社会治理应当放在国家治理的大格局中理解把握。中国特色社会主义治理本质上是中国特色社会主义制度的执行在社会领域的反映,是在社会主义道路上,按照国家治理新思想要求,不断提升社会治理法治化,促进社会治理效能提升。党的二十大报告指出,"推进多层次多领域依法治理,提升社会治理法治化水平","健全共建共治共享的社会治理制度,提升社会治理效能"。不断推动社会治理法治化、效能化,是我国社会治理的重要目标,也是习近平总书记关于国家治理现代化的重要论述在社会领域落实的具体要求。我国社会治理还具有鲜明的人民性、系统性、协同共治性的基本特征,高度重视基层基础、科技创新和安全发展。人民性是社会治理的价值理念。始终代表最广大人民根本利益,保障人民当家作主,体现人民共同意志,维护人民合法权益,这是我国国家制度和国家治理体系的本质属性,也是我国国家制度和国家治理体系有效运行、充满活力的根本所在。① 在这一理念指引下,要求以最广大人民根本利益为坐标,打造共建共治共享的社会治理格局,形成人人有责、人人尽责的社会治理共同体。要求善于运用法治、民主、协商的办法正确处理人民内部矛盾和社会矛盾,发动全社会一起来做好维护社会稳定工作。从社会治理方式上来看,突出系统性。坚持全周期管理理念,协调使用系统治理、依法治理、综合治理、源头治理,各种治理方式要系统化、集约化使用,追求实现良法善治目标。从社会治理体系来看,突出协同共治。习近平总书记多次强调,"要加强社会治理制度建设,完善党委领导、政府负责、社会协同、公众参与、法治保障的社会治理体制,提高社会治理社会化、法治化、智能化、专业化水平"。② 在党委领导下,要实现政府治理和社会调节、居民自治良性互动,推进社会治理民主化、法治化、精细化,提升社会治理的活力。

3. 中国特色社会主义治理要求检察机关必须能动履职。我国社会治理是党领导下的各方协同共治型治理,所有公共机关都必须在职能设定中发挥能动促进社会治理作用,能动参与社会治理更是检察机关的政治责任和法治责任。《中共中央关于加强新时代检察机关法律监督工作的意见》(以下简称《意见》)明确提出,新时代检察机关应为坚持和完善中国特色社会主义制度、推进国家治理体系和治理能力现代化不断作出新贡献。参与社会治理不仅仅是落实宪法定位问题,更是治理现代化问题,要"跳出检察看检察",从治理现代

---

① 习近平总书记 2019 年 10 月 31 日在党的十九届四中全会第二次全体会议上的讲话。
② 中共中央宣传部编:《习近平新时代中国特色社会主义思想学习纲要》,学习出版社、人民出版社 2019 年第 1 版,第 165 页。

化高度重新审视检察职能定位及其如何有效发挥的问题。西方"三权分立"政治结构下的法治理念，主张司法的静态、消极、事后的特征要求。而在中国特色社会主义法治理念下，我国检察权天然具有能动属性，宪法上的法律监督职权和法律规定中的具体职权，都客观上要求检察机关主动有效发挥维护法治权威、充分保障人权的作用，根本上维护人民群众根本利益，厚植党的执政根基，增进国家治理目标的实现。主张能动参与社会治理，并不违背检察机关依法独立行使检察权的要求，前者是理念上对社会治理目标的积极追求，后者是行使权力的方式要求。是否履行好职责，既看是否能规范履职，更注重履职效果。治理上有效果，法治上才有意义。检察机关参与社会治理，必须能动履职，提升履职效能，才能真正完成治理职责，检察职能发挥的意义才能得以体现。能动履行检察职责，在社会治理这一场域中，能够找到履职效能提升的目标和结合点，否则能动履职就缺乏方向和创新性动力源泉。事实上，能动履职作用发挥得如何，也只有在参与社会治理中才能得到有效检验。综上，参与社会治理要求检察机关能动履职，检察能动履职必须在参与社会治理中实现其价值。

（二）检察机关依法能动参与社会治理的理论分析

国家治理思想理论的创新发展，对检察理论和检察工作未来发展走向产生根本影响。新时代检察工作，必须从国家治理理论进行分析把握和认识问题，不断提升工作的视野、格局和境界。传统的法学理论不能为检察机关参与社会治理提供有效理论支撑，需要在治理理论视野下对检察机关参与社会治理理论进行分析重构，推动检察治理在清晰的理论逻辑下展开。也就是要从观念的重塑开始，在依法履职的法治原则下深化，并以机制建设为能动检察赋能。

1. 观念能动。理念是行动的先导，观念的能动是能动履职的前提。新时代人民群众对民主、法治、公平、正义、安全、环境等有了更高水平期待和要求，评价检察工作的标准也从单纯的法律效果，向是否实现政治效果、社会效果、法律效果有机统一转变。参与和促进社会治理是检察履职的基本要求，在履行检察职能中，既要看"法眼"，也要看"治理之眼"。检察机关不仅仅是监督者以及承担诉讼职责的主体，还承担推动有效治理的责任，办案中有治理是更高标准履职。实现社会效果就是社会治理的要求，有利于社会治理就是实现了社会效果，这是社会效果的评价标准。必须能动考虑问题，自觉做到胸怀天下、胸有大局，始终"与党委想在一处，与政府谋在一处"，通过检察履职促进解决区域和现实治理难题。应找准能动参与治理的切入点，在服务大局中能动而为。天津市检察机关的实践提供有益借鉴，在落实市委、市政府"十项行动"中，依法能动履职，大兴调查研究之风，通过"服务民营企业绿色通道"、与工商联定期会商研判等方式，摸清法治化营商环境中的根本症结问题，找准检察机关服务民营经济健康发展高质量发展切入点，将调研成果转化到服务行动中。

2. 依法能动。检察机关既要增强治理思维，又要在具体推动治理中依法而行。依法能动履职是不可分的有机统一整体，两者之间并非"依法＋能动"的简单组合。依法履职是基本原则和前提，是能动履职的自由界限，能动履职是应有工作态度和工作方式。依法能动要求在法定范围内履行职责，不能超脱履职范围开展工作，如检察机关牵头开展联合执法的方式进行监督就违背了依法监督的原则要求。此外，依法能动要求以法定方式参与治理，要以监督促治理，而不能代替被监督者履行职责。在履职过程中，对于案件背后的法律问题、社会问题、治理问题，检察机关均可以采取调研的方式进行研究，为党委、政府等提供有价值参考，发挥党委、政府参谋助手作用。在履行法律监督职能后，检察机关可以与政府、社会组织和群众等进行共建共治。比如，在扫黑除恶常态化工作中，积极参与系统治理、综合治理、源头治理，通过检察建议等方式，堵塞社会治理漏洞，铲除黑恶势力滋生土壤。

3. 机制能动。推进治理，必须有相应的制度机制作保障，能动检察才有规范化的制度路径持续开展。当前，根据检察参与治理工作开展的实际和未来发展面向，应认真研究并着力推进治理的法法衔接（行政执法与刑事司法）、法行衔接（法律监督职能与行政职能）、法社衔接（法律监督职能与社会组织职能）等，以机制的能动，打通法律监督与其他监督方式、社会组织、行政机关等的工作衔接，为开展社会治理提供有效制度供给。天津市检察机关在打通法律监督与政法委执法监督职能工作中提供了实践范本，在党委政法委支持下，推动研究制定《关于完善党委政法委执法监督与检察机关法律监督协同机制的实施办法》，推动两种监督方式有机贯通和相互协调，构建党委政法委牵头抓总、政法各单位共同参与的执法司法监督制约工作格局。此外，要根据实践需要完善深化机制，不断深化具体的工作运行方式，提升制度落实力。

二、推动完善检察机关依法能动参与社会治理的工作格局

构建有效的工作格局，可以为工作开展提供制度保障，决定工作开展的战略思维和系统性。要充分有效发挥作用，就必须在创新完善工作格局上下功夫。在社会治理大格局之下，检察机关应当推动构建与大格局对接、有效融入的小格局，该格局应当有利于更全面、更有效发挥参与治理的职能作用。要以问题为导向，根据实践中反映出的参与治理不适应、治理能力不到位、政府和社会不熟悉、各方配合不主动等问题，以系统方法构建起更符合规律的检察工

作模式，实现从已有格局向完善、管用格局的转变。

（一）主动推动完善检察机关依法能动参与治理的外部工作格局

1. 总体治理格局中检察职责定位问题。在党的领导下，检察机关在参与社会治理中，应与政府、社会、各方面建立相应的工作体系，形成成熟工作模式。要从社会治理的大格局中，把握检察机关履职的定位和方向，不能错位、迷失方向。一是要主动融入党委领导下的社会治理工作格局。检察机关在参与社会治理中，要主动把工作的意义、态度、工作举措及时向党委报告，争取党委对检察机关依法能动履职的支持，重视检察机关在推动社会治理法治化中的独特作用。要将法律监督推进情况纳入依法治理的评价，争取党委政法委定期听取开展监督情况汇报，支持和解决工作中遇到的问题。积极争取将强化法律监督纳入地方立法，在检察机关依法履职上取得法律保障。二是主动融入共建共治机制。要将监督工作与社会治理工作有机结合，坚持"监督为治理，治理中有监督"的理念，主动与相关部门沟通对接，织密工作协作网。在与政府审计部门沟通中发现，传统的审计工作主要是发现问题，推动解决问题的手段有限，检察机关与政府审计部门协作，能够推动工作从发现问题向根本解决问题转变。天津市检察机关通过与审计局建立信息协作机制，相关案件信息以系统化的方式移送检察机关处理，对于损害国家利益的行为开展检察公益诉讼，促使检察机关和审计机关双赢共治形成合力。

2. 构建党委统一领导下的"检府联动"社会治理工作体系。与在诉讼环节的监督制约导向不同，在参与治理领域，检察机关应超越单纯的监督定位、法律职能定位，从治理目标及需求出发，以联治为根本，推动构建"府检联动"机制，实现依法合力促治的目标。"府检联动"包括两个层面要求：一是推动法律监督在政府层面落实，提升依法行政水平；二是在社会治理层面，加强工作衔接，形成有效治理，解决社会突出问题。两者既相对独立，又有内在统一性。通过依法监督，推动解决行政违法问题，通过检察公益诉讼对政府行政能力不足的问题及时补位，共同提升治理效能。在制度框架之下，检察机关应聚焦促治的效能，盯住监督之后的问题解决，推动解决"后治理问题"。如在安全生产领域，检察机关与应急管理部门深度合作，推动应急管理部门履职尽责，如作为安全生产的主体企业拒不履行或怠于履行安全生产责任的，检察机关应当与政府携手，通过开展安全生产公益诉讼的方式确保安全生产责任落实。

3. 推动畅通治理渠道。当前各类治理主体发挥治理职能的方式不同，总体来看还存在治理渠道的"玻璃门""玻璃墙"问题，在治理机制方面存在机制不完善、操作性不高、衔接不顺畅等问题，在具体落实环节还存在治理手段单一、效能不足问题。检察机关可以通过在监督办案中发现的问题，以检察建议等方式推动治理机制的建立完善。对于监督治理之外的事项，可以加强调查研究，以检察调研的方式，积极主动向政府、社会等方面提出建议，推动治理渠道有效疏通。此外，立足于公共利益维护者职能定位，搭建社会化共建共治平台，推动各类治理方式同向发力，促进形成社会综合治理体系。制度执行越有力，社会治理越有效。对制度执行情况的监督是中国特色社会主义治理的鲜明特色，以法治方式加强监督是中国特色社会主义依法治理的鲜明特征。"要构建全覆盖的制度执行监督机制，把制度执行和监督贯穿区域治理、部门治理、行业治理、基层治理、单位治理全过程……确保制度人人遵守、时时生威、处处有效。"① 检察机关可充分发挥法律监督职能，监督促进各类主体落实法定治理职责，推动各类治理渠道有效顺畅运行。

（二）在检察一体化中完善检察机关参与社会治理的内部格局

检察一体化机制在参与社会治理中具有天然优势，应立足于社会治理需要，优化工作格局，实现制度优化、效能优化。在内部应促成治理互动机制，在考核评价中将治理要求作为要素纳入，不断优化参与治理的内部格局。

1. 优化内部互动治理机制。检察机关应贯通刑事、民事、行政、公益诉讼检察一体化履职，实现治理信息和线索实时共享，推动完善行刑衔接、民刑衔接、控申和其他业务衔接等监督治理线索的移送管理机制，建立业务交叉案件会诊机制，促进检察机关内部在参与治理中相互配合一体化履职。比如，在认罪认罚工作中，向前与公安机关加强协作，对内与本院刑事执行检察部门协同共治。如在本区域内交付执行的，刑检部门应当将罪犯认罪认罚与否向刑事执行检察部门通报，刑事执行检察部门应当区别情况，继续巩固认罪效果，没有认罪的区分情况，决定是否重点关注。

2. 完善工作评价体系。要通过改进评价体系，确保办案促治理成为检察办案的自觉行动，并不断提升对治理效能的引领。一是检察监督办案在社会治理中是否发挥作用，应纳入案件质量评价要素，并反映到检察业绩评价体系之中。二是在办案质效、监督质效基础上，在与办案规律、司法规律相契合上，增强对治理质效的考评引导，让实质上解决社会治理问题逐渐成为检察履职评价对象，让"我能、我行、我好"成为检察人的职责要求，让"检察行、检察好、检察少不了"成为社会共识。如刑事检察工作要有在案中融入治理的理念，要有"案结事尚未了"的意识，通过办理一案达到延伸治理一片的工

---

① 习近平总书记2019年10月31日在党的十九届四中全会第二次全体会议上的讲话。

作要求，实现从治罪到治理转变。此外，还应积极引入社会评价机制，不断拓展人民群众有序参与司法的途径，让具有专业性的社会评价来检视检察工作，让民生评议检察工作更加深入。

三、不断提升检察机关依法能动参与社会治理的能力

1. 推动治理实践基础上的检察理论创新。检察理论创新在治理目标向治理实践转化中发挥牵引作用。在新时代检察工作中，能否有效开展理论创新，提升理论创新能力，不仅是理论问题，更是理论的源头活水向实践生动展开的关键。检察机关应当围绕治理实践，及时更新检察理论，提出具有中国治理实践、法治实践特点和需求的治理理论。要加强治理实践基础上的检察理念研究，提升理论研究的前瞻性，不断更新检察工作理念，促进提高工作标准。应聚焦治理实践的基础理论问题，在国家治理的时代背景下，如何理解治理法治化和治理效能化的统一性，总结提炼实践中的"治理上有效，法治上才有意义"等思考的理论分析。对具体治理理念开展系统研究，比如围绕治理要求，在检察机关内部建立"办案中的治理—业务治理—检察治理"的系统化模型问题。再比如在治理中，寻找联合促治的切入点，围绕"监督为治理，治理中有监督"等进行研究，提升检察机关法律监督职能与参与治理职能的有机融合。

2. 利用一体化优势，实现跨区域、跨层级的治理联动能力。社会治理是系统工程，具有自身规律特点。实现跨区域、层级治理，才能真正实现有效治理。与案件的管辖不同的是，应当根据治理需要和特点规律，发挥检察机关一体化优势，区分情况采取相应的工作模式，实现工作模式的升级。重大的治理由最高人民检察院统筹指挥办理，区域内重大治理由省一级检察院负责推进，基层检察机关在治理中需要上级统筹解决的问题，应当及时向上级检察机关请示报告取得支持。例如，最高人民检察院督促整治万峰湖流域生态环境公益诉讼案，以及天津市检察机关办理的互花米草外来入侵物种公益诉讼案，均体现了跨层级和区域开展治理的理念，治理成效得到保证。在互花米草案例中，天津市检察院与第三分院区分职能协同作战，推动区级政府层面到市级政府层面协同共治，并与毗邻的河北省检察机关同步开展跨区域治理，形成"津冀跨区域治理、本区域内上下一体共治"的治理模式，取得良好阶段成效，对外来入侵物种的根治具有借鉴意义。

3. 加强调研能力建设。社会治理有很多新情况新问题，进行有效研究必须在调研上下功夫。调研是检察履职的基本方式，是参与社会治理的必要环节。应当强化调研机制建设，发挥调研效能，规范调研立项、范围、方式、程

序、落实等，并抓好调研成果转化和督促落实工作。强化调研信息库、大数据的应用和支撑，解决传统治理中的信息不对称、信息化技术运用不足、治理联动能力不强的问题，提升调研的系统性和科学性。调研聚焦社会治理的必要性、科学性问题，解决治理中存在的碎片化、片面化、形式化、虚化的问题。要持续加强调研的能力培养，锤炼务实求实的调研作风，积极主动研究区域社会治理突出难题、顽疾，提升检察履职发现前端、未萌问题的能力。开展深度调研，提出检察建议既要指出问题，又要提出以"我管"促"都管"的明确对策建议，以"勇于担当、百折不挠"法律监督精神强化落实问效。

4. 提升治理中的沟通能力。检察机关能动参与社会治理，是与各个国家机关、社会组织等进行沟通交流、协调共治中实现的，必须提升治理中的沟通能力，促进形成合力，推动问题解决。检察干警要增强与外部沟通协作，解决"闭门办案""闷头搞监督""单打独斗型治理"问题，与外界沟通中善于将治理的必要性、可行性及目标等讲清楚，善于从"联合促治"上找到契合点，提升外部的支持和理解。不断加强与人大、政协等的沟通，争取对参与治理工作的重视和支持。在监督促治中，注重加强与纪委监委监督、党委政法委执法监督等的衔接，以有力的监督促进治理目标的实现。此外，要善借外智外力，检察机关应积极开展与行政机关等的互派交流干部机制，落实好特邀检察官助理制度等。采取检察公开听证等方式参与治理，发挥人民监督员、专家咨询委员、特邀检察官助理等的作用，与各方共同做好治理工作。

5. 加强智慧治理能力。检察机关要积极推广使用现代科学技术，提升基础支撑能力，实现智慧治理。要加强战略性前瞻，构建"业务主导、数据整合、技术支撑、重在应用"的数字检察工作模式，在监督办案实践中，以业务需求为导向，立足于办案实践中的信息归集、模型构建，加强数字科技应用，实现促治手段现代化。此外，要加强信息化建设，在检察履职中，加快构建公益检察实验室，以信息化方式解决技术性、专业性问题。在对外监督工作中，与政府治理主体合作，如在安全生产领域，可与政府相关部门开展数据共享和数据深度研发，对企业安全生产各类情况进行数字化抓取，对企业保障安全生产的措施、基础建设问题，进行分级评价，及时发现问题、及时推动解决。

关于学习贯彻党的二十大精神在新时代新征程推进检察工作高质量发展的思考

陈　勇等[*]

党的二十大报告擘画了全面建设社会主义现代化国家、以中国式现代化全面推进中华民族伟大复兴的宏伟蓝图，专章部署"坚持全面依法治国，推进法治中国建设"，突出强调"在法治轨道上全面建设社会主义现代化国家""全面推进国家各方面工作法治化"。这是事关党和国家事业发展全局的根本性要求，深刻揭示了法治与国家现代化建设的内在逻辑，彰显了法治在治国理政中的基础性作用。[①] 在 2021 年党中央专门下发《中共中央关于加强新时代检察机关法律监督工作的意见》（以下简称《意见》）后，党的二十大报告又特别强调"加强检察机关法律监督工作""完善公益诉讼制度"，这是新时代新征程，党中央对检察事业发展作出的历史性、战略性部署，赋予检察机关更重政治责任、法治责任、检察责任。检察机关必须站在全面建设社会主义现代化国家的全局高度，通过忠诚履职、创新履职、能动履职，充分发挥人民检察制度优势，以检察工作高质量发展服务保障经济社会高质量发展，以检察工作现代化服务保障中国式现代化。

---

[*] 课题组组长：陈勇，上海市人民检察院党组书记、检察长；课题组成员：盛勇强、龚培华、阮祝军、皇甫长城、肖宁、陈超然、林竹静。

[①] 江必新、曹梦娇：《在法治轨道上全面建设社会主义现代化国家》，载《法学评论》2023 年第 1 期。

一、以党的二十大精神为指引,对标中国式现代化战略安排,牢牢把握新时代新征程检察工作高质量发展的内涵要求

现代化是长期的、系统的、分阶段的过程,是与时俱进的动态历史进程。① 党的二十大开启全面建设社会主义现代化国家新征程,提出"两步走"战略安排,并把高质量发展确定为全面建设社会主义现代化国家的首要任务、实现中国式现代化的本质要求,凸显了高质量发展在推进和拓展现代化建设中的支撑作用。这是在深入分析我国发展新的历史条件和阶段、全面认识和把握我国现代化建设实践历程以及各国现代化建设一般规律的基础上,作出的一个具有全局性、长远性和战略性意义的重大判断。② 习近平同志指出,高质量发展关系我国社会主义现代化建设全局,不只是一个经济要求,而是对经济社会发展方方面面的总要求,不是一时一事的要求,而是必须长期坚持的要求。就检察工作而言,现代化是检察工作质量变革、效率变革、动力变革的更高阶段;高质量发展是实现现代化的前提条件和必由之路。没有高质量发展就没有现代化,只有实现好高质量发展,检察工作的现代化才能更加可靠、更有保障、更可持续。新时代新征程加强检察机关法律监督工作,必须牢牢把握高质量发展这个关键要义,在党和国家工作大局中锚定检察工作历史方位,在中国式现代化的大背景下对其内涵特征进行深入剖析、深刻把握。

(一)在发展本质上,检察工作高质量发展是对人民检察制度中国特色的巩固深化

我国的人民检察制度既传承中华优秀传统法律文化中"监督制衡、监察责失"的鲜明品格,又拥有百年党领导法治建设实践的历史经验、红色血脉,也具备现代检察制度的若干共性特征③,开辟了中国特色社会主义检察道路,成为中国式法治现代化进程中的一道亮色。《意见》开宗明义地指出:"人民检察院是国家的法律监督机关,是保障国家法律统一正确实施的司法机关,是保护国家利益和社会公共利益的重要力量,是国家监督体系的重要组成部分,在推进全面依法治国,建设社会主义法治国家中发挥着重要作用。"这"四个

---

① 李程骅:《新时代两步走战略 引领高质量发展走稳走好》,载《光明日报》2018年6月6日,第6版。

② 刘伟、刘守英:《以高质量发展推进中国式现代化》,载《红旗文稿》2022年第24期。

③ 贾宇:《以检察工作现代化助推中国式法治现代化》,载《人民检察》2023年第1期。

方面定位"① 是关于新时代检察机关法律监督工作属性特质最全新、全面和权威的界定,其历史渊源深厚、制度基础坚实、时代特征鲜明、相互贯通融合,集中体现了人民检察制度的本质特色,构成检察工作高质量发展的全部核心内涵。首先,"法律监督机关"是检察机关的根本职能,是区别于其他国家机关的本质属性,框定了全部检察权共同具有的、标志性的功能和使命,检察机关所行使的各项职权都是法律监督职能的具体体现。新时代新征程检察职能的范围及行使方式会面临新的要求、需要新的调整,但都必须立足法律监督机关这一根本定位不动摇,要在"保持法律监督权基本属性的前提下调整其权力外延和权力运行方式"②。其次,"司法机关"是检察机关法律监督的职能特性,既明确了检察履职的基本方式,又为新征程上推动检察工作高质量发展找准了关键切入点。以检察工作高质量发展推进检察工作现代化,归根结底要落脚到以司法办案为中心,保障国家法律统一正确实施,让人民群众切切实实地在每一起案件中感受到公平正义。最后,"保护国家利益和社会公益的重要力量""国家监督体系的重要组成部分"是检察机关法律监督的功能体现③,为检察工作高质量发展设定了合理坐标。站在法治中国的全局视野,检察机关只有把自身履职真正融入国家治理体系这一有机整体,充分发挥连接"法治国家—法治政府—法治社会"的纽带功能,通过与其他法治共同体的良性积极互动,寻求监督者、被监督者以及社会公共利益的广泛共赢,才能真正实现以检察工作现代化服务保障中国式现代化的目标。

(二)在发展内容上,检察工作高质量发展是对新时代以来检察机关法律监督工作历史性进步的接续推进

党的十八大特别是十九大以来,伴随着党和国家事业取得历史性成就、发

---

① 检察机关"四个方面定位"系最高人民检察院负责人就如何学习理解和贯彻落实《关于加强新时代检察机关法律监督工作的意见》答记者问时,就"《意见》体现了党中央对检察机关如何定位"问题,对《意见》相关表述的概括:"《意见》贯彻习近平总书记对检察工作的重要指示,体现宪法法律的要求,对检察机关作出了四个方面的定位,即:人民检察院是国家的法律监督机关,是保障国家法律统一正确实施的司法机关,是保护国家利益和社会公共利益的重要力量,是国家监督体系的重要组成部分"。参见《〈意见〉体现了党中央对检察机关如何定位?》,载最高人民检察院网,https://www.spp.gov.cn/spp/xxgcfljdgzyj/202108/t20210812_526589.shtml。

② 吴建雄:《加强新时代检察机关法律监督的历史逻辑、理论逻辑和实践逻辑》,载《中共中央党校(国家行政学院)学报》2022年第5期。

③ 吴建雄:《加强新时代检察机关法律监督的历史逻辑、理论逻辑和实践逻辑》,载《中共中央党校(国家行政学院)学报》2022年第5期。

生历史性变革，检察工作创新发展也实现历史性进步，具有中国特色的社会主义检察制度的框架结构基本定型，并向更加成熟发展。在政治建设上，系统完善检察机关坚持党的领导制度体系，坚定不移强化政治监督，建立健全检察机关重大事项请示报告制度，实现党对检察工作的领导具体化、程序化、制度化。在工作格局上，以内设机构改革为突破口，进行职能重塑、机构重组、机制重构，形成了"四大检察""十大业务"的工作格局，实现各项检察工作全面充分协调发展。在检察理念上，提出"双赢多赢共赢""在办案中监督、在监督中办案""精准监督"等一系列检察工作新理念，创造性地探索涉案企业合规等，实现法律监督工作局面开拓创新。在权力运行上，落实检察官员额制，完善检察官办案责任制，优化以"案-件比"为核心的业绩考评，强化司法责任认定和追究，实现司法责任制全面有效落实。在履职能力上，以锻造高素质、专业化检察队伍为根本，着力强化检察队伍政治素质、业务素质、职业道德素质建设，确立数字检察战略的基础性、战略性地位，扎实推进智慧检察建设，实现法律监督能力素质显著提升。检察工作创新发展取得的历史性进步，充分证明了习近平新时代中国特色社会主义思想的实践伟力。新征程上接续推进检察工作高质量发展，就要在现有制度框架和发展成果基础上，通过更深层次、更高水平的发展，来提升法律监督的整体质效，推进中国特色社会主义检察制度更加成熟、定型。

（三）在发展目标上，检察工作高质量发展是对全面建设中国式现代化进程的主动融入

检察工作高质量发展是在深刻把握高质量发展与中国式现代化内在逻辑基础上的实践推进，既要与"现代化"相匹配、相适应，又要有力服务保障"现代化"。只有融入中国式现代化的大潮流，才能在更高站位、更大格局，更为系统地答好"高质量发展"这个重大课题。一方面，高质量是现代化的底色与支撑。中国式现代化是中国共产党领导的现代化，其五个中国特色的核心指向都是人民美好生活。我国已转入新发展阶段，制度优势明显，治理效能提升，发展韧劲强劲，社会大局稳定；但同时现代化进程中还存在不少卡点和瓶颈，发展不平衡不充分问题仍然突出，需要推动高质量发展突破发展瓶颈、夯实发展基础。检察工作高质量发展正是为了更好发挥检察机关法律监督职能作用，聚焦建设公正高效权威的中国特色社会主义检察制度，补齐法律实施短板，以更高水平的法律监督适应人民之需，为全面建设社会主义现代化国家提供有力法治保障。另一方面，现代化赋予高质量发展以价值追求。中国式现代化是中国共产党领导的现代化，高质量发展要在坚持党的绝对领导中实现，要以能动履行法律监督职能，维护、保障、促进党的全面领导在法治轨道上、在

执法司法活动中得到全面落实；中国式现代化是人民至上的现代化，高质量发展要始终坚持以人民为中心的发展思想，要努力跟上、适应人民群众的新要求，从中发掘检察工作新的发力点和着力点，为更有力保障民生提供更加丰富、更高质量的检察产品；中国式现代化是全面发展的现代化，高质量涉及政治建设、业务建设、基层基础等检察工作方方面面，要切实增强发展的系统性、协调性，确保统筹兼顾、相辅相成。总之，只有对推进现代化的责任使命有深刻的领悟，才能打牢检察工作高质量发展的根基。

二、对标新时代新征程检察工作高质量发展要求，牢固树立正确的发展理念

发展理念是影响发展品质的最关键因素，是发展方向的指引者和发展目标的决定者。党的二十大报告指出，"贯彻新发展理念是新时代我国发展壮大的必由之路"。新时代新征程推进检察工作高质量发展，也要在坚持以习近平新时代中国特色社会主义思想为指导、践行习近平法治思想的前提下，树立和强化正确的检察发展理念。

（一）忠诚、为民：检察工作高质量发展应固守的政治本色

为民是忠诚的内在本质，忠诚是为民的必然要求。党和人民群众的根本利益是一致的，党没有人民群众根本利益以外的特殊利益，对党忠诚就是为民尽责。

1. 忠诚。始终坚持党对检察工作的绝对领导，这是新时代包括检察机关在内的政法机关一切工作的最高原则。[①] 在党的政治语境里，对党忠诚是党员对党及其价值原则自知的、自为的、自觉的、全面的、实际的、彻底的服从、付出和奉献。中国特色社会主义进入新时代，"对党忠诚"要求从坚持党性、纯度、过程、方法、范围、主体等方面创新建构新时代忠诚观。检察机关是党和国家的政法机关，"对党忠诚"要求检察机关必须在司法办案、检察改革、队伍建设等工作中强化自身的政治属性，把"讲政治"融入检察工作全过程，把忠诚拥护"两个确立"、坚决做到"两个维护"落实到检察工作的全过程、各方面。

2. 为民。做优做实人民至上，这是中国共产党的初心、使命，也是人民检察必须保有的"底色"和"亮色"。人民立场是中国共产党的根本政治立

[①] 习近平：《坚持以人民为中心的发展思想　履行好维护国家政治安全　确保社会大局稳定　促进社会公平正义保障人民群众安居乐业的主要任务》，载《人民日报》2018年1月23日，第1版。

场，是马克思主义政党区别于其他政党的显著标志。① 检察机关的根本政治立场是矢志不渝践行全心全意为人民服务的根本宗旨，牢固树立"以人民为中心"的检察理念。进入新时代，检察为民理念在"以人民为中心"和"全过程人民民主"理念基础上呈现出其新的时代内涵，比如，要求检察机关践行以人民为中心的人权理念，全面推进人权司法保障，更加注重对公民权利的保障和尊重和对侦查权、审判权的制约监督。② 这些都需要我们从检察供给侧改革入手，积极为人民群众提供多样化、多层次、多方面的法治产品和检察产品，在每一个具体案件办理中落实和体现宪法法律规定的人民主体地位。

（二）能动、创新：检察工作高质量发展应秉持的品质风格

能动是自发、自觉、主动的创新创造，是创新的主观前提和动力之源。创新则是能动的客观结果，是主观能动性最高的表现形式。③

1. 能动。能动检察是检察机关在习近平法治思想指引下积极探索实践的经验总结，是适应新形势新任务、促进检察工作高质量发展的需要。首先，能动检察是检察职能发展的客观要求。检察履职要保障国家发展和安全利益、助力国家治理体系和治理能力现代化，要回应人民群众日益增长的新需求以及对检察工作的新期待，这些都要求以检察工作积极发挥主观能动性予以回应。其次，能动检察理念源于实践、指导实践，强调的是检察权在运行过程中的积极性、主动性、回应性，侧重解决的是实践中机械司法、就案办案现象，目的是激发检察机关与检察人员的主观能动性，以能动姿态开展工作，自觉、主动融入国家治理。诉源治理就是检察机关依法能动履职最突出的体现。④ 最后，能动检察理念旨在适应新形势、服务新常态。在新时代，我国的社会主要矛盾是人民日益增长的美好生活需要和不平衡不充分的发展之间的矛盾。能动检察理念很好地回答了检察机关应当以怎样的姿态和方式履行职责的问题，能够把检察机关的业务与政治、微观个案与宏观大局、国家法律与党的政策、促进法律效果与政治效果、社会效果相统一等诸方面联结起来，最大限度地发挥职能作用，更好服务党和国家工作大局，积极回应社会和人民群众的关切。当然，能动并不代表着检察机关可以无条件、无范围、无边界地能动，能动应以法定职

---

① 习近平：《坚持人民至上》，载《求是》2022年第11期。

② 万春：《检察机关在人权司法保障中的作用》，载《民主与法制》2022年第33期。

③ 张士海、安瑞龙：《中国共产党历史主动精神的科学内涵、价值意蕴与弘扬路径》，载《东岳论丛》2022年第10期。

④ 徐日丹：《能动履职融入国家治理的检察答卷——透视最高人民检察院工作报告起草的背后》，载《检察日报》2022年3月9日，第3版。

责为前提和基础,要在遵循法定职责、法定程序的前提下积极融入并服务于在法治轨道上推进全面建设社会主义现代化国家,不能因倡导能动而动摇法治原则,使能动变为盲动或者乱动。

2. 创新。创新是检察工作高质量发展的第一驱动力,要求遵循司法规律,着力破解深层次体制机制障碍,让人民检察制度在改革创新发展中更加定型,更好地将制度优势转化为治理效能。实现检察工作持续创新发展,必须立足中国国情、秉持开放姿态,妥善处理好守正与创新的辩证统一。首先,创新必须以守正为前提。最高人民检察院在 2023 年全国检察长会议上专门提出,检察工作现代化必须坚持守正创新。以守正为前提的创新不是盲目、无方向的创新,而是在坚守党的绝对领导之正、人民至上之正、司法公正之正基础上的法治领域"中国式创新"。① 坚持中国共产党的全面、绝对领导,是最大的守正。其次,创新必须坚持立足中国国情、遵循司法规律。世界上没有一成不变的检察,也没有千篇一律的检察。中国的检察事业"必须植根于'中国性',中国的历史、中国的文化、中国的民族、中国的需求"②,坚持符合国情和遵循司法规律相结合,才能始终沿着正确的方向运行,从根本上保证创新不走邪路、少走弯路。最后,创新应当秉承开放的姿态。以开放促改革、促发展,是我国现代化建设不断取得新成就的重要法宝。③ 法治领域莫不如是。"法治是人类文明的重要成果之一,法治的精髓和要旨对于各国国家治理和社会治理具有普遍意义。"④ 在谋划推进检察工作创新发展中要积极学习借鉴世界各国法治现代化、检察现代化的成功经验,在交流互鉴中择善而用,发挥"他山之石可以攻玉"的作用,不断拓展检察工作现代化的广度和深度。比如,涉案企业合规改革就是检察机关围绕服务打造市场化法治化国际化营商环境,在吸收借鉴国外对涉案企业暂缓起诉经验的基础上结合中国企业合规涉及行业监管、执法、司法的实际推动的改革试点,形成了具有鲜明中国特色的第三方监督评估机制,得到各方面广泛认可。

---

① "中国式创新"的表述常见于在经济领域,是指中国企业在复杂多样的情境下,通过各类创造性的创新实践所形成的、有别于西方和其他国家的、独特而多样化的创新实践模式组合。参见苏敬勤、高昕:《世界百年未有之大变局下的"中国式创新"》,载《中国社会科学报》2021 年 12 月 1 日,第 3 版。

② 魏治勋:《百年法治进程的基本逻辑与执政党角色》,载《法学论坛》2021 年第 1 期。

③ 《习近平谈治国理政》(第二卷),外文出版社 2017 年版,第 100 页。

④ 习近平:《加快建设社会主义法治国家》,载《求是》2015 年第 1 期。

（三）融合、高效：检察工作高质量发展应保有的履职特点

融合，是通过"化零为整"实现提质增效，其中"合"是形式和基础，"融"是实质和关键。高效，是高效率、高效益、高效能的统一。融合与高效之间存在手段与目的的关系。

1. 融合。检察履职的融合性，植根于中国特色社会主义检察制度中法律监督所特有的一元性、整体性、系统性。进入新时代，社会主要矛盾发生新的变化，国家权力结构有了新的调整，《意见》对检察机关的"四方面定位"，在重申法律监督宪法定位的同时，也明确了公共利益代表的职责使命，以及司法权与监督权交融的属性特点，检察权的内涵和外延发生深刻变化，法律监督履职的整体性、系统性要求更加鲜明。特别是在国家治理与社会治理更加精细的背景下，各领域法律关系本身也呈现交融化、复杂化的发展趋势。如在未成年人司法保护以及知识产权、网络犯罪治理等方面，检察监督的对象已不能仅仅限于传统的刑事领域，需要做到民事、行政和公益诉讼等各领域覆盖，审查逮捕、审查起诉、诉讼监督等各环节贯通，这就客观要求各项检察职能必须打破领域壁垒和部门藩篱，通过强化一体融合履职，解决检察机关上下级领导关系落实不够好、横向协作配合不够有力等问题，使各级检察院、各业务部门资源统筹布局更加合理，使有限的检察资源更好地聚焦于服务监督办案、服务中心大局。检察机关只有成为一个有机共同体、形成履职合力，才能保证法律监督的权威性和有效性，提升法律监督整体效能。

2. 高效。党的二十大报告提出"加快建设公正高效权威的社会主义司法制度"，必然要求在检察环节形成高效的法治实施机制。[①] 首先，高效是公正基础上的效率提升。在实现良法善治层面，公正与效率是辩证统一的。脱离公正追求效率最大化，所谓的"高效"就毫无意义；但也不能无视司法效率对司法公正的推动与促进作用，"迟来的正义非正义"，没有效率同样也谈不上公正。其次，高效是能动检察"主观见之于客观"的必然要求。能动性是司法的固有属性。与法院相比，检察机关"能动"的范围更广、程度更深，理论认同度应当更高。[②] 新时代新征程上，检察机关要展现新担当、实现新作为，就需要将主观之"能动"落实于客观之"高效"。例如，针对不同类型、不同复杂程度的案件，检察机关要采用不同的处理方式，做到"简案快办，繁案精办"，合理分配诉讼资源，尽量减轻当事人的负担；要促进检察官把每

---

① 周强：《形成高效的法治实施体系》，载《求是》2014年第22期。
② 朱孝清：《论能动检察》，载《人民检察》2022年第13期。

一个办案环节的工作都做到极致,减少不必要的流程空转,提高办案效率。最后,高效需要以智慧赋能为技术基座。工业革命被视为人类社会发展的转折点,根本在于通过技术创新使生产效率实现了质的飞跃。法治是国家治理的一场深刻革命,稀缺的法治资源只有实现高效能的使用,才能满足人民群众法治新期盼新需求。当前,社会发展已经步入数字时代,数据正在深刻改变着新时代检察工作。作为法律监督机关和社会治理的重要参与者,检察机关更要抢抓数字技术变革机遇,加快推进数字检察建设,始终把数字化、智能化作为赋能手段强力推进,把数字检察工作作为前瞻性、基础性工作来部署落实,以数字革命赋能法律监督,提升新时代法律监督质效。

(四)协调、共赢:检察工作高质量发展应把握的价值导向

《意见》在总体要求中明确提出要"实现各项检察工作全面协调充分发展,推动检察机关法律监督与其他各类监督有机贯通、相互协调。"作为发展理念的"协调",是对检察工作发展内外部共性要求的提炼。协调是实现共赢的必然要求,共赢则是达到协调的判断准据。

1. 协调。解决发展中的各种不全面、不均衡、不协调问题和矛盾,是检察工作高质量发展的关键。检察机关应当站在社会主义法治监督体系的宏观架构中寻找检察机关法律监督的独特价值,以系统观念、整体视角解决如何实现法律监督效益最大化的问题。在内部,发展是检察工作的目标指向,而协调则是对这种指向行为的有益约束和规定,强调的是检察工作整体性、系统性和内在性的发展聚合,即不是单要素的"增长",而是多要素在"协调"的约束和规定下实现全面、充分发展,追求的是在整体提高基础上的结构优化。在外部,协调表现为在尊重检察工作规律的前提下,在把握好国家治理体系各要素相互关系原理的基础上,通过建立有效的跨系统协作配合机制,综合运用各种方式方法使系统间的结构关系达成理想的耦合状态。

2. 共赢。共赢体现了整体观和联系观,与我国伦理精神和传统文化价值相契合。视角不同,共赢的指向也不同。在检察一体的局部视角下,内部融合使检察权的履职效能最大化,实现的是检察内部各要素之间的"共赢"。在法治中国的整体视角下,检察机关法律监督是国家治理体系的重要组成部分,要求的是国家治理体系内各主体的跨界合作,实现的是检察机关法律监督与其他法治主体之间的"共赢"。显然,作为衡量发展效果的标准与尺度,局部视角的"共赢"具有一定的工具价值,但是只有整体法治层面的"共赢",才是新时代检察工作高质量发展所要最终实现的目标。在整体法治层面以共赢理念推动新时代检察工作创新发展,一方面,要拓宽共赢的实现路径,重点是构建党委、人大、政协的工作支持机制,完善与监察委、公安、法院的沟通合作机

制,健全与行政机关的共享协商机制。另一方面,要评估共赢的实际效果,重点聚焦监督活动是否达到共赢,对检察机关开展法律监督工作的过程、被监督者整改情况以及其他问题进行评估检查,确保共赢理念能够真正有效融入检察监督工作,以此实现对案件所反映社会问题的高效能治理。

三、以正确的发展理念为指引,推动构建内外融通、协调发展的检察工作新格局

"谋大事者,首重格局。"构建新发展格局,是根据发展阶段、环境、条件的变化作出的具有根本性、全局性的部署。作为实现经济高质量发展的总纲领,加快构建"双循环"新发展格局是党中央根据我国目前的发展阶段、状况、环境作出的重大战略部署。在法治领域,检察工作同样需要在正确发展理念指引下,构建和优化科学的发展格局,为新征程检察工作高质量发展规划总体思路。

(一)检察工作发展格局的历史考察

检察工作发展格局的"世易时移",是检察机关在党的领导下,根据我国经济社会发展阶段、环境、条件深刻变化,顺应时代要求、人民期待作出的战略决策,是法治中国建设历史成就和变革的真实反映。历史地考察,大体经历了四个阶段的变化:

1."以一般监督为统领"的工作格局。新中国成立初期,检察机关有权对一切国家机关工作人员和公民是否遵守法律实行监督,并覆盖社会生活的各个方面,由此形成以一般监督统领各项检察职能的工作格局。但在实际工作中,由于一般监督存在边界模糊、效果不佳的问题,实际上"窒碍难行"。检察机关恢复重建后,1982年修订宪法时,取消了检察机关的一般监督权。

2."刑事检察与职务犯罪侦查二元并立"的工作格局。1979年我国制定的人民检察院组织法,在取消检察机关一般监督权的同时,也取消了检察机关的民事、行政诉权。以后的十年间,检察机关的法定职能主要集中在刑事诉讼之中,主要对刑事诉讼活动领域实行法律监督,加之检察机关拥有职务犯罪侦查权,由此使刑事诉讼成为检察机关的核心工作领域。这期间,检察权体系内形成了刑事检察与职务犯罪侦查二元并立的格局。[①]

3."以刑事检察为主导"的工作格局。1989年行政诉讼法、1991年民事诉讼法分别明确了检察机关在民事、行政诉讼领域的监督职能。在之后的很长

---

① 苗生明等:《刑事检察专论》,法律出版社2020年版,第6页。

时间内,虽然三大诉讼法做过多次修改,在规定检察机关法律监督的范围、条件、方式、效力等方面有较大发展,但不论是法律上还是实践中,并没有从根本上改变刑事检察居于绝对地位,民事、行政检察监督均为补充的"刑重民轻"检察工作格局。①

4. "'四大检察'全面协调充分发展"的工作格局。党的十九大后,我国社会主要矛盾转变为人民日益增长的美好生活需要和不平衡不充分的发展之间的矛盾,人民群众在民主、法治、公平、正义、安全、环境等方面有了更高层次的需求。对于检察机关来说,人民群众的这些新需求,不仅涉及刑事检察,也更多地涉及民事检察、行政检察、公益诉讼检察。在这一时代背景下,最高人民检察院审时度势,以侦防职能转隶为契机,以内设机构改革为突破口,提出构建刑事、民事、行政、公益诉讼"四大检察"全面协调充分发展的检察工作格局。2019 年 3 月、2021 年 6 月,"四大检察"先后被明确写入全国人大决议、中共中央文件②,成为新时代检察机关法律监督工作新的发展格局。其所追求的,是通过设置专门机构、增加办案力量、提升专业分工等多种举措,逐渐补强民事、行政、公益诉讼检察工作短板,使各项检察职能强项做优、弱项变强。"四大检察"工作新格局有力扭转了长期以来形成的检察机关法律监督"以刑为主"的发展局面。

(二)检察机关"四个方面定位"与检察工作发展新格局的提出

"四大检察"全面充分协调发展的工作格局,进一步完善了检察机关法律监督体系,使检察内部各要素间呈现出彼此贯通、相互支持、相互促进的关系趋向。但无法否认的是,其主要的关注点还是在检察各职能之间的关系处理,尚未真正统一与上升到检察权运行的整体与全局高度,检察内部因职能分立、机构并立所带来的"内耗"问题并没有彻底解决。同时,进入新发展阶段,与人民群众在民主、法治、公平、正义、安全、环境等方面的新需求相比,法

---

① 1989 年制定的行政诉讼法虽规定了检察机关对行政诉讼活动实行法律监督的原则,但落实到法定监督职能上,只规定了"对发现法院作出的已经发生法律效力的确有错误的行政判决、裁定按审判监督程序提出抗诉"一项。1991 年制定的民事诉讼法中,关于检察机关法律监督职能的规定也只是对法院作出的已经发生法律效力的民事判决、裁定发现确有错误,按审判监督程序提出抗诉。

② 2019 年 3 月 15 日,十三届全国人大二次会议关于最高人民检察院工作报告的决议,要求检察机关更好发挥人民检察院刑事、民事、行政、公益诉讼各项检察职能,"四大检察"首次明确写进全国人大决议。2021 年 6 月 15 日,中共中央印发《关于加强新时代检察机关法律监督工作的意见》,要求以高度的政治自觉依法履行刑事、民事、行政和公益诉讼等检察职能。这是"四大检察"首次写入中共中央文件。

律执行和实施仍是亟须补齐的短板，检察机关法律监督职能作用发挥还不够充分[1]，如何为检察机关创造有利于充分履职的良好外部环境问题，也还需进一步推动解决。这些问题，客观上都要求新时代新征程检察工作发展格局要在"四大检察"全面充分协调发展基础上继续迭代更新、迈上更高位阶。就此，《意见》的有关精神，为我们提供了基本的解决思路。

《意见》关于检察机关的定位，一体强调"人民检察院是国家的法律监督机关，是保障国家法律统一正确实施的司法机关，是保护国家利益和社会公共利益的重要力量，是国家监督体系的重要组成部分"，这已经不再是局限在检察机关法律监督的职能本位"就检察谈检察"，而是将检察工作置于国家治理体系与治理能力现代化的全局高度，要求检察机关在实现自身工作全面协调充分发展的同时，还要与其他监督力量、法治各要素形成体系化效应，在此基础上通过能动履职有效保障国家法律统一正确实施、保护国家利益和社会公共利益，实现整体法治的全局优化。基于此，《意见》在总体工作要求中又进一步提出检察机关要"实现各项检察工作全面协调充分发展""推动检察机关法律监督与其他各类监督有机贯通、相互协调"。我们认为，这"两个协调"的要求，不仅在精神内涵上与法律监督的"四方面定位"前后呼应、一以贯之，而且也是实践中推动"四方面定位"贯彻落实的具体路径选择。

基于上述对"四方面定位""两个协调"的思考分析，我们认为，新时代新征程检察机关需要积极推动构建"内外融通、协调发展"的工作格局。这种格局不仅契合前述的融合高效、协调共赢发展理念，而且在哲学层面也符合系统论中的耦合理论。耦合本是指物理学上两个或两个以上的体系或两种运动形式之间通过各种相互作用而彼此影响的现象。这一概念后被引入系统论中，进而生成系统耦合理论，用来表示多个子系统之间相互作用关系的紧密程度。当耦合系统中两个或多个子系统之间相互融合、协调运动时，则表明子系统之间具有较高的耦合度。法治系统内各子系统之间亦存在相互协作、彼此影响、共荣俱损的耦合关系。检察工作同样可以遵循"系统耦合"理论，构建内外融通、协调发展的新格局，以更加充分有效发挥中国特色社会主义检察制度在捍卫党的执政地位、保障国家法律统一正确实施的优势和作用。具体来说，就是坚持党的绝对领导这个中国式现代化的本质和重大原则，锚定宪法规定的国家法律监督机关这一根本定位，在内部，通过"上下统一、横向协作、内部整合、整体统筹"，实现各项检察工作一体融合，使检察机关整体性功能大于各独立职能之和，形成良性功能耦合网络；在外部，通过与其他政法机关、行

---

[1] 《中共中央关于加强新时代检察机关法律监督工作的意见》（2021年6月15日）。

政执法机关、其他社会主体协同联动,实现与外部多个平行系统贯通协调,形成相互依存、相互促进的"有机体",产生结构性、整体性及功能耦合性状态,持续提升监督治理效能。通过这种内外融通、协调发展工作格局的构建,更好营造检察工作高质量发展生态,更好发挥法治固根本、稳预期、利长远的保障作用,更好推进法治国家、法治政府、法治社会一体建设。

(三)检察工作内外融通、协调发展新格局的基本要义

根据马克思主义唯物辩证法,事物的发展是内外因共同起作用的结果。内因是事物发展的根据,是第一位的,决定着事物发展的基本趋向。外因是发展的必要条件,是第二位的,外因通过内因起作用。检察工作内外融通、协调发展的格局,是一个完整的战略方针,也呈现出以内部一体融合为基础,外部有机贯通为补强的特征,通过内外部的相互促进、协调发展,实现国家监督体系的系统性与整体性,推进国家治理体系和治理能力现代化。

1. 以内部一体融合为基础。检察一体反映了由检察权的特殊性决定的检察权运作的内在规律,是检察权运行时必须遵循的基本原理,因而也是构建整个检察制度的基本点。① 进入新时代,国家区域一体化发展战略、检察机关跨行政区域集中管辖等形势发展也赋予了传统意义上的检察一体新的时代内涵。无论是纵向各级院的上下级领导关系,还是横向各具体检察职能的全面协调充分发展,均存在从"整合"到"融合"的发展要求。在"整合"发展阶段,一体化的视角主要立足某个检察部门、特定检察职权与相关检察部门、关联检察职权之间在线索整合、办案互助、检力协同等具体层面的相互协同、互利合作。但这类基于部门本位主义立场的"整合"往往无法完全克服各检察职能部门之间封闭和掣肘的问题。例如,在深化数字检察赋能法律监督的过程中,可能出现案管部门抱怨业务办案部门填报数据不够规范,业务部门抱怨案管部门要求太过死板,"离心力"大于"整合力"的情况。在"融合"发展阶段,一体化的视角上升到检察治理的政治与全局高度,检察机关法律监督需要有机融合为一项系统性、整体性职权。例如,在科技创新要素集聚、前沿性、交叉性、专业性极强的知识产权检察保护领域,为了有效克服因知识产权案件同时涉及行政、民事、刑事等多个领域而导致办案力量分散、履职难以统筹的难题,就需要通过检察职能"四合一"的集中统一,保证各项检察职能之间真正"融合"一体。

---

① 王伟、陈咪娜、卢凤英:《坚持和发展检察一体原则的思考》,载《中国检察官》2020年第1期。

2. 以外部有机贯通为补强。在我国"一元分立"的权力结构模式中，检察机关的法律监督区别于西方国家以制约和掣肘为目的的控权机制，是一种以协调统一为目的的内部监管和制衡。在这一模式下，检察工作内外部的治理议题之间存在普遍联系。现代法治越来越强调"主体间性"和"沟通理性"。[①] 在资源有限的情况下，为应对和解决具有整体性、全局性和具有普遍联系的国家与社会治理议题，检察机关必须在整合自身内部力量的同时，通过跨部门合作建立有效的"双向"或者"多向"衔接治理机制，以凝聚共识、加强合作、同向发力，共同加强对诸如损害社会公共利益等人民群众最关心的问题的监督。换言之，检察内部一体融合虽然在检察工作层面实现了检察履职效能的最大化，但要更好发挥检察工作在全面依法治国中的独特作用，还需在法治轨道上统筹各方力量和各种资源，增强各类监督的协同性、系统性、整体性，构建党统一指挥、全面覆盖、权威高效的监督体系。具体来说，在纵向关系上，应进一步增强检察机关法律监督与党内监督、人大监督的有机贯通，通过充分发挥党内监督的主导作用，用好宪法赋予人大的监督权，引领、带动、促进检察机关法律监督坚持正确政治方向，坚守人民立场；同时以检察机关的"专业化监督"有力助推党内监督、人大监督落地。在横向关系上，要进一步加强检察机关法律监督与纪检监察监督等监督的沟通协作，通过建立健全信息沟通、线索移送、协同监督、成果共享等工作机制，促进各类监督的专业优势互补，实现监督的整体效能倍增。

3. 内部一体融合与外部有机贯通相互促进、协调发展。习近平总书记强调："全面依法治国是一个系统工程，要整体谋划，更加注重系统性、整体性、协同性。"[②] 从系统思维看，检察机关法律监督是国家监督体系的重要组成部分，国家监督体系又从属于更高层面的国家治理体系。在这一复杂系统中，对检察机关来说，实现内部一体融合与外部有机贯通之间的相互促进、协调发展有其特定表现要求。首先，检察机关法律监督助推国家监督体系建设。内部一体融合确保了检察权行使的统一性、权威性，加之检察机关法律监督本身具有的专业化、精准化特点，使其具有了其他监督形式不可比拟的优势。特别是在诉讼活动中，检察机关通过强化参与、跟进、融入式监督，可以更好实现同步、实时、一体监督效果，更好促进执法司法制约监督体系改革和建设，

[①] "主体间性""沟通理性"概念由德国学者哈贝马斯于 20 世纪 60 年代首度提出。详见陈先红：《关系范式下的公关研究》，华中科技大学出版社 2010 年版，第 116 页；刘仁文：《"四大检察"理念的哲学意蕴》，载《人民检察》2019 年第 21 期。

[②] 习近平 2020 年 11 月 16 日在中央全面依法治国工作会议上的讲话。

更好推进构建严密的法治监督体系。其次,其他各类监督支持和规范检察机关法律监督。一方面,新时代加强检察机关法律监督,需要凝聚法治这个最大"公约数",离不开其他监督主体的支持配合。另一方面,检察权规范高效行使也离不开其他监督主体的监督制约。如通过加强人大监督、政协监督、群众监督、纪检监察监督,有助于督促各级检察机关及时反馈、积极采纳人大代表、政协委员、人民群众的合理意见建议,确保检察人员"依法授权办案"得到合理约束、"违规过问案件"受到相应追责,确保检察权依法规范行使。最后,通过内外部的融通、协调,可以更好在法治轨道上推进国家治理体系与治理能力现代化。国家治理体系治理能力的现代化是中国与西方国家两条现代化道路差异所在,也是中国式现代化的显著优势。习近平总书记深刻指出:"健全党统一领导、全面覆盖、权威高效的监督体系,是实现国家治理体系和治理能力现代化的重要标志。"[1] 监督是治理的内在要素、重要环节,也是权力正确运行的根本保证,在管党治党、治国理政中处于基础性、保障性地位。[2] 作为宪法规定的法律监督机关,检察机关在国家监督体系中角色独特、无可替代。新征程上,推动检察机关法律监督与其他各类监督相互促进、协调发展,形成全面覆盖、常态长效的监督合力,有利于及时发现国家治理体系运行中存在的问题,对国家治理能力短板、不足和偏差提出预警,对脱轨权力进行修正,进而以更有力、有效的监督推动改革、完善制度,推进国家治理体系和治理能力现代化。

四、聚焦构建内外融通、协调发展新格局,谋划推进检察工作高质量发展的基本思路

新征程上接续推进检察工作高质量发展,涉及检察工作政治建设、业务建设、队伍建设、基层基础等方面。其中,无论是政治建设的方向性引领作用,还是队伍建设、基层基础建设的基础性保障作用的发挥,均是以"四大检察"为主要内容的业务建设为核心展开的。换言之,新征程上接续推进检察工作高质量发展,首要且根本的就是"四大检察"的高质量发展。其中,刑事检察高质量发展重在进一步坚持和拓展"在办案中监督、在监督中办案"的特殊优势,协同构建以证据为核心的刑事指控体系,更直接更及时发现和监督执法司法活动中的违法问题。民事检察高质量发展则要深化精准监督理念,聚焦具

---

[1] 习近平总书记在二十届中央纪委二次全会上的讲话。
[2] 钟纪言:《以有力有效监督促进国家治理》,载《中国纪检监察报》2020年5月14日,第7版。

一、法律监督理念现代化

有引领价值的典型案件,发挥对类案的指导作用;行政检察高质量发展需要按照党的十八届四中全会的部署要求积极稳妥探索推进行政违法行为监督,有效补强行政检察监督;公益诉讼检察高质量发展既要突出抓好法定领域办案工作,又要积极稳慎推进纵深发展,让独具特色的公益司法保护"中国方案"更加成熟定型。①

立足构建内外融通、协调发展新格局,新征程上检察机关要实现检察工作高质量发展,必须立足"四大检察"法律监督总体布局,坚持系统观念、系统思维,全面增强政治建设、业务建设、队伍建设、基层基础等各方面工作的系统性、协调性,确保统筹兼顾、相辅相成。

(一)以加强政治建设为统领,塑好检察工作高质量发展之"魂"

检察机关是党全面领导、绝对领导下的政法机关,坚持宪法确定的中国共产党的领导地位不动摇,是实现检察工作高质量发展的首要原则,必须始终旗帜鲜明地予以坚持。

一是健全坚持党的绝对领导的制度体系。以严格执行《中国共产党政法工作条例》这一党内基本法规为依循,进一步细化检察机关法律监督工作重大问题、重大事项向同级党委及其政法委和上级检察机关党组请示报告的范围和程序等工作机制,加强与党委政法委执法监督衔接,把坚持党的全面领导落实到检察工作全过程各方面各环节。

二是完善检察机关政治建设与业务建设融合机制。要将政治考核纳入检察官考核评价体系,把讲政治和抓业务相互融合、相互促进的辩证统一关系有机落实到检察办案中,引导检察人员准确把握每一个"小案件"中的"大民生",深刻领会每一项业务工作背后的政治要求,以检察履职实效检验政治建设成效。

三是坚持不懈夯实对党绝对忠诚的思想根基。要持续深化社会主义法治理念教育,健全全员政治轮训制度,加强理想信念教育和政治忠诚教育,赓续人民检察听党话、跟党走的"红色基因"。要坚持党管干部原则,把政治标准贯穿选人用人工作始终,永葆检察队伍对党忠诚的政治本色。

(二)以强化法律监督职能为核心,筑好检察工作高质量发展之"本"

在"四大检察""十大业务"的检察工作格局已经基本定型并向更加成熟发展的背景下,要通过深化改革,使法律监督既在领域规模上"量"增、又

---

① 《〈瞭望〉专访童建明:以检察工作现代化服务中国式现代化》,载最高人民检察院网,https://www.spp.gov.cn/spp/zdgz/202303/t20230312_608011.shtml。

在内容结构上"质"变。

一是发挥检察审查作用，更好支撑"在监督中办案、在办案中监督"。检察审查，即检察机关对公安机关、法院等执法司法行为，以及涉及公共利益的行政行为、民事行为进行合法性审查并作出决定的权力。① 新时代背景下，应当把检察审查作为一项重要的法律监督手段予以重视，更好支撑起检察机关法律监督的宪法定位。在程序配置上，要促进检察审查的实质化，凸显检察审查有别于一般的工作性审查、行政性审查的司法属性，为"在监督中办案、在办案中监督"提供机制支撑。在外部效能上，要实现检察审查的职能化，即把检察审查作为检察裁量权行使的先决条件和外在表现，形成检察审查与法院审判相衔接的国家司法控权制度，共同确保国家法律的统一正确实施，为"在监督中办案、在办案中监督"提供制度支撑。

二是构建完善的诉讼监督程序体系，更好平衡法律监督履职、促进严格公正司法。首先，以系统化为目标，构建重大监督事项案件化办理规范体系。针对诉讼监督"点多、线长、面广"的特点，有必要细化形成一整套专门服务于监督办案、可以和诉讼办案相媲美的配套规范，将诉讼监督工作纳入统一、规范的程序轨道。② 其次，以司法化为特征，加快对终局性监督决定程序的诉讼化改造。对带有终局性、实体性的检察监督活动，要以全过程人民民主理论为内在依托，使之纳入对听式、公开化程序中行使，确保法律监督的权能合理性、程序民主性和决策正当性。最后，以协同化为助力，推动内外各方协作配合、同向发力。在内部，发挥特定职务犯罪侦查权对诉讼监督的支撑和保障作用，确保监督效果落实。在外部，建立健全检察监督意见落实的协同保障体系，在双赢多赢共赢中实现效果最大化。

三是适当延伸法律监督职能，更好担起党和人民赋予的更重责任。首先，在强化行政检察监督，助力法治政府建设方面，抓住"保障国家法律统一正确实施"的实质，不只是对诉讼活动或者司法裁判的合法性进行监督，还要重视对实质违法行为的纠正和法律争议的实质性化解。③ 重点要在健全行政检察与行政执法衔接机制、加大行政违法行为检察监督探索力度、加强对行政非

---

① 参见苗生明：《新时代检察权的特征、定位和发展趋势》，载《中国法学》2019年第6期。

② 有论者认为，诉讼规范是完善的，但监督规范不完善，散见于各项法律中，有些不得不规定为法律的内容规定在诉讼法中。参见北京市人民检察院检察改革与发展研究中心编：《检察新说》，中国法制出版社2020年版，第26—27页。

③ 张智辉、谢鹏程、秦前红：《新时代检察机关法律监督的功能与作用》，载《检察日报》2020年8月5日，第3版。

诉执行的全流程监督方面下功夫。其次，在推动完善公益诉讼制度，深化公共利益保护方面，要加快推进公益诉讼专门立法，参照海事诉讼特别程序法的形式，构建符合公益诉讼特点的程序规则，完善制度供给，对调查核实权的法律地位、行政公益诉讼诉前程序诉讼化改造、公益诉讼繁简分流和快速响应办案机制、与其他公益保护主体的衔接配合机制等予以明确规定。最后，要能动推进诉源治理，以"我管"促"都管"、护善治、保发展。通过深化与刑事司法政策的综合配套实施机制，积极引导和推动构建"治罪"与"治理"并重的中国特色犯罪治理模式。通过检察建议推进行业治理，及时向监管单位制发检察建议，督促履职尽责，促进行业领域突出问题整治，实现办理一案、治理一片。通过多元共治促进矛盾化解，以"看得见、听得懂"的方式消除当事人及公众对司法办案的疑虑，实现案结事了人和。通过以法隆德守护公平正义，抓住具有示范性、引领性、典型性案件的依法处置，让人民群众透过鲜活案例对公平正义可感、可知、可信。

（三）以检察一体融合发展为支撑，把好检察工作高质量发展之"要"

实现一体融合发展，是法律监督落实新发展理念、构建新发展格局的重大课题和崭新要求。要通过完善履职机制、优化内设机构、设置专门机关等，提升检察履职的系统性、集成化、聚合力。

一是在办案机制上，推进检察一体化建设，完善一体融合发展"产业链"。要在纵向上明晰各级检察院职责，积极整合力量，遇到重大案件、重大监督事项，统一调配人员，组织合力攻坚，通过一体化实现领导强化、资源优配、质效提升。要在横向上克服"条块分割""各自为战"的传统思维，实现"四大检察""十大业务"线索移交常态化、协同办理规范化、资源配备高效化、工作机制长效化。同时，正确处理好检察机关上下一体与司法亲历、"四大检察"横向融合与发展布局的关系，准确把握一体化的恰当分寸，避免一体化异化为行政化、平均化。

二是在内设机构上，优化办案组织设置，搞好一体融合发展"深加工"。在现有部门职能分工基础上，继续深化知识产权、未成年人保护等特定领域融合履职的经验成果，深化"专+融"的检察机关内设机构体系。例如，在网络犯罪检察体系建设方面，可以参照知识产权检察办公室的模式，设立专门的网络犯罪检察办公室，对网络犯罪检察工作实行专门化、专业化运作，推动构建以刑事检察为主，兼顾民事、行政、公益诉讼检察的网络综合治理体系，维护信息化时代网络秩序和安全、服务保障网络强国建设。

三是在组织体系上，设置专门检察院，提升一体融合发展"附加值"。积极应对新型犯罪、专业领域治理、前沿法治需求等挑战，按照《意见》提出的"确保法律监督不留死角"要求,对应设立专门检察院,探索构建"普+专"的检察组织机构体系,即由普通检察院管辖普通案件的同时,在知识产权、金融等特定领域增设专门检察院管辖专业性案件。既充分发挥专门检察院聚焦特定专业领域、聚合"四大检察"力量的优势,提升法律监督水平,又与专门法院对应设置同步实行法律监督,更有助于促进公正审判。

(四)以法律监督与其他各类监督贯通协调为坐标,定好检察工作高质量发展之"位"

检察机关要在厘清法律监督与其他各类监督界限的基础上,推动与其他各类监督有机贯通、相互协调,为构建严密的法治监督体系营造良好环境。

一是在上下关系上,要争取党委与人大机关的最大支持。一方面,要推动检察机关法律监督与党内监督贯通协调,把法律监督置于党和国家工作大局中谋划和推进,在服务党委、政府中心工作中提升贡献度和影响力。另一方面,要推动检察机关法律监督与人大监督贯通协调,要主动向同级人大及其常委会报告法律监督重要工作情况,将检察机关法律监督与人大执法检查相衔接,共同促进被监督问题的纠正和解决。

二是在平行关系上,要争取各类专门监督的协作支持。党和国家监督体系中还存在着各类专门监督,这些监督由不同的国家机关实施,在国家监督体系中发挥各自功能。检察机关要立足法治全局,处理好自身法律监督与其他国家机关专门监督之间的关系,消除监督履职中的相互重叠与干扰,增强监督履职中的相互合作与补强,查漏补缺,合作共赢,真正发挥出"一加一大于二"的监督履职效果。

三是在社会关系上,要争取最广泛社会力量的参与支持。群众监督和舆论监督是社会力量参与监督的重要形式,是我国监督体系不可缺少的重要组成部分。新征程上,要进一步做好检察机关法律监督与群众监督、舆论监督的贯通。要推动渠道对接,高度重视和认真处理人民群众信访举报和新闻媒体报道反映的重要信息和线索,聚集和释放社会力量参与监督的正能量。要完善程序衔接,让社会公众感受到处置过程的及时性、公正性,确保社会监督事事有回应、件件有着落。要深化人民监督员制度,保障人民群众对检察工作知情权、参与权、表达权、监督权,确保检察权始终在人民监督下公平、公正、公开运行。

(五)以管理现代化为枢纽,聚好检察工作高质量发展之"力"

管理是高质量发展的基础性工作和有效保障手段,核心是聚焦人、案、事三大要素,建制度、促规范、强落实、提效能,最终实现用制度管人管案管

一、法律监督理念现代化

事,管好权力、管出"生产力"。

一是对人管理要管出"战斗力"。前提是要纵深推进分类管理改革,畅通三类检察人员职业发展通道,让各类检察人员各安其位、各展所长、各尽其才。关键是要深化落实检察官员额制的配套措施,抓实员额退出机制,让有进有出、优胜劣汰成为常态。重点是要做实全面、全员、全时考核评价机制,通过科学、动态的指标设计,凸显关键要素,全面评价检察人员的精神状态、履职能力和责任担当,引导检察人员能动履职、全面履职、高效履职。

二是对案管理要管出"公信力"。首先,要进一步更新监管理念,实现由单纯管案件转向全面管质效、由后端纠错式监管转向前端牵引式管理。其次,要进一步完善监管机制,落实好上下级检察院各有侧重的分析研判会商、纵横交错的内部评查、案件监督管理和检务督察相衔接等机制,严格落实司法责任制,规范开展追责问责。最后,要进一步升级监管形态,以整合质量评查、流程监控、数据自动化校验等信息化系统为基础,以融合程序监督、实体监督、数据监督为目标,依托数据联通实现监管融通。

三是对事管理要管出"执行力"。"首"在制度规范,要构筑全方位、立体化管理体系,形成上下贯通、系统完备、规范统一的业务制度和管理制度,增强制度的互补性、关联性、有效性,确保管常态、管长效。"要"在过程跟进,通过任务清单、责任清单、措施清单、时限清单等优化"事前"分工明责,通过调研、督导、督办、督查、通报等固化"事中"调度督促,通过具体数据、案事例等支撑,强化"事后"评估问效。

(六)以数字赋能为驱动,建好检察工作高质量发展之"翼"

大数据赋能是法律监督高质量发展的应有之义,也是突破传统法律监督模式瓶颈、推进诉源治理的重要方法,必须坚定不移把这项基础性、战略性工作做深做实做强。

一是高起点谋划、高标准推进。要组建专门的数字检察机构,同步一体规划"全流程全息在线办案、全程一体化办案法律监督、全过程在线监管、全周期业务决策和指导"。要抓实数字化项目的源头管理,统一全市数据标准和开发标准,杜绝重复建设、无序开发、建而不用等问题。要与数字化项目部署应用相配套,同步制定、优化、完善相应的业务规范。要完善大数据全方位赋能保障体系,用制度加强数字化项目的全程闭环管理,确保可以复制推广、迭代升级的主动权。

二是推进数据应用真正为办案赋能。要让数字化反哺办案,使检察官既是数据的生产者,也是使用者,更是受益者。要坚持"需求为王",鼓励一线检察官、检察官助理提出服务办案、服务群众、服务决策的各类具体需求。要加快建设全流程在线办案体系，提升业务数据化水平。要以数据无感采集为目标，通过线下办案行为的线上化，让尽可能多的数据在办案中自动生成，既减少办案之外的填录，又保障数据的完整性、准确性。要通过在线办案实现办案流程的集约再造，既便利办案，又促进办案，让检察人员有实实在在的真正的获得感。

三是管好用活大数据法律监督线索。大数据法律监督是解决监督规模不足、破解传统监督短板的有效手段。要持续研究创新大数据监督模型，探索更多更新的法律监督点、业务增长点、诉源治理点。要综合运用大数据思维，通过内外部数据的碰撞筛查发现异常数据，形成高质量的监督线索。要统一归口管理模型梳理出的线索，由专门部门研判线索价值，按照职能移送流转，跟踪线索办理进展和办理结果，形成内部横向一体协作闭环。

（七）以专业化建设为关键，育好检察工作高质量发展之"基"

要主动适应新时代法治建设需要，努力打造高素质、专业化检察队伍，为检察工作高质量发展提供坚强的人才支撑和组织保证。

一是持续加强人才队伍建设。要牢固树立人才是第一资源的战略思想，大力推进人才培养，实施检察领军人才培养计划，加强专业化特色办案团队建设，着力在重大疑难复杂案件或专项工作中历练青年检察人才，努力培育一批司法办案的"工匠"和推进社会主义法治的"大师"。要把领导班子建设作为重中之重，实现领导干部带头办案常态化制度化，提高领导干部解决问题能力和科学决策水平。

二是持续加强专业体系建设。要以专业需求为导向，建立专业素能标准体系，让专业化可感可评可操作。通过强化专业素能培训，广泛开展岗位练兵，持续推进领导干部上讲台、检察官教检察官，推动建立法律职业共同体同堂培训常态化。要健全业绩考评指标体系，发挥好引领检察工作高质量发展的"指挥棒""风向标"作用，提升专业化素质和监督办案质效。

三是持续加强职业纪律建设。健全法律职业伦理和职业操守教育机制，常态化开展以忠诚、为民、担当、公正、廉洁为主要内容的检察官基本职业道德教育实践活动，坚定职业信念。要建立符合检察工作规律的容错纠错机制，推动检察官依法履职保护机制实质化运作，鼓励职业担当。一体推进不敢腐、不能腐、不想腐机制建设，有序落实放权和有效监督相统一，确保有权必有责、用权受监督、失责必追究。

五、余论

马克思、恩格斯指出，一切划时代的体系的真正的内容都是由于产生这些

一、法律监督理念现代化

体系的那个时期的需要而形成的。中国式现代化,是对世界现代化理论与实践范式的重大创新与贡献,为人类实现现代化提供了全新的选择。作为法治建设的重要主体,法律监督现代化是中国式现代化的重要内容,与中国式现代化内在联结、相互依存、伴生发展。如何以党的二十大精神为根本遵循,在国家治理体系治理能力现代化、推进法治中国建设中定位检察、布局检察、厉行检察,推进系统性、整体性、制度性解决目前检察工作发展起来以后的问题,建构符合这个时代"需要"的检察"新体系",更好服务中国式现代化,这是检察机关当下必须直面和解决的重大时代命题。破解这个命题,需要我们跟进、顺应中国式现代化建设"两步走"的战略步伐,科学设定检察现代化的阶段性目标,既要有高屋建瓴的气度,从大局全局的宏观叙事中谋定检察宪法定位、法定职责,也很有必要从中观乃至微观中系统谋划检察工作"高质量""现代化"发展的具体构想。

在检察工作现代化的起步阶段,巩固高质量发展是第一要务。下一步,我们将以《意见》关于检察机关"四个方面定位"为基准,坚持人民检察制度"中国特色",继续推进对构建与中国式现代化相适配、相融合的检察工作高质量发展新理念、新格局、新思路的思考,对各项具体检察工作的高质量发展进行立体化评价,充分发挥高质量发展对检察工作现代化的牵引作用,进而更加自觉地把各项工作置于中国式现代化这个"国之大者"中思考、谋划、推动,在明确检察工作高质量、检察工作现代化基本内容和新理念内涵基础上,牢牢把握中国式现代化、政法工作现代化的本质要求和重大原则,在推进中国式现代化、政法工作现代化大局中,统筹谋划检察工作现代化的思路、方法和路径,细化实化推进检察工作现代化的政治方向和工作要求,从而更快推进构建与中国式现代化相适配、相融合的,公正高效权威的中国特色社会主义检察制度,为更好发挥法治固根本、稳预期、利长远的保障作用,更好以法治之力服务中国式现代化提供更加成熟、完善的上海检察方案。

论新时代检察机关法律监督理念现代化

王建军　黄祖帅　董泽史*

党的二十大擘画了中国式现代化推进中华民族伟大复兴的宏伟蓝图，专章部署"坚持全面依法治国，推进法治中国建设"工作，专门强调"加强检察机关法律监督工作"①，这是新时代新征程上检察事业提出的重大现实课题。2023年1月，中央政法工作会议提出，政法机关要"紧紧围绕中国式现代化谋划推进政法工作现代化，以政法工作现代化服务保障中国式现代化"，并进一步提出，"要推进思想观念现代化"。② 2023年1月，全国检察长会议上强调，"检察工作现代化是政法工作现代化、国家治理现代化的题中应有之义""检察工作现代化的先导是法律监督理念现代化"③。法律监督理念现代化提出后，要求从理论层面与实践层面系统地回答在：法律监督理念现代化视野下应当坚持发展什么样的法律监督以及怎么样坚持发展法律监督？这就需要从中国特色、一般内涵、实践面向三个层次对其进行系统研究。

一、新时代法律监督理念现代化的中国特色

研究新时代法律监督理念的现代化首要的是要研究新时代法律监督理念现代化的中国特色，即要具体研究新时代法律监督理念现代化的问题意识、思想指引、根本保证与逻辑边界，这是研究新时代法律监督理念现代化的前提性问题。

---

* 王建军，天津市人民检察院党组成员、副检察长；黄祖帅，天津市人民检察院研究室主任；董泽史，天津市人民检察院研究室四级高级检察官。

① 参见习近平：《高举中国特色社会主义伟大旗帜　为全面建设社会主义现代化国家而团结奋斗——在中国共产党第二十次全国代表大会上的报告》（2022年10月16日）。

② 参见陈文清：《全面贯彻落实党的二十大精神　奋力推进新时代新征程政法工作现代化——在中央政法工作会议上的讲话》（2023年1月7日）。

③ 参见应勇：《全面贯彻党的二十大精神　以检察工作现代化服务中国式现代化——在全国检察长会议上的讲话》（2023年1月8日）。

一、法律监督理念现代化

(一) 新时代法律监督理念现代化的问题意识

新时代法律监督理念现代化的问题意识,就是其所需要解决的根本问题,其一,在理论层面系统回答在法律监督理念现代化视野下应当坚持发展什么样的法律监督,从根本上解决现代法律监督是什么的问题。其二,在实践层面系统回答在法律监督理念现代化视野下怎样坚持与发展法律监督,从根本上解决现代法律监督怎么样的问题。①

党的十八大以来,习近平总书记站在新时代历史新起点上,提出"建设中国特色社会主义法治体系",并在此基础上对检察机关法律监督工作作了诸多重要论述,明确了检察机关在国家法治体系中既是法律实施者、又是法律监督者的双功能定位,深刻回答了"法律监督之问",突出了法律监督的中国特色、一般内涵与特有规律,为检察机关以法律监督工作推进中国特色社会主义法治体系建设指明了方向。作为执法司法活动的参与者,检察机关直接、全面了解案件办理全过程,是在具体办案过程与环节中履行监督职责,是参与、跟进、融入式监督,是"在办案中监督、在监督中办案",国家制度设计的目的就是以此实现一体、实时、有效监督。"中国特色社会主义法治道路,本质上是中国特色社会主义在法治领域的具体体现。"② 中国特色社会主义检察制度是中国特色社会主义法治道路的重要组成部分,是在中国共产党领导下马列主义法律监督及司法理论与中国国情及政治体制相结合的产物,是中国共产党和中国人民在法治建设过程中长期实践探索,不断发展完善的结果,具有历史独创性和时代先进性。

我国宪法将检察机关定位为法律监督机关,以此为核心逐步发展成型的"四大检察""十大业务",包括提起公诉、诉讼法律监督、执行法律监督及司法人员职务犯罪侦查、公益诉讼等职权,构成了层次分明、形式多样并足以保护国家利益、人民权利和社会公益的权力体系。在实践层面,已经逐步成熟定型的中国特色社会主义检察制度,完全符合中国国情和时代发展,是人民利益的坚定维护者,实现了对西方检察制度的超越,与中国特色社会主义制度具有同样的创造力和生命力。通过深入系统研究中国特色社会主义法治理论,实现法律监督理念现代化助推法律监督现代化,法律监督现代化融入政法工作现代

---

① 参见秦前红:《新时代法律监督理念:逻辑展开与科学内涵》,载《国家检察官学院学报》2019年第6期。

② 参见习近平:《在省部级主要领导干部学习贯彻党的十八届四中全会精神全面推进依法治国专题研讨班上的讲话》(2015年2月2日),载中共中央文献研究室编:《习近平关于全面依法治国论述摘编》,中央文献出版社2015年版,第35页。

化，政法工作现代化嵌入中国式现代化。

（二）新时代法律监督理念现代化的思想指引

习近平法治思想科学回答了建设中国特色社会主义法治体系的一系列重大理论和实践问题，为全面推进依法治国指明了方向。党的十八大以来，习近平总书记作出一系列重要指示，深刻阐明检察机关法律监督的宪法定位、主要职责、基本任务，为党的检察事业创新发展把脉定向、指路领航。2021 年 6 月，中共中央通过《中共中央关于加强新时代检察机关法律监督工作的意见》（以下简称《意见》），法律监督工作被赋予更大政治责任、历史责任、法律责任。法律监督工作要坚持以习近平法治思想为思想指引，认真贯彻习近平总书记重要讲话精神，深入落实《意见》精神，着力助推构建更加严密的法治监督体系，着力推进中国特色社会主义法治体系建设。

坚持习近平法治思想为思想指引，要牢牢把握法治体系建设正确方向，坚定不移走中国特色社会主义法治道路。坚持以习近平法治思想为思想指引，要毫不动摇坚决捍卫党对法律监督工作的绝对领导，党的领导是中国特色社会主义法治之魂，坚持党的领导是检察机关法律监督工作的最高原则、最大优势与根本保证。坚持以习近平法治思想为思想指引，要坚定不移走中国特色社会主义法治道路，建设中国特色社会主义法治体系，最重要的就是贯彻习近平法治思想。坚持习近平法治思想为思想指引，要始终坚持以人民为中心，厚植党的执政的政治根基，坚持法治为了人民、依靠人民、造福人民、保护人民，实现三个效果相统一，实现法、理、情相统一，用心用情办好案件，守住民心，让人民群众切实感受到公平正义。坚持以习近平法治思想为思想指引，要以高质量检察履职服务保障经济社会高质量发展，法治是党和国家事业永续发展、长治久安的重要保证，法治具有固根本、稳预期、利长远的作用，检察机关必须时刻胸怀"国之大者"，统筹发展和安全，为推动高质量发展提供有力法治保障。坚持以习近平法治思想为思想指引，要坚持敢于监督、善于监督、勇于自我监督，促进完善执法司法监督制约体系，全面提升法律监督质效。①

（三）新时代法律监督理念现代化的根本保证

习近平总书记指出，"中国特色社会主义有很多特点和特征，但最本质的特征是坚持中国共产党的领导"。② 我国检察事业在中国特色社会主义法治体

---

① 参见张军：《坚持以习近平法治思想为指引，加强新时代检察机关法律监督》，载《求是》2021 年第 4 期。

② 参见习近平：《在中央经济工作会议上的讲话》（2012 年 12 月 15 日）。

系建设中取得的成就,须臾离不开中国共产党的领导。在推进中国特色社会主义法治体系建设进程中,必须毫不动摇地坚持党对检察工作的绝对领导,这是人民检察事业发展的根本保证。中国特色社会主义进入新时代,世界出现前所未有的大变局,我国呈现日趋复杂的社会利益关系,人民群众法治需求日益增长,检察工作进入新的历史发展时期,坚持中国共产党对检察工作的绝对领导就显得更加重要。正如习近平总书记指出,"党的领导是中国特色社会主义法治之魂,是我们的法治同西方资本主义国家的法治最大的区别。离开了中国共产党的领导,中国特色社会主义法治体系、社会主义法治国家就建不起来"。① 党对法律监督的领导主要体现在领导方式和执政方式两个方面。在领导方式上,党对法律监督的领导主要表现为政治、思想和组织领导,这要求各级党组织通过政治、思想和组织领导,实现对法律监督的理论与实践的科学有序领导。在执政方式上,依法执政是中国共产党执政的基本途径,是发展社会主义民主政治的必然要求,是实行依法治国的基本方略,其要求党坚持依法治国,领导立法、保证执法、支持司法、带头守法,这就要求法律监督工作必须通过坚持党的领导来保证和支持。

(四)新时代法律监督理念现代化的逻辑边界

新时代法律监督理念现代化的逻辑边界,是法律监督活动所遵循的基本界限。其一,法律监督不得违背我国人民代表大会制度的这一根本遵循。其二,法律监督不得违背现代法治国家基本共识。②

我国的政体是人民代表大会制度,一切权力属于人民,但人民并不直接行使国家权力,而是将国家权力授予不同的机构与人员行使。同时,设置监督制约体系对国家权力的行使进行监督,检察机关法律监督正是对国家权力的监督。检察机关实行法律监督是由我国的人民代表大会制度政体决定的。因此,法律监督不得违背我国人民代表大会制度这一根本遵循。同时,我国《宪法》第3条与第138条明确规定检察机关与权力机关之间是"由后者产生,对其负责、受其监督",但是同时第136条也规定了检察机关依法独立行使检察权的"独立检察原则"。故从权力机关与检察机关的关系看,人大对检察机关法律监督工作限于宏观指导,并不进行个案监督。同时,我国宪法规定检察机关依法独立行使检察权,检察权行使不受行政权的干涉。检察机关是法律监督专门

---

① 中共中央文献研究室编:《习近平关于协调推进"四个全面"战略布局论述摘编》,中央文献出版社2015年版,第115—116页。

② 参见秦前红:《新时代法律监督理念:逻辑展开与科学内涵》,载《国家检察官学院学报》2019年第6期。

机关而非宪法实施监督机关的宪法地位。我国宪法贯彻的基本法治理念,尤其是监督制约理念、法律权威理念、基本人权理念、限制公权力理念等也体现了与现代法治精神的传承及发扬关系。① 新时代法律监督理念现代化应当以不违背现代法治国家基本法治共识为法理边界。

二、新时代检察机关法律监督理念现代化的一般内涵

(一)崇尚维护法治

法治是社会主义制度的内在要求,也是社会主义政治文明和社会主义核心价值观的基本内容。法治是人类历史反复实践形成的基本共识,是一个国家进入现代文明的必经之路,是当今世界各国普遍选择的一种治国方式和执政方式。法治的本质意义在于约束国家公权力不被滥用,保障公民依法充分地享有自由。一个稳定、安全、有序的社会环境是公民充分享有自由的前提性条件,而要获得一个稳定、安全、有序的社会环境就必须预防打击违法犯罪,发挥法律的功能,就必须依靠法治。法律作为一种行为规则不同于道德与纪律,法律是一种较低的行为规则,是人类社会的底线,规则之治是现代社会的普遍规律,现代社会每个人都受法律规则制约,依法治国就是要让人们遵守法律规则这一底线,只有这样,才能保障人们正常的生活、工作、学习安全有序运转,才能进一步让人们享受充分的自由,法治是每个普通公民的安全法,是现代文明社会的最低标准。因此,建设社会主义法治国家,必须厉行法治、崇尚法治、维护法治、追求法治。②

坚持"法治"理念在法律监督工作中的核心地位,就要坚持"依法监督"。崇尚维护法治,还要坚持以下几点:

一是坚持合法性原则。合法性原则强调一切法律监督活动必须符合法律规定,实行法律监督活动必须有法律明确规定,经过法定程序,由法定机关决定和执行。法律监督不仅要符合法律形式上的规定,还要符合法律的内在逻辑,体现法规范的目的,实现法律的正义价值。这样,法律监督在最低限度上获得形式正当性,同时,基于法规范的正义,法律监督获得一定程度的实质正当性。

二是建立以实质正义为中心的司法评价体系。形式正义只是法律的形式上

---

① 参见秦前红:《新时代法律监督理念:逻辑展开与科学内涵》,载《国家检察官学院学报》2019年第6期。

② 参见孙谦:《论新时代检察机关法律监督的理念、原则与职能》,载《人民检察》2018年第21期。

的要求，并不能体现法的实质目的与社会实质，实质正义旨在实现法的终极价值，既将法规范与社会实质相融合，实现社会目的，又能够保障人权。建立以实质正义为中心的司法评价体系，就是要将社会目的与社会政策嵌入整个法律评价体系，构建基于社会目的与社会政策为内容的评价阶层。建立以实质正义为中心的司法评价体系，就是要建立实质解释论为导向的法律解释论，通过实质法律解释形成对实质正义的实质化判断，实现法的实质正义。建立以实质正义为中心的司法评价体系，就是要将形式正义体系与实质正义体系有机融合，处理好法律扩张与限缩的关系，保证实质正义的实现。

三是合理利用法律解释。根据1981年的《关于加强法律解释工作的决议》的规定，全国人大赋予司法机关司法解释权，最高人民检察院获得司法解释的权力。最高人民检察院的司法解释是为了弥补法律漏洞与解释法律适用，不仅对法律条文进行文义解释，还要对法律规范的目的及其法律正义价值进行解释。但是，司法解释的法律效力尚不明确，司法解释与其解释对象的效力位阶尚不明确。另外，如何避免"以释代法"也是一个值得注意的问题。

四是建立以实质解释论为导向的法律解释论。实质解释论主张从法的本质与保护目的去阐释法规范与构成要件的含义，通过对法规范与构成要件的实质解释，实现法规范的目的与法的本质，保证社会在一定的实质目的制约下运行，最终实现法的正义价值。建立实质解释论，就是要探寻法的本质与社会的目的，奠定实质解释的基石。建立实质解释论，就是要加强解释方法的研究，将法的义理与社会义理融入司法案件中，指导司法办案。建立实质解释论，还要将司法案件与主体结合起来，特别重视保护当事人的权益，特别重视保障人权。

五是坚持法律监督机关的定位。我国《宪法》第62条规定，全国人民代表大会"监督宪法的实施"；第67条规定，全国人民代表大会常务委员会规定"解释宪法，监督宪法的实施"，全国人大及其常委会是宪法监督机关。我国《宪法》第134条明确规定，"中华人民共和国人民检察院是国家的法律监督机关"。检察机关是"法律监督机关"，不是"宪法监督机关"。

（二）尊重保障人权

尊重保障人权，是现代民主政治最基本的价值观念、制度要求和文本表达，是我国宪法确立的重要原则，也是现代刑事司法理念的核心价值。我国《宪法》第33条明确规定国家尊重和保障人权。《人民检察院组织法》第2条规定，检察机关作为法律监督机关要维护个人的合法权益。《检察官法》第4条规定："检察官办理刑事案件，应当严格坚持罪刑法定原则，尊重和保障人权。"这些宪法与法律的规定深刻表明尊重保障人权的重要意义。尊重保障人

权,还必须在法律监督中遵循以下几点:

一是遵循正当法律程序原则。正当法律程序来源于自然正义。任何人不得自己做自己的法官,任何人在受到公权力的不利影响时,都有获得告知、说明理由和提出申辩的权利。随着法律实践的发展,"正当法律程序原则"进一步演绎出罪刑法定原则、无罪推定原则、疑罪从无原则、法不溯及既往原则、无事前公正补偿不得征收私人财产原则等原则。现代意义的"正当法律程序原则"不仅强调法律程序的正义,更强调法律实质的正义。"正当法律程序原则"不仅仅被当作一项程序上的要求,更要求实质上的立法正义、司法正义与执法正义。"正当法律程序原则"对尊重保障人权具有重要意义,法律监督必须严格遵循"正当法律程序原则"。

二是建立人权保护审查机制。人权保护审查机制就是在办理司法案件过程中专门针对人权保护问题进行司法审查,针对人权保护问题进行专门考察,形成专门意见,并对侵犯人权的行为予以纠正,对存在侵犯人权危险的行为提出批评建议意见,旨在保护人权,防止侵犯人权以及对人权进行救济。

三是建立权利救济机制。司法的本质是救济,司法是对人权进行法律保护的最后屏障。1948年《世界人权宣言》第8条明确规定:"任何人当宪法或者法律赋予他的基本权利遭受侵害时,有权由合格的国家法庭对这种侵害行为作出有效的补救。"对原被告双方的合法权利予以平等保障,是宪法的生命所在,也是司法救济具有公正性所在。司法实践中,法律监督工作违法或者失当可能造成公民实体权利受损害,这就需要建立权利救济机制畅通救济渠道对公民权利进行救济。

四是发挥从宽法律政策的作用。要将从宽的法律政策用实用足用好,对应当从宽的或者从宽处理更适当的,要依法从宽处理,真正维护当事人的正当权益,真正维护保障人权。要探索建立纳入法律政策的司法评价体系,通过建立法律政策与法律规范、法律原则三者融合的司法评价体系,实现形式正义与社会目的、实质正义相融合。

五是接受外部监督制约。权力接受监督和制约是现代法治的一项基本准则,也是权力运行的合法性基础。权力接受监督制约原则从人民主权原则、基本人权原则、法治原则、国家权力制约原则派生而来。检察机关接受外部监督制约主要来自各方面。检察机关受党的绝对领导,接受党的监督是坚持党的绝对领导的题中应有之义。我国《宪法》第3条规定,"检察机关由人民代表大会产生,对它负责,受它监督",检察机关受人大及其常委会监督。检察机关与公安机关、法院是分工负责、互相配合、互相制约的关系,三者相互之间存在监督关系。另外,检察机关还要实行司法公开原则、司法民主制度以及人民监督员制度，接受群众监督与媒体监督。①

（三）理性平和司法

理性平和司法，就是司法人员以理性精神、平和心态、谦抑态度平等公正善意对待社会成员，司法过程不违背基本理性、常情常识，善意平和谦抑司法。② 坚持理性平和法律监督理念，应当注意以下几点：

一是坚持客观公正立场。坚持客观公正的基本立场，是党和人民群众对检察工作的根本要求，是中国特色社会主义检察制度的基本定位，是检察工作高质量发展的客观需要。坚持客观公正的基本立场，就是要法律监督机关坚守"中立者"的定位，理性客观、不偏不倚、平和谦抑，并在构建检察权威与保障个人权利二者之间实现平衡。这就要求法律监督必须客观理性运用证据，排除主观臆断；必须恪守宪法平等原则，公正维护人民群众权益；必须深化诉讼监督职能，克服功利化倾向。

二是坚持审慎谦抑的精神。审慎谦抑是司法的基本要求，体现司法保障人权的价值追求。法具有最后性与被动性的特点，厉行法治直接与公民的权益相关联，司法要保障人权，不得侵犯公民的合法权益，这就要求司法必须坚持审慎谦抑的精神。坚持审慎谦抑司法，就是要坚持理性司法，克制慎重，注重证据，充分论证。坚持审慎谦抑司法，就是要坚持司法的最后性、被动性、中立性，在其他非司法手段有效时，不得动用司法手段。坚持审慎谦抑司法，就是要司法过程要保障人权，即使是罪犯，也要保障其合法权益，不得侵犯其基本人权。

三是注重"过程公正"。法律监督工作的核心，在于保障司法"过程"的公正性，在司法过程没有瑕疵的情况下，一般不对实体问题进行最终处分。③

（四）接受监督约束

《人民检察院组织法》第 7 条规定："人民检察院实行司法公开，法律另有规定的除外。"该条明确规定人民检察院实行司法公开的原则。《人民检察院组织法》第 9 条第 2 款规定："各级人民代表大会及其常委会对本级人民检察院的工作实施监督。"该条明确规定了人大及其常委会对检察院工作监督。

---

① 参见孙谦：《论新时代检察机关法律监督的理念、原则与职能》，载《人民检察》2018 年第 21 期。

② 参见孙谦：《论新时代检察机关法律监督的理念、原则与职能》，载《人民检察》2018 年第 21 期。

③ 参见秦前红：《新时代法律监督理念：逻辑展开与科学内涵》，载《国家检察官学院学报》2019 年第 6 期。

《人民检察院组织法》第11条规定："人民检察应当接受人民群众监督，保障人民群众对人民检察院工作依法享有知情权、参与权和监督权。"该条明确规定了人民检察院工作接受人民群众监督的原则。《人民检察院组织法》第27条规定："人民监督员依照规定对人民检察院的办案活动实行监督。"该条明确规定了人民监督员制度。这些法律规定明确表明人民检察院要接受监督约束，法律监督作为检察机关的一种公权力，也必须接受监督约束。

强化对法律监督工作的监督约束应着重加强完善外部监督与内部监督。

一是加强完善外部监督。坚持党对法律监督工作的领导与监督机制，加强党的政治监督，坚持从严治检，落实主体责任，健全检察机关内部巡视制度，坚持地方各级党委对党员的领导，通过党组党员的活动实现党的监督作用，发挥政法委监督、领导司法工作的作用。加强人民代表大会的监督，人民代表大会通过检察长、检察官选任、罢免，听取和审议年度工作报告，人大代表视察、工作评议、执法评议，对检察工作中的重大违法案件实施监督，质询、特定问题调查对检察权实施监督。完善群众监督和社会监督，检察机关在办理法律监督案件中，自觉公开案件，开通12309热线，公开听证等方式实现社会监督。加强司法监督，严格落实公安、检察院、法院、监察委员会等部门的分工负责、相互配合、相互制约的原则。加强对诉讼程序以及变更强制措施的监督。

二是加强完善内部监督。加强上级检察院对下级检察院的监督，通过工作汇报、检务督查、案件抽查、专项督查、追究责任人员责任等方式加强监督。推行检察机关案件管理机制改革，以强化案件质量管理为目标，健全案件质量评查机制。以规范案件流程管理为抓手，在业务监管中加强过程监管与实时监管，构建新型管理机制。强化案件重点领域、重要节点、关键岗位的监督，强化对"四大检察"等重点业务部门的监督，重点预防易发问题，加强对违法、不作为、重大过失行为的监督。建立健全领导干部不办案的责任追究机制，推动领导干部真办案、办难案。进一步加强案件评查工作，开展业绩考评工作，建立长效机制。

三、新时代法律监督理念现代化的实践面向

（一）牢固树立依法监督理念

依法监督必须遵循"合法性原则"，实行法律监督活动必须有法律明确规定，经过法定程序，由法定机关决定和执行。"合法性原则"强调一切法律监督活动必须符合法律规定，就是强调法律监督活动要符合法律条文的形式上的直接规定，这就为法律监督活动在最低限度上获得形式正当性。同时，法律规

定本身包含法规范的目的、法的理念与法的价值等实质正义，符合法律规定就意味着法律监督活动在一定程度上获得实质正当性。换言之，依法监督要从两方面把握：一方面，要从形式上把握法律条文的具体规定，依法严格实行法律监督；另一方面，要从实质上把握法律条文背后的法规范目的、法的理念与法的价值等实质正义，依法科学实行法律监督。

（二）牢固树立善意监督理念

善意监督要以维护法治、维护个人合法利益、维护国家利益和社会公共利益为目标，端正监督动机，做到在监督中主动服务、主动监督。善意监督要以依法监督、规范监督为前提，不能因善意而偏离法律准绳，甚至违反法律，监督违法，监督失范。善意监督要把握好监督机关职能定位，充分考虑其职能影响，合理考量监督对象以及第三者情况，聚同化异，能动司法，酌情酌理，传递司法温度温情，实现双赢多赢共赢。善意监督要善意而作，出于良知，相互信任、相互尊重，在为善的理念支配下监督，在和谐的氛围中进行的监督，监督意见善意、中肯、富有建设性。善意监督要求同存异，过程融洽，监督人性化，体现民主、平等、理解、温和、宽容精神。善意监督过程中，对监督对象要有海纳百川的包容心、倾听善言忠言的宽广胸怀和真诚态度。

（三）牢固树立精准监督理念

精准监督要坚持"合目的性、合规则性、合理性"相统一，把政治要求、法治原则和人文关怀结合起来，摒弃就案办案、孤立办案、机械办案，努力实现最佳的政治效果、法律效果、社会效果。"合目的性"就是要求办案要善于从政治上看，即办案对其中问题怎么看、对案件如何处理，要从目的上去探寻问题背后的本质。"合规则性"是指不仅是对现有法条的形式适用，更是办案中注重法律规则的内在逻辑与内在精神，并通过法律规则的内在性找到与合目的性的一致性，形成逻辑自洽。"合理性"是指案件处理不得违背生活常识、通常理性与人之常情，保证案件处理不偏离通常理性，同时能够倾听群众声音，体现人文关怀。[①] 总之，精准监督要三性统筹分析、综合考量、不可偏废，实现天理、国法、人情三者有机统一，实现政治效果、法律效果、社会效果三者有机统一。

（四）牢固树立效能监督理念

效能监督要围绕政法机关三项基本职能展开工作，以高质量法律监督忠实

[①] 参见陈凤超：《以习近平法治思想为指导，推动新时代检察机关法律监督工作高质量发展》，载《民主与法制》周刊2022年第35期。

履行政法机关的专政职能、管理职能、服务职能，提高政治站位，围绕中心，服务大局，提升治理效能，推进国家治理体系与治理能力现代化。效能监督要切实履行法律赋予法律监督的各项职能，要坚决防范惩治严重犯罪，依法惩治和有效预防各种犯罪，提高社会治理化水平，服务经济社会发展，让人民安居乐业、社会安定有序、国家长治久安。效能监督要把握检察供给方向，增强法律监督效能，要以解决经济社会发展突出矛盾问题与人民群众急难愁盼问题为目标，创新思路、提供方案、增强实效，不断增强人民群众的获得感、幸福感、安全感。[①]

（五）牢固树立合作监督理念

合作监督要加强检察机关与公安机关、法院、监察委员会等部门的协作配合。搭建侦查监督与协作配合办公室平台，常态化、规范化召开联席会；协同构建监督制约体系，共同建设以证据为核心的刑事指控体系，提升办案质效与司法规范化水平；完善会商研判和分析评估、执法司法信息共享、同堂培训等机制，打破信息壁垒，实现数据共享。合作监督要建立监督者与监督对象的良性关系。坚持以人民为中心，坚持"三个效果"的统一，增强监督智慧，加强与监督对象有效沟通，发挥典型案例示范作用，争取监督对象的理解和支持，寻求监督者与被监督者的一致目标与共同价值追求，实现监督者与被监督者的双赢、多赢、共赢。合作监督要加强区域协作。建立区域多层级联络机制，完善案件办理区域协作机制，探索建立案件专家联合共享机制，强化调查取证协作，加强对热点难点问题的共同研判分析，形成齐抓共管、同治同防新模式。

四、余论

现代化理论研究认为，现代化先后有第一次现代化、第二次现代化、未来的现代化。第一次现代化是农业文明向工业文明转变，第二次现代化是工业文明向知识文明转变，未来的现代化是第二次现代化后，人类社会进行的新的现代化，三次现代化先后凸显人的主体性价值与地位渐次加强。中国现在正处于何种阶段的现代化？中国现代化将走向何种方向？实际上，中国现代化主要处于第一次现代化向第二次现代化转型的阶段，兼具第一次现代化、第二次现代化的特征。这就要求法治的发展必须与中国现代化的实际情况相适应，同时发

---

① 参见詹鹏扬：《提升检察工作的理论品格和监督治理效能》，载人民网 2022 年 10 月 18 日。

挥法律上层建筑对中国现代化的反作用。这就要求新时代法律监督必须紧紧抓住中国现代化从第一次现代化向第二次现代化转型的基本判断,更加重视与维护人的主体性价值与地位,为工业文明向知识文明转变贡献法律力量。这就要求新时代法律监督不能忽视我国正处于第一次现代化与第二次现代化交叠交错存在的现实情况,既要主要助推工业文明向知识文明转型,又要为农业文明向工业文明转型提供适当、优良、高效的法律产品。申言之,这就要求新时代法律监督理念既要厉行法治,更要尊重保障人权;既要依法精准高效监督,更要自觉接受监督约束;既要理性客观,更要平和谦抑;以法律监督理念的现代化推进法律监督的现代化,服务中国式现代化的发展。

责任本位：新时代检察机关法律监督工作的理念定位*
——从"以人民为中心的发展思想"出发

胡梅奎　李　作**

一、责任本位理念下法律监督工作与"以人民为中心"之契合

党的二十大报告中多次提到坚持"以人民为中心的发展思想"。坚持"以人民为中心的发展思想"具有十分重要的地位，它关系我们党依照宪法法律治国理政的宗旨、全面依法治国的性质和方向、出发点和落脚点，决定作为国家治理体系和治理能力现代化重要依托的法治"为了谁、依靠谁"这一关键和核心问题。① 党的十八大以来，以习近平同志为核心的党中央，紧紧围绕坚持和发展中国特色社会主义这一主题，把"全面依法治国"列入"四个全面"治国理政战略布局，组建中央全面依法治国委员会，全力推进法治中国建设。2021年6月，中共中央印发《关于加强新时代检察机关法律监督工作的意见》（以下简称《意见》），明确"人民检察院是国家的法律监督机关，是保障国家法律统一正确实施的司法机关，是保护国家利益和社会公共利益的重要力量，是国家监督体系的重要组成部分，在推进全面依法治国、建设社会主义法治国家中发挥着重要作用。"② "党的二十大报告专门强调'加强检察机关法律监督工作'，这在党的全国代表大会工作报告历史上是第一次，是对检察机关的信

---

* 本文为研究阐释党的十九届四中全会精神国家社会科学基金重大项目"健全社会公平正义法治保障制度研究"（编号：20ZDA032）成果。

** 胡梅奎，浙江省人民检察院政治部主任；李作，中国政法大学刑事司法学院博士研究生。

① 王洪祥：《坚持以人民为中心》，载《人民日报》2021年1月25日，第11版。

② 参见《中共中央关于加强新时代检察机关法律监督工作的意见》，载中国政府网，http：//www.gov.cn/zhengce/2021－08/02/content_ 5629060.htm。

任、更是期待。"① 近年来，检察机关全面贯彻习近平法治思想，认真落实《意见》，深入践行"以人民为中心的发展思想"，与时俱进更新检察履职理念，持续深化检察改革，依法能动履职，通过重新阐释法律监督职能内涵，调整内设职能机构，实现了检察机关法律监督职责由内至外的重塑。相较于原先检察机关法律监督的范围而言，检察机关在参与推进全面依法治国的广度和深度上均有质的提升。就其广度而言，检察机关改变了以往仅仅聚焦诉讼领域的法律监督，尤其主要专注于对刑事诉讼的法律监督，开始在公益诉讼、行政执法领域持续发力，形成刑事、民事、行政、公益诉讼"四大检察"全面协调充分发展的法律监督新格局；就其深度而言，检察机关通过案件办理，依法能动履职，积极承担主导责任，向前、向后延伸法律监督职能，深度参与到诉源治理、特定领域系统性社会治理之中。这一履职理念的转变与"以人民为中心的发展思想"相契合，新时代法律监督工作的优化坚持和发展了"以人民为中心的发展思想"的精髓和要义，形成了责任本位理念的法律监督职责。

（一）新时代法律监督工作理念：从权力本位到责任本位

权力和责任作为职责体系建设的重要支撑，权力本位理念强调权力的先置性、支配性地位，国家机关先掌握权力后配置责任，责任的确立及其履行依据掌握的权力大小而定。② 权力本位理念认为权力是掌握、支配他人的能力与力量，被权力支配者可能是被动地接受，也可能是因为惧怕而主动渴求权威的保护。③ 权力本位理念生成原因在于权力的行使缺乏有效的监督，导致忽视了自身责任，以致出现以权代责、权责分离的现象。与之相对，责任本位理念则是对权力本位理念的颠覆和重构，其更加强调责任的基础性、前提性作用，认为责任应当优先于权力，应当根据责任大小配置相适应的权力，权力只是保障责任履行的工具。责任本位理念以服务型为导向，具体表现为机关组织建设应该从责任开始，以责任勘定权力的约束边界，各部门职能分工和职责权限明

---

① 参见孙风娟：《加强改进法律监督　为深化全面依法治国、建设中国式现代化作出新贡献——童建明在二十大新闻中心举办的第三场记者招待会上回答记者提问》，载《检察日报》2022年10月20日，第1版。

② 田玉麒、张贤明：《从"权力本位"到"责任本位"：政府职责体系建设的理念变革》，载《社会科学研究》2020年第5期。

③ 刘为军、漆晨航：《机动侦查权的解读与实化：回归权力本位的研究思路》，载《甘肃政法大学学报》2022年第2期。

确。① 从权力本位到责任本位，一方面表现为主导性价值理念的突破，另一方面则表现为实践层面的落实，包括建立以责任规范权力行使、以责任履行评判权力运行效果、以问责机制监督权力运行的职责体系。

　　进入新时代，人民群众在民主、法治、公平、正义、安全、环境等方面有着更高的期盼，法律监督必须主动适应时代进步、社会发展和国家治理体系现代化的需要，扭转一个时期以来，社会上、司法机关内部往往把检察机关只看作犯罪的追诉人，相当一部分检察人员往往也认同这样的标签，由此体现在个案办理上就往往倾向于从重处理的权力本位观念②，而迈向以责任本位理念为定位、以服务型为导向、以"以人民为中心"为价值追求的新时代依法能动履职的新格局，实现监督体系的更新和发展，新一轮的检察改革正是以此为出发点。

　　履职理念的转变必然伴随着职责分工和职责权限的调整，然而，对于检察机关当前为适应责任本位理念下法律监督工作进行的一些改革举措却一直存在着一些质疑的声音。首先，捕诉一体改革。有观点认为逮捕权与公诉权是两种性质完全不同的权力，审查批准逮捕是一种司法审查，具有程序裁判的性质；而公诉权是一种国家追诉权，具有控诉犯罪的性质。③ 捕诉一体会造成检察官角色混同，"左右手"难以自行制约。④ 同时，捕诉一体改革使得审查逮捕侦查化、审查逮捕公诉化及审查逮捕纠错监督化变得公开，从而造成与侦查机关、审判机关职权行使的冲突。⑤ 其次，检察机关在认罪认罚案件办理中承担主导责任。有观点认为认罪认罚从宽制度作为一项以检察机关为主导的制度设计带来控审之间的冲突，基于被追诉人的认罪认罚，控辩之间对于事实问题已经达成合意共识，审前程序中由检察机关发挥主导认罪具结、量刑建议、推进诉讼等工作。这对于职权主义司法程序中的法官而言，权力从其手中向检察官

---

　　① 陈国权等：《责任政府：从权力本位到责任本位》，浙江大学出版社2009年版，第1—3页。

　　② 参见张军：《关于检察工作的若干问题》，载《国家检察官学院学报》2019年第5期。

　　③ 参见闵春雷：《论审查逮捕程序的诉讼化》，载《法制与社会发展》2016年第6期。

　　④ 参见闵丰锦：《左右手何以制约：捕诉一体模式下检察权内部监督机制研究》，载《新疆社会科学》2019年第3期。

　　⑤ 参见汪海燕：《检察机关审查逮捕权的异化与消解》，载《政法论坛》2014年第6期。

潜在转移，与已经形成的主流法官角色认知不相符合。① 再次，对于"四大检察""十大业务"检察格局，有人提出检察机关能动履职，不断拓宽法律监督职能的范围，进而可能产生与其他机关管辖的竞合。② 最后，涉案企业合规改革试点。由于检察机关在涉案企业能否适用合规整改、如何合规整改及获得从轻处罚上承担主导责任，其作出的决定（建议）在效力上可能辐射到其他机关，从而引起检察机关在涉案企业的处理上具有调配司法资源，约束行政机关、审判机关职权行使的质疑。③

表面上，新时代检察机关职能调整呈现出职权范围扩大的外观，实质上，则是责任本位理念下法律监督职责的理性回归。第一，责任本位理念的法律监督理念一种主动型、服务型、高效型司法理念的总称，检察机关以高度的政治自觉、法治自觉、检察自觉积极担当作为，主动适应时代发展，充分履行法律监督职责。"权力本位"理念向"责任本位"理念的转变，是一种不再纠结权力与责任的匹配，改变以往过于强调检察权力的行使，而更突出通过责任的履行来实现法律监督的目的，体现了责权统一理念。第二，检察改革坚持了"以人民为中心的发展思想"。《最高人民检察院关于印发〈2018—2022年检察改革工作规划〉的通知》要求，坚持"以人民为中心"的改革价值取向，始终站在人民的立场把握和处理检察改革的重大问题，广泛听取人民群众意见，自觉接受人民群众监督，积极回应人民群众在民主、法治、公平、正义、安全、环境等方面的新期待新需求，把人民群众的满意度作为评判改革成效的标准，通过检察改革，为人民群众提供更丰富、更优质的法治产品、检察产品。④《意见》指出，进入新发展阶段，与人民群众在民主、法治、公平、正义、安全、环境等方面的新需求相比，法律执行和实施仍是亟须补齐的短板，检察机关法律监督职能作用发挥得还不够充分。做到司法为民，必须坚持"以人民为中心"的发展理念，将依法能动履职作为保障人民的根本权益为出

---

① 王迎龙：《认罪认罚从宽制度中的控审构造》，载《中国刑事法杂志》2021年第6期。

② 参见陈军：《"四大检察"改革背景下的检察权能配置探析》，载《政法论丛》2020年第5期。

③ 参见李奋飞：《涉案企业合规刑行衔接的初步研究》，载《政法论坛》2022年第1期。

④ 《最高人民检察院关于印发〈2018—2022年检察改革工作规划〉的通知》，载《最高人民检察院公报》2019年第2期。

发点和落脚点,公正对待人民群众的诉求。① 第三,检察机关进行的各项改革契合新时代责任本位理念下法律监督机关的定位。《宪法》第 134 条明确规定了中华人民共和国人民检察院是国家的法律监督机关。《意见》也指出:"检察机关是保护国家利益和社会公共利益的重要力量。"检察机关的性质和地位表明,检察机关应当依法能动履职,在职责范围内主动承担起保护国家利益、社会公共利益和人民群众利益的责任。检察机关无论是在刑事诉讼中发挥好主导责任,还是依法能动履行"四大检察"职责,全方位服务保障经济社会高质量发展,抑或进行内设职能机构调整,其出发点都是基于宪法法律赋予的职责而积极参与社会治理,落脚点则是为了维护国家利益、社会公共利益和人民群众利益。因此,检察机关基于法律监督职责进行的改革,目的是履行好法律监督职责,而非部门私益。

(二)责任本位理念下法律监督工作的根本:"以人民为中心"

新时代检察机关法律监督工作理念的变革着眼于主动适应时代进步、社会发展和国家治理体系现代化的需要,并从中汲取力量,实现监督体系的更新和发展。在这一过程中,检察机关紧紧围绕"以人民为中心"的政治要求担负起检察责任,改变了以往仅仅聚焦诉讼领域的法律监督,尤其主要专注于对刑事诉讼的法律监督,开始在公益诉讼、行政执法领域持续发力,形成刑事、民事、行政、公益诉讼"四大检察"全面协调发展的法律监督新格局。

这一转变的根本正是坚持"以人民为中心的发展思想"的生动体现。坚持"以人民为中心的发展思想",本质在于人民主体性,以实现好、维护好、发展好最广大人民的根本利益。新时代检察机关法律监督工作坚持"以人民为中心的发展思想",需要着眼于维护最广大人民根本利益,实现人民群众对平安幸福的向往,回应人民群众对公平正义的新期待,满足人民群众对高质量公共服务的新需要,提升人民群众满意度,以时时放不下的心态和求极致的精神做好检察环节,以责任本位理念重新定义新时代法律监督工作。从当前新时代检察机关法律监督工作的表现与"以人民为中心"的价值内核来看,没有"以人民为中心"的价值追求,就没有新时代法律监督工作理念的变革和履职方式的优化,两者都是习近平新时代中国特色社会主义思想的生动实践。检察机关从"以人民为中心的发展思想"中获得改革动力,从而依法能动履职。②

---

① 姜涛:《明确总体要求有序推进能动司法检察》,载《检察日报》2021 年 8 月 9 日,第 3 版。

② 陈慧娟:《依法能动履职 凸显诉源治理——访最高检办公厅副主任、最高检工作报告起草组成员胡光阳》,载《光明日报》2022 年 3 月 9 日,第 6 版。

二、责任本位理念下法律监督工作之生成原因

明者因时而变，知者随事而制。人民群众需求的提高、经济社会的发展、诉讼模式的演进，都促使检察机关不断转变履职理念，拓宽法律监督职责的内涵，并贯彻在检察工作的方方面面。责任本位履职理念的形成，源头在于贯彻了"以人民为中心"的发展理念，从而使得法律监督职责履行越充分，"以人民为中心"的价值追求越凸显。

（一）公民权利行使意识的增强与检察机关责任履行理念的转变

执法司法权的行使，直接关系人民群众的人身权、财产权、人格权，执法司法工作做得怎么样，人民群众感受最直接，也最有发言权。[①] 进入新时代，随着人民群众受教育程度持续提高、司法环境持续改善、物质精神生活持续丰富，人民群众在依法行使权利、主张权利方面有了更加强烈的需求。具体表现为：一是人民群众的法律意识进一步增强。随着我国法治进程的不断加快，人民群众也对权利有了更高的认识，譬如环境权、消费权等，与此相对，一旦这些权利受到侵犯，公民开始积极主动去维护自身的合法权益。二是人民群众更加倾向于通过司法途径解决纠纷。根据2001年与2022年《最高人民法院工作报告》的数据，人民法院审理一审案件量已经由2000年的535万余件上升到2021年的超过3000万件，越来越多的公民通过法律的途径维护自己的合法权益，逐渐改变了原先不知道维权、不懂得去维权的现象。三是人民群众参与司法治理的意愿越来越强。人民群众参与司法治理主要体现为表达权和知情权的行使。前者可以从近年来平反的一系列冤假错案得到印证，通过舆论发声，有力地推动了冤假错案被平反的进程；后者则如积极参与检察听证、为公益诉讼检察等提供线索等，都一定程度上促使办案机关不断提高办案质量，客观履行责任。

面对人民群众不断增强的权利行使意识，检察机关的依法能动履职也需要转变传统的权力本位理念，而迈向责任本位（服务型）理念。第一，强化对公权力行使的监督。随着司法改革不断深化，检察机关主动作为，通过拓宽法律监督职能范畴和内设机构调整，形成了"四大检察""十大业务"的检察格局。相较职务犯罪侦查职能转隶前，当前的检察职能已形成了全方位、多层次的法律监督体系，更符合宪法定位和法治国家建设需求，能够更好更全面监督

[①] 《中央政法委：加快推进执法司法制约监督体系改革和建设》，载人民网，http://legal.people.com.cn/n1/2020/0827/c42510-31839553.html。

公权力依法行使，从而更好实现对公民权利的法治保障。第二，加强对犯罪嫌疑人、被告人权利的保障。2012年"尊重与保障人权"正式写入刑事诉讼法，而如何在刑事诉讼中实现人权保障，则需要检察机关充分履行法律监督职责，建立从立案到执行全流程的监督。长期以来，我国刑事诉讼各阶段呈现出"流水线"式作业模式，很多学者将这种关系比喻为"公安机关是做饭的，检察机关是端饭的，审判机关是吃饭的"，审查起诉阶段、审判阶段更多是对侦查阶段证据笔录的确认，而没有履行好各自应尽的责任。进入新发展阶段，为了破解刑事诉讼中存在的这一顽疾，履行好刑事诉讼中的法律监督职责，实现司法公正、司法为民的目标，检察机关勇于将自身置入刑事错案第一责任人的角色，从而尽可能避免冤假错案，努力让人民群众在每一个司法案件中感受到公平正义。第三，强化立足职能参与社会治理的意识。主动下沉一线，延长办案与监督链。一些地区检察院因地制宜，通过入驻辖区社会矛盾纠纷调处化解中心的优势践行"枫桥经验"，推出"一站式"联合接访、简易听证、特殊群体"零跑腿"司法救助、建设好信访接待窗口等检察服务，积极推进诉源治理。①

（二）政法改革不断推进与动态的法律监督职责调整

"我国经济社会正处于快速发展关键阶段，各种矛盾和问题集中出现，机遇和挑战并存，司法工作在国家和社会生活中的地位、作用、影响更加凸显。"② 党的十八大以来，为加快建设公正、高效、权威的社会主义司法制度，提高执法司法公信力，以习近平同志为核心的党中央从坚持和发展中国特色社会主义法治的全局出发，不断推进政法改革，制定一系列重大战略举措，出台一系列重大方针政策，推进一系列重大工作。检察机关作为推进全面依法治国的重要力量，在这一过程中，法律监督职责及时跟进国家治理体系变革，根据立法修订和制度变迁生出新的内涵和解释，积极承担起保障国家法律统一正确实施、保护国家利益、社会公共利益和人民群众利益的责任，不断凸显中国特色社会主义检察理论的特性。监察体制的改革使得国家权力结构发生了变化，检察机关"专门监督机关"的角色定位更加清晰③；社会主要矛盾的变化，检

---

① 闫晶晶、谷芳卿、项晓晓：《浙江：听民声暖民心简易听证不简单》，载《检察日报》2022年6月24日，第2版。

② 孙春英：《十八大以来我国深入推进司法改革取得新进展新成效》，载《法治日报》2014年1月7日，第1版。

③ 参见张建伟：《逻辑的转换：检察机关内设机构调整与捕诉一体》，载《国家检察官学院学报》2019年第2期。

察机关作为法律监督机关的职能更加凸显；政府执法行为作为维护社会公共利益作用发挥不到位，使得检察机关作为公共利益维护者的角色更加强化。①

从检察机关法律监督职责的历史演进来看，其是随着经济社会发展转型、政法改革推进而不断调整。新中国成立之初，检察机关的职责为对政府机关公务人员和全国国民之严格遵守法律，行使检察权，此时，人民检察院的职责也被认为是一般法律监督职责。1979年刑事诉讼法具体规定了检察院对刑事案件的法律监督职责，1980年人民检察院组织法规定检察院是国家法律监督机关，1982年《宪法》第129条规定："中华人民共和国人民检察院是国家的法律监督机关。"此时，法律监督职责主要体现为刑事诉讼监督。随着社会发展的需要，法律监督职责不断被注入新的内涵，1982年《民事诉讼法（试行）》规定了人民检察院有权对民事诉讼活动实行法律监督。1990年行政诉讼法则规定人民检察院有权对行政诉讼实行法律监督，法律监督职责包含了刑事、民事和行政三个方面。2017年民事诉讼法和行政诉讼法正式将公益诉讼职责予以确立。自此，检察机关的法律监督职责因时而变，加之检察机关内设机构调整，正式构筑起"四大检察""十大业务"的检察新格局。具体而言，刑事领域在强化法律监督的基础上，着力推进"捕诉一体"办案模式，加强对刑事诉讼全过程的监督，全面推进认罪认罚从宽制度的有效实施，主导涉案企业合规改革试点进行。民事法律监督成为"四大检察"格局中的重要板块，打破了以往"重刑轻民"的局面，对民事程序违法、生效判决、虚假诉讼、判决执行等方面的监督供给大大加强。② 在行政监督领域加强了对行政判决、裁定执行和非诉执行，以及违法行政行为的监督，在加强主动性的同时，提高监督的针对性，重点盯防监督体系中的薄弱环节。③ 公益诉讼受案范围逐渐由"等内"向"等外"拓展，受案范围本身并未成为限制公益诉权的障碍，各方对公益诉讼受案范围的拓展已经形成一定共识。④ 法律监督作为一个动态的概念，当前检察机关的改革并未突破法律规定，而是在国家治理体系优化后，检察机关主动作为、主动服务、主动担当的理念凸显，实现法律监督职责从"单一型"向"全面型"、从"管理型"向"保障型"、从"被动型"向"能

---

① 参见周新：《论我国检察权的新发展》，载《中国社会科学》2020年第8期。
② 王海军：《"法律监督"概念内涵的中国流变》，载《法学家》2022年第1期。
③ 陈家勋：《行政检察：国家行政监督体系中的补强力量》，载《现代法学》2020年第6期。
④ 刘艺：《检察公益诉讼的诉权迷思与理论重构》，载《当代法学》2021年第1期。

动型"的转变。①

(三) 协商性司法的发展与检察机关主导责任的承担

传统理论认为,检察机关作为国家公权力机关,其不能任意处分、放弃权力转而与公民个人进行协商,因而,诉权理论在检察机关职责行使过程中似乎并不能适用。② 然而,针对检察机关酌定不起诉等带有明显自由裁量性质的职权特征,一些学者开始提出刑事诉讼诉权理论这一概念。徐静村、谢佑平在《刑事诉讼中的诉权初探》一文中首次提出刑事诉权概念,并且开始尝试依托刑事诉权理论,解决刑事诉讼中的争议问题。③ 随后,汪建成、祁建建在《论诉权理论在刑事诉讼中的导入》一文中,强调在刑事诉讼中导入诉权理论的必要性,进而讨论了刑事诉权理论将给刑事诉讼带来制度创新。④ 周永坤《诉权法理研究论纲》一文中,对诉权理论进行了梳理,辨析了诉权的定义、诉权的性质、诉权的内容等基本概念。⑤ 李扬先后多次论述将诉权理论导入到刑事诉讼中的可行性、必要性和实践路径。⑥ 更进一步,陈瑞华通过司法实践观察和理论提炼,在《刑事诉讼的公力合作模式——量刑协商制度在中国的兴起》一文中提出公力合作模式概念。⑦ 上述的讨论表现为传统对诉权理论在检察机关职责履行过程中的导入更多局限在刑事诉讼中,随着检察机关在公益诉讼、民事检察和行政检察不断深化履职。如刘艺在《检察公益诉讼的诉权迷思与理论重构》一文中提出检察公益诉权概念,论述将诉权理论在公益诉讼中的合理建构。⑧ 张晋红、郑斌峰在《论民事检察监督权的完善及检察机关民事诉权之理论基础》一文中提出检察机关民事诉权概念,且得到了其他不少

---

① 参见苗生明:《新时代检察权的定位、特征和发展趋向》,载《中国法学》2019 年第 6 期。

② 参见张建伟:《司法竞技主义——英美诉讼传统与中国庭审方式》,北京大学出版社 2005 年版,第 127—129 页。

③ 参见徐静村、谢佑平:《刑事诉讼中的诉权初探》,载《现代法学》1992 年第 1 期。

④ 参见汪建成、祁建建:《论诉权理论在刑事诉讼中的导入》,载《中国法学》2002年第 6 期。

⑤ 参见周永坤:《诉权法理研究论纲》,载《中国法学》2004 年第 5 期。

⑥ 参见李扬:《三论诉权理论在刑事诉讼中的导入——刑事诉因制度研究》,载《政法论坛》2009 年第 2 期。

⑦ 参见陈瑞华:《刑事诉讼的公力合作模式——量刑协商制度在中国的兴起》,载《法学论坛》2019 年第 4 期。

⑧ 参见刘艺:《检察公益诉讼的诉权迷思与理论重构》,载《当代法学》2021 年第 1 期。

学者的呼应。① 检察诉权理论在法律监督职责中的导入，体现了检察机关在履责过程中积极承担主导责任，充分与当事人协商，进而优化司法流程、积极化解社会矛盾，努力实现"三个效果"相统一。

以刑事诉讼中的认罪认罚从宽制度为例，作为一项十分典型的以检察机关承担主导责任为基础的诉讼制度设计，要把这一制度真正落到实处，离不开检察机关与犯罪嫌疑人、被告人平等就量刑进行协商。② 在认罪认罚案件办理中，检察机关不仅要对犯罪嫌疑人认罪的自愿性、真实性及合法性进行审查，还需要就案件的相关问题听取犯罪嫌疑人及辩护律师（值班律师）的意见，此处的"意见"就包括了量刑建议。虽然对于量刑建议的作出，刑事诉讼法以"听取意见式"代替了控辩双方进行协商，但《人民检察院办理认罪认罚案件开展量刑建议工作的指导意见》第25条规定，人民检察院应当充分说明量刑建议的理由和依据，听取犯罪嫌疑人及其辩护人或者值班律师对量刑建议的意见。犯罪嫌疑人及其辩护人或者值班律师提出不同量刑建议意见的，检察院应当进行审查并作出是否调整的决定。"两高三部"出台的《关于适用认罪认罚从宽制度的指导意见》第33条规定："人民检察院提出量刑建议前，应当充分听取犯罪嫌疑人、辩护人或者值班律师的意见，尽量协商一致。"而如何确保量刑建议达成一致，就需要检察机关按照诉权理论的要求，为了公共利益，处分或放弃部分权力，与辩方进行平等协商，此亦检察机关在认罪认罚从宽案件办理中推动社会治理，承担主导责任的生动体现。

三、责任本位理念下法律监督工作之基本特征

责任本位理念作为对新时代法律监督工作理念的全新描述，其必然与传统权力本位理念下的法律监督工作具有不同的实践表征。责任本位理念下的法律监督工作的基本特征为：检察机关立足新时代，基于宪法法律的规定，构建起以法治性为指引、以回应性为核心、以问责性为保障的法律监督职责履行机制，从而践行"以人民为中心的发展思想"。

（一）法治性

法治的本质意义就在于约束公权力、保障私权利，即约束国家公权力不被

---

① 参见张晋红、郑斌峰：《论民事检察监督权的完善及检察机关民事诉权之理论基础》，载《国家检察官学院学报》2001年第3期。

② 参见顾永忠：《检察机关的主导责任与认罪认罚案件的质量保障》，载《人民检察》2019年第18期。

滥用，保障公民依法充分地享有权利。① 法律监督工作的法治性意指检察机关履行法律监督职责要注重法治思维和法治方式，任何行为都必须在法律规定的情况下进行，坚持"法无授权不得为，法定职责必须为"的基本法治定律，不偏离法律监督的法治精神和法治航线。② 检察机关依法履行法律监督职责具有明确的法律依据、政策依据和实践依据，从法律规定看，《宪法》第 136 条规定："人民检察院依照法律规定独立行使检察权。"《刑事诉讼法》第 5 条规定："人民检察院依照法律规定独立行使检察权。"《检察官法》第 10 条规定："检察官应当履行严格遵守宪法法律的义务。"

从政策依据上看，根据规定，检察机关要依法依章程履行职能、开展工作。《意见》指出要确保检察机关依法忠实履行宪法法律赋予的法律监督职责。习近平总书记也多次对新时代政法工作提出要求："更加注重系统观念、法治思维、强基导向，切实推动政法工作高质量发展。"③

而从实践情况考察，历届全国人民代表大会会议决议均肯定了检察机关在履行宪法法律赋予的职责上的成绩。最高人民检察院领导也曾在不同场合提到要遵守宪法法律，强化法治思维，譬如 2019 年 12 月 13 日，最高人民检察院举行的学习贯彻党的十九届四中全会精神辅导报告会上提出："要以高度的政治自觉、法治自觉、检察履职自觉，助推落实国家治理体系和治理能力现代化。"2021 年 3 月 15 日，最高人民检察院领导在全国检察机关学习贯彻全国"两会"精神电视电话会议要求，要更加注重系统观念、法治思维、强基导向，不断增强政治自觉、法治自觉、检察自觉。此外，为强化检察人员的法治使命和法治意识，检察官依照法定程序产生后，应当根据法律规定，在就职时公开进行宪法宣誓。

因此，无论从法律规范上、政策上，抑或司法实践中，检察机关都要树立法治意识，依法履行宪法法律规定的职责。当然，在依法履职的过程中，要准确把握能动检察与职权法定的关系，"依法"为"能动"划定边界。而之所以强调能动性，原因在于法律有时候存在原则性、模糊性和不确定性等问题，此时，检察机关履行职责就需要将天理、国法、人情及常识结合起来，努力实现

---

① 孙谦：《新时代检察机关法律监督的理念、原则与职能（上）——写在新修订的人民检察院组织法颁布之际》，载《检察日报》2018 年 11 月 3 日，第 3 版。
② 王祺国：《论确立整体检察监督观》，载《法治研究》2019 年第 3 期。
③ 《习近平对政法工作作出重要指示强调：更加注重系统观念法治思维强基导向　切实推动政法工作高质量发展》，载《人民日报》2021 年 1 月 10 日，第 1 版。

办案"三个效果"的统一。① 换言之，检察能动履职即在法治的指引下，在法律授权的范围内，充分发挥检察机关的能动性，依法延伸法律监督的触角，更大限度满足人民群众关切，更加有效地维护国家法律的正确实施，努力做到遵守法律与实现检察理念创新并重。② 责任本位理念下，检察机关需要承担更多的责任，完成更多的工作，那么依法履行法律监督职责不是检察机关的可选项，而是必选项。试想，在检察机关越来越充分履行法律监督职责的情况下，如果没有法治作为引领，那么将有可能在责任履行过程中与其他机关职责形成抵牾，或者发生侵犯公民的权利的现象，因此，只有坚持依法履责，才能最大限度激发法律监督的活力。

（二）回应性

回应性作为检察机关履行责任的核心要素及传导机制，检察机关通过履行法律监督职责，落实党的政策及"以人民为中心的发展思想"，促进加强执法司法制约监督，解决法治领域人民群众反映强烈的突出问题，在推进全面依法治国进程中发挥着重要作用。③ 作为一项重要属性，如果不能及时回应人民需要则可能导致矛盾积聚，进而严重影响我国和谐社会的发展。《意见》指出："与人民群众在民主、法治、公平、正义、安全、环境等方面的新需求相比，检察机关法律监督职能作用发挥还不够充分。"对于新时代人民检察事业而言，如何掌握"历史主动权"，能动履职推进检察事业创新发展，回应人民群众需要，无疑是将回应性贯彻到当前检察工作的重中之重。而检察机关如何在责任本位理念下回应需求，具体表现为：

第一，积极贯彻、落实党的政策。作为中国特色社会主义法治体系的重要组成部分，检察机关是政治性极强的业务机关，是业务性极强的政治机关，其不仅承担着保障法律统一正确实施的功能，而且还扮演着党的政策实施者的政治角色，承担着将党的政策司法化的使命和任务。这可以将检察工作解读为是中国特色社会主义事业这个"大系统"中的"小系统"，是政法工作这个"分

---

① 参见王渊：《以更深更实依法能动履职服务经济社会高质量发展》，载《检察日报》2022年8月8日，第3版。

② 参见张智辉：《强化依法能动履职理念 全面提升法律监督质效》，载《检察日报》2022年3月23日，第3版。

③ 中共最高人民检察院党组：《加强新时代检察机关法律监督工作 更实担起党和人民赋予的更重责任》，载《人民日报》2021年9月2日，第6版。

系统"中的"子系统","小系统"应当要自觉服务保障"大系统"。① 从宏观上,最高人民检察院清醒认识到肩负的检察责任,积极响应党中央提出的"平安中国""反腐败斗争""扫黑除恶专项斗争""生态环境保护""行政检察监督"等一系列重大战略,并在日常检察工作予以贯彻。从中观上,各级检察院积极争取同级党委对法律监督工作的支持。自《意见》印发以来,最高人民检察院积极部署,要求各级检察机关、全体检察人员在新起点把法律监督的责任落实到位。各级检察机关积极向同级党委汇报工作,争取支持,自觉服从当地党委的部署,赢得了各级党委的认可。检察机关通过法律监督职责的履行,推动各项决策落地生根,把各级党委、上级院的决策部署与检察履职重点相结合,做到中心工作在哪里、检察工作就跟到哪里,为各地工作的开展作出了检察回应。② 从微观上,通过依法能动履职将党的一些政策转化为法律监督职责。譬如宽严相济的刑事政策作为一项党长期同犯罪分子作斗争的法宝,检察机关主动作为,积极将宽严相济的刑事政策演绎为认罪认罚从宽制度中的主导责任等,通过教育改造大多数,孤立极少数,从而最大限度减少社会对立面,同时也节约了司法资源,优化了诉讼程序,实现主动履职厚植党的执政基础。

第二,回应经济社会高质量发展需要。经济社会的高质量发展,离不开政法机关的保驾护航,检察机关是重要参与者、推动者,必须主动履行好法律监督职责,以扎实履职服务经济社会高质量发展。③《意见》第 2 条规定:"检察机关要充分发挥法律监督职能作用,服务保障经济社会高质量发展。"2022 年1 月 17 日,最高人民检察院领导在全国检察长(扩大)会议上强调指出:"检察机关要牢记'国之大者',牢牢把握住以检察工作高质量发展服务经济社会高质量发展这个主题"④。每年的最高人民检察院工作报告中,服务经济社会高质量发展也一直是检察工作的重中之重。如 2022 年《最高人民检察院工作报告》中检察工作服务经济社会发展主要包括:坚决维护国家安全和社会安定、着力营造安商惠企法治化营商环境、积极推动金融风险防范化解、合力推

---

① 《主动履职积极作为 更好满足人民群众新需求》,载《检察日报》2021 年 3 月 29 日,第 1 版。

② 参见钟瑞友:《"回应型"能动司法检察彰显担当作为》,载《检察日报》2021 年 12 月 17 日,第 3 版。

③ 参见朱玉:《以扎实检察履职服务经济社会高质量发展》,载《检察日报》2022 年 5 月 6 日,第 3 版。

④ 《全国检察长(扩大)会议召开》,载最高人民检察院网,https://www.spp.gov.cn/spp/tt/202201/t20220117_ 541809.shtml。

进反腐败斗争、倾力服务创新驱动发展、积极推进网络依法治理、助力美丽中国建设、服务区域协调发展、积极参与涉外法治建设。

在当前国际环境愈加复杂多变、新冠疫情影响还在蔓延的情况下,检察机关更应当主动作为,服务经济社会发展大局,以检察监督服务新发展格局拓展检察监督的新路径,体现检察智慧与检察担当。以涉案企业合规改革试点为例,习近平总书记在企业家座谈会上的重要讲话中指出,市场主体是我国经济活动的主要参与者、就业机会的主要提供者、技术进步的主要推动者,在国家发展中发挥着十分重要的作用,要完善各类市场主体公平竞争的法治环境,要千方百计把市场主体保护好,依法保护企业家的合法权益。① 为优化营商环境,保护民营经济的发展,最高人民检察院积极更新司法理念,全面做好"六稳"工作,落实"六保"任务,从2020年3月开展了涉案企业合规改革试点②,并于2022年4月在全国检察机关推开试点,取得了积极效果。根据最高人民检察院披露的数据:2017年至2021年,全国检察机关共起诉单位犯罪1.4万件4.7万人(包括单位以及单位直接负责的主管人员和其他直接责任人员),其中,2017年至2020年呈逐年递增趋势,2021年明显下降。③ 可以说,涉案企业合规改革试点正是责任本位理念下检察机关典型的"抓前端,治未病",积极促进诉源治理,回应经济社会高质量发展的重要体现。

第三,回应人民群众的需要。党的宗旨决定了检察工作必须回应人民的需要,做到司法为民。在我国的政治语境中,公共利益和人民群众的利益高度吻合,可以从两个方面来理解:一方面,人民的利益高于一切,这是公共利益的高度;另一方面,公共利益覆盖一切人民,这是公共利益的广度。④《意见》明确指出:"要坚持'以人民为中心的发展思想',顺应新时代人民对美好生活的新需求,为人民司法。"最高人民检察院领导指出:"司法实践中,一些事关群众切身利益的工作,法律只有原则规定,检察机关在办案中发现履责缺位,就要以'初心'的执着、'守心'的标准为民司法,以依法监督的'我

---

① 《习近平:在企业家座谈会上的讲话》,载中国政府网,http://www.gov.cn/xinwen/2020-07/21/content_5528791.htm。

② 参见谢鹏程主编:《合规不起诉研究》,中国检察出版社2021年版,第1页。

③ 《单位犯罪起诉数量从逐年递增到明显下降,涉案企业合规改革试点成效初显》,载微信公众号"最高人民检察院"2022年7月26日。

④ 陈国权等:《责任政府:从权力本位到责任本位》,浙江大学出版社2009年版,第17—18页。

管'，促职能机关依法履职的'都管'。"① 最高人民检察院的工作报告中亦体现出司法为民这一主题词。如 2021 年《最高人民检察院工作报告》提到，紧扣民心这个最大政治，以司法为民增进民生福祉。2022 年《最高人民检察院工作报告》提到，司法为民，以检察履职纾解群众急难愁盼。

而在具体的实践中，回应人民群众需要也体现在检察机关履职的各个方面。司法救助由依申请转变为依职权的"应救尽救"，不让任何一个受害家庭因案致贫、返贫；建立完善扶贫领域涉案财物快速返还机制，持续巩固脱贫攻坚成果；做到群众信访"件件有回复"，领导干部带头办理疑难信访案件。最高人民检察院连续制发八个"检察建议"，保护人民群众生命财产安全，助推诉源治理，极大地减少了社会对立面的良好效果。此外，检察机关针对环境污染、侵害消费者权益的行为积极提起公益诉讼，这都体现了责任本位理念下检察机关对人民群众需求的回应。

（三）问责性

责任本位理念就是强调责任与权力的统一，责任与权力的相关共存性为责任制约权力提供了规则依据，此时，责任与权力的逻辑是先有责任，为了使主体能够充分履行责任而赋予其权力。因此，只有在法律设定了合理的、明示的责任，具有法律保障的责任，才能以国家司法力量为后盾对失职渎职行为进行追究，运用法律遏制权力的滥用，一旦权力行使超出了法定的范畴，相应的责任追究就是权力越界的必然代价。责任追究作为对失职渎职行为的校正和心理上的警示，对于行为者而言就转化成了责任心、责任感。哈耶克曾指出："欲使责任有效，责任必须是明确且有限度的，欲使责任有效，责任还必须是个人的责任。"②

2021 年《最高人民检察院工作报告》中指出："社会广泛关注的张玉环、孙小果、郭文思、巴图孟等案件中，充分暴露出检察机关在履行法律监督职责过程中存在的突出问题，对失职渎职行为应当追究相关检察人员司法责任。"③在责任本位理念下，保证检察机关履行法律监督职责，必须对履职不到位规定不利后果。习近平总书记在中国共产党第十九次全国代表大会上指出："深化

---

① 张军：《坚持以习近平法治思想为指引　加强新时代检察机关法律监督》，载《检察日报》2022 年 2 月 17 日，第 1 版。

② ［英］哈耶克：《自由秩序原理》（上卷），邓正来译，生活·读书·新知三联书社 1997 年版，第 99 页。

③ 参见 2021 年《最高人民检察院工作报告》，载最高人民检察院网，https：//www.spp.gov.cn/spp/gzbg/202103/t20210315_ 512731.shtml。

一、法律监督理念现代化

司法体制综合配套改革，全面落实司法责任制。"新修订的检察官法对检察官的"责"与"权"进行了规定，奠定了人民检察院实行司法责任制的基础。根据最高人民检察院印发的《关于完善人民检察院司法责任制的若干意见》的规定，推行检察官办案终身责任制，做到谁办案谁负责、谁决定谁负责。而具体落实，则需要推行好办案责任制和做好追责工作，以检察员额制为抓手，通过授予选拔出来的检察官办案权限和决定权限，改变原有办案而不决定案件的弊端，做到既授予了办案权限，又压实办案责任，使得追责能够真正落实到位，从而强化检察人员的责任心。

四、责任本位理念下法律监督工作之未来优化

责任本位理念下的新时代法律监督工作本质上是检察机关基于宪法法律规定的职责进行的内涵式发展，其回应了新发展阶段党和人民群众、经济社会发展对检察工作的要求，扭转了与新发展阶段不相符的检察理念。当前，责任本位理念下的检察机关持续优化履行好法律监督工作，需要解决好职责履行过程中可能与其他机关存在的抵牾，扭转传统观念、快速适应职能调整等。

（一）对外：强化协同互认能力

监督不是我高你低，你输我赢，而是为了双赢多赢共赢。检察机关履行法律监督职责有其自身的特点，主要体现为效力的非终局性和非决定性。正如上文所述，许多以检察机关为主导责任的制度设计，检察机关需要履行对"相对方的承诺"，如果"承诺结果"超出了检察机关的决定权限，检察机关则需要加强同其他机关的协同，以保证程序的推进。

第一，职责明晰。虽然法律监督是一个动态的概念，但责任本位理念下的能动检察是有界限的，即在增强监督的主动性时，还应当注重监督的精准性和有效性。当前，检察机关"四大检察""十大业务"格局已经形成，主要职责都已经明晰，但也要看到，部分职责还存在一定的模糊地带，加之部分办案人员理解不透，容易造成与其他机关职责的抵牾。如广西壮族自治区全州县人民检察院针对发现《新华字典》及儿童读物存在低俗化内容及配图，联合教育局、新闻出版局等部门对多家书店进行专项督查，并责令下架"问题"书籍，提出整改意见。该事件一经公布，引起舆论广泛关注，随后桂林市人民检察院及时介入调查核实，并认定此次专项检查存在履职不当行为，责成全州县人民

检察院进行整改。① 该事件就折射出由于职责不够明晰，导致检察人员"好心办了坏事"。其一，根据《图书质量管理规定》第 8 条和第 9 条的规定，新闻出版总署负责全国图书质量管理工作，各省、自治区、直辖市新闻出版行政部门负责本行政区内的图书质量管理工作，对图书质量进行检查。因此，全州检察院联合当地教育局、新闻出版局开展图书质量专项督查执法活动于法无据。其二，对图书质量进行检查并作出整改意见亦不符合法律监督职责（民事公益诉讼）的范畴。司法实践中，民事公益诉讼主要表现为破坏生态环境和资源保护、食品药品安全领域侵害众多消费者合法权益，侵害英雄烈士等的姓名、肖像、名誉、荣誉等损害社会公共利益的行为，对于《新华字典》等内容是否低俗等文化方面难以纳入民事公益诉讼的范畴。因此，检察机关履行法律监督职责时应当准确界定履职范围，进行精准法律监督，否则，不仅监督意见难以被接受和落实，而且还徒增了被监督方的反感和不满。

第二，职能协同。职能协同意指为了实现制度目的，各机关通过充分履行职责，形成合力，防止出现连接不畅、配合不足的现象，真实有效的协同具有目标一致、资源共享、互利互惠、责任共担和深度交互等特征。在机构设置上，各种不同的国家机构都是由国家权力机关产生，对权力机关负责，其共同的目标也是一致的。以典型的公安机关、检察机关和审判机关为例，其分别行使侦查权、检察权和审判权，我国宪法规定了三机关在办理案件中应当分工负责、互相配合、互相监督。其中互相配合的规定就是要求公安司法机关应当通力合作、协调一致，共同完成刑事诉讼任务，而不应当各自为战、互不联系，更不应该推诿扯皮、互相掣肘。责任本位理念下法律监督职责的履行如果涉及不同机关职责时，应当加强与相关机关的职能协同，将履行职责的认识自觉上升到共同推进国家治理体系和治理能力现代化的高度，以形成工作合力。

第三，效力互认。当前，检察机关在众多制度程序中需要承担主导责任，但部分法律监督工作又无法作出终局性和决定性的结论，可能导致责任履行难以达到预期效果，因此，实现检察工作与终局性结果相关联至关重要。在涉案企业合规改革试点中，合规减轻处罚包含企业通过合规获得减轻刑罚或减轻行政处罚两个方面。由于存在企业通过合规整改后仍无法出罪，抑或虽出罪，但还需接受行政机关处罚的情形，企业在此种情形下要想获得减轻刑罚或行政处罚的"优待"则需要获得行政机关、法院对检察机关处理决定的认可。因此，作为一项由检察机关主导的改革，如何确保企业能够在完成有效整改后获得减

---

① 《全州检察院被整改！对新华字典等执法不当》，载微信公众号"中国新闻出版广电报"2022 年 6 月 5 日。

轻刑罚或者行政处罚，需要检察院同相关行政机关或法院建立责任履行效果互认机制；否则，虽然涉案企业按照合规计划完成整改，获得了检察机关的认可，但仍被行政机关予以重罚或法院判处较重刑罚，那么企业实施合规整改的积极性将大打折扣，改革也将难以收到预期成效。

（二）对内：提高能动履职水平

与党和人民更高要求、时代发展赋予的更重责任相比，当前检察工作还存在一些不相适应的地方，必须持续深化落实加强新时代检察机关法律监督工作。而具体如何落实好，需要转变履职观念、促进法律监督职责的协调发展、加强检察队伍建设及在法律监督工作中充分运用数字化手段。

第一，转变法律监督职责履行的观念。转变法律监督观念，关键在于扭转权力行使意识大于责任履行意识；事后监督大于事前、事中监督；审前、审判监督大于执行监督；刑事监督大于民事、行政监督等观念。这些观念的存在一定程度上导致检察人员履责意识淡薄，工作被动大于主动，严重制约了法律监督的效果。因此，检察人员应当持续更新检察观念，不断寻求法律监督业务增长点，强化责任意识，扭转就案办案、机械司法的问题，自觉以人民群众在民主、法治、公平、正义、安全、环境等方面的需求为导向，主动将检察工作融入国家治理大局中。

第二，促进法律监督职责的协调发展。当前，检察机关"四大检察""十大业务"新检察格局已经形成，但应当看到，由于"重刑轻民"观念的存在、相关制度机制还不到位、新组建业务还不熟练，导致不敢、不善、不规范监督时有发生，严重制约了法律监督的效果。在今后的一段时间，检察机关还需要准确把握"四大检察"全面协调充分发展的内涵要求，持续挖掘法律监督职能潜力，补齐法律监督的短板，改善当前各项法律监督职能发展不协调之处。通过依法履行"四大检察"职能，做优刑事检察，发挥批捕起诉职能在刑事诉讼程序中的"阀门"作用；做强民事检察，突出打击虚假诉讼和民生领域民事诉讼监督两个重点；做实行政检察，抓好典型性、引领性案件的监督，做一件成一件、成一件影响一片；做好公益诉讼检察作为检察工作的中心任务，坚持法定领域内监督办案为基础，在"等"外领域积极稳步探索公益诉讼实践。①

第三，加强检察队伍建设。《意见》指出，加强过硬检察队伍建设，全面

---

① 参见刘卉：《万春在"融合与发展：四大检察与新时代法治构建"研讨会上强调加强理论研究促进"四大检察"协同共进》，载《检察日报》2019年9月24日，第1版。

落实司法责任制。在新发展阶段，人民群众的需求更高，与之对应，责任本位理念下的检察机关能动履职是一种更高水平的履职，这也意味着检察机关责任更重，因此，锻造一支政治站位高、业务能力强、素质水平优的检察队伍必不可缺。近年来，虽然通过员额制改革、检察业务培训、司法责任制改革，检察队伍建设取得长足进步。但也应当看到，检察队伍政治业务素质仍有待加强，各项业务分配仍不均衡，违纪违法问题存量不少、增量仍有发生，需要进一步解决。加强检察队伍建设、把好检察队伍选任的关口和门槛、畅通入额和退出员额机制、强化内外部监督途径、推进检察业务培训和检察理论研究，已经成为打造一支新时代能堪重任的检察队伍必不可少的环节。

第四，在法律监督工作中充分运用数字化手段。案多人少的压力、科学技术的突破，使得向科技要效率成为新时代检察机关履行好法律监督工作必选项。根据《意见》要求，运用大数据、区块链等技术推进公安机关、检察机关、审判机关、司法行政机关等跨部门大数据协同办案。2021年，中央政法委印发的《关于充分运用智能化手段推进政法系统顽瘴痼疾常治长效的指导意见》从运用大数据分析技术常态化组织开展执法司法巡查和流程监督、加快推动跨部门大数据办案平台建设、探索建立检察大数据法律监督平台等五方面提出了加强智能化手段运用的举措。最高人民检察院也多次强调检察工作要有大数据法律监督战略，要以检察大数据赋能新时代检察工作高质量发展。而对于检察机关如何运用智能化手段履行好法律监督职责，各地实施情况并不相同，其效果也迥异。

以做法领先的浙江省为例，其检察与科技的结合大抵经历了建设检察专线网络运行，统一业务应用系统的电子检务阶段，再到法律监督与大数据、云计算深度融合阶段，再到当前实行系统性重塑变革的数字检察阶段。2022年4月27日，时任浙江省委书记的袁家军同志在全省数字化改革推进会上首次提出"深化法律监督模式改革，迭代完善检察大数据法律监督系统，推动'数字赋能监督，监督促进治理'的法律监督模式变革。"① 最高人民检察院出台的《关于支持和服务保障浙江高质量发展建设共同富裕示范区的意见》特别突出强调："从浙江看全国，以浙江促全国"。② 数字检察作为法律监督的高阶形态，浙江省人民检察院勇担"以浙江促全国"的使命，加快攻坚突破，不

---

① 范跃红、龚婵婵：《数字潮涌，浙江检察探路大数据蓝海》，载《检察日报》2022年7月7日，第1版。

② 范跃红、龚婵婵：《高质量履职服务保障共同富裕示范区建设》，载《检察日报》2022年5月13日，第1版。

断拓宽数字检察实战实效的广度、深度、力度。为全面对标"实现数字检察建设走在前列"和"以数字化改革撬动法律监督"的目标要求，浙江省人民检察院制定《浙江数字检察建设"十四五"规划》，按照"1+5+6+N"总体思路建成"整体智治"的体系。在司法实践中，依托建立的数据平台，为检察官申请数据、构建模型、打造场景提供"一站式"服务，① 通过"个案办理—类案监督—系统治理"的模式，达到"办一案、牵一串、治一片"的成效，从而实现"在监督中办案，在办案中监督"，走出了一条数字检察的浙江经验道路，得到最高人民检察院高度肯定，并在全国检察机关部署推广。因此，新时代检察机关做好法律监督工作既要抓"本"的提升，更要有"质"的嬗变，以"数字革命"驱动新时代法律监督整体提质增效。②

---

① 史隽：《浙江数字检察转向实战化》，载《检察日报》2022年3月23日，第1版。
② 张军：《坚持以习近平法治思想为指引　加强新时代检察机关法律监督》，载《检察日报》2022年2月17日，第1版。

深化人民至上的法律监督理念研究

盛振宇　胡玉鸿　赵悦淳[*]

当前中国,正处在以中国式现代化全面推进中华民族伟大复兴的宏大时代背景下,前所未有的社会变革迫切需要法治的进步和现代化。习近平总书记指出:"法律是治国之重器。"党的十八大以后,"全面推进依法治国、加快建设法治中国"纳入"四个全面"整体推进,为中国特色法治国家规划了蓝图。党的二十大报告指出,继续推进实践基础上的理论创新,首先要把握好习近平新时代中国特色社会主义思想的世界观和方法论。这一根本世界观和方法论归纳起来就是"六个坚持"。深入贯彻"六个坚持"构成了实现法律监督理念和检察工作现代化的最重要课题。"六个坚持",其中第一条就是要坚持人民至上。党的二十大报告专章论述、专门部署法治建设,强调"努力让人民群众在每一个司法案件中感受到公平正义",充分彰显出我们党坚持人民至上矢志不渝推进依法治国的坚定决心。新时代,人民群众对美好生活的需求更加多元立体,检察机关必须顺应时代发展和党心民心,深入理解习近平法治思想的丰富内涵,始终坚持人民立场,全面履行法律监督职能,更好满足人民群众新要求、新期待,不断促进习近平法治思想的人民性在检察履职中得以实现。

一、人民至上是社会主义法治的根本立场、观点和方法

(一)人民至上是社会主义法治的鲜明特征

法治从来没有通行的标准和普世的模式,它是随着社会变化发展而演化的。社会主义法治在多种因素共同作用、内生演化下,展现了不同于西方法治化进程的发展方式。

1. 社会主义法治是马克思主义法学的科学运用。法律具有阶级性是马克

---

[*] 盛振宇,江苏省泰州市靖江市人民检察院党组副书记、副检察长;胡玉鸿,华东政法大学习近平法治思想研究中心执行主任、教授、博士生导师;赵悦淳,江苏省泰州市靖江市人民检察院员额检察官。

思主义法学的核心观点。通过立法和司法，统治阶级可以更好地维护自身利益。资产阶级法律的所谓民主，是小集团内的民主，是对广大劳动人民虚假的民主，受制于种种条件，广大劳动人民需要的人民立法权从根本上没有实现的可能性。为此，马克思以英国"三位一体"立法模式为例进行了一针见血的批判，认为其看似"完整慎重"，实际上"徒具形式"。列宁也对沙皇俄国的司法进行了批判。十月革命以前，俄国的立法权、司法权集中在沙皇和少数贵族资本家手中，人治色彩浓厚，司法不公现象尤其突出，列宁称资本家对"工人的话一句也不信"。① 为此，推翻沙皇统治以后，苏联进行了一系列社会主义国家立法权、司法权改革。

2. 社会主义法治秉持人类共同价值追求。我国社会主义法治对西方法治思想进行了科学扬弃，摒弃了资本主义法治不公、不灵、虚伪的弊端，对当中的人本思想、人权理念等人类共同价值追求进行了吸收。如西方法学家关于自然法存在逻辑的论述认为，自然法并不是指自然生成的法，也不是指自发形成、积累的习惯法，而是指符合人的天性、体现人的自由意志的伦理规范。卢梭在社会契约论中认为，人权天赋，"正义即公意"。对此，习近平总书记深刻指出："江山就是人民，人民就是江山，打江山、守江山，守的是人民的心。"② 2004年我国宪法修正案首次明确规定"国家尊重和保障人权"。由此，尊重和保障人权就从法理学研究、司法解释理论范畴上升为宪法原则。党的十八大以来，实现人的全面发展成为我国法治建设的核心目标之一。2020年我国全面建成小康社会，其中一项重要指标就是"人权得到切实尊重和保障"。

3. 社会主义法治顺应时代发展和人民需求。马克思主义法学认为上层建筑取决于构成它的经济基础，是由经济社会发展进程所决定的。一方面，有什么样的经济基础，就有什么样的法律制度。资本主义统治下，资本家掌握绝大多数生产资料，无产阶级只能依附于资产阶级，靠出卖劳动力勉以为生。无产阶级受到的全方位压迫被资本主义立法予以合法化，并在司法实践中被固定下来。无产阶级夺取政权后，要用生产资料公有制来取代资本主义生产资料私有制，颁布、施行无产阶级专政下的宪法、法律来掌握、巩固政权。③ 另一方

---

① 中共中央马克思恩格斯列宁斯大林著作编译局编译：《列宁全集》（第4卷），人民出版社1961年版，第241页。

② 《打江山、守江山，守的是人民的心》，载《习近平谈治国理政》（第四卷），外文出版社2022年版，第63页。

③ 中共中央马克思恩格斯列宁斯大林著作编译局编译：《列宁全集》（第38卷），人民出版社2017年版，第306—307页。

面,法律一旦得到立法的确认,就对其所保护的利益同时进行了确认,对于规范社会生活、稳定经济发展、保障统治阶级利益具有重要作用。但法令具有的内在稳定性也决定了它只能顺应经济、社会结构的变化,而不能超前于经济、社会发展水平。比如新中国成立以后,通过没收官僚资本、进行社会主义三大改造,我国生产资料公有制基本形成,人民真正成为国家的主人,共同掌握生产资料。1954年宪法作为新中国第一部宪法,明确体现无产阶级和广大人民的意志,维护无产阶级和广大人民的利益。同时,随着过渡时期总路线确立实施,社会主义经济建设开始起步,立法、司法向为经济建设服务转型。党的十八大以来,习近平法治思想准确把握我国基本矛盾发生转化的关键点,顺应时代发展和人民对法治生活的更高要求,实现了理论的重大创新和实践的重要指引。

（二）社会主义人民法治的历史发展

18世纪后,欧洲工业革命和资产阶级革命相继爆发,广大劳动者刚摆脱了土地依附,又陷入资本家的剥削陷阱中,漠视人权、社会不公、贫富悬殊的社会现实激励着马克思形成了科学社会主义的人民主权思想。马克思指出:"只有当法律是人民意志的自觉表现,才能做到既符合科学所达到的水平,又符合社会上已形成的观点。"[①]《共产党宣言》的出版,将人民主权论以共产者同盟纲领性文件的形式予以确立。"无产阶级的运动是绝大多数人的,为绝大多数人谋利益的独立的运动。"[②]

我们党作为马克思主义使命型政党,自诞生之日起就具有鲜明的人民基因,代表着最广大人民的根本利益,在人民立法与为民司法方面进行了卓有成效的历史实践。土地革命时期,《中华苏维埃共和国宪法大纲》作为中华文明第一个全国性工农民主政权宪法性文件,开始了人民政权法律体系建设探索。抗日战争及解放战争时期,先后制定通过了《陕甘宁边区施政纲领》《陕甘宁边区宪法原则》等法律条令,在革命根据地建立各级立法、行政、司法机关,实现了马克思主义国家学说与中国法律体系的融合。新中国成立以后,我们在党领导下创造性地运用马克思主义法学原理,结合革命的成功经验,先后制定和实施了有关惩治反革命罪、贪污罪、婚姻家庭等法律法规。

改革开放以后,我国的法治建设迎来了春天。党的十一届三中全会把加强社会主义法治、实现从人治到法治的转变的历史任务突出地提到全党全国人民

---

① 中共中央马克思恩格斯列宁斯大林著作编译局编译:《马克思恩格斯全集》（第1卷）,人民出版社2012年版,第349页。

② 中共中央马克思恩格斯列宁斯大林著作编译局编译:《列宁全集》（第4卷）,人民出版社1961年版,第411页。

面前。① 其后进一步确立了"依法治国与以德治国相结合""政治效果、社会效果、法治效果相统一"等尊重和保障人民权益的法治原则,相继出台了宪法、刑法、刑事诉讼法、《民法通则》《民事诉讼法(试行)》、合同法、物权法、劳动法等一大批与人民群众切身利益紧密相关的法律,改变了许多领域无法可依的情况,基本形成了宪法、法律、行政法规、地方性法规层次清晰的、具有鲜明人民特征的中国特色社会主义法律体系,推动了法治建设向纵深发展。2020年5月,十三届全国人大三次会议审议通过的《民法典》,从明确胎儿享有继承权,到对儿童、残疾人等弱势群体的特殊保护,从规定离婚"冷静期"制度,到保护死亡尊严;等等,全方位全过程保护人民各项权利。

(三)坚持人民至上是法律监督理念革新的核心

"六个坚持"中,坚持人民至上处在开宗明义的地位。坚持人民至上是新时代中国特色社会主义法治的根本立场。"全面依法治国最广泛、最深厚的基础是人民,必须坚持为了人民、依靠人民。"② 党的二十大报告23次提到了"法治",并且首次把法治建设作为专章论述。报告指出,坚持人民主体地位,充分体现人民意志、保障人民权益、激发人民创造活力。作为21世纪马克思主义中国化时代化的最新理论成果,"六个坚持"指导我们将"人民是历史的创造者"的唯物史观基本观点与社会主义法治建设实践,特别是与新时代以人民为中心推进全面依法治国相结合,推进并拓展了以人民为中心的法治价值理论。人民至上理念贯穿于法治建设的重大理论之中。

1. 坚持党的领导是全面依法治国的根本保证。全方位贯彻党的领导,全面为人民服务,是推进全面依法治国的根本要求。"中国共产党的领导地位规定在宪法中,坚持党的领导,是全面推进依法治国的题中应有之义。"③ 如果没有党的领导,权力就无法掌握在人民手中。"坚持中国特色社会主义法治道路,最根本的是坚持中国共产党的领导。"④

2. 新时代法治建设必须保障人民民主。我国政体是人民民主专政,人民行使权力需要通过人民民主实现。宪法由全国人民代表大会制定和修改,法律

---

① 中共中央文献研究室:《三中全会以来重要文献选编》(上),人民出版社1982年版,第10页。

② 习近平:《坚定不移走中国特色社会主义法治道路 为全面建设社会主义现代化国家提供有力法治保障》,载《人民日报》2020年11月18日,第1版。

③ 张文显:《习近平法治思想研究(中)——习近平法治思想的一般理论》,载《法制与社会发展》2016年第2期。

④ 习近平:《加快建设社会主义法治国家》,载《求是》2015年第1期。

和相关法律解释，由全国人民代表大会及其常委会实施，构成我国法律体系的主体。"人民代表大会制度的重要原则和制度设计的基本要求，就是任何国家机关及其工作人员的权力都要受到监督和制约。"① 执法者更需要尊法守法，接受法律监督。推进全面依法治国就是要在法律实施的全过程充分保障人民民主，让人民作为裁判员。

3. 国家治理体系、治理能力现代化应当在法治轨道上运行。必须坚持法治国家、法治政府、法治社会一体建设，依法治国、依法执政、依法行政一体推进，确保权力行使、管理活动在法治轨道上运行，防止权力被滥用、错用。比如在新冠疫情冲击下，我们坚持用法治统筹社会管理和抗击疫情，依法高效能动履职，准确区分涉疫犯罪，维护社会大局稳定和人民安居乐业。

4. 人民安全是总体国家安全观的重要内容。人民安全是基础性的安全。防范化解重大风险，目标就是让人民群众感到更安全、更幸福，要在法治轨道上统筹好发展与安全，创新思路、举措，营造有利于社会发展的法治环境，实现发展与安全的动态平衡，以安全促发展。切实维护人民群众的政治、生命、财产、就业、医疗教育安全。把人民群众作为国家安全的基础性力量，推进法治建设成果共建共享。

5. 公平正义是法治建设的生命线。公平正义是司法公信的基础，没有司法公信，人民就不会对党和政府有信心。对此，习近平总书记深刻指出："司法活动中也存在一些司法不公、冤假错案、司法腐败以及金钱案、权力案、人情案等问题，这些问题如果不抓紧解决，就会严重影响全面依法治国进程，严重影响社会公平正义。"② "政法机关要完成党和人民赋予的光荣使命，必须严格执法、公正司法。"③

（四）人民至上的法治方法论

习近平总书记深刻指出，人民立场是中国共产党的根本政治立场。新的历史条件下，必须始终坚持以习近平法治思想为指导，充分发挥"人"在全面依法治国中的中心地位，把"以人为本"作为谋划中国特色社会主义法治建设的世界观和方法论。

---

① 《毫不动摇坚持、与时俱进完善人民代表大会制度》，载《习近平谈治国理政》（第四卷），外文出版社 2022 年版，第 254 页。

② 《深化司法体制改革》，载《习近平谈治国理政》（第一卷），外文出版社 2017 年版，第 131 页。

③ 《促进社会公平正义，保障人民安居乐业》，载《习近平谈治国理政》（第一卷），外文出版社 2018 年版，第 148 页。

一、法律监督理念现代化

1. 保障人民权益是全面依法治国的根本目的。德国哲学家康德认为,人永远是目的本身,而不是工具和手段。民心是最大的政治。"人民幸福生活是最大的人权。"① 习近平总书记指出,用法治保障人民群众安居乐业。步入新时代,人民群众对高质量法治产品的需求更加多元立体,食品药品安全时刻牵动人心,蓝天碧水的关注与日俱增,法治政府、程序正义的需要更加强烈。法治是人权最有效的保障。② 更好回应人民群众新需求,更多提供优质法治产品,理应成为全面依法治国的重要内容。要顺应人民群众对公共安全的新要求、对权益保障的新呼唤、对司法公正的新需求,想群众之所想,急群众之所急,严格公正规范高效司法。

2. 以人民为中心原则是全面依法治国的价值基石。"人权要以法治作为保障,法治要以人权为价值取向。"③ 法治的根基在人民,必须坚持人民至上的价值导向。一是赋予更加充分的民主权利。人民当家作主既需要政治制度的支撑,更需要对人民民主权利的法治保障。党的二十大报告指出,发展全过程人民民主,加强人民当家作主制度保障,拓展民主渠道、丰富民主形式。二是提供更为全面的人权保障。新时代,人权建设的重点从生存权、人身权等基本权利向人格权、教育权、文化权、环境权、和平权、社会保障权、特殊群体权等拓展。"今后,在发展中应当更加关注人民群众的获得感、幸福感、安全感问题。"④ 三是实现更高水平的公平正义。全心全意为人民服务的宗旨,决定了我们必须坚持全面依法治国,努力维护公平正义。检察机关唯有以规范权力运行为基本途径,不断强化法律监督,维护国家法治统一,做到有权必有责、用权受监督、违法必追究,才能最大限度保障高质量、高水平的人权。

3. 人民主体地位是全面依法治国的重要保障。"法律与人为伴,法律的命运也就是人自身的命运。"⑤ 首先,一切法律创设和法律实施活动,必须以符合广大人民群众的根本利益为前提,才能获得合法性根基,才能得到人民尊崇和信仰。参与法治建设,不仅是权利,也是应当承担的义务。其次,国家一切

---

① 《习近平会见联合国人权事务高级专员巴切莱特》,载《人民日报》2022年5月26日,第1版。
② 高长见:《"人民幸福生活"是最大的人权的理论定位和实践要求》,载《政治与法律》2008年第10期。
③ 杨春福:《新时代中国特色人权保障的行动纲领》,载《法治现代化研究》2017年第6期。
④ 高长见:《"人民幸福生活"是最大的人权的理论定位和实践要求》,载《政治与法律》2008年第10期。
⑤ 胡玉鸿:《以人为本的法理解构》,载《政法论丛》2019年第1期。

权力属于人民，人民监督是人民赋权的必然要求，人民对全面依法治国享有最广泛的监督权。唯有自觉接受人民监督，才能确保执法司法活动不变质、不变味、不走样，政法队伍始终干净纯洁。最后，推进全民守法是全面依法治国的关键。为此，党的二十大报告指出，要弘扬社会主义法治精神，引导全体人民做社会主义法治的忠实崇尚者、自觉遵守者、坚定捍卫者。当前，发展进入战略机遇和风险挑战并存期，"黑天鹅""灰犀牛"事件随时可能发生，不确定难预料因素增多，霸权主义、恐怖主义、极端思想冲击加剧，更加需要依靠人民力量，促进法治国家、法治政府、法治社会一体建设，以全民法治化的文明稳态代替种种社会变态，确保各项改革沿着正确的轨道前进。

二、人民至上的法律监督理念的内涵与要求

（一）中国式现代化的法律监督必须坚持人民立场

1. 坚持党的绝对领导是中国式现代化检察工作的根本要求。党的绝对领导是中国特色社会主义检察制度的根本保障。党的领导与人民利益在检察工作上具有根本一致性。习近平法治思想具有指导性和生命力，就是因为它是实事求是、尊重中国国情的科学理论。"中国最大的国情就是中国共产党的领导。什么是中国特色？这就是中国特色。"① 中国共产党始终是团结带领全国各族人民争取解放、建设和发展的中流砥柱和坚强领导核心，中国法治建设必须依靠党的掌舵领航。党章明确规定，我们党没有自己的特殊利益，党在任何时候都把群众利益放在第一位。② 这一原理决定着在推进中国特色社会主义检察事业进程中，必须始终具备大局观念，深刻把握"两个确立"，自觉做到"两个维护"，把一切检察工作的目标、部署、措施、评价统一到党的大政方针上来，在检察监督办案中把以人民为中心落实落细。

2. 中国式现代化的法律监督必须始终坚持"人民检察"这一定位。"我们国家的名称，我们各级国家机关的名称，都冠以'人民'的称号，这是我们对中国社会主义政权的基本定位。"③ "人民检察"是检察机关在中国特色社会主义法治体系中的基本定位。以人民为中心，是社会主义检察制度区别于古代司法体制和西方法律制度的最大优势。我们的政权是人民的政权，我们的

---

① 《习近平关于社会主义政治建设论述摘编》，中央文献出版社2017年版，第10页。
② 《坚持人民至上》，载《习近平谈治国理政》（第四卷），外文出版社2022年版，第53页。
③ 习近平：《在庆祝全国人民代表大会成立六十周年大会上的讲话》，载《求是》2019年第18期。

一、法律监督理念现代化

检察机关也是人民检察机关,将"人民"放在"检察"之前,就是强调在进行司法活动时,要始终坚持群众路线,为了群众利益。人民是历史的创造者,也是检察机关法律监督权的赋予者。检察机关的社会功能不仅仅是对秩序的维护与治理,更是人民群众对公平正义需求的实现途径与强力保障。检察体制改革的最终目的,就是为司法活动提供更高效公平的诉讼程序,为人民群众提供更优质的法治产品,为美好生活提供更全面的司法保障。当前,国家安全、意识形态领域斗争隐蔽性越来越强,危害金融安全犯罪、电信网络犯罪、制假售假犯罪技术手段日趋先进,扫黑除恶任重道远,公共利益亟待保护,这些情况就要求我们必须牢固树立人民检察观,不断强化检察履职。

以江苏省泰州市靖江市人民检察院办理的破产债权确认纠纷支持起诉案为例。朱某某等20余名职工先后被安排至包括某制衣公司在内的三家公司工作,后该制衣公司进入破产程序,因公司运营跨时较长,工种工时各有差异,职工工资债权的确认陷入僵局,存在集体信访隐患。靖江市人民检察院受理案件后,通过调取工商登记材料发现,前述三家公司位于同一地址,业务基本一致,股东存在关联关系,20余名职工用工单位变动、社保关系转移,均由制衣公司统一安排。检察机关认为,劳动者非因本人原因从原用人单位被安排到新用人单位工作,原用人单位未支付经济补偿金,新用人单位又与劳动者终止劳动合同的,经济补偿金连续计算。经检察机关支持起诉,法院判决支持朱某某等4名职工的诉求,确认职工破产债权48万余元。该案判决后,该公司破产管理人参照判决对另外20余名职工重新确认职工破产债权,破产程序得以顺利进展。

3. 中国式现代化的法律监督必须坚持人民参与。发展全过程人民民主,公民有序参与民主政治与法治建设,是推进中国式法治现代化的一项重要原则。在全面依法治国进程中,人民既是法治建设成果的享有者,也是法治建设的践行者和参与者。扩大人民参与,充分保障知情权、参与权、监督权,理应成为检察工作的重要课题。检察机关必须顺应时代要求,主动接受人民监督,通过检察听证、检察公开、法律宣传等方式广泛听取意见建议,以司法公开促公平公正。

以江苏省泰州市靖江市人民检察院办理的乡村桥梁安全公益诉讼案件为例。靖江地处长江之滨,水网密集,乡村桥梁有上千座,这些桥梁的运行质态直接关系着人民群众日常出行安全。该市检察院公益诉讼巡查队通过无人机勘查发现,竖心港上某桥梁年代久远,桥面破裂,栏杆损毁,明显存在安全隐患。鉴于该危桥附近有两座运行质态较好的桥梁,多数群众建议拆除危桥,但居住在危桥两侧附近的少数群众为图通行方便有不同意见。为此,检察机关现场召开公开听证会，邀请人大代表、政协委员、人民监督员、公益志愿者担任听证员，属地建设部门负责人和部分干部群众应邀到会。听证员在听取案情介绍、现场察看桥梁隐患后一致表示：该桥梁年久失修，应予拆除，同意由检察机关建议属地政府依法处置。鉴于制订方案、筹措资金等需要一定时间，为最大限度保证群众安全，听证员建议迅速封闭危桥，设置警示标志，同时继续做好宣传工作。2022年6月，属地政府进一步完善桥梁封闭措施，启动桥梁拆除工作。公益诉讼监督案件，不仅需要推动属地政府监管执法，更需要基层干部群众的普遍理解和支持。检察机关在组织现场听证过程中，强化"听"的基础，抓住"证"的关键，由听证员看隐患，建设部门讲专业，基层群众谈看法，检察官进一步释法说理。真理愈辩愈明，听证员、建设职能部门负责人和在场基层干部群众对桥梁安全隐患有了更直观的了解，对检察机关监督履职合法性、必要性有了更一致的共识。

（二）法律监督能力的有效拓展必须着眼于人民需求

1. 守正创新监督理念。理念是行动的先导。守正才能不迷失方向，创新才能把握时代脉搏和人民需求。一段时间以来，在少数检察人员身上还存在一些陈旧落后的思维定式和不合时宜的习惯做法，影响检察办案质量。譬如重入罪轻出罪、重大案轻小案、重案结不重事了、重数量不重质量等，个别案件办理缺乏必要的政治敏感性，甚至被舆情牵着鼻子走。有些案件办理只唯法条，不讲情理，就案办案，机械司法。凡此种种，严重影响了人民群众安全感和满意度。

最高人民检察院党组提出的双赢多赢共赢法律监督理念，是检察机关重要监督理念创新，对检察机关功能、价值及实现进行了科学界定，具有重大的理论创新和实践指导意义。首先，我国司法参与各方无论是监督者、裁判者还是当事人等，都是社会主义法治建设的参与者，这是检察机关履行法律监督工作的前提。其次，宪法明确规定，人民法院、人民检察院和公安机关办理刑事案件，应当分工负责，互相配合，互相制约。在法律监督中兼顾制约与配合，增强工作合力，是社会主义法治建设的必然要求，符合最广大人民的根本利益。最后，监督不是你错我对的零和博弈。追求最佳监督方式和最优监督效果，是实现法治利益最大化的必然选择。

刑事诉讼监督和刑事执行监督是法律监督的重要内容。强化刑事立案、侦查活动监督，及时发现和纠正违规插手经济纠纷、刑讯逼供、非法取证等侦查违法行为，从源头上防范冤假错案发生，助推中国式法治现代化，是检察机关践行习近平法治思想的必由之路，也是为民服务应有的担当。另外，在刑事执行监督中，社区矫正监督与群众密切相关。检察机关应当树立双赢多赢共赢理念,持续强化和深入推进社区矫正检察工作,尤其是对"重点类型""重点罪名""重点对象"的社区矫正对象监管活动进行重点跟踪监督,同时加强对交付执行、变更执行、收监执行等活动的监督,切实防止"脱管""漏管"现象发生,促进社区矫正人员更好回归社会,有效增强人民群众的安全感。

2. 守住公平正义防线。就创立司法职责的宗旨来说,"它本身就要求以公正无私与不偏不倚作为它正当发挥作用的条件"①。全面推进依法治国,必须以坚持公正司法为准则。作为国家法律监督机关,检察机关的核心职能就是通过全面的法律监督,促进司法规范、司法公正。检察机关要牢记习近平总书记"促进社会公平正义是政法工作的核心价值追求"的论断,充分履行"四大检察"职能,全面提升法律监督水平,努力让公平正义以可感受到的方式实现。

针对近年养老诈骗呈现电信化、跨区域化、组织化等特点,江苏省泰州市靖江市人民检察院坚持以人民为中心的发展理念,注重检警协作、专案专办、综合治理,成功办理了一批涉老电信网络诈骗案。如苏某某等5人诈骗案,侦查机关认定涉案金额6万余元,承办检察官根据"微信聊天记录、支付宝交易明细、业绩工单自记账"等客观证据,综合认定涉案金额为23万余元。办案中,该院一方面通过情报共享、派员提前介入、参与研究制订抓捕方案和讯问提纲、先行审查电子数据、建议及时查封扣押冻结涉案财物、倒查资金流水、公告找寻其他被害人等方式,全面固定完善证据锁链。另一方面,坚持宽严相济,政策攻心,建议对首犯、主犯以及不认罪的主要实施者,果断采用刑事拘留措施,促进犯罪团伙瓦解,推动其他犯罪嫌疑人认罪认罚、积极退赃,最大限度为被害人挽回损失。全案22名被告人最终认罪认罚,庭前退赃40余万元,超过犯罪总额的50%,全案被害人均获得相应退赔。在依法办案的同时,该院积极推进社会治理,全面梳理养老诈骗典型案例,通过覆盖城乡的244名检察联络员微信工作群,定期发布"明霞窗口"普法微信,进一步营造全社会反诈氛围。

3. 守护人民美好生活。进入新时代,我国社会主要矛盾已经转化为人民日益增长的美好生活需要和不平衡不充分的发展之间的矛盾,人民群众对检察工作提出了新的更高要求。党的二十大指出,坚持把实现人民对美好生活的向往作为现代化建设的出发点和落脚点,着力维护和促进社会公平正义。在全面依法治国进程中,检察机关要通过加强民事公益诉讼、民事审判监督工作,促进民事判决的合法性、合理性和程序正当性,充分保障人民群众的合法利益,

---

① [美]博登海默:《法理学:法律哲学与法律方法》,邓正来译,中国政法大学出版社1999年版,第456页。

进一步激发人民群众为幸福生活努力奋斗的创造性和积极性。

检察机关积极履行民事检察监督职责,能够给当事人维护合法权益提供重要救济渠道,同时对人民法院依法作出裁判具有促进作用,这既是完善诉讼程序自身的题中之义,也是为人民群众解决切身利益诉求的必然选择。伴随着民事诉讼法的数次修改,民事检察监督的方式从单纯提出抗诉再审扩展到抗诉、民事执行、检察建议等多种方式,监督方式更加多样化,监督对象从生效民事判决、裁定的监督拓展到对调解书等的监督,监督内容从注重实体合法性审查扩展到对包括诉讼程序、执行程序在内的程序违法监督。民事审判监督有效解决民事诉讼当事人"申诉难""维权难"等问题,是检察机关依法保障当事人行使申诉权利的关键举措。《民法典》颁布以后,检察机关更应及时回应群众有关权益维护的法治需求,促推《民法典》保护的各项权利落实,将以人民为中心的司法理念落实到民事检察监督全过程、各环节。

近年来,检察机关办理了一批有影响、有效果的民事检察监督案件。2019年5月,最高人民检察院专门针对虚假诉讼发布第十四批指导性案例,明确了对骗取支付令、虚假公证骗取非诉执行、虚假劳动仲裁骗取执行等行为的检察监督方式。2022年5月,最高人民检察院又发布第三十八批指导性案例,聚焦老百姓日常生活中的民生关切,强化民事检察监督。例如,在民间借贷纠纷案例中,既有涉及争议案件的事实认定问题,也有涉及规制"高利贷"行为的法律适用问题。在房屋买卖、租赁纠纷案例中,有开发商"一房二卖"损害购房者民事权利的纠纷,也有在房屋租赁合同中违反租赁物权利瑕疵担保责任争议的案件。① 再如,胡某某等六人与某科技有限公司损害公司利益责任纠纷再审案,最高人民检察院副检察长张雪樵出席再审法庭,这是最高人民检察院大检察官首次就民事检察监督案件出席再审法庭。这些案件把人民群众的民事权益作为检察监督重点,纠正错误民事裁判,体现了为民护民的宗旨。

(三) 在依法能动履职中提升群众满意度

1. 人民满意是检验工作成效的根本标准。检察机关的法律监督权能,在监察体制改革后回归到"护诉为民"。② 少数检察干警对待改革仍然有错误认识,有的注重完成"数字",忽视改革质量;有的"知其改而不知其所以改",只知道反贪职能转隶,没有意识到法律监督职能的集中;有的对改革仍存畏难情绪,甚至在触及自身利益时存在消极抵触现象,致使少数检察改革工作成效

---

① 参见最高人民检察院第三十八批指导性案例。
② 参见陈军:《"四大检察"改革背景下的检察权能配置探析》,载《政法论丛》2020年第5期。

难以体现到检察监督为民办实事中，人民群众对检察改革的感知度、美誉度还不够高。为此，我们要清醒地认识到，检察机关持续深化改革，必须坚持人民权益至上原则，以保障人民权益为根本目的，以人民满意作为检验工作成效的根本标准。同时，改革是一个持续的过程，不能形式地、机械地以某个文件的制定作为改革任务完成的标志，要持续抓好改革任务落实落细。在全国政法队伍教育整顿活动期间，最高人民检察院研究确定39项"为民、便民、利民、惠民"的"检察办实事"重点任务，纳入清单管理，定期调度推动，在服务党和国家工作大局、服务保障基本民生需求等方面均取得了预期成效。

2. 能动履职是促进社会治理的重要途径。法者，所以兴功惧暴也；律者，所以定分止争也。化解矛盾风险是法律最基础也是最重要的功能。习近平总书记指出："法律不是冷冰冰的，司法工作也是做群众工作。一纸判决，或许能够给当事人正义，却不一定能解开当事人的心结。"新时代下检察机关要办对案，更要办好案、办巧案。必须着力转变司法理念，积极参与社会治理，守好矛盾化解和风险防控底线，让党和政府放心，人民群众满意。

"法不能向不法让步"理念的提出，就是检察机关能动履职的一个集中体现。正当防卫权是法律赋予公民的合法权利，鼓励公民面对暴力侵害敢于维护合法权益。但是，在以往的司法实务中没有充分发挥作用，导致过于扩大防卫过当范围、限缩正当防卫适用空间，这与立法初衷相悖。于海明正当防卫案发生后，检察机关以保障人民合法权益为目的，联合最高人民法院、公安部等对正当防卫的条件和适用作出科学界定，激活了沉睡的正当防卫条款。在2019年到2021年的全国"两会"上，"法不能向不法让步"连续三年被写入最高人民检察院工作报告，彰显了检察机关捍卫法治尊严、维护社会公平正义的决心和毅力。仅2019年，全国检察机关办理涉正当防卫案不批捕187件187人，同比增长105.4%；不起诉210件212人，件数和人数同比分别增长107.9%、110%。2021年，全国检察机关坚持以人民为中心，发布"遭遇暴力传销反击案""反抗强奸致施暴男死亡案""阻止非法暴力拆迁伤人案"等6起正当防卫不捕不诉典型案例，诠释正当防卫理念和适用规则，坚定捍卫"法不能向不法让步"，在办好检察为民实事中依法能动履职，依法保障人权，让人民群众切实感受到公平正义就在身边。①

3. 清正廉洁是严格公正司法的必然要求。习近平总书记深刻指出，时代是出卷人，我们是答卷人，人民是阅卷人。检察监督是实现人民民主专政的重

---

① 张军：《最高人民检察院工作报告》，2021年3月8日在第十三届全国人民代表大会第四次会议上。

要手段，是运用国家强制力量维护社会公平正义的"刀把子"，对维护国家安全和人民切身利益具有直接影响。检察队伍严守政治纪律、组织纪律和廉洁纪律，保持清正廉洁的优良作风，才能保持法律监督的刚性，才能形成坚不可摧的正义力量，才能在一切破坏社会主义建设、侵害人民权益的违法犯罪面前敢于亮剑。

近年来，司法机关包括检察机关内部出现少数反面典型，有的共产主义理想信念逐渐缺失，思想堡垒出现空洞，群众意识淡漠，搞"特殊化""小圈子"，把检察权当成谋取个人利益的手段；有的追求个人利益，搞起"权钱交易"，办权利案、关系案、金钱案，贪污腐败随之而生；有的躺平不为、失职渎职，找不准工作的动力和方向。上述种种行为，严重影响法治建设成效，破坏人民群众对司法公正的信赖。阳光是最好的防腐剂。面对党和人民更高要求，面对前所未有的风险挑战，检察机关只有不断加大检务公开，主动接受人民监督，不断推进自我革命，防止出现"灯下黑"，才能确保司法公正，赢得检察公信。

三、持续推动人民至上的法律监督理念深入落实

（一）站稳人民立场，以更高站位加强法律监督

1. 始终保持法律监督正确方向。法律监督是检察机关的根本属性，也是实现人民法治需求的重要途径。2021年，继《中共中央关于加强新时代检察机关法律监督工作的意见》第一次以中共中央会议的形式对检察机关法律监督工作进行专门部署后，党的二十大首次将"加强检察机关法律监督工作"写入全国党代会报告，对检察机关赋予更重政治责任、历史责任和法律责任。新时代新征程，检察机关必须胸怀"国之大者"，坚持以习近平法治思想为指导，进一步站稳人民立场，认真落实"坚持和加强党的全面领导"的更严要求，认真落实"坚持全面依法治国，推进法治中国建设"的更实举措，认真落实"发展全过程人民民主，保障人民当家作主"的更高标准，精准对标人民对美好生活的向往，不断推动"四大检察"全面协调充分发展。

2. 不断增强法律监督综合成效。人民的福祉就是最高的法律。近年来，检察机关在加强法律监督中落实以人民为中心，以政治智慧与法律智慧相结合，坚持敢于监督、善于监督，有效改变法律监督"难""软"情况，诉讼程序过程中的违法违规问题得到有效规范，司法规范化水平和人民满意度显著提升，但是仍有不少课题需要重点关注。比如，检察机关开展公益诉讼工作，不是为诉而诉，通过诉讼维护公益、推动问题解决才是最终目的。这也是公益诉讼赢得认可的一个重要方面。又如，法律监督线索的瓶颈问题，需要通过

"数据赋能法律监督"、法律监督与协作配合办公室的深度应用等予以破解。再比如,公平正义不仅要在检察履职中实现,更要以群众能够切身感受到的方式实现。对此,要建立健全畅通有序的诉求表达、矛盾调处、权益保障、心理干预机制,把人民群众最关心、最直接、最现实的利益问题解决好,让人民群众真切感受到诉求得到了公平对待、利益得到了有效维护。2021年江苏省三级检察机关办理的"鹦鹉案",检察官通过细致调查发现:涉案鹦鹉是人工繁育的,与自然界的野生濒危动物不一样,且该类鹦鹉饲养在犯罪嫌疑人所在地河南商丘是一个二十多年的成熟产业,考虑到案件可能带来的社会影响,检察机关做了大量调查工作,专门召开开放式检委会,邀请林业、鸟类等专家发表意见,最终对3名犯罪嫌疑人依法作绝对不起诉。江苏检察机关在办案中能动司法,精准适用法律,推动司法解释修改、有关政策出台和制度建立,最终实现政治效果、社会效果、法律效果的统一,充分体现良法善治,及时回应人民期待,厚植党的执政根基。

3. 努力延伸法律监督工作触角。不同的时代有不同的司法理念,而且理念也是随着时代发展不断变化的,必须与时俱进。工作中应当"跳出检察看检察",针对法律监督的"盲点"和"薄弱点",不断延伸工作触角。

(1) 治罪治理并重。习近平总书记强调:"法治建设既要抓末端、治已病,更要抓前端,治未病。"司法案件中,有的反映苗头性、倾向性问题,有的隐藏深层次的社会治理问题,需要系统分析。在司法办案过程中,检察机关要通过制发社会治理检察建议、风险分析报告、典型案例发布、重大风险化解等方式,深入剖析案件、类案发生背后的原因,加大风险研判力度,加强警示教育。2018年以来,最高人民检察院围绕未成年人保护、金融监管、虚假诉讼、治理网络空间等主题,先后制发第一号至第八号检察建议,深层次推动行业整改和社会治理,取得了积极效果。

(2) 注重诉源治理。坚决杜绝就案办案、机械执法,从源头上更好化解群众内部矛盾。比如,检察机关在处理非法集资、征地拆迁、工伤社保等领域案件的矛盾纠纷化解过程中,一方面要强化办案、追赃挽损工作;另一方面,要通过更全面的释法说理、更充分的说服教育、更温情的跟踪帮扶,最终实现案结、事了、人和。要前移、后移监督关口,共同推动侦查、审判理念上的转变,对长期挂案的案件,不能定罪的要推动及时撤案,确实构罪的要及时移送起诉和审判。

(3) 优化营商环境。就业是最大的民生。检察机关要坚持稳企业就是稳民生,围绕中心服务大局,认真落实"六稳""六保"政策。严格执行最高人民检察院"11条意见",审慎办理涉企案件,平等保护各类市场主体,助力各类企业复工复产、渡过难关。积极推动涉企合规工作,严格区分恶意欠薪与因周转困难而欠薪,依法做好涉案企业跟踪考察,确保"真整改""真合规",努力防止"办了案子、垮了厂子"。

(4)加强弱势群体权益保障。无救济则无权利。检察机关应当注重对妇女、儿童、老年人、残疾人等弱势群体合法权益的保障,积极开展支持起诉、司法救助等工作,推行侵害未成年人案件强制报告、教职工入职前查询违法犯罪记录等制度,牢牢守护社会公平正义的底线。

(二)把握人民愿望,以更高质量实现公平正义

1. 办好群众身边个案。"人民幸福生活所依赖的安全、富裕、自由与公正或者是法治的内在要素,或者是厉行法治的结果。"[①]"群众的事再小,也是天大的事",群众"急难愁盼"更是检察机关守护公平正义的着力点和关键处。检察机关要始终坚守客观公正立场,用心用情办好群众身边"个案"。

(1)深入推进平安建设。从严打击严重暴力犯罪、毒品犯罪、危害疫情防控犯罪等严重影响群众安全感的犯罪,做到"惩治力度更大、办案质量更好、'打伞破网'更严,人民群众以更实在的安全感进入全面小康"。[②]聚焦人民群众反映强烈的非法集资、电信诈骗、套路贷等经济犯罪,强化对金融证券、加密资产、网络直播、知识产权等新业态、新技术带来的法律问题研究,成立专业化办案团队开展精准打击,守好群众的"钱袋子"。要牢固树立底线思维、系统思维,对"丰县八孩女案""唐山烧烤店打人案"等引发重大舆情的"个案",要充分发挥检察机关上下一体的优势,依法妥善处理,以个案办理彰显司法公信。

(2)保障民事法律规范统一正确实施。《民法典》是习近平法治思想人民性在立法领域的重大成果,是民事权利保护的最新宣言,进一步落实宪法明确的"尊重和保障人权"理念,健全了民事权利种类,完善了权利保护和救济规则。检察机关要准确理解《民法典》的核心要义、基本原则和法律规范,在统筹推进"四大检察"工作中贯彻落实好《民法典》对公民人身权、财产权和人格权的平等保护思想,加强民事检察监督,畅通救济渠道,维护每一个民事主体的切身利益。

2. 当好公共利益代表。一是公共利益的本质特征。利益是人类社会一切

[①] 高长见:《"人民幸福生活是最大的人权"的理论定位及实践要求》,载《政治与法律》2022年第10期。

[②] 张军:《最高人民检察院工作报告》,2021年3月8日在第十三届全国人民代表大会第四次会议上。

一、法律监督理念现代化

活动的起因。传统的西方法学理论中一般不认为社会公共利益是一种独立的利益,比如边沁就宣称"个人利益是唯一现实的利益"。但是,这些观点是不符合社会发展客观实际的。当代社会法学派代表人物庞德将利益分为个人利益、公共利益和社会利益。哈耶克也承认公共利益的存在。在我国现行法律中,"公益利益"是一个常见的法律范畴,无论是刑法、《民法典》,还是民事诉讼法、行政诉讼法、行政处罚法等均有明确的阐述。从上述法律对"公共利益"的普遍规定我们可以看出,"公共利益"是对个体权利的一种限制,不得损害公共利益是社会个体成员从事各种经济社会活动的基本原则。

二是公益诉讼的域外考察。公共利益与社会利益、个人利益密切相关又有机统一。"只有维护公共秩序、公共安全、公共利益,才能有自己的利益。"①那么,公共利益由谁来主张?用什么方法来维护?通过什么程序救济?公益诉讼相对于私益诉讼,起源于罗马法,成熟于西方资本主义国家。古罗马市民可以代表集体直接起诉以维护社会公共利益。英国法务长官(检察长)可以代表公众提起诉讼以倡导公共利益。美国《谢尔曼法》《克莱顿法》《反欺骗政府法》等均有现代民事公益诉讼相关规定。德国民事诉讼法规定检察机关作为社会公共利益的代表。《拿破仑法典》等也规定检察官可以为了社会公益提起或参与诉讼。综上所述,无论是大陆法系还是英美法系,检察机关提起公益诉讼是一种通用做法。

三是公益诉讼的中国方案。不断满足最大多数人民的法治需求,维护最大多数人民的根本利益,是习近平法治思想人民性的应有之义。习近平总书记突出强调,"检察官作为公共利益的代表,肩负着重要责任"。党的二十大报告特别强调"完善公益诉讼制度"。最高人民法院、最高人民检察院 2020 年 12 月联合发布《关于检察公益诉讼案件适用法律若干问题的解释》,提供了办理检察公益诉讼案件的统一规范,突出强调了检察机关作为公益利益代表的特殊地位和重大责任,有力推动了公益诉讼工作的深入健康发展。公益诉讼的生动法治实践,得到了各地党委、政府和人大的充分肯定和大力支持。2021 年 11 月,江苏省人大常委会审议通过了《关于加强检察公益诉讼工作的决定》,授权检察机关必要的调查权和调查路径,确定了与行政机关的协调监督机制,为基层检察机关拓展公益诉讼提供了坚强保障。

近年来,全国检察机关坚持把诉前实现维护公益目的作为最佳司法状态,更好助力政府部门、相关主体协同,以"我管"促"都管",进一步形成公益

---

① 中共中央马克思恩格斯列宁斯大林著作编译局编译:《马克思恩格斯全集》(第 2 卷),人民出版社 1972 年版,第 609 页。

保护合力，如对未成年人文身、烈士名誉权、万峰湖生态环境专项治理以及海龟、鳗鱼苗等珍稀动植物资源保护等，均取得了显著的社会效果，得到群众广泛好评。重点体现在以下几个方面：

第一，环境与资源保护。加强生态环境保护关系人民福祉，关系子孙后代和民族未来。环境保护法修订通过后，由三级检察机关参与支持起诉、由环境保护社会团体提起的"首个公益诉讼案件"，引起广泛关注。该案中，"江苏省泰州市环保联合会作为原告，起诉江苏常隆农化有限公司等6家化工企业赔偿环境污染费用1.6亿余元。2016年1月，最高人民法院当庭驳回再审申请。至此，江苏省泰州1.6亿元天价环境公益诉讼案件历经一审、二审、再审程序终于尘埃落定"①。"天价公益诉讼案"的成功办理，既体现出检察机关的责任担当，也反映出社会公众"从私益到公益"的法治新需求，"从生存到生态"的美好生活向往。据统计，2021年全国检察机关"促进源头治理，办理生态环境和资源保护领域公益诉讼8.8万件，同比上升4.7%；督促修复被损毁耕地、林地、草原43万亩，督促修复被污染土壤47.8万亩，追索环境损害赔偿金5.9亿元，同比分别上升92.7%、4.6倍和55.9%"②。

第二，食品药品安全。一段时间以来，食品安全隐患频现，直接影响人民群众生命健康，此类问题处理不仅涉及卫生行业监管，也涉及公益诉讼检察。2021年，全国检察机关落实"四个最严"要求，致力保护群众"舌尖上的安全"，"办理食药安全领域公益诉讼3万件，同比上升10%；督促查处假冒伪劣食品48万千克、假药劣药1448千克，同比分别上升26.9%和2.2倍。河北、山西、安徽、宁夏等地检察机关追诉制售假药犯罪，附带民事公益诉讼，追索销售金额三至十倍惩罚性赔偿金，让肆意损害公益者付出应有更高代价"③。江苏省泰州市靖江市人民检察院联合市公安局、市场监督管理局、农业农村局等职能部门深入城乡开展"食药安全检察行"联合执法检查。针对批发市场消费量大、风险隐患高、消费者投诉举报多的情况，联合检查组对多个批次的畜禽、蔬菜和食品进行了快检和抽检，最大限度保护人民群众食品安全。该院还在上级检察机关支持下，筹资成立了公益诉讼快检中心，检察官得

---

① 胡环于、乔刚：《泰州1.6亿元天价环境公益案诉讼手记》，法律出版社2018年版，第1页。

② 张军：《最高人民检察院工作报告》，2022年3月8日在第十三届全国人民代表大会第五次会议上。

③ 张军：《最高人民检察院工作报告》，2022年3月8日在第十三届全国人民代表大会第五次会议上。

以第一时间检测水、食品等样品中的有害成分，为公益诉讼取证提供了科技保障。

第三，国有财产、国有土地出让等领域。一段时间以来，少数职能部门不认真履职，导致国有资产流失、国有土地使用权出让受到侵害的现象不断出现，使得该领域的公益保护迫在眉睫。国有资产、国有土地作为国家的重要物质基础，关系国计民生，关系国家和人民利益，是公益诉讼检察制度的"法定责任田"，必须守好的"主阵地"。最高人民检察院发布了包括湖南省长沙市检察院督促追加违法支出国有土地使用权出让收入案件在内的12个国有财产和国有土地使用权让领域行政公益诉讼典型案例，深入推进"国财国土"领域专项治理。

第四，捍卫英烈荣光。英雄烈士是一个民族坚强的脊梁，他们用生命捍卫人民利益和国家安全，他们的事迹和精神是全体民众的红色记忆。一段时间以来，社会上出现了个别不法分子诋毁英烈、诽谤英烈的情况，人民痛恨，国法不容。2018年5月，英雄烈士保护法正式实施，赋予检察机关提起该领域公益诉讼的重要职能。2021年3月，《刑法修正案（十一）》正式实施，侮辱、诽谤英烈的不法行为正式入刑。2021年2月，最高人民检察院指导江苏检察机关办理了"辣笔小球"诋毁卫国戍边烈士案，该案是《刑法修正案（十一）》实施后，检察机关适用侵害英雄烈士名誉、荣誉罪名办理的第一起案件。2021年，全国检察机关办理英烈权益保护领域民事公益诉讼46件。"一个案例胜过一打文件"。这些案例的办理，有效抵制了诽谤英烈、侵犯英烈肖像的不良风气，促使全社会形成崇尚英烈、捍卫英烈的价值取向。

第五，未成年人保护。最高人民检察院2022年3月发布的第三十五批指导案例中，浙江、北京等地检察机关针对办理猥亵儿童案件中发现的利用网络App侵犯儿童个人信息线索，在最高人民检察院指导下，推动刑事案件与民事、行政、公益诉讼办理相结合，在线索发现、调查取证、综合治理等方面统筹推进，充分发挥法律监督的能动性、及时性、有效性，以"四大检察"融合发展加大未成年人司法综合保护力度。未成年人文身易感染、难复原，就业受限、家长无奈，江苏宿迁等地检察机关提起公益诉讼专项监督，在办理个案的基础上，针对此类问题的监管盲区，提出完善管理的检察建议，从源头上推动禁止为心智尚未成熟的未成年人文身。此外，针对幼儿园等教育服务场所存在安全隐患、网吧等娱乐场所违规接待未成年人等情况，各地检察机关综合运用不同类型检察建议，推动行政机关采用最有利于未成年人权益的履职方式，切实加强未成年人权益保护的源头治理和综合治理。

3. 扎实推进依法行政。严格行政执法是维护国家利益、社会秩序和人民权益的重要保障。全面依法治国工作布局要求"依法治国、依法执政、依法行政共同推进，法治国家、法治政府、法治社会一体建设"，党的二十大报告明确指出"扎实推进依法行政"。随着法治建设的深入推进，人民群众对依法行政的诉求愈来愈强，对行政决定、行政裁判的争议事件数量逐年增长，但主动申请检察监督较少，行政检察监督在线索发现、调查化解、督促履职、法治宣传等方面仍需进一步强化。检察机关要认真贯彻落实《中共中央关于加强新时代检察机关法律监督工作的意见》，稳步推进行政违法行为检察监督，有力助推法治政府建设。要发挥行政检察"一手托两家"的优势，多做"穿透式"监督，综合运用调查核实、公开听证、司法救助、制发检察建议等手段，促进切实解决当事人合理诉求。要探索建立联合化解矛盾纠纷工作机制，更好促进依法行政与实质性化解行政争议的结合，促进案结事了、政和人和。要进一步完善"两法衔接"工作机制，形成共建共治共享的社会治理格局。

（三）不负人民重托，以更实举措锤炼检察铁军

1. 主动顺应人民期待，不断深化检察改革。要坚持政治建检，改革兴检，牢记"三个务必"，抓住改革历史机遇，增强历史主动性，持续推进检察机关系统性、整体性改革，促进检察工作提质增效。

（1）切实做好检察改革"精装修"。进一步强化司法责任制改革、员额制改革、检察官办案责任制改革、内设机构改革等各项制度落实。继续发挥捕诉一体办案机制功能作用以及检察机关在认罪认罚从宽制度中的主导作用，研究办案机制运行规律，大力推进专业化办案团队建设。完善行政执法与刑事检察、行政检察、公益诉讼检察信息共享机制，扎实推动行政执法与刑事司法衔接。完善以"案-件比"为核心的案件质量评价指标机制，坚持"谁办案谁负责、谁决定谁负责"，激发法律监督更大潜能和活力，不断增强人民群众的法治获得感。

（2）完善为人民司法的举措。进一步落实和完善群众信访"件件有回复"、首问负责、领导包案、检调对接、第三方参与听证、派驻值班律师等便民利民机制，以检察改革的力度彰显法治建设的温度，以优良的司法作风用心用情纾解人民群众急难愁盼。如江苏省泰州市靖江市人民检察院"明霞窗口"不断丰富和发展"枫桥经验"检察路径，努力打造群众"家门口检察院"，既解"法结"更解"心结"，先后化解矛盾纠纷1500余件，开展司法救助200余人次，成为检察群众工作的闪亮名片。

（3）依法行使起诉裁量权。摒弃"有罪推定""考核第一"等思想误区，坚定人民立场，对人民负责、对法律负责、对事实和证据负责。刑事诉讼程序启动后，如果检察机关审查后觉得不够起诉条件，诉出去社会效果、法律效果

不好，应当善用、敢用不诉权，及时终止不适当的刑事诉讼程序，因为一旦"带病"起诉，必将是终身追责。江苏省淮安市涟水县人民检察院"对35名农村地区非法种植罂粟低于1000株、年龄大于70岁且认罪认罚的老年人，在做好普法的同时作相对不诉处理"，兼顾国法人情，充分释放司法善意，传递检察温度。

2. 及时回应人民关切，不断强化内部制约。司法腐败是司法不公的温床，严重伤害人民情感，损害司法公信。要坚决贯彻中央全面从严治党战略，强化内部监督制约，加大监督执纪问责力度，推进廉洁司法。

（1）严明党的纪律和检察纪律。深化党的二十大报告学习，加强意识形态工作，引领检察干警坚决当好"两个确立"的坚定拥护者、忠实践行者，坚决当好习近平新时代中国特色社会主义思想的坚定信仰者、忠实实践者，更加自觉地增强"四个意识"、坚定"四个自信"、做到"两个维护"。坚持党对检察工作的绝对领导，认真执行《中国共产党政法工作条例》，健全党内重要情况通报和请示报告制度，完善落实领导干部个人有关事项报告制度，加强和改进干部选拔任用工作监督。大力实施"新时代党建质量工程""员额检察官红细胞工程"，严格落实"三会一课"制度，坚持以思想政治建设铸魂补"钙"，传承红色基因。以自我革命精神深化全面从严治党要求，开展"廉洁机关"建设，抓住领导干部关键，严格落实和坚决夯实党风廉政建设的主体责任和监督责任，完善"两个责任"检查考核和责任追究机制，层层签订《全面从严治党主体责任书》，定期分析党风廉政建设工作，以严肃问责推动主体责任落实。

（2）加强司法办案活动监督。坚持严管就是厚爱。健全与司法责任制改革相适应的检察权运行监督体系，健全廉政风险防控和预警机制，完善和落实案件回访工作机制，探索建立纪检监察专员制度。加强对司法办案活动的统一集中管理，提升案件管理科学化精细化信息化水平，实现全院全员全过程的案件监督管理，构建纵横结合、责任明晰、运行高效、权威有力的案件管理机制，发挥质量评查在查错纠错和选树先进典型、强化正面引导中的作用，不断提升司法规范化水平。突出监督重点，坚持问题导向，坚决查处自身腐败问题，聚焦司法办案关键领域、关键环节和关键岗位，重点审查党的十八大后不收敛、不收手，问题线索反映集中、群众反映强烈的违纪违法问题。进一步细化检察官职权清单，建立健全司法档案，严格执行防止干预司法"三个规定"，坚决查处办关系案、人情案、金钱案。

（3）坚持不懈抓好作风建设。坚持刀刃向内。抓实检察队伍教育整顿，支持纪委监委和派驻纪检监察组监督执纪执法。建立健全巡视巡察工作机构，抓好巡视巡察"后半篇文章"，适时进行"回头看"工作，持之以恒推进整改工作。健全纪律作风状况经常性分析研判和对人民群众反映问题及时核查机制。在职务职级晋升、考核评优等过程中开展"政治体检"和"廉政体检"，对体检不过关的实行"一票否决"，以坚定的决心推动纪律作风整体向好向优。紧盯"四风"新表现、新趋势，着力防松懈防变通防反弹，加强监督执纪和检务督察，用好用对用好用足"第一种形态"，早打招呼早提醒，筑牢拒腐防变的思想道德防线。强化各种廉政预防和警示教育，拓展政治教育、纪律教育、廉政教育的方式方法，建立专门的司法办案廉政警示教育基地，注重正面灌输与侧面引导结合，榜样教育与典型剖析结合，岗前教育与在职教育相结合，做到木鱼常敲，警钟长鸣。

3. 自觉接受人民监督，不断规范司法行为。一是要主动接受人大监督。人民行使国家权力的机关是全国人民代表大会和地方各级人民代表大会。检察机关由人大产生，对它负责，受它监督。检察机关设置由人大及其常委会决定；检察人员由人大任免，受人大监督；检察工作受人大监督；检察长提交的重大事项由人大决定。实践中，全国各地各级检察机关除了定期向人大报告工作，接受视察和执法检查、提请任命检察官等之外，还丰富发展了检察建议报请人大备案、人大监督与检察监督相衔接等工作机制，既确保了人大对检察机关的监督，又增强了法律监督刚性，凸显了检察工作人民性。如内蒙古自治区鄂托克前旗人民检察院探索"人大+检察"融合工作法，推进人大代表监督与公益诉讼工作衔接机制，既在办案中主动接受人大对检察工作的监督，同时，又从人大代表建议中发现公益诉讼线索，借助人大监督推动系统治理，进一步提升了监督质效。

二是要密切与人大代表的联系。首先是广泛听取代表建议。邀请人大代表参加视察、检查、评议、座谈等活动，听取意见和建议，并通过人大代表吸纳民意，汇集民智。2019年10月18日，部分江苏省人大代表、政协委员、人民监督员、特约检察员来到江苏省泰州市视察行政公益诉讼案件整改现场，听取案件办理及受损公益恢复情况。与会代表敞开心扉、畅所欲言，既对检察机关公益诉讼工作给予充分肯定和高度评价，又积极发表了意见和建议。省人大代表孙玉明建议：进一步加强以案说法力度，提高渔民知法守法意识；发挥好检察机关的法律监督职能，督促相关职能部门积极履职，共同保护好长江流域生态环境。省人大代表薛元金建议检察机关举一反三，发出检察建议，加快推进渔民上岸工作。针对上述代表及其他代表委员的点评和相关意见建议，与会省地市三级检察机关相关部门负责人表示，将在会后逐一研究分析，明确整改落实的具体措施及相关工作责任，以高度的政治自觉、法治自觉和检察自觉回应代表委员关切，高质量开展检察工作。

其次是认真办理代表议案。议案是由人大代表在人民代表大会期间提出的，讨论、解决某个问题的办法、措施、意见和方案，是人大代表行使民主权利的重要方式。相比一般的建议、批评和意见而言，代表议案须经人民代表大会主席团审议确定，办理的规范性和程序性更强，不仅有交办手续，还有办理后的评价程序。因此，办理代表议案是检察机关的法定职责，应当高度重视和认真对待。如针对人大代表提出的"加大对校外培训机构的整治力度"的议案，实现未成年人保护"全覆盖"，某市检察机关迅速研究部署，组织全市80名校外培训机构负责人参加防性侵知识专题讲座，围绕最高人民检察院"一号检察建议"出台背景、校外培训机构治安隐患、存在问题、典型案例、相关责任及对策建议等方面进行宣讲，进一步提高了校外培训规范管理和安全防范意识。与此同时，检察机关及时向属地教育管理部门发出检察建议，要求进一步加大对全市校外培训机构监管力度，努力为未成年人健康成长提供良好环境，该市校外培训机构刑事案件发生率持续走低。

最后是拓宽代表监督途径。通过开展"代表委员联络月"活动，寄送检察工作通报、聘请检风检纪监督员、参加公开听证、旁听庭审等方式，进一步扩大代表监督的途径和渠道。在基层法治实践中，检察机关要牢固树立"监督就是支持，监督也是合力"的理念，在主动接受代表监督中进一步提升工作质效和司法公信。真理越辩越明。对一些重大疑难复杂案件，必要时商请有专业背景的人大代表参与公开听证和释法说理，进一步查明案件事实和真相，确保准确适用法律。对一些久拖不决的信访闹访缠访，应当及时邀请相关人大代表到场，会同检察官和信访工作人员，开诚布公讲事理、摆道理，宣讲社会主义核心价值观，宣扬中华优秀传统文化和善良风俗，努力让客观公正成为基本立场，崇法向善成为行为准则。

三是要不断完善社会监督。首先，加强当事人及其律师监督制度建设。健全律师执业权利保障制度。依法充分保障律师执业权利，不仅是维护律师合法权益的必要举措，也是切实加强社会监督、尊重和保障人权，促进司法公信的重要保证。一方面，检察机关要进一步提高律师执业保障能力和水平：其一，加强硬件建设。设置律师绿色通道、信访接待专用窗口、专门阅卷室、律师接待室等。其二，加强网络建设。推行电子卷宗移送、网络阅卷、网上预约和手机App预约，解决"会见难""阅卷难""调查取证难"等问题。其三，切实保障知情权。建立健全登记和答复制度，及时告知案件侦查终结移送审查起诉、强制措施适用等情形。另一方面，要通过开展专项内部监督，建立负面清单，重点监督纠正"随意扩大不准会见的案件范围；变相要求提供材料；故意延时安排正当阅卷要求；不合理限制阅卷次数和时间；不及时处理取证申请；未有效保护执业律师人身权利"等违规行为。健全检察机关听证审查制度。其一，坚持应听尽听，推进办案公开。对符合听证条件的案件组织听证，刑事、民事、行政检察和公益诉讼等四大检察覆盖。听证活动实行全程录音录像，适时通过中国检察听证网或其他公共媒体直播。坚持专群结合原则，必要时邀请专家或专业人士，借助"外脑"辅助办案，进一步解疑释惑，切实增强听证权威性。其二，细化听证要求，保障司法公正。明确要求主持人在听证活动中，在"听"的环节上做到"三个到位"：听证程序告知到位、案情和需要听证的问题介绍到位、当事人意见和听证员意见听取到位，为案件公正处理奠定扎实的基础。释法说理做到四个"不放过"：案件疑点不排除不放过，问题焦点不论证不放过、法律政策不说明不放过、当事人疑惑不讲清不放过，切实增强当事人心理认同。其三，注重柔性司法，提升检察公信。转变"坐堂问案"的惯性思维，以柔性监督方式开展听证，引导当事人从对抗转向对话。注重精准监督，如江苏省泰州市靖江市人民检察院利用"无人机+铁脚板"等手段对属地25处1539名英雄烈士的纪念设施开展精准巡查，列出问题清单，推动全市11个镇（园区、街道办）负责人参加公开听证，积极落实检察建议。注重跟踪督促履职，坚决杜绝"一听了之"。如在开展"加拿大一枝黄花"专项治理等公益诉讼听证活动中，检察机关在制发检察建议的基础上，持续跟踪整改，确保"有听证、有建议、有反馈、有实效"。落实当事人权利义务告知制度。全面充分告知诉讼权利和义务，是检察机关接受案件当事人监督的重要前提。当前工作中存在的"重视程度不够、告知形式不规范、说理不透彻"等情况，直接影响当事人行使诉讼权利，使得当事人无法全面充分进行监督，同时也影响了规范化司法水平。加强和改进当事人权利义务告知，其一，形式要规范。法律规定权利义务告知有口头和书面两种。对应当书面告知却无法送达的情况，检察机关应当制作书面说明，将电话记录、书面说明以及邮寄凭证入卷备查。其二，内容要全面。制订固定模板的告知文书，一次性全面告知到位。对被害人、未成年人以及申请民事诉讼监督当事人，还要注意提起附带民事诉讼、法律援助、司法求助等方面权利的告知。其三，告知要及时。"迟到的正义非正义。"如审查起诉环节犯罪嫌疑人、被害人诉讼权利义务告知应当在受理案件后3日内办结手续，简易程序权利义务告知应当在向法院提出适用简易程序之前向犯罪嫌疑人完成告知等。其四，做好"听"的工作。完善当事人案件回访、问题反映等机制，充分听取当事人的辩解或意见。其五，注重释法说理、跟踪帮教。通过全面规范的权利义务告知和充分必要的说服教育，促进当事人认罪服法，促进司法公正。对未成年被害人的告知，还应当在法定代理人、监护人的陪同下,在专门办案场所进行,最大限度考虑未成年人的感受。

其次,坚持和完善人民监督员制度。人民监督员制度是检察机关接受人民群众监督、保障人民群众有序参与司法的重要制度设计。党的十八大以来,人民监督员制度改革不断深化,进一步健全了检察权运行制约机制和犯罪嫌疑人、被告人的权利保护机制。国家监察体制改革以来,检察机关内设机构系统性、整体性、重塑性改革全面落地,"四大检察"法律监督局面初步形成,人民监督进一步完善。新修订的人民检察院组织法明确规定:"人民监督员依照规定对人民检察院的办案活动实施监督。"至此,人民监督员制度正式成为一项国家法律确立的制度,步入正规化、法治化的发展轨道。"人民监督员并不要求从绝对专业的角度来评价法律适用是否准确,而是从普通民众的正义感角度出发来监督办案的公正性。"① 与人大代表监督不同,人民监督员监督的重点主要针对具体办案活动,涉及公开听证、公开审查、出庭公诉、巡回检察、检察建议的研究提出和督促落实、案件质量评查、司法规范化检查、检察工作情况通报、其他相关司法办案工作等九个方面,是检察机关接受群众意见和监督的有效方式。2019年8月最高人民检察院印发实施《人民检察院办案活动接受人民监督员监督的规定》,对人民监督员监督办案活动作出全面调整和完善。检察机关加强人民监督员工作,应当做好四个方面。其一,规范人民监督员权利义务。保障其履行监督职责相应的知情权、监督权,同时明确保密、回避等义务。其二,确保人民监督员实质性参与。确保"参与审查、听证,旁听相关案件庭审、参加对监狱、看守所的巡回检察、参与检察建议制作和督办、参与法律文书公告送达、参与案件评查和规范检查、听取工作通报"等权利。其三,认真办理人民监督员意见建议。及时向检察官或办案组交办人民监督员的监督意见建议;如实记录人民监督员发表意见并入卷;及时告知人民监督员监督意见建议的采纳情况,对未采纳的,应当作出解释说明;对人民监督员仍有异议的,应当报请检察长决定。其四,建立健全检察工作日常通报机制。对检察机关作出的重大部署、重大案件、重要事项,应当及时通过寄送《检察工作通报》、召开新闻发布会等方式,充分听取人民监督员的意见建议,让人民监督贯穿于检察工作全过程。

最后,主动接受公众和舆论监督。马克思和恩格斯说过:一切公职人员必须在"公众监督之下进行工作",这样"能可靠地防止公众去升官发财"和

---

① 陆婵:《检察改革背景下的人民监督员制度发展与完善》,载《上海法学研究》2020年第12期。

"追求自己的特殊利益"。其一,深化重大案件信息公开制度。灵活运用多种宣传方式,构建全方位、立体化的信息公开网络,进一步扩大案件信息公开的受众面和影响力。以12309检察服务中心为载体,提供线上线下一站式程序性信息查询、终结性法律文书浏览。以"检律互动微信群"为桥梁和纽带,对预约卷宗提前刻录,搭建律师阅卷"快车道"。其二,发挥舆论引导作用。对社会关注度高的重要案件信息,及时主动公开。以检察门户网站、微信公众号为主阵地,结合今日头条、微博、抖音等平台,及时发布检察最新动态,精心挑选典型案例,发布普法短视频,以案释法深化检务公开。其三,深入开展精准普法活动。通过开展新闻发布会、检察开放日、检察官进社区、企业、学校等精准普法活动,借助展板、微电影等宣传媒介,对群众关心的食药环、涉黑涉恶等领域案件,常态化发布典型案例,以面对面通报、面对面讲解、面对面交流等方式,正面回应各界关切。常态化开展线上线下检察开放日活动,邀请人大代表、政协委员、人民监督员和群众代表监督检察办案活动,让公平正义更可视、可评、可感。

以"六个必须坚持"为统领创新检察理论研究范式

安素洁*

一、范式及与理论研究的关系

(一) 范式的概念

"范式"一词在我国古籍中早已存在,如刘勰《文心雕龙·事类》载:"至于崔班张蔡,遂捃摭经史,华实布濩,因书立功,皆后人之范式也"[①]。这里的范式即有榜样、模范的含义。在我国将"范式"一词真正用于理论研究方法的应该是金元浦先生,其将"范式"的概念归结为,一定时期一定范围内从事某项创作和研究的共同体所一致遵循的一般理论原则、方法论规定、话语模型和应用范例。[②] 国外学者托马斯·塞缪尔·库恩在其《科学革命的结构》一书中将范式理解为,那些公认的科学成就,在一段时间里为实践共同体提供典型的问题和解答。[③] "范式"一经应用于理论研究工作,其就从最初只是一个揭示科学革命的基本特征和科学发展内在规律的科学哲学范畴,逐渐演变成包括哲学学科在内的几乎所有学科研究中都广泛使用的一个普遍的概念,甚至成为各学科学术探讨和理论创新的基础概念和关键范畴。[④] 当范式被广泛运用于科学理论研究后,各领域学者便开启了某一共同体对某项领域进行

---

* 重庆市人民检察院法律政策研究室一级检察官助理。
① 参见商务印书馆编辑部:《辞源(合订本)》,商务印书馆1997年版,第1427页。
② 参见姜文振:《"范式"概念溯源及其与"知识型"的关系》,载《河北师范大学学报(哲学社会科学版)》2022年第1期。
③ 参见金吾伦:《范式概念及其在马克思主义哲学研究中的应用》,载《中国特色社会主义研究》2009年第6期。
④ 参见蒋楼:《马克思主义哲学研究范式创新与转换的理论前提省思》,载《武陵学刊》2012年第2期。

"研究领域+范式"型构造的研究热潮。

笔者认为，所谓范式应当是以其本身包含的"共同价值""共同理念""共同信仰"为根基，以科学理论、科学方法为支撑，以一定的系统规范、科学模型为依托，来进行理论研究创新与发展，并以回应社会现实需求和推动社会全面进步为最终目标的理论模型。范式的特征应当是库恩对范式的理解，即在一定时期内能为实践共同体提供典型的问题和解答。这种问题和解答实质应当是助推社会进步发展，甚至全人类共同体的和谐共生。

（二）范式与理论研究的关系

从对范式概念的解析及其发展进程可知，范式为理论研究提供了具有共同价值基础的科学依据，是理论研究具有先进性和人民性的基础；范式为理论研究提供了系统化、整体化的研究路径，是理论研究不趋于碎片化、片面化的研究方法；范式为理论研究提供了可供遵循的基本模式，是理论研究保持传承、发展以及创新的根源和动力。

由此观之，范式与理论研究之间的关系可以理解为，范式是理论研究的规定，而理论研究成果是范式具体体现，两者互为依存。换言之，范式体现了理论研究的神和形，是理论研究的精神内涵、方向定位、创新路径，所以范式的精神内核体现了理论研究的价值取向，范式的创新直接推动着理论研究的创新；而理论研究的成果具体体现了范式不断传承、发展、创新的历史进程，是一定时期内人民共同价值、理念、信仰的体现。

（三）我国检察理论研究的基本现状及存在的问题

自党的十八届四中全会提出深入进行司法体制改革的战略安排后，我国进行了以审判为中心的刑事诉讼制度改革、国家监察体制改革、司法责任制改革等。2018年，最高人民检察院又对内设机构进行了重构性改革①，并制定了《2018—2022年检察改革工作规划》，其中确定了67项具体的任务规划，2023年是新一轮检察改革的启航之年②，这些改革举措的陆续出台给检察理论研究注入了新的活力，2018年至今有关检察理论方面的研究进入一个新高潮。

笔者依据在中国知网公开发表的文献进行统计，2018年1月至2023年3月在相关学术期刊、会议论坛、报纸及学术辑刊等发表的以"检察理论"为主题的相关理论文章有160余篇、以"检察治理"为主题的相关理论文章有

---

① 葛琳：《检察理论研究70年发展及走向》，载《人民检察》2019年增刊第1期。
② 参见《以法律政策研究工作现代化助力检察工作现代化——专访最高人民检察院法律政策研究室主任高景峰》，载《检察日报》2023年2月25日，第3版。

380 余篇、以"检察改革"为主题的相关理论文章有 530 余篇、以"检察职能"为主题的相关理论文章约 910 余篇、以"检察权"为主题的相关理论文章有 1420 余篇、以"检察监督"为主题的相关理论文章有 3320 余篇。这些检察理论研究成果涉及我国检察制度的方方面面,包括检察政策理论、检察权理论、监察权和检察权关系理论、检察文化理论、司法体制和检察改革理论(内设机构改革、司法责任制制度方面尤为凸显)、检察监督理论、检察实务和应用理论("四大检察"等方面的具体理论问题)等。

这些丰富的检察理论研究成果,为坚持、发展和完善中国特色社会主义检察制度提供了有价值的理论探讨和经验总结;为检察改革在实践中存在的现实问题,提出了有益的对策和措施;为检察体系、机制的建立和完善,提供了建设性意见和建议等。总之,这些丰富的检察理论研究成果为检察事业的全面发展提供了必要的、不可或缺的动力。但是目前检察理论的研究模式还存在一些不足,并在一定程度上成为检察理论创新发展的掣肘,主要表现在以下几个方面:

1. 检察理论研究方法更侧重策略性研究范式,研究思维易出现对"对象性存在"认识的反刍现象。策略性研究模式容易造成在研究过程中,对思维的对象性研究不深入的问题,从检察理论研究的角度,就是对检察基础理论以及实证应用对象基本问题或重大问题的发现和解决不深入,导致不同的对策或策略始终无法真正解决好一个现实困境,陷入思维反刍。在理论研究中要善于以问题为导向,因为提出一个问题往往比策略性地解决一个问题更重要,因为解决一个问题也许只是一个对策、技能,但是提出新问题、新的可能性,从新的角度去看旧问题,才具有创造性,是理论创新的动力,而且标志着科学的真正进步。① 有学者指出,我国检察理论研究伊始,其就处于一种研究对策的思路之中,并将这一研究范式称之为"对策法学"研究范式。② 目前检察理论研究实践中,以针对一个困境、现象或者以提出一个对策、策略作为研究主题或主要内容的文献较多,这种策略性研究方法得出的结论不能全面、系统回应对某一项制度、机制或理论等产生的疑问,也不能有力支撑司法实践的长效运转。

2. 检察理论研究更侧重于规范性研究范式,对社会系统综合治理方面欠

---

① 参见臧峰宇:《坚持问题导向的时代内涵与方法论原则》,载《中国高校社会科学》2023 年第 1 期。

② 参见李乐平、韩彦霞:《检察理论研究的成效、不足与完善》,载《人民检察》2016 年第 19 期。

缺研究。我国目前的检察理论研究更侧重规范性的研究方法，它将检察理论研究的基本对象限定在制度事实这个层面上。包括法律规范、法律适用和法律解释、法律组织设施以及某些法律关系、纠纷事实以及裁判事实等[①]，缺少综合运用多学科理论分析工具，对检察实践进行描述性、概括性和解释性的研究，来总结提炼出自己特色的理论系统模型。[②] 这种从规范法学角度进行研究模式，可以称之为"规范性"研究范式，这种研究方法无法将问题放置在一个社会有机体中去看待。从社会有机体角度来看，除了规范性研究，还包括检察机关发挥社会治理作用和职能方面的研究。这种研究除包括法律规定的对生效裁判的监督，对法院审判及执行活动的监督，对侦查活动的监督，对民事审判活动、对行政诉讼、对损害社会公共利益行为代表国家进行公诉等监督进行规范层面的研究外，还应当包括检察机关能动将法律监督触角延伸到社会其他层面的社会系统性研究。因为检察机关通过受理当事人举报、揭发、申诉等事宜，具备了广泛的社会基础和群众基础[③]，其具备能动参与社会治理的群众基础和渠道来源，具备从社会系统治理方面研究检察监督的理论根基。所以，检察理论如果欠缺从整体和局部以及实证和经验的角度进行社会系统性研究，那么其就不能承载检察理论体系创新发展的重任。

3. 检察理论研究的视域较窄，在"本土化更迭"与"全球化对话"两个角度的深厚性和前瞻性不足。我国已经开启了中国式现代化的新征程，这一伟大的实践征程有两个核心要素，即"中国式"和"现代化"。"中国式"要求本土化站在新的起点上进行守正创新，进行本土化的更迭。目前，检察理论研究在立足检察改革重构"四大检察"法律监督新格局、与时俱进将能动检察融入国家治理和为民之治、探索建立与数字时代相适应的法律监督新模式等方面进行理论探索的深度还不足；"现代化"要求我国步入世界现代化的洪流后，在新的高度进行全球性对话。目前，我国检察理论研究在如何站在"本土化更迭"与"全球化对话"的角度，进行理论创新以及制度、机制建立和完善方面的理论前瞻性还不够。例如，在如何进一步深化改革全面推进检察工作现代化方面，在公益诉讼检察如何不断向更宽领域拓展、为公益保护贡献中国智慧方面，在中国特色检察智慧如何在借鉴国外有益经验基础上创新发展等

---

① 参见谢辉：《论规范分析方法》，载《中国法学》2009年第2期。
② 参见吕昊：《检察研究应引入社会科学研究模式》，载《检察日报》2016年8月23日，第3版。
③ 参见王晓、任文松：《社会系统论视域下的社会治理创新——以检察机关两种民事检察职能调和与统一为例》，载《福建论坛（人文社会科学版）》2018年第9期。

领域理论研究的前瞻性表现不足。

括而言之,我国检察理论研究不管是以对策性范式为主要模式,还是以规范性范式为主要模式,都有其弊端。因为理论研究范式存在缺陷,所以检察理论研究在总体上呈现出研究深度不够、创新性不强、前瞻性不足等问题。马克思曾说过:"理论在一个国家实现的程度,总是决定于理论满足这个国家的需要的程度。"① 因此,笔者认为,我国检察理论创新发展的范式应当立足中国特色社会主义的共同价值、理念、信仰对检察理论研究的新要求之上,并以马克思主义基本原理与中国特色社会主义实践相结合的科学方法论为指导,以助力中国式现代化进程的具体实践为基础来进行构筑。

二、"六个必须坚持"统领下检察理论研究范式

我国检察理论研究范式的构筑,始终要以中国特色社会主义思想为核心根基,特别是以习近平新时代中国特色社会主义思想为指导。习近平新时代中国特色社会主义思想作为当代中国马克思主义,为检察理论的创新发展提出了新的统领性要求,即"六个必须坚持",这是习近平新时代中国特色社会主义思想的世界观和方法论,是我们党理论创新的最新成果,是理论研究应当共同遵循的世界观及行为方式。

(一)"六个必须坚持"蕴含范式构建核心要素

习近平总书记在党的二十大报告中明确指出,继续推进实践基础上的理论创新,首先要把握好新时代中国特色社会主义思想的世界观和方法论,坚持好、运用好贯彻其中的立场观点方法,同时党的二十大报告对此进行了六个方面的阐释,即坚持人民至上、坚持自信自立、坚持守正创新、坚持问题导向、坚持系统观念、坚持胸怀天下。"六个必须坚持"实质是百年来中国共产党人践行知行合一,以"两个结合"作为党百年奋斗进行理论创新的重要经验,从理论和实践相结合上深刻总结中国式现代化道路上推进理论创新的科学方法。

有学者将"六个必须坚持"理论的特点概括为:是推进理论创新创造的根本遵循,是科学理论的真谛所在,是政治、真理和道义的制高点,是我们奋进新征程夺取新胜利的看家本领。② 可以看出,"六个必须坚持"理论蕴含着构建一种理论研究范式所必需的根基、方式、理论基础、实践规范及系统科学

---

① 参见中共中央马克思恩格斯列宁斯大林著作编译局编译:《马克思恩格斯全集》(第1卷),人民出版社2012年版,第11页。

② 任晓山:《领会好把握好"六个必须坚持"》,载《新湘评论》2022年第23期。

模型等全部核心要素。坚持人民至上、坚持自信自立体现了全国人民共同价值基础、价值信仰和价值理念。坚持守正创新、坚持问题导向、坚持系统观念一方面指出了理论创新的科学方法论基础，另一方面则直接阐明了理论研究的系统规范及科学模式。坚持胸怀天下，一方面要求检察理论研究要站在全球化的视野上进行，为解决人类共同问题进行全球对话，另一方面提出了检察理论研究的目标导向应当是人类命运共同体的构建等。

（二）"六个必须坚持"对检察理论研究范式的新要求

习近平总书记指出，我国现代化同西方发达国家有很大不同。西方发达国家是一个"串联式"的发展过程，其发展到目前水平用了200年时间。我们把"失去的200年"找回来，决定了我国发展必然是"并联式"的过程，通过叠加式发展才能后来者居上。① 党的二十大报告从"五位一体"和"四个全面"的"两大布局"、从立足具体实践和中华优秀传统文化的"五大特色和重大原则""九大本质要求""分两步走战略安排"以及创造人类文明新形态的"世界方位"等方面，带领全国人民开辟了"中国式现代化"的新征程、新实践。检察理论研究作为法治实践的一部分，必须在正确的法治理论引领下进行，以"六个必须坚持"理论统领为检察理论研究实践提出的新要求，来构建理论研究范式。

1. 理论创新的实质应当是践行马克思主义实践的真理观。"六个必须坚持"理论作为科学的世界观和方法论，体现了理论研究必须践行实践的真理观，即实践是对象性的活动，真理是在对象性活动中体现的，而人民是社会实践中的变革动力与决定力量，实践的真理观要求"人民"为核心的社会治理模式。构建人民至上的社会治理体系，将"人民"放在治国理政的最高位置，是进行理论创新的实质要求。在人民至上的根基上，在正确的世界观和方法论的指导下，自信自立是进行法治实践活动应当具有的信心和气魄。

2. 理论创新的向心力应当回归马克思主义内因是事物发展的根本动力。"六个必须坚持"理论中，坚持问题导向、坚持守正创新，从方法论的角度揭示了理论创新应当立足事物内部矛盾和问题，即立足本国国情，促进理论研究本土化更迭的内向力。检察理论研究的方向应当是以中国特色社会主义为圆心，理论的创新和发展始终围绕这个向心力进行传承、发展和创新。内因是事物发展的动力，决定发展的性质和发展方向，立足实际，解决好本国理论研究

---

① 参见《习近平关于社会主义经济建设论述摘编》，中央文献出版社2011年版，第934页。

的重大问题,是推进理论研究的重心或首要问题。

3. 理论创新的开放性应当面向马克思主义人类解放的本体论。"六个必须坚持"理论中,坚持系统观念、坚持胸怀天下,蕴含了理论研究创新的两个面向,一个是国内小系统面向,一个是国际大系统面向。从国内的系统观来看,理论创新应当面对我国多元结构的社会治理环境,从整体与局部或者个人与国家的角度出发,促进构建以人民为中心的共建共治共享系统治理模式;从国外的系统观来看,以人类解放与发展、人类的共存共荣为角度,正确看待我国理论研究与借鉴国外研究成果的关系。

(三)"六个必须坚持"下检察理论全息式研究范式的构筑

通过本文上述论述可知,"六个必须坚持"理论蕴含范式构建核心要素,"六个必须坚持"站在时代的角度对检察理论研究范式的构建提出了新的要求。检察理论研究作为"六个必须坚持"理论体系下的子系统,或者说检察理论研究是我国科学理论研究的一部分,其应当包含和体现习近平新时代中国特色社会主义法治思想以及概括为的"六个必须坚持"理论的所有要素,从科学方法论来看,部分也应当具有全部的整体性,部分的属性体现了整体的所有属性,部分的前进发展会影响、制约或者体现整体的前进发展的理论研究方法,我们称之为全息式理论。

全息式理论就是研究事物间所具有的全息关系的特性和规律的学说。① 我国检察理论研究范式的构建应当具有坚持人民至上、坚持自信自立的人民共同价值基础、价值信仰和价值理念;应当具有坚持守正创新、坚持问题导向、坚持系统观念的科学方法论基础;应当具有胸怀天下的现代性、全球化特质。检察理论的全息式研究范式,就是研究检察理论与"六个必须坚持"理论统领下,所具有的全息关系的特性和规律的学说。由此可知,检察理论全息式研究范式的主要特点可以概括为:一是作为部分存在的检察理论或相关检察学说已经包含了其所赖以存在和据以为根据的整体理论、学说全部要素,能鲜明地体现整体理论、学说等的特点、特性;二是作为部分存在的检察理论本身亦是一个系统的存在,其不仅体现部分和整体之间的系统依存关系,也体现部分自身理论系统的完整性和相对独立性;三是作为部分存在的检察理论研究从时间和空间两个方面与整体性研究相贯穿,这种全息式研究范式本身是一种彻底的系统观方法论。简言之,检察理论全息式研究范式体现了为立足本国国情的现代化建设提供法治理论需要系统观方法论,同时也体现了我国融入世界现代化

---

① 参见侯成亚:《全息论及其方法论意义》,载《天府新论》2003年第3期。

后，在全球治理体系中需要系统观方法论，它能从历史的角度将检察理论自身研究发展的全部历史或者其个性与"六个必须坚持"整体理论之间的全部关系在空间上共存、在时间上传承。所以，不论是从规范研究角度、实证研究角度，还是功能分析研究等角度，都不及在"六个必须坚持"理论统领下的全息式研究范式符合我国国情、贴合我国实际、凸显我国特色。

笔者认为，全息式研究范式能更好地回答"六个必须坚持"理论对检察理论研究创新发展的重要作用和意义，为此我们应当构建检察理论研究全息式范式，检察理论研究作为中国法治建设的一部分，其理论研究的特性和规律应当以全息的方式展现，包含并体现习近平新时代中国特色社会主义思想的世界观和方法论。

三、全息式检察理论研究范式在新时代的具体展现

全息式检察理论研究范式，能在把握部分和整体在之间，在坚持彻底系统观科学方法论之上，为检察理论研究指明正确的研究方向，把准研究的重点内容，提出正确的研究方法，为检察理论的传承、发展和创新开辟一条全新路径。通过结合检察工作实践，全息式检察理论研究范式在理论创新研究中的具体展现，应当表现为以下几个方面：

1. 理念上，从检察理论研究的"人民性"上进行理论创新。"六个必须坚持"第一个就是坚持人民至上，这是对各领域理论研究的整体性特质要求，根据全息式检察理论研究范式，检察理论研究作为当然的部分其理论创新研究应当立足"人民性"。党的二十大报告指出："党的理论是来自人民、为了人民、造福人民的理论，人民的创造性实践是理论创新的不竭源泉。一切脱离人民的理论都是苍白无力的，一切不为人民造福的理论都是没有生命力的。"① 因此，我们应当将检察原理、理论、制度、机制等的研究回归到解决人民群众实际问题中去，如人民群众关心的食品药品安全公益诉讼案件、依法打击破坏环境资源类犯罪、对民生领域行政违法行为的监督问题以及对未成年人、老年人等特殊群体的司法保护问题等。人民群众的实际问题实质就是对美好生活的向往中存在的公平和正义、民主和法治的新期待。人民性的体现应当贯彻检察理论研究各方面，不管是刑事政策的调整，还是刑法立法的完善；不管是对规范性理论问题的研究，还是对实践操作运用的技术规范；不管是司法体制改革中呈现的新矛盾、新问题，还是一些旧有问题的叠加交错；不管是"四大检

---

① 习近平：《高举中国特色社会主义旗帜　为全面建设社会主义现代化国家而团结奋斗——在中国共产党第二十次全国代表大会上的报告》（2022年10月16日）。

一、法律监督理念现代化

察"的专业探讨,还是个案证据、实事及法律适用等实务运作问题;应将创新的出发点和落脚点紧扣在"人民性"上,那么这样的创新理论一定是具有先进性和生命力的。

2. 方向上,从检察理论研究的"向心力"上进行理论创新。检察理论研究以中国特色为圆心,紧密结合改革实践,深化传统检察理论研究。根据全息式检察理论研究范式,检察理论研究应向内发力,通过总结本土检察实践经验,回归本土理论问题研究的发展道路,逐渐实现检察理论研究本土化的创新发展,这一过程的实现和更迭正是检察理论研究水平原创性提高的基础,是立足世界进行国际对话的基础。所以检察理论研究的"向心力"是守正创新的根基,是自信自立的底气。中国特色检察制度是我们党从中国革命、建设和改革的实际出发,传承中华优秀传统法律文化并借鉴国外法治有益成果,探索符合我国国情的社会主义民主政治和权力监督制度的伟大创举,具有强大的生命力和显著优越感。① 坚持中国特色检察制度要摒弃"三权鼎立"等错误观念,更不能简单将某一国的个别制度设定为研究的参照物,简单进行抽象的比较研究,这种研究方向会在很大程度上阻碍本土检察理论的创新发展。"一切向前走,都不能忘记走过的路;走得再远、走到再辉煌的未来,也不能忘记走过的过去,不能忘记为什么出发。"② 那么中国特色检察制度之所以有其强大的生命力,就在于其有中国特色的内在的稳定的本质规范,这一本质具有历史血脉的传承性。所以,本土检察理论研究的最终目的应当是促进这种本质的传承、发展和源远流长,检察理论研究的重点应当体现在中国特色社会主义检察制度原理阐释、探寻建立中国特色社会主义检察制度基本规律、怎样发展和完善中国特色社会主义检察制度等③,立足中国国情的检察理论研究才能在守正基础上借鉴国外有益检察理念、制度及做法的基础上实现真正的创新发展。目前本土检察理论研究向内发力的深度和广度还不够,挖掘中国特色检察制度理论优势是检察理论创新发展的内生动力和重要任务。

3. 方法上,从检察理论研究的"科学性"上进行理论创新。"六个必须坚持"理论要求以问题为导向、坚持系统观的科学方法进行理论研究。习近平总书记指出:"坚持问题导向,从历史和现实相贯通、国际和国内相关联、理

---

① 张军:《坚持以习近平法治思想为引领 为书写法治中国建设新篇章贡献检察力量》,载《求是》2021年第5期。
② 《习近平总书记在庆祝中国共产党成立95周年大会上的讲话》(2016年7月1日)。
③ 参见朱孝清:《检察理论研究30年回顾和展望》,载《人民检察》2008年第16期。

论和实际相结合的宽广视角，对一些重大理论和实践问题进行思考和把握。"①坚持以问题导向本身和坚持系统观念是密不可分的，坚持以问题为导向强调从问题的发现、问题的提出到问题的解决角度找到理论创新的切入点，然而对问题的分析研究和解决是一个系统的问题，要从问题产生的实践基础、环境基础、文化基础等方面进行系统研究，从整体和局部、母系统和子系统、国内和国外系统等的关系角度进行系统性研究。根据全息式检察理论研究范式，要把握好科学的方法论，从问题意识角度出发，深刻领悟法律监督职能遇到的挑战以及与监察的关系；深刻剖析检察权的性质以及在行使过程中与各类诉讼活动监督的关系；探讨司法体制改革后司法责任的落实与员额检察官职责职能发挥以及检察官亲历性关系；探究检察履职监督办案与政法各部门职能关联度的把握，与党政机关部门职能关联度的把握以及在检察监督办案中如何把握个案与类案的关系等方面进行研究。② 以问题为导向必然要求进行系统研究的科学方法，同时在习近平新时代中国特色社会主义思想下，检察理论研究创新本身也是中国式现代化法治实践进程中的一部分，其系统性体现了全息式研究模式特征。

4. 视域上，从检察理论研究的"现代化"进行理论创新。2023 年是全面建设社会主义现代化国家开局之年，开好头、起好步是关键。检察理论研究作为践行中国式现代化进程中法治建设不可或缺的一部分，其研究视域的展望应当是现代化、全球化的。因此新时代要求正确处理域外样本的借鉴与本土化话语体系构建之间的对话关系。所以，这种对话关系既要深入理解西方的理论成果，更需要推动世界理解中国问题、中国理论与中国智慧，这就需要把握好"外位性"与"对话性"之间的辩证关系。③ 这种辩证关系实质就是马克思唯物辩证法中的内因和外因的关系，检察理论研究的现代化进程外因是促进作用，内因是决定作用。全息式理论研究范式要求检察理论研究把握好这种"内因"与"外因""外位性"与"对话性"的关系。新征程上，检察工作要以"六个必须坚持"为根本遵循，与时俱进推动理念革新；持续深化能动履职、诉源治理，在全面依法治国新实践中更好发挥检察职能作用；坚持改革创

---

① 习近平：《在学习贯彻党的十九大精神研讨班开班式的重要讲话》，载《人民日报》2018 年 1 月 6 日，第 1 版。

② 参见《新时代新征程检察理论研究工作要把"六个坚持"落到实处》，载《人民检察》，2022 年第 21 期。

③ 参见杨建刚、张林轩：《从神谕到对话——"后理论时代"对理论的反思与重构》，载《河北师范大学学报（哲学社会科学版）》2021 年第 1 期。

新，不断开创检察事业新局面。① 那么检察理论的创新发展就要在创造性推进法律监督体系和法律监督能力的现代化上下功夫。检察理论研究的重点应当体现在以下几个方面：一是在发挥依法能动履职理念上，系统推进"四大检察""十大业务"的融合发展；二是在检察履职的现代化上，要更加注重推动检察一体化履职的优势，包括如何发挥好纵向上下级检察机关协调配合，也包括如何发挥好横向检察机关内部及跨区域的联动配合等；三是在检察监督手段的现代化上，要加快实现数据信息技术与检察法律监督工作的结合，用智慧检察提高检察办案质效；四是在检察办案的现代化上，立足办案的双赢共赢多赢格局，通过提升办案理念、完善规范办案长效机制、健全办案监督制约机制等促进检察理论的创新研究。

四、结语

在步入中国式现代化建设新征程背景下，检察理论创新的全息式研究范式，是以习近平新时代中国特色社会主义思想为引领，以总结提炼的"六个必须坚持"理论为统领，通过全息范式构筑具有中国特色社会主义检察理论研究模式的研究方法。在后理论时代，全息式研究范式能明确解答检察理论创新中的创新动力源泉问题、创新研究方向问题、创新研究的出发点和落脚点等问题。同时，在我国步入现代化世界潮流后，全息式研究范式能在如何坚持自我本土化理论的升华发展基础上，兼顾全球化背景下理论研究的共融共通等重大理论问题上给出一个系统、科学的答案。

---

① 《应勇为最高检机关学习贯彻党的二十大精神第二期培训班学员授课时强调：深入学思践悟"五个牢牢把握"以检察工作现代化服务中国式现代化》，载《检察日报》2023年2月15日，第1版。

二、法律监督体系现代化

中国式刑事检察现代化背景下少捕慎诉慎押适用研究

高继明[*]

2021年4月，中央全面依法治国委员会把坚持少捕慎诉慎押作为重大改革举措，首次将少捕慎诉慎押司法理念上升为党和国家的司法政策。这一历史性的跃升，彰显了司法温度，体现了法治昌明、良法善治的核心要求，是建设更高水平的平安中国、法治中国的生动实践，是因循新的历史条件与时代背景推动刑事检察现代化理念与政策更新的重要抓手，指明了我国刑事司法工作新时代高质量发展的新方向。

一、少捕慎诉慎押是中国式刑事检察现代化的必然要求

刑事检察现代化是党领导下的中国特色检察制度的自我完善和发展。[①]法与时转则治，在社会治理法治化现代化水平不断提升、刑事犯罪结构发生重大变化以及刑事诉讼模式发生深刻转型的时代背景下，贯彻并落实好"谦抑、慎刑、善意"的少捕慎诉慎押正当其时。贯彻落实少捕慎诉慎押是推动刑事司法从"治罪"走向"治理"，提升刑事检察工作现代化水平的重要举措。

（一）少捕慎诉慎押具有生动的时代特征

刑事政策是刑事法治建设的关键性因素，是指导刑事司法的灵魂，也是党治理国家决策部署在法律规范上的集中体现。我国的刑事政策随着社会发展进程的不断推进，主要经历了"惩办与宽大相结合""严打"以及"宽严相济"三个演变阶段，分别在不同的历史时期承担着不同的历史任务，但都发挥着指

---

[*] 新疆维吾尔自治区人民检察院检察长，二级大检察官。
[①] 陈国庆：《中国式刑事检察现代化的若干问题》，载《国家检察官学院学报》2023年第1期。

导刑事立法和刑事司法的重要作用。时移则法变,进入全面深化改革与构建和谐社会的新时代,基于社会治安状况、经济发展需求和社会建设形势的重大转变,2021年6月,党中央印发《关于加强新时代检察机关法律监督工作的意见》,强调根据犯罪情况和形势变化,准确把握宽严相济刑事政策,严格依法适用逮捕羁押措施。作为对社会稳定与犯罪增长关系及规律的理性判断和回应,宽严相济刑事政策更好地体现了中国特色社会主义刑法的文明和人道主义,对促进社会和谐稳定、强化人权司法保障、节约执法司法资源具有重要意义。

宽严相济是我国的基本刑事政策,少捕慎诉慎押是宽严相济刑事政策在新时代的发展,是对宽严相济刑事政策的具体化阐释。少捕慎诉慎押注重实体谦抑与程序谦抑的融合,体现宽严相济刑事政策对刑事诉讼程序捕、诉、押等重要司法裁处的具体要求。少捕慎诉慎押是具体政策引领,宽严相济是尺度把握,贯彻实施少捕慎诉慎押既有历史的连续性,又有现实性的特殊意义。一方面,少捕慎诉慎押必须以宽严相济为指导,作出是否逮捕、起诉和继续羁押的决定;另一方面,宽严相济所彰显的实体法谦抑要通过捕、诉、押等程序措施的有效落实才能实现。基于此,少捕慎诉慎押是对惩办与宽大相结合等政策的继承与发展,是对宽严相济刑事政策的深化、具体化,要求做到案件结果上和程序上都坚持好、实践好以人民为中心的法治理念,通过关照更多具体的人、产出更多看得见的正义,实现具体的、实在的以人民为中心。

(二) 少捕慎诉慎押具有丰富的历史内涵

少捕慎诉慎押的历史脉络,蕴藏在"明德慎罚""德主刑辅""慎刑恤罚"等传统法律文明中,也伴随着党的百年辉煌历史不断进步。作为契合当下社会治理需求的刑事司法政策,少捕慎诉慎押一以贯之承继了中华传统法律文明中的"慎刑"思想及其刑事司法观,具有坚实的理论基础和深厚的历史渊源。同时,也突破了"慎刑"刑事司法观的历史局限,融入了当代法治理念与导向,具有强烈的现实关照和明确的思路指引,实现了当代刑事司法政策对中华传统法律文化的传承与创新。从中华传统法律文明的角度来看,少捕慎诉慎押是"慎刑"思想的当代演化,承继了其中刑罚谦抑、刑罚适中的司法立场,也赓续了以民为本、仁爱和谐的司法主张,还吸纳了传统社会"无讼"的价值追求,融合"民为邦本,本固邦宁"的为政思想,发扬"德主刑辅""德本刑末"的司法理念,要求适当限制羁押措施、提起公诉等追诉环节的适用,侧重于通过教育感化修复被破坏的社会关系,促进人与人之间、人与社会之间的良性互动,最终实现定分止争、预防犯罪、良法善治的实践目标。

从刑事司法治理能力现代化的角度来看，少捕慎诉慎押形成于全面依法治国深入推进的新时代背景下，是对全面依法治国战略的实践诠释，也是在习近平法治思想指引下，坚守人民立场、立足法治根基、切实服务提升国家治理能力的鲜活实践。推进国家治理体系和治理能力现代化，是中共中央在全面深化改革时代背景下提出的宏大命题，刑事司法系统是国家治理体系的重要组成部分。进入经济社会不断发展、社会主要矛盾实现转化的新时代，人民群众对民主、法治、公平、正义的需求更加多样，内涵更为丰富。在国家和社会发展需求发生调整与优化的宏观叙事的视角下，司法机关秉持以人民为中心的司法理念，对刑事司法制度作出适应性调整，及时关注、尊重并回应人民群众对个案正义、实质合理性的内心诉求，结合认罪认罚从宽等制度的融合适用，创新加强诉源治理，从源头上减少诉讼增量，体现司法机关直接参与社会治理，逐步建立"重罪惩治与轻罪治理并重""轻重有别、区别对待"的程序治理体系，实现规范逻辑到治理逻辑的转变，进而达到诉源治理的效果，彰显刑事司法活动对推进社会治理体系和治理能力现代化的具体功用。

（三）少捕慎诉慎押具有深刻的实践基础

随着改革开放和经济发展的深入推进，社会综合治理能力的大幅提升，社会保持长期稳定的同时也带来了利益格局的深刻变化，我国犯罪结构和刑罚结构也随之发生重大变化。特别是在积极主义刑法观影响下，刑法治理功能扩张，犯罪圈不断扩大，严重暴力犯罪等重罪案件规模和占比均持续下降，危险驾驶等轻罪案件规模和占比则不断上升，由此产生新的犯罪分层。犯罪结构和刑罚结构显著轻缓化的客观情势，为少捕慎诉慎押的实施提供了实践基础和客观依据。

从全国检察机关实践来看，诉前羁押率从2018年的54.9%降至2022年的26.7%，为有司法统计以来最低；不捕率从22.1%升至43.4%，不诉率从7.7%升至26.3%，均为有司法统计以来最高。[①] 逮捕羁押是最严厉的强制措施，动辄逮捕、羁押办案明显与轻缓化的犯罪情势不符，不适应时代发展社会需要，也不符合强制措施的功能定位，对其进行更加严格的限制是势所必然。加之，认罪认罚从宽制度全面运行，推动刑事诉讼模式由对抗型向协商型转变，也对强制措施体系变革提出了要求。近年来，审前羁押率大幅下降，不捕、不诉率显著升高，说明重罪持续下降、轻罪持续上升的重大变化强力催生

---

① 《最高人民检察院工作报告》，载最高人民检察院网，https：//www.spp.gov.cn/spp/gzbg/202303/t20230317_608767.shtml。

了犯罪治理策略的调整。严惩严重犯罪决不动摇，较轻犯罪少捕慎诉慎押，通过进一步降低逮捕率、审前羁押率，依法能不捕的不捕，能不羁押的不羁押，符合刑事案件结构的变化实际，有利于保障人权和有效减少社会对立面，既着眼治罪也重视治理，是刑事司法更趋理性的表现。

从新疆检察机关的实践来看，反恐维稳法治化、常态化整体布局已经确立。要立足检察职能精准施策，做到依法严惩骨干人员、惩戒一般参与人员、教育被骗蒙蔽人员，这就需要在打击恐怖主义犯罪中，对落实少捕慎诉慎押进行深入思考。在反恐维稳法治化、常态化要求下，检察机关要以法治立场和法治原则用足用好法律武器，坚持宽严相济上位刑事政策的前提下，落实好少捕慎诉慎押，对应国家综合反恐、源头治理的战略部署，在刑事司法政策中更加注重对暴恐犯罪滋生土壤的清理和整治，实现在法治框架内严厉打击与保障人员的动态平衡。

二、新疆检察机关落实少捕慎诉慎押的实践探索

（一）深刻把握少捕慎诉慎押内涵，实现传统司法理念转变

新疆检察机关将少捕慎诉慎押作为维护社会和谐稳定的重要政治任务认真贯彻落实。在办案中坚持准确把握少捕慎诉慎押的内涵，在适用羁押强制措施及启动刑事程序时坚持依法、审慎、合比例原则[1]，严格逮捕必要性、羁押必要性和起诉必要性审查，推动少捕慎诉慎押刑事司法理念深入人心，使逮捕措施充分发挥既有的保障刑事诉讼的功能。新疆维吾尔自治区人民检察院将少捕慎诉慎押的落实情况作为重点考核指标，完善符合司法规律的司法绩效指标管理体系，制定下发《常见罪名不捕工作指引（试行）》《轻型犯罪不起诉（酌定）工作指引（试行）》等规定，对常见罪名可以作出不批准逮捕、不起诉情形予以细化规定，为全区检察机关做好不捕、不诉工作提供有效指引。

反恐维稳进入法治化常态化新阶段是推进新疆检察工作现代化的重要实践依据。新疆是反恐维稳主战场，危安类犯罪占一定比例，特别是2014年以来，新疆持续开展反恐维稳严打专项行动，依法打击了一批恐怖主义、极端主义犯罪及危害国家安全犯罪，该类犯罪的特殊性客观上导致批捕率、起诉率居高不下。随着近几年新疆反恐维稳形势不断向好，习近平总书记在第三次中央新疆

---

[1] 卞建林、钱程：《少捕慎诉慎押的实践检视与发展完善》，载《人民检察》2022年第5期。

工作座谈会上作出反恐维稳法治化常态化的重大论断,新疆的反恐维稳工作实现了由"稳"到"治"的飞跃。伴随新疆整体社会形势的好转,刑事案件诉前羁押率大幅下降,不捕不诉率持续上升,2022年全区不捕率达到25.5%,同比增加7.6个百分点,不诉率达到27.5%,同比增加11.1个百分点,而同期侦查机关复议复核率大幅下降,案件质效进一步提升,对落实少捕慎诉慎押刑事司法理念初步形成共识。

司法理念的转变是落实少捕慎诉慎押的基础,陈旧观念和惯性思维是贯彻少捕慎诉慎押的主要障碍。在反恐维稳法治化常态化背景下,在一定程度上仍然存在重打击轻保护的思维惯性,羁押办案路径依赖仍未破除,少捕慎诉慎押的执行还不到位,对从犯、一般参加者落实宽严相济刑事政策还有差距,注重分化瓦解的意识需要进一步增强。

(二)全面适用认罪认罚从宽制度,推进少捕慎诉慎押落实

全面适用认罪认罚从宽是落实少捕慎诉慎押的具体实践。坚持认罪认罚从宽制度,有利于完善少捕慎诉慎押社会治理机能,有利于实现少捕慎诉慎押和促进社会和谐。从认罪认罚从宽制度的检察实践来看,是否羁押犯罪嫌疑人需要综合考量其是否具有社会危险性、是否能够保障诉讼活动的顺利进行,而人身危险性评价需要综合考量犯罪嫌疑人是否认罪认罚、是否与被害人达成刑事和解、社会关系是否修复等系列因素,认罪认罚从宽制度的适用对于实现少捕慎诉慎押缓和社会矛盾的价值目标具有积极的推动作用。通过全面适用认罪认罚从宽制度,可以进一步提升不捕率、不诉率和缓刑适用率,实现打击犯罪的轻刑化,真正落实少捕慎诉慎押的刑事司法政策。

近年来,新疆检察机关将认罪认罚从宽制度适用作为重要工作大力推进,印发《关于全面推动落实认罪认罚从宽制度的意见》,努力提高认罪认罚从宽制度适用率。2018年全区检察机关适用率仅为15.18%,经过近5年的不懈努力,2022年适用率已提高到90%以上,罪名也从最初的危险驾驶罪、交通肇事罪等少数轻罪逐步扩大到各类犯罪,既优化了司法资源配置,又保障了人权,促进了社会和谐。

认罪认罚从宽制度在实践中仍然存在一些制约因素。一是存在确定刑量刑建议偏低的问题。一方面长期以来的量刑建议提出方式多为幅度型量刑建议,提出确定刑量刑建议的工作方式、思维理念仍需转变;另一方面,部分检察官对于量刑规则的学习不深、掌握不够,以及司法机关之间对部分犯罪的量刑幅度存在认识不统一的问题。二是在部分偏远地区律师参与不足。值班律师制度不健全制约了认罪认罚从宽制度的适用,部分地区尚未将律师的酬劳纳入财政预算,经费保障不到位,值班律师参与认罪认罚从宽工作的积极性不高,缺乏

长效运行的保障。三是存在对适用认罪认罚从宽制度上诉案件监督不力的风险。在适用认罪认罚从宽制度判决的案件中，被告人收到一审判决书后在没有出现新证据的情况下上诉，有的是上诉动机不纯，有的是"假认罪""假认罚"，试图利用认罪认罚从轻、上诉不加刑相关制度达到逃避打击的目的，破坏了认罪认罚从宽制度的严肃性，如果检察机关不依法抗诉就无法维护适用认罪认罚从宽制度的司法效果。

（三）以能动履职促进诉源治理，持续深化少捕慎诉慎押

新疆检察机关始终坚持能动履职促进诉源治理，以贯彻落实《中共中央关于加强新时代检察机关法律监督工作的意见》助推刑事检察工作现代化。一是探索非刑罚处罚措施适用，完善犯罪治理体系建设。对检察机关作出相对不起诉前开展社会调查，探索社会志愿服务工作模式；完善不起诉后刑事司法与行政执法双向衔接机制，做好司法办案"后半篇文章"；坚持"教育、感化、挽救"方针做好服刑人员出狱后帮扶安置工作，使其早日回归社会。二是在办理重罪案件、涉恐案件过程中，做到"见微知著"。立足检察办案开展预防性反恐，及时发现和处置苗头性倾向性问题，努力铲除滋生暴恐极端的土壤，对案件背后暴露出来的社会治理方面的问题，精准制发检察建议，推动系统治理、源头治理，落实预防性反恐，铲除暴力恐怖、宗教极端犯罪滋生土壤，从源头上增强社会稳定内生动力。三是全面推进涉案企业合规改革工作，在服务保障经济发展上求实效。坚持企业合规与依法适用认罪认罚从宽制度和检察建议相结合、坚持与依法清理"挂案"相结合、坚持与依法适用不起诉制度相结合、坚持与行政处罚相结合，以能动履职有效参与社会治理。四是大力推进"应听证、尽听证"工作。落实院领导包案办理首次信访案件和简易听证制度，借助多方力量确保听证质效，助力信访矛盾源头化解。五是将司法救助融入新疆社会发展大局。深入落实国家司法救助与社会救助双向衔接机制，利用"天山检爱"司法救助专项基金①，做强司法救助工作，切实提升司法救助工作质效。

应当看到，司法实践中仍然存在办案模式固化、法律监督能力不足等因素制约少捕慎诉慎押政策红利和制度效能的发挥，进而影响检察履职助推诉源治理成效。如落实"办案中监督、监督中办案"工作要求不到位，法律监督工作在不同领域开展不平衡；对数字检察认识不足，利用科技手段减少非羁押措

---

① "天山检爱"司法救助专项基金是国家司法救助财政拨款的补充，通过企业、个人和社会组织捐赠的方式扩充资金来源、扩大救助覆盖面，从而进一步确保应救助尽救助、公平合理救助原则的落实，提高检察机关司法救助工作质效。

施的创新不足；司法与行政部门间存在"数据壁垒"，深化法律监督工作存在一定障碍。

三、反恐维稳法治化常态化视角下落实少捕慎诉慎押的路径

（一）坚持以理念更新为引领，实现打击与保护并重

新时期的社会秩序恢复了常态，反恐维稳措施也相应调整到法治化常态化，司法办案理念和办案模式更要实现转变。多年的"重打击轻保护"的落后办案理念，导致一些检察人员固化了偏重偏高的捕诉倾向，"构罪即捕""构罪即诉"的落后理念在部分检察人员中仍然存在，在反恐维稳法治化常态化背景下落实少捕慎诉慎押，要做到"三个坚持"。

1. 坚持恪守刑法司法基本原则。少捕慎诉慎押贯穿刑事诉讼各环节，高度契合刑事诉讼一般规律，要培育系统科学的办案理念，跳出单一办案环节视角，遵循刑事诉讼规律和基本原则，从整体上追求刑事诉讼质效。一是恪守无罪推定原则。无罪推定应是强制措施适用的基础性原则，要准确把握少捕慎诉慎押与无罪推定原则之间的逻辑关联，领会并实践无罪推定原则精神实质，严格区分"犯罪嫌疑"和"犯罪"界限，摒弃反恐维稳工作中存在的"重打击轻保护"理念，警惕将逮捕羁押作为惩罚性手段使用，依法保障犯罪嫌疑人合法权益。二是恪守正当程序原则。适用强制措施的种类、条件、对象、方式、期限、程序及违法后果，都要符合正当程序的规定。目前实践运行情况距离正当程序要求仍有差距，落实少捕慎诉慎押，要在制度允许范围内尽可能使实施机制或操作程序向正当程序靠拢，努力让人民群众在每一种强制措施的决定和执行中感受到公平正义。① 三是恪守比例原则。强制措施的选择适用要以保障诉讼程序的正当目的为出发点，充分评估被追诉人妨碍或逃避诉讼的可能性风险。强制措施的种类、执行方式和期限的选择，要优先适用非羁押措施，羁押措施的适用也应保持最低限度、最短时间。

2. 坚持宽严相济、分类处理。少捕慎诉慎押不是不捕不诉不押，而是应当以宽严相济刑事政策为指导，依法当宽则宽、该严则严。在反恐维稳法治化常态化背景下，滋生分裂、极端、暴恐的因素依然存在。一是要坚持严的一面不动摇。要依法精准打击恐怖活动犯罪，加强在办案中扩线深挖和漏捕漏诉法律监督，追根溯源，深挖幕后。特别是对于在暴恐团伙犯罪、有组织犯罪中起

---

① 孙长永：《少捕慎诉慎押刑事司法政策与人身强制措施制度的完善》，载《中国刑事法杂志》2022年第2期。

组织、领导、策划作用的人员，应当充分使用批捕权、起诉权，从重从严惩治。二是要做到分类施策、分化瓦解。办案中注重分类施策，依法严惩骨干人员、惩戒一般参与人员、教育被骗蒙蔽人员，持续依法审慎做好认罪认罚工作。注重在组织、领导、参加恐怖组织案中精准区分组织领导者、积极参加者和一般参加者三个层级，用批捕起诉裁量权分化瓦解犯罪，最大限度争取人心，进一步做到办案政治效果、法律效果和社会效果有机统一。

3. 坚持理念传导，同向发力。目前看，部分侦查机关依然存在对于侦办的刑事案件，检察机关作出不批捕、不起诉决定，就要进行复议、复核，甚至部分地区公安机关对不捕不诉案件提出复议复核作出明确要求。这就需要检察机关将办案理念向侦查前端传导，从而更好落实少捕慎诉慎押。检察机关应加强与公安机关的协作配合，通过健全侦查监督与协作配合机制，完善检警联席会议制度及不捕不诉案件沟通说理机制，加强联合调研、庭审观摩，增强贯彻落实少捕慎诉慎押的理念自觉。检察机关还应当注重同堂培训的开展。将少捕慎诉慎押解读与反恐维稳法治化常态化要求相融合，统一执法司法办案理念、统一事实证据认定标准、统一法律政策理解适用，提升检警队伍落实政策能力，增进彼此互信和理解。

（二）坚持以社会危险性评估为核心，优化逮捕羁押审查办案模式

批准逮捕犯罪嫌疑人必须坚持事实条件、刑罚条件和社会危险性条件同时具备，特别是社会危险性条件，更是逮捕条件的核心。①

1. 严格社会危险性评估审查，发挥审查逮捕把关作用。一方面，建立社会危险性证明机制，强化侦查机关举证责任。实践中，报捕案件社会危险性情况说明，侦查机关往往机械应用法条且不附送证明材料，重视事实证据条件和刑罚条件、忽视社会危险性证明。因此，要提高侦查机关对社会危险性条件证明材料的收集要求和证明责任，为检察机关准确判断批准逮捕与否提供充分依据。另一方面，重视社会危险性证据审查，健全逮捕说理机制。检察机关要同等重视逮捕必要性证据与犯罪构成证据的审查，作出逮捕决定时要告知犯罪嫌疑人具体理由，特别是认定符合逮捕社会危险性条件的具体依据，并在逮捕决定书中予以类型化说明。是否逮捕有较大争议的案件，通过公开听证审查，分析、听取、回应犯罪嫌疑人、辩护人、听证员以及侦查机关意见，深入开展意见听取与说理，以听证保公正，促进法治意识提升，为非羁押措施适用营造正

---

① 孙长永、苗生明、彭胜坤：《少捕慎诉慎押刑事司法政策的内涵功能及其落实》，载《人民检察》2021年第15期。

向社会舆论环境。要量化逮捕社会危险性评估,加强不同类型案件社会危险性标准归类总结,细化、量化社会危险性要素,强化社会危险性要件的指引、规范功能,保持实务认定标准一致。

2. 以必要性实质审查为标准,发挥羁押必要性审查捕后救济功能。逮捕与羁押不同,逮捕是羁押必要而不充分的条件,羁押是逮捕可能而非必然的后果。[1] 社会危险性是羁押审查的核心要素,具体危险表象会随着案件不同因素的出现而变化,要对捕后羁押必要性,也即捕后社会危险性进行实质化实时性审查。充分发挥羁押必要性审查"慎押"功能,一方面要完善审查启动机制。健全依职权重点审查与依申请审查相结合工作机制,将开展审查的流程印证要素比如审查证据资料、听取意见、羁押听证等体现在办案流程中,纳入案件流程管理。另一方面,要细化审查内容和程序。羁押必要性审查的对象并非漫无边际,而是以逮捕决定中符合逮捕条件的说理内容为基础,以影响社会危险性情形发生重大变化的因素为对象,特别是在批准延长羁押期限时,要重点审查有无"继续羁押必要性"的事实依据和法律依据,加强羁押释法说理和公开听证,通过羁押听证、联席会议等程序达成理性共识,保证审查结果妥当合法。

(三)坚持以机制衔接融合为重点,充分发挥起诉裁量权

1. 利用好认罪认罚从宽制度为少捕慎诉慎押拓展适用空间。是否认罪认罚是社会危险性条件的重要考虑因素,二者存在紧密逻辑关联,实践中要充分融合、合理衔接。被追诉人自愿认罪悔罪、积极和解赔偿,配合国家追诉、修复社会关系,是对自身犯罪行为主观态度的外在表现,将其作为社会危险性的判断依据具有合理性可行性。被追诉人认罪认罚,不逃避妨碍诉讼,一定程度上意味着社会危险性的降低甚至消弭,表征着通过羁押措施保障诉讼程序顺利进行的必要性在下降。因此,要将是否认罪认罚作为评估社会危险性的重要考量因素,为被追诉人自愿认罪认罚提供制度性激励。还须明确,警惕将认罪认罚情况作为社会危险性判断的唯一依据,避免出现认罪不捕不押、不认罪必捕必押的极端倾向,杜绝将逮捕羁押作为筹码胁迫犯罪嫌疑人、被告人认罪认罚,在违背案件事实和法律规定的情况下适用非羁押措施,影响制度正向运行减损司法信任。要进一步提高认罪认罚从宽案件质效,认真落实好新疆维吾尔自治区检察院、司法厅、律师协会共同会签的《关于加强检律协作推动检律

---

[1] 贺恒扬:《少捕慎诉慎押刑事司法政策五大关系论纲》,载《人民检察》2022年第3期。

良性互动的实施意见》,建立区域内律师统筹调配机制,破解律师资源短缺问题,进一步强化法律援助律师参与认罪认罚从宽案件,提高认罪认罚从宽案件律师参与率。

2. 强化不起诉制度对少捕慎诉慎押红利的确定性效应。司法政策与裁量权相伴而生,不承认检察机关在实体、程序等关键环节的裁量权,就无法贯彻刑事司法政策。① 检察机关要实现司法裁量的有效行使,充分用足用好不起诉制度,推进诉源治理。要重点完善相对不起诉的适用。一方面,进行相对不诉"合目的性"观念改造,在决定是否将一个刑事案件起诉时,应当综合考量社会整体利益与各方主体权利,而不是简单地以报应刑观念作出决定②,既关注案件本身公平正义,也关注前科烙印对被追诉人复归社会和加剧再犯风险的负面影响。另一方面,适当简化审批程序,做好相对不诉案件信息公开,确保侦查机关、犯罪嫌疑人、被告人及被害人对案件处理结论的知情权,并开展相应监督。

3. 构建审前案件分流体系。所谓审前案件分流,是指停止或暂停针对犯罪嫌疑人的正式刑事程序,转以非刑事化的处理程序作为替代。其合理性在于,既避免了对个人或社会并没有切实利益的普通刑事程序所需要的高昂成本,又通过旨在行为矫正的社会服务维持了对社会的控制。可以在避免犯罪人完全逃脱刑事罪责的同时,获得恢复性社会服务的好处。③ 我国刑事制度有一定审前分流的基础设置,即《刑法》第 37 条和《刑事诉讼法》第 177 条第 3 款规定,由训诫、责令具结悔过、赔礼道歉、赔偿损失或建议有关主管机关予以行政处罚或者行政处分等五种措施构成,但是上述措施本质上还是惩罚性措施,缺少教育帮扶、减少人身危险性的预防性措施。随着少捕慎诉慎押和诉源治理要求的落实,构建审前分流体系变得越发的重要,这是因为大量轻罪案件因检察机关作出酌定不起诉而脱离了刑事诉讼程序,而这些案件中的犯罪嫌疑人的人身危险性、特殊预防的必要性以及与被害人之间的紧张关系并不因此而消失,对于犯罪的治理若仅停留在刑事诉讼程序之内,必然意味着将犯罪风险和案件矛盾再次抛还给了社会。此外,构建审前分流体系,也符合大众传统的

---

① 孟卫红、张乾:《少捕慎诉慎押刑事司法政策的意蕴与检察实践》,载《中国检察官》2022 年第 11 期。

② 郭烁:《少捕慎诉背景下裁量不起诉的比较法再探讨》,载《求是学刊》2022 年第 1 期。

③ 郭烁:《少捕慎诉背景下裁量不起诉的比较法再探讨》,载《求是学刊》2022 年第 1 期。

"有罪必罚"观念,通过要求被不起诉人参与社区公益服务、生态修复等非刑罚处罚措施,并赋予一定的强制执行要求,一定程度上可以避免酌定不起诉决定的"硬着陆",有利于"慎诉"的更好落实。

关于加强法律监督体系现代化建设的理论思考和实践探索

——以山东检察实践为样本

宋文娟等[*]

检察机关是宪法确定的法律监督机关，作为党和国家监督体系的重要组成部分，在保障宪法法律统一正确实施、促进依法行政和公正司法、维护国家利益和社会公共利益等方面发挥着不可替代的重要作用。2021年6月，党中央印发《中共中央关于加强新时代检察机关法律监督工作的意见》（以下简称中央《意见》），为强化新时代检察机关法律监督工作指明了方向。党的二十大报告专门强调"加强检察机关法律监督工作"，对检察机关提出更高要求、赋予更重责任。站在新的历史起点上，坚持以习近平新时代中国特色社会主义法治思想为指引，深入贯彻党的二十大精神，持续推动中央《意见》落实，与时俱进加强法律监督体系现代化建设，对于依法能动履行检察职能、以检察工作现代化服务中国式现代化具有十分重要的现实意义。

一、加强法律监督体系现代化建设的特殊价值和重大意义

法律监督体系现代化建设作为检察机关有效行使检察权的重要保障，是推进新时代检察工作高质量发展的重要抓手。坚持检察一体化，健全法律监督体系，充分整合、发挥监督资源优势，综合运用多种监督手段同向发力、同频共振，对于深化全面依法治国实践、弘扬新时代法律监督理念、推进国家治理体系和治理能力现代化具有重大的理论指导意义和实践应用价值。

---

[*] 宋文娟，山东省人民检察院党组副书记、副检察长；李政，山东省人民检察院法律政策研究室主任；岳宗毅，山东省人民检察院法律政策研究室副主任；丁绍亮，山东省人民检察院三级高级检察官；毛建飞，山东省人民检察院二级高级检察官助理；韩震，山东省人民检察院二级检察官助理。

二、法律监督体系现代化

（一）有利于深化全面依法治国实践

随着司法体制改革、诉讼制度改革等系列重大改革措施的深入推进，中国特色社会主义法律监督体系不断调整、补充和完善，呈现出职责范围稳步拓宽、监督效能持久提升、社会影响逐步扩大的明显趋势。新修订的人民检察院组织法和检察官法对相关法律规定和检察改革成果进行总结提升，进一步健全法律监督职能体系，规范抗诉、纠正意见、检察建议、公益诉讼等监督方式，明确检察机关调查核实权和有关单位书面回复义务，法律监督的刚性权威不断增强。紧扣时代主题，深入推进法律监督体系现代化建设，不仅符合司法规律和检察工作实际，而且有利于深化全面依法治国实践、丰富社会主义法治内涵。

（二）有利于弘扬新时代法律监督理念

面对新时代法律监督体系的系统性、整体性、重塑性变革，检察机关必须坚持以理念变革引领检察工作创新发展。一是坚持在监督中办案、在办案中监督，把监督寓于办案中、把办案作为监督的基本手段，进一步规范实体和程序、统一软件和硬件，不断提升检察工作的规范化、精细化、智能化水平。二是坚持政治效果、社会效果、法律效果相统一，通过调查核实、公开听证、宣告送达、以案释法、延伸办案链条和监督触角等多元方式，着力提高事实认定、法律适用的准确性和监督意见的可行性、公信力，充分发挥检察监督以人民为中心、维护法治、服务大局等诸多功能。三是坚持双赢多赢共赢，充分发挥专门法律监督机关的优势，积极争取党委领导、人大支持和政府配合，主动与人大监督、纪检监察监督、行政监督、社会监督、舆论监督贯通对接，不断增强法律监督刚性权威。

（三）有利于促进国家治理体系和治理能力现代化

检察机关作为国家治理的"供给侧"，衡量法律监督整体效能的核心指标在于所提供法治产品、检察产品的质量和效果。检察机关代表国家履行法律监督职责，依法独立行使检察权，具有公正执法的天然优势。检察官作为公共利益的代表，客观公正的监督立场和专业化的法律素养为充分履行法律监督职能、维护社会公平正义提供了可靠保障。检察监督与行政执法、司法活动相互交织、紧密衔接，在线索发现、调查核实、纠正处置等方面有着其他监督方式难以比拟的便捷性。深度挖掘、充分发挥新时代法律监督体系的功能价值和独特优势，积极推动制度优势转化为治理效能，对于充分发挥检察机关职能作用、促进国家治理体系和治理能力现代化具有重要意义。

二、山东检察机关法律监督体系建设存在的主要问题

近年来，山东省检察机关坚持以习近平新时代中国特色社会主义思想为指引，聚焦主责主业，积极履职尽责，各项检察工作持续走在全国前列。但是，与全面深化依法治国实践的新形势新任务新要求相比，还存在明显短板和不足，有待进一步强化。

（一）从新时代人民群众法治需求角度分析

新时代我国社会主要矛盾已经转化为人民日益增长的美好生活需要和不平衡不充分的发展之间的矛盾，人民群众在民主、法治、公平、正义、安全、环境等方面有更高水平、更丰富内涵的需求。但是，检察机关法律监督体系的供给能力与人民群众日益增长的美好生活需要相比尚有一定差距，所提供法治产品、检察产品的数量和质量还有待进一步提升。

（二）从法律监督执法环境角度分析

司法实践中，关于法律监督体系的协调配合机制、支持保障措施供给不足，法律规定的一些制度有待细化落实。一是有的执法、司法机关及其工作人员对于检察监督工作的认识还不尽一致，重视程度和支持配合措施还需要强化。二是监督线索发现难、调查核实难、纠正处理难等问题仍然存在，对拒绝协助调查、拒不接受监督意见的责任追究措施亟须进一步明确，法律监督的刚性权威有待增强。三是检察监督与人大监督、纪检监察监督、行政监督、社会监督、舆论监督贯通对接不充分，有待进一步健全监督体系、形成监督合力。

（三）从法律监督工作实效角度分析

面对全面深化改革新形势和法律监督体系新变化，受传统司法理念、工作模式、素质能力等因素的影响，检察机关的法律监督工作仍然存在以下问题和不足。一是司法理念转变不到位，重办案轻监督、重配合轻制约，片面追求办案数量而忽视质量，法律监督力度有待进一步增强。二是检察工作发展不平衡，与传统优势业务刑事检察工作相比，民事、行政、公益诉讼、职务犯罪检察仍比较薄弱，法律监督的社会影响力有待提升。三是检察权运行机制不健全，司法责任制落实存在薄弱环节，法律监督规范化建设有待深化。四是监督方式和手段运用不充分、不到位，发现纠正深层次违法问题的能力存在短板，法律监督的专业化水平需要进一步提高。

三、山东检察机关加强新时代法律监督体系建设的探索和成效

为有效应对新形势、新任务和新挑战，山东省检察机关坚持创新驱动战

略，在深入学习领会最高人民检察院党组关于全面强化法律监督的理念、思路和部署要求的基础上，聚焦全面强化法律监督深入开展理论研究和实践探索。

(一) 开展试点探索创新

山东省检察院抽调业务骨干组成工作专班，制定试点工作方案、指导意见、工作规则和9个工作指引，部署在济南市检察院等6个市级院和青岛市李沧区检察院等6个基层院开展试点。各试点院结合本地工作实际，聚焦法律监督体系的范围拓展、方式创新、程序规范、机制构建、保障落实等重大问题深入研究探索，形成了各具特色的亮点和经验。

(二) 加强制度机制建设

1. 加强地方人大专门立法。为系统总结提升全面强化法律监督试点工作经验，通过省级地方立法进一步完善法律监督程序机制，山东省检察院积极推动山东省人大常委会审议通过《关于加强新时代检察机关法律监督工作的决议》（以下简称省人大《决议》）。省人大《决议》作为党的十八大以来全国首件全面加强新时代检察机关法律监督工作的省级人大文件，从地方立法层面进一步细化实化新时代法律监督体系的职责范围、办案模式、协作机制、保障措施、自身建设、责任追究等重点内容，被最高人民检察院转发全国检察机关学习借鉴，被新华社、中新社、《法治日报》《检察日报》《大众日报》、山东广播电视台等中央和省级主流媒体广泛报道。在全力配合省人大开展省人大《决议》起草工作的同时，山东省检察院印发《办理法律监督案件工作规则》以及13个专项工作实施细则，对刑事、民事、行政、公益诉讼等业务条线监督工作流程、法律文书制作进行细化规范，为全面规范法律监督及各专项工作提供了具体指引。

2. 细化中央《意见》落实措施。为推动中央《意见》落地生效，山东省检察院积极配合省委办公厅深入开展调研，提请山东省委常委会审议通过，印发《贯彻落实〈中共中央关于加强新时代检察机关法律监督工作的意见〉的若干措施》（以下简称省委《若干措施》）。经省院党组会审议，印发《贯彻落实〈中共中央关于加强新时代检察机关法律监督工作的意见〉的若干措施分工方案》，形成60项任务和194项措施要求，持续推进落实。山东省检察院制定、会签129项规范性文件，进一步细化了相关配套制度和工作机制，为检察机关依法高效履职奠定了坚实基础。

(三) 深化法律监督成效

山东省检察机关以纵深推进司法体制综合配套改革为契机，以认真落实中央《意见》和省委《若干措施》、省人大《决议》为抓手，全面优化监督流程，严格规范监督行为，全面提升监督能力，推动法律监督工作从"重刑轻民""重刑轻行"向刑事、民事、行政、公益诉讼、职务犯罪侦查全面协调充分发展转变，从传统"就事论事"、解决表层问题向综合研判、解决深层问题转变，从主要依靠自身力量监督向协作配合、借力监督转变，监督办案的积极性、主动性、精准性、规范性和监督刚性、质效、影响力不断提升。2022年在全国检察机关56项案件质量评价指标中，山东省有31项排名前十，其中20项排名前五、10项排名第一，为打造享誉全国的平安山东、法治山东"金招牌"贡献了检察力量。

1. 在刑事诉讼监督和侦办司法人员职务犯罪方面。联合省公安厅会签《关于健全完善侦查监督与协作配合机制的实施办法》，全省侦查监督与协作配合办公室实现"100%全覆盖＋实质化运行"。常态化开展扫黑除恶专项斗争，提前介入涉黑恶案件150件，批准逮捕118人，提起公诉713人。积极推动同步录音录像全覆盖，适用认罪认罚从宽制度办理刑事案件39648件48707人。深入开展羁押必要性审查专项活动，积极探索构建集定位、打卡、预警等功能的"电子手表""非羁押App"等数据监管系统，对35990人（次）开展羁押必要性审查，审查后不羁押12057人。试点以来办理涉案企业合规案件530件，数量位居全国第一，3次在全国性会议上作经验介绍。对省内27所监狱开展跨域交叉巡回检察，在全国率先实现全覆盖。加强监外执行社区矫正检察，监督纠正监外执行违规违法问题4530个，监督收监执行231人，在平安中国建设考核评价中连续两年被最高人民检察院评为满分。加大司法工作人员职务犯罪侦查力度，立案侦查司法工作人员相关职务犯罪61件82人，立查县处级要案10件10人。强化未成年人全面综合司法保护，1件惩治组织未成年人进行违反治安管理活动犯罪综合司法保护案例入选最高人民检察院第四十三批指导性案例。

2. 在民事诉讼监督方面。制定《山东省检察机关民事检察抗诉工作指引（试行）》，受理民事生效裁判、调解书监督案件5953件，经审查后提出抗诉和再审检察建议1186件。强化民事审判活动监督，受理民事审判活动监督案件4761件，提出检察建议3978件。强化民事执行活动监督，受理民事执行活动监督案件4745件，提出检察建议3816件。健全与工商联、行业协会等组织或辖区内重点企业的常态化联系机制，依法妥善办理涉企民事裁判监督案件1932件，涉企民事执行监督案件1428件。聚焦农民工"讨薪难"问题，印发《全省检察机关建设工程领域支持农民工起诉专项活动实施方案》，办理支持农民工起诉案件2433件，向178名农民工发放司法救助金77万余元。强化业务指导和学习借鉴，组织办理涉及民事虚假诉讼监督案件272件。推动矛盾纠纷化解融入监督办案全过程，组织公开听证170件次，促成当事人达成和解37件。强化民事检察典型案例指导和示范作用，6件案例入选最高人民检察院典型案例，5份法律文书入选最高人民检察院优秀法律文书。

3. 在行政检察方面。制定《山东省人民检察院行政检察依职权监督办案指引（试行）》，办理行政生效裁判监督案件1636件，提出抗诉、再审检察建议103件，抗诉后改变原裁判4件，法院采纳再审检察建议30件。受理审判活动监督案件1136件，提出检察建议988件。受理执行活动监督案件3628件，提出检察建议3303件。开展"全面深化行政检察监督依法护航民生民利"专项活动，办理涉民生民利领域行政检察案件2053件。深化行政争议实质性化解专项活动，实质性化解行政争议887件。深化土地执法查处领域行政非诉执行监督，受理土地执法查处领域非诉执行监督案件1180件，办结1164件，发出检察建议1143件，通过办案推进土地治理面积3365亩。建立三级院行政检察案例培育"直通车"制度，8件案例入选最高人民检察院十大行政检察案例、"行政检察为民办实事"典型案例，5件入选最高人民检察院优秀案例。

4. 在检察公益诉讼方面。出台《关于公益诉讼检察重大案件标准的规定（试行）》，立案4747件，办理诉前程序4728件，提起公益诉讼517件。开展"黄河流域生态保护和高质量发展公益诉讼检察专项监督行动"，立案办理公益诉讼案件2460件，发出诉前建议1982件，提起诉讼277件。持续推进南四湖专案监督，最高人民检察院"南四湖流域生态环境公益诉讼案检察听证会"在山东省院召开，专案报告得到最高人民检察院、山东省委、省政府主要领导同志的批示肯定。深化服务污染防治攻坚、乡村振兴等重大部署，办理耕地保护、水资源保护等相关案件1801件，督促追缴生态损害赔偿金和恢复治理费用1.96亿元，1件生态环境公益诉讼检察案例入选最高人民检察院第四十批指导性案例。从国有土地出让金、环境保护税、企业增值税申报追缴、违规领取基本养老金等方面入手开展"小专项"活动，办理案件237件，追缴国有土地出让金及其他国有财产18.69亿元。深入开展安全生产领域公益诉讼专项监督，立案安全生产领域案件891件，发出检察建议861份。

四、深化法律监督体系现代化建设的前景展望和路径规划

法律监督体系现代化建设是一项内涵丰富的系统工程。检察机关应当立足法律监督职能定位，牢固树立系统观念，深入研究解决涉及法律监督体系建设的战略性、全局性、长远性问题，不断提升监督智慧、监督能力、监督质量、监督效果，在新时代中国特色社会主义现代化建设新征程中展现更大检察

担当。

(一) 健全法律监督职责分工体系

牢牢把握深化内设机构改革契机，着力固根基、扬优势、补短板、强弱项，统筹推动法律监督工作全面协调充分发展，为推进国家治理体系和治理能力现代化提供有力保障。一是做强刑事检察，严格执行罪刑法定、疑罪从无、认罪认罚从宽制度和非法证据排除规则，协同构建以证据为核心的刑事指控体系，加大对刑事立案、侦查、审判、执行活动的监督力度，全力维护国家安全和社会大局稳定。二是做深民事检察，加强对生效裁判、司法调解书以及审判人员违法、执行活动的监督，常态化开展虚假诉讼专项监督，切实维护社会公正和司法权威。三是做实行政检察，统筹推进对行政生效裁判、审判和执行活动的监督，加强行政非诉执行监督和行政违法行为监督，推动构建多元化行政检察工作新格局。四是做优公益诉讼检察，全面加强诉前程序和提起诉讼工作，认真办好法定领域的公益诉讼案件，积极做好检察公益诉讼专门立法的研究推进工作，切实担当起国家和公共利益代表的职责。五是做好职务犯罪检察，加强侦办司法人员职务犯罪工作，坚持省院统一把关制度，健全监检衔接机制，确保案件立得住、诉得出、判得了、效果好，坚决打赢反腐败斗争攻坚战、持久战。

(二) 健全法律监督办案运行体系

坚持实体公正和程序公正相统一，围绕发现违法—核实违法—纠正违法等关键环节，统一监督案件范围和立案条件，规范事实认定、监督手段使用等办案标准，进一步严格证明责任、构建正当程序、强化监督措施。一是坚持司法公正与办案效率相结合，有序推进法律监督案件繁简分流、轻重分离、快慢分道，进一步细化办案分工、优化办案节奏。二是坚持有序放权与有效监管并重，稳步推进司法责任制综合配套改革，科学设置办案流程、检察官权力清单，充分发挥检察官联席会议、专业咨询会议、检察委员会会议的参谋辅助、智囊外脑、监督把关作用，着力构建放权到位、监管有力、运转有序的检察权运行新机制。三是坚持线下办案与网上办案并举，加快数字检察建设，推动建立"业务主导、数据整合、技术支撑、重在应用"的工作机制，努力打造一批有影响、可复制的监督模型和场景应用，依托信息化加强流程管理、促进司法公正，以检察智能化助推新时代法律监督工作提挡升级。

(三) 健全法律监督质量监管体系

坚持立案重精准、办案重沟通、结案重共赢的工作导向，既要坚持法律原则、敢于监督，又要体现灵活性、善于监督，不断提升监督办案质效和检察公信力。一是坚持办案规模和办案质效相统一，通过精心办理具有典型意义、在司法理念方面有纠偏、创新、进步、引领性的案件，促进解决一个方面、一个领域、一个时期司法理念、政策、导向的问题，实现办理一案、教育一片、影响一方的良好效果。二是规范调查核实工作机制，全面客观查明案件事实和证据，深入了解相关法律法规、行业规范、工作流程，为提出高质量的监督意见奠定坚实基础。三是坚持精准监督，针对被监督单位存在的突出问题，加强分析论证，研究提出问题指向精准、释法说理透彻、对策建议可行的监督意见，切实做到有理有据。四是对于因执法司法指导思想、法律政策适用出现偏差导致对同类案件执法司法标准不统一的问题，通过类案监督事项集中通报、召开联席会议等措施，解决好带有普遍性、倾向性的问题。五是强化案例指导，通过梳理总结、及时发布法律监督典型案件，充分发挥典型案例的示范引领作用，促进统一执法思想和监督尺度。六是深化用好检察建议，统筹考虑办案数量、质量、效率要素，防止凑数注水，通过提高制发质量、持续跟进落实、推动将落实情况纳入平安建设、法治建设考核，不断增强检察建议"刚性""韧性"，以更高层次诉源治理促进更高水平社会治理。

（四）健全法律监督督促落实体系

通过定期向党委、人大报告重大工作部署和重点监督案件办理情况，积极争取政府支持配合，依法向纪检监察机关移送相关违法犯罪线索，及时向社会公众发布典型案例，共同推动监督意见落到实处、发挥功效。一是通过会签规范性文件、通报执法司法过程中存在的突出问题、联合商定法律监督重点和工作部署，推动检察监督与执法司法机关内部监督有序衔接，共同解决违法事项发现知情难、调查核实难、纠正处理难等现实问题。二是完善通报制度，对于被监督单位无正当理由、拒不接受监督意见的，检察机关应当依法采取措施，必要时向其主管部门或上级机关通报，提出责令纠正、追究责任的检察建议。三是借力人大、政协、社会公众监督，对涉及国家机关及其工作人员的重大违法案件，依法向本级人大常委会报告备案；邀请人大代表、政协委员、公众代表参与监督意见公开听证、宣告送达、实地检查和效果评估；对不按照监督意见整改纠正，造成严重后果的，依法提请人大及其常委会按照法定职责权限，视情采取特定问题调查、质询等方式，监督整改落实。四是联合监察机关建立线索移送、协查配合等制度，对公职人员拒不配合法律监督、失职渎职涉嫌职务违法和职务犯罪的，依法移送监察机关追究责任。五是利用互联网和"两微一端"新媒体平台及时公开重要案件信息和生效法律文书，充分保障人民群众的知情权、参与权、监督权，促进提升监督意见的公信力和执行力。

（五）健全法律监督绩效考评体系

法律监督与常规办案相比，客观上存在工作强度大、协调关系难等现实问题，为此应适当增加法律监督工作在业绩考核中的比重，充分调动业务部门和检察人员办理法律监督案件的积极性。一是健全省、市、县三级院绩效考核体系和检察官、检察辅助人员业绩考评办法，推动法律监督职责落实到部门、办案组、检察官，着力纠正"重办案轻监督、重配合轻制约"等不良倾向。二是树立正确的政绩观，聚焦"案-件比"质效评价标准，健全完善案件质量评价指标体系，通过科学设计指标、加强案件质量评查、做实考核评价，推动做实法律监督，不断提高办案质量和监督水平。三是健全业务数据分析研判会商机制，加强监督检查和办案效果评估工作，通过分析业务数据、办案质量的突出变化，有的放矢改进法律监督工作。

（六）健全法律监督组织保障体系

积极顺应检察制度变革、监督格局重塑、工作转型发展的新形势新要求，切实加强组织领导、理论研究、制度配套、队伍建设、智慧借助，为推动法律监督工作创新发展、持续发展、领先发展提供新动能。一是加强组织领导和工作协调，完善检察一体和分工协作机制，强化督导检查和经验推广，不断提升指导的针对性和有效性。二是加强对法律监督热点、难点、重点问题的研究探索，为完善相关立法和司法解释工作提供理论依据、积累实践经验，着力构建系统完备、科学规范、运行有效的法律监督体系。三是加强配套制度建设，对于法律法规中比较原则性的规定，主动会同有关机关和部门进一步完善办案机制和工作流程，共同推进严格执法和公正司法。四是积极适应法律监督理念、内涵、方式不断丰富发展的形势要求，组建专业化检察官办案团队，强化与法律职业共同体同堂培训、领导干部带头办案和业务竞赛岗位练兵等工作，不断提升监督办案能力，以检察履职能力现代化助推国家治理能力现代化。五是加强与有关行政机关、金融管理部门、法学院校、科研单位的业务交流互动和人才挂职锻炼，完善法律监督案件专家咨询制度，积极引入相关行业具有专业知识的人员辅助检察人员办案，借助外脑参加评议、咨询和研判，共同解决办案难题。

刷榜刷量控评类互联网灰黑产业链的刑事检察监督现代化分析

鲁建武　潘　颖　张大伟[*]

一、互联网灰黑产业及其常见形式

灰黑产业一词主要是指非正常的经济产业，通常表现为违反法律法规、公序良俗，违背人民大众普遍价值观的一类经济产业。灰黑经济的产值一般不计入国家的 GDP 总值。互联网灰黑产业，主要指依托于互联网而产生的非正常经济产业，此产业的上下游与互联网相关联，是随着互联网发展应运而生的不良产业。互联网灰黑产业基于不法分子对网络安全漏洞、病毒木马、业务逻辑错误、相关规则不严谨利用等，谋取不正当利益。

互联网灰黑产业链，指依托互联网开办各种黑灰产业，从事该产业的人员或组织分工明确，具有一定的专业性，在纵向上形成上下游关系，横向上与其他黑灰产业形成产业集群。

刷榜刷量控评类互联网灰黑产业常见的主要形式有 App 刷榜、虚假网络评价、付费刷量等。这是一种新类型的互联网灰黑产业，看似不及涉"黄赌毒""病毒木马"类互联网灰黑产业更加引人关注，实则更加严重危害了当前互联网经济生活，滋生更多下游犯罪。其常见形式如下：

（一）App 刷榜

App 刷榜，主要指互联网灰黑产业团伙利用公众对于软件商城、应用商店排名的认可，恶意付费将 App 应用刷至榜单前列，公众误信并下载。这些被刷至"榜前"的 App 基本不具备优良特质，充斥广告、购物诱骗乃至各类网络诈骗陷阱。

---

[*] 鲁建武，安徽省人民检察院党组成员、副检察长；潘颖，安徽省人民检察院第四检察部副主任、四级高级检察官；张大伟，安徽省人民检察院检察信息技术部三级主任科员。

（二）虚假网络好、差评

虚假网络好、差评，主要指互联网灰黑产业团伙在相关商品、文章、论坛等互联网评论区虚构好评或差评，故意褒扬或是贬损相关的商品、文章、影像，以达蛊惑消费者或打压同行业竞争者的目的。

（三）付费刷量

付费刷量，主要指在直播卖货、短视频销售等网络平台上，通过互联网灰黑产业团伙购买一定的人气、粉丝、围观人群等。不知情者误以为该直播间人气高、商品受欢迎程度高、粉丝人数多等，误导公众购买质低价高、假冒伪劣商品。

二、对刷榜刷量控评类互联网灰黑产业链的刑法应对考量

对于是否对 App 刷单等灰黑产实施刑法规制，学界观点不一。本文持肯定观点，主要有以下考量：

（一）信息技术的革新

不断更迭的信息化技术使灰黑产业团伙成员具备更多途径和手段，且相较于一般的互联网诈骗犯罪实现难度更低。过往互联网行业尚不发达，灰黑产业以广告、电话、人员交流为媒介。互联网传播速度快、辐射范围广、受众多，借助榜单、人气、评价等新兴手段，为互联网灰黑产规制带来以下几方面挑战：

1. 传播力度强，受害者众，产业金额大。传统的灰黑产业通过口口相传、电话交流、纸媒广告等渠道进行传播，传播的范围具有一定局限性，产业链的危害范围往往集中于一地，受害人可能局限于亲朋好友等比较近的关系范围。在黑灰产业蔓延至手机 App、视频直播、短视频等领域后，恶意刷榜、引流导致涉案金额更大，资金流向复杂，对正常的市场经济秩序和公序良俗的冲击危害极大。

2. 行业壁垒下降、产业链成本降低。信息技术的革新让互联网灰黑产业链的产生和运营更为简单。仅利用微信、贴吧、知乎、应用商城或是支付宝小程序就能实现线上交流、发展入伙、资金融通等相应的组织职能。这些职能以往需要不法团伙建立复杂的通信机制和流程规章，开展烦琐的组织管理和成员招募等运营工作，而对于刷榜刷量控评类互联网灰黑产业，刷相应下载量、刷好评、恶意引流，不法组织只需要数名程序员，或者普通网络行业人员，就能完成产业运作。

在去中心化框架的信息系统设计理念下①，互联网灰黑产的系统能够提升协作效率，逐渐呈现出弱化管理中心这一趋势。资金方面，组织成员甚至不需将资金汇总至组织账户，团伙个人对个人、团伙个人对组织分节点的资金流向更加频繁。在这种情形下，互联网灰黑产业更加容易扩充团伙成员，资金流向的复杂化亦使得规制难度加大，对经济秩序冲击更强。

3. 受害人更容易上当受骗。从事互联网灰黑产业的团伙成员使用各种算法、图表展示、数据分析等，为相关人展示产业链效应。如收到佣金后，能够帮助某 App 占据榜位，获取极大的关注度和热度，刷取更多的好评等。而对于日后可能引发的法律风险和各种隐患只字不提。互联网灰黑产团伙甚至编造出完全虚假的事例，使受害人上当受骗。

4. 联网设备的易受攻击性。智能化设备能够识别人类的语言、处理人类下达的指令，并与其他设备联动和管理。在提供便利的同时，不断收集数据。且信息化设备自身存在潜在漏洞，大量个人数据和信息已在互联网上暴露。不法分子可以针对受害人的个人特点、购买记录等，分析出其职业、消费习惯、业务需求及相关信息，精准推测、推送、建立联系，公众层面很难进行防范，平台层面难以进行屏蔽和处理。2017 年至 2021 年，32% 的网络诈骗案件是在获取公民个人信息后进行的诈骗。

5. 互联网灰黑产因匿名化技术监测预警难。通过 VPN、隐秘路由、加密数字货币等技术，互联网灰黑产业链团伙成员可以实现对隐匿访问并利用加密货币进行资金清洗和转移。如相关产业链团伙成员要求参与的被害人必须使用比特币、以太币这样的加密货币来进行交易，团伙内部相应的分红、利息等也都使用加密货币进行结算。资金募集、团伙成员发展的隐蔽性更强。

6. 互联网灰黑产业的跨境性增加了监管难度。为了规避犯罪，互联网灰黑产业团伙多在国外，或者将不法所得资金转移至国外。为了打击此种形式的互联网灰黑产业，我国加入了相应的公约，如洗钱罪相关公约。在成为国际条约缔约国后，国内法律法规仍未全面适应国内外现状，跨境打击存在力不从心。同时，囿于没有完善执行跨国定向金融、经济制裁的法律法规，也没有建设相应金融制裁名单的同步信息系统，仅凭政府间信息同步，在及时性和效率上也大打折扣。

（二）外部环境的变化使互联网灰黑产业链更具危害性

1. 互联网使用的高频化。受全球技术、经济、外交和环境等各种复杂因

---

① 郑悦尔：《基于去中心化框架的"互联网＋"医疗健康服务体系研究》，浙江中医药大学 2022 年硕士学位论文，第 58 页。

素影响，公众开始更加高频利用互联网工作生活。互联网使用高频化，让更多用户身处风险和诱惑。也许只是由于好奇点击 App 的弹出广告，该用户就有可能受到互联网灰黑产业团伙的蛊惑，进而越陷越深，最终成为受害者。例如，轻信某排名榜单、关注某商品的好评或差评、以销量作为购买依据等，亦为上、下游犯罪推波助澜。

2. 个人投资、消费环境变化。在持续通胀的经济环境下，公众一方面缺乏合适的投资渠道，另一方面存在报复性消费情况。银行存款利率降低，回报率稍高的理财产品数额有限；投资股市基金对公众的金融知识要求高，于是在甄选理财产品时，会根据推荐排行榜等进行购买，一些虚假的榜首产品，再加上灰黑产业团伙所承诺的"保本保息，高额回报"的诱惑，进而走进不法分子的骗局。

（三）行业自律、民事或行政监管手段难以进行有效监管

1. 行业自律的自限性。寄希望于行业自律，对互联网灰黑产业毫无任何约束力。互联网黑灰产业团伙本就是要钻营互联网电子商务等行业的规则漏洞，而通过这些不法团伙进行刷榜、引流、伪造评论的公司或个人并不计划长久经营，自然也不会自我约束。受害的同行业竞争者虽然可以向应用平台主张榜单或是评论异常，行业也会将相关公司和人员列入黑名单，但是这些对于互联网灰黑产业而言只是失去了几个名称而已，约束力明显不足。

2. 民事手段缺乏刚性。《民法典》对于民事活动设定了自愿、平等、诚信、不违背法律、不违背公序良俗等原则，也通过合同分篇对合同的效力进行了规范，结合无效合同和可撤销合同的规定，旨在消除一些明显不合理的民事行为。但互联网灰黑产业总是能够寻找出一定漏洞。与相关人违背法律、违背公序良俗的合意，用不正当的手段欺瞒大众，损害其他同行业竞争者，干扰相关应用平台榜单、评论正常秩序。诉诸民法受害人难以对所有损失进行追偿。

3. 行政手段缺乏长效性。针对 App 刷榜、恶意评价、付费刷量的现象，行政机关能够通过行政处罚，对互联网灰黑产业团伙、应用或是网站平台进行罚款、吊销经营许可等方式进行监管。如国家网信办已于 2022 年 6 月 14 日修订了《移动互联网应用程序信息服务管理规定》，其中第 9 条明确规定"应用程序提供者不得通过虚假宣传、捆绑下载等行为，通过机器或者人工刷榜、刷量、控评等方式，或者利用违法和不良信息诱导用户下载"。该规定虽然已于 2022 年 8 月 1 日实施，但是实务中一些规定和手段难以落地，一是由于互联网灰黑产业团伙并非以企业或注册法人的形式进行运营，会出现处罚对象不明的局面。二是如果行政机关处罚榜单运营方，倒逼运营方加强平台建设和治理，运营方可辩解其不存在过错。

4. 程序法视角下收集证据具有困难。由于互联网灰黑产业链涉及的科技含量高,作案方式复杂,涉案电子数据体量大,行业规范活动、民事和行政诉讼相关人均难以有效提取和收集相关证据。无论是行业自律中的过错方认定,还是民事、行政诉讼活动中的侵权人、处罚人的确定,都需要示证说理,增加了实务工作难度。若进行刑法规制,在程序上刑事司法部门不但能够开展各类技术侦查活动以调取收集相应的电子证据,还能通过侦查试验的方式,还原案件全貌,更好发挥示证说理的效果。

(四)当前刷榜刷量控评类互联网灰黑产业链的刑法现代化监督

现阶段对于刷榜刷量控评类互联网灰黑产的监管,一是在立法层面,缺失针对此类行为评价的罪名,法律实务中多以非法经营罪、帮助信息网络犯罪活动罪进行处理。针对性不强,无法起到引导效果。以A省为例,2022年进行刑法处罚的互联网灰黑产业的罪名,主要集中在帮助信息网络犯罪活动罪,诈骗罪和掩饰、隐瞒犯罪所得罪等罪名。根据人民法院大数据管理和服务平台,发布的涉信息网络犯罪特点和趋势相关材料,帮助信息网络犯罪活动罪2021年同比激增倍,2022年同比再增13倍。帮助信息网络犯罪活动罪有沦为"口袋"罪的危险。二是在司法层面,对于互联网灰黑产业打击的力度不够。囿于公安机关警力有限且互联网灰黑产具有一定隐蔽性,当前发现的互联网灰黑产业仍旧只是冰山一角。三是从罪责刑相一致原则来看,对此类犯罪多以非法经营罪和帮助信息网络犯罪活动罪论处,处罚显属较轻。此外,还存在着对互联网灰黑产业的财产刑执行不到位,深度挖掘互联网灰黑产业团伙的非法资金不够的情况,不法分子很容易"另起炉灶、死灰复燃"。

三、刷榜刷量控评类互联网灰黑产业链的刑事检察监督现代化监督路径

对于当前刷榜刷量控评类互联网灰黑产业监管难,行政机关和司法机关均无法有力监管的现状下,检察机关应该积极主动作为,以我管促多管,发挥检察监督的职能,为刷榜刷量控评类互联网灰黑产业链的治理贡献出检察智慧。

(一)在立法上增设新罪名

可以考虑增设"扰乱互联网信息秩序罪"。刷榜刷量控评类互联网灰黑产业主要冲击了互联网的信息秩序,榜单、评论区、热度等情况成为参考评判标准。而此类灰黑产业在很大程度上,破坏了这种信息秩序,导致"劣币驱逐良币",严重扰乱互联网信息经济秩序。以2022年曝出的在暗网上出售4850万用户的上海随申码数据事件为例,这些数据涉及公民的身份证号、手机号、

姓名等重要信息，通过这些信息互联网灰黑产业团伙又会衍生出公民的出生日期、性别、居住地等数据。再利用上述数据开展 App 刷榜、非法引流等互联网灰黑产业将进一步加大技术上的甄别难度，造成极其严重的社会危害。唯有及时在刑法上罪名化，利用先进的技术侦查等手段，才能够规制这种严重损害互联网秩序的行为。

（二）督促公安机关在侦查方面强化管控措施

1. 加强对隐秘路由等网络匿名技术的管控。针对互联网灰黑产业团伙使用的 VPN、TOR 等相关互联网隐秘技术的软件，可以从接入技术着手出发，联合公安及电信、移动、联通等电信运营商，不断加强实名制等入网许可等要求，让网络匿名具有可追溯性。

为了进一步打击互联网黑色产业，近年来，工信部、公安机关等相关部门已经开展了对虚拟专用网络 VPN 的清理和打击。从对关停 VPN 的接入线路到禁止对相关 VPN 软件的开发再到 VPN 经营行为入刑，从售卖 VPN 信息随处可见到基本销声匿迹，一定程度上破解了网络灰黑产的隐秘性。

但除了 VPN，仍需对暗网加强管控。如通过探测掌握暗网的一些相关情况，以技术手段持续对暗网进行测绘，通过构建分布式暗网节点监控、服务发现、内容采集、弱点探测、智能监测、情报研判、证据保存等平台，实现对暗网服务的发现、识别、分类、采集、监测功能，以及挖掘威胁情报、提供监测和分析服务。利用网络上的一些关联性的信息，逐渐推测暗网中存在的服务器、网络设备等。同时，暗网本身也存在着漏洞，在打击互联网灰黑产业时，也可以从"后门"入手，截获暗网通信数据流量。

2. 持续开展覆盖全网的净网行动。互联网上的虚假信息、不实评价、虚假排名等不良信息为互联网灰黑产业团伙提供了滋生土壤，互联网灰黑产业团伙利用人们猎奇的心理，使其点击链接，掉入陷阱，最终成为受害者。同时，对于泄露公民个人信息的单位，也必须进行整改，防止数据被不法人员所利用。因此，打击互联网灰黑产业链，持续常态化大力度开展针对全网的净网行动非常必要。净网行动必须常抓不懈，才能够有效消除互联网灰黑产业源头。

（三）刑事监督现代化的不断深化

认真落实检察大数据战略，构建打击互联网灰黑产业的法律监督与模型，逐步推动互联网灰黑产业的社会治理。互联网灰黑产业危害大，存在多个机关监管难的问题。检察机关应立足法律监督职能为破解这类互联网灰黑产业的治理难题贡献"高含金量"的检察方案、检察智慧。① 在业务上总结抽象互联网灰黑产业打击规则,完善行刑衔接,在技术上获取涉及资金流、信息流、商流的数据源,打破信息孤岛,推进数据融合。工作前移,靠前指挥,发现督促行政机关整治互联网灰黑产业链,并发挥侦查监督的效用。现阶段在打击互联网灰黑产业效果不佳的主要原因在于,涉及互联网灰黑产业的各类数据存在于公安机关内部、行政部门、金融机构等,各个部门的信息孤岛没有打通,信息流交换渠道不畅通,相关数据源的治理依然任重道远,数据的完整性、关联性和精准性需要进一步提升。

建立基于资金流、信息流、商流的法律监督模型,应当注重对评判互联网灰黑产依据和标准的建设。模型还要注重好数据的展示效果。由于互联网灰黑产业涉及人员众多,团伙中相应的分工协作的效用等需要被厘清,利用信息化技术做好数据可视化的展示,让纷繁复杂的分工作用及资金交易数据更加明晰化,便于办案人员全面梳理审查案件。

(四) 推动与其他国家的司法合作

由于互联网灰黑产业并不局限于一个国家或区域,打击互联网灰黑产业需要加强与其他国家的合作。首先,需要加强国家间的密切合作,积极加入相应的公约、国际组织,参与制定打击互联网灰黑产业的标准和规范,并考虑相关规则的适用性。其次,在经验交流、案例共享、人才培训等方面开展积极合作。提升国内司法人员打击互联网灰黑产业的能力。最后,完善互联网灰黑产业互评估体系。② 通过与国家、国际组织间合作,健全我国打击互联网灰黑产业的工作体系,实现与国际接轨,提升我国打击此类产业的话语权。另外,还要借助于国际的互联网犯罪打击平台,促进和周边国家之间的交流合作,获得国际支持和司法协助。国家层面如能推动相关平台经营者也应用先进大数据技术和算法进行虚假排名消除,也将从始端推进国际数据保护的法治化和刑事治理的规范化。

(五) 不断做好此类互联网灰黑产业的溯源治理

1. 推进和加强互联网行业自律。在创新发展理念的引领下,国家鼓励积极的互联网创新,各类互联网产业应运而生,适应了经济发展的大趋势,为新的市场经济注入了新的活力。一些学者也提出应充分考虑互联网经济的有益

---

① 贾宇:《大数据法律监督办案指引》,中国检察出版社2022年版,第30—31页。
② 高玉辉:《互联网金融反洗钱法律问题研究》,河北经贸大学2020年硕士学位论文,第30页。

性，对新兴产业表现出包容审慎的态度，体现在涉及互联网经济的刑法应当表现出一定的谦抑性。因此，必须强化和加强互联网行业自律，充分发挥互联网经济协会的行业规范与自律作用，推广资质良好的互联网信息化企业，从事互联网经济的相关企业应当成为协会成员并签订行业自律公约，推动机构间的信息共享和业务交流，构建约束机制。[①] 行业应当定期公示具有不良互联网行为的企业，建立互联网不良行为"黑名单"制度，对于涉案企业应当对其进行营业限制。对于新的互联网经济形式，要及时向公众告知风险，培养公众的风险意识，推动互联网经济从业者和企业的合规自律，使互联网行业健康发展。

2. 加强对公众的宣传和教育。广大的互联网网民都可能是潜在的互联网灰黑产业受害者。由于主观上缺乏网络自我防范意识，客观上互联网所蕴含的高科技性和专业性，使其难以对自身构建良好的防御。一个密码走天下，随意下载各类的 App 应用，看到好玩的链接就要点击，为软件开放过多不必要的权限，再加上不正确的投资理财观念、类似赌博的"追高杀跌"、难以理性看待收益和风险的关系等种种现象，广大网民处于网络"看不见的手"的风险中不自知，加强对公民的宣传和教育就显得至关重要。司法机关可以多收集典型案事例、视听资料，借助现代技术手段如 VR、AR、MR 等技术，让民众增加对互联网犯罪的临场感。有条件的还可以借助相关的媒体开展随警作战，跟踪报道，让民众了解互联网灰黑产业团伙的作案全途径，不断提升对此类违法犯罪活动的防御能力。

[①] 杜航、石坚：《大数据背景下互联网金融犯罪安全防范思路及对策》，载《山西警察学院学报》2020 年第 4 期。

支付结算型信息网络犯罪帮助行为的实证分析

——以J省F市人民检察院办案实践为例

李高生　刘辉宇　龚正良[*]

"断卡"行动以来，利用信息网络实施犯罪的案件数量剧增。其中，较为常见的是信息网络犯罪的帮助行为——支付结算型帮助行为，即行为人为信息网络犯罪提供支付结算服务。然而，由于支付结算型帮助信息网络犯罪案件历年来办理少、相关司法解释少、同类型已判案例少，导致实践中度公检法各单位、各办案人员对相关罪名理解不一、认定标准把握不一的情况时有发生。我国刑事立法、司法积极回应该类行为，设立帮助信息网络犯罪活动罪（以下简称帮信罪）等新罪名来打击这类违法犯罪行为。

一、现状分析：支付结算型帮信犯罪案件的特点

2020年1月至2022年5月，J省F市人民检察院共受理审查起诉帮助信息网络犯罪活动案件75件119人，其中支付结算型帮信案件68件109人。分析发现，该类案件有其特殊样态。

（一）案件数量呈井喷式增长趋势

根据《关于"断卡"行动中有关法律适用问题的会议纪要》（以下简称《2022年会议纪要》）规定，行为人仅出租、出售信用卡，未实施代为转账、套现、取现等行为，不宜认定为"支付结算"行为。实践中，支付结算型帮助信息网络犯罪的行为方式主要表现为利用信息网络，采取提供支付宝、微信账户、出租、出售银行卡、刷单、出售第三方支付接口、出售网络赌博结算软件、变换结算接口等方式，提供支付结算帮助，从而实施犯罪。对帮助信息网

---

[*] 李高生，西藏自治区人民检察院党组成员、副检察长；刘辉宇，江西省丰城市人民检察院党组书记、检察长；龚正良，江西省丰城市人民检察院综合业务部主任、二级检察官。

络犯罪活动案件进行分年度统计显示,2020年之前无此类案件,2020年4件10人;2021年49件77人,分别同比增长1125%和670%;2022年1月至5月22件32人,分别同比增长37.5%和33.3%。可以看出,自2020年起,此类案件数量增多,其中支付结算帮助型帮信案件占帮信案件总数的90.7%。据此可以看出,自2020年10月开始推进的"断卡"行动对于刑事司法产生了很大的影响。

(二)支付结算金额大,违法所得少

75件案件中有7件的结算金额高于1200万元,22件的金额为600万元至1200万元,35件的金额为200万元至600万元,11件的金额低于200万元。相关案件中,结算额最高的案件达2200余万元。而违法所得相比较少,行为人多是以每张200元至1200元不等价格出租、出售银行卡获利,或转账金额的8‰左右获取报酬。

(三)支付结算型帮助行为方式多样化

出租银行卡、收款码等支付结算帮助行为人一般有三种类型:一是"卡农",租售本人或亲友名下收款码、银行卡;二是"卡商""卡头",以租售"身份证、银行卡、手机卡、U盾"等"四件套"为业;三是"空壳",以自己的名义注册空壳公司,并在银行开立对公账户用于出租、出售。之后,又衍生出接码平台、跑分平台等新型技术帮助行为。网络跑分中,包括跑分平台、跑分客(代收款人)和实际收款人等角色。跑分平台提供收款服务,跑分客提供收款码代收款,实际收款人则通过跑分平台来收取款项。该模式中,跑分客不掌握具体使用收款码的行为人、最终资金去向的任何信息,如图1所示。

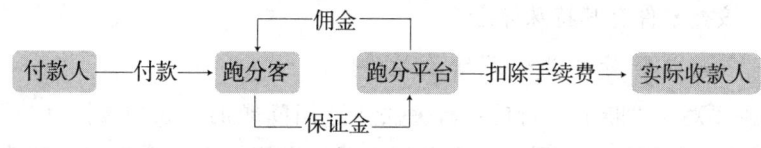

图1 洗钱团队跑分模式

(四)被帮助的对象主要是电信网络诈骗犯罪

支付结算型帮助行为所涉及被帮助的上游犯罪种类虽多,但主要为几类罪名。上述75件案件中,网络诈骗的案件为68件,赌博罪的案件5件,涉及传播淫秽物品牟利罪、非法经营罪的案件各有1件。可见,电信网络诈骗犯罪是支付结算型帮助行为主要帮助对象。

(五)入罪量刑主要判定标准为支付结算金额

理论上"情节严重"的认定标准包括帮助对象数量、支付结算金额、违法所得、卡内流水金额等方面。在实务中,主要以支付结算金额作为主要标准进行定罪量刑。究其原因:一是实践中查证"帮助对象的数量"存在特别大的困难,我们以出租、出售银行卡为例,办案机关一般只能查证出银行卡是否被用于犯罪当中,却无法掌握具体的帮助对象的身份和数量。二是"违法所得"的认定一般缺失客观证据,大多依赖于犯罪嫌疑人的口供,且行为人卖卡、租卡的收益较低,一般较难达到 1 万元的入罪门槛。(如表 1 所示)

表 1 帮信罪"情节严重"标准

"情节严重"标准	理 解	结 论
为 3 个以上对象提供帮助的	分别为 3 个以上行为人或团伙组织提供帮助,且被帮助的行为人或团伙组织实施的行为均达到犯罪程度。为同一对象提供 3 次以上帮助的,不宜理解为"为 3 个以上对象提供帮助"	为 3 个以上对象提供帮助的 + 被帮助对象行为均达到犯罪程度的 = 帮信罪
支付结算金额 20 万元以上的	支付结算金额 = 网络犯罪金额	支付结算金额 20 万元以上应为正犯的违法所得
违法所得 1 万元以上的	行为人为他人实施信息网络犯罪提供帮助,由此所获得的所有违法款项或非法收入。行为人收卡等"成本"费用无须专门扣除。多个犯罪嫌疑人、被告人共同实施帮助信息网络犯罪活动行为,分别获取物质利益的,认定违法所得时应当累计计算	违法所得 1 万元以上的 + 被帮助对象行为均达到犯罪程度的 = 帮信罪
卡内流水金额超过 30 万元的	在适用时应把握单向流入涉案信用卡中的资金超过 30 万元,且其中至少 3000 元经查证系涉诈骗资金。行为人能够说明资金合法来源和性质的,应当予以扣除	卡内流水金额超过 30 万元 + 被帮助对象实施的诈骗行为均达到犯罪程度的(需要至少 1 个银行账户内有被骗资金 3000 元以上)= 帮信罪
收购、出售、出租银行账户、信用卡等 5 张(个)以上的	属于"其他情节严重的情形"与"支付结算金额 20 万元以上的"是并列的客观构成要件要素	5 张(个)以上 + 被帮助对象实施的诈骗行为均达到犯罪程度的(需要至少 1 个银行账户内有被骗资金 3000 元以上)= 帮信罪

二、问题检视：支付结算型帮信行为的司法适用争议

[案例一] 2021年1月，曾某明知他人实施网络犯罪活动，仍办理农业银行卡卖给张某，获利500元。其中农业银行卡被用于网络诈骗，查实诈骗资金30余万元。

[案例二] 2021年3月6日，李某为非法获利以4000元的价格将中国农业银行卡、手机号码、U盾及支付密码卖给高某，后被高某转卖给他人用于从事诈骗、赌博网站上分使用。2021年3月12日，李某和高某在得知李某银行卡内有6万元后，便以非法占有为目的，在明知其银行卡已被犯罪分子使用的情况下，通过注销补卡的方式将卡内金额6万元取出后二人进行了私分。

[案例三] 2020年12月，杜某明知他人实施网络犯罪活动，以自己的名义开办5张银行卡，开通网上和手机银行，并将这五张银行卡连同绑定的手机卡和银行U盾出租他人使用，获利3000元。上述银行卡资金流水236万元，其中涉及1笔被诈骗资金1万7000元。

[案例四] 2020年5月，熊某某开始在微信群中发布淫秽色情平台的推广链接，后陈某入伙，两人通过向他人购买微信群的方式共建立了一百多个微信群，用于发布淫秽色情平台的推广链接。熊某某、陈某的获利方式为视频观看者点开链接后需付费3元至5元不等给淫秽色情平台才能完整观看，之后再从淫秽色情平台提现，熊某某、陈某与淫秽色情平台的分成比例为平台30%，个人70%，邦某、陈某之间五五分成，总计获利50万元。杨某某误以为熊某某、陈某利用网络实施诈骗的情况下，为其提供银行卡，涉案金额20余万元。

[案例五] 郭某某明知自己的银行卡被他人用于诈骗等信息网络犯罪活动，仍将自己的3张银行卡用于赵某某等人的信息网络犯罪活动，支付结算金额157799.15元。

[案例六] 2021年7月，龙某明知任某（另案处理）从事诈骗活动，仍提供自己银行卡给任某并帮助取款。龙某受任某雇佣，明知账户中的财物是犯罪所得，仍持上述银行卡在ATM机上取走被诈骗款项共计159700元，后存入任某指定的账户内，龙某从中获利1600元。

追根溯源，支付结算型帮信行为法律适用争议具体表现在"五之争"：帮信罪的主观明知之争、金额认定之争、罪名竞合之争、卡农黑吃黑之争和抽象认识错误之争。

（一）主观明知的区分之争

实践中，帮信罪主观明知是否包含片面故意，"也就是说单方面明知上游犯罪性质是成立上游犯罪共犯还是构成帮信罪。有观点认为，片面、单方明知

上游犯罪性质的,也构成帮信罪,也有的观点认为,帮信罪不包括片面故意,是完全的概括故意"①。《2022年会议纪要》施行后,要求审慎认定"明知",对构成"明知"的判断要求更加严苛,导致办案人员在认定主观明知时更加谨慎。当前,"断卡"案件主要打击对象是"两卡"的实名持有人,他们在电诈链条中的作用仅限于提供本人电话卡、银行卡,因上游犯罪难以查实,导致证据链条断裂,对上游犯罪是否"达到犯罪程度"无法一笔笔流水、一个个汇款人去核实。对银行流水交易对方是否了解、与上游犯罪人员之间的联络情况,是否可能构成共同犯罪等,均无法印证证据。主观明知方面过于依赖口供,证明力较弱。主观明知只有本人口供,由于口供的不稳定性,并且不少案件情节较轻微,出借卡的张数较少、时间较短,因此犯罪嫌疑人一旦翻供,就难以通过其情节较轻的客观行为表现推定其主观明知。例如,行为人出租银行卡1张,发觉有问题后立即挂失处理,通过其客观行为难以认定其出租银行卡之时已认识到他人可能利用银行卡实施犯罪。

(二)"情节严重"的认定之争

《刑法修正案(九)》确立将"情节严重"作为定罪量刑的标准。《关于办理非法利用信息网络、帮助信息网络犯罪活动等刑事案件适用法律若干问题的解释》(以下简称《解释一》)明确了支付结算金额20万元以上的,或为3个以上对象提供帮助的,或违法所得1万元以上的等认定为"情节严重"。《关于深入推进"断卡"行动有关问题的会议纪要》(以下简称《2020年会议纪要》)进一步列举了3类客观行为按照符合《解释一》第12条规定的"情节严重"处理,包括向3个以上的个人(团伙)出租、出售的,且被帮助对象实施的诈骗行为均达到了犯罪程度的;出售、出租的银行卡被用于电信网络诈骗达到犯罪程度,且卡内流水金额超过30万元的;利用出租、出售的电话卡、信用卡实施电信网络诈骗犯罪,造成被害人及其近亲属死亡、重伤、精神失常的。《2022年会议纪要》进一步解释:为同一对象提供3次以上帮助的,不宜理解为"为3个以上对象提供帮助";在适用时应把握单向流入涉案信用卡中的资金超过30万元,且其中至少3000元经查证系诈骗资金。与《解释一》相比,《2020年会议纪要》和《2022年会议纪要》对条件限定更为具体详细、犯罪金额的入罪标准也不同,且两个会议纪要出台时,未明确其是对《解释一》的补充规定,还是修正条款。因此,关于"情节严重"认定的司法

---

① 张艳:《支付结算型帮助信息网络犯罪活动罪认定中的争议问题》,载《中国检察官》2022年第8期。

适用标准产生了争议。

（三）对"取现、转账行为"的定性之争

行为人将银行卡、U盾整套、对公账户转卖、转租给他人，由购买人从事相关支付结算环节，一般情况下对行为人成立帮信罪并无异议。当前争议焦点主要为"取现、转账行为"上，"卡农"不仅将银行卡提供给了上家，而且由本人通过微信、支付宝、手机银行转账或者取现等方式帮助转移资金。对于此行为，有观点认为构成掩饰、隐瞒犯罪所得罪（以下简称掩隐罪），也有观点则认为构成帮信罪。此外，对于这类"卡农"积极参与转账，如果出现涉案银行卡流水超千万元，但仅查实数万元涉案资金的情况，有的观点认为应以想象竞合犯从一重罪论处，也有观点认为应以掩隐罪与帮信罪数罪并罚。对于同类行为，定性不同，导致其量刑也会有较大的差异：帮信罪最高可以判处3年有期徒刑，而掩隐罪最高可以判处7年有期徒刑。为了体现刑法的公平性和严肃性，有必要区分两个罪名及厘清"取现、转账行为"的本质属性。

（四）对"黑吃黑"私吞赃款的行为处理之争

以案例二为样本加以分析，李某和高某在得知李某银行卡内有6万元后，便以非法占有为目的，在明知其银行卡已被犯罪分子使用的情况下，通过注销补卡的方式将卡内金额6万元取出后二人进行了私分。侦查机关认为李某、高某的行为符合帮信罪的犯罪构成和掩隐罪的犯罪构成，根据择一重罪处罚的原则，应当以掩隐罪追究其刑事责任。公诉机关认为2名犯罪嫌疑人行为构成帮信罪和盗窃罪，数罪并罚。二者在罪名的认定上大相径庭，其主要的分歧在于对"卡农"私吞赃款行为的定性：有观点认定为掩隐行为，也有观点认定为盗窃行为，定性分歧导致罪名适用的混乱在一定程度上影响了法律的正确适用和司法工作的严肃性。

（五）抽象事实认识错误的性质之争

抽象的事实认识错误是指"行为人所认识的事实与现实所发生的事实，分别属于不同的构成要件的情形"。[①] 支付结算型信息网络犯罪帮助行为法律适用的难点之一：帮助犯抽象的事实认识错误。实践中，有的参与人认为是帮助"传播淫秽物品牟利"支付结算，事实是为"信息网络诈骗"进行支付结算；也有参与人认为是帮助"信息网络诈骗"进行支付结算，事实是为"传播淫秽物品牟利"支付结算。

[①] 张明楷：《刑法学》，法律出版社2016年版，第277页。

三、难题破解：支付结算型帮信行为的司法适用探讨

本文尝试结合实务案例，从帮信罪的立法本意以及刑事司法实践两方面出发，对上述问题进行粗浅的梳理和探讨，以期抛砖引玉。

（一）厘清主观明知的界分

"本罪主观故意是完全概括故意，片面、单方明知上游犯罪的性质，是片面共犯的典型罪过，属于部分概括故意，成立上游犯罪的共犯。第一，'明知他人利用信息网络实施犯罪'中信息网络犯罪系概括性明知。"[1] 根据《刑法》第287条第2款的规定，帮信罪以"明知他人利用信息网络实施犯罪"为要件，"他人利用信息网络实施犯罪"是明知的内容。需要强调的是，行为人只要"明知"帮助对象在行为上是符合犯罪客观方面的行为要件即可。第二，利用信息网络实施的犯罪皆应归于其所"明知"的犯罪范畴，包括网络赌博、网络诈骗、网络传播淫秽物品等常见犯罪，也包括贩卖毒品、非法经营等利用信息网络作为手段实施的犯罪。换言之，利用信息网络实施我国刑法分则所规定的一切罪名，均可以适用帮信罪，其也符合"需要根据情况的变化及时研究调整刑法惩处网络犯罪的策略"[2] 的立法本意。

概言之，"帮信罪的明知系概括性的明知，从主观方面看，任意'他人利用信息网络实施'的犯罪均可以作为其构成要件，也就是说不论是诈骗罪、开设赌场罪、掩隐罪，只要利用信息网络实施，均可以认定为该罪的上游犯罪，支付结算型信息网络犯罪帮助犯的行为符合帮信罪构成要件的，均可以认定为帮信罪"[3]。案例三中，杜某明知"明知是为逃税犯罪提供网络支付结算服务"被"他人利用信息网络实施"包含，符合帮信罪的构成要件。

司法办案中认定行为人是否"明知"他人利用信息网络实施犯罪，应当坚持主客观相一致原则，即要结合行为人的交易对象、获利情况、认知能力、既往经历、出租、出售"两卡"的张数、个数、次数，以及行为人的供述等主客观因素，同时注重听取行为人的辩解并根据其辩解合理与否，予以综合认定。实务中，既要防止单纯依靠行为人的供述认定明知，也要避免简单客观归

---

[1] 李先民：《支付结算型信息网络犯罪帮助行为的法律适用》，载《中国检察官》2022年第8期。

[2] 黎宏：《论"帮助信息网络犯罪活动罪"的性质及其适用》，载《法律适用》2017年第21期。

[3] 李先民：《支付结算型信息网络犯罪帮助行为的法律适用》，载《中国检察官》2022年第8期。

罪，仅以行为人有出售"两卡"行为就直接认定明知。

（二）厘清"情节严重"司法适用方面的冲突

《解释一》与《2020年会议纪要》《2022年会议纪要》关于"情节严重"的表述之间存在差异，《解释一》规定"支付结算金额二十万元以上的"为起刑点，而《2020年会议纪要》表述为"卡内流水金额超过三十万元的"为起刑点。鉴于《2020年会议纪要》是针对涉"两卡"案件出台的文件，其层级效力相比《解释一》低，适用范围也比《解释一》窄，主要适用于电信网络诈骗犯罪领域。施行时间在《解释一》之后，可以认为是对《解释一》刑事政策、法律适用等问题的进一步细化和补充规定，即《2020年会议纪要》客观行为的表述可列为对《解释一》关于"其他情节严重的情形"之补充。概言之，综合《解释一》与《2020年会议纪要》的规定，以结算金额作为"情节严重"入罪标准的情形有三种：一是为信息网络犯罪提供支付结算，其中被查实的犯罪金额累计20万元以上的；二是为信息网络犯罪提供支付结算，被查实的犯罪金额虽然少于20万元，但犯罪嫌疑人涉案银行卡流水金额超过100万元的；三是出售、出租信用卡被用于电信网络诈骗达到犯罪程度，信用卡内流水金额超过30万元的。前两种入罪情形是由《解释一》所规定，适用于为信息网络犯罪提供支付结算的一切行为，包括但不限于出租、出售信用卡。而由《2020年会议纪要》关于"卡内流水金额超过三十万元的"入罪标准在适用时需要同时具备三个条件，即"出租、出售信用卡行为""上游犯罪系电信网络诈骗"以及"被查实的诈骗金额达到犯罪程度"。案例一中，曾某明知他人实施网络犯罪，仍出售银行卡给他人，获利500元。其中一张银行卡被用于网络诈骗，诈骗资金30余万元。虽然曾某获利500元未达到1万元的立案标准，但有一笔查实的诈骗资金30余万元，达到了"卡内流水金额超过三十万元的"起刑点。案例五中，支付结算金额没有达到20万元。郭某某的行为，情节显著轻微、危害不大，不认为是犯罪。

（三）对"取现、转账行为"以想象竞合犯从一重罪论处

行为人明知他人实施信息网络犯罪，不仅提供银行卡，而且对汇入的钱款直接操作的，行为人除了提供支付结算帮助以外，构成帮信罪，同时还实施了转移赃款的行为，触犯掩隐罪。行为人实施一个行为，犯了两个罪名，而掩隐罪的法定刑重于帮信罪，应以掩隐罪定罪处罚。此外，当涉案银行卡流水巨大而被害人报案损失相对较小时，归根结底，行为人仍然仅实施了一个行为，应按照想象竞合犯从一重罪处罚的原则处理。由于两个罪名对于犯罪所得认定的证据要求不同，帮信罪不要求有证据证实结算资金系犯罪所得，根据《解释

一》相关规定,"确因客观条件限制无法查证被帮助对象是否达到犯罪的程度,但相关数额总计达到前款第二项至第四项规定标准五倍以上,或者造成特别严重后果的,应当以帮信罪追究行为人的刑事责任"[1]。掩隐罪要求有证据证实行为人转移的资金系他人犯罪所得,在证明上游犯罪成立时,应当提供相关被害人的笔录、资金流水以及能够证实诈骗手法的证据。所以,应当按照掩隐罪以及帮信罪各自的犯罪金额分别定罪量刑后,比较适用哪个罪名的法定刑更重,再择一重罪论处。案例四中,熊某某、陈某在一百多个微信群中为淫秽色情平台发布推广链接并获利50万元,构成了传播淫秽物品牟利罪、非法利用信息网络罪、帮助信息网络犯罪活动罪的想象竞合,但在传播淫秽物品牟利罪的量刑标准中,熊某某、陈某达到了"情节特别严重",法定刑为十年以上,因此应当认定二人构成传播淫秽物品牟利罪,与淫秽色情平台的工作人员构成共同犯罪,属于从犯,犯罪金额71.4万元。案例六中,龙某明知任某从事诈骗活动,仍提供自己银行卡给任某并帮助取款159700元,构成掩隐罪。

(四)"黑吃黑"私吞赃款行为辨析

对于卖卡、租卡型的帮助信息网络犯罪活动案件,案发前,上家掌握用于资金结算的银行卡及密码,对银行卡内资金具有事实上的支配权、占有权。"卡农"为达到非法占有的目的,实施销卡、补卡、取款的行为,符合盗窃罪的构成要件。而对于"卡农"仅将银行卡账号提供给他人,并由自己负责转账,构成掩隐罪的案件,由于"卡农"具有银行卡及密码的使用权、保管权,上家将非法资金委托给行为人转移后,就已经失去对非法资金的实际控制,不符合盗窃罪中关于犯罪对象为他人稳定占有的财物的要求,基于该种情形的销卡取款行为,不宜认定为盗窃罪,可作为掩饰、隐瞒犯罪所得的量刑情节来处理。案例二中,李某和高某在得知李某银行卡内有6万元后,便以非法占有为目的,在明知其银行卡已被犯罪分子使用的情况下,通过注销补卡的方式将卡内金额6万元取出后进行了私分,构成盗窃罪。

(五)帮助犯抽象事实认识错误的认定

诈骗罪与传播淫秽物品牟利罪构成要件不同,根据法定符合说,行为人无论是在实行行为上还是在构成要件都没有相同之处,所以对于正犯的结果,不能说具有故意。[2] 对于这种情况不予以评价处理也是不合理的。鉴于帮信罪与传播淫秽物品牟利罪的支付结算帮助犯、帮信罪与诈骗罪的支付结算帮助犯在

---

[1] 皮勇:《网络黑灰产刑法规制实证研究》,载《国家检察官学院学报》2021年第1期。
[2] 黎宏:《日本刑法精义》,法律出版社2008年版,第194页。

故意上有部分重合之处,可以将支付结算型帮助行为抽象事实认识错误的情况以帮信罪定罪处罚。① 案例四中,杨某某误以为熊某某、陈某利用网络实施诈骗的情况下(实际上二人行为构成传播淫秽物品牟利罪),为其提供银行卡,属于杨某某抽象事实认识错误,应以帮信罪定罪处罚。

---

① 李先民:《支付结算型信息网络犯罪帮助行为的法律适用》,载《中国检察官》2022年第8期。

精准监督理念下民事检察监督体系现代化的价值及构建

丁霞敏　高嘉澍*

2023 年 1 月，在全国检察长会议上指出，要牢牢把握中国式现代化、政法工作现代化的本质要求和重大原则，正确认识检察工作现代化的深刻内涵——检察工作现代化的先导是法律监督理念现代化；重点在于法律监督体系现代化；关键在于法律监督机制现代化；基础在于法律监督能力现代化。推进检察工作现代化新征程中，民事检察如何践行"优先选择在司法理念方面有优先、创新、进步、引领价值的典型案件，争取抗诉一件促进解决一个领域、一个地方、一个时期司法理念、政策、导向的问题，充分发挥对类案的指导作用，切实维护司法公正"①精准监督理念，通过优化监督实现强化监督，主要取决于民事检察监督体系构建得科学与否。因此，构建现代化的民事检察监督体系既是精准监督理念的必然要求，更是推动民事检察工作高质量发展的重要前提。

一、民事检察监督体系现代化的价值：全面贯彻落实精准监督理念的必由之路

回溯民事检察制度发展历史，从 1982 年民事诉讼法规定"人民检察院有权对人民法院的民事审判活动实行法律监督"这一宣示性的条文至今，民事检察制度的角色定位历经检察机关恢复重建时的"存废争论"、计划经济时代的"审判补充论"、发展市场经济过程中的"监督保障论"到新时代的"价值指引论"这一过程转变，角色定位的变化揭示了民事检察制度在不同历史发展阶段在不同指导理念下的建构逻辑，而在争论中建立，在发展中完善，从纠结存废到高度共识的艰辛发展历程也无不昭示着民事检察工作能够由"短板

---

* 丁霞敏，甘肃省人民检察院副检察长，一级高级检察官；高嘉澍，甘肃省人民检察院第六检察部四级高级检察官。

① 张军：《把实施民法典贯彻法律监督始终》，载人民网，2020 年 6 月 17 日。

弱项"到"四梁八柱"的原因所在:"民事检察要获得生命力,必须使其制度化;民事检察要真正制度化,必须使其体系化"①。历史的经验告诉我们,面对在推进检察工作现代化新征程中不断出现的新问题、新挑战,民事检察体系化建设不仅要加强,更要在精准监督理念的指引下不断革新,构建起现代化的监督体系。精准监督理念的内涵,简而言之,就是民事检察监督要明确标准,坚持价值引领办案质效,突出办理具有社会意义、有指导价值的典型案件。它体现了新时代人民群众对民事检察的新期待和新要求,也是对以往粗放式办案模式的修正。从法的规范学意义上看,它要求围绕中心大局,聚焦关键问题,找准监督方向,明确监督标准;从法的社会学角度来看,通过对错误裁判,审判违法等行为被动或主动施行监督,彰显公权制约与私权救济的民事检察功能,引领民法典蕴含的公共价值和精神;从法的经济学角度看,它要求投入最少的检察资源推动更普遍性问题的解决。与此相对应,在精准监督理念指引下构建的民事检察现代化监督体系主要包括三个方面:一是监督方式规范体系;二是监督职能运行体系;三是监督质效保障体系。其中,监督方式规范体系在整个民事检察监督体系中处于基础地位,承担着将《民法典》、民事诉讼法文本价值向检察监督实践意义转换的重要功能,是实现精准监督的实施载体,它包含诸如对法官自由裁量权的规范监督机制、深层次违法行为监督机制等新时代民事诉讼领域重大课题。监督职能运行体系则是落实精准监督的重要实施条件,通过调整和完善检察机关内部权力运行体系,实现将多元化的民事检察职能转化为高质量的检察履职,如建立内设机构协作配合机制,民事检察层级履职机制等。监督质效保障体系则是实现精准监督的重要技术支撑,在以现代性、开放性为标志的检察工作新格局下,通过现代化的技术手段赋能监督,驱动监督提质增效,如大数据、区块链技术在民事检察中的运用机制等。

可见,正是这种理念先行,建立制度进而体系化的发展路径决定了在检察工作新征程中构建现代化的民事检察监督体系是全面贯彻落实精准监督理念的必由之路。

首先,民事检察监督体系现代化是民事检察在推进检察工作现代化新征程中所处的时代方位决定的。进入新时代,一方面在加快构建新发展格局,全面贯彻新发展理念背景下,新的民商事交易方式、交易手段不断出现,社会交往

---

① 汤维建:《民事检察制度发展理论脉络》,载《检察日报》2022年9月8日,第3版。

活跃度空前提高，民商事纠纷大量增长①；从检察机关自身而言，随着"两反"转隶，民事检察在检察职能中的重要性进一步凸显，特别是进入民法典时代，人民群众权利意识明显加强，特别是对民事司法活动公平正义的需求日益增长，民事检察工作成为检察机关同人民群众联系最为紧密的职能之一。另一方面，我们也应当清醒地看到，当前民事审判领域仍然存在金钱案、人情案、关系案现象，审判活动不规范、裁判标准不统一等问题也在不同程度存在，民事检察工作自身浅层次、碎片化监督现象也较为普遍，这些问题不仅损害司法权威，也直接影响人民群众对司法活动的切身感受，这些社会现实都要求我们要加快推进民事检察监督体系的现代化建设，积极回应人民群众的时代要求，以高质量的监督满足国家治理现代化对优质法治效能的需要。

其次，民事检察监督体系现代化是提升民事检察监督质效的重要条件。过去检察机关在"重刑轻民"思想影响下，民事检察长期存在"重数量，轻质量"粗放式办案理念，对法院大量"轻微""瑕疵"案件进行监督，导致检察资源的浪费与虚耗。精准监督要求民事检察监督不仅要关注监督规模，更要注重监督质效，监督质效包括两个方面：一是监督机制；二是监督成效，前者所要解决的是监督的方式，后者所要解决的是监督是否达到了预期目标。这就要求我们必须革新过去那种做大做强"办案规模"却实际降低"监督权威"的监督体系，构建起"以监督质效决定监督机制"的监督体系，即在区分是否具有指导、引领、纠偏社会价值的前提下，以启动如抗诉、纠违等监督方式实施"以点带面"式的重点监督体系，从而放大监督效果，引领公共价值。

最后，民事检察监督体系现代化是推进检察监督体系现代化的需要。推进检察监督体系现代化是运用体系化思维方式建设的系统工程，该工程应当是由"四大检察"监督规范体系、监督执法体系、监督协作体系等子系统构成，这些子体系之间是相互促进、相辅相成的内在逻辑关系，只有子体系实现现代化才能实现整体检察监督体系的现代化，任何一个子体系的缺失或建设滞后均会影响整体检察监督体系功能的发挥。目前，"四大检察"职能虽已确立，但监督体系建设相对滞后，仍然存在如"四大检察"之间协作配合制度规范相对较少，公益诉讼、知识产权领域"一案四查"办案模式尚未普遍建立，涉未成年人案件一体化综合履职模式实施不畅等问题。因此，在推进检察监督体系现代化进程中，既要加强子体系的建设，也要注重子体系间的协调，更要关注

---

① 2018年至2022年，各级人民法院审结一审民商事案件4583.3万件，全国法院员额法官人均结案数从2017年的187件增至2022年的242件。详见第十四届全国人民代表大会第一次会议上审议通过的《最高人民法院工作报告》。

子体系运行效果的整合,为推进检察监督体系现代化创造必要的基础和条件。

二、构建现代化民事检察监督体系的考量要素

"天下大事,必作于细",法之顺畅运行,不难于立法,而难于法的实施,法的实施则难于对影响法的运行体系要素的考量设置。精准监督要求在监督过程中"努力做到精准定位、精准发现、精准审查、精准处理"[1],"将监督所需各要素进行体系化的整合,以便提升监督质效"[2],这便决定了在构建现代化民事检察监督体系时所应遵循的基本原则:以最经济的监督资源,实现监督效果的最大化,最大程度上引领社会公共价值。遵循这一原则,构建现代化民事检察监督体系时,需要重点考量以下要素:

(一)监督成本

判断监督体系是否现代化的重要标准之一便是体系运作的成本和代价,不计成本或是付出很大成本的监督体系绝不是现代化的体系。监督成本主要由两部分构成:

一是资源成本。主要指监督过程中消耗的监督资源,现代化的民事检察监督体系,能够以最小的资源成本实现纠错并引领公共价值。过去粗放式办案模式下,民事部门集中大量的人力物力,针对审判机关程序瑕疵,有一定错误但不影响裁判实体处理结果的案件开展监督,最极端的例子莫过于2012年民事诉讼法刚修订的一段时间内,个别民行检察部门在法院执行过程中开展现场监督,最后不但发现不了任何问题,反而为个别执行违法行为背书,这些履职不但未彰显监督权威,反而阻碍将有限的监督资源集中于发现审判机关普遍性、关键性问题。因此,必须通过建立高效利用各类监督资源的办案机制,并通过体系化整合,从而实现监督精准性。比如,《民法典》提取一般规则形成总则,依照权利属性不同形成分则各编的编纂体例,就为民事检察提供了体系化的监督思路:如果一个民事生效裁判,在不同审理阶段没有将适用《民法典》总则一般性规则、基本原则和各编具体性规则时一以贯之,甚至产生矛盾冲突,就是我们应当重点关注的对象。例如依据《民法典》总则第13条的规定,人格权始于出生,终于死亡,但是有观点认为应当将当前社会上存在的胚胎(精子、卵子)、基因转让行为依据"特别规定优先于普通规定"的原则适

---

[1] 郭培英:《精准监督视野下民事检察的价值定位和路径探索》,载《民事检察工作指导》第2辑,中国检察出版社2022年版。

[2] 冯小光:《民事检察监督的基本要求和工作思路》,载《民事检察工作指导》第2辑,中国检察出版社2022年版。

用人格权编的规定，将这类行为认定为有效，这种认识明显违背《民法典》总则关于人格权的设定；又如建立指导性案例强制检索办案机制来避免审判机关"同案异判""异案同判"现象，达成监督的简单高效。总而言之，必须建立高效使用各类监督资源的办案机制，进行体系化整合，提高监督质效。

二是程序启动成本。一个监督体系如果对发现的问题实施了纠错，但没有取得良好的社会评价，甚至有反作用，也不能称作是现代化的监督。因此，监督程序启动成本便是启动程序后能否获得社会公众正面评价的产出比。为此，我们要坚持法定性标准与必要性标准相结合的监督标准，对于终审判决在认定事实和适用法律方面存在一定错误但不影响实体公正的，一般不宜监督；监督时要适当偏重办案的社会效果和政治效果，不单纯以是否维护当事人权益作为评价办案成败的标准，更要注重大多数社会公众对办案结果的普遍性评价，注重更大法律整体价值的实现。①

（二）监督质效

构建现代化民事监督体系的目的在于保证民事诉讼活动正常运转，维护司法公平正义，特别是要使广大人民群众切实感受到民事检察监督引领社会公共价值、弘扬《民法典》精神。因此，在关注监督成本的同时，还应注重监督质效，优质的监督质效是监督的出发点和最终归宿，它受以下因素影响：

一是监督程序的合法性。能否严格按照法定程序实施监督是程序正当性的要求，因此必须审慎思考如何保证和规范民事监督严格按照法定程序进行，如果监督程序的启动是恣意的，缺乏严格规制的，其后果必然是有损监督权威。以甘肃为例，近些年来，民事检察依职权受理案件数呈逐年上升态势，占全年民事监督案件受理数的比例也呈逐年增长态势②，通过案件评查，我们发现有三分之一的依职权受理案件都援引《民事诉讼监督规则》第37条第1款第6项"确有必要监督的情形"进行受理，这些案件不但突破受理再审前置的限制，也产生了对检察监督中立性的质疑，因此必须严格按照法定程序启动监督。

二是监督问题的合理性。构建以精准发现问题、精准解决问题为核心的民事检察监督体系才能推动各类精准办案机制的建立，推动检察官精准思维的形

---

① 如发生在四川泸州的"小三继承"案，二审法院依据公序良俗原则认定口头遗嘱无效，似是突破了继承法的规定和民法基本原则适用前提，但实现了更大层面法的秩序的稳定，民事检察监督亦是如此。

② 2019年至2022年，甘肃省依职权受理案件数占民事监督案件受理总数的比例分别为21%、28%和32%。

成。以实践中争议颇大的《民法典》第585条法官调整合同违约金的自由裁量权规定为例，法官如何通过行使自由裁量权，根据当事人的请求予以增加或适当减少违约金？在监督此类案件时，检察官就应当将法官调整违约金所应关注的要素具体化，如"实际损失""当事人过错""合同履行情况"等，结合具体案情确立以哪种要素进行上下浮动的违约金调整方式，进而将法官主观自由裁量的范围不断压缩，保证自由裁量权行使的合理性，这背后的逻辑就是要建立从问题发现到问题解决的办案机制。

三是对监督效果的评价。检察机关牢牢坚持以人民为中心的办案理念，使人民群众在每一个监督案件中感受到公平正义是判断监督效果的唯一评价标准。因此，在构建监督体系现代化中，必须将体现公平正义、人民群众认可监督结果作为监督体系运行成效的评价标准，否则，如果监督案件得到纠正，但与人民群众的普遍感受截然相反，也不能算是高质量的监督。

三、现代化民事检察监督体系的构建

检察工作进入新征程，民事检察要实现更高质量的检察履职，要让人民群众在每一个司法案件中更深刻地感受到公平正义，要实现更高质效促进国家治理和社会治理能力现代化，就必须重新审视梳理新征程中民事检察工作面临的新问题新挑战，从监督方式规范体系、监督职能运行体系、监督质效保障体系构建起现代化的民事检察监督体系。

（一）监督方式规范体系

1. 建立针对法官自由裁量权的新型规制机制。自由裁量权是法官行使审判权的核心，当前人民群众对司法公正反映较为突出的便是法官行使自由裁量权导致裁判差异的问题。可见，法官自由裁量权的行使是否合理是影响裁判公信力的一个关键性因素，由于法官裁判案件属于思想认识范畴，思维过程具有内在的封闭性，而民事监督属于事后监督，过去对法官行使裁量权恣意只能依靠检察官主观开展的个案监督进行限制，今后如何通过构建办案机制，将法官的裁判思维过程最大可能地通过客观手段而非检察官主观判断予以规制就显得格外重要，也就能够在最大程度上形成法检共识，对行使自由裁量权进行有效监督。

一是建立类案监督办案机制。类案监督是针对实践中存在的法院"同案异判、异案同判"现象产生的，而产生这些现象背后有很大一部分原因是法官自由裁量权导致的裁判标准不统一。所谓类案监督，"是指通过一定时期内案件性质相同、情节相似的申诉案件进行分析比对后，找出一类案件在判决裁定的法律适用上的矛盾之处，向法院提出监督意见，促使其统一法律适用标准

的监督模式"①。在促进法律统一适用的同时，检察监督还可以对背后深层次原因进行分析，将监督问题延伸至体制层面，从裁判标准、审判管理、审判机制三个方面，制发类案监督监督检察建议，开展有效的事后监督，改变过去过分关注个案纠错，而忽视解决司法裁判共性错误的问题。

二是建立指导性案例强制检索办案机制。最高人民法院《统一法律适用工作实施办法》第9条②实质上规定了法官裁判相同案件时需强制检索指导性案例，虽不能作为裁判依据，但无疑"参照"也极大地限缩了法官的权力，这为民事监督提供了很好的监督思路。今后，民事检察官针对类似情况作出监督意见时应当强制检索"两高"指导性案例，如果被监督案件与指导性案例裁判思路不符时可以作为监督理由，但不能仅以监督案件与指导性案例裁判要旨不符而提出监督意见，这无疑是当下民事检察干警业务能力建设普遍滞后的现实条件下较为高效的办案路径选择。如最高人民检察院第三十八批指导性案例中检例第156号案件的抗诉成功就对"一房二卖"纠纷中可得利益损失是否属于法官自由裁量权范畴树立了规范的判断标准，检察监督时遇到类似案件时通过强制检索即可作出监督决定。

2. 建立深层次违法行为监督机制。建立针对隐藏在错误生效裁判和审判执行程序违法背后的审判人员的深层次违法行为监督机制，不仅有助于纠正错误的裁判，也是维护审判公正"水源"源头免受污染的重要举措，更是打破过去低层次、浅表化民事检察监督局面的"关键一招"。

一是要明确监督对象的范围，要树立以履行审判职责而非司法责任主体确定监督对象的工作导向，只要是不当履行审判职责的法官、人民陪审员、法官助理和书记员，都是深层次违法行为监督的对象，而不论是否对裁判承担司法责任；二是主动依职权启动监督程序，对审执人员可能存在《民事诉讼监督规则》第37条第2项规定情形的，不必等待当事人申请监督后启动程序，可以主动依职权启动；三是建立内部配合与外部协作的工作机制。当前，最高人民检察院第六检察厅已经下发《民事检察部门移送法律监督线索工作指引（试行）》，对民事检察部门与刑执部门就司法工作人员涉嫌职务犯罪线索的移送作出了规定，今后针对民事检察过程中发现的审执人员与履行审判职责无关

---

① 冯小光：《民事检察监督的基本要求和工作思路》，载《民事检察工作指导》第2辑，中国检察出版社2022年版。

② 《最高人民法院统一法律适用工作实施办法》第9条第1款规定："待决案件在基本案情和法律适用方面与检索到的指导性案例相类似的，合议庭应当参照指导性案例的裁判要点作出裁判。"

的其他违法行为,还应当建立向监察机关移送线索的协作机制。

3. 能动履职办案机制。能动履职是新时代检察工作理念,民事检察践行能动履职,关键在于畅通人民群众司法救济渠道,回应人民群众反映强烈的司法需求,让人民群众在民事检察工作中有更多参与和获得感。

一是完善民事支持起诉工作机制。有数据统计,全国检察机关2019年办理支持起诉1.5万余件,2020年为2.4万余件,2021年则为3.8万余件①,案件数量呈逐年大幅增长态势,但办理的案件类型主要集中在支持农民工讨薪案件,占案件总数的比例超过80%。未来,如何继续发挥支持起诉在纾解民事诉讼当事人主义弊端、维护弱势群体权益方面的积极作用,需要在不断拓展支持起诉的对象上下功夫,不但要向残疾人、老年人、劳动者、妇女儿童等大众广泛熟知的弱势群体延伸,更要关注知识产权人、个人信息保护者等新兴领域的弱势群体,积极回应经济社会快速发展带来的新问题。

二是规范依职权监督机制。2021年新修订的《民事诉讼监督规则》对依职权监督在过去三种情形的基础上又增加了如"虚假诉讼"等三种情形,拓展了依职权监督的范围。但对甘肃省依职权监督案件调研分析来看,2019年至2021年,全省依职权启动监督程序案件分别是97件、189件和320件,呈逐年大幅增长态势,类型主要集中在执行监督和审违监督案件中,两类案件所占比例已经超过全省依职权监督案件总数的80%,却普遍存在监督问题浅层次,质效较差的问题,民事检察秉持中立立场,兼具公权监督与私权救济功能,如果依职权监督案件比例过高却又质效过低,会严重损害督权威,因而必须从审批流程、决定作出、效果反馈三个方面规则依职权监督办案机制。

三是规范社会治理类检察建议办案机制。《民事诉讼监督规则》第117条的规定②为民事检察通过检察建议方式参与社会治理提供了规范性依据,但是依托于个案监督,从社会治理层面对被整改单位提出专业性的整改建议,先不论从社会治理层面民事检察部门能否精准提出存在问题,发出的检察建议本身也不是一种问责机制,存在效力不高、影响有限的"顽疾"。经过对2021年甘肃民事检察部门发出的15份社会治理类检察建议的调研分析,有14份检察建议没有依托对个案事实和法律适用的分析,有15份没有对与个案情况相似普遍性问题的调研统计,有5份检察建议发出的程序违法或存在瑕疵,有8份

---

① 详见《检察日报》2022年2月17日,第2版。
② 《人民检察院民事诉讼监督规则》第117条第2款规定:"人民检察院发现有关单位的工作制度、管理方法、工作程序违法或者不当,需要改正、改进的,可以提出检察建议。"

建议没有得到整改回馈。社会治理类检察建议本就是一种柔性监督，要取得预期效果，必须精准高质量地提出问题和整改建议。笔者建议，今后应当从个案典型意义、普遍性问题调研、整改问题的专业性三个角度对发出的社会治理类检察建议设置专门论证程序，真正促进个案监督效果向社会治理效能转变。

（二）监督职能高效运行体系（与四级法院职能定位改革相适应的民事检察职能层级履职体系）

2021年10月，最高人民法院颁布实施《关于完善四级法院审级职能定位改革试点的实施办法》，改变了省、市、县三级法院困于办案的现状，推动了我国各级法院主要职能发生根本性变化：基层法院重在查明事实，实质性化解纠纷；中级法院重在有效终审，定分止争；省级法院重在依法纠错，统一裁判尺度。职能定位改革后，相当比例诉讼标的额较大的民商事案件由过去省市级法院一审改为由个别重点基层法院一审，一些基层法院增加了过去很难审理到的如金融借款纠纷、房地产开发合同纠纷、资产管理合同纠纷、股权转让纠纷、第三人撤销之诉等案由，基层和中级法院案件数量将急剧增长，接近80%的民商事案件将在中级法院二审终审[①]，民事检察监督格局也随法院职能定位改革发生重大变化，虽然多元化监督模式未发生变化，但是大量过去基层检察官很难遇到的法律关系复杂、标的额较大的案件将出现在县、市两级院同级监督视野中，由此带来的实际影响便是大量民商事监督案件进入检察机关的窗口下移，今后民事检察"倒三角"办案模式将逐渐改变。

针对新形势新格局，检察机关必须及时作出调整，建立与四级法院职能定位改革相对应的层级履职体系：一是省院要重点发挥统筹作用，除加强制度建设和对中院二审案件的抗诉工作外，还要加强对市级院不支持监督决定案件的复查工作，促进生效裁判监督案件全省标准的统一。二是市级院要发挥主力作用，既要加强同级监督，又要发挥对基层执行监督、审违监督、虚假诉讼监督的指导作用，特别是针对本地区重大疑难复杂案件，要整合上下资源，建立一体化办案机制；针对新类型新领域案件，组建本地区专业化办案团队集中突破。三是基层院要发挥攻坚作用，针对虚假诉讼、执行监督以及审违监督重点开展监督，积极促进民事纠纷实质性化解，建立检察和解法检衔接工作机制等等。

（三）监督质效保障体系

开放式、信息化是检察工作新格局的重要特征，面对新工作格局，《中共

---

① "2021年，全国法院审结民商事案件1823.9万件，一审服判息诉率88.7%，二审服判息诉率98%。"贺荣：《践行为民宗旨严格公正司法》，载新华网2022年3月1日。

中央关于加强新时代检察机关法律监督工作的意见》中提出,要加快数字检察建设,具体到民事检察工作中,要实现民事检察监督提质增效,就是要把大数据作为实现民事检察工作现代化的重要抓手和技术支撑,建立大数据与民事检察融合工作机制,驱动民事检察工作实现高质量发展。

1. 大数据与民事检察融合工作机制的两个核心要素。一是大数据。大数据是"具有更强决策力、洞察发现力和流程优化能力的,海量、高增长率和多样化的海量数据集"①,它包括算力、分析和方法论三个方面的内容②,因此对数据的提取、分析以及如何运用就是大数据技术在民事监督运用过程中的主要内容。民事检察监督数据高度依赖外部资源,当前在规范意义上获取法院案件数据只有"两高"正在推进建设的"执行与监督信息法检共享平台"。二是法律监督模型。攻克数据壁垒是实现高效监督的第一步,大数据赋能民事检察的主要逻辑就是从海量数据中建立法律监督模型给数据"画像",找出"异常",只有建立科学有效的法律监督模型,才能释放数据价值。如甘肃省院六部正在与技术部门合作,利用甘肃法院裁判文书网的基础数据,尝试建立"民事判决错误适用已废止的司法解释"的法律监督模型。

2. 大数据与民事检察的融合模式。一是要以现行民事法律法规为基础,要以《民法典》、民事诉讼法为基本准则,对实体法和程序法进行体系化梳理,将执行监督、虚假诉讼监督、审违监督等工作容易出现的异常点"数据化""要素化"与实体法和程序法对接,然后按照监督、职能逻辑通过一定算法形成监督模型。二是要以数据提炼为内核,案件数据浩如烟海,哪些数据能够进入民事检察监督视野便决定了监督的方向,可以按照实体数据库、程序数据库、质效数据库的模式建立数据资源库。③笔者建议实体数据库以本地区主要监督的民事案件案由判决为准,程序库以法院审判执行程序中上诉复议回溯较多的程序为准,质效库则以当下工作大局重点事项涉及的案件为准,如扫黑除恶,优化营商环境等。三是要以现实需求为依据,开发的法律监督模型要有现实的法律监督基础和实际应用场景,如果提炼的数据、构建的模型与基本案件事实脱离,就会导致严重影响应用结果的客观真实性,为避免此类情况的出现,在大数据应用早期,可以借鉴浙江绍兴市人民检察院研发的"民事裁判

---

① 陶建平:《"智慧检务"建设的分析与展望》,载《中国检察官》2022年第1期。
② 吴伟光:《大数据技术下个人数据信息私权保护论批判》,载《政治与法律》2016年第7期。
③ 徐赟:《大数据与民事检察融合模式研究——以上海民事检察基层实践为视角》,载《民事检察专业委员会第一届年会论文集》,2021年6月。

文书智慧监督系统"的有益经验，将人工审查作为大数据分析的必要补充，使得监督结果更加精准。

在推进检察工作现代化的新征程中，新一轮检察改革已经启动，民事检察工作理应应时而谋，顺势而为，全面贯彻落实精准监督理念，从规范监督、内部整合、技术支撑全流程实现监督体系的优化升级，以民事检察工作现代化助推检察工作现代化，为实现国家治理现代化贡献民事检察力量。

以新时代检察高质量发展为契机
系统推进知识产权检察综合履职

龚培华　顾晓军　魏　华[*]

改革开放以来,伴随着中国经济的高速发展和对外开放的不断深化,知识产权支撑创新创造的价值愈加凸显。党的二十届二中全会通过的《党和国家机构改革方案》将国家知识产权局调整为国务院直属机构,进一步昭示了知识产权作为驱动创新基础的重要性。高质量发展阶段,检察工作也面临着新的转型挑战,2022年《最高人民检察院工作报告》提出:"加快推进检察工作理念、体系、机制、能力现代化,为全面推进中国式现代化提供有力法治保障。"具体到知识产权检察工作,只聚焦知识产权保护的检察履职方式已不再适应当前高质量发展的需要和市场权利主体的诉求,应当立足服务知识产权强国建设大局,重塑知识产权检察目标理念,优化知识产权检察组织体系,完善知识产权检察制度机制,提升知识产权检察综合履职能力,全面融入知识产权创造、运用、保护、管理和服务工作,助力推进知识产权强国建设。

一、以党的二十大为指引,精准把握知识产权检察综合履职的目标定位

知识产权是我国现代化建设的重要方面,在高质量发展阶段,知识产权检察已然成为保护知识产权、激励创新发展必不可少的法治力量。当前,知识产权检察履职应当贯彻好党的二十大提出的战略要求,精准把握知识产权检察综合履职的目标和方向。

（一）知识产权检察综合履职的背景情况

近年来,检察机关以支持全面创新为导向,不断增强知识产权检察履职的

---

[*] 龚培华,上海市人民检察院党组成员、副检察长;顾晓军,上海市人民检察院第四检察部主任;魏华,上海市人民检察院第四检察部检察官。

二、法律监督体系现代化

前瞻性和全局性。2020年11月,最高人民检察院以一体化保护为要旨,成立知识产权检察办公室,整合民事、刑事、行政、公益诉讼检察职能,开展知识产权集中统一履行试点工作,推动加强知识产权全方位综合性司法保护。截至目前,全国共有29个省级检察院成立了知识产权检察部门开展综合履职[①],将知识产权检察保护由"打击保护"转入"服务保护"。2022年3月,最高人民检察院专门出台了《关于全面加强新时代知识产权检察工作的意见》,从3个方面18项具体要求提出了新时代知识产权检察履职的实现路径。

党的二十大以来,知识产权检察体制机制进一步健全,知识产权检察机构专门化建设取得积极进展,符合检察权运行规律和知识产权办案特点的知识产权检察综合履职模式日趋成熟,知识产权检察基础进一步夯实,各项职能全面协调充分发展,服务保障创新型国家和社会主义现代化强国建设能力显著增强,知识产权司法保护质效全面提升。具体而言,在激励创新方面,完善检察办案保护创新创业容错机制,将检察履职与服务营商环境紧密融合,从社会利益、企业利益考量个案的延伸效应,对于符合条件的涉案企业,依法适用企业合规试点,落实第三方监管机制,督促企业提升自主创新能力;在服务创新方面,对于检察办案中发现的共性问题,强调诉源治理,通过制发社会治理类检察建议等方式督促相关职能部门落实自身职责,督促行业协会自律管理,以"我管"促"都管",实现"办理一案,治理一片"。

(二) 知识产权检察综合履职的现状分析

1. 坚持以检察办案为中心,发挥司法保护主导作用。近年来,检察机关依托刑事追诉主责主业,释放民事、行政检察监督效能,持续加大侵犯知识产权犯罪打击力度,彰显司法保护主导地位。一是刑事追诉方面,根据最高人民检察院发布的办案数据,2021年全国检察机关共批准逮捕侵犯知识产权犯罪4590件7835人,同比分别上升16.8%和9.2%;共起诉侵犯知识产权犯罪6565件14020人,同比分别上升12.3%和15.4%。2022年前三季度,全国检察机关共起诉知识产权犯罪8681人。二是民事、行政监督方面,2021年全国检察机关共受理涉知识产权民事、行政生效裁判、调解书监督案件544件,主要集中在知识产权权属、侵权纠纷395件,占总数的72.6%;知识产权合同纠纷78件,占14.3%。2022年1至9月,全国检察机关共受理涉知识产权民事监督案件468件,受理各类知识产权行政监督案件130件,总体呈上升态

---

① 中国人民大学诉讼制度与司法改革研究中心:《检察改革十年成就述评》,载最高人民检察院网,https://www.spp.gov.cn//zdgz/202302/t20230218_602525.shtml。

势。三是公益诉讼方面,依托公益诉讼检察职能,积极稳妥开展反垄断领域公益诉讼,重点关注互联网等民生保障领域,不断增强市场活力,营造公正有序的市场竞争环境。

2. 坚持以协同保护为抓手,发挥系统保护引领作用。知识产权涉及领域繁杂、链条环环相扣,手段单一抑或各行其是的法律监督都难以满足全生命周期、全链条保护的需求。因此,检察机关紧贴知识产权的本质特征,坚持系统观念,不断深化内外协同、系统保护。

首先,内部融合。检察一体化是检察权运行的基本原则,由于知识产权链条式、跨区域的属性,近年来知识产权检察一体化推进的步伐始终走在其他业务领域之前。在上下一体化方面,最高人民检察院知识产权检察办公室集中统一履行知识产权检察职能,领导各地检察机关知识产权检察工作。上级检察机关也可以根据案件实际,通过指定管辖、联合办案等形式,整合办案力量,实现办案效果最优化。[1] 在跨区域一体化方面,各地也探索跨区域检察一体工作,如2021年长三角生态绿色一体化发展示范区知识产权检察保护中心成立。此外,近年来多省市对原铁路系统检察机关进行改制,建立跨区域检察机关,对知识产权等专门案件实行集中管辖。

其次,外部协同。《知识产权强国建设纲要(2021—2035年)》明确提出,健全统一领导、衔接顺畅、快速高效的协同保护格局。事实上,以侵犯知识产权罪司法解释制定、行刑衔接制度建设等为根基,我国知识产权司法执法协同一体的局面已经初步建立。2022年4月,最高人民检察院、国家知识产权局联合印发《关于强化知识产权协同保护的意见》。上述文件的出台,既是后续强化协同保护的指路石,也是检察机关与行政机关共同整合资源,长期落实协作配合机制的试金石。

3. 坚持以时代发展为契机,发挥服务治理能动作用。知识产权保护事关国家治理体系和治理能力现代化,检察机关坚持服务大局,积极能动履职,以知识产权检察工作服务社会综合治理。在知识产权保护体系建设方面,2022年4月,最高人民检察院与国家知识产权局联合印发《关于强化知识产权协同保护的意见》,明确在联络机制、业务支撑、办案协作等方面进一步优化协作配合机制,完成了协同保护体系的顶层设计。实践中,各地检察机关根据《关于推进行政执法与刑事司法衔接工作的规定》,强化与行政机关、审判机关的协调,明晰行、刑职责权限与管辖范围,细化行刑衔接机制,防止以罚代刑、降格处理。在知识产权服务体系建设方面,检察机关根据《知识产权强

---

[1] 赵亮:《检察一体化的履职展开》,载《检察日报》2022年11月7日,第3版。

国建设纲要（2021—2035年）》的要求，积极强化知识产权公共服务供给，回应企业诉求，通过在企业园区设立检察保护工作站、检察官办公室等方式，服务区域知识产权发展，提供优质检察服务。同时，通过向社会公布多批次指导性案例、典型案例，强化知识产权法治宣传，提升社会公众、企业经营者的法治意识。

（三）知识产权检察综合履职的发展掣肘

知识产权检察工作具有不断发展演变的客观规律，但同时，相比新技术新业态的蓬勃发展，知识产权检察工作的调整适应存在一定滞后性。具体而言，当前我国知识产权检察工作还面临以下短板：

1. 知识产权检察履职与国家知识产权整体发展格局不适应。形成以国内大循环为主体、国内国际双循环相互促进的新发展格局，要求检察机关深度融入党和国家工作大局，以高质量、极精准的检察产品引领法治进步、促进社会治理、服务经济发展。从内部看，目前知识产权检察履职仍是"打击"多于"保护"，主要着力在刑事追诉与法律监督上发挥检察职能，而在服务保障经济社会高质量发展上发力相对不足，如知识产权案件中企业合规适用率不高、矛盾纠纷的诉源治理程度不深、引领社会法治意识的举措单一等。从外部看，知识产权检察尚未深度融入区域经济社会发展，部分检察机关在发挥检察职能、服务区域经济社会发展定位尚不清晰，参与知识产权创造、运用、管理、服务环节的程度不深。同时，与行政机关的衔接主要体现在机制构建层面，线索移送、信息共享等举措落实落地仍不顺畅，行政机关有案不移、以罚代刑的情况仍有发生。

2. 知识产权检察全流程参与知识产权整体工作尚存局限。习近平总书记在十九届中央政治局第二十五次集体学习时指出："知识产权保护是一个系统工程，覆盖领域广、涉及方面多，要综合运用法律、行政、经济、技术、社会治理等多种手段，从审查授权、行政执法、司法保护、仲裁调解、行业自律、公民诚信等环节完善保护体系，加强协同配合，构建大保护格局。要打通知识产权创造、运用、保护、管理和服务全链条，健全知识产权综合管理体制，增强系统保护能力。"近年来，检察机关一直立足大保护格局，贡献知识产权检察力量，但知识产权检察履职的呈现度在"保护"环节一头独大，创造、运用、管理和服务环节参与程度均较低，检察服务供给与知识产权市场体量、增量不匹配。此外，就司法协同的参与度而言，检察机关仍着重在刑事犯罪打击这一传统业务与行政、审判机关强化协调，民事、行政监督、公益诉讼案件量较低，与知识产权民事裁判案件、行政执法案件体量巨大的现实形成强烈反差。以2021年为例，全国检察机关办理的民事、行政监督案件仅500余件，为知识产权刑事案件量的 1/12。与之形成鲜明对比的是，2021 年全国法院共新收知识产权民事一审案件 550263 件，其中专利案件 31618 件，同比上升 10.98%；著作权案件 360489 件，同比上升 14.99%。民事案件与民事监督案件数量相差的悬殊，凸显出民事监督工作仍缺乏有力抓手、有效举措。

3. 知识产权检察回应权利主体需求供给不足。检察工作的出发点和立足点始终是以人民为中心，应当准确把握、积极回应人民对司法的新期待，但在知识产权领域，检察工作的回应力度仍略显不足。

从知识产权保护面向看，虽然刑事案件起诉量逐年递增，但刑事保护主要体现在商标领域，起诉罪名主要集中在假冒注册商标罪和销售假冒注册商标的商品罪。以 2021 年为例，全国检察机关起诉的假冒注册商标罪、销售假冒注册商标的商品罪分别为 6024 人和 5084 人，二者合占起诉总数的 79.2%，其他知识产权类型所设的罪名追诉量较低，尤其是假冒专利罪等部分罪名鲜有成案。与之形成鲜明对比的是，早在 2019 年，中国 PCT 框架下的国际专利申请量已经超越美国跃居全球首位，专利司法保护需求迫切，检察保护力度与权利主体的法治诉求不匹配。

从诉讼权益保障面向看，知识产权权利人作为市场创新主体，其诉讼权益保障是打造知识产权强国的必然要求。2021 年 11 月，上海检察机关出台《关于知识产权权利人实质性参与刑事诉讼规则》，首创权利人权利义务告知制度，被最高人民检察院采纳并全国推广，使权利人的知情权和参与权得到一定保障。但囿于知识产权的无形性、专有性，刑事诉讼实践中权利人的表达权等保障仍有欠缺，与权利人的司法诉求不相符。

4. 知识产权检察综合履职模式亟待进一步完善。知识产权检察综合履职试点以来，各地检察机关以综合履职为理念，以职能整合为基础，不断做优知识产权综合保护，但目前仍存在制度建设不完善、职能运行不协同的问题。一是知识产权检察综合履职缺乏制度规范。各地通过探索试点，形成了各具差异的履职模式，当前最高人民检察院尚未出台专门文件对知识产权专业化机构的设立与运行进行统一规范，顶层设计的缺位导致各地检察机关在机构设置与办案模式上各不相同，落实知识产权专业化、集中化办案程度不一。二是知识产权检察综合履职模式不尽规范。从各地实践情况看，专业化办案组织的人员构成仍以刑检部门为主，民事、行政、公益检察力量相对薄弱，导致履职中倾向刑事检察这一传统强势业务，其余检察业务发力不足，未实现多足鼎立的均衡格局。

二、以检察高质量发展为要求，牢固树立知识产权检察综合履职理念

理念是一切行动的先导，是知识产权检察高质量发展所要明确的首要问题。检察机关也应当与时俱进，准确把握历史脉络，在知识产权保护领域不断探索和研究，总结工作实绩和不足，形成符合我国国情的知识产权检察工作高质量发展新理念。

（一）内部融合：进一步扩展知识产权检察职能空间、深化职能整合

自 2020 年 11 月最高人民检察院印发《关于在部分地区开展知识产权检察职能集中统一履行试点工作的通知》以来，全国各级检察机关不断探索知识产权领域"四大检察"职能整合的新机制、新举措，知识产权检察综合履职的探索有了初步成效。但是，也应当看到，当前知识产权检察工作的各项实践与知识产权治理的实际需求仍然存在一定差距。这就要求检察机关在整合职能时要从"职能本位"的视角转变为"知识产权本位"，注重加强职能的供给侧改革，积极发挥检察机关在知识产权创造、保护、运用、管理和服务过程中的作用，提高知识产权转移转化成效。

一方面，需要在履职中注意充分发掘检察职能内核。知识产权从创造、产生再到运用的过程会涉及种类繁多的法律问题、社会问题，在强调检察机关要立足知识产权实际诉求积极履职的理念感召下，各级检察机关必须积极发掘检察职能内核，不断扩展检察履职空间。另一方面，需要不断深化"四大检察"职能融合。检察权作为法律监督权[①]，理论上能够介入到任何的法律规定当中，去监督法律的适用和执行，因此检察机关要进一步深化检察职能的融合。知识产权检察职能综合履职并不是"四大检察"职能的简单拼接，只有立足知识产权本身的需求，视情启动各项职能，才能真正发挥出"1+1>2"的效果，实现知识产权检察高质量发展。

（二）外部循环：全链条、多层次融入国家知识产权治理体系，使知识产权检察成为关键一环

知识产权根据权利的发展阶段，受到了来自不同部门法律的竞合性保护。基于这一特征，检察机关需在履职中积极寻找切入点，着眼于整体性的知识产权保护外部循环，全链条、多层次地融入国家知识产权治理体系，打开知识产权检察综合履职的工作局面。

---

① 谢鹏程：《论检察权的性质》，载《法学》2000 年第 2 期。

当前，知识产权检察履职实践存在诸多不足，对检察机关在知识产权治理体系中发挥重要作用产生一定掣肘，检察机关工作实践中存在的不足之处恰是当前知识产权治理模式"短板"的具体体现。换言之，若能有效解决自身履职中的各项难题，将会为我国知识产权治理的高质量发展提供独到的检察方案。关键在于检察机关要跳出"职能本位"的固定思维，通过积极履职不断强化部门间、地域间、行业间乃至国际的紧密度和协调性，凝聚各方力量，助力知识产权治理体系成为有机整体。检察机关可以通过科学运用法律监督权，以知识产权所代表的社会公共利益为抓手，积极介入到知识产权治理体系，助力不同部门法律在知识产权保护中的耦合度不断提升，深度融入知识产权创造、保护、运用、管理和服务的全过程。以法律监督打破外部循环中的"壁垒"，减少内部程序衔接不畅的"损耗"，激发治理活力。

（三）能动治理：科学把握知识产权治理客观规律，激发检察履职能力与动力

知识产权检察综合履职不能仅限于法律监督，服务保障创新应当是知识产权检察应有之义。自开展知识产权检察职能集中统一履行试点工作以来，围绕服务保障创新，检察机关稳步推进了机构专门化建设、构建跨区域跨部门协作机制、侵犯知识产权刑事案件权利人诉讼权利义务告知、依法惩治知识产权恶意诉讼专项监督等一系列具体工作和举措，知识产权检察工作正从以往的被动受案积极向能动治理进行转变。能动治理是能动司法理念在知识产权检察工作中的创新和发展。能动治理要求检察机关在开展知识产权检察工作时，秉持能动司法的理念内核，牢牢把握创新在我国现代化建设全局中核心地位的总体要求，通过法律监督有效介入到知识产权的全流程、全领域，是具有知识产权检察特色的能动司法，也是知识产权检察高质量发展必须坚持贯彻的理念。

三、以新发展理念为先导，推动构建知识产权检察综合履职整体格局

知识产权检察综合履职工作开展近3年以来，检察机关积极融入知识产权"严保护、大保护、快保护、同保护"的工作格局，部分体制机制的构建实现了从无到有的"零的突破"，工作局面已然打开。但是，对标《知识产权强国建设纲要（2021—2035年）》提出的建设面向社会主义现代化知识产权制度的要求，仍然任重而道远。知识产权检察履职亟须在现有的实践基础上，形成与高质量发展相匹配的格局。

(一) 推进知识产权"四大检察"全面协调均衡发展,形成知识产权检察各项职能集聚融合

当前,刑事检察职能仍然在知识产权综合履职实践中占比最重,民事、行政、公益诉讼检察的发展相对薄弱,与知识产权领域以民事、行政案件为主体的案件分布情况形成鲜明对比。因此,努力推进知识产权"四大检察"职能全面协调均衡发展格局,形成知识产权检察各项职能集聚融合,成为知识产权检察工作高质量发展的重中之重。"四大检察"均衡发展有助于系统性保护知识产权。知识产权民事裁判标准不一、行政执法"以罚代刑"、知识产权刑事保护救济不及时等问题是知识产权保护历来存在的"顽疾",其本质在于未能做到对于知识产权的系统性保护。"四大检察"均衡发展则是针对各类"顽疾"的一味检察"良药"。检察机关以此可以深挖知识产权民事、行政案件"富矿",积极开拓知识产权公益诉讼检察新领域,在各个层面的保护中发挥作用。"四大检察"均衡发展,要求检察机关对于具体案件或者监督线索有着"一案四查"的能力,能对案件或线索同时进行刑事、行政、民事、公益诉讼四个维度的审查和评判。

(二) 深度融入知识产权治理体系,突破检察机关全链条参与知识产权整体工作的局限性

检察机关"各自为战"的工作局面在面临知识产权新形势、新要求时,因为缺乏系统性、整体性,不能很好适应知识产权保护的客观规律,使得检察机关在积极融入知识产权治理体系时往往显得力有不逮。"检察一体化"能够通过力量的整合,很好地弥补"短板",结合知识产权的本质特征,成为检察机关全链条参与知识产权治理体系的有效路径。"检察一体化"的内核在于"上下一体、横向协作、内部协同"[①],强调检察机关内部、纵向、横向的资源、力量整合,以提升法律监督能力。知识产权具有明显的非物质性、专有性、地域性等特征。[②] 在民事、行政诉讼领域,知识产权又有着例如"飞跃管辖"等不同于其他案件的特殊诉讼程序规定。在行政执法领域,知识产权行政管理机构的设置也和其他领域有所不同,呈现出地域上的集中性和顶层管理权力的分散性特征。知识产权的本质是知识信息,保护知识产权的主要路径,就是保护知识信息的传播符合社会公共利益和权利人的意愿。但在当前的网络

---

① 韩东成:《检察一体化内涵要义》,载最高人民检察院网,https://www.spp.gov.cn/llyj/202207/t20220726_567575.shtml。

② 王迁:《知识产权法教程》(第7卷),中国人民大学出版社2021年版,第5—11页。

技术手段下，信息的传播范围得到极大扩展，导致侵权行为发生地与侵权结果发生地在地域上存在较大的间隔，呈现出散发性，关联性薄弱。因此，"检察一体化"在整合检察力量介入知识产权保护时，就必须考虑知识产权侵权普遍呈现出的地域范围多、散、广的特点，不断扩展区域之间的联动，形成能够及时有效应对各类知识产权侵权的履职平台。

（三）聚焦知识产权权利主体需求，构建服务型知识产权检察工作格局

根据相关文件精神，知识产权检察高质量发展，必须要完善司法主导的"事前、事中、事后""三循环"保护体系，聚焦新领域、新业态，创新政策与制度供给，积极发挥检察机关在知识产权创造、保护、运用、管理和服务过程中的作用，提高知识产权转移转化成效，提升知识产权公共服务的科学性、规范性，推动创新链、产业链、资金链、人才链的深度融合。因此，知识产权检察综合履职必须聚焦知识产权权利主体需求，构建服务型知识产权检察供给格局。

知识产权从最初的酝酿到市场投放产生价值的过程，每一个环节都会涉及复杂的法律问题，也会面临经营上的挑战，检察机关有能力也有义务以法律监督为抓手进行全链条介入。当然，我们也应当看到，不同类型知识产权有着不同的运行方式。例如，商标权、专利权主要通过行政机关的确权才能获得该项权利，而著作权、商业秘密则是在智力成果产生时或者产生的过程中就已经由法律规定进行确权。这就意味着不同类型的知识产权，其对检察服务的需求也不尽然相同，检察机关必须着力提升专业化水平，以加强检察服务供给能力。

四、以新发展格局为支撑，系统谋划知识产权检察综合履职路径举措

党的二十大报告明确指出，要加快构建新发展格局，着力推动高质量发展。知识产权检察要聚焦"高质量发展"这个关键，紧紧围绕知识产权创造、运用、保护、管理和服务全链条，充分发挥检察职能作用，系统推进知识产权检察综合履职，为经济社会高质量发展提供有力的司法保障。

（一）以推进知识产权高质量创造为驱动，推动知识产权检察综合履职

1. 完善鼓励创新创造政策形成的支持机制。在知识产权检察综合履职过程中，要牢固树立鼓励创新创造的理念导向。进一步增强对强化知识产权检察保护重要意义的认识，切实把思想和行动统一到中央和上级决策部署上来，通

过全流程、各环节的检察履职激发全社会创新创造活力,推动构建新发展格局。

(1) 以知识产权检察履职助推法律规则形成。一是推动国家和地方法律法规制定和修订,提出意见建议,进一步完善我国商标制度,规制知识产权滥用行为;在地方立法层面,检察机关要积极参与完善地方性法规、规章,参与制定传统方法、传统知识等领域知识产权保护办法,协助构建门类齐全、结构严密、内外协调的知识产权法律法规体系,为更大力度促进知识产权创造、运用、保护、管理、服务提供坚实的法律法规保障。二是加强对知识产权前沿问题的研究。随着数字经济时代的到来和我国数字技术创新能力的不断提升,大数据、人工智能、元宇宙、区块链、基因技术等新领域新业态不断涌现,也带来了知识产权保护上的新课题。检察机关要密切关注这些领域中有关知识产权保护的前沿问题,依托检校合作、专家智库等平台,加强与知识产权等相关部门、科创企业的合作,联合开展调研,针对上述新领域中知识产权权利类型、保护方式、法律风险等问题深入开展研究,探索建立互联网、大数据领域知识产权保护规则,为数字经济时代数据的生产、流通、利用等提供法律保护。

(2) 引导建立健全鼓励创新的知识产权管理制度。一是引导科创企业提升知识产权管理的意识和能力水平。通过出台企业知识产权管理工作指引、制发检察建议等方式,推动涉案企业将知识产权管理融入企业创新全过程、各环节,以管理促创新,对标世界先进企业管理模式,根据企业自身实际情况,设置知识产权管理职能部门、配齐配强管理人员,制定和完善知识产权申请、许可、转让等相关业务管理制度,明确知识产权合同管理和纠纷处理等制度。二是引导科研院校建立健全知识产权管理机制。可以通过在检校合作中纳入相关内容以及制发检察建议等方式,引导高校、科研院所以优化专利质量和促进科技成果转移转化为导向完善知识产权管理机制,健全重大项目知识产权管理流程,建立专利申请前评估制度,明确知识产权所有权、处置权、收益权的归属与费用分担,提高科研人员法律风险意识等,更好发挥高校、科研院所以智慧创造服务经济社会高质量发展的作用。三是推动政府部门完善知识产权考核评价机制。为更好发挥考核评价指标对市场创新主体的激励、引领作用,政府部门知识产权考核评价标准也应当从原先追求数量规模逐步调整为以高质量和高价值为核心。检察机关要积极参与实施知识产权创造质量提升工程,切实发挥作为知识产权联席会议成员单位的作用,向知识产权等职能部门提出建立完善促进知识产权高质量发展和激励高价值专利创造的政策体系、指标体系、统计体系和考核体系的意见建议,引导政府部门不断优化知识产权考核评价机制,健全支持高质量创造的政策体系。

2. 构建支持区域产业布局发展的检察履职机制。（1）助力知识产权创造基础设施建设。根据"十四五"规划，到 2025 年，全国范围内将打造 20 个左右城市（地区）作为国家知识产权示范区，建成 100 个国家地理标志产品保护示范区，继续开展全国版权示范创建工作。检察机关要立足检察职能，推出更多知识产权检察创新政策措施并在上述区域先行先试，不断提高知识产权保护法治化水平，助力知识产权综合管理体制完善，打通知识产权创造、运用、保护、管理、服务全链条，支持上述示范区域形成权界清晰、分工合理、权责一致、运转高效的体制机制，带动知识产权保护水平整体提升。

（2）塑造促进知识产权创造的人文社会环境。一是不断加强知识产权法治宣传。落实"谁执法谁普法"的普法责任制，在日常工作和世界知识产权日、世界读书与版权日、中国品牌日等重要时间节点，通过传统媒体和"两微一端"、短视频等新媒体开展知识产权普法宣传，结合检察机关办理的知识产权典型案例加强教育引导，培养尊重知识、崇尚创新、诚信守法、公平竞争的知识产权文化理念，自觉抵制侵权假冒行为。二是针对重点群体开展知识产权法治教育。加大对科创企业和科研人员的知识产权普法力度，在科研院校、科创园区、办公楼宇等重点区域组织开展教育培训、宣传讲座，针对科创企业和科研人员最关心的问题，有针对性地开展法治宣传教育，弘扬锐意创新和诚信经营的典型，增强其创新创造的活力，运用知识产权的能力以及维护合法权利的能力。三是加强青少年知识产权法治教育。将知识产权检察与未成年人检察相结合，以检察机关"法治副校长""法治副园长"为抓手，开展知识产权进校园活动，不断创新法治教育形式和内容，结合生活中的典型案例，向青少年开展知识产权法治教育，使青少年了解著作、商标、专利等知识产权相关内容，教育引导青少年从小养成尊重和保护知识产权的习惯，不断激发青少年的创新意识，让知识产权深入"童"心。

（二）以促进知识产权高效益运用为导向，推动知识产权检察综合履职

1. 聚焦激发知识产权产业价值。知识产权运用是实现知识产权价值，提高知识产权对经济社会发展贡献的重要环节。检察机关要融入知识产权运用环节，与各类知识产权运营载体建立合作关系，从防范交易风险、提供法律咨询、加强维权援助等方面支持各类知识产权运营功能载体运转，为促进知识产权运用贡献检察力量。一是开展知识产权恶意诉讼专项治理工作。落实最高人民检察院的方案要求，全面履行知识产权刑事、民事、行政和公益诉讼检察职责，强化与法院的沟通联络，运用大数据手段加强数据检测，通过抗诉、检察建议等方式对知识产权批量维权、权利滥用以及虚假诉讼行为开展精准监督。

二是助力商标品牌价值提升。主动融入商标品牌建设工程,通过检察履职协助培育自主品牌,抢救和重塑老字号、老品牌,提升商标品牌价值,打造更多知名品牌,赋能区域品牌经济发展。三是协助推进地理标志运用促进工程。地理标志作为重要的知识产权,是促进区域特色经济发展的有效载体,是推进乡村振兴的有力支撑,也是企业参与市场竞争的重要资源。

2. 探索知识产权金融检察支持体系。一是主动参与知识产权金融跨部门协同推进机制。检察机关要主动融入知识产权金融工作大局,加强与市知识产权局的沟通联络,强化跨部门信息数据共享,不断优化知识产权金融发展政策和环境。二是加强对知识产权专项资金使用管理的监督。目前,公共财政预算中对在知识产权领域鼓励创造、促进运用、加强保护和提升服务有专项资金安排,通过发挥财政资金引导和带动作用,支持提升知识产权创造、运用、保护和服务能力。三是强化知识产权金融检察"入园惠企"。将检察机关法治宣传与知识产权管理部门组织的知识产权金融服务"入园惠企"活动形成联动,推动知识产权质押融资、知识产权保险工作深入园区、企业和金融机构基层网点,在更好服务实体经济的同时,为科创企业和科研人员提供金融法律风险防范和知识产权法律咨询服务,有效防范贷款诈骗、保险诈骗,增强创新主体自我保护能力。

(三)以强化知识产权高水平保护为支撑,推动知识产权检察综合履职

1. 参与完善知识产权保护规则体系建设。最高人民检察院提出要"把检察履职融入中国之治"。因此,检察机关不能固守就案办案,特别是在制度完善方面,要成为政策和立法的策动之源,推动政策法规的生成,为政策法规出台提供实践依据。《知识产权强国建设纲要(2021—2035年)》中明确提出,要加快大数据、人工智能、基因技术等新领域新业态知识产权立法。检察机关要敢于和善于创新检察监督综合履职,为新领域、新业态知识产权保护规则制定提供探索实践经验。一是重视对新兴领域知识产权保护研究。积极回应新技术、新产业、新业态知识产权检察保护需求,加强数字经济、集成电路、生物医药、人工智能、区块链等重点领域知识产权检察保护研究。探索完善大数据、算法、数字产品和人工智能产出物等知识产权司法保护规则,合理确定新经济新业态主体的权益和法律责任。二是秉承鼓励创新和保护创新理念。建立符合产业发展规律、社会治理需求、适应国际竞争的新兴领域知识产权检察保护机制,不断地提升办理新领域、新业态、新类型案件的能力。三是新兴领域知识产权保护国际化视野。借鉴国际新型知识产权的保护思路,对接国内创新保护需求;立足自身检察保护实践,融入全球知识产权治理变革进程,开展全

方位、多层次、高水平的国际合作，提炼中国知识产权保护经验并进行国际化表达；增强新领域新业态知识产权议题议程设置能力，提高在规则制定中的话语权，促进全球知识产权治理体制向着更加公正合理方向发展。

2. 强化严格的知识产权检察司法保护机制。（1）加强知识产权检察一体化工作机制。在知识产权检察工作改革不断深化，检察机关的内设机构、具体职能等方面已经发生明显变化的背景下，重新审视"检察一体化"工作机制，重塑"检察一体化"工作机制，对于提升检察机关的法律监督效能，是十分必要的。一是以办案质效和探索为核心基层院建设。准确把握基层院定位，坚持做优刑事检察，持续深化民事检察、行政检察工作，牢固树立精准监督理念；聚焦知识产权保护领域，积极稳妥开展公益诉讼"等外"探索。发挥善于"智慧借助"机制优势，借助检察智库专家等专业领域力量，从而把提升办案质效和探索的科学性及正当性。二是以兼顾个案办理与业务指导的分院建设，加强案例分析和类案研究，通过总结办案规律，研究案件背后深层次的法律、法理、社会治理问题，提升具体案件办理中的证据运用和司法政策运用水平，做到以研促案。三是以统筹业务指导、研判与建章立制的省级院建设。充分发挥知识产权检察履职模式试点活性，省级院可深入赋予适当的基层院试点探索自主权，保障基层院相对独立高效履职，鼓励开展知识产权检察职能集中统一履行的有益实践，同时全盘把握试点单位运行状况。

（2）构建适应创新发展的检察能动履职机制。检察机关作为法律监督机关，与司法审判机关和行政机关本质区别在于强调履职的主动性。[①] 能动履职不意味着检察机关可以超越检察权的范畴行使相应的监督权，而是努力履行好宪法法律赋予的司法职能，在法治原则、法律规定的职权范围内履职上的一种能动和主动作为，目的在于通过检察职能延伸更好地融入到知识产权保护的整体格局中。一是狠抓短板弱项。知识产权检察全面协调充分发展，是检察能动履职的根基。能动履职需要扎实履职能力的支撑。具体到知识产权检察领域，能动履职需要知识产权检察补齐短板弱项，发挥知识产权法律监督整体效能。二是增强监督的主动性、精准性和有效性。知识产权检察职能集中统一履行制度推行后，首要问题在于解决知识产权检察各项监督职能平衡推进的问题。做强民事检察、做实行政检察、做好公益诉讼对于初创的知识产权检察集中统一履职制度而言，需要发挥监督的主动性，拓宽案件线索发现路径。三是敢于监督、善于监督。要坚持敢于监督、善于监督的理念，结合知识产权权利情况，做好知识产权保护延伸工作，充分运用政治智慧、法律智慧、监督智慧，自觉

---

① 朱孝清：《论能动检察》，载《人民检察》2022年第13期。

地把刚性规定和灵活的方式结合起来。坚持法治原则，形成良性、互动、积极的工作关系，共同推进严格执法，公正司法，打开知识产权工作新局面。四是强化溯源治理。将办案与源头治理结合起来，既是办案方式的创新，又是源头治理方式的创新。溯源治理在于发现问题源头症结，知识产权案件纠纷往往反映出权利人或者行业中经常存在的一类现象，就案办案不能起到延伸保护的作用，因此在注重个案治理的基础上，向类案治理、行业治理、系统治理延伸。

3. 优化高效的知识产权协同保护机制。（1）健全跨区域知识产权保护协作机制。知识产权侵权行为具有产业链化、跨区划等行为特征。建立跨区域知识产权检察机构，对知识产权案件跨区域集中管辖，既是对审判制度改革的回应，也是确保法律适用统一，不同区域保护一体化的有效衔接。一是建立案件管辖协调基础机制。跨区域、流动性犯罪比例日益上升，案件管辖问题日益突出。针对跨区域犯罪管辖权争议或需要并案、拆案处理的情形，在遵循合法性原则基础上，应当本着有利查明犯罪事实和效率优先原则，对规则机制予以明确，以解决实践中存在的管辖冲突，确定管辖权。二是建立跨区域案件办理协作机制。跨区域协作机制的关键在于对知识产权的保护形成闭环。协作机制应当围绕推动区域协作联动、统一执法司法标准、构建更加顺畅的跨区域行刑衔接机制、深化人才培养经验交流和协同宣传等方面不断提升区域知识产权检察协作能级，推动区域全方位、多层次、综合性知识产权保护。三是建立跨区域延伸治理机制。知识产权跨区域案件实践中发现异地存在的管理或监督漏洞，综合治理具有延伸至管辖区域外的必要，以便实现对知识产权全链条保护。延伸治理需要相应地方检察机关的支持，因此建立延伸治理协作机制对知识产权保护的有序衔接就显得尤为必要。

（2）推动知识产权全链条执法司法标准统一。知识产权全链条执法司法标准统一的关键在于支撑知识产权执法司法的衔接。标准统一有助于确使案件行刑界限更加清晰、衔接更加顺畅，有助于真正发挥行刑衔接机制的作用。一是推动标准统一，发挥好法律监督的基础职能。检察机关法律监督职能设置的首要目的在于保障法律适用的统一。通过发挥知识产权检察的法律监督职能，聚焦执法司法实践中存在的法律适用不一致问题，增强监督的精准性，推动对知识产权行政执法、知识产权司法的标准统一。二是数字赋能检察监督。执法司法活动产生海量数据，充分掌握大数据，专业、科学运用大数据。推动建立多种形式的数据互联、共享平台，运用数据赋能新时代法律监督工作，更好地参与助力国家治理体系和治理能力现代化。探索建立地区执法司法检察案例数据库，对同类案件办理或共性问题提供参考参照，进一步推动标准的统一。

（3）构建衔接顺畅的知识产权协同保护机制。协同保护机制构建的落脚点要在激活保护主体工作协同性上下功夫,在各方职能衔接空白处凸显检察监督作用。一是激活衔接顺畅行政执法协同保护。现有知识产权行政执法协作机制的执行力和整合力相对缺乏,知识产权行政执法协作机制作用发挥不足,容易产生执法空白领域。现行知识产权行政执法体制实际为检察机关发挥作用提供了空间。要在案件办理过程中,注重监督的有效性,弥补监管的灰色地带和空白之处。二是构建顺畅行刑衔接机制。作为中国知识产权保护的主要特色之一,行政执法与司法并存的双轨制保护关键在于发挥两者合力,共同打击违法侵权行为。建立行刑衔接机制可以有效提升知识产权行政执法和刑事打击之间衔接有效性,立体打击知识产权侵权行为。

(4) 完善知识产权涉外司法协作。审视知识产权在全球治理中的作用有助于更加清晰地与国际接轨,推动国内知识产权治理格局形成。一是强化国际交流和合作。既要注意信息互通、相互借鉴、取长补短,又要注意加强国际交流与合作的主导权,通过议程设定、内容选择等途径引导交流和合作。依托既有条约和法律为基础,深度参与世界知识产权组织框架下的全球知识产权治理,推动完善知识产权及相关国际贸易、国际投资等国际规则和标准。二是涉外司法协作中要强化国家利益意识和国际视野。在任何涉外知识产权和竞争纠纷处理中,要确保案件的办理符合国家外交政策和社会文化需求,要注重国际规则和国内政策规则的统筹把握,要在具体案件中将规则和政策融入进去,平衡好国际和国内保护。三是强化平等保护和高水平保护。根据国际条约和国内立法,依法践行国民待遇原则,平等保护中外知识产权权利人的合法权益。推动全球知识产权治理体制向着更加公正合理方向发展,加强事关国家安全的关键核心技术的检察保护力度。

(四) 以加强知识产权高品质服务为标准,推动知识产权检察综合履职

1. 建立知识产权检察服务支持机制。一是探索完善知识产权金融服务。支持打造知识产权金融化服务全链条。支持整合优化区域内知识产权金融服务机构,探索知识产权出资、知识产权质押融资、知识产权信托、知识产权证券化、知识产权资本价值评估的综合性、国际化知识产权金融服务平台。知识产权金融化的核心是知识产权证券化,证券化改革以交易机构的设立为保障。[①]推动制定具有区域特色的知识产权证券化管理办法。检察机关依托法律监督职

---

① 蔡元臻、郑少华:《国际治理新格局下上海如何推动知识产权保护体系完善升级》,载《科学发展》2022 年第 11 期。

能，对平台的创建、规则的制定提供支持，嵌入知识产权金融制度构建。二是推动建立知识产权维权援助服务。检察机关通过服务区域内科创功能承载区建设，推动设立知识产权维权援助平台，并承担平台预警建设的相关功能。发挥检察机关援助平台顾问作用，编制及发布企业知识产权保护指南，参与制作维权流程指引，为企业提供知识产权风险防范和纠纷应对指导服务。依托知识产权维权援助平台，强化知识产权维权的信息汇集、政策指导、预警提示、专家支持、法律援助，加大海外维权援助力度。① 三是参与知识产权保护"一件事"集成服务改革。"一件事"集成服务改革是数字赋能知识产权治理的强化举措。检察机关应当主动整合涉知识产权保护资源，构建数字赋能程序，打造知识产权保护"一件事"检察集成服务，通过接入或者对接集成服务改革系统，提供多层次全方位的一站式知识产权保护及服务产品。

2. 强化知识产权检察综合治理效能。（1）推动构建完备顺畅的综合治理机制。知识产权领域的综合治理，需要在知识产权创造、运用、保护、管理、服务等各环节，充分运用法律、行政、经济、技术、社会治理等多种手段，强化知识产权全链条治理。以供给侧为导向，构建综合性、专业化的检察服务供给格局。一是引领完善协同保护机制体系建设。坚持能动检察、整体推动与侦查、审判、行政司法、版权管理等机构建立涵盖刑事追诉、民事追责、社会公众利益救济、行政管理处罚等内容为一体的合作框架，营造知识产权保护的多边协同治理格局。二是强化知识产权检察综合治理手段。运用检察建议等方式强化诉源治理，帮助企业堵漏建制，加强知识产权治理成效。三是激发知识产权综合管理治理效能。检察机关按照创新驱动发展的要求，以科学合理、协调高效为目标，运用检察智慧推动政府综合管理的效能的提升，推动治理理念由简单管控向科学治理转变，有助于知识产权综合管理治理效能凸显。

（2）常态化开展知识产权恶意诉讼治理工作。恶意诉讼行为是对诉权的滥用，严重影响公平竞争的市场经济秩序，与知识产权法律制度设置完全背道而驰。惩治知识产权恶意诉讼，有助于全面加强知识产权全链条保护，提升知识产权保护治理协同效能；助力优化营商环境、净化市场竞争秩序。一是注重发挥协同治理能效。恶意诉讼专项治理工作需要注重提升知识产权保护的协同治理能效，凝聚各方惩治知识产权恶意诉讼的合作共识，全面把握知识产权恶意诉讼的危害性和治理必要性，形成综合治理合力。二是注重发挥科技赋能提升治理效能。注重大数据治理等信息技术的深度应用，加强部门间涉知识产

---

① 刘菊芳：《我国知识产权服务业现状与发展目标思考》，载《科技与法律》2015年第4期。

保护执法司法数据融合和联通共享，促进形成知识产权保护融合发展、相互支持、同向用力的格局，推动案件办理中涉执法司法线索移送的常态化，破解治理瓶颈问题。三是发挥宣传扩大治理成效。注重发掘协同治理典型案事例，扩大专项治理工作的影响力和显示度。及时回应社会关切，为工作深入开展营造良好舆论环境。

（3）支持多元化纠纷解决机制建设。一是注重立法引领。制度建构需要在法治的轨道上运行。多元化纠纷解决机制虽是纠纷解决方式方法的创新，但仍是依据现有法律制度和框架对知识产权各环节运行当中产生的纠纷进行化解，必须依靠法治来运行保障。二是加强知识产权纠纷多元化解平台建设。要因地制宜构建知识产权纠纷多元化解平台，清晰定位和明确平台纠纷化解功能。纠纷多元化解平台要发挥组织、协调、化解、督导的职能，受理、分流、参与化解知识产权纠纷。三是丰富知识产权多元化解纠纷机制内容。解决知识产权纠纷，需要司法、行政、仲裁、调解、公证、鉴定、行业自治等手段综合运用，形成多元纠纷解决机制。

中国式公益诉讼检察现代化的现实图景与拓展道路

——以浙江检察机关公益诉讼实践为样本

高 杰等[*]

党的二十大报告首次强调要"完善公益诉讼制度",对公益诉讼的制度发展提出新的更高要求。从公益诉讼的创设到检察公益诉讼制度的蓬勃发展,中国式公益诉讼制度在理论的积累和实践的发展中体现了自我创生、自我供给的演化进程。在法治建设的进程中,公益诉讼制度是中国式法治现代化在社会治理上的生动体现,是法治现代化潮流中的璀璨明珠,它深深融入法治建设的体系中,标志着我国保护国家利益和社会公共利益的进程已经迈入现代化的轨道。新时代,中国式法治现代化迈入新的快速通道,公益诉讼也亟须在法治现代化的进程中同步拓展。对此,本文以浙江检察机关公益诉讼检察实践为经验样本,以公益诉讼检察的制度定位、现实样态和完善之径作为主体展开,对谱写中国式检察公益诉讼的时代乐章进行理论叙述、写实观察和前瞻展望。

一、公益诉讼检察制度的理论探源

2017年6月,全国人大常委会通过修改民事、行政诉讼法,正式确立公益诉讼检察制度。作为一项具有独具中国特色的创新性司法制度,公益诉讼检察制度具有其鲜明的制度定位、价值目标、本质属性和程序规则,是司法保护公益的"中国方案"。

(一)从政治上看,公益诉讼检察是改革创新的民心工程

民心是最大的政治。公益诉讼检察制度是以习近平同志为核心的党中央亲

---

[*] 高杰,浙江省人民检察院副检察长;胡卫丽,浙江省人民检察院第八检察部副主任;唐永刚,浙江省人民检察院第八检察部四级高级检察官;应旭君,浙江省人民检察院第八检察部一级检察官助理;周浩,浙江省杭州市上城区人民检察院第七检察部副主任,浙江工商大学法治浙江研究院研究员。

自决策、部署和推进的重大改革举措，体现了以人民为中心的发展思想，是守护民心的一项重大工程。具体体现在：第一，政治性。公益诉讼检察制度从顶层设计、试点探索，到全面推进、创新发展，都体现了党的领导，具有鲜明的中国特色。2014年10月，党的十八届四中全会提出"探索建立检察机关提起公益诉讼制度"，这是公益诉讼检察的制度起源。2019年10月，党的十九届四中全会进一步要求"拓展公益诉讼案件范围""完善生态环境公益诉讼制度"，鲜明表达了对公益诉讼检察制度的充分肯定和支持态度。2022年10月，党的二十大报告专门强调"完善公益诉讼制度"，这在党的代表大会工作报告上是第一次，充分彰显了党中央对加强和完善公益诉讼检察制度的高度重视和更高期许。第二，人民性。公共利益是最广大人民群众的利益，公益诉讼检察制度归根结底是为了保护广大人民群众的根本利益。进入新时代，人民群众在民主、法治、公平、正义、安全、环境等方面的需求从"有没有"转变到"好不好"。[①] 对标新时代人民群众对美好生活的更高要求，党中央创新设立公益诉讼检察制度，就是为人民群众提供更高质量的法治产品、检察产品。为了人民、代表人民、依靠人民，公益诉讼检察制度的人民性是中国特色公益诉讼检察制度的最大优势。第三，监督性。我国宪法规定："中华人民共和国人民检察院是国家的法律监督机关。"该规定明确界定了检察机关的法律监督属性。作为检察机关法律监督职能的重要组成部分，公益诉讼检察也具有法律监督属性，其权力属于国家权力，其所代表的是国家利益和意志。公益诉讼检察制度的确立，让检察机关成为公益诉讼领域的"国家队"，是保护国家利益和社会公共利益的一支重要力量。

（二）从法治上看，公益诉讼检察是国家治理体系的重要一环

具有中国特色的公益诉讼检察制度在党中央在推进国家治理体系和治理能力现代化的探索中应运而生。党的十九届四中全会对坚持和完善中国特色社会主义制度，推进国家治理体系和治理能力现代化作出全面部署，对公益诉讼检察制度在国家治理体系中的重要地位和制度价值作出进一步权威确认。在中共中央发布的《法治中国建设规划（2020—2025年）》《法治政府建设实施纲要（2021—2025年）》等一系列重要文件中，均规定有公益诉讼检察制度内容，凸显了其在国家治理体系中的地位和作用。

公益诉讼检察作为国家治理体系中的重要一环，通过对其他治理主体和治

[①] 张军：《深入学习贯彻党的二十大精神　为全面建设社会主义现代化国家贡献检察力量》，载《民主与法制周刊》2022年第42期。

二、法律监督体系现代化

理体系的监督制约和协同配合,有效提升治理整体效能,主要有三种方式:第一,督促式治理。依法治权,是现代社会治理模式由管理型向治理型转变的必然要求。① 公益诉讼检察特别是行政公益诉讼检察参与国家治理,必然要以公权力监督为中心。习近平总书记在党的十八届四中全会上对《中共中央关于全面推进依法治国若干问题的决定》所作的说明中指出,"作出这项规定,目的就是要使检察机关对在执法办案中发现的行政机关及其工作人员的违法行为及时提出建议并督促其纠正"。针对行政机关履职不当或者怠于履职的行为,检察机关通过诉前检察建议或提起诉讼,督促其依法履职。行政机关如不依法及时履职,将面临被提起诉讼的法律风险。无论是诉前程序还是诉讼程序,公益诉讼检察都是为了督促相关主体依法履行公益保护职责,激活其他治理主体和治理体系发挥作用,促进其对生态环境、食品药品安全等方面进行更严格、更科学的治理,实现国家和社会的良法善治。第二,协同式治理。② 从国家权力组织结构来看,检察机关与行政机关同属国家治理体系之中,虽然职能分工不同,但都是为了维护公共利益,在共同目标、程序规范、工作重点方面都具有耦合性,需要互相配合、相互协调以达到协同治理优势。在国家治理视角下,公益诉讼检察成为检察监督体系和法治政府体系之间相互作用和协调的结构耦合。检察机关全面开展公益诉讼工作以来,坚持双赢多赢共赢理念,充分发挥诉前程序的磋商、提醒功能,绝大部分公益受损问题在诉讼前解决,以最小的司法资源最大限度地实现公益保护目的。第三,融入式治理。2019年10月,十三届人大常委会第十四次会议审议公益诉讼检察工作报告并开展专题询问,栗战书委员长在会上指出,要用好社会共治这把钥匙,发挥人大代表作用,调动社会组织和公众参与的积极性,凝聚公益保护合力。③ 社会公众有序参与公益诉讼检察实践,既有利于社会公众有序和有效表达诉求,又有利于司法公正的实现和司法公信力的提升,对公益诉讼检察治理效能的发挥具有积极意义。人民群众是公益诉讼检察的直接参与者、监督者和推动者,这是中国特色公益诉讼检察制度参与式特征的明显体现。

---

① 易小斌:《检察公益诉讼参与国家治理的实践面向》,载《国家检察官学院学报》2020年第6期。
② 易小斌:《检察公益诉讼参与国家治理的实践面向》,载《国家检察官学院学报》2020年第6期。
③ 刘华东:《十三届全国人大常委会第十四次会议举行联组会议》,载《光明日报》2019年10月26日,第2版。

（三）从检察上看，公益诉讼检察是法律监督属性的深度拓展

公益诉讼检察职能与检察机关法律监督宪法定位是高度一致、深度契合的。一方面，公益诉讼检察是检察机关法律监督职能的深度拓展。2015年5月，中央深改组第十二次会议审议通过《检察机关提起公益诉讼试点方案》，习近平总书记强调："党的十八届四中全会提出探索建立检察机关提起公益诉讼制度，目的是充分发挥检察机关法律监督职能作用，促进依法行政、严格执法，维护宪法法律权威，维护社会公平正义，维护国家和社会公共利益。"上述在公益诉讼检察制度顶层设计过程中关于设立目的的表述，是对公益诉讼检察制度本质属性是法律监督的明确界定。因此，公益诉讼检察是基于检察机关法律监督宪法职能衍生的一项特殊检察职能，公益诉讼检察制度的本质属性是法律监督。另一方面，公益诉讼检察是新时代检察机关依法能动履职的着力点。进入新时代，特别是国家监察体制改革后，随着反贪反渎职能转隶，检察机关法律监督职能发生深刻历史性变化。检察机关主动应变，化转隶为转机，树立依法能动履职新理念，经历重塑性变革，构筑起"四大检察""十大业务"的检察监督新格局。作为"四大检察"之一，公益诉讼检察是新时代检察机关法律监督工作发展的着力点，是全面依法履行法律监督宪法职责的重要手段，是各项法律监督工作中更带有主动性、能动性的检察职能之一。党中央始终高度重视公益诉讼检察制度建设，并推动公益诉讼检察更好发挥职能作用，就是因为检察机关是国家的法律监督机关，检察机关法律监督是国家监督体系的重要组成部分，在推进全面依法治国、建设社会主义法治国家中发挥着重要作用。

（四）从诉讼上看，公益诉讼检察是基于公益保护的客观诉讼

2017年9月，习近平主席向第二十二届国际检察官联合会年会暨会员代表大会致贺信，指出"检察官作为公共利益的代表，肩负着重要责任"。因此，检察机关提起公益诉讼，特别是行政公益诉讼，不同基于私益救济的主观诉讼，而是基于公益保护的客观诉讼类型。① 其客观诉讼特征主要表现在：第一，公益导向。不同于传统行政公益诉讼"民告官"的功能定位，检察机关提起公益诉讼是"官告官"的非自利性诉讼。在保护范围上，检察公益诉讼聚焦生态环境和资源、食品药品安全、国有财产保护、国有土地出让等"国之大者"，与社会主义基本制度密切相关。检察机关办理公益诉讼案件，尤其是行政公益诉讼，以"双赢多赢共赢""诉前实现维护公益目的是最佳司法状

---

① 刘艺：《构建行政公益诉讼的客观诉讼机制》，载《法学研究》2018年第3期。

态"为基本理念，检察机关向行政机关发出的诉前检察建议，绝大部分都得到了行政机关回复整改落实，公益保护目的在诉前程序得到实现。第二，履职之诉。行政公益诉讼以督促行政机关依法及时履职为目标，诉前督促履职是常态，提起诉讼是刚性保障。当诉前程序难以奏效，公共利益仍处于受侵害状态时，当诉则诉，通过提起诉讼实现公益保护的目的。从近5年检察机关提起行政公益诉讼的诉讼请求看，主要是提起确认违法和责令履职之诉，其价值功能不是个人权利救济，而是与国家利益和社会公共利益紧密关联，并且更加注重维护法治统一、恢复客观法律秩序。

二、公益诉讼检察制度的浙江实践

制度建设的关键在于落实，公益诉讼检察制度的发展亦需要接受实践的检验。以浙江检察机关的实践为观察窗口，近年来，浙江检察机关认真贯彻中央、浙江省委和最高人民检察院关于公益诉讼的一系列重大决策部署，积极维护国家利益和社会公共利益，努力为中国式公益诉讼检察现代化提供浙江样本，彰显了中国式公益诉讼检察制度的先进性和优越性。

（一）提高政治站位，服务保障浙江"两个先行"建设

浙江省检察机关自觉把公益诉讼工作置于党委、政府中心大局中谋划推进，助力经济社会高质量发展。一是积极争取重视支持。2019年7月，浙江省委在全国率先出台《进一步加强检察机关法律监督工作的若干意见》，明确要求"积极稳妥开展检察公益诉讼工作"。2020年5月，浙江省人大常委会出台《关于加强检察公益诉讼工作的决定》，提供了更为细化的地方性立法授权。2022年5月，浙江省人大常委会出台《关于进一步加强新时代检察机关法律监督工作的决定》，对做好公益诉讼检察工作提出了新的要求。浙江省检察院先后与省人大、省政府、省政协等部门围绕公益诉讼主题召开新闻发布会、府检联席会议以及对口协商活动，推动公益诉讼检察工作深入开展。在省委、省人大等部门的引领带动下，各市、县（市、区）党委人大政府出台了120余个支持公益诉讼检察工作的意见或决定，为公益诉讼检察履职营造了良好的工作环境。二是聚焦为大局服务。充分发挥公益诉讼职能，推动中央环保督察、长江经济带生态环境警示片发现问题的整改，落实生态环境修复责任，服务保障长江经济带高质量发展。支持宁波、舟山等沿海检察机关做强具有公益诉讼特色的海洋检察，守护"蓝色海洋"，服务保障海洋强国战略。舟山市检察院办理了全国首例检察机关向海事法院提起的海洋生物资源保护民事公益诉讼案。组织开展服务保障乡村振兴公益诉讼专项监督行动，挂牌督办3批共计30件乡村振兴领域公益诉讼重点案件，服务保障乡村振兴战略。三是聚焦

为人民司法。围绕生态环境和资源保护、食品安全、无障碍环境建设等民生领域，认真办理人民群众身边的公益损害案件。浙江省检察院先后部署开展"保障千家万户舌尖上的安全""守护美好生活""为民办实事破解老大难"等关系民生民利的公益诉讼专项监督行动，以实实在在的办案成效，赢得人民群众对公益诉讼检察制度的认可和信赖。浙江检察机关公益诉讼司法实践获评"浙江民生获得感示范工程"。

（二）加强探索创新，推动公益诉讼检察工作高质量发展

浙江省紧扣打造法律监督最有力示范省份要求，着力提升监督质效，在检察实践中不断发展和完善中国特色公益诉讼检察制度。一是创新完善制度机制。坚持创新引领，打造具有浙江辨识度的公益诉讼特色亮点。省检察院在全国率先出台《关于服务保障生态环境损害赔偿制度改革的意见》，加强生态环境损害赔偿磋商和公益诉讼检察制度衔接。成立全国首个公益损害与诉讼违法举报中心，拓宽公益诉讼案件来源渠道。联合省生态环境厅建立全国首家公益诉讼（环境损害）司法鉴定联合实验室，破解鉴定难、鉴定贵问题。开展公益诉讼检察创新实践基地建设，打造特色品牌，全省共确立省级创新实践基地46个，大运河遗产保护公益诉讼检察创新实践基地获评全国第六届"法治政府奖"。二是突出重特大案件办理。省检察院在全国率先出台公益诉讼重特大案件标准，引导全省检察机关集中精力办理严重损害公共利益和人民群众合法权益的案件。加强精品案件培育，制发《公益诉讼精品案件培塑工作指引》，形成"条线聚力、外部借力、重点发力"的立体化精品案件培塑模式。加强对下指导，有效发挥公益诉讼办案指引、办案提示的作用，推广可复制可借鉴的经验做法，指导全省公益诉讼检察办案。率先探索个人信息保护、互联网公益诉讼等新类型案件，办理了全国首例向互联网法院提起的民事公益诉讼案等一大批在全国有影响力的案件。三是落实持续跟进监督。省检察院印发《行政公益诉讼诉前检察建议跟进监督实施办法》，通过实地走访、第三方评估等方式，常态化抓好诉前检察建议整改落实"回头看"，督促行政机关依法全面履职，促进法治政府建设。坚持"当诉则诉"，指导全省检察机关进一步加大行政公益诉讼起诉力度。近年来，浙江省检察机关提起行政公益诉讼的案件数量逐年上升，检察机关法律监督属性得到充分彰显。四是推动完善社会治理。注重将办案职能向社会治理延伸，针对案件中反映出的监管盲区和治理漏洞，开展调查研究，有针对性地提出意见建议，推动长效机制建设。浙江省检察院在台州市检察机关办理服刑人员违规领取养老保险金公益诉讼案基础上，组织全省开展专项监督，推动省人力和社会保障厅等六部门出台防范和查处涉刑人员违规领取养老保险待遇问题的政策文件，加强部门信息共享和协作配合，合

力防控社保基金管理风险。

(三) 强化数字赋能, 发挥公益诉讼检察一体化融合优势

依托数字化手段破解执法司法领域突出问题, 加强上下级检察机关、检察机关内外部之间融合贯通, 建立具有鲜明浙江特色、展现浙江改革特质的检察一体化机制。一是推进公益诉讼数字监督。聚焦跨部门、跨层级的业务协同, 推动破除不同行政执法、行业监管部门间的数据壁垒, 以数字赋能促进监督治理。嵊州市检察院以运输油品的危化品车辆运行轨迹信息为突破口, 设计研发了非成品油偷逃税监督模型, 精准锁定偷逃税款违法线索, 督促税务部门依法对涉案企业追缴税款, 并作出行政处罚, 挽回国有财产损失。省检察院部署全省开展违规使用非成品油专项监督行动, 推动由省税务局牵头, 十余个省级部门共同参与建设"成品油综合智治"应用, 被浙江省政府列为2022年"浙政智治"重点应用。二是加强检察机关内部一体联动。省检察院制发《公益诉讼案件交办督办管理办法(试行)》, 对于重大案件线索, 采取交办督办或与相关部门联合督办等方式推动案件办理。充分发挥省、市院办案主导作用, 加大自办案件力度, 统筹调配全省公益诉讼办案力量, 带动办案影响力整体提升。加强"四大检察"融合, 综合运用审查、调查、侦查"三查融合"手段, 促进三者之间有机贯通、高效协同, 形成合力, 实现法律监督政治效果、法律效果和社会效果的有机统一。三是加强跨区域公益诉讼检察协同。深化长三角生态绿色一体化示范区检察协作, 浙江省检察院与上海市检察院、江苏省检察院出台《关于环太湖流域生态环境行政公益诉讼跨省际区划管辖协作意见》, 促进解决全流域、跨区域公益保护难题, 打造区域协调发展新样板。宁波市检察院牵头召开宁波舟山港烟花爆竹非法出口治理磋商会, 通过三省四地六院检察机关协作, 构建起跨层级、跨地域、跨系统、跨部门、跨业务"五跨"协同治理机制。

(四) 深化协同共治, 凝聚公益保护工作合力

深入践行双赢多赢共赢理念, 加强与行政机关、社会团体协作, 扩大公众参与, 构建共建共享共治的公益保护工作格局。一是加强部门间协同配合。浙江省检察院先后与省安委办、省治水办、团省委、省总工会等十余个省级部门建立公益诉讼协作机制, 在线索移送、信息共享、协作办案等方面加强配合。与省水利厅等部门联合开展守护美丽河湖专项行动, 与省林业局开展古树名木保护公益诉讼专项办案行动。联合省生态环境厅、省安委办等部门发布公益诉讼典型案例, 向社会发布公益诉讼检察白皮书, 扩大公益诉讼影响力。二是深入践行全过程人民民主。扎实推进代表建议、政协提案与公益诉讼检察建议衔

接转化工作，凝聚检察、人大和政协监督合力。2021年以来，浙江省检察机关从建议提案中转化公益诉讼案件134件，制发检察建议129件，检察建议转化为建议提案31件。省检察院和省政协共同召开古银杏保护行政公益诉讼案听证会暨省政协重点提案办理现场会，以点带面推动全省范围内古树名木保护。认真落实"应听证尽听证"要求，邀请人大代表、政协委员、人民监督员等担任听证员，为公益诉讼办案提供意见建议，让公共利益保护以"看得见的方式"实现。三是积极推进"益心为公"检察云平台工作。浙江省检察院与省委统战部就平台实体化运行会签实施方案，与团省委建立公益诉讼志愿观察员制度，依托民主党派、人大代表、政协委员和志愿者等力量，在线索提供、协助办案、专业咨询等方面，为公益诉讼检察工作提供强大助力。

三、中国式公益诉讼检察现代化的拓展道路

回顾实践，我国公益诉讼检察在总体数量、案件质效和法治贡献上取得了全面突破，为中国式公益诉讼检察现代化奠定了坚实的司法基础。展望未来，公益诉讼检察仍然直面机遇与挑战，中国式公益诉讼检察现代化道路仍需经历"认识与实践"循环往复的形塑过程，在实践的基础上深化认识，再反哺实践。站在新的历史方位上，我们应在法治现代化的总体布局中完善立法，有力推进公益诉讼检察体系革新，并为公益诉讼检察现代化注入数字化驱动力。

（一）阶段目标：在法治现代化的总体布局中完善立法

1. 公益诉讼检察专门立法的必要性。在全面推进依法治国的战略布局中，良法善治是中国式法治现代化道路的重要基石，而中国式公益诉讼现代化从公益诉讼检察制度的设立步入了新时代，且必然要在法治现代化的总体布局中继续谋划、推进。由此，在公益诉讼"专门立法的两种类型：'统一模式'与'单行模式'"[①]间，无论从公益诉讼检察的实践体量还是从立法技术来说，应以公益诉讼检察为主体先行单行立法，进而推动公益诉讼一般法的出台和完善。

一是公益诉讼检察的实践因素。在学术研究的视野中，由经济学上的"公地悲剧"[②]现象引发出的公益诉讼制度并不是新鲜事物。在公益诉讼进入实践视野之前，已有理论界的学者关注并对公益诉讼制度进行研究。而我国在20世纪90年代从国外引入公益诉讼之后，理论界对公益诉讼制度的研究达到

---

① 张嘉军：《公益诉讼检察可先行单独立法》，载《检察日报》2022年8月9日，第3版。

② 参见蔡宝刚：《破解公地悲剧与法治反腐之道》，载《法学杂志》2019年第12期。

高峰①。曾经，公益诉讼制度的设置，被认为是"诉讼法对其自身只顾及保护私人利益的狭隘性突破，也是对传统诉讼法律制度的超越"②，学术界对公益诉讼制度的功能给予厚望，然而，多年的实践情况表明，公益诉讼制度在设置之初的路途并不顺畅。直至公益诉讼检察制度的设置和展开，为公益诉讼提质增效。从实际效果上看，公益诉讼制度从"草创"阶段，步履蹒跚地走到了公益诉讼检察制度设立的阶段，可以认为我国公益诉讼制度走在了正确的道路上。

二是公益诉讼立法的技术因素。"从学理上讲，一门学科要获得其独立地位，被广为认可和接受，则应当具有自己的范畴体系和研究范式。范畴体系是一个学科的基石和材料，也是研究范式的基础和前提。"③ 从语义学的概念来看，范畴体系指的是一门学科通过何种方法构建、基本框架是什么、应当包含哪些方面的内容等整合而成的理论体系，"范畴体系的建立是一门学科成熟的标志……范畴体系包括建构方法、框架结构、中心范畴和基石范畴四个方面"。④ 对于一门成熟的学科而言，最重要的是厘清学科体系的核心范畴，因为"围绕着核心范畴可以展开某一学科的整体架构，对各基本范畴的研究可归结到核心范畴"⑤。从立法的角度出发，核心范畴即法理学上关于部门法应当围绕哪种重要的法律现象的本质展开研究和规范。然而，对于一般公益诉讼立法来说，不仅要充分考虑检察机关、行政机关与社会组织等公益诉讼主体间不同类型的主体，更要直面多元主体之间公益诉讼发展不均衡的现状，由此在立法技术上存在较高难度。

---

① 以中国知网可查的近20年学术研究成果为例，学术界的成果主要有韩志红：《公益诉讼制度：公民参加国家事物管理的新途径——从重庆綦江"彩虹桥"倒塌案说开去》，载《中国律师》1999年第10期；苏家成、明军：《公益诉讼制度初探》，载《法律适用》2000年第10期；于安：《行政诉讼的公益诉讼和客观诉讼问题》，载《法学》2001年第5期；龚雄艳：《我国应该建立行政公益诉讼制度》，载《法学杂志》2001年第6期；王太高：《论行政公益诉讼》，载《法学研究》2002年第5期；叶新火：《从代表人诉讼制度之适用分析简论我国公益诉讼制度的构建》，载《当代法学》2002年第8期；赵许明：《公益诉讼模式比较与选择》，载《比较法研究》2003年第2期；等等。
② 张明华：《环境公益诉讼制度刍议》，载《法学论坛》2002年第6期。
③ 钱继磊：《迈向法理时代的中国法学——兼与徐爱国教授商榷》，载《法学评论》2018年第1期。
④ 张文显：《论法学范畴体系》，载《江西社会科学》2004年第4期。
⑤ 陈金钊：《论法学的核心范畴》，载《法学评论》2000年第2期。

2. 公益诉讼检察专门立法中的关系厘清。一是宏观上整体关系的把握。我国当前的社会结构存在复杂性，农业社会的特性与工业社会的属性互相交织，而后现代社会的属性也随着社会主要矛盾的转变，与两种不同的前现代属性发生碰撞。在复合型的社会结构下，在社会中生存的每个人都面临着不可预测的社会风险。社会风险的客观存在一方面表征着社会的高度发展，另一方面又伴随着不确定因素和制度理性的缺失，而公共利益产生的风险也是其中的重要表现形式。在社会风险理论中，公共利益风险是客观存在且不断发生的，不能仅仅将守护公共利益的希望寄托于社会的主体理性之上，还应将希望寄托于社会的制度理性上。因此，在这一语境中，"治理""预防""规范"与"风险"是相生相伴的。为此，从立法的角度看，要实现防范公共利益可能受到损害的风险，除了需要在检察机关提起公益诉讼过程中设置规范化的程序之外，还应当站在国家治理的立场上，对公共利益实现有效而全面的治理和预防。

从整体关系看，主要有三方面的内容。其一，坚持以法规范秩序违反为基础，明确国家利益和社会公共利益的内涵及外延，确定公益诉讼案件的基本标准。其二，坚持职权法定原则，在专门立法中突出"依法履职"的法定性。其三，要实现防范公共利益可能受到损害的风险，除了需要在检察机关提起公益诉讼过程中设置规范化的程序之外，还应当站在国家治理的立场上，对公共利益实现有效而全面的治理和预防，引入"预防性公益诉讼"。

二是中观上外部关系的衡量。我国在"实践先行"的情况下推进立法，有利于实现立法预判，对发现的问题进行漏洞填补。然而，作为因应公益保护需求强化诞生的产物，专门立法时要合理把握检察机关与其他诉讼主体之间的外部关系。其一，排斥诉讼垄断，设立公益诉讼检察工作权力边界。立法的目的是弥合公益诉讼检察制度中的空白、模糊地带，由此要应对实践过程中可能存在的合法性供给不足的问题，借此完善公益诉讼检察的职能边界。其二，行政公益诉讼中，明确公益诉讼与行政执法机关间的顺位问题，实现"与管制规定及相应执法机制的互动与呼应"。① 应当明确公益诉讼检察作为行政执法的补充顺位，实现公共利益有序保护，并突出行政执法的监管强化。其三，民事公益诉讼中，明确公益诉讼检察与其他社会组织间的顺位问题。

三是微观上内部关系的梳理。在法权结构的视野中，公益诉讼检察立法上以权力与权利的关系为核心范畴。权力与权利之间的关系并不是固态化的单一样式，而是随着社会关系的发展、经济结构的转变、政府职能结构的转向而变

---

① 巩固：《公益诉讼的属性及立法完善》，载《国家检察官学院学报》2021年第6期。

二、法律监督体系现代化

动不居。总体而言,"权力"倾向于强制和控制,"权利"倾向于自由和任意,即使在最理想的状态上,二者之间在权能的场域上不会发生吞噬和互侵,但不表明二者之间不会发生互动,这是二者的本质属性使然。而公益诉讼检察以权力与权利的关系作为立法的基石构架,投射到诉讼模式上即为行政公益诉讼与民事公益诉讼。在微观层面,专门立法应有效协调内部的"两诉"关系,亦即"权力"与"权利"存在张力和斥力时,如何解决矛盾。作为社会治理的重要职能手段,应在核心范畴内增加社会治理的语境,在立法的两诉协调中,亦须融入社会治理的思维。具体而言,需做到:首先,以修复公共利益为主导。社会治理是"指为实现社会公共利益最大化,有权主体采取制度性或非制度性方式协调社会关系、处理社会事务的活动"①。因此,社会治理首要任务在于处理损害公共利益的行为,保护国家和社会公共利益。具体来说,行政公益诉讼相较于民事公益诉讼具有诉前程序的优势,行政机关处理突发事件的本位优势能够使得公共利益得到高效修复。故原则上应当先考虑行政公益诉讼。其次,区分不同情况,进行不同处理。根据公共利益受损的不同程度,设置预防性公益诉讼轻微性公益诉讼和破坏性公益诉讼,对不同程度的案件设置不同的优先顺位。

(二)发展定位:在司法现代化中完善回应型社会支持体系

1. 社会支持体系构建的正当性。在法治现代化的蓝图中,"科学立法、严格执法、公正司法、全民守法"一体推进。完善立法是实现法治建设的先决条件,而如何公正司法、科学司法则是中国式司法现代化的重要环节。公益诉讼以超越于"客观权利"的公共利益为核心,以超脱于"法律事实"的损害预防为基础,以超然于"个案纠纷"的社会治理为导向,在"补充管制"②之外更体现公益诉讼推进社会治理的价值功能。当前,社会治理在顶层设计与基层发展的双向互动中推进,而公益诉讼的发展亦需要在立法与司法层面产生化学反应。面对司法现实的复杂性和多变性,需要检察机关依法能动履行职责,以建设回应型公益诉讼社会支持体系为基本理念。

2. 社会支持体系的回应架构。第一,大局协同下的府检回应。这是司法现代化的导向准则。从原因构成要素看,损害公共利益的违法行为深受制度、社会、环境和个人理性能力的影响,具有系统性、社会性和复杂性。这就意味

---

① 刘雪松、宁虹超:《社会治理与社会治理法治化》,载《学习与探索》2015 年第 10 期。
② 巩固:《公益诉讼的属性及立法完善》,载《国家检察官学院学报》2021 年第 6 期。

着损害公共利益行为的产生并不能单纯以"自体恶"① 概括,而是多重原因力共同作用之下的结果。因此,单纯以监督政府作为的行政公益诉讼不能在根本上对违法行为进行根治,更需要检察机关与政府之间的协同。由此,在大局协同原则下,一方面需要优化公益诉讼监督职能,有效实现对政府的正确回应;另一方面需要对违法行为进行系统性的全面预防,加强与政府之间的协同治理。

其一,检察机关对政府的主动回应。首要明确的是社会支持体系的责任主体,公益诉讼检察制度无法脱离党委的统一领导与支持,因此,要在政府、检察机关与社会公众之间形成公共事务的"协作共治与责任共担"②,应坚持党委统一领导,将公益诉讼工作纳入党和国家的工作大局,且在党委统一领导下开展公益诉讼检察活动,并协调处理各职能部门的关系、理顺责任承担,从而破除主体壁垒、构建支持体系。

其二,政府对检察机关的支持协作。在府检回应的构建中,还应注重自我矫正,在此项原则的要求中,政府的支持与协作不可分割,公益损害预防的机制构建不可缺少。如以食品药品安全领域为例,"食药品领域提起公益诉讼,不以造成实际损害为必要条件"③,故自我矫正亟待预防性公益诉讼机制的完善。在公益损害预防机制的构建过程中,应实现惩防平衡,将惩罚这一主观预防机制,与减少诱发条件、促进理性自主这一客观预防机制相结合,构建震慑预防、康复治疗和情景预防三元结构的预防制度。

第二,公共理性下的社会回应。这是司法现代化高质发展的时代主题。公益诉讼本质是以人民为中心的诉讼制度,回应型社会支持体系要实现公共理性,就应当加强和鼓励社会参与。面向社会的公益诉讼案件,其涵盖的主体主要包括三类,第一类是公益诉讼直接针对的违法行为人,第二类是受影响的相对人,第三类是除上述两类之外的普通社会公众。因此,检察机关在构建回应型社会支持体系的过程中,尤其应当面向三类群体进行社会回应。

一是程序回应。针对第一类主体,实现诉讼服从。在"回应型法"的观念中,正当程序具有双重价值特性,诉讼程序是"受特定时空制约的"④、公

---

① 白建军:《法定犯正当性研究——从自然犯与法定犯比较的角度展开》,载《政治与法律》2018 年第 6 期。

② 蓝剑平:《我国社会协同治理的主体障碍及解决路径》,载《中共福建省委党校学报》2018 年第 12 期。

③ 参见《对于食药品领域具有损害社会公共利益重大风险的行为能否提起民事公益诉讼》,载《检察日报》2021 年 4 月 13 日,第 1 版。

④ 孟甜甜:《伯克利学派回应型法理论研究》,载《社会中的法理》2015 年第 1 期。

二、法律监督体系现代化

认的公民用于维护自身权利的一系列保护规则，但同时又可能成为个体或者组织表达价值、批判现行秩序、"甚至影响公共政策的一种实现路径"[①]。对此，检察机关要实现公共理性，对社会进行回应，首要在于坚持正当程序的功能，但与此同时赋予诉讼过程一系列的价值导向和目的。针对一类主体时，检察机关应以诉讼程序为回应方式，使该类主体实现诉讼服从。检察机关对违法行为人的规制可以采取民事公益诉讼或者行政公益诉讼两种方式。从公益诉讼的目的看，行政公益诉讼具有高效性和主体优势，能够快速防止公共利益进一步受损，应是实现诉讼服从的首选。但如行政公益诉讼的成效不彰，仍应采取民事公益诉讼措施，对违法行为人提起民事公益诉讼，通过司法强制力达成法律目的的权威实现。

二是修复回应。针对第二类主体，实现损害弥补。根据侵权行为的构成要件，检察机关调查公益诉讼案件时，主要集中于侵权主体的基本情况、行为人实施损害公共利益的行为及具体过程、公共利益遭受损害处于持续状态的损害后果情况、违法行为与损害事实之间的因果关系情况以及侵权主体的主观过错及程度情况，检察机关甚少关注第二类主体的权益，在一些情形中，仅将第二类群体列作为证人，在侵权行为的调查中发挥作用。检察机关在办理案件时，应当关注第二类主体的权益，以获取办案过程中的群体支持，而在此过程中，应当以公共理性为基础。其一，要做到事实理性。公共利益超越于"客观权利"，但本质上"客观权利"是公共利益的培土，检察机关在办理公益诉讼案件时，除关注侵权行为本身之外，还应关注侵权行为对个体利益的损害。其二，要做到责任理性。对于明确属于公共利益的侵权损害赔偿责任，应向相对人说明，并在提起民事公益诉讼后，由相对人在分配过程中获得优先分配的权利。如果违法行为人的财产不足以承担全部民事责任时，检察机关应当对第二类主体进行修复性的回应，在惩罚性赔偿金部分、服务性功能损失赔偿金部分对相对人进行优先保障。其三，要做到沟通理性。程序具有刚性价值，而修复回应具有协商价值，检察机关除了及时发现社会热点，跟踪可能具有潜在公益性的私益案件的办理，还应加大支持起诉的力度，为违法行为的相对人提供强有力的检察保障。与此同时，在办案过程中应及时释法说理，在公益诉讼案件办理与私益保护之间取得平衡，避免因公益诉讼案件的办理造成信访事件的产生。

三是交互回应。针对第三类主体，实现多元参与。在自我矫正原则的要求

[①] 朱焱：《互联网情境下回应型刑事司法模式的构建》，载《上海法学研究》（集刊）2020年第18卷。

下，在交互回应的部分，要加强公众的积极参与，实现办案信息的多元交互。其一，促使公众参与，提升公众参与意愿。一方面，通过选择适当的大众媒体，结合案例本身的社会热点、法律疑难等催发公众的参与意愿。另一方面，以案释法的方式能够辅助公众提升朴素的法律判断能力，提升参与能力。其二，加强意见交互。"回应型法"以合理性为核心，在协商沟通过程中，除了能力与制度的建设之外，还应当尊重多元的意见主体。对此，不仅要通过形式上的参与程序进行回应，如善用检察听证制度、有效做到记录留痕；更要允许社会公众、法学研究者、法律职业共同体等通过各种途径发表评论，检察机关对此接收并予以回应，有效填补社会公众及相关人员对案件的期待。

第三，治理视野下的能力回应。这是司法现代化高质发展的基础需求。在回应型社会支持体系中，检察机关不仅要回应社会公众对公益诉讼制度的关怀与质疑，也要回应行政机关对待公益诉讼的态度，更要面对随时可能出现的异常情况，由此在社会治理的视野中，检察机关的能力提升是回应型社会支持体系的先决条件。国家治理体系是社会综合治理的成熟模式，要求地方政府为中心服务，凝聚地方力量，但却不是单纯的政府结构的重新构建，因此，在国家治理体系，检察机关能够扮演积极的角色，但不要求检察机关抛却法律监督机关的根本属性。同时，近年来司法能动主义作为司法机关的主流反思，对司法克制立场提出了挑战。在现代法治观念中，司法能动主义发展的重心开始转移，司法机关的职能不再只是单纯的司法审查，而是从司法审查进入到对公民权利保障的视野中。"司法能动'促使法官为了推动新的进步的社会政策偏离严格遵循先例的原则'，司法能动主义的共同标志是法官更多地把自己看作是社会工程师而不是单纯适用规则的法官。"[1] 检察人员要抓紧"社会工程师"的身份，要提升以下四项能力：

一是站稳根本，提升司法实践能力。检察人员作为司法人员，首要提升司法办案的能力，这是能力回应的根本条件。从理论和实践两个方面看，检察机关应当提升检察人员对证据的判断和分析能力、对事实的把握和重述能力、对法律的适用和解释能力、对问题的分解和研究能力等，打造"专家型检察官"[2]。

二是理性平和，提升沟通协调能力。在社会支持体系的路径中，尤其需要检察人员具有对外沟通和协调的能力，这是能力回应的基本要求。检察人员在

---

[1] 转引自杨建军：《"司法能动"在中国的展开》，载《法律科学》2010年第1期。
[2] 参见董长青、刘国建、夏文亮：《公益诉讼检察人才库建设构想》，载《中国检察官》2021年第1期。

办理公益诉讼案件中需"角色演绎"、做到态度"宽容与平和"①。理性的行为和宽容平和的态度固然是检察人员在办案中应当具备的态度,但还需要积极沟通,在办案中实现理性与变通的平衡。

三是拓宽视野,提升远景决策能力。公益诉讼案件涉及当下的公益损害案件,然而对公共利益的保护不仅应着眼于当下,更要放眼于远景。不仅要对未然的公益损害行为提起预防性公益诉讼,更要在治理当前损害的同时,作出远景决策,通过检察建议的方式要求主管单位加强监管、遏制类似行为的发生。

四是深化担当,提升应急处突能力。在案件处理方面,公益诉讼案件的变化性和任意性较大,尤其对于预防性公益诉讼而言,公共利益是否受损仅在瞬息之间;在舆情处置方面,公益诉讼涉及民情民生,而舆情亦是因时瞬变。故要加强检察人员的责任担当,提升应急处突的能力。

(三)路径抉择:数字化改革增加公益诉讼驱动力

当前,信息技术日益成为重塑世界竞争格局的重要力量,更对国家治理体系产生深远影响。中国式公益诉讼要实现跨越式发展,还应从国家治理能力现代化的站位高度,顺应数字化转型浪潮,以"数字芯"为公益诉讼实质变革注入强劲动能。

1. 数字改革催生公益诉讼深层变革。数字改革通过数字化工具为社会发展、社会治理发掘潜能,其关键在于"推动生产方式、生活方式、治理方式按照现代化的方向和要求发生基础性、全局性和根本性改变,形成质量变革、效率变革、动力变革的综合效应,构建高质量发展、高品质生活、高效能治理的现代化全景图,促进现代化整体跃迁"②。数字化改革为公益诉讼实现引领性、整体性和撬动性变革,是"技术理性向制度理性的新跨越"③。一是数字化改革实现被动监督到能动治理。以数字化改革为基础,激发数据这一生产要素对公益诉讼工作的放大、叠加、倍增作用,有力破解线索发现难、监督时效滞后、诉讼成效碎片化的难题,催生公益诉讼的内生动力,实现被动监督到能动检察的有效跨越。二是数字化改革实现浅表监督到深层治理。在理论研究与司法实践的漫长历史进程中,公益诉讼的设置虽然增加了法律规定的主体保护公共利益的正当性,但与其他诉讼类型相比,公益诉讼仍然处于相对边缘的地

---

① 龙宗智:《检察官客观义务论》,法律出版社 2014 年版,第 241 页。
② 杜伟杰、邱靓:《知往鉴来,深化数字化改革理解认识》,载《浙江经济》2022 年第 3 期。
③ 袁家军:《全面推进数字化改革努力打造"重要窗口"重大标志性成果》,载《政策瞭望》2021 年第 3 期。

位。这与公益诉讼成效微弱不无关系。在新时代公益诉讼的发展趋势中,破除被动化、碎片化和浅表化的公益监督困境是重要目标。数字化改革为浅表监督到深层治理提供有效的破解进路。数字化改革有力拓展公益诉讼的力度、广度和深度,更通过应用场景的搭建,将类案监督打造成"治理场景",实现公益诉讼的重塑性变革。

2. 数字改革推进公益诉讼质效提升。在数字治理的内容构成中,数字治理以服务"共同富裕"为目标指向,通过调整数据资源分配方式,有力实现数字红利共享、数字社会共赢。正因此,以服务中心大局为重要聚焦的公益诉讼需要在推进"共同富裕"过程中,助力增进"数字包容"的成色。

第一,公益诉讼助力填补"数据鸿沟"。"数据鸿沟"现象在数字治理过程中是客观、普遍存在的,不仅包括数据信息资源的偏差,也包括技术应用方面的差距,更包括数据沟通过程中的逻辑性隔断。即数据资源主体在数据意识、思维方式和话语体系上的不同,亦增加了跨部门数据的代际成本。为此,公益诉讼一方面应当有力守护数字安全,从个人信息保护、政府数据信息保护等方面加强保护力度,更要在数字化改革的办案进程中推进消解部门结构壁障,促使数字资源交互共通。

第二,公益诉讼助力消除"数字歧视"。数字社会中出现的"大数据杀熟"情况,属于数字技术中算法运用下的"数字歧视"。"数字歧视"导致不同人群被算法分置,直接破坏实质正义的实现。由此,需要遵循公益诉讼维护公平正义的基本逻辑,对算法歧视进行深入监督。在针对恶意算法诉求时,能够实现第一时间响应、处置;在矛盾纠纷解决上,积极研究推进"算法霸权"公益诉讼,推进诉源治理,实现矛盾纠纷的本地教化,发挥典型案例的警示作用,从而形成司法合力,倡导正确、公平的数字价值。

第三,"三查融合"助力诉讼质效提升。"三查融合"是指检察机关在依法履行法律监督职能过程中,充分运用审查、调查、侦查三种调查核实方式,促进三者之间有机贯通、高效协同、形成合力,构建起以审查为基础、调查为关键、侦查为核心的调查核实工作新格局,实现检察机关法律监督政治效果、法律效果和社会效果的有机统一。要深入实施"检察大数据战略",做好"三查融合"是必然要求。一方面,"三查融合"使得数字检察推动法律监督模式变革成为可能。个案审查是开展法律监督的传统路径,也是开启数字检察"个案办理—类案监督—系统治理"办案模式的逻辑起点。对数字检察办案中审查发现的类案线索需要进行调查核实,必要时还要运用侦查的思维和方法,深入挖掘和促进解决执法司法领域深层次问题。另一方面,数字检察的引领性、系统性、穿透性,能够最大化激发"三查融合"的职能优势和功能潜力,推动法律监督模式从"数量驱动、个案为主、案卷审查"的个案办理式监督,向"质效导向、类案为主、数据赋能"的类案治理式监督的深层次变革。

四、结语

"法治强国是全面建成社会主义现代化强国的应有之义、本质要求和重要保障"①,只有坚持中国式法治现代化道路才能够实现全面建设社会主义现代化法治强国。在通往这条法治现代化的道路上,我们应当坚持道路自信、理论自信、制度自信和文化自信,准确把握法治现代化建设的中国特色,打造具有社会主义特色的法治文明。可以看到,当前我国检察公益诉讼的公信力不断增强、民生福祉不断增进、重点领域不断攻坚、服务大局不断深化,中国式检察公益诉讼现代化已"形成了公益司法保护的'中国方案'"②,更为中国式法治现代化道路注入了检察贡献和探索样本,走出了具有中国特色的公益诉讼模式。"中国式现代化道路具有不可估量的世界意义"③,在新时代的发展道路上,中国式现代化不仅是国内发展经验的总结,更"为人类文明的进步和发展贡献新的方案"④。对此,在中国式现代化道路上拓展公益诉讼,不仅要在完善法治的基础上作出原创性贡献,更要为构建人类命运共同体输出法治理论与实践,在既有探索形成公益司法保护中国方案的基础上,为全球公益诉讼模式开创出一条具有原创意义和推广价值的现代化道路。

---

① 张文显:《论中国式法治现代化道路》,载《中国法学》2022年第1期。

② 邱春艳:《完善公益司法保护的中国方案 为服务保障中国式现代化作出新的检察贡献——最高检党组会研究讨论贯彻落实党的二十大"完善公益诉讼制度"要求》,载《检察日报》2022年11月3日,第1版。

③ 于磊:《中国式现代化的发展脉络、科学内涵及世界意义》,载《学术探索》2022年第11期。

④ 宋才发:《在新时代历史进程中推进中国式现代化》,载《广西社会科学》2022年第10期。

检察公益诉讼的裁量性及其规制

吴 彦 王帮元[*]

一、检察公益诉讼的裁量性

检察机关作为公权力机关，必须按照法律规定履行职责，没有自由处分国家利益、社会公共利益的权力。公益诉讼是客观诉讼，以违法造成实际损害为起诉条件并以实质合法性为审查标准，由没有直接利害关系的特定主体提起的非自利性诉讼。[①] 检察公益诉讼办案中也是发现了客观的公益损害或者现实的危险，根据法律的规定提起诉讼，诉讼请求都需要明确的法律依据和事实根据，特别在行政公益诉讼中，诉讼请求还必须和诉前检察建议的内容相一致。但是，其实每种国家权力都有裁量性，比如行政自由裁量、法官的自由裁量权，是在法律规定的范围内自由裁量，比如行政处罚的种类和幅度的选择、法官在量刑幅度内具体刑期的选择。检察公益诉讼也不例外，具有很强的裁量性特征，检察机关在具体办案中对于案件的范围、履职方式的适用、办案程序的选择以及具体的办案行为都可以裁量决定。

检察公益诉讼具有裁量性，其原因在于：第一，基于公共利益这个概念，不但公共利益本身具有利益内容的不确定性和受益对象的不确定性，不同场合下的公共利益也缺乏一致性解释，表现出不同的功能、不同的内容。[②] 如何认定公共利益及其所受损害，都需要办案人员去亲历把握。第二，公益诉讼相关的法律制度尚不完善，缺乏充分的制度规范。检察公益诉讼主要是参照民事诉讼法和行政诉讼法的程序规定，而一些关键制度不能直接适用，需要进行模仿改造，很多问题都是靠办案人员在办案中具体把握，需要自主裁量并作出决

---

[*] 吴彦，海南省人民检察院副检察长、党组副书记、一级高级检察官；王帮元，海南省人民检察院第二分院第五检察部副主任，四级高级检察官。

[①] 刘艺：《构建行政公益诉讼的客观诉讼机制》，载《法学研究》2018 年第 3 期。

[②] 胡鸿高：《论公共利益的法律界定》，载《中国法学》2008 年第 4 期。

定。检察公益诉讼工作中的裁量空间较大，检察公益诉讼的裁量性特征显著。

巨大的裁量空间，一方面为我们提供了充分的创新空间。建立检察公益诉讼制度是党和国家的重大改革举措，是国家司法制度改革的顶层设计。在党的坚强领导下，各种国家权力宗旨一致的政治环境下，检察公益诉讼坚持以人民为中心的发展要求，就会有广阔的开拓创新空间，不断建立完善的公益诉讼制度。另一方面，由于法律支撑的不足，古今中外检察公益诉讼经验的缺失，检察公益诉讼又不可避免遇到种种困难。保护公益的技术难度大、经济成本高，而公益保护的收益和效果不能立刻显现，如何达到较好的办案效果，让检察公益诉讼工作面临较大的裁量难度。

二、检察公益诉讼裁量的主要内容和要求

（一）"等"外领域拓展的裁量

检察公益诉讼制度经修改行政诉讼法、民事诉讼法正式建立以来，办案领域由最初的自然资源生态环境保护、食药品安全、国有财产保护、国有土地使用权出让四个领域，到后来英雄烈士权益保护也被依法纳入办案领域，形成法定的"4+1"办案布局，随着对公益诉讼认识的深入，检察机关提起公益诉讼的法定领域由"4+5"扩大到"4+9"。① 其实公共利益远不止这些范围，只是囿于检察机关办案能力所限，选择这些最紧要的领域开展工作。党的十九届四中全会决定"拓展公益诉讼案件范围"，党的二十大报告提出"完善公益诉讼制度"，既是对公益诉讼制度的肯定，也为新时代公益诉讼检察工作指明了方向，继续拓展案件范围是检察公益诉讼的一项重要任务。

1. 拓展案源的基本要求。站在政治的高度来拓展公益诉讼案件范围，就要把讲政治和抓业务结合起来，把政治要求落实到业务工作中。积极主动作为，拓展新领域案件，是检察机关应有的政治态度；稳妥是对这项业务工作质效的要求。拓展不仅是在"4+9"领域以外去办理案件，也包括进一步做好"4+9"领域以内的案件。公益诉讼开展五年多来，"4+9"领域内检察机关还有很多空白或者做得不够好的地方，这些领域本来就是公益受损较多、影响较大的领域，部分检察机关没有深挖进去，也就不适合盲目地去开拓外面新的领域，只是在的确发生了公共利益严重受损的情况下，才应该考虑是否可以作为拓展办案的对象。所以拓展案件范围的重心还在法律规定的这几个领域以

---

① 《最高检第八检察厅负责人解读 2023 年相关重点工作》，载微信公众号"法意纵横"2023 年 2 月 11 日，https：//mp.weixin.qq.com/s/BRh-yRgbkOuys_RFcLOgHw。

内,当然也保持对以外的领域保持敏感性。

2. 拓展案源的基本方向。在拓展公益诉讼案件范围上,要分清轻重缓急,也要有一定的范围限制,注重办案数量、质量和效果的统一,注意社会影响。拓展的方向上要突出协同、共治的理念,倾向于在迫切需要检察机关以公益诉讼的方式参与社会治理的方面做出努力。比如,助力脱贫攻坚,对国家扶贫款的监督使用;参与未成年人保护,对损害未成年人身心健康的现象加强管控,如学校周边、网络环境等;疫情防控工作中,加强对野生动物的保护,对医疗用品的制假售假行为的监督等。安全生产领域、公共卫生、国家安全都是我们关注的重点领域,作为拓展案件范围的首要考虑。

3. 拓展案源的基本规则。拓展案件范围要遵从法治原则,要用好现有的法律制度,没有法律明确规定,可以考虑依据法理探索开展工作,但也要和国家和地方的立法、政策、社会伦理、风俗习惯等保持一定的一致性。首先可以考虑一些已经写入国家立法草案的公益诉讼办案领域;其次做一些地方立法已经允许拓展的领域;最后在社会上基本形成共识,专家、学者和社会主流媒体非常关注的领域。遵从法治原则还要体现在程序上,要做可能多的民意调查,尽可能多地进行专家论证,要引入社会力量的参与。社会公益不是办案人员主观臆断,而是要社会公众普遍认为的客观现实。通过有效的程序来规制检察机关对等外新领域探索的裁量权。

(二)履职方式选择的裁量

检察机关通过提出检察建议、提起诉讼和督促起诉、支持起诉等方式履行公益诉讼检察职责。提起诉讼的方式又包括民事公益诉讼、行政公益诉讼以及刑事附带民事公益诉讼。关于检察公益诉讼的履职方式及适用对象目前尚没有法律明确具体规定,具体办案过程中适用何种履职方式需要检察人员结合案情需要去选择。

1. 起诉与否的裁量。行政行为要坚持比例原则,行政机关应兼顾行政目标的实现和当事人权利的保护[1],如果行政目标的实现可能对相对人权利造成不利影响,这种不利影响应该控制在尽可能小的范围内。检察公益诉讼工作中,也要使公益保护与因此付出的代价保持合理的比例,不能因为保护较小的公益而过多地付出。民事诉讼法规定检察机关在没有适格主体提起诉讼的情况下,可以对违法行为人提起民事公益诉讼,但没有严格要求检察机关应当提起,是否提起民事公益诉讼由检察机关具体把握。行政诉讼法规定行政机关不

---

[1] 冯锋:《论正确行使行政自由裁量权》,载《东方行政论坛》2012年第2期。

依法履职导致公共利益受损的，首先应该建议行政机关履职。在行政机关依法履职采取措施维护公共利益的情况下，能够达到维护公共利益目的的，检察机关就不必要提起诉讼。现实中，往往存在行政机关履行职责但不充分、公益未得到充分保护的情形，这时提不提起行政公益诉讼，检察机关要结合案情具体把握。要审查行政机关主观上是否存在不积极履职的因素，要根据比例原则具体衡量办案效果，选择是否提起行政公益诉讼。不论是民事公益诉讼还是行政公益诉讼，起诉前都要充分研判，确保起诉的必要性并达到好的诉讼效果，维护检察公益诉讼的权威。

2. 行政公益诉讼和民事公益诉讼选择的裁量。有效行使诉讼方式的选择权，能够确保检察公益诉讼效果。自然资源和环境保护、食品药品安全领域损害公益现象较多，对人民群众生活影响较大，既是检察民事公益诉讼也是行政公益诉讼的办案领域。这两个领域公益受损一般会存在行政执法不严格的问题，但是具体选择民事公益还是行政公益诉讼来办理，首先要考察行政机关是否依法、勤勉履职，作为选择办案方式的基本依据。但现实中经常是行政机关有履职行为但没有有效制止侵害公益现象发生、消除侵害公益行为的不良影响，这时选择何种办案方式要从办案效果来衡量。督促行政机关履职维护公益，行政机关和相对人地位不平等，行政机关的执法手段受到法律的严格限制，要考虑现实条件下行政主管机关能否实现维护公益的目的。民事公益诉讼中，检察机关行使类似原告的权利，民事救济的方式和手段比较丰富，民事判决的执行更能保障民事公益权利的实现。行政执法手段不能有效维护公共利益时，采取民事公益诉讼追究侵权者责任，补强行政执法手段的不足，能更有效维护公共利益。选择民事公益诉讼还是行政公益诉讼，检察机关可以斟酌、裁量，要从维护社会公益的效果来考虑和决定，从检察公益诉讼制度环境来考虑。

3. 民事公益诉讼和刑事附带民事公益诉讼选择的裁量。刑事附带民事公益诉讼仍将是公益诉讼办案结构中一大内容，因为严重破坏社会公益的行为会触犯刑法，会进入刑事诉讼程序。民事公益诉讼是专业性很强的工作，有歧义，民事公益诉讼由公益诉讼部门办理，刑事案件专业性也很强，由刑检部门办理更合适。民事公益诉讼附带办理的优点在于节约司法资源，一定程度上也减轻了民事公益诉讼案件审理中的对抗性，毕竟刑事被告人会更关注刑事案件的判决，在附带民事公益诉讼案件上的精力要少得多。民事公益诉讼案件待刑事裁判生效以后办理的优势在于，案件的主要事实已经由刑事案件认定，减轻了举证质证压力，也能够从民事案件的角度就法律关系、责任主体、责任承担方式等多方面进行精细化办理；弊端在于民事公益诉讼案件程序烦琐审限长，如果公益需要及时维护的情况下不太合适。所以，民事公益诉讼案件是否附随刑事案件办理，要根据案件具体情况来考量和选择。

（三）民事公益诉讼程序中需要裁量的内容

1. 做好与生态环境损害赔偿制度的衔接。生态环境损害赔偿制度改革是党的十八届四中全会《中共中央关于全面推进依法治国若干重大问题的决定》部署的一项重要改革任务，经过两年试点后于2017年年底在全国推广，实践中已出现一定数量的生态环境损害赔偿诉讼案件。检察机关应该支持生态环境损害赔偿制度改革，主动衔接，积极推动。2019年6月5日实施的最高人民法院《关于审理生态环境损害赔偿案件的若干规定》第17条规定："人民法院受理因同一损害生态环境行为提起的生态环境损害赔偿诉讼案件和民事公益诉讼案件，应先中止民事公益诉讼案件的审理，待生态环境损害赔偿诉讼案件审理完毕后，就民事公益诉讼案件未被涵盖的诉讼请求依法作出裁判。"根据该规定，生态环境损害赔偿诉讼优先于公益诉讼，故当赔偿权利人怠于行使诉权时，检察机关可以督促赔偿权利人启动索赔程序，使受损害的生态环境得到及时有效的保护。

督促赔偿权利人启动索赔程序的方式需要斟酌。对符合生态环境损害赔偿范围的案件，可以采用书面告知的方式督促赔偿权利人启动生态损害赔偿程序。因为生态环境损害是检察机关办理公益诉讼案件的主要领域，虽然生态环境损害赔偿制度已经实行，但还没有上升到法律层面，没有通过国家立法确认。检察机关尊重该制度安排，应该书面通知生态环境损害赔偿权利人，但尚不宜以《督促起诉意见书》的方式，采用一般书面告知形式即可。实践中，基层行政机关执法负担重，对于生态损害赔偿责任的追究尚缺乏经验，提起诉讼与其执法习惯迥乎不同，通过一般书面告知相较于督促起诉是更易于接受的方式，更容易实现良好的衔接。检察机关提起民事公益诉讼能够对行政执法手段不足进行补充，行政机关愿意配合检察机关提起民事公益诉讼，这样能真正形成双赢的效果，彰显检察机关的地位和作用。生态环境损害赔偿制度还没有正式上升为法律制度，建立由生态环境主管部门对生态损害赔偿进行磋商、由检察机关提起诉讼相衔接的生态环境损害赔偿制度，应该更具有科学性和合理性。

2. 理顺与社会主体在提起民事公益诉讼中的序位。根据目前的制度设计，检察机关在提起民事公益诉讼前要发布公告，督促符合条件的机关和社会组织提起民事公益诉讼，在没有适格主体提起民事公益诉讼时，检察机关可以提起民事公益诉讼。这种制度设计存在对公益诉讼主体定位错位的问题。这一规定的理由是认为检察机关应该保持谦抑原则，不能侵夺一般社会主体的诉权。但是检察机关本来就是公共利益的代表，习近平主席在给第二十二届国际检察官

二、法律监督体系现代化

联合会的贺信中也是这么表述的,因而提起公益诉讼是检察机关的职责所在。现行法似乎认为环保组织比本身属于公共机构、作为法定监督机关的检察机关更能发挥监督功能,逻辑不通。就客观条件而言,检察机关也显然比社会组织更有监督的能力和资源。①

社会公益组织可以提起民事公益诉讼,但并不是国家机关,提起公益诉讼不是其法定职责。社会公益组织等社会主体,提不提起公益诉讼是其权利选择,无须检察机关去督促和告知。检察机关在维护公益上要积极主动、勇于担当,为了不与一般社会主体的诉权产生冲突,在起诉前应该予以公告。公告的目的是邀请公众参与,向社会告知发生了公益受损的事件、检察机关准备提起诉讼。社会公众可以参与进来发表意见,是不是公益受损、要追究哪些主体的哪些责任。当然,也可以提出异议,包括对起诉主体的异议,但不局限于现在公告的目的。检察机关不需要督促适格主体先于检察机关提起诉讼,检察机关才是提起公益诉讼的法定适格主体。

3. 和解、调解解决公益保护责任的问题。检察机关的公信力较好,在诉前与违法行为人协议解决民事公益受损的争议存在可能性,若能诉前解决,可避免进入诉讼程序,有利于节约司法资源。检察机关办理民事公益诉讼案件,可以督促违法行为人积极整改、赔偿损失;对于违法行为人愿意主动整改、赔偿损失,能够确保受损害的社会公共利益得到有效保护的情形,可以与其达成整改协议。违法行为人不按期整改、赔偿损失的,检察机关提起诉讼。诉前程序没能解决问题,进入诉讼程序。在诉讼中,检察机关也可以在法庭的主持下与违法行为人就公共利益的修复等问题达成调解协议,节省司法资源,减少执行压力。

为了保证和解、调解协议不损害社会公共利益,达成和解、调解协议的,应当经过公开听证程序,邀请行政主管部门和相关领域专家参与;案件影响较大的,和解、调解协议应该进行公告,向社会征求意见,确保没有侵害公共利益后协议才能履行。诉前检察机关与违法行为人达成协议尤其要严格标准和程序,防止对公共利益的不当处分,必要时可以申请人民法院对整改协议予以确认。达成整改协议的条件应该严格明确,实体上要求违法行为人主动整改,协议内容能够确保受损害的社会公共利益得到有效保护;程序上要求应当经过公开听证程序。在检察机关认为违法行为人履行整改协议可能存在问题的情况下,可以申请法院对整改协议予以确认,如违法行为人不履行协议,检察机关可以申请法院强制执行。

---

① 巩固:《环境民事公益诉讼性质定位省思》,载《法学研究》2019年第3期。

4. 民事公益诉讼请求的选择和确定。因为传统诉讼制度下，没有人对公共利益的损害提起民事诉讼，导致社会公共利益的损失得不到弥补。检察机关提起民事公益诉讼，解决了诉讼主体缺位的问题，通过追究违法行为人的民事责任来实现对社会公共利益的救济，而追究民事责任的主要法律依据就是侵权责任的民事法律规范。根据侵权责任法的规定，检察机关可以向人民法院提出要求被告停止侵害、排除妨碍、消除危险、恢复原状、赔偿损失、赔礼道歉等诉讼请求。但是实际上社会公共利益的保护和救济形式，不完全和传统民事责任形式相同，还要根据具体领域社会公共利益的特点，确定不同的责任形式。

参考最高人民法院发布的环境侵权责任司法解释、环境民事公益诉讼司法解释、消费民事公益诉讼司法解释的相关规定，可以在民事公益诉讼中提出符合相关领域特点的诉讼请求。这实际上已经超出了传统民事责任的范畴，实为对全新法律责任的创设。[①] 破坏生态环境和资源保护领域案件，可以要求被告履行补植复绿、增殖放流、土地复垦等修复生态环境的诉讼请求，或者承担环境修复费用、生态环境服务功能损失费用等诉讼请求。食品药品安全领域案件，可以要求被告召回并依法处置相关食品药品、承担召回并依法处置相关食品药品的费用、惩罚性赔偿金等诉讼请求；英雄烈士权益保护案件，可以要求被告消除影响、恢复名誉等诉讼请求。具体办案实践中，还可以根据公共利益的实际情况，创设新的诉讼请求。

根据传统民事诉讼的理论和实践，检察机关为诉讼支出的鉴定评估、专家咨询费用可以在起诉时一并主张。但是参考刑事公诉案件，鉴定评估费用就不是被告承担责任的范围。由于社会公共利益的损失和修复费用评估鉴定技术复杂，需要考虑的因素非常广泛，完全按照刑事案件的鉴定评估标准可能导致费用过于高昂。为了合理确定社会公共利益损失和救济费用，需要创设新的鉴定评估标准规范，以便同时实现对被告责任的公平。《最高人民法院关于审理环境民事公益诉讼案件适用法律若干问题的解释》第 23 条，提供了一个很好的思路[②]，需要在实践中继续探索创新公共利益损失评估和修复费用计算的方法。对于其他检验、检测等调查费用、公告费用和为诉讼支出的其他合理费用

---

① 巩固：《环境民事公益诉讼性质定位省思》，载《法学研究》2019 年第 3 期。
② 最高人民法院《关于审理环境民事公益诉讼案件适用法律若干问题的解释》第 23 条规定，生态环境修复费用难以确定或者确定具体数额所需鉴定费用明显过高的，人民法院可以结合污染环境、破坏生态的范围和程度、生态环境的稀缺性、生态环境恢复的难易程度、防治污染设备的运行成本、被告因侵害行为所获得的利益以及过错程度等因素，并可以参考负有环境保护监督管理职责的部门的意见、专家意见等，予以合理确定。

可以由检察机关办案经费保障,这也是检察机关作为公共机构履行职责所应该承担的费用。

(四) 行政公益诉讼程序中需要裁量的内容

1. 关于行政公益诉讼案件数量的确定。公益诉讼初期工作中,有的检察机关根据行政相对人数量发出检察建议的情形,对同一时期、多个不同相对人同类违法行为发出大量检察建议。在一般行政案件中,行政行为影响的是具体的相对人的权利,可以根据行政相对人的人数确定案件数量。而在行政公益诉讼中,行政机关对不同相对人在同一时期的同类违法行为疏于监管致使公共利益受到损害,行政机关提起公益诉讼的目的是维护公共利益,检察机关监督的是主管的行政机关,不是为了不同相对人的权利,按照相对人数量发检察建议增加行政机关和检察机关工作量,影响了监督的质量和效果。因而,应该以被监督的行政机关为基础确定案件数量,避免对同一行政机关因同类违法行为发出多份检察建议,起诉多个行政公益诉讼案件。

公共利益内容是复合的,同一时期同类违法行为侵害的公共利益往往也是不可区分的,对于损害相同的公共利益的没有分别办理的必要。同类违法行为在不同地点侵害的公共利益可能是不同的,行政主管机关所能采取的公共利益维护措施也是不同的。所以案件数量的确定要改变单纯以行政相对人为依据,而是以被监督的行政机关为基础,再结合公共利益的标准,确定具体的案件数量。对于同一侵害国家利益或者社会公共利益的损害后果,数个负有不同行政监督管理职责的行政机关均可能存在不依法履行职责情形的,检察机关可以对数个行政机关分别立案,并分别发出检察建议。检察机关在发出检察建议前发现其他同类违法行为侵害相同公共利益的,可以与已立案案件一并处理,发出一份检察建议,列明已经调查核实的全部违法情形。

2. 关于磋商程序的把握。行政机关在维护国家利益和社会公共利益职责上处于第一顺位,检察机关提起公益诉讼是为了发挥公益保护的补缺作用。检察机关在监督行政机关履行公益保护职责前,需要就具体的公益保护事项进行沟通和磋商,促使主管行政机关主动履行职责,对监督的必要性和监督方式方法有更准确的把握,从而把监督力量主要用在对抗性较大的案件上。检察机关把与行政机关磋商作为提出检察建议的必经程序,不单纯追求办案数量,更注重办理政府及其部门遇到阻力或者需要几家单位协同解决的要案难案[1],实现

---

[1] 张军:《最高人民检察院关于开展公益诉讼检察工作情况的报告》,2019年10月23日在第十三届全国人民代表大会常务委员会第十四次会议上。

行政公益诉讼案件繁简分流的作用，有助于提升检察公益诉讼的实效。

磋商程序的目的在于：一是实现诉前建议以及诉讼的精准性，通过磋商对被告主体资格、违法履职情况以及履职中可能存在的困难等因素有更精准的把握；二是尽量在诉前解决问题，争议不大的案件通过磋商争取被监督行政机关主动履职，将检察公益诉讼的重心放在对抗性较大的案件上。但现实中大部分案情都比较简单，经过与行政机关磋商后明显感觉没有主动履职可能的，可以直接进入诉前检察建议阶段。磋商和诉前检察建议在督促履职的功能上是重复的，具体操作上可以灵活把握，避免增加基层检察机关不必要的工作量。磋商不能损害检察机关监督权威，磋商程序不影响检察机关对案件进行继续调查。出现国家利益和社会公共利益损害继续扩大等紧急情形的，可以不适用磋商程序。

3. 关于起诉标准的把握。检察机关发出诉前检察建议后，要跟踪调查被监督行政机关有没有依法履职，为提起行政公益诉讼做准备。一般而言，被监督行政机关有下列情形之一的，检察机关应当认定其未依法全面履行职责：明确表示不进行整改的；逾期不回复检察建议，也没有采取积极有效整改措施的；已经制定针对性整改落实措施，但没有实质性执行的；按期回复并采取了一定的整改措施，但未能全面依法履行职责的，这在实践中非常普遍；违法行为人已经被追究刑事责任或者将案件移送刑事处理，但被监督行政机关仍应当继续依法履行职责的，实践中存在行政机关认为移送刑事处理后就不再负有监管职责的看法，刑事处理追究的是当事人的刑事责任，由于现行法律没有在刑事诉讼中将公共利益的维护纳入进去，移送刑事处理并不代表主管机关监管职责的履行到位；已经制订具体可行的落实方案，因客观原因难以按期完成整改，但客观原因消除后未能及时执行到位的，比如补植复绿、增殖放流等客观原因难以在回复期内完成，客观原因消除后仍不执行方案的情形；整改措施行为违反法律法规规定的；其他没有依法全面履行职责的情形。

检察公益诉讼以维护国家利益和社会公共利益为目的，行政机关不依法全面履职导致国家利益和社会公共利益受到侵害的，是检察机关提起行政公益诉讼的实质条件。但在实践中是否构成起诉条件往往并非简单明了，毕竟行政主管机关具有相关领域的专业知识，对执法环境和条件也更有话语权。而法律关于公共利益的具体规定尚付阙如，只能根据行政机关是否依法全面履行职责来确定。在确定起诉条件时，要结合被监督行政机关不依法全面履职的情况，确定属于行政机关主观上不依法履职，导致国家利益和社会公共利益受损；而不仅仅是客观上未履职，或者履职不能导致公益无法得到维护。区分未履职与不履职的区别，考虑履职条件和能力对保护公益的影响，综合考虑起诉的必要性。

4. 行政公益诉讼请求的确定。诉讼请求是诉讼的核心。为有效维护国家利益和社会公共利益，根据行政诉讼法的规定，检察机关可以根据被监督行政机关的不同违法情形，向人民法院单独或者一并提出确认行政行为违法或无效、撤销或部分撤销违法行政行为、依法履行具体法定职责、变更行政行为等诉讼请求。撤销或部分撤销违法行政行为，适用于行政行为主要证据不足，适用法律、法规错误，违反法定程序，超越职权，滥用职权，明显不当六种情形。履行法定职责，适用于行政机关不履行或不全面履行法定职责，判决履行仍有意义的情形。确认行政行为违法，用于以下三种情形：一是行政行为依法应当撤销，但撤销会给国家利益或者社会公共利益造成新的重大损害的；二是行政行为违法，但不具有可撤销内容的；三是被告改变原违法行政行为的。确认行政行为无效，适用于行政行为重大且明显违法的情形。

在行政公益诉讼实践中，检察机关提出的诉讼请求最多的是确认行政行为违法以及履行法定职责。有的法院认为检察公益诉讼以提起履行之诉维护公益，单纯的确认行政行为违法请求没有必要而予以驳回①。但是行政公益诉讼的价值还在于维护法秩序这一公法目的，客观的法秩序也是公共利益的具体载体。确认行政行为违法是对行政行为否定性的法律评价，有助于修复违法行政行为的社会影响，维护法律权威，避免再次发生类似违法行为。对于发现行政行为依据的国务院部门和地方各级人民政府及其部门制定的规范性文件违法的，行政公益诉讼中应该一并提出审查请求，维护法治的统一。

三、检察公益诉讼裁量性的规制路径

（一）坚持以公益为核心的价值定位——检察公益诉讼裁量的基准

1. 促进依法行政和保护社会公共利益存在紧密关联。检察公益诉讼的核心价值究竟是促进依法行政，还是保护社会公共利益，现实中还有一定的分歧。我们基本的认识是行政机关是公共事务的管理者和公共服务的提供者，在我国以公有制为主体的经济制度里，自然资源和国有财产实际上也是政府管理，因而行政机关自然也是国家利益和社会公共利益的维护者。在维护国家利益和社会公共利益的责任上行政机关处于第一序位，行政机关依法行政、严格执法是维护国家和社会公益的主要方式。检察机关提起公益诉讼是一个兜底性制度安排，使得国家利益和社会公共利益权利主体不至于缺位，检察机关在维

---

① 吉林省延吉市人民法院行政判决书，（2018）吉 2401 行初 11 号。

护公益上是对行政机关的补充作用。检察公益诉讼的核心价值是促进依法行政还是保护公益,这个不同的认识对我们实际工作中也会有不同的影响。不同的观点持有者,面对相同的公益受损事件时会有不同的选择。

2. 以公益为核心是检察公益诉讼制度设立的出发点和制度安排的基本依据。习近平总书记在中央全面深化改革领导小组审议检察机关提起公益诉讼改革试点方案时,突出强调"检察机关要牢牢抓住公益这个核心"。这是对检察公益诉讼最明确的要求。检察机关在维护国家和社会公共利益的职责上处于行政机关的后续位置,但在公益诉讼制度中检察机关属于法定的诉讼主体,检察公益诉讼的核心价值就是保护公益,而促进依法行政、公正执法是这一制度的间接效果。检察公益诉讼是公益维护之诉,而不是违法责任追究之诉,更不是对行政机关及人员的渎职追责之诉,这是公益诉讼检察需要牢牢树立的一个观念。围绕维护公益这一基点,在调查取证中要将公共利益所受侵害的事实作为调查重点,而不是过于调查违法行为和行政人员渎职行为;监督行政机关履行维护公益职责,而不是履行社会管理职责。以维护公益为核心,也要求检察机关以更积极的姿态维护公益,虽然对行政机关是一个补缺位置,但也不能消极等待其他主体履行维护公益职责后再采取行动。检察机关还要根据维护公益的需要决定采取何种行为,比如申请法院保全财产和证据,在紧急情况下申请禁止令,采取紧急状态行为保全等。

(二)赋予调查取证权和保障措施——检察公益诉讼裁量的事实基础

1. 赋予调查取证权是查清事实的基础。调查取证是办理公益诉讼案件的基础工作,如果无法调查取得必要的证据,检察公益诉讼工作将无法进行。检察机关的调查取证权还没有明确的法律规定,作为民事诉讼法规定的调查核实还有诸多限制。检察公益诉讼开展以来,案源结构严重失衡,办案重心还在于生态资源环境保护领域,至于国家财产和国有土地使用权出让领域,应该是腐败的高危区,但很多地方还没有实现零的突破。其中原因之一也在于检察机关没有充分的调查取证权,检察机关在与行政机关角力之前已经预料到其艰难甚至难堪的后果。趋利避害是人的本能,检察机关在公益诉讼案源选择中的裁量性就实际表现为回避难以摆平的事项,转而对群众知情度高、线索发现容易的生态环境保护和食品药品安全领域。在具体案件办理中,因为缺少调查取证权,也使很多案件事实无法查清,只能作出结案决定。

2. 调查取证权需要强制措施保障。调查取证的顺利进行依赖于强制性的保障措施。检察机关不是案件当事人,没有自身的利益,收集证据难度大,如果将来作为被告方的行政机关和个人不予配合,检察机关很难查清案件事实。为了保障检察机关调查取证,对于行政机关不配合的,可以明确规定由人大、纪检监察机关、组织部门启动问责程序。对于个人不配合的，可以规定由司法警察参与公益诉讼证据的收集调查，对干扰、阻碍检察人员依法调查收集证据的，司法警察应当依法采取强制性措施，并追究相应法律责任。在证据可能灭失或者以后难以取得的情况下，可以建议人民法院保全证据。在紧急情况下，对正在发生的、不立即制止将产生损害国家利益或者社会公共利益严重后果的行为，立即建议人民法院采取禁止违法行为人实施违法行为的保全措施。赋予检察机关明确的调查取证权并以强制措施为保障，才能保证检察公益诉讼裁量具有可靠的事实基础。

（三）走公众参与的群众路线——检察公益诉讼裁量的外部规制

1. 基于公共性的公众参与。公共利益真正的归属者是社会公众，维护公共利益是众人之事，检察机关没有独立处理涉案公益的实体权力，而须充分的公众参与，通过决策的民主性增加处理过程的合法性，通过对公众意见的听取和与相关群体利益的平衡增强处理结果的合理性。人民陪审员法明确规定人民法庭必须由4名人民陪审员和3名法官组成合议庭，才能审理公益诉讼案件，这是审判制度的重大变革。检察机关在公益诉讼案件中不仅仅是起诉人，往往行使了最终的裁决权，所以为了防止检察机关决定失当，应该引进公众参与制度。检察机关立案办理民事公益诉讼案件，要进行公告，让相关的群众和社会组织知情、参与、发表意见。相关法律文书要及时公开，保障群众对案件办理程序和实体处理的知情权。在与违法行为人达成和解协议、确定环境修复方案时，召开听证会，邀请群众、相关领域专家以及主管部门参与并发表意见，确保检察机关不因自身眼界和能力而损害公共利益。

2. 基于技术性的公众参与。公益诉讼需要走群众路线，鼓励公众参与，另一个原因在于公益诉讼具有很强的技术性特征。公益受损事实的认定和补救措施的选择需要非常专业的技术手段，检察官作为专业的法律人士，不可能对技术性问题作出准确的判断。而现行的鉴定评估程序过于严格，也不便于技术专家有效参与公益诉讼案件。应该建立正式的公益诉讼专家辅助人制度，使得技术专家以独立的身份参与公益诉讼案件的办理，将听取专家意见作为检察机关作出决定一个必经程序，防止检察机关误判、裁量失当。同时也要发挥主管部门的专业优势，行政参与也是保障检察机关正确裁量的有益保障。通过技术专家参与、群众参与和行政参与，实现检察公益诉讼裁量的外部支持和制约。

（四）遵循基本的司法规律——检察公益诉讼裁量的理念支撑

1. 坚持个案办理方式，防止公益诉讼工作泛化。公益诉讼工作作为检察工作的一部分，性质上属于司法工作。所谓司法工作就是运用法律处理具体案件的专门活动,个案的办理是司法工作的主要方式。检察公益诉讼主要也是办理具体的个案,检察民事公益诉讼中,要针对具体的违法行为人提出具体的诉讼请求;检察行政公益诉讼中,要针对具体的行政行为提出纠正违法等诉讼请求。现实中,由于法律支撑的缺失,检察公益诉讼的办案方式没有统一的规定。检察机关为了推动公益诉讼工作开展,寻求行政机关的支持,采取了圆桌会议、联席会议等各种信息沟通方式。为了扩大公益诉讼的社会影响,也开展了一系列的宣传活动。这些工作对开展公益诉讼工作有一定的积极意义,但不能满足于这些基础性工作形式,对个案办理不能下真功夫、不肯"啃硬骨头",或者仅仅是"搭便车"式地处理一些简单的案件。[①] 坚持个案的办理方式,防止检察公益诉讼工作形式泛化,甚至异化为行政管理工作的一种辅助手段,帮助行政主管机关执法。把握准检察公益诉讼工作的司法属性,才能使这项工作行稳致远。

2. 坚持办案的亲历性,克服裁量的随意性。公共利益并不是一个抽象的概念,往往具有复合性、多重性特征,需要我们到现实中去体会、去界定、去把握。作为一项司法活动,检察公益诉讼要体现亲历性这一司法工作的基本要求。只有接触案件当事人,了解案件事实的真实情况,才能做出切合实际的判断,作出准确的决定。比如林地被毁以后能否因自然修复而结案的问题。毁林是一种侵害公共利益的行为,但在不同地点,不同种类的林地其包含的公共利益也不同,所要采取的修复措施也会不同。严格依据法律规定,毁林者必须补种所毁林木株数一定倍数的树木。但是现实中,比如在海南这种特殊的热带环境,气候温暖、雨水丰沛,树木自生的能力很强,确实可以自然生长达到复绿的效果。要亲历现场,要考察违法行为人的主观过错程度,检察公益诉讼不是代替行政机关严格执法,要把握维护公共利益这一核心价值,要考虑办案的综合效果和社会心理的接受程度,作出符合案情实际的决定。检察公益诉讼工作中坚持亲历性,充分考虑相关因素,不能"坐堂办案"滥用裁量权,防止违背事实和社情民意。

3. 坚持诉讼制度的定位,防止公益诉讼功能弱化。检察公益诉讼工作要促进依法行政、严格执法,形成司法权对行政权的监督制约。习近平总书记在党的十八届四中全会决议说明稿中指出,由检察机关提起公益诉讼,有利于优化司法职权配置,完善行政诉讼制度,也有利于推进法治政府建设。这是对检察公益诉讼制度最权威的阐释。我们现在都强调在诉前解决问题,追求较好的

[①] 张军:《最高人民检察院关于开展公益诉讼检察工作情况的报告》,2019年10月23日在第十三届全国人民代表大会常务委员会第十四次会议上。

办案效率和效果，这本身是没有错误的。但如果我们过于追求在诉前解决问题，就有违这项制度设立的初衷。任何一项权力行使运行有其自身的规律，建立检察公益诉讼制度，就是要通过司法审查纠正行政权不依法行使的问题，而依法行政是建设法治国家的关键。如果我们过多依赖和行政机关建立有效机制在诉前解决问题，就很难实现这个外部监督制度的功能。检察公益诉讼工作中，与行政机关沟通协作是必要的，但要把握好诉讼制度的基本定位，不能弱化这项制度的法治功能。

4. 坚持以庭审为中心，克服公益诉讼工作的盲目性。作为一项诉讼活动，检察公益诉讼工作要讲事实、讲证据、讲法律。发现公益受损的事实后，要及时固定证据，全面开展调查工作，根据需要对专业性问题委托专家鉴定、评估。再根据公益受损事件发生的原因去查找是否存在行政机关违法履行职责情况，确定作为民事公益还是行政公益案件去办理。在拟提起行政公益诉讼之前，应该依法建议行政机关自行纠正违法行政行为，提高办案效率和效果，节约诉讼成本。以庭审为中心的诉讼制度中，根据诉讼的要求准确预测诉讼风险，准确提出诉讼请求，准确把握争议焦点。根据诉讼的标准来收集证据，就可以克服公益诉讼工作的盲目性。作为一项诉讼工作来对待，置身于被告的抗辩和法庭的审判双重压力下，就会自觉地不断提高案件的质量标准，努力把检察公益诉讼做出专业化水平。

检察公益诉讼裁量性的规制路径首要在于完善立法。民事公益诉讼与传统的民事诉讼存在巨大差异，检察机关的角色不是原告，审判机关也不是唯一的裁判者，而是要实行开放式的诉讼结构，引进广泛的社会参与，其中必然面临诉讼请求、举证责任、认证规则、责任形式等重要制度的全新创设。行政公益诉讼也不同于行政诉讼，不是对当事人权利的救济，也不是对行政机关的渎职追责之诉，而是根据维护社会公共利益之需要督促行政机关履职之诉，是检察工作理念巨大的转变和更新；而且必须经过前置的检察建议这一程序，因而是一种与行政诉讼完全不同的诉讼制度。建立全新的公益诉讼制度尚已经具备了很多实践样本，但也还需要更深入的理论论证。即便建立了独立的公益诉讼制度，因为公共利益内容的不确定性等原因，立法也无法作出详尽的规范，检察裁量的空间仍然巨大。检察公益诉讼制度的健康发展并逐渐走向成熟，需要公益诉讼检察官把准检察公益诉讼的发展方向，扬长避短，将检察公益诉讼的裁量权运用好，发挥检察公益诉讼裁量的正面效应、规避不当裁量的弊端，探索检察公益诉讼规律，推动检察公益诉讼制度逐渐完善，促进国家治理体系和治理能力现代化。

反垄断检察公益诉讼：
基于公共利益的竞争司法新路径

谭 晨[*]

引言

2022年6月24日第十三届全国人大常委会第三十五次会议将《反垄断法》第50条改为第60条，增加一款作为第2款："经营者实施垄断行为，损害社会公共利益的，设区的市级以上人民检察院可以依法向人民法院提起民事公益诉讼。"这是我国反垄断法首次大修对检察公益诉讼制度的首次规定，意味着反垄断执法机构之外的反垄断司法力量得以补足，当事人以外的检察机关可以代表广大公众提起反垄断之诉，反垄断体制机制与法律责任体系进一步完善。强化反垄断和反不正当竞争，深入推进公平竞争政策实施，依法规范和引导我国资本健康发展，是完善社会主义市场经济体制的内在要求，有利于促进形成公平竞争市场环境，为各类市场主体尤其是中小企业提供广阔发展空间，更好保护消费者权益。继2020年中央经济工作会议强调"坚决反对垄断和不正当竞争行为"后，2021年中央经济工作会议要求"加强反垄断和反不正当竞争"，展示了经济发展面临三重压力和世纪疫情冲击下，我国坚持高质量发展，不断做强经济基础，构建高水平社会主义市场经济体制的魄力和决心。在此背景下，反垄断检察公益诉讼制度的构建和出台可谓恰逢其时。

检察机关持续关注反垄断检察工作，以能动履职服务经济社会高质量发展。2022年《最高人民检察院工作报告》指出"加强反垄断、反暴利、反不正当竞争司法"。近年来，检察机关已积极稳妥办理了一批涉及市场竞争秩序和消费者权益保护的公益诉讼案件，如2020年贵州检察机关针对网络餐饮平台强制"二选一"发出检察建议，督促主管部门治理不正当竞争行为等。当

---

[*] 最高人民检察院政治部干部，法学博士。

前，正致力推动涉及垄断和不正当竞争侵害众多消费者权益类案件纳入公益诉讼新领域探索范围，发挥检察公益诉讼预防功能，探索通过民事公益诉讼检察建议，督促大型网络平台履行社会责任。对反垄断检察公益诉讼制度开展深入研究，兼具理论意义和实践价值，对于落实新法、平息争议、指导实践等大有裨益。

实践发展呼唤理论创新。公益诉讼作为助推国家治理现代化的中国方案，缘起于2014年10月党的十八届四中全会提出"探索建立检察机关提起公益诉讼制度"，自2015年开展检察机关提起公益诉讼改革试点以来，距今已有八个年头。关于反垄断检察公益诉讼的研讨散见于近十年，相关内容包括理论依据、主体资格、受案范围、诉讼请求、制度选择、制度优势等[1]，但总体而言，仍有待持续地集中主题、精耕细作、捭补缺漏、系统深化、与时偕行。在此基础上，本文聚焦于反垄断检察公益诉讼的衍生逻辑和理论内核，旨在揭示作为链接反垄断和公益诉讼之关键的公共利益，乃是该制度需要实现的重要目标，并以此为指引，尝试规则设置与制度构建，期冀发挥司法在反垄断中应有的功能作用，为新时代反垄断实践拓掘一条新路径。

一、建制何以必要：捭补反垄断法实施薄弱环节

在反垄断法实施过程中，司法是不可或缺的重要环节。从反垄断的历史来看，由1890年美国《谢尔曼法》仅授权法院管辖垄断案件、司法部依法提起诉讼，到构建以美国司法部、联邦贸易委员会和联邦法院为主要实施主体的强大行政执法体系，实践证明，反垄断法需要行政力量强有力的介入。对于我国而言，反垄断法实施15年后的今天，在有力的反垄断执法之外，反垄断司法也能够发挥重要作用。

（一）助推国家治理现代化的制度供给

自党的十八届三中全会首次提出"国家治理体系和治理能力现代化"重大命题以来，全面深化改革明确了完善和发展中国特色社会主义制度、推进国

---

[1] 既往相关研究，参见陈云良：《反垄断民事公益诉讼：消费者遭受垄断损害的救济之路》，载《现代法学》2018年第5期；冯博、杨童：《我国反垄断集体诉讼制度的构建与实施》，载《中州学刊》2018年第6期；吴波：《建议在反垄断领域引入检察公益诉讼》，载《人民检察》2020年第13期；钮杨：《论反垄断民事诉讼》，对外经济贸易大学2017年博士学位论文，第137—165页。

家治理体系和治理能力现代化的总目标。①"国家治理"指国家公共权力机构治国理政的全部活动②,覆盖经济、政治、文化、社会、生态文明、军事、外事等各个方面。"国家治理体系"是国家治理活动中一系列制度安排、组织形态、体制机制所构成的制度体系,"国家治理能力"是国家治理活动中所具有的制度供给与实施、有效管理与创新等各方面能力的整体表现。③"现代化"则对国家治理提出了民主、法治、文明、科学、与时俱进等要求。

坚持和完善中国特色社会主义法治体系是推进国家治理体系和治理能力现代化的重要内容,贯穿法律规范、法治实施、法治监督、法治保障,科学立法、严格执法、公正司法、全民守法全过程。检察公益诉讼缘起于2014年党的十八届四中全会提出"探索建立检察机关提起公益诉讼制度",本身是一项具有鲜明中国特色的检察制度和诉讼制度,"拓展公益诉讼案件范围""完善生态环境公益诉讼制度"写入《中共中央关于坚持和完善中国特色社会主义制度 推进国家治理体系和治理能力现代化若干重大问题的决定》,为助推国家治理现代化贡献了中国方案,是制度优势转化为国家治理效能的真实写照。④反垄断检察公益诉讼是公益诉讼在反垄断领域的拓展,通过在发挥主要作用的反垄断行政执法之外,充分引入反垄断检察力量,加强对竞争法律实施的法律监督,有效弥补了过往存在的反垄断司法力度不足、法律监督不够的问题,使反垄断法赖以实施的制度体系更为完整和完善,强化了国家保障促进公平竞争、防范化解经济风险的能力。

在补短板、强弱项之外,国家治理现代化还要求加强系统治理,构建系统

---

① 参见习近平:《决胜全面建成小康社会 夺取新时代中国特色社会主义伟大胜利——在中国共产党第十九次全国代表大会上的报告》(2017年10月18日);《中共中央关于全面深化改革若干重大问题的决定》(2013年11月12日中国共产党第十八届中央委员会第三次全体会议通过);《中共中央关于坚持和完善中国特色社会主义制度 推进国家治理体系和治理能力现代化若干重大问题的决定》(2019年10月31日中国共产党第十九届中央委员会第四次全体会议通过)。

② 参见俞可平:《国家治理的中国特色和普遍趋势》,载《公共管理评论》2019年第1期。

③ 也有学者将国家治理能力解析为"制定和实施政策及制定法律的能力、高效管理的能力、控制渎职、腐败和行贿的能力、保持政府高度透明和诚信的能力以及最重要的执法能力。"参见〔美〕弗朗西斯·福山:《国家构建:21世纪的国家治理与世界秩序》,黄胜强等译,中国社会科学出版社2007年版,第9页;吴汉东:《国家治理能力现代化与法治化问题研究》,载《法学评论》2015年第5期。

④ 参见胡卫列:《国家治理视野下的公益诉讼检察制度》,载《国家检察官学院学报》2020年第2期。

完备的制度体系。反垄断检察公益诉讼的制度安排，使检察机关的作用发挥由单一、被动的诉讼监督环节，前移至相对主动的线索发现、案件办理环节，同时诉讼监督并行不悖，检察机关介入更为及时、深入。反垄断法修法之前，司法机关与反垄断执法机构的沟通交流，几乎仅存在于执法机关作为行政诉讼被告的情况下，因此常出现反垄断执法与司法裁判逻辑与思路不一致、结论有差异的情况。[①] 而反垄断法增加检察公益诉讼条款后，执法司法的沟通将不限于诉讼阶段，而是深入实体和程序、办案和监督各个方面，有益于强化反垄断执法和司法的衔接，加强执法司法在信息共享、案情通报、案件移送等方面的协作，促进行政执法标准和司法裁判标准统一，及时发现涉嫌职务违法或者职务犯罪线索，形成保护合力，共同推动形成对垄断行为的高效监管机制。

（二）弥补民事私人诉讼不足的现实需要

"徒法不能以自行。"[②] 从法律实施依托的主体来看，可供选择的反垄断法实施方式主要有三种，即私人实施、社会实施、公共实施。反垄断法的私人实施，是指权利人为维护私人利益而通过提起诉讼或非诉和解、自力救济等方式实施反垄断法；社会实施，则指多位权利人或法律授权的社会组织为维护集体利益或社会利益而通过提起集体诉讼、团体诉讼或非诉方式等实施反垄断法；公共实施，指的是国家公权力机关通过执法司法等方式对反垄断法的实施。三者中，由私人实施和社会实施引起的诉讼主要由权利人发起，属于私人诉讼；而公共实施借助的诉讼主要由公权力机关发起，因而属于公益诉讼。就我国而言，反垄断法的社会实施较为欠缺，私人实施主要表现为受垄断行为侵害的当事人有权提起民事私人诉讼[③]，公共实施主要表现为反垄断执法机构的行政执法以及检察机关依法提起反垄断民事公益诉讼。

由于反垄断的复杂性、多变性、专业性，在过往实践中，民事私人诉讼作为法律实施工具的弊端逐渐显露：一是诉讼模式与侵害利益不完全匹配的问题。有学者认为，民法意义上违约或侵权行为指向性侵害特定受害人之个体私益，经济法意义上违法或不正当行为发散性侵害不特定受害人之社会权益，如

[①] 参见谭晨：《欧盟纵向限制裁判经验及启示——评 HB 冰淇淋公司案兼议〈反垄断法〉第十四条的修订》，载《河南财经政法大学学报》2020 年第 1 期。

[②] 《孟子·离娄上》。

[③] 当事人也可依据《反垄断法》第 65 条提起行政私人诉讼，此处主要探讨受垄断行为侵害的当事人寻求法律救济的问题，因此对不服反垄断执法机构决定的当事人寻求法律救济情况暂不讨论。

果依托单独或共同诉讼这样的私人实施机制实现经济法权益，则会发生严重障碍。① 在垄断案件中，有直接利害关系的主体可能是实施垄断行为经营者的竞争对手、产业链上下游经营者等，但受害主体不限于此，还包括广大商品和服务终端消费者，其权益受损也是社会公共利益受损。因此，仅依靠民事私人诉讼难以解决公益受损后果。二是原被告诉讼实力通常不对等的问题。平等原则是民法的一项基本原则，当事人诉讼权利平等原则是民事诉讼法的一项基本原则，平等反映了民事法律关系的本质特征，是全部民事法律制度的基础。与均质性假设正好相反，反垄断法作为典型的经济法，首先承认市场主体之间普遍存在的差异性，要求在形式正义之外，更多地体现实质正义。在垄断案件中，有能力实施垄断行为的经营者一般而言都在市场竞争中占据了一定优势地位，而受垄断行为侵害的经营者一般情况下总在一些方面受人所制，遑论消费者个人之于垄断经营者，其市场地位、经济力量相差悬殊，在民事诉讼中难以实现实质平等。三是反垄断诉讼专业门槛高，原告举证困难的问题。据统计，2008年至2020年，全国各级法院受理各类垄断民事案件共计897件，审结844件，涉及行业和领域广泛，互联网领域垄断纠纷近年高发。② 现实生活中存在大量垄断纠纷，而鲜有人通过诉讼方式解决，原因在于反垄断诉讼的难度很大。一方面，反垄断的专业程度高，垄断行为的认定往往需要综合运用经济学分析和法律分析。如在奇虎诉腾讯滥用市场支配地位案中，案件争议焦点包括如何界定相关市场、被告是否具有市场支配地位、被告是否构成滥用市场支配地位行为等，法院运用了假定垄断者测试（SSNIP检验）等方法界定相关市场。③ 另一方面，在民事诉讼"谁主张谁举证"规则下，难度大多施加给了原告方。垄断行为侵害对象有时特定，更多情况下为不特定、数量众多的经营者、消费者，其精力成本有限，存在证据收集、诉讼负担困难，普遍难以维权胜诉。随着垄断行为越发隐蔽，对于通过其他协同行为达成的垄断行为等，当事人在信息不对称的劣势下难以举证。

二、公共利益：制度建设运行的核心与关键

"对一些行政机关违法行使职权或者不作为造成对国家和社会公共利益侵

---

① 参见赵红梅：《经济法的私人实施与社会实施》，载《中国法学》2014年第1期。

② 参见最高人民法院：《人民法院反垄断和反不正当竞争典型案例新闻发布会》，载最高人民法院网，https://www.chinacourt.org/article/subjectdetail/id/MzAwNMhPNoABAA.shtml。

③ 参见北京奇虎科技有限公司与腾讯科技（深圳）有限公司、深圳市腾讯计算机系统有限公司滥用市场支配地位纠纷案。

害或者有侵害危险的案件，如国有资产保护、国有土地使用权转让、生态环境和资源保护等，由于与公民、法人和其他社会组织没有直接利害关系，使其没有也无法提起公益诉讼，导致违法行政行为缺乏有效司法监督，不利于促进依法行政、严格执法，加强对公共利益的保护。"① 由此可见，更好保护公共利益乃是公益诉讼制度设计的初衷，公共利益是检察机关提起公益诉讼制度必须牢牢抓住的核心。而反垄断之所以成为检察公益诉讼又一法定领域，正是因为垄断行为损害了社会公共利益。公共利益乃是链接反垄断与检察公益诉讼的关键。

（一）"公共利益"的理解与适用

何谓公共利益？就此问题，学界已探讨良久，几乎言人人殊。受广泛引用的庞德利益三分说从主体角度将利益分为个人利益、社会利益和公共利益，认为个人利益是直接包含在个人生活中并以个人生活的名义提出的主张、要求和愿望，社会利益是包含在文明社会的社会生活中并以维护社会秩序、社会正常生活的名义提出的主张、要求和愿望，公共利益是包含在一个政治组织社会生活中并以社会组织名义提出的主张、需要和愿望。② 简单地说，庞德将公共利益界定为国家利益。中国学者对此一般不予认同，而是提出多种主张，如认为"公共利益表现为社会利益、国家利益"③，"公共利益独立于个人利益，具有整体性和普遍性"④，"从反面来说，凡属于商业开发的，绝不属于社会公共利益"⑤，公共利益是指全体社会成员的共同利益⑥，等等。作为法律概念的"公共利益"较早出现在美国联邦最高法院1877年审理的"Munn v. Illinois"案中，法院裁定，一个人在行使财产权时如果公众有某种利益在里面，那么为了"共同的善"（common good），他必须将自己的财产交由公众控制。⑦ 19世

---

① 习近平：《关于〈中共中央关于全面推进依法治国若干重大问题的决定〉的说明》。

② 参见［美］罗斯科·庞德：《通过法律的社会控制》，沈宗灵译，商务印书馆2010年版，第83—84页。

③ 赵震江、付子堂：《现代法理学》，北京大学出版社1999年版，第94页。

④ 孙笑侠：《法的现象与观念》，山东人民出版社2001年版，第46页。

⑤ 江平、王轶、陈华彬等：《国家利益不能无限制使用》，载正义网，http：//www.jcrb.com/xueshu/jiangzuo/200806/t20080613_21644.html。

⑥ 参见王利明主编：《中国民法典学者建议稿及立法理由·总则编》，法律出版社2005年版，第19页。

⑦ See Misook Bake, Public Interest and Technological Rationality Social Determinants of American Broadcasting, 1920-1927, the Graduate College of the University of Lowa, PH. D. Thesis, 2003, p. 26-30.

纪中叶，经济学诞生了公共利益理论（the pubulic interest theory of regulation），其假设政府是公共利益的代表，政府通过经济规制可以实现社会福利的最大化。①

我国有多部法律使用了"公共利益""社会公共利益"的概念。如《民法典》在第 117 条、第 243 条、第 358 条、第 999 条、第 1009 条、第 1020 条、第 1025 条、第 1036 条关于征收、征用、提前收回建设用地使用权、合理使用个人信息、人体医学活动不得损害公共利益等规定中八次使用了"公共利益"一词；在第 132 条、第 185 条、第 534 条关于禁止权利滥用、禁止侵害英雄烈士权益、禁止利用合同危害公共利益规定中三次使用了"社会公共利益"一词；且"公共利益"往往单独表述，而"社会公共利益"总是与"国家利益"一起表述，如第 132 条规定："民事主体不得滥用民事权利损害国家利益、社会公共利益或者他人合法权益。"对此，有学者认为，公共利益和社会公共利益在我国法律语境中基本上是以同一概念来使用的，二者基本没有区别，前者是后者的方便说法。② 此观点值得商榷，从文本解释和语义解释来看，我国法律至少从国家、社会、个人三个角度区分了国家利益、社会公共利益和个人合法权益，公共利益则应理解为包含国家利益和社会公共利益。

社会公共利益侧重社会层面的公众利益，可以从四个方面理解：其一，不特定第三人。涉及的不是少数社会成员利益，不是特定多数社会成员利益，也不应理解为全体社会成员的共同利益，而应理解为不特定多数社会成员的利益。其二，表现为私人权益。对于每一位不特定第三人，都存在相应的私人利益，聚合构成社会公共利益。如耶林所言："公共利益在由个人接近权利实现的情形下，就不再仅仅是法律主张其自身权威、威严这样一个单纯的概念上的利益，而同时也是一种谁都能感受到、谁都能理解的非常现实、极为实际的利益，即一种能够保证和维持个人所关注的交易性生活的安定秩序的利益。"③ 私人利益和社会公共利益之间有一定的互动性。其三，基于基本法律权益。即涉及的是基础性的法律利益，如生命利益、健康利益、财产利益、自由利益等。其四，与最低限度的道德要求相联系。即不能违背最低限度的道德要求损害私人利益，不能违背公序良俗。例如，侵害英雄烈士的姓名、肖像、名誉、

---

① 参见王健等：《中国政府规制理论与政策》，经济科学出版社 2008 年版，第 28—62 页。
② 参见梁上上：《公共利益与利益衡量》，载《政法论坛》2016 年第 6 期。
③ ［意］莫诺·卡佩莱蒂编：《福利国家与接近正义》，徐俊祥等译，法律出版社 2000 年版，第 67 页。

荣誉等不道德行为，虽然损害的是私人利益，但也应视为损害社会公共利益。

公共利益是抽象的、模糊的，但并非意味着无边无界。正如庞德所说，公共利益是一匹难以驾驭的马，人一旦跨上它就不知将带往何处，法院在考虑公共利益时应该缓慢而谨慎，而且假如法律规则在适用中受到限制，问题就应该留给立法机构处理。① 类似"……等损害社会公共利益的行为"的公共利益条款，诚然为法律规则的灵活变通留下了一定的开放性空间，但如若被随意适用、解释，则会造成限制自由的风险。因此，公共利益条款的法律适用应严格遵循法定原则，对于法律明确规定以外的公共利益，应当经由立法机关立法或解释确定。

（二）作为公共利益法的反垄断法

公共利益是反垄断的核心概念，是反垄断法的核心追求，这已是受广泛认同的理论共识。② 从反垄断法的产生历史来看，在19世纪下半叶的美国，同意不相互竞争的经营者组成卡特尔集团，采取信托形式在石油、糖、棉花、威士忌等领域形成垄断，导致农民和小企业主在强大信托收取的高昂投入价格和不断下跌的产出价格之间夹缝求生，贫富差距进一步加大，在愤怒民众的施压下，美国国会于1890年颁布了"经济自由宪章"——《谢尔曼法》。③ 该法的两条实体条款，即第1条谴责限制贸易的协议，第2条谴责垄断、企图垄断和共谋垄断，都是为了限制垄断组织与寡头权力，保护作为弱势群体的社会公众的利益，以此来看，《谢尔曼法》是一部典型的公共利益法规。美国反垄断法关注的主要垄断行为，如共谋、垄断、反竞争兼并等，都与公共利益受损息息相关。从经济分析结论来看，竞争政策的根本原则是实现分配效率（allovative efficiency）

---

① 参见［美］罗斯科·庞德：《法理学》（第3卷），廖德宇译，法律出版社2007年版，第205—206页。

② 参见王晓晔：《我国反垄断立法的宗旨》，载《华东政法大学学报》2008年第2期；蒋悟真：《反垄断法中的公共利益及其实现》，载《中外法学》2010年第4期；卢炯星、李晓丽：《反垄断法视域中的公共利益问题》，载《山东社会科学》2010年第7期；See Christopher R. Leslie, Antitrust Law as Public Interest Law, *UC Irvine Law Review*, Vol. 2, No. 3 (2012), p. 890 – 908; Rudolph J. R. Peritz, Foreword: Antitrust as Public Interest Law, *New York Law School Law Review*, Vol. 35, Issue 4 (1990), p. 767 – 790.

③ See William Letwin, *Law and Economic Policy in America: The Evolution of the Sherman Antitrust Act*, Random House, 1965, p. 59.

或称消费者福利的帕累托最优①，即生产能够代表消费者偏好的经济状态，此时每一种商品和服务的最后一个生产单位为消费者提供的边际收益等同于边际生产成本。② 通过反垄断优化分配效率，是实现公共利益的一种经济手段。竞争概念更深层次的规范含义，乃是为确保控制经济权力而制定规则。③ 从反垄断法的实施来看，几乎所有涉及竞争政策的政府行为，无论是反垄断立法、法律解释，还是体制机制设置、行政执法、反垄断司法，都必须始终代表公共利益。④

反垄断法致力于维护公共利益，这在许多国家和地区的法律文本中有清晰表述。如美国《克莱顿法》第5条第（e）项规定"在作出由美国依据本节提出的一致判决之前，法院要确定该判决的发出是为了公众的利益"⑤，德国《反对限制竞争法》第8条第（1）项规定"不具备第2条至第7条规定的要件的，联邦经济部长可以批准协议和决议豁免适用第1条的禁令，但以在例外情况下出于整体经济和公共利益方面的重大事由必须对竞争进行限制为限"⑥，等等。我国反垄断法有四处写到"社会公共利益"：一是第1条立法目的条款，规定反垄断法的立法目的之一是为了"维护消费者利益和社会公共利益"；二是第20条第1款第4项公共利益豁免条款，规定经营者能够证明所达成的协议属于"为实现节约能源、保护环境、救灾救助等社会公共利益的"，不适用禁止达成垄断协议规定；三是第34条经营者集中豁免条款，规定经营者能够证明经营者集中"符合社会公共利益的"，可以对经营者集中不予禁止；四是第60条反垄断检察公益诉讼条款，规定"经营者实施垄断行为，损害社会公共利益的"，检察机关可以提起民事公益诉讼。

---

① See Richard A. Posner, *Antitrust, Cases, Economic Notes and Other Materials*, West Publishing Company, 1974, supra note 2, p. 5 – 14; Bowman, Toward Less Monopoly, *University of Pennsylvania Law Review*, Vol. 101, Issue 5（March 1953）, p. 577 – 589.

② See Markovits, Richard, *Truth or Economics: On the Definition, Prediction, and relevance of economic efficiency*, Yale University Press, 2008, p. 21 – 31.

③ See John J. Flynn, Antitrust Policy and the Concept of a Competitive Process, *New York Law School Law Review*, Vol. 35, Issue 4（1990）, p. 897.

④ See Mark Glick, Andrew Abere, Merger and Acquisitions in the Age of Wall Street: An Assessment, *New York Law School Law Review*, Vol. 35, Issue 4（1990）, p. 1095 – 1108.

⑤ 美国《克莱顿法》（1914年公布），载尚明主编：《主要国家（地区）反垄断法律汇编》，法律出版社2004年版，第193页。

⑥ 德国《反对限制竞争法》，载尚明主编：《主要国家（地区）反垄断法律汇编》，法律出版社2004年版，第6页。

从我国法律文本来看，首先，未对"社会公共利益"作解释，社会公共利益仍是一个模糊的概念。其次，使用了"社会公共利益"而非"公共利益"一词，前述已阐明"公共利益"应理解为社会公共利益和国家利益，表明反垄断法更侧重于保护社会层面的公众利益，而与国家利益相区分，这符合反垄断的基本原理。再次，社会公共利益的内涵，明确包括节约能源、保护环境、救灾救助三项，《反垄断法》第20条第1款第4项以外的豁免理由，如技术进步、统一标准、增强中小企业竞争力、应对经济不景气、保障外贸利益等，则不属于社会公共利益，至于金融稳定、劳工就业、产业发展、公共卫生等是否属于社会公共利益，则有待有权机关进一步解释。最后，反垄断法区分了"社会公共利益"和"消费者利益"。对于社会公共利益和消费者利益的关系，有学者认为，反垄断法所保护的社会公共利益、消费者利益以及它所致力提高的经济效率，在本质上是一致的，但一些情况下，不同目的之间可能发生冲突。① 有学者认为，消费者利益是公共利益的重要内涵，但并不是所有的消费者利益都能直接构成公共利益，在受垄断行为侵害的消费者呈现个别性的情况下，消费者利益不能并入公共利益范围。② 也有学者认为，在解释"公共利益"时，认为其内涵包括保护与增进消费者福利已成为受世界上大多数国家和地区支持的趋势。③ 本文认为，根据前述对社会公共利益四个方面特点的阐述，由于"消费者"概念同样涉及不特定第三人，个体表现为每位购买商品或服务者的私人权益，消费乃是人基于财产权享有的基本权利，因而，宜对社会公共利益做适当宽泛的解释，认为消费者利益是社会公共利益的一项重要内涵，且社会公共利益还包括节约能源、保护环境、救灾救助等内涵。

（三）作为公共利益"看护人"的检察公益诉讼

2017年9月，在致第二十二届国际检察官联合会年会暨会员代表大会的贺信中，国家主席习近平深刻指出："检察官作为公共利益的代表，肩负着重要责任"。2021年6月发布的《中共中央关于加强新时代检察机关法律监督工作的意见》明确指出，检察机关是"保护国家利益和社会公共利益的重要力量"。检察机关是公共利益的守护者，维护公共利益是检察机关的职责使命，公益是检察公益诉讼必须牢牢抓住的核心。检察机关提起公益诉讼制度，源起于2014年10月党的十八届四中全会改革部署，形塑于2015年至2018年三次

---

① 参见王晓晔：《我国反垄断立法的宗旨》，载《华东政法大学学报》2008年第2期。
② 参见李国海：《反垄断法公共利益理念研究——兼论〈中华人民共和国反垄断法（草案）〉中的相关条款》，载《法商研究》2007年第5期。
③ 参见蒋悟真：《反垄断法中的公共利益及其实现》，载《中外法学》2010年第4期。

深改组（委）会议决定检验检察公益诉讼改革试点、批准配置公益诉讼检察机构，确立于2017年7月十二届全国人大常委会第二十八次会议修改的民事诉讼法、行政诉讼法的正式实施。5年来，检察机关以人民为中心，以公益保护为核心，创新树立"双赢多赢共赢""诉前实现保护公益目的是最佳司法状态""持续跟进监督"理念①，聚焦生态环境和资源保护、食品药品安全、国有财产保护、国有土地使用权出让等公益问题，共立案公益诉讼案件67万余件，梯次以磋商、诉前检察建议、提起诉讼等方式督促行政机关依法全面履行职责，加强与行政机关协同协作，完善跨区划协作机制、一体化办案、诉前圆桌会议、听证等配套机制。立法层面，从民事诉讼法、行政诉讼法到人民检察院组织法、检察官法，再到英雄烈士保护法、未成年人保护法、安全生产法、军人地位和权益保障法、个人信息保护法、反垄断法等一系列单行法，先后增加了公益诉讼检察条款。"两高"出台司法解释，最高人民检察院制定办案规则，地方人大常委会通过加强公益诉讼的专项决定，使公益诉讼检察法律规范体系不断丰富。② 回首过去5年，公共利益作为检察机关提起公益诉讼的初衷和目的③，就像是苍茫大海中坚定矗立的灯塔，始终为检察公益诉讼的不断前进指引着方向。

依托公益诉讼检察开展反垄断实践，既具有历史基础，又符合现实需求，能够充分发挥保护公共利益的制度优势。从世界范围看，由公权力机关代表民众提起反垄断之诉较为常见，如美国反垄断法依托联邦执法机构、州官员、私人原告三类主体实施，司法部可以对垄断案件提起刑事诉讼，胜诉则有权获得禁令救济和单一损害赔偿④，同时，州检察官通常可以本州消费者的名义提起民事反垄断诉讼，即父权诉讼（Parens Patriae Action）。⑤ 检察机关提起反垄断公益诉讼，有利于保护垄断行为损害法益：一为市场公平竞争。垄断行为限制个体、私营和中小企业发展，扰乱市场竞争秩序，阻碍市场在资源配置中决定

---

① 参见张军：《最高人民检察院关于开展公益诉讼检察工作情况的报告——2019年10月23日在第十三届全国人民代表大会常务委员会第十四次会议上》，载《中华人民共和国全国人民代表大会常务委员会公报》2019年第6期。

② 《中共中央宣传部新闻发布会 中国这十年·系列主题新闻发布 介绍新时代检察机关法律监督工作的进展与成效》，载中共中央宣传部网，https://www.spp.gov.cn/spp/xsdjcjgfljdgzdjzycx/index.shtml。

③ 参见郑赫南：《张雪樵：检察机关提起公益诉讼旨在保护公共利益》，载最高人民检察院网，https://www.spp.gov.cn/spp/gjybs/201803/t20180319_371395.shtml。

④ See Pfizer, Inc. v. Gov't of India, 434 U.S. 308, 317 (1978).

⑤ See Pennsylvania v. Milk Indus. Mgmt. Corp., 812 F. Supp. 500, 506 (E.D. Pa. 1992).

性地位的发挥，不利于高效规范、公平竞争的国内统一市场形成。二为市场主体的公平竞争权和自由竞争权。垄断者限制其他经营者进入市场、参与交易、自由决定价格等交易要素，对竞争对手、产业链上下游经营者发展设置障碍。三为消费者利益和社会公共利益。垄断阻碍技术创新和发展，降低经济效率，损害终端消费者权益，使广大社会公众、人民群众的公共利益受损。我国《民事诉讼法》第58条对民事公益诉讼的规定要求相关行为"损害社会公共利益"，侧重于保护社会层面的公众需求；《行政诉讼法》第25条第4款关于行政公益诉讼的规定适用于行政机关违法行使职权或者不作为，致使"国家利益或者社会公共利益受到侵害"，要求从国家和社会双重层面保护利益。以检察公益诉讼制止垄断行为，为防范化解垄断风险开辟了一条新路径，能更好切实维护社会公共利益，使反垄断之"齿"更利。

三、反垄断民事公益诉讼制度的具体构建

2022年8月1日，修订后的反垄断法正式施行，其中专门增设第60条第2款检察公益诉讼条款，授权检察机关提起反垄断民事公益诉讼。从法律条文看，提起反垄断检察公益诉讼的要件有四：一为情境要件，即经营者实施垄断行为；二为结果要件，即损害社会公共利益；三为主体要件，即设区的市级以上人民检察院有权提起；四为性质要件，即只能提起民事公益诉讼，不能提起行政公益诉讼。从实践层面看，这毕竟是一项具有中国特色的新制度，在缺乏明确法律指引的情况下，对于具体应如何运作执行，实务中仍存在不少困惑。日前，最高人民检察院印发《关于贯彻执行〈中华人民共和国反垄断法〉积极稳妥开展反垄断领域公益诉讼检察工作的通知》（以下简称《通知》），要求认真贯彻实施修订后的反垄断法，积极稳妥开展反垄断领域公益诉讼检察工作，为首批开展的反垄断检察实践作出重要指引。

（一）从《通知》看反垄断公益诉讼遵循的检察思路

《通知》提出的主要要求包括：一是充分认识反垄断法增设检察公益诉讼条款的重要意义。二是严格把握反垄断公益诉讼的办案要求。突出重点，对照有关反垄断指南、指引，重点针对法律明令禁止的垄断行为、涉及国计民生的重点领域、关系市场竞争规则的关键环节、严重侵害众多消费者权益的公益损害的突出问题，重点关注互联网、公共事业、医药等民生保障领域。三是管辖的一般规定和特别规定。办理反垄断民事公益诉讼案件，由违法行为发生地、损害结果地或者违法行为人住所地设区的市级以上检察院管辖。涉及互联网领军企业合规经营、互联网产业政策、行业标准以及国际竞争等重大敏感复杂案件，由省级检察院或者最高人民检察院直接立案办理。四是严格把握立案条件

和审批程序。尊重反垄断执法机构执法规律、规则和专业意见，准确研判经营者垄断行为是否侵害社会公共利益、是否有必要提起民事公益诉讼。对于承担一定公共管理职能和重要社会责任的互联网企业，可以探索以民事公益诉讼检察建议方式督促其整改。五是加强自身能力建设。系统学习反垄断法律规则体系，重点加强对反垄断法修订内容的学习，注意加强与反不正当竞争法、消费者权益保护法、个人信息保护法、知识产权法等法律中相关规定的衔接，增强系统化解决问题的能力。要加强反垄断执法司法案例研究，健全反垄断执法与公益诉讼检察衔接机制，加强与法院的沟通协调，鼓励公众参与，自觉接受社会监督。① 深入解读该《通知》，可以理解相关公益诉讼检察思路在具体领域监督办案中的融入。

1. 以人民为中心的司法理念。公益诉讼制度的任务和使命决定了其行动目标就是不断实现人民对美好生活的向往。结合当前市场环境，《通知》明确了反垄断领域监督办案需要突出的四类重点问题、需要关注的三个重点领域，无一不与人民群众切身利益息息相关，无一不是当前亟待解决的突出问题。

2. "积极、稳妥"的指导性原则。"积极、稳妥"作为公益诉讼新领域拓展的指导性原则、公益诉讼检察工作的发展原则，"积极"既指对人民高度负责、勇于担当作为的积极态度，又指积极主动、有所作为的工作要求；"稳妥"既指妥当慎重的态度、法治理性的精神，又指把握分寸、有所不为，将案件质效放在突出位置。② 反垄断首次纳入公益诉讼"法定领域"，对其秉持积极、稳妥的工作态度和工作要求，既有必要也符合反垄断法的特点。一方面，公平竞争是市场经济的核心，反垄断关乎国计民生，为更为充分保护公共利益，必须积极履职；另一方面，反垄断涉及复杂的法律分析和经济分析，不同行业的垄断行为呈现出不同特点，层出不穷的新型垄断行为认定更为复杂，因此必须稳妥认定垄断行为，严格把握立案条件，重视程序性、规范性要求，提升专业能力水平。《通知》本身体现了依法能动履职的积极性，同时对管辖、立案条件、审判程序规定较为严格，考虑到反垄断专业性，反垄断法规定县区级检察院无此类案件管辖权，充分体现了对"积极、稳妥"原则的遵循。

3. "双赢多赢共赢"理念。公益诉讼案件办理中，涉及公益问题往往与

---

① 参见《最高检印发〈通知〉要求充分认识反垄断法增设检察公益诉讼条款的重要意义　积极稳妥开展反垄断领域公益诉讼》，载最高人民检察院网，https：//www.spp.gov.cn/xwfbh/wsfbh/202208/t20220801_569635.shtml。

② 参见胡卫列：《国家治理视野下的公益诉讼检察制度》，载《国家检察官学院学报》2020年第2期。

政府职能密切相关，特别是行政公益诉讼直接牵涉政府履职，因此公益诉讼检察工作开展之初，关于如何恰当处理法律监督机关与政府之间的关系，成为一个值得思考的问题。公益诉讼检察的本质是助力依法行政，共同维护人民根本利益，把以人民为中心落到实处。① 理念一新天地宽，"双赢多赢共赢"作为新时代检察机关创新提出并切实贯彻的法律监督新理念，建立在重新审视监督者与被监督者之关系的基础上，要求检察机关与其他部门形成良性互动的工作关系，加强沟通、彼此协作、形成合力，共同保护人民根本利益。

就反垄断公益诉讼工作而言，自 2008 年我国反垄断法正式实施以来，国务院反垄断执法机构就在国务院反垄断委员会的指导下负责反垄断执法工作，经历反垄断执法机构改革整合，执法能力水平不断提升。《通知》要求尊重反垄断执法机构意见，加强执法司法案例研究，健全执法与检察衔接机制，表明将不仅在实体上理解执法逻辑、尊重执法意见，还在程序上与反垄断执法机构保持全流程的密切沟通联系。这契合了检察机关和反垄断执法机构维护人民根本利益的共同目标，有利于帮助行政机关分担垄断行为查处压力，推进溯源治理，解决部门遇到阻力或者需要几家单位协同解决的难题，实现双赢多赢共赢。

4."诉前实现保护公益目的是最佳司法状态"理念。解决违法行为不必然诉至法庭，这是公益诉讼与普通民事诉讼、行政诉讼的重要不同之处。《通知》指出，对于特定互联网企业，可以探索以检察建议方式督促整改。这说明反垄断检察公益诉讼的方式不是单一的，而是多样的，方式的选择取决于何者能够更好实现公益目的。可以考虑结合特定企业的社会性质，实施垄断行为的时间长短、规模大小、造成损害轻重，经营者是否承认实施垄断行为、是否愿意赔偿、是否承诺在检察机关认可期限内采取具体措施消除行为后果等因素、情节，依法合理选择法律监督工具，通过诉前检察建议、诉前赔偿等方式解决垄断损害社会公益问题，推动源头治理、系统治理，督促互联网企业履行社会责任；对于必须提起诉讼的，则努力将案件办成法治教育样本，达到"办理一案、警示一片"、教育社会面的效果，以最小司法投入获得最佳社会效果，彰显中国特色社会主义司法制度的优越性。

5."持续跟进监督"理念。诉讼程序的终结不总代表问题的彻底解决。无论以哪种方式开展反垄断公益诉讼，都只能解决此前发生或当时存在的问

---

① 张军：《最高人民检察院关于开展公益诉讼检察工作情况的报告——2019 年 10 月 23 日在第十三届全国人民代表大会常务委员会第十四次会议上》，载《中华人民共和国全国人民代表大会常务委员会公报》2019 年第 6 期。

题,对于经营者未来将否旧态复萌,抑或实施新的垄断行为,则还需持续"回头看",对经营者整改情况进行评查,重点评查是否存在虚假整改、事后反弹回潮及检察建议制发不规范等问题,切实做好"后半篇文章"。①

(二) 关于反垄断民事公益诉讼制度运行的构想

罗科斯·庞德说:"法律必须是稳定的,但不可一成不变。"② 用以确定制度的法律和规则都伴随着事物和情势变化而不断变化,法律发展的运动是永恒的。检察公益诉讼全面推开 5 年来,从办案尝试到规则出台,从领域探索到法律确认,实践先行特点突出,很大程度上起到推动理论与立法发展的作用。在反垄断公益诉讼制度运行初期,将制度从法律文本落地到法律实践,需要在"理论—规则—实践"中不断跃迁,既要精准监督,自上而下进行研究部署,又要实践中遇到的现实问题,不断更新认识、调整规则,以臻完善。

根据民事诉讼法、反垄断法、《人民检察院公益诉讼办案规则》中的相关规定,对检察机关提起反垄断公益诉讼制度的下一步具体实践有如下构想:

其一,线索发现与管辖。检察机关通过自然人、法人和非法人组织控告、举报,在办案中发现,行政执法信息共享平台上发现,国家机关、社会团体和人大代表、政协委员等转交,新闻媒体、社会舆论等反映,以及其他在履职中发现垄断案件线索的,违法行为发生地、损害结果地或者违法行为人住所地设区的市级以上检察院有管辖权,其他检察院应移送管辖。涉及互联网领军企业合规经营、互联网产业政策、行业标准以及国际竞争等重大敏感复杂案件,由省级检察院或者最高人民检察院直接立案办理。

其二,立案。人民检察院评估公益诉讼案件线索的真实性、可查性等,认为同时存在经营者实施垄断行为、社会公共利益受到损害情形的,应当立案。发现垄断案件中涉嫌犯罪或者职务违法、违纪线索的,应当移交刑事检察业务部门或者其他有管辖权的主管机关。

其三,调查。立案后,检察机关应调查违法经营者的基本情况,违法经营者实施的损害社会公共利益的行为,社会公共利益受到损害的类型、具体数额等,违法垄断行为与损害后果之间的因果关系,违法经营者的主观过错情况,违法经营者是否存在免除或者减轻责任的相关事实,垄断行为是否存在豁免情

---

① 张军:《最高人民检察院关于开展公益诉讼检察工作情况的报告——2019 年 10 月 23 日在第十三届全国人民代表大会常务委员会第十四次会议上》,载《中华人民共和国全国人民代表大会常务委员会公报》2019 年第 6 期。
② [美] 罗科斯·庞德:《法律史解释》,邓正来译,中国法制出版社 2002 年版,第 2 页。

形，以及其他需要查明的事项。应当依法、客观、全面调查收集证据，可采取进入场所、询问、查阅复制文件资料、查封扣押证据、查询银行账户、咨询专业意见、委托鉴定评估等调查方式。发现不存在垄断行为、其他适格主体依法向人民法院提起诉讼、社会公共利益已经得到有效保护、其他应当终结案件的情形之一的，应终结案件。检察人员对调查过程中知悉的商业秘密、个人隐私和个人信息负有保密义务。

其四，商请反垄断执法机构。检察机关应尊重反垄断执法机构执法规则和专业意见，准确研判经营者垄断行为是否构成侵害社会公共利益，是否有必要提起民事公益诉讼。对于反垄断执法机构已经启动调查或作出处罚的案件，检察机关如果认为确有必要提起民事公益诉讼，要商请反垄断执法机构提供执法证据和协助调查。①

其五，诉前检察建议。对于承担一定公共管理职能和重要社会责任的互联网企业，可以探索以民事公益诉讼检察建议方式督促其整改。可通过这一方式帮助大型企业发现涉及公共利益和履行社会责任方面需要重点防控的法律风险，共同推动企业合规，也可以对整个行业发挥正向的引领示范作用。②

其六，公告。经调查，人民检察院认为社会公共利益受到损害，存在垄断行为的，应当依法发布公告，内容包括社会公共利益受到损害的事实、告知适格主体可以向人民法院提起诉讼、公告期限、联系人、联系电话、公告单位、日期等。发布公告后，检察机关应当对适格主体起诉情况以及社会公共利益受到损害的情况跟进调查，收集相关证据材料。区分情况提出终结案件、提起民事公益诉讼、移送其他人民检察院处理的处理意见。

其七，提起诉讼。没有适格主体，或者公告期满后适格主体不提起诉讼，社会公共利益仍然处于受损状态的，人民检察院应当提起反垄断民事公益诉讼。人民检察院可以向人民法院提出要求被告停止侵害、排除妨碍、消除危险、恢复原状、赔偿损失等诉讼请求，检察机关为诉讼支出的鉴定评估、专家咨询等费用，可以在起诉时一并提出由被告承担的诉讼请求。反垄断检察公益诉讼可以依法在人民法院主持下进行调解。诉讼请求全部实现的，人民检察院可以撤回起诉。

其八，支持起诉。对于适格主体提起的反垄断民事公益诉讼案件，检察机

---

① 南方都市报：《反垄断公益诉讼首次入法，最高检检察官：将自上而下研究部署》，载网易网，https://www.163.com/dy/article/HDPLSR1K05129QAF.html。

② 南方都市报：《反垄断公益诉讼首次入法，最高检检察官：将自上而下研究部署》，载网易网，https://www.163.com/dy/article/HDPLSR1K05129QAF.html。

关可以采取通过法律咨询、向人民法院提交支持起诉意见书、协助调查取证、出席法庭等方式支持起诉。检察机关发现原告无正当理由变更、撤回部分诉讼请求，原告撤回起诉或者与被告达成和解协议，致使社会公共利益不能得到有效保护，或者原告请求被告承担的律师费以及为诉讼支出的其他费用过高，对社会公共利益保护产生明显不利影响，以及其他不适合支持起诉的情形的，可以撤回起诉。撤回起诉后，认为适格主体提出的诉讼请求不足以保护社会公共利益，符合立案条件的，可以另行立案。

四、需要考虑的其他相关问题

恩格斯认为，在现代国家中，法律不仅必须适应于总的经济情况，还必须是不因内在矛盾而自己推翻自己的内部和谐一致的整体。① 任何一个制度的设计都是一项系统工程，牵一发而动全身。应运用系统观念，逐次分析反垄断公益诉讼制度在反垄断制度体系、检察公益诉讼制度系统、检察制度系统、司法制度系统、法律制度系统中的地位和作用，并在此基础上统筹兼顾、综合施策，处理好制度内部与外部诸多方面的关系，达到系统平衡协调与良性运行的效果。

一是处理好反垄断执法与反垄断检察之间的关系。正如双赢多赢共赢理念所揭示的，反垄断执法与司法方式不同，但目标一致，归根到底都是为了人民的利益。检察机关既是积极加入反垄断的新生力量，又可以在出现复杂问题、需要协调多方力量时剑走偏锋，实现良好政治效果、法律效果、社会效果。因此，有必要进一步健全执法与检察衔接机制，互相尊重、深化沟通、彼此配合，达成专业共识，共同谱写新时代反垄断新篇章。

二是处理好反垄断公益诉讼与反垄断普通民事诉讼之间的关系。在民事诉讼框架下，普通诉讼与公益诉讼的区别主要在于诉讼保护的是私益还是公益。但在一些甚至是大部分垄断案件中，垄断行为不仅直接损害了市场主体的公平竞争权和自由竞争权，如垄断行为实施者通过限制经营者进入市场、参与交易、自由决定价格等交易要素等，为竞争对手、产业链上下游经营者设置障碍；同时，也损害了消费者利益和社会公共利益，如限制消费者自由选择权、阻碍技术创新和进步、降低经济效率、扰乱市场竞争秩序、阻碍市场在资源配置中决定性作用的发挥等。面对私益与公益的叠加，适格主体在提起反垄断普通民事诉讼等选择外，增加了提起反垄断民事公益诉讼、向检察机关举报垄断

---

① 参见中共中央马克思恩格斯列宁斯大林著作编译局编译：《马克思恩格斯选集》（第四卷），人民出版社1972年版，第483页。

二、法律监督体系现代化

案件线索的维权新方式。

三是处理好反垄断公益诉讼与反垄断诉讼监督之间的关系。公益诉讼检察工作是以诉的形式履行法律监督的本职[1]，它与反垄断民事诉讼监督、反垄断行政诉讼监督是并行不悖的。一方面，检察机关通过提起反垄断民事公益诉讼，成为反垄断一线力量，助力反垄断行政执法，有力维护社会公共利益；另一方面，通过对反垄断普通民事诉讼、反垄断行政诉讼进行监督，及时发现诉讼中存在的实体和程序问题，办好对经济社会发展有引领价值的典型案件，通过抗诉促进统一司法标准，以检察建议促进纠正个案问题，是对公平竞争和公共利益的双层保护。

四是处理好行政决定、检察意见、判决意见之间的关系。在法律实施中，对同一法律行为，不同机构可以持有不同法律意见，这符合分权制衡的宪制原意；但是，如若不同机构使用不同法律认定思路和方法，则属于理论不成熟、规则不统一的问题，不利于国家法律统一正确实施。在以往的反垄断实践中，一定程度存在执法、司法思路不一的问题，导致法律认定存在差异。[2] 对此，有必要加强行政、检察、审判机关之间的沟通协调配合，通过同堂培训、研商交流等方法，统一垄断案件法律认定思路。

五是处理好普通领域与互联网平台领域反垄断检察公益诉讼的关系。随着数字经济的发展，一些大型平台经营者滥用数据、技术、资本等优势实施垄断行为、进行无序扩张，导致妨碍公平竞争、抑制创业创新、扰乱经济秩序、损害消费者权益等问题日益突出。对此，一方面应积极予以规制，尝试对互联网平台企业提起反垄断民事公益诉讼；另一方面也要考虑到互联网平台的双边市场、网络效应、创新竞争、用户黏性、动态竞争等特性给垄断行为认定带来的困难。以相关市场界定为例，互联网平台双边市场特性导致市场选定困难，创新竞争导致价格导向方法使用困境，用户黏性导致虚假的需求替代，软件功能替代性导致可替代范围划定的困难，地域市场无国界导致界定标准模糊化，使传统相关市场界定方法难以直接适用。[3] 在此情况下，应充分认识把握互联网

---

[1] 罗韦：《检察机关提起公益诉讼是监督还是诉？——最高人民检察院检察长张军回应：是以诉的形式履行法律监督的本职》，载人民政协网，http://www.rmzxb.com.cn/c/2019-11-25/2472886.shtml。

[2] 例如，就我国《反垄断法》第46条第1款规定的"上一年度销售额"是以涉案产品销售额还是以全部产品销售额作为罚款计算基数的问题，执法司法机关一度存在意见分歧。参见最高人民法院行政判决书，（2021）最高法知行终880号。

[3] 参见谭晨：《互联网平台经济下最惠国条款的反垄断法规制》，载《上海财经大学学报》2020年第2期。

平台特点，理解适用新修订的反垄断法及相关指南中的平台监管规则，运用经济学等辅助工具强化法律认定科学性。

六是处理好反垄断检察公益诉讼与国际反垄断实践的关系。由检察机关提起反垄断之诉，国际上已有先例，而我国新修订的反垄断法规定的检察机关提起反垄断民事公益诉讼制度，则带有独特的中国色彩。加强国际间关于反垄断公益诉讼的交流合作，有利于借鉴经验，吸取教训，凝聚共识，为解决当前各国共同面临问题提供优质制度供给，为全球范围内反垄断公益诉讼制度的建立推广提供中国经验。

五、结语

构建以国内大循环为主体、国内国际双循环相互促进的新发展格局，对市场经济公平竞争提出更高要求。建设高标准市场体系，要求全面完善公平竞争制度。2022年6月新修订的反垄断法授权检察机关提起反垄断民事公益诉讼，这是一项被寄予厚望的极具中国特色的法律制度。围绕该项法律制度，本文主要依循四种思路展开：一是"法治—规则"思路，即从法治维度阐释检察公益诉讼助力反垄断的法治效应，创新制度构建实现良法善治，同时从规则维度构建制度和规范体系，提升制度推广落实的可操作性；二是"横向—纵向"思路，即从横向角度研究如何构建相关规则，确保逻辑自洽和系统完善，同时从纵向角度构思各项程序规则，确立制度纵向构造；三是"宏观—微观"思路，即从宏观视野考察检察机关提起反垄断民事公益诉讼的可行性和有效性，同时从微观视野精细设计和构造制度的基本框架和细枝末节；四是"立法—实证"思路，从立法高度观察反垄断检察公益诉讼制度对反垄断、公益诉讼相关规则的贡献，同时紧密依靠实证办案经验，以实践为标准调整认知、完善制度。

制度是公平正义的重要保证。在鼓励促进公平竞争的时代背景下，反垄断民事公益诉讼制度有益于助推国家治理体系与治理能力现代化，并弥补民事私人诉讼现实不足，将有效促进依法行政，维护社会公平正义，并融入以行政为主的公平竞争制度体系，注入法律监督新生力量，助力反垄断"生出利齿"，更好维护国家利益和人民利益。作为一项全新制度，反垄断民事公益诉讼制度的核心及需要实现的目标乃是公共利益，此亦为链接反垄断与检察公益诉讼的关键。一方面，公共利益是反垄断的核心概念，是反垄断法的核心追求，另一方面，检察官是公共利益的代表，公共利益是检察机关提起公益诉讼制度必须牢牢抓住的核心。反垄断法保护的社会公共利益侧重于保障社会层面的公众利益，应把握不特定第三人、表现为私人权益、基于基本法律权威、与最低限度道德要求相联系四个方面的特征。在规则设置与制度构建方面，最高人民检察院适时印发《通知》，已对积极稳妥开展反垄断领域公益诉讼检察工作作出重要指引。深入解读《通知》要求，可以充分理解检察机关以人民为中心司法理念、"积极、稳妥"指导性原则、"双赢多赢共赢"理念、"诉前实现保护公益目的是最佳司法状态"理念、"持续跟进监督"理念等法律监督理念在反垄断公益诉讼中的具体融入，并可从线索发现与管辖、立案、调查、商请反垄断执法机构、诉前检察建议、公告、提起诉讼、支持起诉等程序与实体层面，对制度的进一步运行进行合理畅想。从系统理论的高度出发，还应统筹兼顾、综合施策，处理好反垄断执法与反垄断检察、反垄断公益诉讼与反垄断普通民事诉讼、反垄断公益诉讼与反垄断诉讼监督、检察意见与行政决定及判决意见、普通领域与互联网平台领域反垄断检察公益诉讼、反垄断检察公益诉讼与国际反垄断实践等多组关系，实现系统协调，推动经济与社会的良性运行和协调发展。

长期以来，由经济审判和经济检察构成的经济司法，主要用于解决既有经济纠纷、处罚现有经济犯罪，被认为是相对被动的经济问题解决最后环节。而经济治理在国家层面更多依靠宏观调控与市场规制，行政机关在宏观调控法和市场规制法中都占据绝对的主体地位。在肯定此项权义配置合理性的同时，可以进一步发掘司法职能服务经济社会高质量发展的广阔空间。经济司法不限于被动的案件受理，也可以是适当主动的创新履职。例如，依托海量经济案件办理，提炼共性经济问题、总结法律适用经验，通过充分释法说理、发布典型案例、出台司法解释等方式引领市场主体经济活动风尚。又如，在公共利益受损的特定经济领域依法开展检察公益诉讼工作，主动参与到经济治理与社会治理中，敦促相关市场主体修正违法行为，更好保障人民根本利益，等等。检察机关提起反垄断民事公益诉讼制度的建立，是经济司法更好发挥作用的一次创新拓掘，开辟了一条保障公平竞争的竞争司法新路径。其制度运行和作用发挥，不仅使反垄断成为公益诉讼检察工作的可操作性领域、检察公益诉讼成为反垄断领域一项重要内容，有益于裨补司法这一反垄断薄弱环节，使反垄断之"齿"更利；同时，也为进一步挖掘经济司法作用提供了一个创新的制度窗口，借此可持续考察思考竞争司法乃至经济司法的特征、结构、地位、功能、作用、价值、目标、原则、权义关系、机制运行、外部关系等理论问题，进一步拓掘诸如反不正当竞争公益诉讼等新制度，拓展深化经济法实施的路径。在推进国家治理体系和治理能力现代化的康庄大道上，经济司法大有可为，唯有更能动、更高质量履职尽责，才能将服务保障经济社会高质量发展的工作做得更深、更实。

生态环境民事公益诉讼中
检察机关法律监督职能的拓展与完善

王 燕 姜 晗[*]

一、我国生态环境民事公益诉讼制度产生的背景及发展现状

为落实完善中国特色社会主义制度的改革举措、推进国家治理体系和治理能力现代化,党的十八届四中全会通过的《中共中央关于全面推进依法治国若干重大问题的决定》中提出"探索建立检察机关提起公益诉讼制度",并由全国人大常委会于 2015 年 7 月授权最高人民检察院在 13 个省、自治区、直辖市开展为期两年的公益诉讼试点工作。[①] 其间,党中央和国务院发布了诸多指导性文件对建立检察机关为主导的公益诉讼制度作出规定。民事公益诉讼制度的确立便是在以法治思维及方式下推进国家治理现代化建设、制度创新的具体体现。与此同时,为应对日益严峻的全球气候与环境问题,在我国工业转型以及节能减碳的大背景下,习近平总书记提出"两山"理论,确立了"绿水青山就是金山银山"的绿色发展理念与生态环境保护同经济发展并重的生态文明指导思想。中共中央、国务院在《关于全面加强生态环境保护坚决打好污染防治攻坚战的意见》中指出生态环境问题已"成为重要的民生之患、民生之痛"。在此背景下,环境污染与生态破坏自试点之初便是我国公益诉讼关注的重点领域,生态环境公益诉讼也是现阶段我国公益诉讼理论和司法实践中发

---

[*] 王燕,最高人民检察院第八检察厅三级高级检察官;姜晗,济南市绿行齐鲁环保公益服务中心公益法律顾问。

[①] 《全国人民代表大会常务委员会关于授权最高人民检察院在部分地区开展公益诉讼试点工作的决定》、最高人民检察院《检察机关提起公益诉讼改革试点方案》。

展相对完善的领域,为其他领域公益诉讼的发展提供了先行经验。① 生态环境公益诉讼在我国的发展也是一条结合我国具体国情、具有中国特色的公益诉讼实践探索之路。

以检察机关法律监督职能为法律基础的检察公益诉讼制度,其建立之始便成为我国推进生态文明建设的重要举措。② 中央深化改革领导小组发布的《关于加快推进生态文明建设的意见》中也明确要求加强对各类环境违法违规行为的法律监督。党的十八届四中全会要求用严格的法律制度保护生态环境,并明确要求"探索建立检察机关提起公益诉讼制度"。《关于审理环境民事公益诉讼案件适用法律若干问题的解释》中的特别规定便是生态环境民事公益诉讼有别于其他民事诉讼的特殊性的具体体现。③ 2019 年最高人民检察院与生态环境部等九部委共同签发了《关于在检察公益诉讼中加强协作配合依法打好污染防治攻坚战的意见》,进一步加强了生态环境检察公益诉讼中行政执法和检察监督的协作。党的十九届四中全会通过的《中共中央关于坚持和完善中国特色社会主义制度 推进国家治理体系和治理能力现代化若干重大问题的决定》明确要求继续"完善生态环境公益诉讼制度",党的二十大报告也重申了"完善公益诉讼制度"的要求。在强调公益诉讼制度在生态环境保护领域中特殊作用的同时也指出现有制度机制仍需改进完善。④

本文通过对现有民事环境公益诉讼中检察监督及支持起诉制度在司法实践中的问题进行调研分析并提出改进方案,以期能够助力在生态环境民事公益诉讼中更好地发挥检察机关的法律监督职能、统筹各方力量共同推进生态保护和高质量发展。

二、生态环境民事公益诉讼的主要参与主体与诉讼程序

公益诉讼制度的建立是新时代我国社会主义民主制度在司法制度中的体现。公益诉讼这种司法机制是我国人民群众广泛而真实地参与国家治理的一种

---

① 侯佳儒:《环境公益诉讼的美国蓝本与中国借鉴》,载《交大法学》2015 年第 4 期;胡卫列:《国家治理视野下的公益诉讼检察制度》,载《国家检察官学院学报》2020 年第 2 期。

② 徐全兵:《检察机关提起公益诉讼有关问题》,载《国家检察官学院学报》2016 年第 3 期。

③ 张旭东:《环境民事公益诉讼特别程序研究》,法律出版社 2018 版,第 34 页、第 46—47 页。

④ 胡卫列:《国家治理视野下的公益诉讼检察制度》,载《国家检察官学院学报》2020 年第 2 期。

新途径，也是我国公民实现其宪法权利的一种表现形式与司法保障。① 在我国，自然人暂时还不能直接提起公益诉讼，检察机关、公益组织及其他符合法律规定要求的组织可以代表公众，通过诉讼途径维护公共利益及预防公益被侵害。随着我国民众环保意识的逐渐增强，社会各界都可以通过直接或间接的方式参与生态环境公益诉讼，共同促进我国生态文明建设的发展。

经过检察公益诉讼两年的试点之后，2017年修订的民事诉讼法在立法上明确规定了人民检察院可以提起环境民事公益诉讼。除此之外，2014年修订的环境保护法对符合条件的环保社会组织（以下简称环保组织）的原告资格等公益诉讼程序性问题进行了规定，为环保组织实际参与生态环境民事公益诉讼提供了制度保障。根据试点时期司法实践中总结的经验，为优化对生态环境公益的制度保护，更合理地统筹利用行政资源、司法资源与社会资源，中共中央深改组通过了《生态环境损害赔偿制度改革方案》，授予人民政府生态环境损害的索赔权，将行政机关这一特殊主体作为赔偿权利人的生态环境损害赔偿诉讼从普通环境民事公益诉讼制度中独立出来。至此，便形成了我国以检察机关与环保组织为主要参与主体的普通生态环境民事公益诉讼制度。

（一）民事生态环境公益诉讼中检察机关的地位及职能

《最高人民法院、最高人民检察院关于检察公益诉讼案件适用法律若干问题的解释》（以下简称《两高公益诉讼解释》）第4条明确了检察机关在公益诉讼中作为"公益诉讼起诉人"提起公益诉讼的诉讼地位。但区别于检察机关在行政环境公益诉讼中是唯一的具有诉权的诉讼主体，在民事环境公益诉讼中则更多的是发挥其在诉讼中的法律监督与支持起诉的职能。现有的民事公益诉讼程序设计中，检察机关的角色更突出对公益保护的兜底与补位。即检察机关在履职过程中发现公益被侵害或存在被侵害的危险时，只有在经过督促程序后公益保护仍处于缺位的情况下，检察机关才能提起民事公益诉讼。在司法实践中，办理侵害生态环境公益的案件多具有由地方经济发展与生态保护之间的矛盾而产生的地方保护主义障碍，并常伴有跨地域性、调查取证难等技术性挑战。检察机关作为法律监督机关配有专业的法律监督队伍，在司法案件中具有法定的调查权，并且没有地方利益与部门利益的牵涉，在公益诉讼中可以更好

---

① 颜运秋：《公益诉讼理念与实践研究》，法律出版社2019年版，第55—58页、第69—73页。

地降低司法成本与社会成本。①

除了作为起诉主体，检察机关在民事生态环境公益诉讼中的职能主要包括检察监督和支持起诉。这些职能的权力基础是源于检察机关作为公共利益的代表。虽然检察机关的特点使其在生态环境公益诉讼中具有天然的优势，但基于检察机关自身法律监督职能谦抑性、现实中有限司法资源的限制，以及法律中对于检察机关参与民事公益诉讼监督性和兜底性的定位，检察机关在民事环境公益诉讼中的职能定位是突出监督与支持，履职重心在监督法律实施，而不是接管整个诉讼。② 但现阶段支持起诉的法律规定仍不完善，仅有制度框架与概念性的规定，如何实施并不明确。而在司法实践中，检察监督也只是局限在事后监督及抗诉或再审等一般的司法监督。对于民事环境公益诉讼全过程的法律监督仍是不完善的，尤其是对于环保组织提起的民事环境公益诉讼中的和解、调解及撤诉等诉讼行为仍然缺乏有效的事前及事中监督。继续优化完善检察机关在民事生态环境公益诉讼中的法律监督职能是完善生态环境公益诉讼制度中重要一环。

（二）环保组织：生态环境民事公益诉讼中的主要参与者

公共参与、社会协同共治是我国环境治理的指导方针，公众与社会组织是我国生态环境公益诉讼制度设计中重要的组成部分与实践中公益保护不可或缺的参与者。让所有有权主体更好地参与民事生态环境公益诉讼，是实现多元共治的生态文明治理模式与社会资源同司法资源优化组合目标的重要途径。所以自制度设计之初，鼓励及支持公共参与环境治理便成为民事环境公益诉讼的主要原则之一。

随着公众环保意识的提高，生态环境民事公益诉讼成为发展最快的民事公益诉讼的类型，这离不开环保组织一直以来持续不懈的努力。生态环境公益诉讼案件中事实的查明需要环境科学、生物科学、化学等专业知识，且案件证据相比普通案件证据更具科学性、专业性、技术性，隐蔽性与易逝性等特点，故其可以归类为"技术型诉讼"。③ 由于司法资源及环境专业知识限制，仅靠检察机关自身的力量无法对生态环境公益提供充分的保护。环保组织以其专业性

---

① 最高人民检察院民事行政检察厅编：《检察机关提起公益诉讼实践与探索》，中国检察出版社2017年版，第11页；徐全兵：《检察机关提起公益诉讼有关问题》，载《国家检察官学院学报》2016年第3期。

② 胡卫列：《国家治理视野下的公益诉讼检察制度》，载《国家检察官学院学报》2020年第2期。

③ 颜运秋：《公益诉讼理念与实践研究》，法律出版社2019年版，第211页。

与一线环境治理的实践经验,成为现有民事生态环境公益诉讼制度设计中首选的起诉主体。虽然《生态环境损害赔偿制度改革方案》将一些严重的生态环境损害案件的索赔权授予行政机关,现实中仍存在大量的生态环境损害案件需要由环保组织这一身份更加超脱的主体来提起公益诉讼。①

虽然在专业知识方面环保组织更具优势,但在司法实践中,很多环保组织因缺少必要的调查取证能力、专业的司法及诉讼知识技能,而常在诉讼中面临举证难等困境②;并且很多规模有限的环保组织易受到当地污染企业的不正当影响。这些现实中的障碍导致很多符合条件的环保组织没有能力并缺少动力开展公益诉讼活动。

让有权主体可以积极、有质量地参与民事生态环境公益诉讼,对该制度能够长期、健康的发展尤为重要。事实上,更完善的检察法律监督体系也是对其他主体参与公益诉讼的一种制度保障。所以如何让环保组织更有能力、有保障地参与民事生态环境公益诉讼,应是进一步拓展与完善检察机关法律监督职能的重要考量因素。

(三)民事环境公益诉讼现有的诉讼程序设计

根据民事诉讼法、环境保护法及相关司法解释与实施细则的规定,符合条件的环保组织在发现污染环境、破坏生态等侵害社会公共利益的行为时,可以直接向有管辖权的法院提起诉讼;而检察机关在履行职责中发现上述损害生态环境公益的行为时,只有在没有符合条件的环保组织,或经过公告督促起诉等程序后适格主体仍不提起诉讼的情况下,才可以向人民法院提起民事环境公益诉讼。《两高公益诉讼解释》进一步明确了检察机关在起诉前应当履行公告程序,以确定没有符合条件的环保组织提起诉讼或相关组织决定不提起诉讼;若在公告期内出现符合条件的机构组织提起公益诉讼的,则检察机关便不再以自己名义提起诉讼,但仍可以通过支持起诉的方式参与到诉讼中。增加该特殊的公告流程这一前置程序既是依法保障适格主体的诉权和社会公众的知情权与参与权,同时也是我国民事公益诉讼制度的立法设计中赋予适格的环保组织在程

---

① 杨源:《环保组织环境民事公益诉讼之诉权理论基础及其角色定位》,载《山西高等学校社会科学学报》2020年第10期。

② 吴应甲:《中国环境公益诉讼主体多元化研究》,中国检察出版社2017年版,第81—82页。

序上的优先起诉权的制度保障。① 将检察机关放在民事生态环境诉讼程序中兜底保护的位置，明确了检察机关作为环境公益的守护者与最后一道防线的定位。

在检察机关提起的民事公益诉讼案件中，由于民事诉讼法没有对"公益诉讼起诉人"这一诉讼主体进行专门规定，故在没有其他法律法规另有规定的情况下，检察机关提起公益诉讼时的诉讼权利、义务将参照普通民事诉讼的原告。② 但由于民事公益诉讼无论从目的、性质、程序设计都有别于普通民事诉讼，且检察机关其本身法律监督机关的特殊身份与在其在民事公益诉讼中所扮演的角色都不同于民事私益诉讼的原告，对"公益诉讼起诉人"这一特殊诉讼主体规定的缺失直接导致了现行检察民事公益诉讼体系的不完整与在司法实践中检察机关诉讼权利义务的不清晰。所以，明确"公益诉讼起诉人"在公益诉讼中的诉讼权利、义务应是下一步完善公益诉讼制度的首要任务之一。

除了以"公益诉讼起诉人"的身份提起民事公益诉讼外，支持适格主体起诉也是检察机关在民事公益诉讼中的重要职能之一。但我国现行法律框架中只有《民事诉讼法》第 15 条和第 58 条、《最高人民法院关于审理环境民事公益诉讼案件适用法律若干问题的解释》第 11 条、《人民检察院公益诉讼办案规则》第 100 条至第 103 条等对检察机关的支持起诉职能进行了原则性的规定。检察机关中对于社会组织的支持方式包括提供法律咨询、提交支持起诉意见书、协助调查取证、出席法庭等。但由于缺乏具体的实施细则指导，司法实践中检察机关支持起诉的案件仍没有标准的程序且操作不规范的问题仍然存在。加之支持起诉的案件相对较少，实践中的支持起诉案件呈现两极分化现象。不同地区的检察机关根据具体案件的情况有着不同的处理方式。具体可分为包含案件分析、调查取证、协助提出诉讼请求、派员出席庭审、参与法庭调查等的全程参与式支持；或仅向案件受理法院提交支持起诉意见书的形式参与式支持。支持起诉制度仍在摸索阶段，制定统一的、便于执行的实施细则或指引对今后检察机关更积极、深入地参与民事公益诉讼至关重要。

为节约司法资源、提升司法效率并顺应我国法律纠纷解决多元化的要求，

---

① 江必新：《认真贯彻落实民事诉讼法、行政诉讼法规定 全面推进检察公益诉讼审判工作——〈最高人民法院、最高人民检察院关于检察公益诉讼案件适用法律若干问题的解释〉的理解与适用》，载《人民法院报》2018 年 3 月 5 日，第 3 版。

② 江必新：《认真贯彻落实民事诉讼法、行政诉讼法规定 全面推进检察公益诉讼审判工作——〈最高人民法院、最高人民检察院关于检察公益诉讼案件适用法律若干问题的解释〉的理解与适用》，载《人民法院报》2018 年 3 月 5 日，第 3 版。

我国在民事公益诉讼制度中引入了调解、和解与撤诉的结案方式。不同于普通民事诉讼案件，由于民事公益诉讼是代表公共利益所提起的诉讼，诉讼当事人对诉讼标的并无自由处置的权利。"两高"的司法解释中都对民事公益诉讼中的调解、和解、撤诉及其他对实体权益进行处置的诉讼行为和程序增加了特别的限制条款。① 现阶段对于在公益诉讼中调解、和解与撤诉等程序主要是由人民法院来进行监督以达到对公益的保护。但在实践中，由于司法资源的限制，对公益的保护仍不充分。在现有的民事公益诉讼程序中，检察机关作为法律监督机关对于诉讼当事人利用和解、调解、撤诉中的程序漏洞不恰当地处置公共利益的问题，仅有在公示阶段提出检察建议或判决生效后提起抗诉等有限的手段进行事后监督，而缺乏有效的事前及事中监督机制。补齐这一检察监督中的短板可以进一步加强对公益保护法律监督的防护栏。

三、民事生态环境公益诉讼实践中的问题及挑战

在我国正式建立环境公益诉讼制度之前，经济发展快速所附带的环境破坏问题使得环境纠纷成为当时的主要社会矛盾之一，并且由于地方保护主义对于司法的不当干预、环境公益侵权案件中诉权的不明确，以及环境诉讼本身的高成本与举证难等障碍，致使对于生态环境公益的司法保护基本处于缺位状态。② 虽然面临诸多困难，无论在环境公益诉讼制度的探索时期，以及后续的试点期间与制度正式建立之后，环保组织在保护环境公益与环境公益诉讼制度的完善方面都发挥了积极且极具建设性的作用，并且在进行公益诉讼试点之前一直在该领域起主导作用。③ 早在2009年就出现了由环保组织提起的有关企业在生产过程中所产生的粉尘污染的环境公益诉讼④，被联合国环境规划署评为"推动可持续发展目标典型案例"的我国首例野生动植物保护预防性公益诉讼案——"云南绿孔雀案"也是由环保组织提起并推动的。该案件也确立了生态环境公益诉讼中"保护优先、预防为主"的司法保护原则，推动了我

---

① 最高人民法院《关于适用〈中华人民共和国民事诉讼〉的解释》第287条、第288条；最高人民法院《关于审理环境民事公益诉讼案件适用法律若干问题的解释》第16条、第25条；《人民检察院公益诉讼办案规则》第99条。

② 颜运秋：《公益诉讼理念与实践研究》，法律出版社2019年版，第200—204页。

③ 张旭东：《环境民事公益诉讼特别程序研究》，法律出版社2018年版，第138页；参见吴应甲：《中国环境公益诉讼主体多元化研究》，中国检察出版社2017年版，第39—46页。

④ 田凯、张嘉军、王红建等：《人民检察院提起公益诉讼立法研究》，中国检察出版社2017年版，第5页。

国环境公益保护法律的发展。

为解决早期公益保护的缺失同时促进公众的参与，在我国现有的制度设计中，环保组织是民事生态环境公益诉讼的重要参与主体。环保组织作为生态环境公益诉讼的原告有其天然的优势。首先，其设立的宗旨及章程一般都可归为保护生态环境公共利益。其次，较之其他组织或个人具有较强的专业性与足够的技术知识支持。最后，作为与案件无直接利害关系的非营利组织，其独立性与中立性也是作为合格的公益诉讼原告的基础。① 但因我国环保公益组织众多，业务能力跟发展水平良莠不齐，且公益诉讼还在发展阶段需要引导，为防止法院现有的司法资源及行政资源不能及时处理突然激增的行政公益诉讼，由社会组织提起的公益诉讼在现阶段仍限制在民事公益诉讼领域。②

虽然环保组织对我国生态环境公益诉讼制度的发展功不可没，但在实践中也存在大量包括选择性诉讼、违法私自和解等环保组织利用现有制度中诉讼程序设计的漏洞攫取私益、随意处置公共利益的案例。这无论是对环境民事公益诉讼的健康发展，还是对环保组织参与公益诉讼都产生了非常消极的影响。

其中，选择性诉讼的问题最为明显，很多环保组织有意或无意地避免起诉那些与自身有利益纠葛的污染企业。③ 由于环保公益组织的资金筹措方式与其受当地监管部门直接管理的现实，其在诉讼中难免受到地方行政部门及当地企业的压力，因此环保公益组织在涉及本地企业等有利益冲突的公益诉讼案件中，其"公益性"与"独立性"便难免受到质疑，这也为其自身带来了很多潜在的法律风险。④ 这直接导致了现有制度中检察生态环境民事公益诉讼的诉前公告程序实施效果不佳、程序常常空转。实践中，除有些地区没有符合条件的环保组织的情况外，某些符合条件的环保组织虽口头答应会提起公益诉讼但实际上迟迟不开展诉讼行动，在水污染等需要及时固定证据的案件中将会错失调查取证的最佳时机。⑤ 也存在某些环保组织先行起诉后又拒缴诉讼费并要求法院按撤诉处理的情况。原本制度设计中应是主力军的环保组织的缺位，直接导致了本应作为公益最后一道防线、主要承担支持起诉等辅助工作的检察机关

---

① 张旭东：《环境民事公益诉讼特别程序研究》，法律出版社2018年版，第137页。

② 田凯、张嘉军、王红建等：《人民检察院提起公益诉讼立法研究》，中国检察出版社2017年版，第55页。

③ 张旭东：《环境民事公益诉讼特别程序研究》，法律出版社2018年版，第139页。

④ 吴应甲：《中国环境公益诉讼主体多元化研究》，中国检察出版社2017年版，第79—81页。

⑤ 田凯、张嘉军、王红建等：《人民检察院提起公益诉讼立法研究》，中国检察出版社2017年版，第9页。

要自己提起民事环境公益诉讼，无端消耗了大量司法资源。

实践中也存在公益组织通过滥用其在民事环境公益诉讼中的诉权、和解及调解程序等手段攫取私利的情况。某些环保组织放任公益被侵害，在公告期内拒不提起诉讼，但在公告期满检察机关起诉后，便立刻要求应由其提起民事环境公益诉讼，还要求检察机关向其移送证据，同时向公益侵权人主张不合理的律师费等。① 这便是利用了现有制度中对检察机关诉讼地位及诉讼权利、义务规定不详的漏洞。例如，某律师事务所借用某环保组织适格主体资格成批量地提起特定类型的民事环境公益诉讼案件以收取畸高的律师费。其一般会选取行政机关已经作出生效行政处罚且标的额较高的案件。作为原告，此种案件起诉后提交的证据仅包括可以通过政务公开网站等查询到的行政处罚决定书等文书，或可要求检察机关支持起诉帮助其取得相关证据，除此之外因其起诉的案件基本属于同一类型，再同时提交一个模板化的起诉状即可。虽然此种行为并不违反法律规定，但不合理的高额律师费用并没有被真正用到对生态环境公益的补偿修复中去，也同时增加了污染企业额外的成本，潜在地影响到实体经济的健康发展。对此，今后有关部门可以通过制定专门的公益诉讼律师费收费标准，而不是直接照搬民事私益诉讼的律师费收费标准，以便更好地规范各公益诉讼参与主体的行为。新的标准可以在不影响法律服务市场规则的前提下，鼓励更多法律专业人士参与到公益诉讼之中，并让公益诉讼可以更多地回归公益性的本质。

在我国，大量的民事生态环境公益诉讼是以和解、调解等方式结案。但现阶段大部分环境民事公益诉讼案件检察机关并没有以任何形式参与诉讼，对于此类案件在审判阶段仅有法院审查这一道护栏进行监督以确保公益不受损害。但实践中存在某些法院为提高调解率而过度放宽了对公益保护的情况，导致现有的制度设计对于公益的保护仍是不够全面的，对诉讼参与主体的诉讼行为是否减损公共利益的监督也是远远不足的。对此，最高人民检察院于2022年发布指导案例"山东省淄博市人民检察院对A发展基金会诉B石油化工有限公司、C化工有限公司民事公益诉讼检察监督案"（检例第165号），指出检察机关发布诉前公告后环保组织提起民事公益诉讼的，检察机关应当继续履行法律监督机关和公共利益代表职责，而非只由环保组织全权处理公共利益保护问题。检察机关在履职过程中发现诉讼参与人的和解协议可能损害社会公共利益的，应在调查核实后于人民法院公告期限内提出书面异议；人民法院不采纳书

---

① 胡卫列：《国家治理视野下的公益诉讼检察制度》，载《国家检察官学院学报》2020年第2期。

面异议而出具调解书，可能损害社会公共利益的，检察机关应当依法提出抗诉或者再审检察建议。至此，检察机关对于其发布诉前公告的环境民事公益诉讼案件进行过程监督已经有了明确的法律基础。

但实践中存在大量检察机关没有参与的民事环境公益诉讼案件，某些仅有环保组织起诉的公益诉讼案件法院也未能在立案时及时发布公告，对于在这些案件中公益保护的监督仍然是有待加强的。并且通过指导案例可知，现阶段检察机关的监督手段也仅是在诉讼参与方达成和解协议后，根据其和解协议内容进行调查，并依据核查情况决定是否出具书面异议或在判决生效后提出抗诉或再审检察建议，对于支持起诉的案件检察机关还可以作出撤回支持起诉的决定。但无论上述何种方式，都可归类为事后监督。但事后监督的方式及救济手段的不足之处也是十分明显的。事后监督手段时机滞后且处理时间较少，这样不仅耗时也会增加检察机关更多的工作量占用过多的司法资源。在司法资源有限的情况下无法提供充分的监督，监督效果与投入成本不成正比。尤其是遇到疑难复杂的案件，在人民法院公告期有限的时间内难免存在不能发现或被忽略的问题。现实中案件数量与检察机关有限司法资源之间的矛盾使得在现有的监督方式下会存在许多侵害公共利益的漏网之鱼。因此，为不断完善制度设计，检察机关对于生态环境民事公益诉讼的法律监督不仅要由事后监督方式扩展到"事前、事中及事后"的全过程监督模式，也应覆盖全部民事生态环境公益诉讼案件。这不仅是检察机关本身职责所在，更是检察机关完善公益诉讼制度、强化公益检察保护、"支持＋配合＋监督"社会组织承担公益职责的应有之义。

综上所述，环保组织在我国生态环境公益诉讼的完善与发展的过程中成绩斐然，但实践中所出现的问题也是不容忽视且亟须解决的。归其根源，是因为公益诉讼案件中侵权人侵犯的是公共利益，社会组织并不是公共利益的代表人，自身并没有直接的权利减损，其仅是诉讼程序设计中安排的代为主张侵权责任的诉讼参与人。由于现阶段对于民事公益诉讼未能形成有效的监督机制，这使得公益组织可以根据自己的偏好有意识地选取特定类型的案件去起诉或是放弃起诉的权利。因此，为我国生态环境公益诉讼能够长期健康地发展，检察机关作为法律监督机关与公益的守护者，不仅要支持适格主体起诉，更要加强对民事环境公益诉讼包括和解、调解或撤诉阶段全过程的监督。

四、民事生态环境公益诉讼中检察机关法律监督职能拓展的理论基础及制度完善建议

若要在现有法律框架内完善检察监督及支持起诉职能的拓展，首先需要厘

清支撑两种制度背后的理论基础。需明确的问题包括民事公益诉讼与普通私益民事诉讼的制度基础及区别、检察机关及社会组织各自诉权的来源、诉讼程序顺位安排背后的逻辑以及公益代表权与法律监督权二者之间的关系。①

(一) 检察机关法律监督职能拓展的理论基础

公益诉讼是指对损害公共利益的违法行为,由法律规定的国家机关和组织向人民法院提起诉讼的制度。公共利益是人类社会的产物,是作为社会人的概念。个体只要生存就必定享有公共利益,在一个与世隔绝自然状态下才有可能不享有公共利益。但享有权利并不代表可以处置,因为公共利益是不可处置、无法放弃的,并且公益的代表权与所有权是分离的。公共利益代表权这个概念是现代社会代议制的政治体制下的产物。代议制的民主体制是基于人民的授权。在我国,全国人民代表大会是最高权力机关,其颁布的宪法是构成我国社会主义法治制度的根基,是我国法律制度的根本法,是我国其他法律法规的上位法,在我国法律体系内,其效力与位阶都是最高的。我国《宪法》第2条第3款明确规定"人民依照法律规定,通过各种途径和形式管理国家事务,管理经济和文化事业,管理社会事务"。我国社会主义民主制度决定了一切权利都来自人民,而人民管理国家、社会事务的权力都必须在法律规定的范围内行使,行使这些权力的途径和形式也都由法律来确定。

我国《宪法》第41条第2款体现了公民的社会监督权。单个公民或社会组织代表全体人民去提起公益诉讼来保护公共利益只是人民管理国家、社会事务的一种形式和渠道,而是否可以以这种途径来行使权利必须遵循法律的规定。换句话说,在没有法律明确授权的情况下,单个公民或社会组织并没有天然的权利去代表全体人民或整个公共利益,或是利用诉讼途径来保护公共利益。

公益诉讼的诉权在普通法及大陆法系国家都可以找到"诉讼信托"理论支撑。即包含环境在内的公共利益或公共产权属于公共所有,单个公民无法管理这个全民共同所有权的产权,公民便将该共同财产的管理权交给国家。国家基于此管理权,在该公共信托的财产受到侵害时也有通过诉讼形式维护该公共财产的义务,该诉讼行为在相应国家便由代表国家行使诉权的检察机关或司法部行使。② 基于"诉讼信托"理论,这些代理行使国家诉权的机构的共同点都是宪法赋权。同样,在"诉讼信托"理论下,此种诉讼主体范围的扩张必须

---

① 胡卫列:《国家治理视野下的公益诉讼检察制度》,载《国家检察官学院学报》2020年第2期。

② 颜运秋:《公益诉讼理念与实践研究》,法律出版社2019年版,第79—80页。

经由人民代议机关,即人民代表大会的法律授权。① 根据"国家代表权"理论,因环境公益的公共性,只有国家才能代表着这种不可分利益,国家可以通过法律授予相关组织或团体代表权。② 现阶段,我国民事诉讼法、环境保护法授予了符合条件的社会组织提起公益诉讼的权利,确定了其为法律规定的人民管理国家事务的方式。社会组织的诉讼资格是来源于立法的明确规定,但并没有其他宪法基础。同理,因为仍没有法律规定,所以在我国公民个人暂时并未取得公益诉讼的诉权。

而检察机关提起公益诉讼的权利基础除了民事诉讼法等法律的规定外,其公益代表权一是源于其作为国家机关的身份,二是源于宪法和人民检察院组织法所赋予检察机关的法律监督职权及义务。③ 检察机关作为检察监督的主体对于法律实施具有监督权,自我国检察制度产生以来一直是我国公共利益的当然代表人。④ 从我国的司法实践来说,无论是新中国成立初期或是在未正式建立公益诉讼时期的司法实践中,检察机关都代表国家及公共利益提起了大量公益诉讼案件并取得了良好的效果。⑤ 即便在其他法域内,检察机关也是作为公益的当然代表,既可以原告身份主动提起公益诉讼也可以应其他主体的请求提起公益诉讼。⑥

因此,检察机关代表公益的法理基础要高于社会组织。虽然检察机关或检察官作为国家和公益的代表去行使公益诉讼中的诉权是国内外的普遍做法,但对于检察机关在公益诉讼中的诉讼地位在不同国家和地区中却都有各自的安排,理论可分为"当事人"说、"国家监诉人"说、"国家诉讼人"说、"非

---

① 吴应甲:《中国环境公益诉讼主体多元化研究》,中国检察出版社 2017 年版,第 37—38 页。

② [德]克雷斯蒂安·冯·巴尔:《欧洲比较侵权行为法》(上),张新宝、焦美华译,法律出版社 2004 年版,第 468—470 页。

③ 胡卫列:《国家治理视野下的公益诉讼检察制度》,载《国家检察官学院学报》2020 年第 2 期;谢鹏程:《论法律监督与公益代表——兼论检察机关在公益诉讼中的主体地位》,载《国家检察官学院学报》2021 年第 1 期;徐全兵:《检察机关提起公益诉讼有关问题》,载《国家检察官学院学报》2016 年第 3 期;刘艺:《检察公益诉讼的司法实践与理论探索》,载《国家检察官学院学报》2017 年第 2 期。

④ 最高人民检察院民事行政检察厅编:《检察机关提起公益诉讼实践与探索》,中国检察出版社 2017 年版,第 15—16 页。

⑤ 颜运秋:《公益诉讼理念与实践研究》,法律出版社 2019 年版,第 138 页、第 188—190 页。

⑥ 颜运秋:《公益诉讼理念与实践研究》,法律出版社 2019 年版,第 186—187 页。

刑事公诉人"说以及"公益代表人"说等不同的观点。① 这些不同的学说背后反映了检察机关在公益诉讼中的诉讼地位、诉讼权利、法律监督权以及检察职能分配的不同。

由于我国公益诉讼制度仍处在发展阶段，有关检察机关在公益诉讼中的诉讼地位问题仍然没有一个十分明确具体的答案。有些观点认为检察机关作为原告提起公益诉讼与其他有权提起公益诉讼的主体并无本质区别，另一种观点认为检察机关提起公益诉讼是作为国家的法律监督机关依法行使职权，与一般原告相比检察机关提起的公益诉讼更有追诉与监督之目的，具有提起诉讼与法律监督的双重职能，故其诉讼地位应反映这种双重身份。② 在此分歧下，"两高"最终创设了"公益诉讼起诉人"这一新的称谓，以体现检察机关在公益诉讼中诉讼地位的特殊性，但同时在实务中采取了检察机关在公益诉讼中的诉讼权利义务仍参照民事、行政诉讼法中原告的诉讼权利与义务的妥协性安排。究其根本，这种"私诉化"的安排反映了未能从理论上厘清检察机关作为国家法律监督机关代表公益和维护公益之间的关系，割裂了检察机关的公益代表与法律监督的内在联系，造成了检察机关在公益诉讼中主体地位的模糊与贬损。③ 这应是公益诉讼下一步制度完善中亟须解决的首要问题。

检察机关作为国家法律监督机关行使的是监督权，并无决断与处置的权力，所以只能通过提起诉讼等启动某种法律程序的手段，由法院及其他有权机关对于涉嫌违法的行为做出最后的司法及行政判断。④ 在理论层面对检察机关法律地位及职权范围的争议，实际上是对宪法条款中法律监督权内涵与外延的争议。法律是社会主义法治国家依法治国的基础。在法治国家中，法律经立法机关制定并颁布生效后，作为社会运行的基础贯穿于执法、守法与司法的各个过程之中，而法律监督应覆盖法律适用及实施的各个层面。

---

① 参见谢鹏程：《论法律监督与公益代表——兼论检察机关在公益诉讼中的主体地位》，载《国家检察官学院学报》2021年第1期；颜运秋：《公益诉讼理念与实践研究》，法律出版社2019年版，第190—196页；田凯、张嘉军、王红建等：《人民检察院提起公益诉讼立法研究》，中国检察出版社2017年版，第19—20页、第110—116页。

② 参见最高人民检察院民事行政检察厅编：《检察机关提起公益诉讼实践与探索》，中国检察出版社2017年版，第81—84页。

③ 参见谢鹏程：《论法律监督与公益代表——兼论检察机关在公益诉讼中的主体地位》，载《国家检察官学院学报》2021年第1期；陈光中等：《中国现代司法制度》，北京大学出版社2020年版，第674—676页。

④ 徐全兵：《检察机关提起公益诉讼有关问题》，载《国家检察官学院学报》2016年第3期。

二、法律监督体系现代化

法律实施过程的复杂性决定了监督方式需要结合被监督对象的特点而进行灵活调整。① 例如，检察机关抗诉等诉讼过程中的检察监督属于对司法的监督，提起行政公益诉讼则可归类为对执法的监督，但最为常见的法律监督形式则是对我国司法辖区内公民及法人守法的监督，包括检察机关代表国家对犯罪行为提起刑事公诉等。因此，将法律监督不当地限缩于司法监督范围内的理解也是不正确的。事实上，通过民事公益诉讼保护公共利益也应属于对守法的监督，即运用司法手段纠正违反法律规定侵害受宪法保护的公共利益的行为。但现阶段检察机关主要通过追究公益侵害者刑事责任、支持适格主体起诉等方式对侵害公共利益的违法行为进行监督，可以说其法律监督职能的作用并没有在实践中得到充分发挥。②

事实上，诉讼法中先后诉讼的顺序，即符合条件的社会组织的先行起诉的顺位安排，不能理解为诉讼权利价值上的位阶的排序，而应该视为是一种实现公益诉讼程序效益价值的特殊的便宜安排。实践中的问题已暴露出公益组织其自身利益有时可能与公共利益相悖。检察机关作为宪法授权的公益代表机关，同时也具有法律授予的公益诉讼诉权，作为保护公益立法目的，检察机关是更为适合的主体，而符合条件的公益组织提起公益诉讼只能看作是人民保护公益的一种途径和形式。故检察机关在公益诉讼中的诉权基础理应强于其他主体。

有观点认为程序性的顺序安排直接反映了实体的诉权，社会组织的诉权可排除检察诉权。③ 事实上，这是对于诉权基础与程序设置的混淆。正如实践中所出现的问题，包括在公益诉讼案件公示期间有些符合条件的社会组织起诉后又撤诉，或社会组织要求公示后又以各种理由或无理由怠于起诉的情况下，如果认为公益组织的诉权可以排除检察机关的诉权，公益将陷于缺乏保护的境地，这样公益诉讼制度设计中的程序正义价值目标便无法得到实现。因此，公益诉讼中起诉顺序的特殊安排应理解为优化司法资源配置的程序性安排，而非剥夺或削弱了检察机关代表公益的权利与义务。因为从制度设计就可以看出，如果理解为仅在起诉阶段削弱检察机关的权力，而检察机关还拥有包含抗诉等在各阶段介入公益诉讼的司法监督手段，这不仅在程序上浪费司法资源而且有违公益保护这一制度设计的核心要求。事实上，检察机关作为兜底的限制是为

---

① 韩波：《论民事检察公益诉权的本质》，载《国家检察官学院学报》2020年第2期。
② 徐全兵：《检察机关提起公益诉讼有关问题》，载《国家检察官学院学报》2016年第3期。
③ 参见杨源：《环保组织环境民事公益诉讼之诉权理论基础及其角色定位》，载《山西高等学校社会科学学报》2020年第10期。

了在制度上最大限度保障被告方的诉讼权益,并保持在民事公益诉讼中行使检察权"谦抑性"的体现。① 所谓"谦抑性"是指不过度使用,并非不能使用,同时也包含在应当使用时必须使用之含义。因为维护和保护公共利益始终是公益诉讼程序制度的设计出发点和核心内涵。②

在立法时,除了坚守程序正义价值,从法经济学角度考量,为实现程序效益价值的目的,"成本与收益"经济分析方法论一直是诉讼程序制度设计中的重要考量因素之一。③ 公益诉讼的根本目的是维护公共利益,国家与全体公民是公益诉讼的受益人与成本承担者。司法资源的投入都是源自国家财政支出,最终也是由全体公民来承担整体的诉讼成本。公益诉讼的根本目的是维护公共利益,如果在诉讼程序的设计中,可以利用最少的司法资源与社会成本便能达到保护公益的目的,这便是其程序效益价值的实现。我国民事公益诉讼程序中特殊的安排是根据我国司法资源紧张的实际情况,用兜底的顺位缓解检察机关司法资源紧张的问题,同时也保证了程序正义价值的实现,即用检察机关作为最后一道屏障,对公共利益做出兜底保护,以免落入公益保护缺失的窘境。

虽然,检察机关在民事公益诉讼中诉权的行使具有行使方式上的备位性等特点,但其在民事公益诉讼中诉权是由宪法授予的法律监督权及其公共利益代表人的身份所共同衍生出的。④ 检察机关兼具诉讼当事人与诉讼监督者的身份。⑤ 因此,检察机关法律监督职能的拓展与完善一定要明确、坚定地围绕检察机关在民事公益诉讼中的特殊诉讼地位及法律监督性质而开展。

(二)检察机关法律监督职能拓展与完善的具体措施建议

在我国,民事公益诉讼的性质决定了诉讼参与主体的多元性、协同性与利益一致性。⑥ 但鼓励环保组织通过民事公益诉讼参与环境治理绝不是放弃监管。如放任社会组织无序地参与公益诉讼,从长期来看也会影响其自身的健康发展。检察机关作为公益的代表及法律监督机关,应积极引导社会组织合法合

---

① 张雪樵:《检察公益诉讼比较研究》,载《国家检察官学院学报》2019年第1期。
② 张旭东:《环境民事公益诉讼特别程序研究》,法律出版社2018年版,第49—50页。
③ 张旭东:《环境民事公益诉讼特别程序研究》,法律出版社2018年版,第52—53页。
④ 韩波:《论民事检察公益诉权的本质》,载《国家检察官学院学报》2020年第2期;刘艺:《检察公益诉讼的司法实践与理论探索》,载《国家检察官学院学报》2017年第2期。
⑤ 张雪樵:《检察公益诉讼比较研究》,载《国家检察官学院学报》2019年第1期。
⑥ 胡卫列:《国家治理视野下的公益诉讼检察制度》,载《国家检察官学院学报》2020年第2期。

规地进行诉讼活动，并给予有力的支持。这也就需要加强对社会组织参与公益诉讼的监督。实际上通过监督使其行为更加合法合规也是对环保组织的一种保护，可以使其在参与民事公益诉讼的过程中行稳致远，也是帮助其建立公信力的一种方式。支持起诉与检察监督这两种制度都是检察机关在民事环境公益诉讼中职能的体现，这两种职能不应是割裂互不相关的。一个更完善的检察监督制度应该是支持与监督并行不悖，相互依托形成正向的良性循环机制。

在完善生态环境民事公益诉讼及其他类型的民事公益诉讼程序时，要始终秉持"公益最大化"原则，各项制度的设计应围绕这一根本原则，这样才不会在进行程序细节化设计时失焦。① 另外，由于公益诉讼的结果直接关系到公共利益这一实体权利是否可以得到充分的保护，所以公益诉讼参与人的程序性权利应当受到一定的限制，即在公益可能受到损害的情况下，国家权力应当在法律框架内对公益诉讼程序进行适当干预，并对公益诉讼的全过程进行有效监督。事实上，"有限处分"原则与"有限调解"原则已经体现在环境公益诉讼制度中，并主要由加强法院在公益诉讼中的主动审查等带有职权主义色彩的方式来实现。② 但检察机关作为法律监督机关，应如何在公益诉讼各个流程中充分发挥自身优势以达到最大化保护公益这一目标，却仅有原则性规定，缺乏相应的实施细则。这很大程度上是因为现阶段我国公益诉讼法律体系中，仍存在"私诉化"的错误倾向，且不同参与主体间的法律关系缺少明确的规定。③ 有关检察机关在民事公益诉讼中有关法律监督及支持起诉的立法规定较为原则，缺少对实践有指导作用的实施细则，导致包括检察机关与社会组织在内各方都处在摸索阶段，各地检察院也没有统一的执行标准与模式。

针对法律规定较为原则、办案实践中操作性规范不足的问题，可根据实践当中的问题，通过针对民事公益诉讼的特点进行专门且多样化的特别立法，制定相关司法解释、办案规则、实施细则，或通过发布指导案例等形式，为办案提供全流程、体系化的规范依据。如果短期内没有专门立法的契机，也应在现有制度框架下通过进一步出台司法解释或办案规则优化诉讼程序方面的新路径，增加检察机关在公益诉讼中法律监督及支持起诉在实践中的可行性，使有权起诉的诉讼主体在现有制度框架内相互配合协作形成良性互动的诉讼机制，能够在使用最少社会资源、行政资源、司法资源的情况下使公共利益得到最大限度的保护，应是我国下一步完善民事公益诉讼制度的探索方向之一。

---

① 张旭东：《环境民事公益诉讼特别程序研究》，法律出版社 2018 年版，第 81—83 页。
② 张旭东：《环境民事公益诉讼特别程序研究》，法律出版社 2018 年版，第 83—87 页。
③ 巩固：《公益诉讼的属性及立法完善》，载《国家检察官学院学报》2021 年第 6 期。

正如前文所述，现阶段检察监督职能在公益诉讼实践中的体现主要为检察建议、抗诉等审判监督程序。如果检察机关在诉讼过程中已经发现了侵害公益的行为，但只能等到判决生效后再进行抗诉等事后监督，这显然违背了诉讼经济的理念。① 事实上，民事诉讼法并未对检察机关的法律监督权进行限制。② 所以在公益诉讼中检察机关的监督方式与手段不应仅限于事后监督、事后补救，而是应涵盖司法阶段的全过程。将监督从事后监督提前到事中监督或事前预防性监督，不仅可以提高对公益的保护力度，更可以提升司法资源的利用效能。全过程监督会对公益诉讼当事人意欲私自非法处分公益时产生震慑作用，并增加非法处分公益的难度，从而进一步降低公益被侵害的可能。

为进一步提升对公共利益的保护，检察机关应对其他主体提起的民事生态环境公益诉讼案件进行诉讼全过程监督，即将监督延伸至自适格主体代表公共利益起诉之时，支持相关诉讼主体提起诉讼，并在其未能及时起诉且公共利益受到侵害或威胁时，及时提起诉讼对公共利益进行兜底保护。具体制度改进建议如下：

首先，完善登记备案制度，保障检察机关的知情权。为实现检察机关对于公益的全覆盖保护以及公益诉讼的全过程监督，其他主体提起的民事公益诉讼案件应采取检察登记备案制度。由社会组织起诉的案件，其起诉状等文书应当抄送辖区内有管辖权的检察机关备案；对于其中重大的有影响力的民事公益诉讼案件或其他检察机关认为有必要的案件，检察机关可以进行事前审查，并根据案件情况决定是否依职权支持起诉；社会组织进行备案的同时，如有需要可以同时提出支持起诉申请；社会组织提起的民事公益诉讼案件公告后又不起诉的，检察机关可直接起诉；或社会组织仅备案后未提起诉讼的，检察机关可根据备案资料及线索依法决定是否起诉。

其次，完善校正民事公益诉讼的诉前程序，赋予检察机关提起诉讼同等顺位的诉讼权利。通过公益诉讼的司法实践探索，能够看到检察机关在开展公益诉讼中起着主力军作用。公益组织和检察机关在维护公益中协作配合，搭建了"支持＋配合＋监督"的制度机制。发现公益遭受侵害的主体及时提起诉讼能够提高保护公益的效率，建议修改完善当前"两高"司法解释中检察机关提起民事公益诉讼需要履行诉前公告程序的设置。

最后，增设社会组织诉讼中处分公共利益的前置程序。即在社会组织起诉

---

① 颜运秋：《公益诉讼理念与实践研究》，法律出版社2019年版，第189页。
② 参见最高人民检察院民事行政检察厅编：《检察机关提起公益诉讼实践与探索》，中国检察出版社2017年版，第16页。

的民事公益诉讼案件中，原告在准备实施包括变更诉讼请求、中途调解、和解、撤诉等可能对公共利益有实质性影响的诉讼行为前，应先将方案及理由以书面形式提前报送该案件备案的检察机关批准并备案，进行事前监督。为防止检察机关怠于履行监督职责致使案件久拖不决，可以规定检察机关审查期限为30天，如在期限内未回复则视为没有异议。对和解、调解结案的案件事中监督可参照检例第165号指导案例的精神，但应将范围从检察机关立案的案件扩展至所有民事公益诉讼案件。但此流程不应排除或减损检察机关在法院公告期内或是裁定生效后等事后发现问题后再依法进行纠正的权利，仅是增加了事前及事中监督，使对公益的保护更加充分完善。所以在结案时，环保组织应再次将案件判决书、调解书等结案的文书抄送备案的检察机关，以备检察机关对该案件进行事后监督。

通过上述制度完善措施，可将社会各界对公共利益的保护都纳入法治轨道与法律监管之下，形成检察机关"支持+配合+监督"环保组织参与生态环境民事公益诉讼案件的良性互动机制。检察机关行使监督权既体现了检察权的谦抑性，又通过诉讼全过程监督为公益提供了另一道坚实保障，最终达到统筹社会力量共同保护生态环境的目的，为我国环境治理与公益保护提供强有力的制度支持。

五、结语

对公益的保护是一项系统性的社会治理工程，需要从公众到司法机关和社会各界的积极参与。检察机关作为公共利益的法定守护者及社会治理中最后一道防线的看门人，不仅要对公益的保护进行监督，也要对社会组织利用公益诉讼保护公共利益的过程进行监督。我国现行生态环境民事公益诉讼仍然处在探索阶段，实践中暴露的问题显示，制度仍需进一步完善，包括平衡多元主体间诉权的关系，践行公益保护多元共治理念、协助提升社会组织等主体的权益救济能力等。具体而言，检察机关对于生态环境民事公益诉讼的法律监督不仅要由事后监督方式扩展到事前、事中及事后的全过程监督模式，也应覆盖全部民事生态环境公益诉讼案件。此种模式成功之后也可扩展到生态损害赔偿诉讼与其他类型的民事公益诉讼。在法治框架内形成检察公益诉讼监督与支持并行的多元共治的良性互动机制。在实践的探索中寻找各诉讼参与主体相互协作的契合点，共同推动受损的公益得到恢复，实现双赢多赢共赢的局面。

分野与交互：权力差异视域下优化生态损害赔偿诉讼与检察环境公益诉讼衔接路径的实践检视

邓 虹 甘乃予 李 佳 吕晓雯[*]

一、问题的提出：生态损害赔偿诉讼与检察环境公益诉讼的碰撞

2017 年中共中央办公厅、国务院办公厅印发《生态环境损害赔偿制度改革方案》，自 2018 年 1 月 1 日起，我国生态环境损害赔偿制度正式步入全面推行的新阶段。2020 年 8 月 31 日生态环境部、司法部、财政部、自然资源部、住房和城乡建设部、水利部、农业农村部、卫生健康委员会、林业和草原局、最高人民法院、最高人民检察院等部门联合出台《关于推进生态环境损害赔偿制度改革若干问题的意见》。其中第 9 条明确与公益诉讼的衔接内容。在此之前，《环境保护法》第 55 条、《民事诉讼法》第 58 条规定符合法定条件的环保组织或检察机关有权提起环境民事公益诉讼。根据我国环境保护法、民事诉讼法、最高人民法院《关于审理环境民事公益诉讼案件适用法律若干问题的解释》以及《改革方案》的有关规定不难发现，生态环境损害赔偿诉讼与检察机关的环境民事公益诉讼在适用范围、诉讼标的、诉讼目的以及诉讼功能等方面具有高度相似性。因此，从理论上来说，同一侵害环境利益的行为可能会同时被两项制度规制双重纳入，进而在二者间形成"碰撞"与"冲突"[①]，两项诉讼制度如何衔接的问题，一直引起理论界和实务界的广泛关注。

---

[*] 邓虹，广西壮族自治区防城港市人民检察院副检察长；甘乃予，广西壮族自治区防城港市人民检察院第五检察部检察官助理；李佳，广西壮族自治区防城港市人民检察院第一检察部检察官助理；吕晓雯，广西壮族自治区防城港市人民检察院第一检察部检察官助理。

[①] 彭中遥：《行政机关提起生态环境损害赔偿诉讼的理论争点及其合理解脱》，载《环境保护》2019 年第 47 期。

大部分学者在这一问题上主张"行政优先，司法兜底"。彭中遥认为，应当构建"行政管制优先、索赔诉讼兜底"的协调互补的生态环境损害救济机制。① 这种观点主张，在生态环境损害案件中，行政机关须承担第一顺位的环境保护义务，而司法权更宜退居二线，扮演好最后一道防线的角色。康京涛则基于对欧盟生态损害救济理路、实效和困境的分析，认为应当构建以行政机制为主导的生态损害救济模式。② 江春燕认为应将磋商为第一顺位考虑生态环境损害赔偿诉讼，社会组织作为第二顺位，检察机关为第三顺位发挥最后保障作用。③ 而部分学者主张两个制度平等，互相补充。程多威、王灿发却认为生态环境损害赔偿制度与生态环境公益诉讼制度应该是两个并行不悖的制度，前者解决的是适用对象、赔偿范围、求偿主体、责任主体、损失大小的评估、赔偿资金的使用与监督、损害赔偿纠纷解决的途径与程序等问题，而后者则是从司法诉讼的角度，对生态环境损害这种公共利益的损害提供一个救济的途径。④ 李晖、杨雷则主张建立由刑事附带民事诉讼与侵权诉讼、生态损害赔偿与一般行政诉讼、环境行政公益诉讼、环境民事公益诉讼构成的四层级环境治理诉讼体系。⑤

而在生态损害赔偿之诉和检察环境公益诉讼衔接问题产生的原因上，学者们也众说纷纭。如陈全波认为，生态环境损害赔偿诉讼与检察环境民事公益诉讼有诸多共通性，然而，生态环境损害赔偿诉讼与检察环境民事公益诉讼性质属性不同，生态环境损害赔偿诉讼与检察环境民事公益诉讼是两类不同性质的民事诉讼，在起诉主体、起诉条件等诉讼规则方面亦存在差异，不考虑此种差异而笼统地将源于不同制度、依据不同规定所形成的两种不同诉讼之功能作相同或相似定位，必然会引起两种诉讼制度之间的矛盾和冲突。⑥ 潘牧天认为，

---

① 彭中遥：《行政机关提起生态环境损害赔偿诉讼的理论争点及其合理解脱》，载《环境保护》2019年第5期。

② 康京涛：《欧盟生态损害救济：理路，实效，困境及启示——以欧盟〈环境责任指令〉为中心》，载《宁夏社会科学》2020年第1期。

③ 江春燕：《生态环境损害赔偿制度与公益诉讼衔接机制研究——助推农村生态保护》，载《农村实用技术》2020年第3期。

④ 程多威、王灿发：《论生态环境损害赔偿制度与环境公益诉讼的衔接》，载《环境保护》2016年第2期。

⑤ 李晖、杨雷：《生态环境损害赔偿制度研究——兼论其与环境公益诉讼的衔接》，载《西部法学评论》2018年第3期。

⑥ 陈全波：《生态环境损害赔偿诉讼与环境民事公益诉讼的衔接》，载《山西省政法管理干部学院学报》2022年第2期。

虽然生态环境损害赔偿诉讼的原告为政府部门，不同于环境民事公益诉讼的具有起诉资格的环保组织和检察院，但在环境公共利益事务上实际上衍生出的两套"机制类似、功能重叠的法律程序"，不可避免地会出现"两诉"既判力牵连的问题，影响司法的稳定性，他还总结了"两诉"诉权冲突的三大主要表现类型。① 彭中遥认为，由于"两诉"之诉讼目的均在于填补生态环境损害、维护环境公共利益，故而某一环境侵害行为可能会同时落入"两诉"之规制范畴，但由于"两诉"的理论基础有别，加之当前司法机关对于"两诉"之间的基本关系尚未达成共识，由此导致司法实践中"两诉"之管辖与衔接陷入一种较为混乱的困局。②

上述学者从相对宏观的角度，从理论、立法等方面，对生态损害赔偿诉讼与检察环境民事公益诉讼衔接过程中产生的问题及其原因进行论述，但较少有学者从提起诉讼的主体及主体权力性质的视角切入研究。检察机关作为提起环境民事公益诉讼的法定主体之一，其代表的检察权和提起生态损害赔偿诉讼的主体行政机关所代表的行政权在权力差异基础之下，于"两诉"衔接过程中是不可避免地会产生冲突。这一冲突如何体现？又如何成为"两诉"衔接的掣肘因素？冲突之下又该如何调和与寻求突破？

二、问题的具象：实践中"两诉"的碰撞冲突体现

以 F 市检察机关办理的环境民事公益诉讼案件为例，案件中行政权、检察权的差异引起的生态损害赔偿诉讼和检察公益诉讼的衔接问题，主要折射出以下情形：

（一）权力架构设置冲突

从立法层面来说，我国各环境保护单行法中规定县级人民政府负有环境保护义务。而目前按照《生态环境损害赔偿制度改革方案》规定，我国生态损害赔偿诉讼的"赔偿权利人"主体被限定在省、市级政府中。一个常识性的问题是，环境生态损害通常发生在县区级行政区划内，生态损害后果最直接和首要的承担者为县区级人民政府，但这一直接的和首要的后果承担者却被排除在生态环境损害赔偿权力主体之外。因而，从权利架构的角度来说，由于履职范围的对应性，县区级政府无权开展生态损害赔偿诉讼工作而导致基层检察院

---

① 潘牧天：《生态环境损害赔偿诉讼与环境民事公益诉讼的诉权冲突与有效衔接》，载《法学论坛》2020 年第 6 期。

② 彭中遥：《论生态环境损害赔偿诉讼与环境公益诉讼之衔接》，载《重庆大学学报（社会科学版）》2021 年第 3 期。

也无权以支持起诉的方式参与到生态损害赔偿诉讼工作中。但从现实实践需要的角度看，县区级政府比省、市级政府更能了解当地的自然资源和生态环境实际情况，更能助于做出正确的修复方案、索赔金额等，并且对于一些突发紧急的环境污染案件，主要依靠损害发生当地的行政机关第一时间进行处理。上述三方面的矛盾催生了被侵权方因赔偿权利主体不适格而无法主张相应权利或者主张权利不全的怪象。如F市某县某公司借助开挖鱼塘之名在当地非法挖掘煤矿并对外销售获取高额利润，给当地生态环境造成重大破坏，相关行政单位启动生态损害赔偿诉讼程序，以此将该公司以及涉案人员起诉至法院要求承担生态损害赔偿责任。F市某县法院经审理认为该行政单位主体不适格，驳回诉讼请求，也导致此地生态修复的工作被搁置。在此过程中，该县检察机关由于在权力架构上的设置问题而不能以支持起诉的方式参与。另一起案件中，F市某县因交通事故造成一辆车辆车载的浓硫酸全部泄漏并污染周边山林及河流，该市生态环境主管部门及县政府、应急局、生态环境局、农业农村局及乡政府、高速公路管理部门等多个单位紧急处置消除危险隐患及环境污染隐患。紧急处置后，该市生态环境局经请示市政府获批准由其启动生态损害赔偿诉讼程序。但是，该市生态环境局的诉讼请求仅以本部门为紧急处置开支的费用为依据。经向该市检察院申请支持起诉后，检察机关发现该问题立即给予其纠正及指导，只是高速公路管理部门因不在该市政府管辖范畴已自行向法院起诉并且获得判决支持。可见，同一问题因权力架构设置的不同就会出现不同的单位有不同的后果。

（二）职责交叉冲突

两诉制度之间还存在因职责交叉导致的功能重叠、顺位不清问题。这一问题显著体现在行政机关、环保组织、检察机关针对同一事由重复起诉，甚至触及"一事不再理"的原则底线，形成累诉。于检察机关之外，社会组织已向法院提起生态损害赔偿诉讼或相关行政机关已向法院提起生态损害赔偿诉讼、在相关行政机关和赔偿义务人磋商环节等情况下，检察机关未知而启动检察环境公益诉讼，造成司法资源浪费。于检察机关之内，也存在着市级院支持行政机关生态损害赔偿诉讼与基层院刑事附带民事公益诉讼的诉讼竞合。如F市某公司非法占用林地、伪造国家机关公文印章案中，在市检察院支持市生态环境局起诉该公司生态损害赔偿责任的同时，公安机关以刑事案由向该公司所在辖区的某区检察院移送审查起诉，该区检察院对该案向法院提起刑事附带民事公益诉讼。两级检察院在对这一案件的处理上出现了不同做法。

（三）"两诉"法治观念冲突

生态环境损害赔偿诉讼包括磋商和诉讼两个程序，而磋商前置程序是法律明确要求的,当磋商不成功或者生态损害赔偿义务人未按照磋商协议履职时,赔偿权利人才能提起生态环境损害赔偿诉讼。检察机关作为我国法律监督机关,在生态损害赔偿工作中可以在行政机关怠于启动生态损害赔偿程序、支持起诉、兜底起诉、判决执行等方面提供司法支撑和有效监督,在证据收集、法律适用、磋商内容和程序选择等方面也具备强力优势。但是,在赔偿权利人也即行政机关与赔偿义务人的诉讼前置程序中,由于检察机关参与生态损害赔偿诉讼不具有法律上的强制性,实践中往往会出现行政机关为避免麻烦而绕过检察机关独自完成生态损害赔偿诉讼,检察机关近乎"零参与"或参与滞后,使得司法保障无法实现全覆盖。如以生态损害赔偿协议中的司法确认为例,因《生态环境损害赔偿管理规定》第24条中对赔偿权利人及其指定的部门或机构和赔偿义务人申请司法确认的强制程度上的用语是"可以"而非"应当",这就导致个别行政机关对"可以"选择熟视无睹。如F市某行政单位在办理某公司违规贮存工业固体废物铜尾渣生态损害赔偿一案中,由于该行政单位认为法院司法确认诉前磋商协议的手续烦琐,加上规定中对该环节只是认为"可以"的法治观念差异,所以即使经检察机关多次建议和协调赔偿权利人和义务人共同就该生态损害赔偿协议向法院申请司法确认,但直至协议生效30天已超过申请司法确定的时间后,该行政单位仍未向法院申请司法确认,使诉前磋商结果面临着赔偿义务人不履行或未完全履行赔偿权利人将会执行难的问题和风险。

(四)"两诉"生态损害赔偿资金使用不完善

所谓生态损害赔偿金,是一种救济生态损害的货币化表现形式。生态环境损害赔偿金的管理需依托完善的规章制度,才能保障其使用上的正当性和可行性,否则容易因生态损害赔偿资金管理不当而影响生态损害赔偿工作的顺利开展。目前"两诉"使用生态损害赔偿金方面仍存在不完善的地方。一是有关规定过于原则化,可操作性不强。尽管在国家层面和省级政府层面,都制定相应的生态损害赔偿金管理规定,对生态损害赔偿金的来源、使用范围、资金使用步骤进行明确,但仍存在规定内容原则化、难以"按规操作"的问题。以F市为例,很长一段时间内未设立生态损害赔偿金专用账户,无论是检察机关抑或行政机关在生态损害赔偿金的管理和使用上仍存在较大困难,存在"两条线路"做法。第一条是行政机关线路,即赔偿义务人直接将生态损害赔偿金转入生态环境局提供的、事先向财政局寻求的一个汇款账户,该笔资金将纳入国库集中统一管理,若需使用时再进一步向财政申请资金;而在损害结果发生地的相关单位已投入了大量资金进行生态修复的前提下,为使问题能得到快速有效处理,则为赔偿义务人直接转入当地财政局相关账户,再由已支出修复资金的相关单位向财政申请。第二条是检察线路,即检察公益诉讼案件中,在法院判决检察机关胜诉后,由被告人直接将生态损害赔偿金转至法院指定的账户。"两条线路"各有利弊,最明显的弊端在于对生态损害赔偿资金收缴、管理、监督混乱,甚至出现"易进难出""两诉"使用冲突问题。

(五)海洋保护"两诉"衔接冲突

由于海洋具有空间上的跨区域性、生态上的联动性以及形态上的立体性等特点,在《生态环境损害赔偿制度改革方案》《生态环境损害赔偿管理规定》等规定中,肯定海洋环境保护法作为特别法的地位,对海洋环境保护作了有别于一般环境保护的对待,明确将海洋生态环境损害赔偿的情形排除在外。海洋环境保护法于1999年制定,检察公益诉讼却于2017年才正式以立法的形式确立,两者无论从时代性还是适用性上都存在十分大的差异。由于适配性不高,导致包括生态损害赔偿与检察公益诉讼在内的新规定都与"旧法"磨合困难。相关规定也即最高人民法院、最高人民检察院《关于办理海洋自然资源与生态环境公益诉讼案件若干问题的规定》迟至2022年5月才姗姗出台,由此检察机关才具备了支持有关部门根据职能分工提起海洋自然资源与生态环境损害赔偿诉讼的法理依据。尽管最新规定的出台解决了受理问题,但是仍然会出现层级管辖冲突、判决执行管辖冲突、判决款项缴纳使用冲突等问题。尤其是在海洋保护中海警部门是执法中坚力量,但其管理层级不在地方政府管辖范围内,无法按照生态环境赔偿诉讼的原审批程序办理,不能由地市级以上政府批准作为赔偿权利人出现。这样的生态环境赔偿诉讼又与原有的生态环境赔偿诉讼制度不一样,自然与检察环境公益诉讼的衔接也就会出现各种不同问题。

三、问题的分析:行政权与检察权的同源异质形成分野与交互

(一)行政权与检察权的关系

行政权与检察权之间是一种同源异质的关系。行政权即行政组织管理权,是指国家行政机关执行法律、管理国家行政事务的权力,是一种具有国家强制力的公共事务管理权,又称为公共权力。检察权则是指检察机关对相对方遵守法律、法规、规章,执行行政命令、决定的情况进行检查、了解、监督和引导的权力,属于司法权的一种。从权力来源看,行政权和检察权来源相同。在我国,二者皆由全国人民代表大会产生,并对全国人民代表大会负责,接受全国人民代表大会的监督和制约。但二者在根本上是两种不同性质的权力。从权力主体看,行政权由行政机关行使,检察权由作为法律监督机关的检察机关行使;从权力内容看,行政权的行使包括制定行政方针、行政法规、发布行政命

令、组织行政实施,而检察权包括制约监督侦查权、诉讼监督、职务犯罪立案侦查和刑罚执行检察监督、民事检察监督、行政检察监督、公益诉讼检察监督等;从行使方式看,行政权的行使较为灵活,而检察权更多地依靠诉讼进行;从权力目的看,行政权的宗旨是执行国家的法律、法规、政策等来有效地实现国家意志,而检察权的目的在于维护宪法和法律的统一正确实施。

尽管检察权与行政权是两类不同性质的国家权力,但在我国的人民代表大会制度下,全国人民代表大会是国家最高权力机关,各机关由它产生,对它负责,接受其监督,这决定我国国家行政机关与检察机关的关系不是权力分立,而是分工;检察权与行政权之间不是制约,而是监督;二者之间不是平衡,而是相互配合。① 在生态损害赔偿之诉与检察环境公益诉讼之诉"两诉衔接"的语境下,行政机关与检察机关依照各自的权责,可以分别就环境损害事实提起生态损害赔偿诉讼和检察环境公益诉讼,检察机关又可以在检察公益诉讼中依职权以"参与者"身份支持赔偿权利人起诉的方式对生态损害赔偿诉讼给予支持,同时以"监督者"身份对行政机关在生态损害赔偿诉讼过程中的行为进行监督。二者之间的相互配合,是"两诉"衔接顺畅的关键所在。

(二)权力冲突下"两诉"衔接不畅的学理分析

行政机关与检察机关在定位、分工上的不同是导致"两诉"衔接失调的最主要原因。就行政机关而言,从行政权的角度看,行政机关作为生态环境损害赔偿案件的主导者。从基本法的规定、国家权力分工以及行政机关在生态损害领域的固有优势等方面而言,行政权在生态环境损害个案中具有最优顺位,应当首先发挥作用,并在生态环境损害赔偿中肩负主要责任。从诉讼的角度看,生态损害赔偿诉讼中,行政机关兼有民事主体(赔偿权利人)和行政主体(监管义务人)双重角色②,诉求范围更广。从流程与内容角度看,行政机关的选择更为多样和灵活。如在发生生态损害事件后,省级、市级政府可以指定国土资源、环境保护、住建、综合执法、交通运输、水利、农业、林业、水产畜牧等部门在各自职责范围内负责生态环境损害赔偿工作,具体包括生态环境损害调查、鉴定评估、修复方案编制、磋商、提请对磋商协议的司法确认、诉讼、修复效果后评估、信息公开等。

而就检察机关来说,其作为我国的法律监督机关,是生态环境治理大局中的一个参与主体。检察权在生态损害修复中发挥更多的是辅助作用,同时也是

---

① 郑贤君:《论检察权与行政权的关系》,载《河南社会科学》2011年第6期。

② 程多威、王灿发:《论生态环境损害赔偿制度与环境公益诉讼的衔接》,载《环境保护》2016年第2期。

公益保护的最后一道防线。检察机关在其中所扮演的是"司法者"与"监督者"的角色。从司法诉讼的角度,检察机关向人民法院提起检察环境公益诉讼或者支持赔偿权利人起诉生态损害赔偿案件,是为生态环境损害提供一个救济途径。从程序上看,这也是检察机关对生态环境损害赔偿诉讼的监督,在支持行政机关主张生态环境损害赔偿权利中,在为行政机关提供法律咨询中,在对行政机关调查取证、磋商方案、磋商协议、诉讼意见和建议的合法性中进行监督,包括支持起诉或支持提请司法确认这个过程的监督。之后基于法律监督视角,检察机关可对行政机关在生态环境监管中违法行使职权或不行使职权的,依法向其发出诉前检察建议或进行诉前磋商,督促行政机关整改。而从职能兜底方面来看,对于符合生态环境损害赔偿情形的行为,行政机关不起诉生态损害赔偿诉讼的,检察机关可以依法向法院提起检察环境民事公益诉讼,追究赔偿义务人的民事责任。

综上,在生态损害修复中,行政机关与检察机关始终在分工、监督与被监督、相互配合上紧密相连,这也是检察权与行政权的关系所在。简言之,就是在此过程中,行政权负责治理,检察权负责监督。而在谋求生态损害赔偿诉讼与检察环境公益诉讼衔接的"合力点",则在协调行政权与检察权、确保二者合理、均衡配置并发力。行政机关须承担第一顺位的环境保护义务,检察机关为补充,扮演好生态环境保护最后一道防线的角色,从而确保生态环境损害赔偿制度改革朝着规范化与法治化之路迈进。

四、寻求的突破:有效突破差异的实践检视

基于对上述分析,F市检察机关从明确基础、瞄准目标和厘清关键等方面,积极探索出一系列行之有效的解决方法。

(一)正确对待差异构建良好互动协作机制

检察权和行政权之间的差异,自两类权力设立和配置之初就已然存在。我国国家权力的配置是国家根据治理的需要在最高权力之下进行的权力配置,权力运行中为了限制恣意又强调对权力的制约,而人大监督下的行政权、审判权、检察权根据法律授权均有各自的权力范围。[①] 生态损害赔偿诉讼与检察环境公益诉讼衔接的问题,从某种意义上来说,正是两种权力配置与权力范围重合交叠和差别冲突下的平衡问题。而谋求平衡,或者说完善衔接的基础,则在

---

① 李旻:《检察机关提起行政公益诉讼的理论基础——以检察权与行政权的关系为视角》,载《云南大学学报(法学版)》2015年第5期。

于行政机关与检察机关在将各自权责发挥最佳效果的前提下,更为全面、客观、科学、合理地对待对方和自身间的权力差异。生态损害赔偿诉讼与检察环境公益诉讼的衔接,实质上也是行政权和检察权之间的互动,良好互动关系的构建是突破差异的关键所在。以 F 市检察机关为例,F 市检察机关基于办案实践,着重同行政机关构建良性互动。基于检察监督履职的和有关行政机关履行生态环境保护职能的特殊性,该市检察院联合 13 个行政单位签订检察公益诉讼协作合作机制,检察公益诉讼协作合作机制制度实施后相关衔接问题得到明显改善。

(二)树立修复公共利益是有效合作目标的办案理念

生态环境损害赔偿诉讼和检察环境背后所体现的"行政权—行政机关"和"检察权—检察机关"两组权力机构在权力性质和权责分工上大相径庭。而"两诉"的程序也存在较大区别,如生态环境损害赔偿诉讼的诉讼范围小于检察环境公益诉讼,而前者比后者多了磋商程序,前者属于特殊性的环境民事公益诉讼。但从目的来看,两种诉讼制度都是以保护生态环境方面的社会公共利益为目的。从适用范围来看,后者的法定领域在生态环境和资源保护,与前者都是致力于保护和修复环境一致。从更为宏观的角度出发,两大机关在生态损害赔偿诉讼和检察公益诉讼中的权责履行,都是"满足人民日益增长的优美生态环境需要"的题中之义。如 F 市检察院与市生态环境局联合对某公司违规堆放铜精矿尾渣破坏海域沿岸土壤的案件,F 市检察院作为支持起诉人的身份,与市生态环境局共同与当事人开展诉前磋商,督促当事人投入 270 余万元将 100 多亩海域沿岸堆放铜尾渣的土地土壤生态环境进行修复,生态受损问题切实得到有效整改。

(三)明确"两诉"衔接启动标准,推行"同步介入"办案模式

根据检察环境公益诉讼的相关工作规定,在生态环境资源类案件中仅有资源损失的,检察机关不宜启动检察公益诉讼程序。但实际案件办理中会出现职能部门只鉴定自然资源价值,而忽视对环境生态功能损害的评估,致使检察机关陷入履职无门的境地,这时,进一步明确衔接启动的适用具体情形就尤为重要。比如,在 F 市办理的非法开采海砂或非法采矿的系列案件中,自然资源管理行政执法部门往往只对海砂或矿产资源的价值进行鉴定,没有对这些行为给周围环境的生态功能造成的损失进行鉴定,这就造成检察生态环境公益诉讼难以启动程序。因此,检察机关在与相关行政部门建立协作机制时对支持起诉的标准进行明确要求,避免双方错失各自办案的良机。同时,以检察公益诉讼监督为切入点,提前引导行政机关、侦查机关以公益诉讼标准启动调查程序,

在案件调查初始同步固定公益损害证据和对接技术鉴定工作，并支持行政机关与生态环境损害赔偿义务人进行赔偿磋商，有效提升办案质效，为生态环境损害赔偿提供快捷高效的方式。

(四) 完善企业合规改革工作和生态损害赔偿诉讼内外衔接

检察机关涉案企业合规改革中，涉案企业非法占用耕地、非法占用林地等是常见案件类型，生态保护合规性属于其中一项重要内容，生态环境损害赔偿机制涉及的行政机关在改革中也担任着重要的第三方角色。而检察机关这项改革主要适用主体在刑事检察部门，这就出现刑事检察部门开展涉案企业合规工作与生态环境损害赔偿机制、检察公益诉讼支持起诉工作等存在冲突的问题，如何解决过程中出现的问题目前尚未有明确规定，这就需要检察机关加强内外合作协调。如F市检察机关办理的某风力发电公司施工破坏林地造成环境破坏案件中，在出现支持起诉与企业合规工作冲突时，由市检察院牵头，一方面与市生态环境局共同商议将支持起诉的诉前磋商内容融入到企业合规改革内容中，另一方面与该辖区正在办理刑事附带民事公益诉讼的检察院共同商议吸收支持起诉的内容，上下两级共同推进并明确分工，由此将"两诉"有效衔接，达到三个效果的有机统一。

(五) 构建和完善生态损害赔偿金使用衔接机制

首先，明确涉案财物的处理顺序问题。尽管《民法典》规定法院执行"民事优于刑事"，但实践中由于同一个生态损害案件中的刑事部分侦查取证较民事更为高效，公安机关往往在刑事侦查阶段就已经对部分涉案财物进行处分；或单独民事公益诉讼判决迟于刑事判决，存在时间差，刑事判决对涉案财物的处理早于民事判决。以上情况导致生态损害赔偿金与罚金、追缴违法所得款、扣押财物处置等存在冲突，需要进一步明确涉案财物处理顺序。其次，健全完善各地财政制度关于生态损害赔偿金缴纳和使用的制度规定等。由于在两项制度合作过程中，双方根据自身工作需求都已经投入一定的费用，但当事人缴纳的生态损害赔偿金是没有区分两项制度的，这也就存在着两项制度对于生态损害赔偿金缴纳和使用存在交叉的问题，也需要进一步梳理和明确。如F市检察院推动市财政局在全区率先在财政部门账户下设立公益诉讼资金账户及规范资金使用程序，统管生态损害赔偿诉讼以及检察环境公益诉讼的生态损害赔偿资金。最后，明确两项制度对于生态损害赔偿金额的计算规则。检察环境公益诉讼起诉的生态损害赔偿金额计算依据的是《民法典》，尽管2022年4月28日出台的《生态环境损害赔偿管理规定》第5条明确生态环境损害赔偿范围包括的内容与《民法典》一致，但是实践中行政执法部门适用的生态损害赔偿金额计算依据还是行业规定，或对于《生态环境损害赔偿管理规定》第 5 条规定的生态环境受到损害至修复完成期间服务功能丧失导致的损失、生态环境功能永久性损害造成的损失，以及生态环境损害调查、鉴定评估、清除污染、修复生态环境等费用和防止损害的发生及扩大所支出的合理费用等五项内容理解存在偏差，致使检察机关计算出的生态损害赔偿数额和行政机关计算的数额不一致，影响起诉和执行。为解决这一问题，检察机关充分运用"同步介入"办案模式的优势，提前介入指导引导行政机关，从而使双方的目标均能达到各自的标准要求。

五、结语

生态损害赔偿诉讼与检察环境公益诉讼衔接中的问题，从权力的角度来说，本质上源于行政权与检察权的同源异质。基于权力主体权责和在诉讼中的性质差异，生态损害赔偿诉讼与检察环境公益诉讼陷入了"衔接困境"，这一"困境"折射到实践，则体现在权力架构设置冲突、职责交叉冲突、法治观念冲突、生态损害赔偿资金使用冲突、海洋保护管理冲突等诸多方面。在行政权和检察权、行政机关和检察机关在寻找出"两诉"衔接问题的"最优解"的探索路径下，以正视差异、构建良好互动、谋求维护生态环境利益最大化为切入点，有利于缓解衔接过程中的矛盾冲突，平衡两大行为主体之间的利益。同时，行政执法人员和检察人员在执法、司法实务中办案思维的有效转变，有利于促进执法、司法与个案实际的贴合，有效提高"两诉"衔接的效率，妥善处理环境问题，最终最大限度地对社会公共利益予以保护。

未成年人司法综合保护的现实困境与完善路径

唐云骢[*]

引言

讨论研究未成年人司法综合保护,首先需要明确"未成年人司法综合保护"的定义。拆分来看,"未成年人司法"是指国家司法机关在从事司法活动中针对未成年人生理、心理特殊性而制定的有别于成年人的特殊司法制度。"综合保护"是指非一家的,整合多方力量,进行多维度保障与呵护。结合两项定义,未成年人司法综合保护,是指国家司法机关在从事司法活动中,立足司法职能,整合多方力量,给予未成年人有别于成年人的全方位、多角度的特殊保护。

经过数十年演进与变革,中国未成年人司法从初现到扎根,逐步形成富有本土特色的制度模式,目前已探寻出系统、全面的保护体系,立足司法保护,向前后上下延伸触角,追根溯源、源头把控,从而净化未成年人保护大环境。但实践中司法综合保护工作开展与目标定位还存在一些差距,距离完全实现司法综合保护还有一定差距。作为唯一参与司法保护全流程的政法机关,本文将立足检察机关,以未成年人检察工作为剖析点,从未成年人司法综合保护的内核本质出发,梳理思路,分析实务中存在的问题,提出相应的完善路径,以求在现有基础上进一步完善未成年人司法综合保护,满足需求,解决问题,达到目标。

一、未成年人司法综合保护的内核本质

未成年人司法概念由来已久,域外各国各地区针对未成年人司法特殊制度进行过种种探索。我国未成年人司法自古便有雏形,如汉成帝时规定,"年未

---

[*] 江苏省盐城市人民检察院第七检察部五级检察官助理。

满七岁，贼斗杀人及犯殊死者，上请廷尉以闻，得减死"。① 唐律明确规定了犯罪时尚年幼仍按照年幼因素来定罪量刑，"犯罪时幼小，事发时长大，依幼小论"。② 而当代，附条件不起诉、合适成年人在场等制度也充分体现了对未成年人的特殊对待。但综观古今、中外，对于未成年人司法的探索几乎局限司法领域内，对未进入司法环节的问题爱莫能助，未发挥出司法导向作用。当前，我国新时代未成年人司法强调综合保护，富特色地提出能动司法，司法保护反作用于其他领域，扩大司法影响力，避免司法被动性，创新使得未成年人司法保护主动融入、全面履职，既体现司法制度创新，也为未成年人司法保护中国式现代化提供了"综合"方案。中国目前所采用的未成年人司法综合保护模式，基于中国实际，服务新时代大局，具体而言其内核本质体现在三个方面。

（一）个人成长发展的应然

"人类普遍的自然情感中原始存在着一种恤幼情感，要求对未成年人进行必要的照护，对犯错的未成年人给予适当的宽宥，这是人类善良本性和道德传统使然"③，未成年人司法综合保护是顺应人类成长发展的。我国《民法典》规定："十八周岁以上的自然人为成年人。不满十八周岁的自然人为未成年人。"④《刑法》第 17 条亦规定了未成年人相关的刑事责任。法律法规对未成年人的一系列保护，主要是出于未成年人的特殊性。从人类成长过程看，未成年人的不同表现在生理性与社会性上的特殊。生理性上，人类成长需经历胎儿期、婴儿期、幼儿期、童年期、青春期、成年期、老年期七个阶段，其中前四个阶段自不必说，为人生幼年期，身体羸弱，机能不全，缺少认知及自护能力；青春期则是过渡阶段，我国一般将该时期的年龄定义为 11—17 岁⑤，在此阶段未成年人身体快速发育，第二性特征开始显现，身高骤长，体内激素变化剧烈，但在力量、灵敏等生理上仍与成年人有别，易受非法侵害，需特殊照顾。同时，虽然生理快速发育，但心理发育慢于生理发育，未成年人无法"驾驭"成熟的身体，不能很好地控制情绪，冲动、易怒、敏感、叛逆，因而未成年人也易不受控制而侵害他人。社会性上，主要指阅历经验。青春期是三观形成的关键节点，面对纷繁复杂的社会，未成年人较难进行正确的价值判

---

① ［汉］班固：《汉书·刑法志》，第 1106 页。
② 夏锦文：《中华法系的深厚底蕴及其创造性转化》，载《江海学刊》2023 年第 1 期。
③ 孙谦：《未成年人司法理论与实践前沿问题》，载《政治与法律》2021 年第 6 期。
④ 《民法典》第 17 条。
⑤ 骆一、郑涌：《青春期性心理健康的初步研究》，载《心理科学》2006 年第 3 期。

断,易受到不良诱惑,误入歧途。未成年人处理问题、解决困难的能力尚不足,未成年人多在校读书,思想单纯,缺少社会阅历,因而走上"错路"存在较大的矫正空间。但社会性与生理性并不一一对等,如《民法典》规定"成年人为完全民事行为能力人,可以独立实施民事法律行为。十六周岁以上的未成年人,以自己的劳动收入为主要生活来源的,视为完全民事行为能力人"①。法律在此肯定了未成年人社会面上的成熟,设定条件赋予其成年人的权利,却依旧保留生理上的未成年。结合分析,未成年人生理性上的弱势,社会性上的可塑和不稳定,皆对司法保护提出更大的要求,司法本身"治标不治本",迫切有赖于综合社会多因素来进行专门保护和教育。未成年人司法综合保护符合人类成长逻辑,适配未成年人的社会阅历,有利于从未成年人角度出发,用符合未成年人特殊性的方式来解决涉未成年人问题。

(二) 国家发展进步的必然

从国家层面来说,未成年人司法综合保护主要出于以下三个原因。一是保护国家的未来。"保护孩子就是保护未来。"司法机关在履职时,方便找准未成年人保护的症结,坚持问题导向地助推各界完善保护职责,形成合力,既保护个案孩子成长,又能够推己及人保护更多未成年人,舒缓社会矛盾与压力。二是法律体系的完善。党的十八届四中全会以来,全面依法治国成为基本治国战略,建设完备的中国特色社会主义法治体系提上议程。未成年人法律体系作为国家法律体系重要一环,设立与否一定程度上反映出国家法治文明程度。此前,未成年人相关规定散落在各部门法中,独自运行,体系不健全。从2012年刑事诉讼法专章对未成年人制度进行规定,到2021年未成年人保护法(以下简称未保法)、预防未成年人犯罪法(以下简称预防法)出台,不仅对未成年人保护制度进行系统化规定,从宏观上梳理未成年人保护具体职责,奠定综合保护基调,也为我国未成年人福利法、未成年人司法法持续发展指明了方向。三是司法理念更新。2021年是未成年人检察制度建立35周年,从1986年上海市长宁区检察院在起诉科内部成立"少年起诉组",未成年人检察成为我国未成年人司法的重要组成部分。② 经过多年的深耕完善,理念也在不断更新。最初常引用的是联合国《儿童权利公约》所确立的"儿童利益最大化原则",后未保法结合中国本地实际进行充实和细化,确定了"最有利于未成年人原则",已然成为我国未成年人保护工作的基石,尤其为司法保护工作指明

---

① 《民法典》第18条。
② 那艳芳:《强化未成年人全面综合司法保护》,载《人民检察》2021年第21期。

了方向。姚建龙教授认为："中国特色的未成年人司法，不仅应当关注司法之内的'小少年司法'，更应该关注司法之外的'大少年司法'。"① 如宿迁市院在办案时发现的未成年人文身问题，出于"最有利于未成年人原则"，开展民事公益诉讼，推动国务院颁布《未成年人文身治理工作办法》，实现对未成年人的综合保护。② 未成年人司法综合保护符合中国国情，是完善中国特色社会主义法治体系的必要，也是未成年人保护司法理念更新的需求。

（三）社会普遍关注的需求

未成年人保护是民生根本、家庭福祉，绝大多数成年人都有"家长"身份，因而社会大众对于侵害未成年人案件、未成年人"失足"、未成年人健康等问题普遍关注，对司法机关依法履职要求不断提高。未成年人保护的观念转变，可以归纳为四个阶段。一是解决基本生存。物质匮乏年代，生育以生存为根本，无法在有限的物质里寻求更高的期待，对孩子生长发育、心理健康等问题关注甚少，特殊对待也多出自"尊老爱幼"的礼教，至于如何爱、怎么爱不成体系。二是了解成长规律。随着物质生活丰富，人们有更多精力研究科学养育，开始了解未成年人成长阶段差异，明确青春期叛逆、身体发育困扰等问题，能够结合成长特殊制定必要制度，区别对待未成年人与成年人。三是重视思想发展。随着思想逐步解放，未成年人内在素质的培养越发得到重视，素质综合教育占领高地。四是关注"他人之幼"。此阶段凸显对大环境的重视，监护人们关注生活中不利于孩子健康成长的事件，如噪声污染、网络游戏、食品安全等问题，从"幼吾幼"到"及人幼"，往往能够轻松联合起来，呼吁诉求。结合以上分析，以科学、严谨的法律制度，公正、正义的司法保障坚决维护未成年人合法利益，是社会普遍需求，社会迫切需要司法机关及时介入，保障未成年人保护工作有序发展。

二、分析未成年人司法综合保护的三个思路

通过前文分析，我国未成年人司法综合保护大抵具有司法性、特殊性、综合性、保护性四大特征。当前实践中，未成年人司法综合保护的具体思路可以从法律体系、检察视角、功能区分三个角度进行细化阐述。

---

① 姚建龙：《未成年人司法法的中国方案及其未来》，载《人民检察》2021年第11期。

② 《让青春不再"刺痛"——宿迁检察基层实践写进"国字头"文件》，载宿迁市检察院网，http://sq.jsjc.gov.cn/yw/202206/t20220610_1397808.shtml。

二、法律监督体系现代化

(一) 法律体系下的未成年人司法综合保护

2021年6月未保法的颁布和实施具有里程碑的意义,成为我国未成年人保护"小宪法",第一次明确未成年人保护共可分为家庭、学校、社会、网络、政府、司法六大保护。司法保护在字面上仅局限于六大保护之一,与其他五大保护并列。因此,未成年人司法保护所处的位置具有兜底作用。但在未成年人保护语境下,单论司法保护还不够,出于对未成年人特殊、优先保护,更加强调的是六大保护有机融合。司法保护需要与其他五大保护进行横向上的配合、联动,才能确保司法保护有效果、有质量,才能落实落细国家未成年人保护政策,从根源上解决矛盾和问题。基于此,未成年人司法综合保护体现在六大保护有机融合,构建未成年人保护总体格局上。

(二) 检察视角下的未成年人司法综合保护

2018年最高人民检察院开展未成年人检察业务统一集中办理试点工作,对新时代未成年人检察工作提出了更高的要求。2019年,检察机关开始机构改革,最高人民检察院设立第九检察厅,此后从省院到基层院纷纷响应,未成年人检察部门开始单独设立。未成年人检察是检察机关唯一以主体来划分的部门,因此从设立初衷上来说,未成年人检察部门应当办理所有涉及未成年人的案件。此外,未成年人犯罪案件都以轻罪为主,部分案件在检察环节就办结,从案件性质来说,未检"四大检察"综合履职也是恰当的。因此,未成年人司法综合保护体现在综合运用"四大检察"职能,在注重刑事办理的同时,利用检察法律监督职能督促职能部门履职。

(三) 功能区分下的未成年人司法综合保护

前两点分别从宏观横向和检察纵向上分析了未成年人司法综合保护的两个维度,也是最主流的方向。事实上,在两个维度外,还有一种"非官方"但常见于基层实践中的维度,即承担的功能。未成年人司法政策曾使用过"捕、诉、监、防、教"五位一体的表述,事实上其中"捕、诉、监"着墨于刑事办案,因此较落后于最新的未成年人保护理念。脱胎于此,结合实际工作,从涉未成年人案件办理的流程中,可以提炼出"预防、办案、救助、监督、治理"五大模块。"预防"主要是法治教育宣传工作,如"法治副校长""法治进校园"等制度活动的贯彻落实。"办案"则作广义上理解,既包括审查逮捕、审查起诉,也包括对附条件不起诉的帮教等工作。"救助"是对涉案未成年人进行司法救助工作。"监督"既包括两项监督,也包括民事监督等监督内容,发挥检察机关的法律监督职能。"治理"是完善社会治理,达到治理现代化的目标,服务大环境、治理大环境。因此,在这个维度上,未成年人司法综合保护体现在关注未成年人成长全流程,在不同的节点结合功能提供适宜的指导与帮助。

三、未成年人司法综合保护的现实困境

实践中,未成年人司法综合保护工作落实得还不够深,制度落实对标顶层设计、工作模式对标实际需要、履职方式对标保护形势还存在差距,一些具象化的问题短期内难以解决。

(一)制度落实与顶层设计之间的差距

"两法"的颁布实施与未成年人检察制度的不断更新完善,极大地丰富了我国未成年人司法综合保护的顶层设计,全面保护有法可依、有迹可循,指导基层更好地维护未成年人合法利益。但实践中在特殊制度的贯彻上、"四大检察"的均衡上、六大保护的联动上还有许多亟待解决的困难,造成差距的原因在于推动模式的单向性。

1. 刑事特殊制度落实欠缺到位。刑事办案存在单向性,一线检察干警传统刑检思维定式较重,依然坚持"以案为主",追求以案追责、以案惩戒,缺少"以人为主"的理念,分析成案原因较少,对涉案人员照顾不周。刑事诉讼法等法律法规特别明确了涉未成年人刑事案件特殊制度,如对询问、讯问未成年人流程作出特殊规定。但基层实践中由于人员配置不齐、人员混用、培训不到位等原因,经常出现多次反复询问、社会调查模板化、家庭教育简单化、附条件不起诉帮教敷衍、犯罪记录封存不及时等问题,未充分考虑未成年人涉案原因,导致未成年人特殊制度落实有偏差。

2. "四大检察"职能发展不够均衡。"四大检察"职能发展也存在单向性,其他三大检察依赖于刑事检察,"四大检察"之间的联动互动的综合性不足,如民事、行政、公益诉讼检察独立的线索来源不多,线索渠道较窄,缺少发现思维,导致司法综合保护效果欠佳。此外,基层普遍将刑事办案作为主责主业,而对涉未成年人民事、行政、公益诉讼检察涉猎较少。民事检察多以支持起诉撤销、变更监护权、追索抚养费为主要案件,开展综合民事监督还不到位。

3. 六大保护之间缺少有机融合。六大保护之间同样存在单向性,主要体现在司法保护对其他五大保护的单向性,司法保护与其他五大保护结合不紧密,相互促进作用不明显。在未成年人保护工作领导小组的领导下,六大保护职能已划分,但还部分存在重复工作、表面应付、范围局限等问题。如法治校园建设中,部分学校先后邀请公安机关、法院、检察院担任法治副校长,职能重复;针对义务教育阶段辍学问题,部分学校为提高升学率,采取"隐性辍

学"方式忽视"问题学生";网络保护方面,受限于业务水平、隐私保护等原因,与公安、网信办等部门联合行动机会较少。实务中,立足办案发现线索并予以整治的情况普遍,但联合其他五大保护形成机制,为司法保护移送线索、发现问题的不多,司法保护单向推动五大保护目前为主要形式。

（二）工作模式与实际需要之间的差距

未成年人司法综合保护是系统工程,各地党委、政府和社会力量等多维度、多主体的参与是必要客观的。但实践中,检察机关往往局限于自身小范围内,不仅自身专业化建设有待提高,主动向党委、政府寻求资金投入、人员配备、工作协调等支持的力度也不够,充分利用社会组织参与的重视度还欠缺,造成差距的原因在于工作模式单一,多元的支持体系不健全。

1. 人员机构配置不全。未成年人囊括"四大检察",但由于基层案多人少,编制有限,许多地区尚未成立独立部门或办案组,甚至无法实现未成年人案件专人专办,往往有刑检部门的干警"客串",影响未成年司法综合保护工作建设。"目前已有2207个检察院设立未成年人检察机构,但基层未成年人检察力量依旧还很薄弱,尚不能适应新时代未成年人保护更高要求。"① 部分地方区虽设立未检机构,但普遍配置人数少,检察官、助理往往1∶1配置,面对数量多、案件复杂的涉未犯罪疲于应付,无法抽身开展"四大检察",导致许多工作目标无法达成。

2. 争取党委、政府支持不积极。党委、政府的支持是未成年人司法综合保护推动的重要原因之一,获得地方党委、政府的支持,能够加快区域内未成年人保护格局构建,有利于形成好的保护风气。实践中,基层向党委、政府汇报未成年人保护新理念、新要求不及时,对未成年人综合保护困境的调研还不够深入,对党委、政府建言献策的频率还不够高,这都导致不同地区之间未成年人保护重视程度存在差异。以专门学校建设为例,预防法中明确规定了专门学校建设,要求地方积极建设专门学校,对罪错未成年人进行专门教育。② 部分基层检察机关在专门教育、专门学校建设中的牵头作用和引导作用还未充分发挥,未及时向党委、政府汇报最新的未成年人保护理念,导致许多地方专门学校数量还太少,对专门学校的办学经费、课程设计、人员配置还完备,支持力度还不够大。

3. 社会力量参与度不够。社会支持体系的构建与完善,对未成年人司法

---

① 《最高人民检察院关于人民检察院开展未成年人检察工作情况的报告》（2022年10月28日）。

② 《预防未成年人犯罪法》第6条。

具有很大意义,专业的社会工作参与能够提高帮教效果,降低再犯风险,节约司法资源。随着未成年人司法综合保护的深入,对社工组织的需求不断扩大,但部分地区由于理念陈旧、经济薄弱、人口流出等问题,社会工作开展缓慢。实践中多数社会工作者都为兼职工作或者退休人员,缺少系统化、规范化的知识;一些研究发现,各类社会支持组织提供的合适成年人、社会调查服务在具体的司法环境中并没有产生实质的作用和影响。① 部分地区在社会帮教力量培养、购买服务的力度、资金倾斜、人员的配置等方面投入较少,导致社会调查、附条件帮教、心理辅导、社区矫正等工作开展的效果打折扣。

(三) 履职方式与保护形势之间的差距

司法保护助推其他五大保护,检察履职督促社会治理,强调源头监管,亟待检察机关主动作为,能动敢为。但目前履职存在被动性、滞后性,与新时代未成年人保护形势不匹配,难以推动未成年人保护综合化开展,遇到问题也力不从心,如家庭教育欠缺强制、法治教育欠缺创新、治理监督欠缺技术等,造成差距的原因是履职方式不力,能动履职还未完全贯彻。

1. 家庭教育欠缺强制。家庭教育指导工作目前是针对涉案未成年人的必要工作之一,形式包括训诫、督促监护令、家庭教育指导令等,但强制性皆有所不足,部分家长不愿配合司法机关开展教育,实践也常发生通知家长不到达、家庭教育不认真、开展指导不配合等情形,涉案未成年人未得到应有的家庭保护,再犯可能性较大。检察机关在此方面履职方式较弱,缺少必要手段来强制命令监护人履行职责,导致保护措施无法满足实际需要,失去家庭教育指导的威严,也影响综合保护成效。

2. 法治教育欠缺创新。法治教育作为前端预防工作,对培养未成年人法治意识具有重要意义,然而,实践中法治教育存在两方面问题,一方面,依托法治副校长制度,基层检察院常态化走进校园普法,但多数仅是普法授课,对校园制度建设、校园安全等问题主动监督较少,部分地区学校仍出现教职员工多次性侵害未成年学生的恶劣情况,未充分发挥全部职能。另一方面,法治教育缺少新颖性,检察授课存在年年讲、反复讲的情况,重于形式大于重视内容,较少做到实时更新内容。实践中乡村学校、中职业学校等"法治最后一公里"也未完全打透,部分宣讲缺少创新,学生年年听课,收获却不多。

3. 社会治理欠缺技术。侵害未成年人案件具有隐蔽性,涉未成年人新事

---

① 何挺:《合适成年人讯问时在场:形式化背后的"无用论"反思》,载《环球法律评论》2019年第6期。

物不断更新，现有监督模式难以有效、及时发现问题，整治问题。如涉未成年人新领域、新业态不断出现，电竞酒店、私人影院、密室逃脱等事物深受未成年人喜欢，但出于法无明确规定，往往因循守旧，被动监督，被动办理。司法机关充分利用大数据技术进行能动履职的能力还不够，与各职能部门间数据互通存在壁垒，无法通过数据预警、数据倒查对侵犯未成年人公共利益的情况、强制报告制度的落实、困境儿童的救助等民生问题精准把握，难以服务治理体系和治理能力现代化，营造未成年人司法综合保护大环境存在阻碍。

四、未成年人司法综合保护的完善路径

针对对标所找到的三项差距，未成年人司法综合保护应当从"单向到立体""单一到多元""被动到能动"三条路径出发，坚决夯实检察职责，立足司法保护，构建立体模式，争取多方支持，形成良性互动循环，更加深度落实未成年人司法综合保护。

（一）从单向推动向立体发展转变

未成年人司法综合保护不仅仅是单向的、一对多的推动模式，应当双向推动，互相促进，共建保护格局。刑事办案方面要贯彻落实"最有利于未成年人原则"，持续更新未成年人保护理念，转变办案思路，强调"由人及案"，"由案育人"，注重分析涉案原因，厘清办案与护人之间的辩证关系，依法落实未成年人特殊制度，保障未成年人合法权益，这是未成年人司法综合保护的最基础的"根"。在"四大检察"业务发展上，要逐步改变刑事单向推动的情况。目前"四大检察"职能履行有两个途径：一是从办理的刑事案件中发掘民事、行政、公益诉讼线索；二是脱离刑事案件，丰富线索发现、移送渠道等单独获取到民事、行政、公益诉讼线索来进行办理。要摒弃"刑案为主，其他为辅"的错误观点，探索拓宽其他三大检察的线索与业务，努力通过其他三大检察反查刑事案件，相互推动，同步发展。在六大保护有机融合上，稳步改变司法保护对其他五大保护的推动作用，要引发其他五大保护的"自驱力"，一是由其他五大保护反推司法保护前进，二是其他五大保护之间也要相互推动促进，检察机关应该从中协商协调，牵头制定一系列磋商会商机制，在区域内形成良好综合保护环境，最大化发挥司法保护作用。

（二）从单一模式向多元支持转变

未成年人司法综合保护的核心是"综合"，单一工作模式必然落后，具体工作开展也易受挫。检察机关本身力量和能力有限，要及时加强专业化建设，实现未成年人案件专人专办，准确区分未成年人与成年人之间的差异，稳步充

实未检队伍,将人员从刑事案件中"解脱"出来,放远眼光开展多元司法保护。要通过撰写调查报告、牵头专项行动、总结经验做法等方式,为党委、政府建言献策,主动寻求党委、政府支持,包括财政资金、政策倾斜、牵头会商、民生工程等,以司法履职更新理念,全力推动区域未成年人综合保护。要全面梳理本地区未成年人涉案的基本面和严峻程度,认清未成年人分级干预的重要性,力争推动党委政府制定本地区专门学校、专门教育建设,助力未成年人回归社会,维护社会稳定。要全面组织构建社会支持体系,建议政府重点扶持、培育专业的社会组织,国家层面也应加强指导和监督,使自上而下的推动与自下而上的探索相得益彰。[1] 检察机关也要加大资金投入购买社会服务,加强在社会调查、精准帮教、心理疏导等业务内社会组织的参与度,使得未检业务向专业化转型。同时要强化对社会工作的培训,完善必要的考核评估机制办法,确保社会力量参与质效。

(三)从被动履职向能动履职转变

以社会需求为导向,走出法律被动监督"舒适区",强化未成年人司法保护的主动监督,全面融入社会治理。"对罪错未成年人监护人强制亲职教育缺乏'刚性'的规定无异于推舟于陆。"[2] 基层进行家庭教育指导工作强制力探索完善,与公安机关等执法部门开展协商合作,对拒不接受训诫、家庭教育指导的监护人采取必要强制措施,以"刚性"夯实家庭保护,从根上保障未成年人权益。要不断创新法治教育工作,充分发挥法治副校长制度作用,主动常态化开展校园安全监督,对校园内安全、校园周边环境维护实时关注,有针对性地开展法治宣传工作,丰富内容,创新形式,"扣好人生第一颗扣子"。要把握大数据技术助力检察新增长,强化大数据运用,深入落实"检察大数据战略",深入推进与公安、法院、卫生健康、民政、教育等单位的信息共享,通过对数据碰撞对比研判,倒查工作开展,预判违法犯罪,找准工作难点、弥补治理漏洞,勇于、善于运用大数据开展法律监督,实现未成年人检察监督提质增效。[3]

---

[1] 何挺:《未成年人司法社会支持体系之思考:基于风险控制理论范式的视角》,载《中国应用法学》2020年第2期。

[2] 姚建龙:《罪错未成年人监护人强制亲职教育的立法省思——主要以〈中华人民共和国家庭教育促进法〉为研究对象》,载《中华家教》2022年第3期。

[3] 童建明:《持续深化未成年人检察业务统一集中办理工作 以更优综合司法保护护航未成年人健康成长》,载《人民检察》2022年第14期。

五、结语

总而言之，我国未成年人司法综合保护不是单一的、局限于司法本身的未成年人保护模式，而是一种富有特色，符合国情，立足司法履职，推动六大保护全流程发力，通过问题导向，发挥法律监督职能，全面参与社会治理的保护模式。当前，检察机关构建未成年人司法综合保护还需不断转变"以未成年人为本"的理念，均衡合理运用"四大检察"职能，促使六大保护互相推动，积极形成多元化工作模式，探索利用优势制度、大数据技术等方式能动履职，以"我管"促"多管"，全面推动实现未成年人保护现代化发展。

检察机关对专门法院监督现状及完善建议*

李大扬**

随着我国司法体制改革不断深入推进，人民法院逐渐完善了专门法院的机构建制，并在2018年人民法院组织法修改时明确了专门法院的具体类别，建立了一套具有较强专业性，并具有显著跨区域管辖特色的专门法院体制。与人民法院相对，检察机关在此轮司法体制改革中并未增设专门检察院。面对持续推进的专门法院体制建设，检察机关对专门法院管辖的案件类型、地域范围、审判执行机制等研究还不充分，检察监督存在责任划分不清、监督范围不明等问题，对专门法院监督存在一定的盲区和薄弱点。因此，检察机关应当完善对专门法院的监督工作机制，理顺监督关系，构建系统完备的法律监督体系。

一、专门法院与专门检察院的发展现状

（一）专门法院

检察机关履行对专门法院的法律监督职责。本文首先对专门法院的设立情况、管辖的案件类型及地域范围进行系统梳理，厘清专门法院与普通法院之间的区别。《人民法院组织法》第15条规定，"专门人民法院包括军事法院和海事法院、知识产权法院、金融法院等"。军事法院是为应对军队的职业特点、政治要求和法治化使命而设立的专门法院，军事检察院的设置与军事法院具有较为明确的对应关系，检察监督履职较为充分。[①] 本文主要以海事法院、知识

---

* 本文系最高人民检察院检察理论研究课题"民法典实施与民事检察类案监督机制研究"（课题编号：GJ2021C38）的阶段性研究成果。

** 最高人民检察院第六检察厅四级高级检察官助理。

① 军事法院、军事检察院是宪法中明确规定的专门法院、专门检察院，其管理体制、职权架构、诉讼程序等与地方专门法院、检察院存在非常明显的差异，因此，本文不将军事法院、军事检察院作为讨论重点。关于专门法院、专门检察院的设置情况，参见曹莹：《我国现行军事司法权配置存在的问题及改革方向》，载《西安政治学院学报》2007年第4期。

产权法院、金融法院三类专门法院作为分析对象。

1. 海事法院。自1984年首批6家海事法院成立以来，截至2021年，全国共有上海、天津、青岛、大连、广州、武汉、海口、厦门、宁波、北海、南京11家海事法院。① 各家海事法院根据河流水系、沿海港口分布和航运经济发展状况设置了若干派出法庭，方便案件的受理、审判和执行。② 海事法院在级别上虽然属于中级人民法院，但管辖的案件类型主要为海事侵权纠纷、海商合同纠纷、海事行政等一审诉讼案件及海事执行案件③，属于广义的一审民事、行政诉讼案件及执行案件。宁波海事法院以2017年"5·7"涉外海上交通肇事刑事案件为开端，拉开了海事法院试点"三合一"改革的序幕。2017年至2021年，宁波海事法院共受理一审海事刑事案件42件。2021年1月，最高人民法院（以下简称最高法）发布《关于人民法院为海南自由贸易港建设提供司法服务和保障的意见》，海口海事法院开始推行海事审判"三合一"改革，管辖特定类型的海事刑事案件。目前，宁波、海口两家海事法院已经实行海事案件民事、行政和刑事"三合一"审判机制。

在专门法院管辖的地域范围方面，具体可以分为省内跨行政区划管辖和跨省地域管辖两种类型。省内跨行政区划管辖，是指专门法院跨行政区划管辖的地域范围仅限本省范围。④ 跨省地域管辖，是指专门法院管辖的地域范围不限于本省范围，还包括部分外省范围。青岛、南京、上海、宁波、厦门、广州、海口7家海事法院属于省内跨行政区划管辖类型；大连、天津、北海、武汉4家海事法院属于跨省地域管辖类型。具体而言，大连海事法院除管辖辽宁省外，还管辖吉林省、黑龙江省部分区域，并设有哈尔滨派出法庭。天津海事法院除管辖天津市外，还管辖河北省部分区域，并设有秦皇岛法庭、曹妃甸法庭。北海海事法院除管辖广西壮族自治区外，还管辖云南省部分区域，并设有

---

① 1984年全国人大常委会出台《关于在沿海港口城市设立海事法院的决定》，确定由最高人民法院决定海事法院的设置、撤销、变更。1984年，最高人民法院、交通部发布《关于设立海事法院的通知》，首批成立上海、天津、青岛、大连、广州、武汉6家海事法院。20世纪90年代，最高人民法院先后设立海口、厦门、宁波、北海4家海事法院。2019年，最高人民法院设立南京海事法院。

② 参见北海海事法院课题组：《海事法院派出法庭面临的问题及对策》，载《人民司法》2010年第13期。

③ 具体案件类型，参见最高人民法院《关于海事诉讼管辖问题的规定》（法释〔2016〕2号）及《关于海事法院受理案件范围的规定》（法释〔2016〕4号）。

④ 具体是指本省或外省的码头、港口、海域以及通海水域等。为了行文简洁性，仅简称本省、外省。

景洪派出法庭。武汉海事法院是全国唯一设在非沿海省份的海事法院,管辖范围更是贯穿四川、湖北、江西、湖南、安徽、重庆五省一市,并设有重庆法庭、芜湖法庭,呈现出显著的跨省地域管辖特征。

2. 知识产权法院。目前,全国共设有 4 家知识产权法院,分别为北京知识产权法院、广州知识产权法院、上海知识产权法院、海南自由贸易港知识产权法院,级别上均属中级法院。在管辖的案件类型方面,知识产权法院主要管辖专利、技术秘密、集成电路布图设计、植物新品种、垄断纠纷、计算机软件权属、侵权等一审民事、行政案件以及部分知识产权二审民事、行政案件。知识产权法院不受理执行案件,亦未开展刑事案件"三合一"审判改革。① 在管辖的地域范围方面,4 家知识产权法院的管辖范围均限于本省(直辖市)范围,属于省内跨区域管辖类型。唯一特殊的,是广州知识产权法院管辖的知识产权案件不包括深圳市的。

3. 金融法院。目前,全国共有 3 家金融法院,分别为上海金融法院、北京金融法院、成渝金融法院,级别上均属中级法院。在管辖的案件类型方面,金融法院主要负责由中级人民法院受理的金融民商事案件、涉金融行政案件和执行案件。在管辖的地域范围方面,上海金融法院、北京金融法院均属省内跨区域管辖类型,管辖范围均仅限于上海、北京本市范围;成渝金融法院则属跨省地域管辖类型,管辖范围包括四川省属于成渝双城经济圈的范围及重庆市范围。

(二) 专门检察院

新中国成立以来,关于专门检察院的规定最早见于 1954 年人民检察院组织法。其中第 1 条第 1 款规定:"中华人民共和国设立最高人民检察院、地方各级人民检察院和专门人民检察院。"第 3 款规定:"专门人民检察院的组织由全国人民代表大会常务会员会另行规定。"1978 年检察机关恢复重建,1979年制定的人民检察院组织法明确专门检察院的具体类型,其中第 2 条第 4 款规定:"专门人民检察院包括:军事检察院、铁路运输检察院、水上运输检察

---

① 虽然最高人民法院知识产权法庭实行民事、刑事、行政知识产权案件"三合一"的审理机制,但知识产权法院并未开始受理刑事案件。另外,上海市高级人民法院、上海市人民检察院、上海市公安局 2022 年 6 月 30 日会签《关于调整本市知识产权刑事案件管辖的规定》,确定由上海市人民法院第三分院集中管辖上海市人民检察院第三分院提起公诉的一审知识产权刑事案件及上海市范围内的二审知识产权刑事案件。虽然上海市第三中级人民法院与上海知识产权法院、上海铁路运输中级法院合署办公,实行"三块牌子一个机构",但从体制设计上,并不是由上海知识产权法院专门管辖知识产权刑事案件。

院、其他专门检察院。"1983年全国人民代表大会常务委员会对人民检察院组织法进行修改，删除了除军事检察院之外的专门检察院具体类型的规定，此后，《人民检察院组织法》虽历经1986年、2018年两次修改，但对专门检察院的规定一直未作变动并沿用至今。

那么，我国现在除军事检察院外，是否还存在其他类型的专门检察院呢？现在正常运转的铁路运输检察院①，是否属于专门检察院范畴呢？1983年人民检察院组织法修改时，删除了铁路运输检察院、水上运输检察院属于专门检察院的规定，理由是能否将这种具有较强行业性质的检察院归类于专门检察院，各方面存在不同看法。② 而如果将目光放到专门法院的发展历程来看，1983年人民法院组织法修改时同样删除了1979年人民法院组织法关于铁路运输法院、水上运输法院、森林法院属于专门法院的规定。③ 但2018年人民法院组织法修改时，立法机关根据司法体制改革最新成果和专门法院发展现状，明确除军事法院外其他3种专门法院类型，即海事法院、知识产权法院、金融法院。除去具有特殊属性的军事法院不论，人民法院组织法确定专门法院的标准，不再是以管辖与特定部门相关的案件为标准，而是以管辖特定种类案件为标准。④ 这种标准，实质上否定了以往铁路运输等行业法院的专门法院地位。同理，铁路运输检察院也不属于专门检察院。

党的十八届四中全会通过《中共中央关于全面推进依法治国若干重大问题的决定》明确提出，"探索设立跨行政区划的人民法院和人民检察院，办理跨地区案件"。以此为背景，2014年12月，上海市人民检察院第三分院（以

---

① 截至2012年6月30日，全国共有17家铁路运输检察分院和59家铁路运输基层检察院。参见丁高保：《铁路运输检察体制的发展》，载《国家检察官学院学报》2014年第5期。

② 具体而言，在1983年修改人民法院组织法、人民检察院组织法时，对于需要设立哪些专门法院、检察院，如何确定专门法院、检察院的体制、职责和管辖范围，各方意见并不一致。特别是对于铁路运输法院、铁路运输检察院是否属于专门法院、专门检察院，相关机构如何设置，各方意见存在较大分歧。因此，1983年两院组织法修正后，仅保留规定军事法院、军事检察院作为法律明确规定的专门法院、专门检察院，其他专门法院、专门检察院可根据实践需要灵活设置。参见王汉斌：《关于修改人民法院组织法、人民检察院组织法的决定等几个法律案的说明》，载王汉斌：《社会主义民主法制文集》，中国民主法制出版社2012年版，第89—90页。

③ 1979年《人民法院组织法》第2条第3款规定："专门人民法院包括：军事法院、铁路运输法院、水上运输法院、森林法院、其他专门法院。"

④ 参见何帆：《新时代专门人民法院的设立标准和设置模式》，载《中国应用法学》2022年第3期。

下简称上海三分检)、北京市人民检察院第四分院(以下简称北京四分检)先后成立,性质上属于跨行政区划人民检察院。从机构职能看,上海三分检、北京四分检虽然对一定区域内特定种类案件进行专门管辖,并履行对专门法院的监督职责,但跨行政区划检察院并不等同于专门检察院,法律并未明确上述两家检察院的"专门检察院"地位。① 故应认为,除军事检察院以外,检察机关目前尚未设立其他类型的专门检察院。

二、检察机关对专门法院的监督现状

(一)检察监督模式

面对日益完善的专门法院体制建设及专门法院每年审理的大量案件,2021年2月,最高人民检察院(以下简称最高检)下发《关于开展跨行政区划检察改革试点工作的通知》(以下简称《试点通知》),要求各地探索对专门法院民事、行政诉讼案件的监督工作。目前,检察机关履行对专门法院法律监督职责的模式有两种。一种是由专门法院所在地具有跨行政区划性质的检察院履行法律监督职责,即跨行政区划检察院监督模式;另一种是由专门法院所在地设区的市级检察院履行法律监督职责,即地方检察院监督模式。目前,采用跨行政区划检察院监督模式的有:北京四分检对北京知识产权法院、北京金融法院履行法律监督职责;上海三分检对上海海事法院、上海知识产权法院、上海金融法院履行法律监督职责②;广东省人民检察院广州铁路运输分院(以下简称广州铁检分院)对广州海事法院、广州知识产权法院履行法律监督职责;湖北省人民检察院武汉铁路运输分院(以下简称武汉铁检分院)对武汉海事法

---

① 虽然上海三分检加挂上海市人民检察院铁路运输分院的牌子,北京四分检加挂北京市人民检察院铁路运输分院的牌子,但因铁路运输检察院并不属于法律意义上的专门检察院,上海三分检、北京四分检在确立时即明确其跨行政区划检察院的性质,因此,上海三分检、北京四分检仅属于跨行政区划人民检察院,不属于专门检察院。

② 北京四分检、上海三分检还履行对地方同级人民法院的法律监督职责。不过,上海市知识产权法院与上海市第三中级人民法院、上海铁路运输中级法院属于"三块牌子一个机构",上海三分检实质上是对同一家法院履行法律监督职责。北京则有所不同。北京市第四中级人民法院与北京铁路运输中级法院属于"两块牌子一个机构",而北京市知识产权法院于2014年11月6日成立,与北京市第四中级人民法院、北京铁路运输中级法院并非同一机构。

院履行法律监督职责①。采用地方检察院监督模式的有：天津、青岛、大连、海口、厦门、宁波、北海、南京 8 地设区的市级检察院，对当地海事法院履行法律监督职责②；海南省人民检察院第一分院（以下简称海南一分检）履行对海南自由贸易港知识产权法院的监督职责③；重庆市人民检察院第五分院（以下简称重庆五分检）履行对成渝金融法院的监督职责④。

（二）案件办理情况

相较知识产权法院、金融法院，海事法院的成立时间更早，管辖的地域范围更广，体制建构也更为成熟，因此，本文以海事法院的审判、执行案件数据及检察监督案件数据为例进行分析。2020 年全国海事法院受理一审海事海商诉讼案件 18560 件，申请检察监督 29 件，申请监督比例为 0.21%；2021 年海事法院受理一审海事海商诉讼案件 25574 件，申请检察监督 68 件，申请监督比例为 0.27%。2020 年全国海事法院受理执行案件 10161 件，申请检察监督 5 件，申请监督比例为 0.05%；2021 年全国海事法院受理执行案件 6975 件，申

---

① 有学者认为，跨行政区划检察院属于新型的、独立类型的检察院，与专门检察院属于同一层面的两个不同概念。也有学者认为，铁路运输检察院曾属于专门检察院，承继铁路运输检察院的跨行政区划检察院也应认定为专门检察院。本文认为，跨行政区划检察院与专门检察院是不同层面上两个独立的概念。专门检察院是法律明确规定的检察院类型，而跨行政区划检察院并无法律明确规定，主要表明跨行政区划管辖的性质，具有较强政策色彩、改革探索色彩。跨行政区划检察院具体可分为中央明确的跨行政区划检察院和具有跨行政区划性质的检察院。现阶段，中央明确的跨行政区划检察院只有北京四分检和上海三分检两家检察院。广州铁检分院、武汉铁检分院等铁路运输检察院不属于中央明确的跨行政区划检察院，但因其管辖范围具有跨区域性，故将其归类于具有跨行政区划性质的检察院。参见汪海燕、王宏平：《跨行政区划检察院的法律地位研究——以检察院组织法修改为视角》，载《法学杂志》2017 年第 12 期。

② 天津市人民检察院第三分院对天津海事法院履行法律监督职责。因天津属于直辖市，天津市人民检察院第三分院在性质上属于设区的市级检察院。

③ 对海口海事法院履行法律监督职责的是海口市人民检察院，对海南自由贸易港知识产权法院履行法律监督职责的是海南省人民检察院第一分院。因为海南省采取省管县的模式，县、县级市并不由地级市管理，而是由海南省政府直接管理，故海南省检察院设置了两个设区的市级检察分院，即海南省人民检察院第一分院和第二分院，划片管理若干由海南省直管的县和县级市。海南省人民检察院第一分院的管辖范围包括澄迈县、文昌市、琼海市、万宁市、陵水县、屯昌县、五指山市、琼中县、定安县、保亭县 10 个县（市）。

④ 因重庆属于直辖市，故重庆五分检同样属于设区的市级检察院。

请检察监督5件，申请监督比例为0.07%。① 当事人对海事海商案件申请检察监督的比例远低于对普通民事、行政案件申请检察监督的比例。②

在海事行政案件方面，各地海事法院每年受理的海事行政案件均在几件到十几件不等，检察机关近年来办理海事行政监督案件数量仅为个位数，本文不再展开分析论述。

在海事刑事案件方面，截至2021年宁波海事法院共受理海事刑事案件42件，案件主要由宁波、舟山、台州等设区的市级检察院提起公诉，宁波海事法院通过层报浙江省高级人民法院指定管辖方式获得案件一审管辖权。为稳妥推进海事刑事案件审判试点改革，宁波海事法院分别同宁波、舟山、台州等设区的市级检察院出台《关于海事刑事案件审理试点工作机制的纪要》等规范性文件，对案件类型、地域范围、报请指定管辖程序等问题作出明确。

三、检察机关对专门法院监督存在的问题与不足

（一）对专门法院履行法律监督职责的法律依据不够明确

党的十八大以后，全国人大常委会陆续批准设立了知识产权法院、金融法院等专门法院。这一时期设立的专门法院，在成立时即明确了履行法律监督职责的检察机关。而在海事法院方面，虽然南京海事法院属于2019年新近设立的海事法院，但无论是南京海事法院，还是另外10家海事法院，均不是由全国人

---

① 文章相关数据均引用自最高人民法院、最高人民检察院及海事法院、地方人民检察院的互联网网站信息、历年工作报告、白皮书、数据分析报告、报纸报道等，仅作研究分析之用。

② 海事海商案件主要包括海事侵权纠纷、海商合同纠纷两类。在一般民事案件中，合同纠纷的申请监督占比为0.5%左右，侵权责任纠纷的申请监督占比为0.35%左右，两项数据均高于对海事海商案件的申请监督比例。参见冯小光等：《民法典实施背景下民事诉讼精准监督研究》，中国检察出版社2022年版，第60—61页。

二、法律监督体系现代化

大常委会批准设立,在设立时均未明确履行法律监督职责的检察机关①,也没有与之同期成立、存在对应关系的人民检察院。② 这就出现由特定检察机关履行对海事法院法律监督职责的权力来源不够明确、具体的问题。

海事法院办理的案件以民事、行政和执行案件为主。检察机关对海事法院办理的案件进行监督,主要依据是《人民检察院民事诉讼监督规则》第29条、第30条和《人民检察院行政诉讼监督规则》第28条、第29条,即当事人对生效民事、行政判决、裁定、调解书以及审判人员违法、执行违法申请监督的,由人民法院所在地同级人民检察院受理的规定。但是,上述规定仅属一般性规定,通常适用于法检两院存在明确对应关系的情况,无法作为特定检察机关对海事法院履行法律监督职责的权力来源。对于海事法院的监督工作,最高检仅在1992年《关于认真执行〈中华人民共和国海商法〉和〈中华人民共和国矿山安全法〉的通知》中提出,"各级人民检察院民事行政检察部门要认真研究新情况、新问题,积极探索对海事活动实行法律监督的方式和途径",但至今并未明确应由哪些检察机关履行对海事法院的法律监督职责。③ 最高检2021年2月下发的《试点通知》为检察系统内部发布,通知主要内容是部署各地具有跨行政区划性质的检察院探索对专门法院的监督工作,无法涵盖实践中已经实施的地方检察院监督模式。实践中履行对海事法院的监督职责,一般

---

① 上海、天津、青岛、大连、广州、武汉6家海事法院,是最高人民法院、交通部在水上运输法院筹备组的基础上组建而成;海口、厦门、宁波、北海4家海事法院,是最高人民法院根据全国人大常委会《关于在沿海港口城市设立海事法院的决定》授权设立,上述10家海事法院设立时并未明确对其履行法律监督职责的检察机关。虽然南京海事法院于2019年2月成立,但因其是根据中央编办有关批复,在撤销南京铁路运输法院的基础上组建而成,并非由全国人大常委会决定设立,故在设立时亦并未明确对其履行法律监督职责的检察机关。直至2022年4月6日,南京市人民检察院与南京海事法院签订《关于建立海事审判和检察工作协作配合机制备忘录》,才明确由南京市人民检察院对南京海事法院履行法律监督职责。参见王晓红:《凝聚合力维护海洋权益 南京海事法院和南京市检察院签订协作配合备忘录》,载《江苏法治报》2022年4月7日,第1版。

② 虽然1979年人民检察院组织法中规定水上运输检察院属于专门检察院,且自1978年检察机关恢复重建后,也设立了水上运输检察院筹备组,但因实践中并未正式设立水上运输检察院,也未在水上运输检察院筹备组的基础上组建海事检察院,故即便1984年设立的6家海事法院是在水上法院筹备组的基础上组建而成,但也没有与之对应的人民检察院。参见陈光中、赵琳琳:《铁路专门检察体制研究》,载《人民检察》2007年第21期。

③ 在笔者调研中,虽然有的地方检察机关提出2010年最高人民检察院曾下发《关于开展对海商事审判活动诉讼监督试点的意见》,但因该文件未对外公开,且年代较为久远,故未查询到相关文件。

由省级检察院指定特定检察院对海事法院履行法律监督职责[①]，履行法律监督职责的检察院再与海事法院共同出台规范性文件、会签会议纪要等方式，理顺监督工作机制。但这种方式始终存在权力依据不够充分的问题。特别是在地方检察院监督模式下，就有专门法院以其属于省直机关、两者级别不对等[②]、地方检察机关管辖的地域范围不能完全涵盖专门法院管辖的地域范围等理由，不配合监督。

（二）对专门法院的监督管辖尚待理顺

检察机关对专门法院进行监督，除权力来源问题外，实践中最大的问题则属管辖的地域范围问题。这一问题在检察机关履行对海事法院法律监督职责时尤为突出。海事法院具有鲜明的跨区域管辖特征，天津、大连、武汉、北海4家海事法院属于跨省地域管辖类型，除管辖省内的海事海商案件以外，还管辖外省区域的海事海商案件，并在外省设置了派出法庭。对专门法院履行法律监督职责，无论是跨行政区划检察院监督模式，还是地方检察院监督模式，都存在检察机关检察权的管辖地域范围与专门法院审判权管辖地域范围不相匹配问题。例如，武汉海事法院管辖的案件发生在安徽或者江西有关水域，并由当地派出法庭审理时，武汉铁检分院对有关案件进行监督，就会出现检察权的管辖范围能否及于这些区域，是否应当由派出法庭所在地检察机关履行法律监督职责的问题。同理，天津海事法院办理的执行案件可能会出现执行标的在河北省的情况，天津市人民检察院第三分院对有关执行案件进行监督，同样会产生检察权能否及于河北省区域的问题。同时，当事人向审判、执行的"异地"检察机关申请监督，也会出现当事人申请不便和检察机关调查核实困难等问题。另外，在专门法院希望检察机关协同解决有关审判、执行问题时，也会因检察机关管辖权的地域范围限制导致履职不畅。笔者在调研过程中就有海事法院执行法官提出，该院办理被执行人在外省城市的民事执行案件，因被执行人拒不执行判决而采取司法拘留措施时，外省的地方公安机关以海事法院不是本地法院为由拒绝接收，产生"送拘难"问题。但对海事法院履行法律监督职责的地方检察院无权对其他省市的公安机关、行政机关进行监督，海事法院难以借助检察力量破解有关难题。

---

① 《试点通知》同样要求由各省级检察院根据本地实际需求提出方案并组织实施。

② 以海事法院为例，全国11家海事法院，除北海海事法院为副厅级建制外，其余10家海事法院均为正厅级建制。对这10家海事法院履行法律监督的检察院，部分为正厅级建制，也有如武汉铁检分院、海口市人民检察院等部分副厅级建制检察院。

（三）对专门法院的监督力量不足

检察机关作为法律监督机关，监督法院的审判、执行工作是一项重要工作职责。目前，专门法院办理的案件大多为民事、行政及执行案件，仅有少部分专门法院审理刑事案件。① 虽然最高检及部分地方检察机关已设立知识产权检察办公室，通过设立专门内设机构的方式实现办理知识产权监督案件的专业化，但对海事海商案件、海事行政案件、海事执行案件及金融民商事案件、涉金融行政案件、执行案件的监督，仍是由民事、行政检察部门作为普通民事、行政、执行监督案件办理，并未体现特殊性。而民事、行政检察部门还要办理大量同级地方法院的民事、行政裁判结果监督案件，再拿出专门精力研究专业性较强的海事海商案件、金融民商事案件并实施精准监督，必然力有不逮。监督效果不彰，是当事人申请对海事海商案件、金融民商事案件监督的比例远低于申请对普通民事案件监督比例的原因之一。

特别值得注意的是，海事法院虽然在级别上属于中级法院，但办理的都是一审民事、行政诉讼案件以及执行案件，在业务职能上与基层法院相似。由于民事、行政检察监督"倒三角"模式以及最高法推行四级法院审级职能定位改革，实践中设区的市级检察机关办理的案件，大部分是由当事人申请监督的民事、行政裁判结果监督案件；而审判人员违法行为监督和执行监督案件，通常由基层检察院依职权受理。对海事法院履行法律监督职责的检察机关，在级别上均属设区的市级检察机关，主要精力都投入到对地方中级法院的裁判结果监督工作中，依职权监督理念不强。这就导致检察机关对海事法院的审判人员违法行为监督、执行监督案件数量较少，而依职权监督的案件数量几乎为零。

（四）办理刑事诉讼案件、公益诉讼案件的检察主体分散

以海事法院办理的案件为例，无论是检察机关提起公诉的海事刑事案件，还是提起公益诉讼的海洋自然资源与生态环境案件（以下简称海洋环境公益诉讼案件），均存在履行职责的检察机关主体分散、案件人为提高审级等问题。在刑事诉讼方面，宁波海事法院受理的一审海事刑事案件是由宁波、舟山、台州等设区的市级检察机关提起公诉，宁波海事法院通过报请浙江省高级人民法院指定管辖的方式，获得管辖权。相关案件并不全部符合《刑事诉讼法》第 21 条规定应由中级法院管辖的案件类型。司法实践中，就会出现案情相似、罪名相同的刑事案件，有的由基层检察院向基层法院提起公诉，有的则

---

① 据统计，目前开展民事、刑事、行政"三合一"审判的专门法院，仅有宁波海事法院、海口海事法院两家专门法院。其他专门法院，仍然以民事、行政案件为主。

由设区的市级检察院向海事法院提起公诉的情形。如何确保不同级别检察机关提起公诉的海事刑事案件办案质量、量刑建议的统一，如何避免地方法院与海事法院之间发生"同案不同判"，还需进一步研究。

在公益诉讼方面，因海事法院集中管辖海洋环境公益诉讼案件，故海口海事法院审理的海洋环境公益诉讼案件，既有海口市人民检察院、海南省人民检察院第一分院（设区的市级检察院）提起的民事公益诉讼案件，也有文昌市人民检察院（县级检察院）提起的行政公益诉讼案件，提起公益诉讼的检察主体分散。其中，文昌市人民检察院起诉文昌市农业农村局的海洋行政公益诉讼案件①，属于县级检察院起诉县级行政部门的公益诉讼案件，通常应由基层法院审理。但因案件存在集中管辖，故此案由海口海事法院审理，同样存在人为提高审级的问题。这种情况下，一些原本应由基层法院一审的海事刑事案件、海洋环境公益诉讼案件，被人为转移到中级法院级别的海事法院管辖。如果当事人不服，则要由高级人民法院进行二审，这与正在进行的四级法院审级职能定位改革目标并不一致。同时，对同一片海域发生的海洋自然资源或生态环境破坏等问题，不同城市负有监管职责的海事部门、渔业部门或者自然资源和规划部门可能都有管理职责，容易出现"都能管但都不管"的现象。虽然海事法院集中审理管辖区域范围内的海洋行政诉讼、海洋环境公益诉讼案件，但检察机关对海洋行政机关履行法律监督职责的主体是分散的，容易出现检察履职缺位。检察机关如何对不同城市海洋行政机关的行政行为合法性、是否充分履行行政管理职责等问题进行有效监督，还应作出系统谋划。

四、完善检察机关对专门法院监督的对策建议

（一）明确特定检察机关对专门法院的监督权

检察机关开展对海事法院法律监督工作，已经过一段时间的探索和尝试，各级检察机关加大与海事法院的沟通协调力度，逐渐理顺法律监督工作机制，

---

① 因文昌属于县级市，文昌市人民检察院如对文昌市行政机关提起普通行政公益诉讼，而非海洋行政公益诉讼，根据"两高"《关于检察公益诉讼案件适用法律若干问题的解释》规定，应由基层法院级别的文昌市人民法院受理。但本案属海洋行政公益诉讼，由海事法院集中管辖，故文昌市人民检察院向中级法院级别的海口海事法院提起公益诉讼。参见海口海事法院：《海洋环境资源审判白皮书（2018—2020）》，载中国海事审判网，https://cmt.court.gov.cn/hssp-zw/#/lltt/dedail?active=sptb&bh=e99928bcea82782cf6fe594cef080267&ejlb=5。

办理了一批海事海商监督案件。目前来看，无论是跨行政区划检察院监督模式，还是地方检察院监督模式，都是符合检察工作实际、对海事法院行之有效的监督方式，各地检察机关开展对海事法院监督工作也有一定积极性。但是，面对海事法院提出特定检察机关履行检察监督职责的权力权来源问题，还需要有权机关进行明确。因此，建议在各地检察机关开展对海事法院法律监督工作情况进行充分摸底、系统调研、严密论证的基础上，通过全国人大常委会授权、"两高"共同出台规范性文件等方式，确定对海事法院履行法律监督职责的特定检察机关，明确检察监督的权力来源。

（二）加强检察机关的跨区域协作配合

检察机关履行对专门法院的监督职责，实践中最大的难题在于检察机关与专门法院管辖地域范围的差异。无论是铁路运输检察院，还是地方检察院，行使检察权的地域范围都是清晰明确的，且一般都小于专门法院的管辖地域范围。除检察机关管辖的地域范围限制外，在当事人对海事法院派出法庭的审判、执行案件申请监督时，如果只能向海事法院所在地检察机关申请监督，可能会给当事人造成较大诉累。检察机关在对"异地"审理、执行的案件进行监督时，也会出现调查核实困难等履职不便。这时，可以通过检察机关跨区域协作配合等方式，弥补现有不足。因此，建议通过省级检察机关出台规范性文件，或者相关设区的市级检察院共同出台规范性文件、会签会议纪要等方式，加强跨区域协作配合，完善检察机关对专门法院的监督机制。山东青岛、烟台、潍坊、威海、日照五市检察院共同出台《胶东五市检察机关民事诉讼监督一体化协作意见》，确定了就近申请、协同审查、协同调查、资源共享等机制，明确当事人可以就近向检察机关提交监督申请书，由检察机关内部移送后再进行审查的工作机制，为完善对专门法院的监督机制提供了有益借鉴。对海事刑事案件、海洋环境公益诉讼案件的办理以及对海洋行政部门的履职监督，也需加强系统性思维，通过跨区域协作配合等方式，确保办案质量、案件处理结果的统一以及监督的有效性。

（三）充实对专门法院监督的力量配备

对专门法院履行法律监督职责的检察机关，应加强队伍的专业化建设，充实办案力量。大连市人民检察院曾于2011年设立海事检察处，承担海事海商、海事行政监督案件及海事刑事案件办理工作，履行对海事法院的法律监督职责，取得了良好效果。① 因机构改革，2020年4月海事检察处撤销，有关海事检察工作也出现一定程度停滞。由此可见，设立对专门法院履行法律监督职责的专门内设机构，是加强对专门法院监督的行之有效手段。建议对专门法院履行法律监督职责的检察机关，通过设立专门的海事检察部、知识产权检察部、金融检察部等内设机构②，或在民事、行政检察部门增设专门办案组等方式，合理配置司法资源，充实对专门法院的监督力量。另外，对专门法院逐步推行的民事、刑事、行政审判"三合一"改革，检察机关应充分关注有关发展变化，通过充实刑事检察、公益诉讼检察办案力量、加强相关案件研究、畅通法检沟通交流等方式，提升案件办理的专业化水平，及时作出回应。

（四）试点设立专门检察院

设立专门检察院，是检察机关履行对专门法院法律监督职责、实现检察监督系统化、专业化的必由之路。2018年人民检察院组织法修改时，虽未新增除军事检察院外其他类型专门检察院，但也为设立新的专门检察院留下空间。③ 设立专门检察院，不仅是名称的变化，更重要的是实现检察监督权力依据明晰、专业化转型及管辖地域范围重构。检察监督的工作性质与法院不同，办理的案件数量明显少于法院的案件数量，因此，设置专门检察院无需与专门法院一一对应。在什么范围内设立专门法院，专门法院具体管辖何种案件类型，需要根据各地专门法院、专门法庭④的设置情况，以及一定区域海事案

---

① 在大连市人民检察院海事检察处存续期间，共受理各类来信来访400余件，评查海事法院卷宗1000余卷，向大连海事法院发出再审检察建议15件、检察建议4件，向海事行政机关发出检察建议6件，发出行政公益诉讼诉前检察建议12件，向公安机关移送海事刑事犯罪线索17件。

② 目前，从履行对专门法院法律监督职责的检察机关内设机构设置看，均未设立独立履行海事检察监督职责的海事检察部门，也仅有少数检察机关设立了独立的知识产权检察部门和金融检察部门，对于海事案件、知识产权案件、金融案件的检察监督，大多仍由民事行政检察部门负责。

③ 参见童建明主编：《〈人民检察院组织法〉学习读本》，中国检察出版社2019年版，第53页。

④ 因普通法院并不设立海事法庭，普通法院设立的金融法庭仅是管辖特定类型案件，通常不具有跨区域管辖性质，故此处的专门法庭特指知识产权法庭。最高法在部分中级法院、基层法院设立了知识产权法庭，集中管辖一定区域内特定类型知识产权案件，具有专门法院的跨地域管辖和专门管辖属性，属于"简配版"的知识产权法院。因此，在设立专门检察院，确定案件管辖类型和检察权的实施范围时，也应充分考虑一定区域内设立的知识产权法庭情况。参见元明、李大扬：《民事知识产权类案件诉讼监督实证研究》，载《知识产权》2019年第10期。

件、知识产权案件、金融案件等专业性案件具体数量确定。专门检察院管辖的案件类型,应当具有一定程度的专业性。可以首先确立由专门检察院集中管辖一个或多个专门法院案件,并在体制机制运行成熟的基础上,进一步探索将普通法院专门法庭的案件纳入专门检察院集中管辖。专门检察院管辖的地域范围,也应综合考量专门法院、专门法庭管辖的地域范围及相关行政机关的职能范围等因素综合确定。近期来看,北京四分检、上海三分检、广州铁检分院、武汉铁检分院均具有跨形成区划检察性质,并已履行对专门法院的法律监督职责,可以首先通过"加挂专门检察院牌子"方式,将上述四家检察院确立为试点专门检察院,以加强对专门法院监督力度,明确检察监督权力来源,实现检察监督专业化转型。远期来看,可以总结地方检察院监督模式中的有益经验,通过与铁路运输检察院机构编制人员整合等方式,推动在更广范围内设立专门检察院,最终形成一套具有中国特色的专门检察监督体系。另外,对于同一地区存在多家专门法院的,建议由同一检察院集中管辖的方式履行法律监督职责,为今后专门检察院的设立奠定基础。

提升检察意见监督质效
助推刑事检察工作现代化的路径选择

黄 胜 赖冬水 张 莉*

党的二十大报告系统阐述了中国式现代化的中国特色、本质要求和重大原则。中央政法工作会议提出，政法工作现代化是中国式现代化的重要组成部分。应勇检察长强调，检察工作现代化是政法工作现代化、国家治理现代化的题中应有之义，以检察工作现代化服务中国式现代化是当前和今后一个时期检察机关的中心任务。① 检察机关贯彻落实党的二十大精神和《中共中央关于加强新时代检察机关法律监督工作的意见》（以下简称《监督意见》），加强检察机关法律监督，是保障宪法法律正确实施，确保党的全面领导、绝对领导落实的重大而光荣的政治责任。检察机关要落实好"全面提升法律监督质量和效果，维护司法公正"的总要求，推进刑事检察工作现代化，就必须在继续做优侦查活动监督、立案监督、审判监督的同时，落实好最高人民检察院《关于推进行政执法与刑事司法衔接工作的规定》（以下简称《行刑衔接规定》），补齐行政执法与刑事司法反向衔接这一短板，发挥检察意见的督促职能，做好不起诉案件的后半篇文章，深化能动履职、诉源治理，在全面依法治国新实践中更好发挥检察职能作用，以检察担当助力于更高水平的法治中国、平安中国建设。

---

* 黄胜，江西省赣州市南康区人民检察院党组成员、检委会专委，四级高级检察官；赖冬水，江西省赣州市南康区人民检察院检委会委员，第一检察部员额检察官；张莉，江西省赣州市南康区人民检察院综合业务部主任。

① 巩宸宇：《应勇为最高检机关学习贯彻党的二十大精神第二期培训班学员授课时强调：深入学思践悟"五个牢牢把握" 以检察工作现代化服务中国式现代化》，载《检察日报》2023年2月15日，第1版。

一、刑事检察工作现代化的必然要求：用好检察意见，做好行刑反向衔接

（一）发挥检察意见的法律监督职能是贯彻落实习近平法治思想的必然选择

检察意见书是指人民检察院对决定不起诉的案件，向有关主管机关提出对被不起诉人给予行政处罚、行政处分等措施时适用的法律文书。构建系统完备、规范高效的法治监督体系特别是执法司法制约监督体系，是推进中国特色社会主义法治体系建设的重要保证。人民检察院作为专门的法律监督机关，是践行习近平法治思想的重要力量，是法律秩序的维护者，而维护秩序必须以惩罚为后盾[①]；检察官作为不起诉刑事案件的执法者，制发检察意见书建议对被不起诉人（单位）以必要的行政处罚并督促落实，既是办案主体责任的要求，也是法律监督者的必然义务。

（二）用好检察意见书是补强监督短板、实现检察工作现代化的必然要求

检察机关履行刑事诉讼法律监督职责的主要方式有抗诉、纠正违法通知书、检察建议、检察意见等，只有用活、用好所有的监督手段才能真正实现新时代检察工作的高质量发展。实践中，由于核心业务数据指标的导向作用，各级检察机关高度重视抗诉、纠正违法通知书、检察建议的运用和落实，其监督效力得以充分彰显，而检察意见更多广泛运用于刑事执行方面，在不起诉案件中运用较少而且未能发挥其应有作用。因此，检察高质量发展必须要强化检察意见在不起诉案件中的运用。

（三）用准检察意见书实现行刑精准衔接是做优刑事检察后半篇文章的应有之义

检察工作现代化的关键在于法律监督机制现代化。做优刑事检察是检察高质量发展的关键所在，刑事检察工作要在办好案的同时把民众导向法治轨道，而案例是最有效的载体。对轻罪案件的犯罪嫌疑人不起诉，体现了司法的仁慈和宽恕，但仁慈和宽恕的本质应当包含认罪和被宽恕者本应得到的惩罚，否则就会违背正义；而违背正义的仁慈和宽恕就如顶着美丽绿植的食人草，诱惑着

---

① 罗翔：《法治的细节》，云南人民出版社2021年版。

善良的人们走向狂热的残忍。① 因此，对有必要处以相应行政处罚的不起诉人制发检察意见，不仅是检察官应尽的检察责任，有利于提升案件的质效和落实法律监督职责，也有利于改变人民群众"不刑不罚"的错误认识，更好构建行政执法与刑事司法相互配合、相互制约的法治监督格局。

二、现状与问题：不起诉案件适用检察意见的特点及原因分析

（一）不起诉案件适用检察意见的现状和特点

案例是检察产品和法治产品的最主要体现之一，最高人民检察院发布的典型案例是检察官办理类案的指南。虽然检答网案例库中没有直接的检察意见引导主管机关对被起诉人进行行政处罚的案例，但在不起诉案例中加上"检察意见"或者"行刑衔"等关键词可以搜索到24起相关案件。

通过分析典型案件，发现运用检察意见建议主管机关对不起诉案件的当事人进行行政处罚具有如下特点，并存在一些问题：

1. 检察机关高度重视行刑反向衔接，制发检察意见书督促主管机关履职已经成为常态。最高人民检察院一直重视在典型案例中阐明运用检察意见参与社会治理的典型意义，监督意见出台后，地方各级检察机关能动履职，更加重视发挥检察意见对不起诉案件的后续治理功能。

2. 制发检察意见书督促主管机关对被不起诉人进行行政处罚、党纪政纪处分没有禁区。只要符合需要追究被不起诉人行政责任或者纪律处分的，不受限于案件类型、不起诉情形，甚至未被侦查机关列为犯罪嫌疑人的也可以建议主管部门处以相应的处罚。②

3. 检察意见文书不规范，存在检察意见与检察建议混用的现象。司法实践中，检察意见书常常存在主管机关不准确、适用行政处罚法律条款错误、行政处罚种类不明确等问题③，与"督促对象正确、案情陈述精准、意见于法有

---

① 参见［英］C·S.路易斯：《论人道主义刑法理论》，罗翔译，转引自罗翔：《法治的细节》，云南人民出版社2021年版。

② 如腾某某非法买卖制毒物品案，腾某某的公司腾讯达化工未被侦查机关立为犯罪单位，检察官也认为腾讯达化工不构成犯罪，但其行为违反了相关法律，应给予行政处罚，遂以检察意见建议公安机关对其处以没收违法所得和罚款，公安机关已执行相关意见。

③ 如永康市人民检察院于2021年7月26日向永康市公安局发送的检察意见书，要求永康市公安局对林某等5人偷越国（边）境系列案的被不起诉人给予行政处罚，但没有写明行政处罚的依据和相关种类，仅叙写了"根据《中华人民共和国刑法》第三十七条的规定"。

据、处罚措施可行"要求还有较大差距,以检察建议代替检察意见的情况时有发生,如遵义市汇川区穆某某非法捕捞水产品案,余干县院庄某某等八人污染环境案等①。

4. 检察意见书的跟踪落实效果不佳。由于没有建立健全跟踪督促评价等机制,检察意见的采纳与否高度依赖于主管机关的被动反馈,甚至出现不回复、程序空转等情形。

(二)不起诉案件适用检察意见的实践难点及原因分析

1. 监督意识和监督理念不到位。虽然"在办案中监督、在监督中办案"的理念已深入人心,但由于案件数量的增长和畏难情绪,实践也不乏选择性监督的情形。此外,由于办案质效民调的介入,少数检察官出于绩效的考虑,不愿意对被不起诉人提出行政处罚意见以免降低满意度。

2. 检察意见书没有统一规范的格式样本。《人民检察院刑事诉讼法律文书格式样本》(以下简称格式样本)仅对检察意见书的内容规定了四个方面②的建议,没有比较完备的文书格式,导致在适用上不统一。虽然《行刑衔接规定》第 8 条第 2 款③和第 9 条④对相关内容和回复时间进行一定的明确,但难以满足精细化办案的要求,加之典型案例没有提供检察意见书文本予以借鉴,

---

① 参见江西省人民检察院《关于 2019 年第四季度全省检察建议工作情况和正反典型案例的通报》,"余干县院依法对庄某某等八人污染环境案作出不起诉决定,向县环境保护局发出余检公诉建〔2019〕9 号检察建议书,建议对庄某某等人作行政处罚"。《关于 2020 年第一季度全省检察建议工作情况的通报》,"2020 年 1 月 2 日安远县院制发的安检一部建〔2020〕1 号检察建议书,在对钟某某滥伐林木案作出不起诉决定后,本应向安远县森林公安局提出行政处罚的检察意见,但制发了检察建议书,且引用《人民检察院刑事诉讼法》第三百七十五条",引用法律条文错误。上高县院依法对容某作出不起诉决定,向中国人民银行上高县支行发出上检建〔2019〕6 号检察建议书,建议对该行工作人员容某某作行政处分。《关于 2020 年第三季度全省检察建议工作情况的通报》,"铅山县院制发的铅检一部建〔2020〕10 号检察建议书,虽然文书名称是检察建议书,但是内容是要求有关主管机关对被不起诉人给予行政处罚的检察意见"。

② 检察意见书的内容包括:(1)发往单位;(2)案件来源及查处(审查)情况;(3)认定的事实、证据、决定事项(认定结论)及法律依据;(4)根据法律规定,提出检察意见的具体内容和要求。

③ 检察意见书应当写明采取和解除刑事强制措施,查封、扣押、冻结涉案财物以及对被不起诉人予以训诫或者责令具结悔过、赔礼道歉、赔偿损失等情况。

④ 人民检察院提出对被不起诉人给予行政处罚的检察意见,应当要求有关主管机关自收到检察意见书之日起两个月以内将处理结果或者办理情况书面回复人民检察院。因情况紧急需要立即处理的,人民检察可以根据实际情况确定回复期限。

规范性难以统一。

3. 刑事检察官的知识储备不够。监督的质效来源于监督的精准，检察意见书必须指向明确，易于执行。常见罪名对应的行政处罚容易找到相应的行政法律规范及主管机关，但有些事项涉及多头治理，无法准确界定主管机关和法律依据，检察意见书只能引用刑法、刑事诉讼法的原则性规定，无法援引行政处罚依据提出准确的处罚措施，既不利于主管机关执行，也不利于后续监督。此外，行政处罚的必要性也是检察官与主管机关争议的焦点，实践中，涉发票类的案件发出检察意见书后，税务机关常常以被不起诉人（单位）已经补缴相应的税款为由不再对当事人进行行政处罚；交通肇事类的案件是否需要一律吊销被不起诉人的驾驶证也有困惑。

4. 监督落实等保障机制不健全。主管机关的履职情况如何监督，《行刑衔接规定》第11条仅规定了通报、报告等间接督促措施，难以直接转化为监督成果；被不起诉人是否对检察意见有救济的权利也不明确，这些都影响了监督的质效。只有健全保障措施，才能进一步发挥检察意见书的刚性作用。

三、路径选择：提升检察意见书监督质效，实现刑事检察工作现代化

检察工作现代化是监督理念、体系、机制、能力的现代化，检察机关作为法治建设的生力军之一，要在服务高质量发展中全面履职、更好履职，以法治之力服务中国式现代化顺利推进。检察意见书的刚性不是取决于检察机关对督促机关有多大的惩戒权，而是来源于监督是否精准、规范。精准制发检察意见书和完善保障机制双管齐下，才能不断提升法律监督的质量与效果。

（一）转变监督理念，把规范、精准监督贯穿刑事诉讼的全过程

1. 坚持系统观念，用心审查行政处罚的必要性。检察工作现代化的先导是法律监督理念现代化。检察官应当胸怀"国之大者"，在坚持法秩序统一性原理的基础上，注意不同法律之间的差异，结合犯罪嫌疑人行为对法律秩序的破坏程度、已受处罚（包含办案机关特别是检察机关附加的公益劳动等非刑罚措施）、社会关系的修复程度、社会公众的心理预期等方面来认定行政处罚的必要性，务必使所提出的行政处罚意见既能保障行政法的统一实施，又兼顾个案的平衡，以最优解来避免不同法律之间的矛盾与冲突、符合人民群众的心理预期，实现三个效果的有机统一。

2. 强化程序意识，切实维护主管机关的执法权。法治在一定意义上来说

就是严格的程序之治,因检察监督具有参与、跟进、融入式的监督①等特点,检察官要严守"征询—磋商—移送—反馈—审查"等程序,保障主管机关的知情权、申辩权、申诉权,促进行政处罚的统一正确实施。

3. 崇尚规范监督,防止司法恣意。司法权本质上就是一种判断权,要通过规范履职来减少不必要的外来因素对判断的干扰以体现监督刚性。一是要加强行刑反向衔接启动情形的审查,在拟作出不起诉决定的同时依法审查是否需要对被不起诉人给予行政处罚;二是要适用规范格式文本制发检察意见书,提高检察意见的针对性;三是落实检察意见要规范有序,有效履行行刑衔接规定中的督促措施。

4. 践行为民情怀,细心呵护当事人的救济权。习近平总书记在中央经济工作会议上要求,要"采取更多惠民生、暖民心的举措,着力解决好人民群众急难愁盼问题"。应勇检察长强调,要更加自觉落实全过程人民民主,进一步密切同人大代表的联系,充分保障人民群众对检察工作的知情权、参与权、监督权,使检察工作更加体现人民意志、保障人民权益。② 检察官一定要有如我在诉的情怀,通过公开听证、释法说理等方式解答当事人对检察意见书的疑惑。要积极探索检察意见书的复议复核等制度机制,及时回应当事人提出的异议,最大限度地保障当事人的救济权。

(二)优化内部协作,打造优质高效的监督矩阵

1. 细化检察意见书正文内容,增强文本的可操作性。检察意见书正文,应当包括案件的主要事实、犯罪嫌疑人的处理结果、涉案财物的状况、需要处以行政处罚的原因,处罚依据(包含刑法、刑事诉讼法及行政法规的相关条款)、异议条款、反馈日期等必备内容。

2. 改进不起诉案件质量考核评价机制,把检察意见的提出率、采纳率、申诉率纳入评价体系,把跟进监督落到实处。精准监督是跟进监督的价值追求,跟进监督是实现精准监督的必要手段。③ 案管部门应当对不起诉案件开展不定期抽查和专项检查,在做好"不起诉是否合法规范"的常态评查外,更

---

① 张军:《坚持以习近平法治思想为指引 加强新时代检察机关法律监督》,载《求是》2022年第4期。

② 巩宸宇:《应勇在安徽代表团审议全国人大常委会工作报告时表示:自觉落实全过程人民民主理念 使检察工作更加体现人民意志保障人民权益》,载《检察日报》2023年3月9日,第1版。

③ 冯小光、赵格:《加强跟进监督,提升监督刚性》,载《中国检察官》2022年第24期。

要关注行刑反向衔接机制是否得到落实,检察机关参与社会治理的功能是否展现。

3. 深化典型案例的指导作用,评选优秀检察意见书。各级院发布不起诉典型案例时,一定要分析行政处罚的必要性及后续的跟踪落实举措,并提供相应检察意见书;各级院应把检察意见书纳入十佳检察文书等评选范围。

4. 深化刑事检察与行政检察、公益诉讼合作,以"检察意见书+检察建议"的模式参与社会治理。习近平总书记多次强调,"全面依法治国是国家治理的一场深刻革命""法治建设既要抓末端、治已病,更要抓前端、治未病。"检察官办理不起诉的食药环生等与公益诉讼相关的案件时,制发行政处罚检察意见书时要向公益诉讼、行政检察部门备案,主管机关不积极履职的,可由公益诉讼部门以检察建议的方式督促行政机关履职尽责。主管机关履职过程中所出现的需要整改的共性问题,可以会同行政检察部门进行调查核实、分析原因,进而以检察建议的模式建议主管部门整改。

5. 发挥检察一体化办案优势,多渠道提升检察官履职能力。检察工作现代化的基础在于法律监督能力现代化,建设高素质过硬检察队伍,是推进检察工作现代化的基础和保障。一是要压实检察官自我学习提高的韧劲,熟练掌握专业领域知识;二是要发挥检察一体化办案优势,对于有争议的案件,上级院指派专人盯守和悉心指导,以确保不起诉案件(含检察意见书)的质量;三是积极借力引智,加强并发挥专家学者等外脑作用,开展集中教学、专家讲座、观摩交流、高校进修、岗位练兵等多种形式的培训活动,提升检察官的综合素质和专业实战能力。①

(三)加强外部合作,建立完善跟进协调的保障机制

1. 完善外部协作机制,形成执法、司法合力。检察机关要会同有关部门制定《不起诉案件移送行政处罚工作实施办法》等规范性文件,明确案件移送范围、程序、方式,行政处罚必要性判断的标准等,建立健全检察机关与行政执法机关磋商反馈机制及检察机关的跟踪监督机制。

2. 推进数字检察战略,及时反馈监督成效。应勇检察长指出,数字检察战略是法律监督手段的"革命",是提高法律监督能力的重要依托。司法实践中,检察机关要利用好政法协同平台和相关大数据平台,实现数据共享、动态监管评估;发挥好侦查监督与协作配合办公室的作用,及时分析研判会商相关

---

① 陈国庆:《新时代刑事检察工作的创新与发展》,载《人民检察》2021年增刊第1期。

二、法律监督体系现代化

问题,解决衔接障碍。此外,要依托公益诉讼平台,实现与其他行政执法部门的数据链接,实时掌控行政处罚情况,全面做好刑衔接工作。

3. 完善部门交流沟通机制,健全案件咨询机制,提升意见的精准度。一要通过互派交流学习等方式,丰富检察官在金融、知识产权、食品药品、行政执法与刑事侦查等领域的知识储备。二要通过主动通报情况、走访等多种形式加强与有关主管机关的沟通、联系,就提出行政处罚检察意见争取理解与支持。三要持续跟踪落实,要对主管机关未能及时答复、处理的原因进行评估分析,对确有困难的,要给予指导帮助。

4. 完善不答复、不处理的通报备案机制,以增强检察意见的刚性。一是检察机关应当将检察意见书抄送同级司法行政机关;二是有关单位不答复、不处理的,可以将有关情况通报同级司法行政机关或者其上级机关,必要时可以报告同级党委、人大常委会,争取重视和支持,纳入法治政府、综治考评、人大评议等考核评价体系中。

5. 探索赋予检察机关不起诉的相应处罚权,节约司法资源。对被不起诉人处以适当的行政处罚,符合维护法律秩序的需要,但如何处罚需要考虑到司法资源的承载力。已经被羁押且超过可能的行政拘留期限的被不起诉人,一般可不再进行行政处罚;未被羁押的可以探索以社区服务、公益劳动等方式来替代行政处罚,其决定权和监督权可以赋予检察机关。而对于已经扣押在案且需要没收违法所得的不起诉案件,检察机关可以根据其司法属性作出对财物的处置权,没有必要通过主管机关发行政处罚决定书来执行。但为防止权力滥用,一方面应当严格限定没收违法所得的审批程序;另一方面应完善救济方式,赋予犯罪嫌疑人不服检察机关没收违法所得决定的救济权利[①]。

(四)坚持人民主体地位,建构阳光递进监督格局

1. 探索不起诉决定与行政处罚检察意见一体化听证机制,提升司法公信力。要探索不起诉和行政处罚一体化听证模式,邀请的听证员应当包括主管机关的代表,就不起诉事项听证完毕后,应当就行政处罚必要性进行听证,承办检察官应当阐明其建议行政处罚的事实依据和法律依据,要听取当事人及主管机关的意见,有分歧的,应当由听证员表决形成多数意见,检察官应当根据听证员多数意见作出是否制发检察意见书的决定,如不同意听证员的多数意见的,必须提交检委会讨论决定;若检委会的决议仍不同意听证员多数意见的,

---

① 陈国庆:《新时代刑事检察工作的创新与发展》,载《人民检察》2021年增刊第1期。

须将检委会决议和理由送达听证员,并赋予听证员向上一级检察机关申请复议的权利。被不起诉人也可以就不符合听证员多数意见的检察意见书申请复议或者复核。

2. 提升人民监督员参与案件监督的广度和深度,对不起诉案件全程进行监督。人民权益要靠法律保障,法律权威要靠人民维护。[①] 制发检察意见书也是检察办案,人民监督员对其监督完全有必要,人民监督员除了参与不起诉案件的公开听证外,还可以在评查不起诉案件时注重对检察意见书的制发程序、落实情况进行检查从而倒逼规范办案。

3. 开展民调访查工作,倒逼检察官规范办案。通过民调访查不起诉案件的被不起诉人时,要特别注意收集被不起诉人对于不起诉后行政处罚的不满意见,要核实其不满意的根源,是释法说理不够还是主管机关执法的问题等。民意调查反馈的问题要向承办检察官反馈,由其查找问题根源,并向反馈人释疑解惑。

4. 落实专项报告制度,强化人大监督。检察机关应当依托大数据技术,对行刑衔接工作进行专门总结,形成包含反向衔接数据、效果、存在问题等的专项报告后交人大审议,也可以邀请人大代表、政协委员等对检察机关的行刑衔接工作进行专项调研、专项调研,接受质询并进行改进,切实提升检察意见的监督质效,为检察机关参与市域社会治理展现检察担当,不断提升国家社会治理体系和治理能力现代化。

[①] 中共中央宣传部、中央全面依法治国委员会办公室编:《习近平法治思想学习纲要》,人民出版社、学习出版社2021年版,第29页。

三、法律监督机制现代化

加强侦查监督与协作配合办公室
建设的路径研究

福建省人民检察院课题组*

2021年10月,最高人民检察院、公安部联合印发《关于健全完善侦查监督与协作配合机制的意见》(以下简称《监督协作意见》)。该意见的出台是检察机关与公安机关深入贯彻习近平法治思想、落实中央司法改革任务,积极回应人民群众在新时代对公平正义新需求新期待的重要举措。那么,检察机关和公安机关为何在这个时间节点,选择通过设立侦查监督与协作配合办公室(以下简称侦监协作办公室)这一方式推进司法机制变革呢?二者共同建立的侦监协作机制具备何种独特的价值,如何在侦监协作办公室已实现全覆盖的当下更好地发挥其作用,是当前刑事检察需要探究的重点课题之一。

一、设立侦查监督与协作配合办公室的必然性

(一)契合世界各国检警关系日趋紧密的大势

传统意义上,世界范围内刑事诉讼构造呈现职权主义以及当事人主义的分化。检警关系的紧密化不仅体现在欧洲大陆以职权主义为主要特征的法国、德国等国家近几十年的司法改革中;以英国、美国等为代表的当事人主义诉讼模式国家也出现了检察机关在审前程序中职权的扩张。这种变化自有其内在的必然性和规律性。

1. 传统职权主义国家检警关系的沿革。法国、德国等传统职权主义国家,检察机关形式上设立在法院之中,采用的是"审检合署"的方式。实际上,检察机关并未依附于法院,而是独立于法院的机构。检察机关在审前程序中起

---

* 课题组组长:叶燕培,福建省人民检察院党组成员、副检察长;课题组成员:李峻、潘森林、陈文斌、陈凯明、曾晓海、林塑斌。

着举足轻重的作用,警察[①]在侦查阶段是在检察官的指挥下进行侦查活动的。例如,法国在刑事案件发生后的初查阶段,由检察官决定侦查事项,当收集到相当证据后,对于一些轻罪案件检察官可以直接决定将案件交付法院审判,对于重罪案件和一部分轻罪案件检察官可以决定将案件交付预审法官审查起诉[②];而德国在整个侦查程序中,基本都是由检察官负责,警察机构只是辅助检察机关实施侦查措施。

虽然法律上规定了检察官对警察的领导关系,但实践中,仍然存在检察官无法实质领导侦查的情况。原因大致可以归结为几点:其一,警察往往是隶属于内政部管理,甚至法国具有宪兵身份的警察属于国防部管理,虽然法律规定由检察官领导警察进行侦查,但是,部门利益的纠葛是官僚体制无法完全消灭的弊病,警察经常有抵制检察官的行为。其二,进入21世纪以后犯罪率的攀升,使得检察机关没有足够的人手参与侦查活动、监督侦查活动,多数的案件仍然是由警察自行完成侦查或者由预审法官控制侦查[③],检察机关在某种程度上沦为决定是否公诉、支持公诉的角色。其三,法国、德国对于很多侦查措施的决定采取的是司法控制的令状主义,意味着诸如搜查、扣押、监听、逮捕等措施的采取需要征得法官的同意,检察官仅有向法官提出令状申请的权力,最后的决定权仍然由法官行使,导致检察官实际上无法对案件的侦查起到决定性的作用。

近年来,随着打击犯罪、对实质真相追求的需要,法国、德国等传统职权主义国家寻求刑事诉讼的改革,以期增强检察机关对于警察侦查活动的领导权。例如,20世纪90年代,法国通过对刑事诉讼法典修改,确立了司法辖区检察长对于警察的监督权限,并对警察的晋升与否可以作出有影响力的评定。

---

① 在法国和德国,警察一般有两种职能,普通警察肩负维护社会治安之职责,司法警察从事的是犯罪侦查活动,课题组讨论的警察一般指的是司法警察。

② 原本法国预审法官是集侦查权和裁判权于一身的职位,权力过大,又无有效监督。2000年法国发生了乌特罗案件,该案中司法警察根据预审法官的令状逮捕数十名犯罪嫌疑人,但是经历三年余的审判,17名被告人中13人被判决无罪,另有1名被告人相传在开庭前压力过大自杀身亡(也有人说是误服药物身亡),引起社会广泛关注。乌特罗案后,法国组建调查委员会、进行司法改革,从而限制预审法官权力,例如将预审法官的羁押决定权剥离,从而实现侦查与羁押决定权的独立以及增加预审制中的对抗性等。参见肖军:《法国乌特罗案的成因及预防机制研究——以预审法官制度改革为视角》,载《证据学论坛》2013年第1期。

③ 龙宗智:《评"检警一体化"兼论我国的检警关系》,载《法学研究》2002年第2期。

2011 年，法国出台《刑事拘留法》规定，利用检察官领导侦查以及预审法官审查讯问合法性等方式，以强化司法官监督的手段达到约束警察的讯问权。①2017 年，德国刑事诉讼改革增设了远端电信监控与在线搜查措施等侦查措施以及确定检察官委托警察对证人取证、证人有义务出席陈述等事项。② 其中对于所增设的侦查措施，原则上只能由法官批准实施，但是法律也规定了在延迟就有危险之时，检察官也可以决定立即采取相关侦查措施，从而在一定程度上扩张检察官对于侦查的主导；而证人出席义务问题，原本德国的警察并无权力强制要求证人出席配合取证，但是在有检察官委托授权情形下，证人则必须配合警察询问，此等规定有助于保障检察官侦查指挥权的发挥，有利于侦查活动的推进。

2. 当事人主义国家检察机关职权之扩张。英国、美国等国家作为一方当事人出庭公诉的"检察人员"，在审前程序中相较传统职权主义国家的检察官而言，并不具有强势的侦查职权，对于整个诉讼流程的掌握略显薄弱。1986 年成立的英国皇家检控署（The Crown Prosecution Service）作为英格兰和威尔士地区的主要检察机关，在成立初期仅负责出庭支持公诉，连基本选择对被告人指控罪名的权力都没有。这导致很多案件无法及时有效地补正相关证据使得公诉效果不佳，无法及时与被告人达成认罪协议导致诉讼效率低下。甚至，在英国，很多出庭指控犯罪的所谓"检察人员"是来自各大律师事务所临时受皇家检察署聘用的出庭律师。这一情况，直到 2003 年英国议会通过《刑事司法法》才有所改善，该法确定了检察机关对于除一些轻微刑事案件外决定指控罪名事项的权力。另外，为了强化对于刑事案件的侦查，更为了有效地节约司法审判资源，皇家检控署的检察官在其后被赋予更多的职权包括提前介入侦查活动为侦查人员提供侦查思路、方向，并且对于证据取证要求作出相应的指导；《警察与刑事证据法》还详细规定了检察官对于案件具有选择庭外处罚方式的权力，利用警告、附条件警告等方式替代起诉程序的开启，相当于一种不起诉的方式。

美国联邦检察机关设立在司法部之下，联邦总检察长同时也是司法部部长，检察机关的传统职责主要包括提起公诉、出庭支持公诉、为政府部门提供法律咨询等。在美国刑事诉讼结构中，检察机关提起公诉的职能并不是完全自主的权力，涉及重罪、死罪的案件，检察官必须向大陪审团提交证据、进行相

---

① 施鹏鹏：《法国检察改革最新走向及其启示》，载《人民检察》2016 年第 23 期。
② 施鹏鹏、褚侨：《德国刑事诉讼的最新改革》，载《人民检察》2022 年第 1 期。

关辩论,后由大陪审团决定是否提起公诉。① 大陪审团制的问题在于,面对激增的犯罪率,大陪审团审议需要耗费大量的人力、物力,导致司法资源成本激增;并且大陪审团审议无形中限制了检察机关的指控职能,在某种程度上会削弱检察机关建构的证据指控体系。因此,近几年的改革中,美国越来越多的州已经允许检察机关使用普通起诉书的方式替代大陪审团审议方式来指控犯罪。美国另一个检察官权力扩张的例子就是著名的"辩诉交易"制度。② 随着辩诉交易制度在美国的实践、适用,美国检察机关越来越多地在侦查环节就介入侦查,为刑事案件的侦查提供建议以及引导,该侦查建议权的行使是检察机关对政府部门提供法律意见的职能延伸以及辩诉交易广泛推进后审前诉讼程序对检察官职能仰仗的落地。③

综上,各国都在促进检察机关在审前程序中发挥主导作用,这表明设立侦监协作办公室是大势所趋,也是现代法治发展的必然。

(二)我国检警关系的总结和反思

我国刑事诉讼构造中,公安机关负责对案件的侦查、强制措施的执行以及预审等工作,而检察机关负责直接受理案件的侦查、批准逮捕、提起公诉、诉讼监督等工作。我国宪法规定,人民检察院是国家法律监督机关。刑事诉讼法规定,人民检察院对刑事诉讼实行法律监督,人民法院、人民检察院和公安机关"应当分工负责,互相配合,互相制约"。2021年6月,《中共中央关于加强新时代检察机关法律监督工作的意见》(以下简称《法律监督意见》),明确检察机关是国家的法律监督机关,同时也是保障国家法律统一正确实施的司法机关。因此,检察权被界定为以法律监督为基础,兼具司法属性的权力。然而,从多年的司法实践来看,检察机关与公安机关之间相互配合有余、却制约不足,导致检察机关在刑事诉讼过程中并未能有效发挥法律监督的职能。

1996年刑事诉讼法修改之前,检察机关对公安机关开展检察监督的方式以及范围究竟为何,不管是司法实践还是理论界都存在较大争议。虽然当时《刑事诉讼法》第52条规定"人民检察院在审查批捕工作中,如果发现公安机关的侦查活动有违法情况,应当通知公安机关予以纠正",但是司法实践中

---

① 美国宪法第五修正案规定,无论何人,除非根据大陪审团的报告和公诉书,不得以死罪或者其他重罪受审。
② 19世纪初,辩诉交易便在美国的司法实践中出现,但直到1970年美国联邦最高法院才以判决的方式在布雷迪诉美国案(Brady v. States)中确定了辩诉交易合法性。
③ 张鸿巍:《美国检察机关立案侦查阶段之职权探析》,载《中国刑事法杂志》2012年第4期。

三、法律监督机制现代化

检察机关主要是以案件事实、法律适用作为主要审查对象，较少涉及侦查行为的合法性，如是否存在适用强制措施不当、取证程序违法、是否具有立案监督等内容，可以认为此时检察机关对于公安机关的监督主要是围绕指控犯罪的内容进行。就监督方式而言，由于法律规定以及理论认识不足，检察机关往往是通过审查移送审查逮捕、审查起诉的案件这种事后书面审查的方式，来监督公安机关的行为。虽然检察机关有在重大刑事案件中提前介入公安机关侦查活动，但也并未能进行有效的监督。20 世纪 80 年代，在全国社会治安整顿工作总结经验中，对于公安机关尚未移送检察机关处理的重大刑事案件，邀请检察机关和法院提前介入侦查熟悉案件情况以提高诉讼效率的方式，被命名为"提前介入"工作。[①] 而后提前介入的工作方法在全国范围内推广，检察机关甚至有参与公安机关对于案件调查取证、讯问犯罪嫌疑人以及现场勘查等活动。[②] 虽然提前介入的工作方法有在实践中进行使用，但由于对提前介入并未有明确的法律、法规规范，对于提前介入的模式、检察机关承担的职权范围一直以来并未得到明确；这就导致众多论者担心提前介入活动变相成为联合办案，贯彻了检警两家"配合"的原则，却没有体现出检察机关对于侦查行为的监督。[③]

1996 年刑事诉讼法修改后，从立法的角度确定了检察机关对于公安机关立案监督的权力[④]，明确了检察机关监督的时点，基本确立了检察机关法律监督的范围，进一步巩固检察机关作为法律监督机关的地位。此后，检察机关为加强对公安机关的监督，在全国范围内通过各种派驻机构的试点积极探索监督模式。例如，2001 年 3 月，河南省周口市检察院、周口市公安局探索设立"检察机关派驻公安机关的指导侦查室"[⑤]；2015 年最高人民检察院在山西、

---

① 杨正万：《中国检察监督研究四十年》，载《贵州民族大学学报（哲学社会科学版）》2019 年第 3 期。
② 龙宗智：《"提前介入"必须具体分析》，载《法学》1989 年 12 期。
③ 吴军：《检察机关提前介入刑事侦查的几个问题》，载《法律科学》1989 年第 6 期。
④ 1996《刑事诉讼法》第 87 条规定，人民检察院认为公安机关对应当立案侦查的案件而不立案侦查的，或者被害人认为公安机关应当立案侦查的案件而不立案侦查，向人民检察院提出的，人民检察院应当要求公安机关说明不立案的理由。公安机关接到通知后应当立案。
⑤ 李永生、樊华中：《审前主导创新困境的科层式解释与合理定位》，载《中国人民公安大学学报（社会科学版）》2019 年第 1 期。

宁夏等地试点检察机关设立市、县公安局、派出所设立检察室①；2016年11月，北京市检察院依托北京市公安局设立的执法办案管理中心，探索设立派驻公安机关执法办案管理中心②；2017年3月，最高人民检察院召开电视电话会议，要求各级检察机关全面开展对公安派出所的刑事侦查活动监督工作③；2019年9月山西省太原市小店区探索派驻公安机关法制部门检察室。④但是，检察机关对公安机关的派驻行动，在多年的推进中并非一帆风顺，甚至遭到公安机关抵触。2017年5月公安部对湖南等6省开展调研后表示派驻检察室对于侦查活动存在降低侦查效率、泄露侦查秘密等风险，故湖南省公安厅甚至明文下令要求暂缓推行在公安派出所派驻检察室（检察官）。⑤

因此，检察机关传统单方派驻模式难以有效推广势必要求一个超越传统侦查监督的新机制，来力求平衡两家的职责、关系以期更好维护司法公正，这成为设立侦监协作办公室的动因之一。

（三）适应以审判为中心刑事诉讼制度改革、构建以证据为核心的"大控方"刑事指控体系的必然要求

为了纠偏我国传统"以侦查为中心"刑事诉讼构造导致的庭审虚无化，应对近年来引起社会广泛关注的冤假错案对我国司法制度造成的冲击⑥，恢复群众对法律的信心，2014年《中共中央关于全面推进依法治国若干重大问题的决定》首次提出推进以审判为中心的刑事诉讼制度改革，确保侦查、审查起诉的案件事实证据经得起法律的检验，全面贯彻证据裁判规则，确保庭审在查明事实、认定证据、保护诉权、公正裁判中发挥决定性作用。

以审判为中心的刑事诉讼制度改革指的是以审判活动作为中心，所谓的审

---

① 《最高检侦查监督报告提请全国人大常委会审议探索在刑案高发区派出所设检察室》，载中国法学会网，https：//www.chinalaw.org.cn/portal/article/index/id/15094.html。

② 李华伟、石晶：《派驻公安机关执法办案管理中心检察机制理论研究》，载《中国检察官》2019年第19期。

③ 《最高检召开全国电视电话会议部署对公安派出所刑事侦查活动监督工作》，载最高人民检察院网，https：//www.spp.gov.cn/tt/201703/t20170329_186695.shtml。

④ 孙中杰、张艳：《派驻公安机关法制部门检察室实践探索》，载《中国检察官》2021年第4期。

⑤ 《检察院向派出所"派驻检察室"：湖南公安叫停》，载搜狐网，https：//www.sohu.com/a/147077076_772384；《公安机关发文对派驻派出所检察室说"不"，检察机关该反思什么？》，载http：//www.hfxjls.com/display/140257.html。

⑥ 卞建林：《以审判为中心：刑事诉讼制度的重大改革》，载《紫光阁》2016年第12期。

三、法律监督机制现代化

判活动指的是控、辩、审三方依照法定程序参与的刑事诉讼活动。① 由于公安机关未直接参与审判活动，故有观点认为以审判为中心的刑事诉讼制度改革的内涵之一便是要求在审前程序中，使得检察机关和公安机关形成合力，共同承担控诉职能。② 我国以往的司法实践中，检察机关与公安机关虽有配合办案的传统，但由于部门各自分立、执法理念差异、证据标准不一、机制制度不完善等原因，检察机关要求补充侦查的案件很多时候无法补充到充分证据，部分案件办案期限无故拖延、案件久审不决、诉讼参与人的权利无法得到有效保障。因此，加强检察机关和公安机关的协作，强化检察机关对于公安机关的指导，成为践行以审判为中心刑事诉讼制度改革的必然要求之一。

以审判为中心的刑事诉讼制度改革既然是以审判活动作为中心，那么势必需要确立庭审实质化，方能维护司法公正。确立庭审实质化，需保障控、辩双方形成充分的参与、有效的对抗。站在控方的立场而言，这就要求检察机关对于形成认定事实依据的证据具有绝对的掌控权，如若无法掌握对于指控犯罪的证据的收集、提取、使用，那么检察机关在庭审过程中将陷于被动之境地从而无法有效证实待证事实。因此，不管我国未来侦诉关系改革的方向是往检警一体化发展，还是检警分化加深，都要求检察机关在审前程序中发挥主导性的作用。③ 尤其是面对新型、重大、疑难、复杂的案件时，检察机关与侦查机关无缝衔接，有利于协助制订侦查计划、开展审讯工作以及固定证据，有利于统一执法司法标准、提升执法司法质效，助力构建严密证据体系。

以审判为中心的刑事诉讼制度改革确立了庭审实质化，要求刑事诉讼以证据为核心、体现程序的正当性。但是，改革并非是要对公、检、法三机关现有的诉讼地位和"分工负责、互相配合、互相制约"的工作关系作出变更。虽然如此，在尊重刑事诉讼法对公、检、法三家工作原则规定前提下，仍然有必要对不符合以审判为中心的部分模式予以调整。④《法律监督意见》强调，检察机关要通过强化立案监督和侦查活动监督等方式，全面提升法律监督质效，切实维护司法公平公正。检察机关的法律监督工作要跟上新时代新发展，应当注重从个案监督向类案监督转变，深入开展例如"刑拘后未报捕未移诉""涉

---

① 顾永忠：《一场未完成的讨论：关于以"审判为中心"的几个问题》，载《法治研究》2020年第1期。

② 樊崇义：《以"审判为中心"的概念、目标和实现路径》，载《人民法院报》2015年1月14日，第5版。

③ 栗峥：《推进以审判为中心的诉讼制度改革》，载《求索》2020年第1期。

④ 参见童明：《对以审判为中心诉讼制度改革的思考与应对——以检察机关公诉工作为视角》，载《人民检察》2016年第12期。

民企挂案专项清理""强制医疗挂案专项清理"等专项活动,对于公安机关存在的普遍性问题及时予以监督纠正;注重从全方位监督向多专业多领域监督深化,不仅全面开展监督活动,并且,随着案件类型以及特殊侦查部门的细化,可以有针对性地对海警、机场公安等特殊领域的侦查行为进行监督,可以针对未成年人犯罪、生态环境犯罪等专门领域犯罪案件开展专项监督;注重单纯依靠人力监督向依靠信息技术监督转变,抓住办案数据信息共享平台建设这一检侦协作的基础工作,有效助力检察机关充分发挥法律监督作用,全面及时发现侦查违法行为。

综上,设立侦监协作办公室是积极响应以审判为中心刑事诉讼制度改革要求,促进检侦双方共同构建以证据为核心的刑事指控体系的必然要求。

二、当前侦查监督与协作配合办公室运行的实践困境

自2021年10月《监督协作意见》出台以来,全国各地侦监协作办公室建设如火如荼,机制落实掷地有声。F省检察机关积极探索,稳步推进,取得明显成效,但同样面临信息互通、理念差异、人员配置等方面挑战。

(一)信息互通有待完善,监督对接不够顺畅

当前,依托侦监协作办公室F省检侦就办案信息共享取得了一定突破。主要方式是,侦查机关开放侦监协作办公室检察人员查看执法办案管理中心信息系统、查阅台账卷宗等权限,检侦之间建立常态化线上线下信息互通机制等,从而扩展检察机关监督覆盖面。如F市T区通过公安警综系统对辖区内公安机关近期立案未报捕、未起诉的盗窃案件进行抽查,发现多起未达立案标准而立案情形,后公安机关主动撤案。但针对监督撤案线索来源调研发现,F省2022年1—10月监督立(撤)案的1412件案件中,通过检察机关巡查公安机关办案数据信息系统发现的监督线索不足50件,大量受理治安案件无法进入监督领域。

实践中,检察机关对侦查机关办案数据的知情仍呈现有限性、事后性、被动性与不稳定性特征。主要体现在:一是会签文件授权不明确,侦查机关权限开放有顾忌。F省三级检察机关与侦查机关共签订了127份监督协作规范性文件,其中会签1份专门针对信息共享文件,这些文件虽然或多或少有涉及信息共享内容,但一般规定得较为笼统宽泛。基于上级明确的禁止性规定、侦查秘密、"三个规定"纪律要求等多种因素,侦查人员对信息共享较为敏感、对侦查活动监督仍有抵触。二是行使权限不自主,线上信息共享有壁垒。F省检察机关中获取公安机关办案信息系统查询权限的有51个基层检察院,占全省54.84%。其中,3个市实现全市检察机关查询公安警综系统全覆盖,该3个

市下辖的28个基层检察院均取得公安机关法制大队长查询权限,占全省基层检察院的30.1%。但是,上述检察院检察人员在登录公安警综系统查看办案信息时,公安机关均指派民警在旁陪同,更遑论建立检警信息系统互通查询平台,由检察人员直接登录检察内部信息系统连线查询公安内部信息系统。三是提供信息有选择,线下信息共享效果不明显。当前线下查询案件主要依靠公安机关法制部门指定联络员配合查询,或者由公安机关提供刑事受立案等程序性法律文书。由于公安机关提供材料倾向性、目的性较强,导致所提供材料信息的全面性、针对性、有效性大打折扣,检察机关难以及时发现公安执法办案中的实质性问题。F省检察机关2022年1—10月立案监督线索来源中,近七成来源于检察机关办理捕诉个案发现或开展专项监督活动审查案件发现,17%来源于控告申诉或者其他内设机构移送,直接通过侦监协作办公室在日常工作中主动获取的监督线索少之又少。

(二) 评价标准存在差异,监督协作仍待磨合

侦监协作办公室的设立,为检侦沟通提供了一个良好的平台。但检察机关作为法律监督机关,依法履行法律监督职责,与侦查机关形成监督与被监督关系。特别是在侦查活动违法监督方面,F省多地公安机关将收到检察机关书面《纠正违法通知书》作为执法考评负面评价分值较高的项目,这一定程度给检察人员制发书面《纠正违法通知书》造成阻力。2022年1—10月,全省制发书面《纠正违法通知书》869份,同比下降了15.42%。不难看出,日常监督过程中双方基于各自考评指标等因素考虑,在监督工作上更像零和博弈关系,因涉及自身利益决定了双方理念上的偏差。例如,N市在对全市制发《纠正违法通知书》送达难问题的调研中发现,主要是基于考评影响,公安机关对于接收《纠正违法通知书》等法律监督文书存在抵触,实践中存在以需要内部法制部门把关后才能接收等为由变相拒绝监督的情形。部分地方出现检察机关制发监督文书,需层层提前沟通的情况。此外,不同执法标准影响了监督效果。如盗窃罪,根据公安部规定,立案标准是600元,而司法解释规定的追诉标准是3000元(特殊情形1500元)。实践中存在公安机关对盗窃数额满600元不满3000元的案件立案侦查、而后作出行政处罚,由于这与公安机关内部考核指标中的立案率、破案率等相关,故公安机关一般不会撤案,此时如果检察机关监督撤案便导致公安机关在内部考核中被扣分、公安人员对此多有意见。L区院开展侦查监督与协作工作以来监督撤案7件,均为此类型。检侦两家执法标准的不同影响了监督效果。

(三) 派驻力量配置不足,办公室功能发挥不够到位

F省市、县两级侦监协作办公室已实现设立全覆盖,全省93个市、县两

级检察院会同公安机关、海关缉私局、海警局等侦查机关共设立侦监协作办公室127个，其中与公安机关共同设立办公室104个，占比81.89%。市、县两级检察院参与侦监协作办公室派驻工作检察官共计705名（不含检察官助理），占两级检察院刑事检察人员（含检察官、检察官助理）38.69%。从数据来看，为推动侦监协作办公室实质化运行，各地检察机关在人员保障上基本做到了举全部刑事检察人员之力。实践中，侦监协作办公室的工作量较大，人员的配备主要是从各业务部门进行抽调，案多人少、派驻力量不足成为"通病"。尤其是对公安机关办理的取保候审等非羁押案件进行引导侦查、对捕后诉前及退回补充侦查案件的侦查活动进行跟踪落实等需要大量人力，人员配置捉襟见肘。同时，随着公安机关执法办案管理中心的实质化运作，对于刑拘后、入所前的"黄金"24小时讯问，派驻检察官本应同步有效跟进监督，但基于派驻检察官配置难以全方位保障，侦监协作办公室这一固有功能的发挥在实践中有时会打折扣。

（四）监督协作方式单一，派驻效果有待提高

随着侦监协作办公室的建立，检察机关侦查监督的视角已经由审查逮捕阶段向前延伸至侦查执法办案一线，监督方式已经由依赖"书面审"转为更具有"亲历性""主动性"的"现场审"。F省探索不同监督协作模式，积极建立健全个案提前介入、联席会议、制定类案办案指引标准、案件讨论总结等多项机制。但是调研发现，侦监协作办公室的检察官大量时间花费在个案提前介入上，其他监督协作工作的开展尚有较大欠缺。哪怕是个案提前介入，也主要以查阅案卷资料等书面方式进行，尚未完全发挥侦监协作办公室"现场审"的优势。针对类案或专项工作出现的新情况、新问题，较少进行沟通协商、总结提炼，联席会议常态化机制未能充分发挥作用。案件讨论总结虽纳入侦监协作办公室的职能范畴内，但是全省召开案件总结会议的比例与介入个案、召开联席会议比例差距较大，占比不足20%。

三、加强侦查监督与协作配合办公室建设的总体要求

侦监协作办公室是确保侦查监督与协作配合各项机制落地落实的重要抓手和平台载体。推进侦监协作办公室有效运作和拓展深化，需要检侦两家统一和深化对监督制约与协作配合关系的理解和认识，坚持共建共享理念，从双赢多赢共赢的角度求同存异，确保落到实处、取得实效。课题组认为，加强侦监协作办公室建设、推进办公室建设规范化实质化长效化运行，首先是，在对侦查监督与协作配合机制的理解认识和贯彻落实上，检侦两家要"坚持一个基础，做到两翼齐飞，夯实三个基本功能"。

三、法律监督机制现代化

(一) 凝聚共识,坚持一个基础

侦查监督与协作配合机制的基础,要统一于以审判为中心的刑事诉讼制度、以证据为核心的刑事指控体系下,统一于检察机关和公安机关共同承担的大控方职责、共同提升刑事案件办理质效的这一法定目标上。首先,从需求导向分析,为更好地适应以审判为中心的刑事诉讼制度改革,检侦两家均更加需要并特别强调,从刑事诉讼的源头开始就全面收集、固定、运用证据,确保侦查活动的合法性、规范性,提升审前程序质效,提高刑事指控质量。检侦两家对强化侦查监督与协作配合,协同构建规范高效的执法司法制约监督体系和以证据为核心的刑事指控体系,提升侦查执法和检察监督规范化水平,都有强烈需求。其次,从问题导向分析,当前,检侦两家在办案过程中仍存在不少问题,非法证据、冤假错案时有出现,执法司法的能力水平不能满足人民群众在新时代对民主、法治、公平、正义、安全等新需求新期待的矛盾,检察机关法律监督职能发挥不够充分,公安机关执法规范化水平有待进一步提升[1],公安机关侦查活动与检察机关监督活动衔接流程亟待理顺,两家依法惩治犯罪的政策理念和执法司法标准亟待统一。最后,从目标导向分析,党的二十大明确要求"严格公正司法",强调规范司法权力运行,健全公安机关、检察机关、审判机关、司法行政机关各司其职,相互配合、相互制约的体制机制。强调要强化对司法活动的制约监督,促进司法公正,到2035年基本建成法治国家、法治政府、法治社会。但是,当前检侦两家在贯彻新理念新政策方面,健全完善监督与协作模式等方面,距离党的二十大的目标要求还有较大差距。为此,在健全完善侦查监督与协作配合机制、加强侦监协作办公室建设中,侦查人员、检察人员要把握共同的基础,彻底摒弃"你高我低、你输我赢"的错误认识,充分尊重侦查规律、起诉标准、监督需要,统一认识、消除分歧、密切配合、形成合力。

(二) 同步推进,做到两翼齐飞

侦查监督与协作配合是鸟之双翼、车之双轮,两个方面共同服务于刑事案件办理质效的提升,共同保障着每一个执法司法案件中公平正义的实现,缺一不可,不可偏废。一方面,从法律规范这一应然层面分析,侦查监督与协作配合机制,是在严格依循"人民检察院是国家的法律监督机关"这一宪法定位以及"分工负责、互相配合、互相制约"这一法定原则的基础上,规范并深

---

[1] 《中共中央关于加强新时代检察机关法律监督工作的意见》《中共中央关于加强新时代公安工作的意见》。

化检侦关系的具体机制。配合与制约原则符合司法规律、符合中国国情,在一元分立的权力结构模式下的检察权,法律监督是检察机关本质属性,在司法机关配合与制约原则中发挥了重要作用,确立了中国特色社会主义权力制约模式。在司法改革中,应当在坚持这一原则的前提下发展与完善这一原则。① 侦查监督与协作配合机制进一步明确了宪法法律的要求,体现了侦查监督与协作配合有效融合与良性互动关系,有利于进一步健全完善规范高效的执法司法制约监督机制,推动实现侦查机关和检察机关在协作配合中强化监督制约、在监督制约中保障协作配合,共同提升指控证明犯罪的能力和水平。另一方面,从司法实践这一实然层面分析,作为"大控方",检侦两家需要以分工配合为基础,严格依照证据裁判标准,确保案件达到"事实清楚、证据确实充分"的证明标准,实现司法公正的价值目标。以审判为中心的诉讼理念又体现了新型制约关系,将制约顺序变成了反向制约,即后一阶段的诉讼活动要制约前一阶段的诉讼活动。② 侦查监督与协作配合机制中,加强协作配合有利于提高效率、增强指控犯罪的能力;加强侦查监督有利于保障人权、提高指控犯罪的准确性和合法性。③ 制约监督不是你错我对的零和博弈、不是找茬挑刺,协作配合的目的不是联合办案、不是无原则地迁就。检察机关对于侦查机关,既要敢于监督、善于监督,又要加强协作、重视配合;侦查机关对于检察机关,既要接受监督、配合监督,又要敢于异议、正向制约。检侦两家要通过侦查监督与协作配合机制实现同向发力、同频共振,形成良性互动,合力推进严格执法、公正司法。

(三) 统筹协调,完成三项任务

《监督协作意见》确立了侦查监督与协作配合14项机制,归纳起来主要涵盖三项任务,即引导侦查、合力监督、互动交流。加强侦监协作办公室建设,要充分发挥办公室的枢纽支点和桥梁纽带作用,推动完成这三项任务,这也是评判办公室建设是否成功的衡量标准。

1. 引导侦查。检察引导侦查中的"引导",包含了两个内容,即"监督与协作"。检察引导侦查机制把监督履职融入办案协作中,同步提升侦查取证

---

① 高一飞、蒋稳:《新时代司法机关配合与制约关系的调整》,载《东南法学》2020年第1期。

② 高一飞、蒋稳:《新时代司法机关配合与制约关系的调整》,载《东南法学》2020年第1期。

③ 参见苗生明、李玉华等:《侦查监督与协作配合机制的准确理解与有效运行》,载《人民检察》2022年第15期。

的质量效率和规范性、合法性,实现了侦查监督与协作配合在更高层次上的有机统一和深度融合。从司法实务来看,该机制是侦查监督与协作配合双赢多赢共赢的最好体现之一,已为广大侦查人员、检察人员接受和欢迎。通过众多重大敏感案件、网络舆情事件中检察机关介入侦查引导取证的成效,该机制也获得公众普遍认可和肯定。即使在对公安派出所派驻检察存有一定争议时期,一线公安派出所人员对派驻检察的极力支持,很大原因也是因为检察引导侦查这一工作机制,普遍认为,检察机关提前介入能够引导侦查,保证证据调取的合法性,起到有效指控犯罪的作用。① 从诉讼规律来分析,以审判为中心的刑事诉讼制度改革意味着侦查环节的办案标准必须符合审判的法定标准,只有真正确立检察机关对侦查取证的引导地位,才能从根本上破解办案标准的统一性问题;只有赋予检察机关刚性有效的制约手段,才能从源头上纠防"带病"案件进入审判程序。② 检察官在刑事诉讼中的"主导作用"既体现在审查起诉和出庭指控犯罪中,也体现在通过引导侦查活动中,将起诉和审判的证据要求向前端传导,使侦查活动少走弯路、避免错路,确保刑事案件质量。③ 侦查监督与协作配合机制的引导侦查功能,强化了检察机关在引导侦查和同步监督方面的作用,既强调充分尊重侦查规律,也强调侦查监督需要,力图达成"公安机关依法及时高效开展侦查"与"检察机关依法全面履行检察监督职责"的平衡。可以说,引导侦查的效果如何,很大程度上决定了检察机关在侦查监督与协作配合工作中是否能够赢得威信、站稳脚跟、守住阵地。

对于引导侦查这一基本功能,《监督协作意见》进一步明确规定了重大疑难案件听取意见、联合督办、加强办案衔接配合等办案机制,实际上是对检察机关、侦查机关近年来在引导侦查方面的探索成果进行确认。从案件范围看,涵盖从重大敏感、疑难复杂案件到轻微刑事案件;从诉讼环节看,涵盖刑事诉讼全过程,包括捕前介入引导侦查和建议分流、捕中列明补查事项和分析说理、捕后跟踪落实和跟进指导、诉中退查跟进和证据补强、诉后协调侦查人员出庭等工作;从工作类型看,既有对实体和程序的审查,又有引导和监督的职责,还有横向和纵向的沟通汇报。检察人员在其中所担负的职责多、任务重、责任大。

在推进侦查监督与协作配合机制深入落实和拓展完善过程中,检察机关要

---

① 宋伟锋:《侦查监督创新问题研究》,载《人民检察》2019年第3期。
② 叶燕培:《新形势下侦查监督之价值重构》,载《人民检察》2018年第4期。
③ 来向东、林峰:《新形势下加强侦查监督工作的路径探析》,载《人民检察》2021年第19期。

高度重视引导侦查这一基本功能，聚焦发力，指派实务经验丰富的检察官开展引导侦查工作，积极提升引导侦查的能力素质，规范补充侦查提纲的制作，增强引导侦查的规范性、可行性和有效性；进一步细化检察机关提前介入、引导侦查的重大疑难案件的范围、时间和方式；合力推进认罪认罚从宽制度等落实，探索建立轻微刑事案件快速办理机制和证据指引目录，规范咨询指导意见提出机制，推进案件轻重分离、繁简分流、快慢分道，以便更多的诉讼资源配置在重大疑难案件的办理中；充分发挥捕诉一体办案机制优势，加强侦查全过程引导侦查取证，规范补充侦查工作，加大自行补充侦查力度；充分发挥检察机关上下一体优势，加大联合督办力度；"把确保证据合法性、提升指控犯罪的效果作为主要工作目标"[1]，坚持"在办案中监督、在监督中办案"理念，从"事后督"走向"事中督"，大力促进侦查机关提高侦查活动质量，实现既有效打击犯罪、又切实保障人权这一最终目的。

2. 合力监督。从法理上讲，以监督主体和监督对象是否属于同一系统，一般将侦查监督分为外部监督和内部监督，纪检监察、检察监督等属于外部监督，侦查机关法制部门等执法监督属于内部监督。通过侦查监督与协作配合机制增强内外监督合力，既是检察机关履行法律监督的法定职责，也契合侦查机关内部执法监督的迫切需要。一方面，新时代、新形势对强化执法规范化建设提出更高要求。执法规范化建设是侦查机关由内而外发动的一系列改革举措，力争在提高执法主体素质、完善执法制度机制、强化执法监督管理、规范执法办案场所等方面努力实现严格、规范、公正、文明执法。自 2014 年开始，深化公安执法规范化建设在全国各地公安机关就已陆续展开。另一方面，侦查机关内部监督存在的不足亟须外部监督助力。公安内部执法监督之职主要由法制部门承担。近年来公安机关法制部门的监督广度正在扩大，已形成对办案环节全程监督之格局，取得了良好成效。但是，公安内部执法监督也存在诸多不足，如自我监督问题突出，即法制部门对办理的所有案件全程监督后，再次对自己已监督的办案情况进行执法检查与监督，很难发现更多的执法问题，遑论纠错；形式化监督居多，不利于发现实质性执法问题，即在案件审核方面，由于基层法制人员的欠缺，案件审核任务较重，为提高审查效率，采取的形式多为卷宗与网上结合的"背靠背"审查，较少面对犯罪嫌疑人了解案件事实与核实证据，在此种监督运行模式下，法制人员能够完成已有案件的审核已算不

---

[1] 孙谦：《刑事侦查与法律监督》，载《国家检察官学院学报》2019 年第 4 期。

三、法律监督机制现代化

错,更不用说深挖余罪与扩大战果了。① 同时,内部监督也饱受争议,其主要弊病即是监督主体不中立,存在既当运动员又当裁判员的问题,有违程序正义,可能造成监督效果有限;从主体隶属关系看,监督主体的内部性虽有助于监督的顺利开展,但是很容易造成监督的"部门化"甚至无效化,这突出体现在执法过错责任认定方面。如果由公安机关法制部门调查与认定,确实在一定程度上有助于纠错、追责的实质化,但也存在法制部门受制于上级部门与领导的压力而不敢、不能实质化追责,甚至出现相关部门与领导借助追责进行内部打压、排除异己等负面效果。② 此种监督非但起不到监督办案与提升执法规范的效果,反而会影响公安机关内部执法的权威性与公信力。而独立于办案机关、法制部门的检察监督或者内外结合,有助于解决内部监督的有效性与有限性张力问题。

《监督协作意见》明确提出,"注重加强公安机关执法监督与人民检察院侦查监督的相互衔接",大篇幅对监督中如何协作配合、增强监督合力进行了阐述,规定了保障监督效果、加强内外监督衔接的制度,明确了刑事案件统一对口衔接、办案数据信息共享等配套机制。可以说,加强侦查机关执法监督与人民检察院侦查监督的相互衔接,增强监督合力,是侦查监督与协作配合机制和之前派驻检察模式的关键区别之处,是确保检察监督真正落地见效、检察监督质效提升的重要保障,也是不断拓展检察监督领域、提升信息化水平的基础。

新时代做好刑事诉讼监督工作,应当坚持双赢多赢共赢的监督新理念,从构建监督者与被监督者良性互动关系出发,加强沟通,构建新型侦诉关系,赢得被监督者的支持与配合,赢得社会的信任和理解。③ 检察机关在推进侦查监督与协作配合机制深入落实和拓展完善过程中,要准确把握增强监督合力这一基本功能,从一味追求侦查机关开放案件信息数据系统的类似"破门而入式"的监督,转变为以监督的效果和权威促成与侦查机关"携手共进式"的监督。一方面,要以提升侦查监督的质量和效果有效保障监督的刚性。增强线索发现、调查核实和纠正处理等侦查监督的核心能力,以及在大数据时代的信息梳

---

① 贺小军:《从全面性到法治化:公安机关法制部门刑事执法监督机制改革省思》,载《甘肃政法学院学报》2018年第5期。

② 5名刑警办理一起涉黑案,是否涉及刑讯逼供,由于内部调查的自说自话,造成调查结果的模糊化。参见褚朝新:《五名刑警的打黑之劫》,载《南方周末》2016年10月20日,第9版。

③ 陈国庆:《新时代刑事检察工作的创新与发展》,载《人民检察》2021年第21期。

理和运用能力；优化高质量监督考评指标，增强监督内生动力，一体协同推进监督和办案；用好监督前的调查核实权，做到规范监督、精准监督，以规范促公正，以精准树权威；发挥检察一体化优势，善于运用刑事诉讼法赋予检察机关的侦查权，对在侦查监督中发现的司法工作人员利用职权实施的侵犯公民权利、损害司法公正的犯罪行为进行立案侦查，彰显侦查监督的刚性和效果。另一方面，要以健全侦查机关执法监督与人民检察院侦查监督的相互衔接促进增强监督合力。严格执行统一对口衔接机制，共同推进压实公安机关法制部门对相关部门和人员的内部执法监督职责，落实法制部门督促整改和统一回复的制度要求；发挥侦监协作办公室由公安机关法制部门和人民检察院刑事检察部门共同负责的优势，加强调查核实权的实质运用，加强监督前后的听取意见、沟通说理，获得法制部门和被监督侦查人员的内心认同，确保整改落实到行动上，避免监督"虎头蛇尾"、屡纠屡犯情形的发生；加强与侦查机关执法考评的衔接，通过实实在在的监督成效，促使侦查机关将侦查监督纳入执法考评体系，同时注重加强执法考评体系与检察机关侦查监督考评标准的协调，对执法考评体系中不适应新的监督理念或要求的标准及时提出修订建议，实现监督的同向化、系统化；加强与侦查机关专项执法监督的衔接，聚焦办案、监督工作的突出问题和回应社会关注的焦点热点等问题，联合开展专项检查、监督，并注重在专项中探索创新机制、总结形成常态长效机制。

3. 交流提升。加强互动交流，构建良性互动的检侦关系，是推动形成统一的执法司法理念和标准，切实保障和提升刑事案件办理质效的重要载体。不论是落实以审判为中心的刑事诉讼制度改革对证据标准、起诉标准、执法司法尺度的统一，还是落实宽严相济刑事政策和认罪认罚从宽制度等所要求的理念更新，都要求检侦加强互动交流，推动检察机关、侦查机关共同树立正确的执法司法理念，教育引导全体执法司法人员正确处理好打击犯罪和保障人权、程序公正和实体公正、监督制约和协作配合的关系，统一执法司法标准。《监督协作意见》明确规定了业务研判通报、联席会议、庭审观摩评议、开展联合调研、举办同堂培训、信息共享等机制。互动交流是侦查监督与协作配合机制中协商、合作、配合的重要体现，是确保侦查监督与协作配合机制长期、稳定、有效运行的重要机制，能够有效统一认识、消除分歧，促进在提升案件质量、提高监督质效、提升司法公信力上形成合力。

检察机关在推进侦查监督与协作配合机制深入落实和拓展完善过程中，要用好用足互动交流这一基本功能，健全个案异议反馈交流机制，对侦查机关要求说明理由、要求复议、提请复核、申请复查和提出意见建议及时跟踪督促和反馈；健全类案指导机制，常态化收集、分析研究执法办案中出现的新情况、新问题，定期或根据工作需要适时召开联席会议，统一证据收集、法律适用、刑事政策等标准尺度；健全信息互通制度，加强对刑事办案业务信息的研判、共享，建立健全业务信息、简报、通报的共享交换机制，定期或不定期互相通报交流各自部门就犯罪形势、刑事立案、强制措施适用、类案办理、侦查监督等方面业务分析研判情况，完善办案数据信息共享保障机制；健全业务能力提升机制，联合开展案件质量分析，梳理执法司法能力存在的突出问题，通过组织庭审观摩评议、开展联合调研、举办同堂培训、共同编发办案指引、典型案例和指导性案例等方式，统一更新执法监督理念标准，共同促进双方业务能力提升。

四、加强侦查监督与协作配合办公室建设的具体路径

侦监协作办公室是侦监协作机制的具体执行机构，承担着监督者和协作者的双重角色。不同于原先派驻检察室是检察机关单向式的监督模式，侦监协作机制已升级为检侦两家同向共建的协作配合平台。站在检察机关实践层面探讨健全完善侦监协作机制，落脚点应是探究侦监协作办公室的具体职能定位，厘清其与刑事检察业务部门的职能区别、探明其与侦查机关监督协作的具体方式，发挥好刑事检察业务部门和侦监协作办公室各自效能的问题。

课题组认为，要明确侦监协作办公室独特的职能定位，首先要杜绝两个错误认知，其一是摒弃侦监协作办公室"万能论"的论调。实践中部分侦监协作办公室既要负责提前介入引导侦查，又负责"两项监督"，同时将联席会议、同堂培训等工作一揽子"打包"负责牵头。这过分夸大了侦监协作办公室的实际作用，也超出了办公室的人员数量、能力水平能够承载的实际。其二是防范侦监协作办公室"虚无论"的错误理解。部分检察院将派驻检察室存在的"设而不用"问题延续到侦监协作办公室建设中，认为侦监协作机制只是"换汤不换药"，日常的监督协作完全可以依托具体刑事检察业务部门采取部门牵头负责的方式进行，无须侦监协作办公室当"二传手"。要避免侦监协作办公室"胡子眉毛一把抓""新瓶装旧酒"，就要处理好刑事检察业务部门和侦监协作办公室的职能划分。当前刑事检察业务部门更侧重于针对特定罪名、单一条线开展监督协作，即便有专门的刑事诉讼专项监督工作也有一定的临时性、随机性，在专项的监督协作工作上仍稍显薄弱。当前的"刑事检察一体化"亟须一个特定的机构做统筹、协调和串联的工作，而这一职能"空白"恰好为侦监协作办公室谋得了特有的职能定位。基于此，健全完善侦监协作机制既是健全完善既有的刑事检察业务部门的侦监协作职能，更是探索健全完善侦监协作办公室侦监协作的职能定位。

(一) 重点发挥侦监协作办公室的"三个功能"

侦监协作办公室的"侦查监督"不单指检察机关对侦查机关的法律监督,作为检侦共设的联合办公机构,此处的"侦查监督"应是公安机关法制部门的执法监督与检察机关侦查监督之和的广义理解。语义上,此处的侦查监督应当有别于检察机关刑事检察业务部门开展侦查监督,更强调检察机关会同公安机关法制部门以监督为手段,规范侦查行为的目的同向性。对侦查机关而言,其希望借助检察机关的外部监督帮助其发现自身想发现但没有能力或能力不足而没有发现的、想整改但因动因不足或不知如何整改以及已落实整改但不知如何有效规避等执法难题。对检察机关而言,侦监协作办公室恰好能在专项监督、侦查监督调查核实和督促落实跟进方面帮助侦查机关发现不规范、整改不规范和规避不规范。同时在职能上也将刑事检察业务部门办理个案监督和侦监协作办公室牵头专项监督、业务部门发现监督线索和侦监协作办公室核查监督线索、业务部门制发监督文书和侦监协作办公室跟进督促监督三个维度上对各自职能予以适当分离①,赋予侦监协作办公室独有的监督职能和机构价值。

1. 发挥侦监协作办公室专项监督的统筹协调功能。检察机关"捕诉一体"改革后,原本以诉讼流程划分的刑事检察业务部门调整为以罪名划分的办案部门。这意味着长期以来专门负责侦查监督工作的部门伴随改革已不存在,但在侦查监督领域许多隐蔽较深又易发常发的监督"盲区"仍然长期存在。当前,这些监督问题往往需要花费较长的时间摸排筛选、动员发动各刑事检察业务部门共同协作方能找出问题所在,并集中予以监督。例如,提请逮捕案件中"另案处理""身份不明或不详""在逃"情况的监督工作、违法动用刑事手段插手民事经济纠纷未报送检察机关审查的在侦案件等,需要长时间的跟踪摸排且散落在各条线各部门之中的监督事项。当前的检察官往往没有时间、精力,也没有特别的必要在个案办理中专门开展监督。此前,开展此类专项监督活动主要依托特定部门牵头负责的方式进行,并且也较好地完成了专项监督工作,是否仍有必要将牵头负责、统筹协调的职能予以剥离,单独赋予侦监协作办公室?课题组认为,基于专项监督活动中台账交换频繁、调卷审查密集、沟通协调面广和汇总统筹事务庞杂等特点,侦监协作办公室以其设在公安执法办案管理中心或公安机关法制部门、采取常态化轮值的工作制和专司监督工作等特点,在空间上、时间上和专属性上比刑事检察业务部门牵头更具优越性,对

---

① 参见李华伟:《派驻公安执法办案管理中心检察机制研究》,载《国家检察官学院学报》2020年第2期。

业务部门也是一种业务上的减负。以F省依托侦监协作办公室开展刑拘后未报捕未移诉、存疑不捕后未撤案未移诉和退回补充侦查后未撤案未重报等久侦不决的刑事"挂案"专项监督为例,侦监协作办公室牵头发挥专项监督的统筹协调功能,承担线索摸排筛查、调卷交接移送、数据汇总等事务性工作,为畅通与公安机关沟通和对接各业务部门开展具体阅卷审查架设桥梁。

2. 充分发挥侦监协作办公室的调查核实功能。紧紧依靠侦监协作办公室依托公安机关执法办案管理中心的前端优势,特别是执法办案管理中心信息化和智能化的硬件支持和从犯罪嫌疑人归案到送看守所全程同步录音录像的执法办案规范,形成了侦监协作办公室调查核实的便利条件。由此,检察机关内部应当完善刑事检察业务部门与侦监协作办公室线索移送和调查核实的对接机制。以非法证据调查核实为例,刑事检察业务部门负责在办案中依照职权或者根据诉讼当事人、代理人、控告和举报,获取侦查人员以非法方法收集证据的线索。侦监协作办公室检察官负责在执法办案管理中心进行非法证据调查核实,应当享有以下三项职权。一是侦监协作办公室检察官可以会同案件承办检察官讯问犯罪嫌疑人。非法证据调查核实应纳入监督事项案件化办理事项,案件承办检察官和侦监协作办公室检察官可共同或分别讯问犯罪嫌疑人,特别是侦监协作办公室检察官应对非法取证问题单独向犯罪嫌疑人告知权利和义务,讯问犯罪嫌疑人非法取证行为时间、地点、过程、情节、后果等内容陈述,重点判断供述发生变化的原因,以此作为非法取证调查核实的起点。二是要求执法办案管理中心调取犯罪嫌疑人在中心活动全程的录音录像。办公室检察官应以通知的方式要求办公室公安机关人员说明取证合法性,并在规定的期限内提供讯问录音录像资料或者讯问见证人签署的情况说明资料。三是询问侦查人员和调取相关证据材料的权力。针对审查执法办案中心的执法录音录像证据中发现的问题,侦监协作办公室检察官可以询问侦查人员、在场人员及证人,听取辩护律师意见,会同刑事执行检察部门调取、查询犯罪嫌疑人出入看守所的身体检查记录及相关材料,通过伤情、病情检查或者鉴定等方式调查收集材料,查证犯罪嫌疑人被收押时健康检查情况。四是侦监协作办公室检察官应对审查结果承担司法责任。侦监协作办公室检察官对非法取证负有审查责任和证明责任,并应在案件审查期限内将审查结果反馈案件承办人。双方对非法证据审查结论相左时,应报请检察长决定或提请检委会讨论,原则上可以倾向于采纳侦监协作办公室检察官意见。

3. 充分发挥侦监协作办公室的后续监督的跟进反馈功能。侦查监督意见的纠正、落实高度依赖侦查机关的接受和配合度,实践中仍存在因个别侦查人员不予重视、法制部门督促不力不及时、侦查机关内部考评等多重因素,对检察机关的侦查监督意见,侦查机关不理会、不纠正、不反馈、反馈不及时、纠正不到位的情况。同时,部分检察人员对侦查监督文书、检察建议、检察意见等常常也不予重视,以没意识跟进、没时间跟进、没措施跟进为由"一发了之"、听之任之。跟进督促、接续监督是将侦查监督落到实处、做成"刚性"的重要途径,是侦查监督发挥法律效果、社会效果的应有之义。[1] 侦监协作办公室延伸了刑事检察工作的时空维度,为检侦对话沟通、督促跟进提供了极强的便捷空间。在检察内部关系上,刑事检察业务部门检察官和侦监协作办公室检察官在监督意见的落实领域是决策者和执行者的关系,对送达侦查机关的监督意见,办公室不应是"二传手"或"旁观者",而是负有让相关监督意见获得侦查机关的认同与支持的职责。在履职方式上,侦监协作办公室检察官应作为侦查监督决定的主要释法说理者,促进侦查人员全面、准确、及时地纠正侦查错误,依法、规范地开展刑事侦查。在跟进监督范围上,侦监协作办公室可根据业务部门检察官制发的纠正侦查活动违法通知书、检察建议书、检察意见书等检察文书督促落实、跟进监督。在纠正侦查活动违法通知书和纠正违法类检察建议书上,因该类文书与侦查机关考评挂钩较为紧密,侦监协作办公室检察官应向侦查机关传导理性对待这一文书的理念,督促侦查机关尽快答复,对长期不予答复或未落实整改的,应及时就相关情况会同上级检察机关将情况移送上级公安机关法制部门督促整改。此外,检察机关作不起诉决定后建议侦查机关作治安处罚的案件,也可由侦监协作办公室检察官予以监督执行。从这一角度看,侦监协作办公室作为具有明显的独特的价值,其让检察监督不只是一纸监督文书,而是一个能够有效纠偏,防微杜渐让监督的法律效果和社会效果真实落地的个案监督跟进落实机构。

(二)明确侦监协作办公室的协作配合的"三个领域"

在共建"大控方"的追诉格局下,检侦协作是当下和未来不变的主旋律。侦监协作办公室应当是检侦协作配合的重要平台,但实践中常常产生侦监协作办公室在协作配合领域"大包大揽""无所不能"的倾向。课题组认为,侦监协作办公室所开展的协作配合事项应当是职责明确、方向特定、作用有限的配合模式,以此区别于刑事检察业务部门与侦查机关各部门之间的协作配合。由此,防止侦监协作办公室承担与其自身规模、能力不相匹配的协作任务,陷入"空壳子""花架子"的定位中。

---

[1] 参见苗生明、李玉华等:《侦查监督与协作配合机制的准确理解与有效运行》,载《人民检察》2022年第15期。

三、法律监督机制现代化

1. 明确侦监协作办公室以"规范侦查为核心"的提前介入模式。近年来，检察机关在重大疑难复杂案件及新型犯罪案件上，提前介入的比率和作用不断加强。对侦监协作办公室而言，在提前介入引导取证方面，具有先天优势和便利条件，因此在各地实践中大有将"提前介入引导侦查"工作均归口到侦监协作办公室专门负责的意向和论调①，在职责分工上，采用的是以侦监协作办公室检察官引导侦查为主，必要时可以由侦监协作办公室检察官与刑事检察业务条线检察官共同介入的先后顺序。课题组认为，这一想法固然凸显了侦监协作办公室在提前介入阶段的程序价值，从刑事诉讼阶段上将其与后续刑事检察业务部门的办案进行了分段式切割，但如此划分在职能上极易导致侦监协作办公室与具体业务部门在提前介入职能上的交叉混淆。从规范上看，如此划分有违《监督协作意见》的规定。《监督协作意见》中所指的重大疑难案件听取检察机关意见，要求的是检察机关应当指派具有丰富刑事法律实务经验的检察官对重大疑难案件审查提出意见建议，此处的"丰富刑事法律实务经验检察官"应当理解为具体条线的办案检察官。从"捕诉一体"改革的初衷上看，改革的目的之一就是为了破除诉讼阶段划分导致的审查连贯性不足的弊病，强调检察官在同一起刑事案件前后审查亲历性的贯穿程度，那么向前延伸提前介入查阅案件文书和证据材料，提出进一步补充、固定、完善证据的工作建议，就有必要让具体条线的特定检察官作为提前介入引导侦查的主体，以确保侦查、审查和审判三个诉讼阶段审查的连贯性。

诚然，提前介入引导侦查的主体不应是侦监协作办公室检察官，但并不意味着课题组主张侦监协作办公室不享有提前介入的职能。从概念上看，提前介入所包含的不仅是指引取证方向的引导侦查，还包括规范取证、强制措施适用等规范侦查的职责内容。即在提前介入阶段，对具体案件的定性和法律适用问题所进行的提前介入引导侦查应当由具体的刑事检察业务部门参与；而对证据收集的规范化问题、强制措施的适用问题以及管辖权等一般程序性确定问题可以由侦监协作办公室检察官承担。那么，如此的划分是否有其必要性？抑或说既然论证了引导侦查取证只能由具体业务部门检察官参与，从便利性的角度看，提前介入主体为何不能全部划分给具体刑事检察业务部门？

侦监协作办公室检察官仅就规范取证问题提前介入有一定的必要性。一是侦监协作办公室检察官在规范取证方面具备最大便捷性。在提前介入应急处置方面，侦监协作办公室具有对接沟通方便、反应迅速的先天优势，侦监协作办

---

① 参见李永航、梁选点：《派驻公安机关执法办案管理中心检察职能研究》，载《江苏警官学院学报》2022年第7期。

公室检察官在执法办案管理中心能够直接对言词证据取证过程予以见证，会同侦查人员见证现场搜查、扣押、提取等侦查活动。① 二是侦监协作办公室检察官主持所有介入工作的水平有限性。在逐渐凸显专业化的部门划分背景下，侦监协作办公室承担所有类型案件提前介入职责，不具有现实可能性。特别是从司法责任制看，实践中不会有检察官承担在不熟悉业务领域的提前介入工作。三是刑事检察业务部门检察官负责所有介入工作具有资源浪费性。刑事检察业务部门检察官应当主要从事办案工作，将提前介入划分为引导侦查类和规范取证类两个方面，对明确办公室检察官和业务部门检察官职责权限有较大合理性。所谓规范取证，指的是对刑事案件中所涉程序类、证据类一般性的要求，用于确保证据具备进入刑事诉讼的资格能力，减少证据瑕疵、杜绝非法证据。例如，对讯（询）问地点、人数、强制措施适用和管辖权确定等刑事诉讼的一般性内容，不涉及完善证据体系、构建证据锁链内容和法律适用问题，可以交由办公室检察官负责。这里的提前介入是履行侦查监督、规范侦查的提前介入工作，而非办理具体的案件，因此也不会影响捕诉一体的连贯性。

2. 明确侦监协作办公室双向提升的协作模式。检察机关和侦查机关同为承担控诉职能的主体，在实践中往往更强调检察权对侦查权的引导与控制，在侦查方向上严格要求侦查机关依照侦查提纲开展侦查。但部分检察官因自身能力水平问题，在引导侦查取证方面未尽详细，侦查机关对部分检察机关的退查提纲理解不了、执行不了，或者在不影响定罪的情况下，对部分重要的量刑情节直接怠于侦查，直接影响了案件质量。一方面，在确保案件能够定罪的情况下，对量刑情节相关的取证内容，原则上由承办检察官以书面或口头沟通的方式引导侦查人员取证。确有必要时，侦监协作办公室检察官可根据刑事检察业务部门检察官提出的申请，对侦查人员专门予以细化指导，具体阐明取证的意义、内容和方向，防止书面提纲不能充分表达承办检察官的真实意思。另一方面，侦监协作办公室侦查人员对检察监督享有提出意见建议的权利。当侦查人员认为承办检察官所提的侦查内容模糊不清、无侦查可能性等情况时，可以通过及时或定期方式向侦监协作办公室检察官提出，并由侦监协作办公室检察官汇总办理。检侦双方也可以联合对检察机关制发的检察文书开展检查，评选出侦查人员最能接受、最快能理解的检察文书，从提升侦查活动质量和提高自身能力水平的角度，重塑双向协作，反向监督的新检侦关系，以此明确检侦目标的一致性，增强检侦协作意愿。

---

① 陈实、杨菲：《派驻公安检察室的功能定位及其优化路径》，载《中南民族大学学报》2021年第10期。

3. 明确侦监协作办公室检侦常态化交流平台的地位。捕诉一体工作机制实施后，检察官在批捕时就对案情有了总体上的认识，为了更好地提起公诉，会对侦查行为进行适当的引导，哪些证据更符合庭审要求的理解更为深刻。通过对专门罪名的研究和办理，对实践中特定案件可以更好地帮助侦查人员收集和固定证据。目前，检察机关内设机构虽然与侦查机关的部门有趋同之势，但仍存在无法对应的问题，侦监协作办公室作为检侦两家共设的桥梁部门，应当成为二者常态化交流的平台。一是检侦业务研判数据交换提供窗口。侦监协作办公室可作为交换业务分析研判、提供双方考评所相关数据的平台。对于区域内特定犯罪或者治安形势的调研，检侦的数据均具有极为重要的参考作用。例如，F省检察机关办理捕诉案件中发现疫情期间"三非"外国人犯罪的问题尤为突出，通过侦监协作办公室有效交换到公安机关治安工作中所涉数据，统一整理向党政部门撰写专报，为党政部门开展专项治理提供了有力参照。二是围绕检侦考评提供所需数据，共研双赢的考评优化方案。检察机关基层院考评和侦查机关执法规范考评是两家均极为重视的考评指标。二者多数考评指标均涉及对方的办案数据，如公安机关"两抢一盗"犯罪起诉率、涉毒案件批捕率和速裁程序适用率等。通过侦监协作办公室能够为双方获取考评所需数据，共同商议优化各自考评数据指标的方案。三是作为专题联席会议的对接机构。聚焦侦查所需，侦监协作办公室基于专项监督活动可以总结梳理常见侦查监督违法情形，归纳查找违法侦查监督线索方法，并以座谈交流、联席会议的方式开展检侦交流活动。F省侦监协作办公室已有效开展了超标电动车危险驾驶案件受案标准、偷越国边境案件不起诉标准等多个涉及具体业务的联席会议或同堂培训，为规范相关案件起到了实质性作用。

（三）做好侦监协作办公室"三大配套措施"建设

健全完善侦监协作机制不仅须明确侦监协作办公室的职责作用，还应注重相关配套机制的建设。作为一项新的机制和机构，应当注重以下三个方面的建设。

1. 建立循序渐进的办案信息共享机制。《监督协作意见》高度重视检察机关和公安机关信息共享机制，专章就信息共享予以规定，但并没有规定权限的具体范围和信息共享的内容。一般理解上的检侦信息共享就是前述的办案数据共享，即侦查机关向检察机关共享刑事立案、撤案、涉案人员处置等情况，检察机关向侦查机关共享刑事立案监督、纠正违法、批捕、不捕、追捕追诉、起诉、不诉、退回补充侦查等情况。但实践中，信息共享指的是检察机关对公安机关执法办案警综合系统的数据共享，是能够自由地对辖区内所有案件全流程办案情况的查阅权，各地检察机关常常将此种信息共享难题作为当前侦监督不力的主要原因。部分检察院认为检察机关可以通过对公安警务综合系统的日常巡查，拓宽监督线索来源，作为检察机关常态化的监督手段。课题组认为，当前检察机关全面、直接、自由查阅公安机关警务综合系统不具有可行性，且在没有充足监督经验的情况下，如此操作未必能够直接提升侦查监督成效，反而可能不利于当前正在逐步优化的检侦关系。

检察机关对侦查机关的信息共享应当坚持循序渐进的原则，从有监督线索情况下的针对性查阅，逐步上升为规范化的自由查阅。在检侦关系仍在不断磨合的当下，可以暂时先行以刑事检察业务部门发现监督线索并移送侦监协作办公室作为切入点；而后，随着侦查机关对检侦信息互通逐步接受认可，侦监协作办公室检察官对侦查机关办案信息系统逐步了解熟悉，可在两名侦监协作办公室检察官共同在场情况下，自行查询侦查机关执法办案信息系统。目前在F省政法跨部门大数据平台建设过程中，高科技硬件设施和大数据的管理应用能够为有序监督提供技术支持与保障，进一步赋予侦监协作办公室检察官享有查阅权，查看侦查机关执法办案信息系统。

在查询具体案件的权限上，可以分为三个阶段。一是初步查看阶段。对确需查询执法办案系统的案件，检察机关可自由查阅相关案件的涉案罪名、主要犯罪事实、适用强制措施情况种类、羁押场所和处理结果等信息，用于对案件有基本的了解。二是深入了解阶段。一般要求在侦查机关说明理由的过程中，发现侦查机关所提供的理由与事实可能存在不符的情况下或者有其他个案监督线索时，侦监协作办公室检察官就相关案件查询侦查人员的报告性文书。三是全面审查阶段。在监督线索较为重大，且明确指向侦查机关所作决定可能有明显错误的情况下，侦监协作办公室查看执法办案系统的权限可不局限于侦查人员的报告文书，对侦查机关内部研究决策记录和签发流转意见单等情况也可予以查看。

2. 建立双向互认的侦监协作办公室考核评价指标。从检察机关的角度看，侦监协作办公室的职责内容具有明显可量化评价性。因为无论是非法证据调查核实、侦查监督意见跟进督促成效还是提前介入规范侦查的案件数量，均可以作为检察官绩效考核的加分项，由此激励检察官愿意到侦监协作办公室参与相关工作。从侦查机关的角度看，检察机关作为侦查质量的评价者，具有评价其工作好坏的正当性基础。检察官在侦监协作办公室履职过程中，有机会全面、深入地了解侦查人员的侦查活动，能够基于第一手信息作出评价。一方面，要有一定容错机制。当前侦查机关多对检察机关的书面纠违采取"一刀切"的形式予以评查，在侦查机关考核过程中，应设置更为合理的容错机制，以同一侦查人员多次被书面纠违作为评价指标，避免"一棍子打死"的错误判断。

同时，可以探索赋予检察机关"说明"豁免制度，即针对类案或者偶发式的违法情形，检察官可出具对相关侦查人员和单位不予考核扣分的书面说明。另一方面，要以审判为中心的价值导向。在设置侦查机关内部考核指标时，可以起诉人数代替逮捕人数作为打击任务的积极指标，以无罪判决率和法定、存疑不起诉率作为评价办案质量的消极指标，将成功追诉犯罪嫌疑人作为检侦双方共同的目标，增强双方合作意愿。

3. 建立检侦系统内部定期轮岗办公模式。对有条件的地区、刑事案件高发地区，侦监协作办公室可采取定人定岗正常工作制的工作模式。而对于目前尚在探索侦监协作办公室实质化运行的地区，在工作方式上，可以根据结合实际工作情况和地区特点运用不同的办公形式。① 但在侦监协作办公室全覆盖的前提下，开展日常化的办公是应有之义，因此侦监协作办公室应当满足每周定期至少在侦监协作办公室履职一次的基本要求。在专项监督开展期间或制发检察监督意见较多时，侦监协作办公室应满足常态化办公的工作模式。在人员上，采取半年或一年为期的长期轮岗，确保在一段时间内保持侦监协作办公室的人员相对固定，对工作内容相对熟悉，与侦查人员对接相对熟络的工作要求。课题组认为，基于前述论证侦监协作办公室独特机构价值和特有的职能优势，侦监协作办公室作为检察机关和侦查机关共同设立的内设机构，应当积极向当地党委政法委汇报，借力发挥各地党委政法委的协调领导作用，争取向组织部门争取编制，以组建检侦共通的专业化监督协作团队。

最高人民检察院领导多次强调，健全完善侦查监督与协作配合机制是"国之大者"，"具有战略意义"。侦监协作办公室的职能作用不应局限于以上所述，侦监协作办公室职能的靠前延伸所带来的影响远不止于刑事检察领域。从长远看，未来的侦监协作办公室应当是信息获取更迅速、信息内容更多元、信息处理更及时的检察信息中枢处理系统，应当时时研判涉检涉法舆情风险，注意发现社会治理方面的问题漏洞，重视收集涉及公益诉讼、虚假诉讼等情况线索以及执法司法等问题反映，与业务部门充分互动，为检察机关依法能动履职提供有益帮助。

---

① 参见刘计划、段君尚：《检察机关派驻公安机关模式研究》，载《中国人民大学学报》2020 年第 2 期。

优化侦查监督与协作配合机制路径研究
——以北京市检察机关为例

杨淑雅 王 欢 杨 阳 李梦可[*]

随着司法体制改革持续推进，以审判为中心的诉讼制度改革和以证据为核心的刑事指控体系对刑事诉讼的证据规范性和程序正当性提出了更高要求。作为法律监督机关，检察机关在刑事立案监督、侦查活动监督等方面发挥着重要作用。新形势下，持续推进刑事诉讼规范化、尊重保障人权，必须加强检察机关与侦查机关之间的监督制约与协作配合。近年来，检察机关侦查监督与协作配合机制成效显著，但同时，在理念与原则、机制与方法等方面仍有亟待完善之处，需要总结和分析现有的良好经验做法，同时以问题为导向，采取有效措施加强和改进侦查监督与协作配合机制，将检警间传统的监督与被监督关系真正转化为侦查监督与协作配合机制，推动提升公安执法和检察监督规范化水平，确保依法履行刑事诉讼职能，实现惩罚犯罪与保障人权并重的目标，努力让人民群众在每一个司法案件中都能感受到公平正义。[①]

一、侦查监督与协作配合机制现状

（一）全国范围工作部署与机制建设

刑事诉讼制度改革是全面深化依法治国战略部署和司法体制改革的重要方面。检察机关作为法律监督机关，侦查监督是其工作中的重要一环，侦查监督的质效决定了刑事侦查、刑事指控的质效，决定了刑事诉讼的目的（即准确及时查明犯罪事实，正确应用法律，惩罚犯罪分子，保障无罪的人不受刑事追

---

[*] 杨淑雅，北京市人民检察院第二分院党组成员、副检察长；王欢，北京市人民检察院第二分院第八检察部副主任、三级高级检察官；杨阳，北京市人民检察院第二分院第八检察部二级检察官助理；李梦可，北京市人民检察院第二分院第八检察部干警。

① 参见《最高人民检察院、公安部关于健全完善侦查监督与协作配合机制的意见》。

究,尊重和保障人权①)能否实现。2021年8月,中共中央印发《中共中央关于加强新时代检察机关法律监督工作的意见》,对新时代检察机关法律监督工作作出专门部署,亦构成检察机关与公安机关加强务实合作、健全侦查监督与协作配合机制的政策基础。2021年10月31日,最高人民检察院、公安部颁布《关于健全完善侦查监督与协作配合机制的意见》(以下简称《意见》),围绕监督制约、协作配合、信息共享等方面,就完善侦查监督与协作配合机制提出具体意见。在此基础上,全国各地建立了符合当地实际的侦查监督与协作配合机制。实践中,各地在省、市、县(区)层面基本建立起对应层级的侦查监督协作办公室,将以捕诉一体为特征的刑事司法办案机制和以两项监督(立案监督与侦查活动监督)为主要途径的侦查监督机制作为两方面重要抓手,在传统监督手段的基础上,将介入引导侦查、联合督办、对口衔接、案件会商、业务信息研判通报共享、同堂培训作为实现检警间深层次协作配合的重要方式,取得良好效果。② 如2018年发生在江苏昆山的于某正当防卫案件中,公安机关商请检察机关提前介入,在最高人民检察院及省市两级检察机关的指导下,昆山市检察机关第一时间派员依法提前介入,对侦查取证和法律适用提出意见和建议,并依法履行法律监督职责。最终,侦查机关根据侦查查明的事实,并听取检察机关的意见和建议依法认定于某的行为属于正当防卫,不负刑事责任,公安机关依法撤销案件。③ 该案的成功办理使"法不能向不法让步"的理念深入人心,具有法治的里程碑意义。④

(二) 北京市的特色做法

近年来,北京市检察机关与公安机关不断深入开展侦查监督与协作配合,侦查监督工作发展规模显著。以2019年至2021年三年为例,2019年北京市检察机关监督侦查机关立(撤)案549件,2020年北京市检察机关监督侦查

---

① 《刑事诉讼法》第2条规定,中华人民共和国刑事诉讼法的任务,是保证准确、及时地查明犯罪事实,正确应用法律,惩罚犯罪分子,保障无罪的人不受刑事追究,教育公民自觉遵守法律,积极同犯罪行为作斗争,维护社会主义法制,尊重和保障人权,保护公民的人身权利、财产权利、民主权利和其他权利,保障社会主义建设事业的顺利进行。

② 参见史兆琨、赵晓明、陈明南:《侦查监督与协作配合机制红利逐渐显现——最高检 公安部联合印发〈关于健全完善侦查监督与协作配合机制的意见〉一周年纪实》,载《检察日报》2022年11月29日,第5版。

③ 参见检察日报全媒体采编中心:《检察院权威解读:为什么于海明反杀"宝马男"的行为属于正当防卫?》,载微信公众号"最高人民检察院"2018年9月1日。

④ 参见牛旭东、郭树合、高扬、张苏茜:《积跬步以至千里——从最高检工作报告中的案例看法治进步》,载微信公众号"最高人民检察院"2023年3月13日。

机关立（撤）案 941 件，2021 年北京市检察机关监督侦查机关立（撤）案 1218 件。①

在此基础上，侦查监督与其他各项监督工作共同发力，推动检察监督职能不断强化。2021 年以来，检察机关依职权主动监督数量是前三年总数的 4.8 倍。2022 年，北京市检察机关总体监督办案数超过审查逮捕审查起诉办案数，两类案件比重首次逆转，推动检察行权的监督属性明显增强。② 概括而言，北京市检察机关的做法具有以下三方面特点：

1. 专门设立立案监督和监督调查部门。当前，全国检察机关中，仅有北京市检察机关单独设立了立案监督和监督调查部门。北京市检察机关结合本地检察工作特点，通过建立专业化侦查监督队伍，归口管理，专司其职，从而更好地把握辖区内侦查工作态势，根据侦查违法总体动态，有针对性地开展监督工作，推动监督工作提质增效。

2. 在全国率先设置派驻中心检察室。2016 年 11 月 24 日，北京市检察机关先行先试，率先在全国首创派驻公安机关执法办案管理中心检察室工作模式，建立了海淀区人民检察院派驻中心检察室，依法开展刑事立案监督和侦查活动监督。2019 年 1 月 23 日，全市检察机关实现了派驻公安机关执法办案管理中心检察办案组织全覆盖。

结合《意见》，在前期实现派驻中心检察室全覆盖的基础上，市检察院与市公安局在市级层面成立侦查监督与协作配合办公室，在区级层面依托派驻中心检察室开展侦查监督与协作配合工作，不再另行设立侦查监督与协作配合办公室。双方于 2022 年 12 月 5 日共同印发了《北京市人民检察院 北京市公安局健全完善侦查监督与协作配合机制实施办法》，将该项工作结合北京实际予以进一步细化，采取了许多区别于其他省市的，具有首都定位、区位和功能特点的特色做法，收效显著。

3. 重大监督事项案件化办理。北京市检察机关自 2017 年探索建立重大监督事项案件化办理机制，先后印发了《北京市人民检察院关于推进重大监督事项案件化办理工作办法》《北京市人民检察院关于检察监督案件化办理工作指引（试行）》，使不同监督事项各行其道并持续推进检察监督规范化、程序化、体系化、信息化建设。

在刑事立案和侦查监督领域，针对立案监督、行刑衔接监督、侦查活动违法监督等类型中涉及严重刑事诉讼违法行为的监督事项，由专门设立的各级立

---

① 参见北京市人民检察院：2019 年、2020 年、2021 年《北京人民检察院工作报告》。
② 参见北京市人民检察院：2022 年《北京市人民检察院工作报告》。

案监督和监督调查部门启动调查核实程序进行案件化办理;对于发现可能存在司法工作人员利用职权实施的侵犯公民权利、损害司法公正的犯罪线索的,依法行使调查核实权、侦查权,防止违规降格监督、"形式监督"等风险发生,提升监督规范性、专业性,实现监督工作由"粗放式"向"精准式"、由"办事模式"向"办案模式"嬗变。①

4. 以专项部署助推侦查监督。为了进一步规范刑事案件涉案财物管理,北京市检察机关以昌平区人民检察院作为涉案财物监督试点,指导昌平院与昌平公安分局会签《北京市昌平区人民检察院 北京市公安局昌平分局关于依托派驻公安执法办案管理中心检察室加强刑事案件涉案财物监督的工作规范》,协调昌平公安分局实现公安机关涉案财物信息系统信息共享,引导全市各区级检察机关与公安分局会签依托派驻中心检察室开展涉案财物管理中心监督的相关规范性文件。针对"有案不立、压案不查、有罪不究"等重点专项工作,检察机关与公安机关开展务实合作。在专项工作开展期间,监督侦查机关立案507件,纠正漏捕漏诉549人。②

二、实践中存在的问题

在取得成效的同时,侦查监督与协作配合机制仍有许多需要加强和改进之处,主要体现在如下几个方面:

(一) 侦查监督与协作配合的理念尚未完全建立

实践中,侦查机关对检察机关监督职能的认识仍然存在偏差,往往只看到检察监督的纠错功能,对检察监督在保障刑事侦查与指控顺利进行、避免诉讼风险、维护各方合法权益等方面的积极作用认识不足,合作共赢理念尚未有效形成,抵触、畏惧情绪仍然存在,导致监督协作机制在具体落实环节上仍存在较大阻力。如检察机关发现侦查环节中的程序瑕疵、错误等情况,在制发监督文书、检察建议或开展有关职务犯罪调查核实时,侦查机关的配合程度有时依然不高。

在构建以审判为中心的刑事诉讼制度和以证据为核心的刑事指控体系过程中,立案监督、侦查活动监督与介入引导侦查均是检察机关监督职能的体现,二者统一于刑事诉讼法赋予检察机关的国家法律监督机关职能中,体现在"惩罚犯罪、保障人权"的"大控方"理念中,作用于实现检察监督"双赢多

---

① 参见朱雅频:《检察机关重大监督事项案件化办理研究》,载《人民检察》2022年第8期。

② 参见北京市人民检察院:2022年《北京市人民检察院工作报告》。

赢共赢"的实践中。深化和加强侦查监督与协作配合，必须首先对该项工作的深刻内涵形成正确、完整、客观的理念。各级检察机关需要以行动将这一理念传导至各级侦查机关乃至社会各界。

（二）侦查监督滞后和监督盲区的问题仍然存在

在具体工作环节中，侦查监督在时间上存在滞后现象，且存在一定程度的监督盲区。

1. 侦查监督的滞后性问题没有扭转。传统上检察机关的侦查活动监督主要集中在审查逮捕和审查起诉环节，这就造成了监督的滞后性。在刑事诉讼过程中，检察机关在审查逮捕、审查起诉阶段全面审查案件证据并依法行使（不）批捕权、（不）起诉权。此时侦查活动已经取得主要犯罪证据或者已经侦查终结，检察机关所审查的是已经完成的侦查活动所取得的证据，检察机关所提出的侦查活动监督意见也是已经完成的侦查活动中存在的瑕疵或违法行为，因而这种传统的侦查活动监督是事后监督，而非同步监督，具有滞后性。正如有的学者所说，事后监督侦查行为的违法状态难以改变，而且在法律效果和社会效果上也不理想。尤其是侦查机关在证据收集上存在的违法性问题，有的甚至是灾难性的，难以补救。侦查与犯罪嫌疑人的人身自由权、财产权、隐私权等权利密切相关，稍不注意就可能侵犯犯罪嫌疑人的权利。而且，这些权利被限制或剥夺往往是无法弥补的。① 近年来，检察机关积极能动履职，积极推进重大案件提前介入，通过侦查监督与协作配合办公室同步监督公安机关的侦查活动等措施，但由于侦查机关信息共享不充分、检察机关同步监督发现监督线索的方式和力度还有待提升，检察机关监督线索主要依赖于捕诉环节的审查，监督滞后的问题没有彻底扭转。

2. 侦查监督的盲区仍然存在。从监督范围来看，目前检察机关在区级层面建立的侦查监督与协作配合常设办事机构设立在公安机关执法办案中心，但实际执法办案中的"第一现场"往往是在案发现场或是公安派出所，故对在执法一线采取带回盘问、传唤等措施带至派出所后未进一步移送执法办案中心（如予以治安处罚、办理取保候审或同意相对人径行离开等情况），公安机关采取非羁押强制措施后未移送审查逮捕、审查起诉等情形，检察机关的监督工作仍然存在盲区。相较于执法办案中心、羁押场所，在案发现场或公安派出所等场所的侦查活动违法风险更大，如不采取有效措施织密监督网络，则会造成

---

① 参见李毅：《中国检警关系的侦查监督与引导侦查之维探讨》，载《广西政法管理干部学院学报》2022年第5期。

侦查违法行为无法得到有效监督、调查、处理，成为检警间监督协作配合机制的真空地带，严重影响监督质效乃至刑事办案合法性、规范性，进而使相关刑事诉讼参与人的合法权益受到负面影响，损害司法机关公信力。

（三）直辖市检察机关中检察分院受到的限制

区别于省、自治区检察机关的设置，直辖市检察机关具有"两级行政三级司法"的特点，即在直辖市与区（县）两级行政设置中，检察机关、审判机关存在着市（高）院、分（中）院、区县院的三级司法机关设置。[①] 检察分院的设置创造性地协调了直辖市行政区划设置与司法审级制度的同步、对等关系，保障了直辖市司法工作的高效正常运行。但同时，在侦查监督工作中，由于公安机关仅在市、区级设置机关，检警间在市级层面的协调机制往往侧重宏观规划和原则制定，在区级层面的协调则更侧重具体实操，而统筹开展数个区内总体情况、一体推动辖区检察业务绩效的检察分院却无对应层级的公安机关，这就导致分院在统筹协调辖区整体工作时，如与市局沟通，则需请示至市院并由市院牵头与市公安局对接；如与分局沟通，则仍需逐一要求各区院与区公安分局对接，两种路径均导致监督周期延长，分院职能优势也未能得到有效发挥，进而影响监督质效、业务绩效。事实上，市公安局也承担了全市范围内的重大刑事案件的侦查工作[②]，如能探索在检察分院层面建立与市公安局下属总队的侦查监督与协作配合机制的可行性，或能实现"两级行政三级司法"情形下，对现行侦查监督与协作配合机制的进一步完善。

（四）关于侦查监督两种模式的探讨

在全国范围内，目前仅有北京市检察机关采取单独设立立案监督和监督调查部门开展侦查监督工作，该部门整合了侦查活动监督、立案监督、司法人员相关职务犯罪侦查等监督、调查、侦查职权。与之相比，全国其他地方检察机关采取与捕诉部门整合的方式，由捕诉部门开展有关侦查监督工作。上述两种

---

① 《宪法》第135条规定："中华人民共和国设立最高人民检察院、地方各级人民检察院和军事检察院等专门人民检察院。最高人民检察院检察长每届任期同全国人民代表大会每届任期相同，连续任职不得超过两届。人民检察院的组织由法律规定。"《人民检察院组织法》第13条规定："地方各级人民检察院分为：（一）省级人民检察院，包括省、自治区、直辖市人民检察院；（二）设区的市级人民检察院，包括省、自治区辖市人民检察院，自治州人民检察院，省、自治区、直辖市人民检察院分院；（三）基层人民检察院，包括县、自治县、不设区的市、市辖区人民检察院。"

② 《北京市公安局内设机构和所属机构职责》，载北京市公安局政府信息公开网，gaj.beijing.gov.cn/zfxxgk/jgzn/202001/t20200102_1554557.html。

模式各有优缺点,二者在一定程度上存在着互补关系。

1. 北京工作模式。(1)优点。一是有利于监督专门化。此种工作模式下,检察机关形成了专门的监督及监督调查队伍,工作中心即是围绕侦查监督展开,避免了捕诉职能对监督职能在时间、精力上的分散,与重大监督事项案件化办理机制配合,提升监督深度和刚性。二是有利于监督规模化。此种工作模式下,检察机关能够统筹把握司法辖区内的侦查监督工作情况,便于分析总结侦查机关侦查规范化工作情况的总体形势,进而有针对性地开展类案监督、类案的沟通协调,更能提升侦查规范化程度。(2)局限性。一是监督相对滞后。此种工作模式下,捕诉部门审查发现侦查违法情形后要移送监督部门,因线索流转审批及重新审查调查需要占用一定时间,故立案监督和监督调查部门介入时间一般晚于捕诉部门,监督质效受制于捕诉部门发现侦查违法的能力和是否及时移送。二是侦查机关配合度不高。因系专门监督部门,侦查机关配合度不高,监督工作阻力较大。

2. 全国其他地方检察机关工作模式。(1)优点。一是办案效率高。此种工作模式下,检察机关能够在捕诉环节发现问题并及时开展监督,省去了线索审批、流转及线索接收部门重新审查调查的环节,一定程度上降低了侦查监督的滞后性。二是侦查配合度高。通过整合捕诉、监督职能,能够将介入引导侦查工作与其他监督方式同时使用,从而使检察机关自侦查初期即能够跟进案件并提出意见,降低侦查违法风险及其对刑事指控、人权保障的次生风险;同时,侦查机关因对案件侦查方向、批捕起诉等案件走向充分关切,往往与捕诉部门保持更为紧密的沟通联系状态,积极主动听取检察机关捕诉部门意见建议,因而对监督工作的配合度也相对更强。(2)局限性。此种工作模式下,检察机关捕诉部门因存在批捕起诉等刑事诉讼职能,故工作重心容易分散,出现降格监督、怠于监督风险。此外,由于此模式中监督主体对司法辖区总体侦查规范性态势的把握不强,监督专业化、规模化有待加强。

3. 侦查监督工作模式探讨。经过实践工作,笔者倾向于认为由捕诉部门同时开展监督职能,更有利于将检察引导侦查与立案监督和侦查活动方式整合,更易推动形成检警高效协作配合关系。因为监督工作的时效性、全面性和配合程度是保证监督质效的三个重要维度。如前所述,检察机关的侦查监督工作具有天然的滞后性,由捕诉部门同步开展侦查监督工作,更能及时全面了解案情、迅速介入并尽快督促整改落实;否则,则可能使监督质效大打折扣,进而引发对刑事指控、人权保障等方面的负面影响。对于整合捕诉和监督职能所带来的监督刚性、专业化、规模化等方面的问题,则可通过检察机关融合履职,加强检察机关内部协调配合等方式予以解决。

三、提升侦查监督与协作配合机制运行质效的设想

（一）更新理念，构建新型检警协作关系

检察机关与公安机关不仅仅是监督者与被监督者的关系，还是在刑事诉讼中负责收集证据以指控证明犯罪的控诉方，是协同构建规范高效的执法司法制约监督体系和以证据为核心的刑事指控体系，更好实现惩罚犯罪与保障人权目标的执行者、责任人。检警之间把制约监督做实、协作配合做好是提升公安执法和检察监督规范化水平、刑事案件办理质效、维护司法公平正义的切入点和突破口。侦查监督的核心在于检察机关通过履行法律监督职能促进公安机关依法、规范、高效、高质开展侦查，推动更好履行指控证明犯罪职责；协作配合的关键在于增强办案质效，实现政治效果、法律效果、社会效果的统一，让人民群众在每一个司法案件中感受到公平正义。检察机关应摒弃"高人一等"的错误认识，坚持"参与不干预、引导不主导、监督不失职、配合不越位"的工作原则，做到尊重侦查规律，理解被监督者，更多以协商、合作、配合的方式开展各项刑事诉讼活动。把案件办好，是检警协作的最终目的，是检验侦查监督与协作配合机制落实效果的重要衡量标准，是双赢多赢共赢的根本体现。

（二）强化检察融合履职，提升法律监督刚性

1. 发挥检察一体优势，实现全面、全程、全域监督。整合检察机关内部各部门职能，将监督节点前移至公安机关立案后、检察机关批捕后。公安机关决定立案、检察机关批准逮捕后的这段时间是侦查人员查明案情、收集证据、取得突破的黄金时期，该阶段侦查行为的规范性、合法性将直接影响案件质量，若侦查机关存在消极侦查和不作为，甚至可能导致案件流失。

检察机关应在批捕环节对案件起诉阶段可能存在的问题与情况进行实质性审查，第一时间引导公安机关取证固证，不仅要在案件定性、侦查方向、证据收集等方面提出意见建议，还要同步审查侦查活动是否存在违反法定程序的情况，避免出现因补充、收集证据不及时、不规范甚至违法取证导致证据无法获取、不能采纳等法律后果，真正做到在协作中监督，在监督中协作。

针对社会影响大、群众关注度高、侦办难度大的案件，公安机关听取检察机关意见时，检察机关应以审查起诉的角度和审判的标准，综合侦查重点、证据收集、程序规范以及法律适用等问题提出明确建议，共同研究解决案件办理中存在的困难。检警就重大、疑难、复杂、敏感、新型案件适时开展会商研究，以期更好地达到庭审要求、更好地提升案件办理的社会效果。

2. 综合运用监督方式，构建由浅到深的网状监督格局。落实重大监督事项案件化办理要求，根据公安机关侦查活动违法程度运用不同的监督方式。对于违法程度较轻、不规范的侦查行为，口头纠正或者制发书面纠正文书，重点关注侦查环节中易发、多发领域和风险点，释放检察建议这一监督方式的应有效能，制发类案检察建议。监督文书发出后，跟踪公安机关的整改落实情况。加大司法工作人员相关职务犯罪侦查力度，对严重诉讼违法行为，作为犯罪线索移送至相关部门审查，经调查核实若涉嫌渎职犯罪，应立案侦查追究刑事责任，作为检察监督刚性的保障。

（三）完善符合侦监协作规律的考核评价体系

1. 优化检察机关考核指标设置。在设立立案监督率、监督立案后判处有期徒刑以上率、侦查活动监督率、纠正违法文书采纳率等体现侦查监督质量指标的基础上，建议从单位、部门、个人三个维度，增设侦查监督线索发现及监督效果激励机制，以提升检察机关内设部门主动发现监督线索的能力与积极性。具体而言，一是将检察人员自行发现侦查监督线索并落实重大监督事项案件化办理，成功督促公安机关立案、撤案、制发纠正违法文书且被采纳等情形纳入绩效考评。二是将办案人员发现司法工作人员可能涉嫌渎职犯罪、移送相关线索及线索成案情况纳入绩效考评。

2. 优化公安机关考核指标设置。建议公安机关将执法人员是否存在有案不立、压案不查、有罪不究、侦查活动违法、司法工作人员相关职务犯罪等情形作为执法质量考核评议项目和指标考虑，针对存在上述问题的办案人员，应当在部门、人员考核时视情况予以通报、扣分、纪律处分、依法追责等，倒逼侦查人员严格规范执法。

（四）深化检警数据共享，解决侦查信息不对称难题

1. 加强信息平台建设。检察机关应充分利用侦查监督平台对接公安机关信息公开平台，主动联合公安机关建立互通互联的信息共享平台，派驻办公室检察官可基于信息平台，采取动态实时查看侦查取证过程、查看侦查卷宗等多种方式打破侦查监督的时空限制，实现实质性、实效性监督，堵塞监督盲点，破解监督滞后，避免公安机关内部将其违规、违法侦查行为降格处理甚至置之不理。

2. 突出信息化技术支撑。实时预警、发现不规范执法行为，实现对公安机关执法活动全流程监督、全要素管控。以侦查监督与协作配合办公室为抓手，以派驻中心检察室为具体办案点，进一步拓宽发现监督线索的渠道。借助派驻中心检察室执法办案平台、驻所办案平台、统一业务应用系统三个平台，

重点关注刑事立案、撤案、挂案，刑拘后未报捕、未移送起诉等案件数据及信息，采用数据比对碰撞的方式，及时发现应当立案而不立案、不应当立案而立案等监督线索。

（五）加强检警同堂培训，凝聚执法司法共识

充分发挥侦查监督与协作配合办公室的桥梁纽带和平台作用，常态化组织检警同堂培训，邀请专家学者、业务骨干围绕刑事办案工作实际中的问题短板、薄弱环节、侦查取证难点等，从实体与程序的角度，以个案讨论、类案研究等形式，进行专题授课。促进检警在案件定性、证据收集、法律适用等方面达成共识，共同推进诉源治理，确保侦查监督和协作配合机制落到实处。

新时代认罪认罚从宽制度的发展完善

阮建华*

随着全面依法治国、社会主义法治国家建设深入推进,我国刑事犯罪无论是从立法规范到司法追诉,还是从犯罪结构到诉讼模式都发生了深刻变化。完善刑事诉讼中认罪认罚从宽制度,是党的十八届四中全会部署的重大改革,是贯彻习近平法治思想、落实以人民为中心的司法理念、促进司法公平公正的重要方面,是中国特色社会主义刑事司法制度现代化的重要体现。认罪认罚从宽制度实施以来,在惩治犯罪与保障人权、提高效率与维护公正等方面取得了积极的实践效果。新时代新征程上,为满足人民群众多元化的司法需求,实现"让人民群众在每一个案件中感受到公平正义"的司法目标,深化规范适用认罪认罚从宽制度中,仍然存在诸多瓶颈问题。其中最为关键的问题有三个:一是认罪认罚从宽制度的立法规范不完善,二是认罪认罚自愿性保障体系不健全,三是认罪认罚从宽制度促进刑事诉讼模式转型发展不到位。这些问题严重影响着认罪认罚从宽制度的功能作用发挥和目标价值实现,亟须从理论上加强研究,破解司法实践难题。本文立足于认罪认罚从宽制度的时代意义,从司法实践问题出发,提出改革完善建议,为推动认罪认罚从宽制度发展完善、更好发挥中国特色社会主义刑事司法制度的优势提供有益参考。

一、认罪认罚从宽制度的时代意蕴

认罪认罚从宽制度从地方试点到全面推开、从立法确立到普遍适用已有六七年实践,稳步向前发展并逐渐成熟定型。中国式现代化背景下,认罪认罚从宽制度被赋予了新的时代内涵,推进制度的改革完善和有效实施,有利于推进中国式刑事司法现代化,有利于提升以审判为中心刑事诉讼制度改革质效,有利于促进中国刑事司法由"治罪"向"治理"转变,不断健全完善中国式现代犯罪治理模式。

---

* 最高人民检察院办公厅干部。

三、法律监督机制现代化

(一) 以认罪认罚从宽制度的创新发展推进中国式刑事司法现代化

党的二十大报告提出,"以中国式现代化全面推进中华民族伟大复兴""中国式现代化是中国共产党领导的社会主义现代化,既有各国现代化的共同特征,更有基于自己国情的中国特色"。[①] 中国式现代化涵盖各方面的现代化,彼此有机统一、相互促进,而中国式法治现代化及其刑事司法现代化则是其中的重要方面。"认罪认罚从宽制度作为中国特色社会主义刑事司法制度的重大改革创新"[②],既借鉴域外法治国家认罪协商的合理理念,又吸收中国优秀传统文化的丰富内涵,其发展过程充分体现了中国式刑事司法现代化的演进。[③] 自新修订刑事诉讼法正式确立认罪认罚从宽制度以来,制度运行总体保持持续向好态势,呈现出以下三个特点:一是认罪认罚从宽制度常态化适用,有力提升社会治理效能。近几年来,认罪认罚从宽制度适用率稳定保持在85%以上,检察机关量刑建议采纳率在95%以上,一审上诉率低于其他刑事案件上诉率,被告人认罪服法成为常态。[④] 二是适应犯罪结构变化,推动刑事诉讼理念、刑事诉讼结构、刑事诉讼模式发生重大变革。我国刑事犯罪结构发生深刻变化,严重暴力犯罪持续下降,新型危害经济社会管理秩序犯罪大幅上升,轻微刑事案件占比大幅增加。根据刑事犯罪结构变化,认罪认罚从宽制度对刑事案件分流处理、区别对待,在保持对严重暴力犯罪从严惩治的同时,依法宽宥处理轻微刑事犯罪案件,最大限度减少社会对立面,推动刑事诉讼理念由"构罪即捕即诉"向"少捕慎诉慎押"转变、刑事诉讼结构由"控辩对抗"向"控辩协商"转变、刑事诉讼模式由"对抗式"向"合意式"转变。三是注重激励引导,切实加强人权司法保障。认罪认罚从宽制度被立法确立为基本原则,"在政策导向、实体处理、程序保障上"[⑤],鼓励、保障被追诉人在获得有效法

[①] 习近平:《高举中国特色社会主义伟大旗帜　为全面建设社会主义现代化国家而团结奋斗——在中国共产党第二十次全国代表大会上的报告》,人民出版社2022年版,第21—22页。

[②] 张军:《认罪认罚从宽:刑事司法与犯罪治理"中国方案"》,载《人民论坛》2020年第30期。

[③] 参见苗生明:《以深化刑事检察工作助推中国式刑事司法现代化》,载《人民检察》2022年第21期。

[④] 参见张昊:《最高检检委会审议讨论办理认罪认罚案件相关指导意见和规定,充分反映法律本意让认罪认罚从宽制度行稳致远》,载《法治日报》2021年11月22日,第1版。

[⑤] 沈亮:《凝聚共识　推进认罪认罚从宽制度深入有效实施》,载《人民法院报》2021年7月22日,第5版。

律帮助的前提下自愿如实认罪、真诚悔罪认罚,充分尊重其诉讼主体地位和程序选择权利,同时又注重被害方的有效参与,更好实现惩治犯罪与保障人权相统一。可以说,认罪认罚从宽制度创新发展,充分体现了中国式刑事司法现代化的特点与内涵,并与涉案企业合规改革等联动起来,共同推进国家治理体系和治理能力现代化。

(二)以认罪认罚从宽制度的健全完善提升以审判为中心诉讼制度改革质效

党的十八届四中全会提出,"推进以审判为中心诉讼制度改革""完善刑事诉讼中认罪认罚从宽制度"。① 两项改革分别呈现"审判中心"和"检察主导"不同特点,前者以公正司法为基础要求实现庭审实质化,后者以诉讼效率为基础要求简化程序。两项改革在同步推进中引发了许多认识上的分歧。有观点认为,"以审判为中心"和认罪认罚从宽是以被追诉人是否认罪认罚为分界点而"分道扬镳"的两种程序。② 更有观点认为,检察机关主导认罪认罚从宽制度适用,有"检察中心主义"之嫌疑,与"审判中心主义"相悖。③ 笔者认为,上述观点将认罪认罚从宽与"以审判为中心"对立起来,割裂了二者之间的有机联系。事实上,二者之间是相互促进、相得益彰的,"'以审判为中心'是刑事诉讼的基本规律"④,是认罪认罚从宽的制度基础,更是确保认罪认罚案件公正司法的现实需要;而认罪认罚从宽制度作为以审判为中心诉讼制度改革的一项配套措施,应遵循"以审判为中心"原则,并在"以审判为中心"统摄下运行,促进以审判为中心诉讼制度改革取得实效。虽然《刑事诉讼法》第201条第1款之规定⑤,增强了检察机关量刑建议的效力,而且

---

① 《中共中央关于全面推进依法治国若干重大问题的决定》,人民出版社2014年版,第22—23页。

② 参见魏晓娜:《完善认罪认罚从宽制度:中国语境下的关键词展开》,载《法学研究》2016年第4期。

③ 参见韩旭:《警惕"检察中心主义"》,引自https://baijiahao.baidu.com/s?id=1754694983686417316&wfr=spider&for=pc。

④ 龙宗智:《认罪认罚案件如何实现"以审判为中心"》,载《中国应用法学》2022年第4期。

⑤ 《刑事诉讼法》第201条第1款规定:"对于认罪认罚案件,人民法院依法作出判决时,一般应当采纳人民检察院指控的罪名和量刑建议,但有下列情形的除外:(一)被告人的行为不构成犯罪或者不应当追究其刑事责任的;(二)被告人违背意愿认罪认罚的;(三)被告人否认指控的犯罪事实的;(四)起诉指控的罪名与审理认定的罪名不一致的;(五)其他可能影响公正审判的情形。"

司法实践中检察机关强化主导责任,积极推进认罪认罚从宽制度适用,在某种程度上具有"检察官司法"①特点,但是检察官的主导作用主要体现在审前阶段,即对认罪认罚之提出和具结书之形成上,并不会影响和动摇法院独立审判权的行使以及庭审的中心作用。同时也应注意到,认罪认罚从宽普遍适用成为刑事诉讼新常态的背景下,深刻地影响以审判为中心诉讼制度改革,特别是对庭审重心发生根本性变化,呈现"二元重心"特点。具体体现为:对于不认罪或重罪案件的庭审重心依然坚持"证据中心主义",通过控辩双方的举证质证辩论等严格证明之下,法庭查明事实真相,作出公正裁判;对于认罪认罚案件,一般而言,控辩双方对事实证据没有异议,庭审应当以认罪认罚自愿性审查为重心,侧重于程序合法性、履职规范性、权利保障性等方面。司法实践中,绝大多数刑事犯罪案件选择适用认罪认罚程序,使得庭审重心更加聚焦、庭审实质化更加凸显,"以审判为中心"诉讼制度改革更加有力有效。

(三)以认罪认罚从宽制度的有效实施促进中国刑事司法由"治罪"向"治理"转变

认罪认罚从宽制度常态化适用的刑事诉讼新格局已经形成,制度的价值功能日益显现,在推进国家治理体系和治理能力现代化中的优势充分彰显。从社会治理成效看,认罪认罚从宽制度实施以来,"不仅着眼于提升诉讼效率、节约司法资源,更着重于化解社会矛盾、促进罪犯改造"②,有助于及时有效惩治犯罪,维护经济社会发展稳定。从司法办案实效来看,"实行认罪认罚从宽制度,有利于促使犯罪嫌疑人、被告人如实供述犯罪,配合司法机关及时查明犯罪事实。特别是那些犯罪手段比较隐蔽的案件,犯罪嫌疑人、被告人的如实供述,对于查证案件细节,收集客观性证据,起获犯罪工具或者赃款赃物等关键物证,就显得尤为重要"③。与此同时,通过控辩双方、当事人的司法合意,使得追诉犯罪的程序变得更为简便,法院的庭审更具有实质化和针对性,公正司法的可视性、可听性、可感性更强。从当事人适用效果来看,认罪认罚从宽制度适用中注重将是否与被害方达成和解、取得谅解、退赔退赃作为从宽考虑因素,促进被追诉人真诚悔罪、抚慰被害人及其家属身心伤害、修复社会关

---

① 孙长久:《中国检察官司法的特点和风险——基于认罪认罚从宽制度的观察与思考》,载《法学评论》2022年第4期。

② 张军:《认罪认罚从宽:刑事司法与犯罪治理"中国方案"》,载《人民论坛》2020年第30期。

③ 张相军、周颖:《在试点成果基础上全面实行认罪认罚从宽制度》,载《人民检察》2019年第4期。

系，化解对立情绪。可以看出，认罪认罚从宽制度的价值目标是多元的，不止于"治罪"层面，更是向"治理"层面转变。特别是我国正处于深刻变革的特殊历史时期，刑事犯罪结构、形态、类型等发生新的变化，更需要以认罪认罚为重要依托，推进中国式犯罪治理的现代化。近10年来，法院一审判处3年以下有期徒刑（缓刑）、管制、拘役、单处附加刑、免予刑事处罚的轻微刑事案件占比为80%以上。2019年以来，危险驾驶案件成为数量最多的刑事案件，但属于社会危害性不大的轻罪案件，通过适用认罪认罚程序，被追诉人依法得到从宽处理，将刑罚惩治教育功能作用与政策引导激励相统一，深挖刑事案件背后所体现的社会治理方面的深层次问题，通过司法建议、检察建议等方式，融入社会治理，促进诉源治理，最大限度地预防减少此类案件犯罪发生，有力提升中国式现代犯罪治理水平。

二、认罪认罚从宽制度的适用困境

从认罪认罚从宽制度的发展阶段来看，2016年7月，中央全面深化改革领导小组会议审议通过关于认罪认罚从宽制度改革试点方案；2018年10月，刑事诉讼法修改时正式确立认罪认罚从宽制度；2019年以来，认罪认罚从宽制度适用率逐年提高并保持稳定，目前正处在蓬勃发展时期。当然，亦应看到，认罪认罚从宽制度包括试点在内的司法实践也只有六七年时间，在立法规范、理论研究、实践运行上都还存在一些需要改革完善的地方。尤其是近年来，司法人员在办理认罪认罚案件时面临一些新的实践问题，对健全完善认罪认罚从宽制度的呼声最为强烈。经过梳理归纳，笔者认为以下三个方面的问题需要研究解决。

（一）认罪认罚从宽制度立法不完善

刑事诉讼法确立认罪认罚从宽制度后，经过近5年的实践发展，最高人民法院、最高人民检察院、公安部、国家安全部、司法部先后分别或者联合颁布《关于适用认罪认罚从宽制度的指导意见》（以下简称《指导意见》）、《人民检察院办理认罪认罚案件听取意见同步录音录像规定》等多个规范性文件，基本形成了认罪认罚从宽制度规范配套体系。但是，依然难以满足司法实践需要，一些问题由于法律规定不明确或者找不到法律依据而造成执法司法的不统一，影响制度适用的科学性、规范性和权威性。

1. 关于认罪认罚量刑情节问题。囿于我国刑法未对认罪认罚量刑情节作出规定，司法机关在适用时无法准确把握。被追诉人认罪认罚实际上反映出其人身危险性的量刑情节，根据《刑事诉讼法》第15条①之规定，可以依法从宽处理。这里的"从宽"应当包含实体从宽和程序从宽，实践中司法人员对于程序从宽比较好把握，但实体上如何从宽处罚以及从宽处罚幅度范围难以把握，主要原因是刑法及相关法律规范未作出明确规定，具体适用时没有法律依据。有学者对量刑情节作出分类，以刑法有无明确规定为标准，分为法定量刑情节和酌定量刑情节。②类如累犯、自首、坦白、立功等量刑情节，在我国刑法中已有明确规定，均属于法定量刑情节。而认罪认罚量刑情节，由于刑法没有明确规定，一般作为酌定量刑情节考量。对于法定量刑情节，司法机关在适用量刑时属于依法"应当"考量的情节。对于酌定量刑情节，刑法没有作出规定，有观点认为可以"根据刑法精神与有关刑事政策，在量刑时需要酌情考虑"③。而何为"刑法精神与有关刑事政策"，有观点认为"从审判实践经验中总结出来的，因而对量刑同样具有重要的意义"④。但是这些都是原则性要求，具体到实践操作层面，各地适用标准不统一，很容易出现"同案不同判"的现象。因此，需要从立法层面，做好刑法与认罪认罚从宽制度的衔接。

2. 关于检察机关量刑建议问题。此问题主要集中在我国《刑事诉讼法》第201条规定理解与适用，无论是学界还是实务界均存在不同认识。学界中存在两种主流观点：一种观点认为这是立法的"严重失误"⑤；另一种观点认为这恰是制度的"精髓所在"⑥。而在实务界，检察机关与审判机关认识也存在分歧。检察机关认为应当发挥其在认罪认罚从宽制度中的主导作用，增强量刑建议的法律效力，提高确定刑量刑建议的提出率，且对于检察机关的量刑建议，法院"无例外则应当"采纳检察机关的量刑建议。但是法院认为，检察机关提出的量刑建议，本质上是一种法律建议，对法院没有法律约束力，法律规定的"一般应当"并不等于"应当"，如果法院都采纳检察机关提出的量刑建议，那就意味着检察机关对法院独立审判权的侵夺。从近年来的司法实践看，有的法院不采纳检察机关的量刑建议而径行裁判，导致检察机关和被告人

---

① 《刑事诉讼法》第15条规定："犯罪嫌疑人、被告人自愿如实供述自己的罪行，承认指控的犯罪事实，愿意接受处罚的，可以依法从宽处理。"
② 参见敦宁：《认罪认罚从宽制度的刑法回应》，载《齐鲁学刊》2022年第5期。
③ 张明楷：《刑法学（上）》（第六版），法律出版社2021年版，第724页。
④ 陈兴良：《本体刑法学》（第三版），中国人民大学出版社2017年版，第610页。
⑤ 孙远：《"一般应当采纳"条款的立法失误及解释论应对》，载《法学杂志》2020年第6期。
⑥ 闫召华：《"一般应当采纳"条款适用中的"检""法"冲突及其化解——基于对〈刑事诉讼法〉第201条的规范分析》，载《环球法律评论》2020年第5期。

对裁判结果持有异议。例如，2019年北京市的"余某某交通肇事案"① 和浙江省的"蔡某某危险驾驶案"② 在当时引发了学界和实务界热烈争论。

3. 关于被告人救济权问题。这一问题主要体现在被告人反悔上诉以及检察机关抗诉方面。认罪认罚从宽制度可以适用于刑事诉讼程序各流程、环节，目的是优化司法资源、提高刑事诉讼效率。被告人上诉本身意味着对认罪认罚的反悔，而我国实行无因上诉制度和上诉不加刑原则，被告人仅需在法定期限内提出上诉申请即可，不需要具体理由，也不必担心由此造成的不利后果，还能获得双重利益③，从而导致被告人"积极上诉"。实践中，被告人上诉理由主要有："留所服刑"、量刑过重（即常见认罪不认罚）、量刑情节错误或主从犯量刑不均衡、无罪（即常见不认罪不认罚）等。这些上诉理由中，有的是正当的，有的明显不存在正当性，当被告人以此种理由反悔上诉的，检察机关应该如何判断和应对？针对这一问题，我国刑事诉讼法以及相关法律规定未作出明确规定，各地检察机关做法也不一样，有时甚至出现"同案不同抗"情形。为合理保障被告人上诉权，进一步统一抗诉标准，需要从立法或者司法解释上进行完善。

4. 关于认罪认罚轻罪案件不起诉后的衔接问题。根据《指导意见》第30

---

① 基本案情：被告人余某某认罪认罚，检察机关提出有期徒刑3年、缓刑4年的量刑建议。一审法院判决被告人犯交通肇事罪，但是未采纳检察院的量刑建议，判处有期徒刑2年。检察院以量刑过重为由提起抗诉。二审法院认为余某某酒驾却未据此从重处罚，同时认为一审认定余某某构成自首并据此减轻处罚不当，最终改判余某某有期徒刑3年6个月。参见北京市门头沟区人民法院（2019）京0109刑初138号刑事判决书、北京市第一中级人民法院（2019）京01刑终628号刑事判决书。

② 基本案情：被告人蔡某某认罪认罚，检察机关提出拘役2个月15日，并处罚金6000元的量刑建议。一审法院未采纳检察院的量刑建议，判处被告人拘役3个月10日，并处罚金8000元。二审法院审查认为，检察院对被告人适用认罪认罚时，不存在刑事诉讼法规定"一般应当采纳"的五种例外情形，且根据本案具体犯罪情节以及认罪认罚情节，检察院量刑建议不属于"明显不当"。因此，二审法院认为一审法院在判决时未采纳检察院量刑建议有误，改判被告人拘役2个月15日，并处罚金6000元。参见浙江省仙居县人民法院（2019）浙1024刑初154号刑事判决书、浙江省台州市中级人民法院（2019）浙10刑终668号刑事判决书。

③ 参见王敏远、杨帆：《认罪认罚从宽制度的新发展——〈关于适用认罪认罚从宽制度的指导意见〉解析》，载《国家检察官学院学报》2020年第3期。

条第 1 款①之规定，检察机关可以对认罪认罚且犯罪情节轻微的被追诉人，作出不起诉处理。检察机关对案件作出不起诉处理，相当于在审查起诉阶段终结刑事诉讼程序，但实际上被追诉人并没有受到任何惩罚。而相比较之下，其他同类没有作犯罪处理的较轻行为，却被行政处罚，如被罚款、吊销许可证或被行政拘留等，这样的结果不但普通百姓感受不到公平正义，相关办案机关也难以接受。如果检察机关作出不起诉决定后没有给予被追诉人"足够的惩罚"和警示教育，被追诉人再次实施犯罪的，特别是再次侵害原被害人的犯罪，检察机关对此也是难辞其咎。为此，有的地方检察机关积极开展实践探索，进一步做实不起诉"后半篇文章"。笔者认为，做好认罪认罚案件不起诉与其他制度衔接非常有必要，在法律没有作出明确规定之前，可以总结推广实践中好的经验做法，待时机成熟后适时再制定或修改相关法律规范。

（二）认罪认罚自愿性保障体系不健全

自愿性是认罪认罚从宽制度合法性和正当性之根基。根据我国《刑事诉讼法》第 52 条②的规定，任何人享有不被强迫自证其罪的诉讼权利。为保障被追诉人认罪认罚自愿性，我国《刑事诉讼法》第 15 条、第 173 条③、第 190

---

① 《关于适用认罪认罚从宽制度的指导意见》第 30 条第 1 款规定："完善起诉裁量权，充分发挥不起诉的审前分流和过滤作用，逐步扩大相对不起诉在认罪认罚案件中的适用。对认罪认罚后没有争议，不需要判处刑罚的轻微刑事案件，人民检察院可以依法作出不起诉决定。人民检察院应当加强对案件量刑的预判，对其中可能判处免刑的轻微刑事案件，可以依法作出不起诉决定。"

② 《刑事诉讼法》第 52 条规定："审判人员、检察人员、侦查人员必须依照法定程序，收集能够证实犯罪嫌疑人、被告人有罪或者无罪、犯罪情节轻重的各种证据。严禁刑讯逼供和以威胁、引诱、欺骗以及其他非法方法收集证据，不得强迫任何人证实自己有罪。必须保证一切与案件有关或者了解案情的公民，有客观地充分地提供证据的条件，除特殊情况外，可以吸收他们协助调查。"

③ 《刑事诉讼法》第 173 条规定："人民检察院审查案件，应当讯问犯罪嫌疑人，听取辩护人或者值班律师、被害人及其诉讼代理人的意见，并记录在案。辩护人或者值班律师、被害人及其诉讼代理人提出书面意见的，应当附卷。犯罪嫌疑人认罪认罚的，人民检察院应当告知其享有的诉讼权利和认罪认罚的法律规定，听取犯罪嫌疑人、辩护人或者值班律师、被害人及其诉讼代理人对下列事项的意见，并记录在案：（一）涉嫌的犯罪事实、罪名及适用的法律规定；（二）从轻、减轻或者免除处罚等从宽处罚的建议；（三）认罪认罚后案件审理适用的程序；（四）其他需要听取意见的事项。人民检察院依照前两款规定听取值班律师意见的，应当提前为值班律师了解案件有关情况提供必要的便利。"

条第2款①以及《指导意见》第39条②规定了认罪认罚的自愿性内容。但是在具体案件办理过程中,被追诉人自愿性保障还不充分,认罪认罚自愿性保障体系还不完备。在布莱克法律词典中"自愿性"定义为"一种不受强迫的自愿与自由的特征"。③ 而从文义角度来看,"自愿"是由"自"和"愿"两个要素组成,可以分别解释为自由意志与真实意愿。以此为视角,笔者将认罪认罚自愿性保障问题归于两类:"自"的独立性保障不足和"愿"的真实性保障不够。

1. 自愿性中"自"的独立性保障不足。被追诉人的认罪认罚应当出于自己的独立行为。质言之,被追诉人能够理解认罪性质及其所承担的法律责任,对自己所作出的选择是明智的、理性的,而非盲目的、屈从的。被追诉人应当根据自己独立的判断,可以选择认罪认罚,也可以选择认罪不认罚抑或不认罪不认罚,还可以选择保持沉默。同时,被追诉人可以就检察机关指控罪名中某项罪名认罪认罚或全部罪行认罪认罚。如果被追诉人的独立性无法得到保障,则其作出的选择就属于虚假自愿或屈从自愿。前者产生的主要原因在于犯被追诉人并未准确理解认罪认罚的性质,而是基于从宽处理的积极效益选择对司法机关认罪认罚,实际上其自身对被害人毫无无悔过之心,这与认罪认罚从宽制度的司法理念背离。后者产生的主要原因在于被追诉人因为害怕、恐惧等心理,对司法机关开展认罪教育等行为顺从接受,司法机关为了追求办案效率而

---

① 《刑事诉讼法》第190条第2款规定:"被告人认罪认罚的,审判长应当告知被告人享有的诉讼权利和认罪认罚的法律规定,审查认罪认罚的自愿性和认罪认罚具结书内容的真实性、合法性。"

② 《关于适用认罪认罚从宽制度的指导意见》第39条规定:"办理认罪认罚案件,人民法院应当告知被告人享有的诉讼权利和认罪认罚的法律规定,听取被告人及其辩护人或者值班律师的意见。庭审中应当对认罪认罚的自愿性、具结书内容的真实性和合法性进行审查核实,重点核实以下内容:(一)被告人是否自愿认罪认罚,有无因受到暴力、威胁、引诱而违背意愿认罪认罚;(二)被告人认罪认罚时的认知能力和精神状态是否正常;(三)被告人是否理解认罪认罚的性质和可能导致的法律后果;(四)人民检察院、公安机关是否履行告知义务并听取意见;(五)值班律师或者辩护人是否与人民检察院进行沟通,提供了有效法律帮助或者辩护,并在场见证认罪认罚具结书的签署。庭审中审判人员可以根据具体案情,围绕定罪量刑的关键事实,对被告人认罪认罚的自愿性、真实性等进行发问,确认被告人是否实施犯罪,是否真诚悔罪。被告人违背意愿认罪认罚,或者认罪认罚后又反悔,依法需要转换程序的,应当按照普通程序对案件重新审理。发现存在刑讯逼供等非法取证行为的,依照法律规定处理。"

③ Bryan A. Garner, Black's Law Dictionary, Thomson West Publishing Group, 2014, p. 1412 – 1413.

忽略对其权益保障,这亦与认罪认罚从宽制度的立法初衷不符。

2. 自愿性中"愿"的真实性保障不够。被追诉人的认罪认罚应当出于自己的真实意思表示。这里的真实意思表示就是被追诉人基于对认罪认罚的有关信息清楚知悉后,而作出是否认罪认罚的意思表示,并且其所作出的意思表示与其对认罪认罚的认识与理解"无本质上偏差"。需要说明的是,这里的"无本质上偏差"不是对认罪认罚性质及其产生法律后果的精准的了解与掌握,而是一般的、概括的认识与理解。被追诉人要获得这样的认识与理解,前提是要有司法机关开展认罪教育、辩护律师或值班律师提供有效的法律帮助等保障措施。而这些保障措施,虽然刑事诉讼法、《指导意见》等法律和规范性文件专门作出规定,但实践中仍存在保障不充分的问题。比如,司法机关开展认罪教育不到位、控辩协商不顺畅、值班律师资源短缺和经费保障不足等。这些问题映射到具体案件中,就会导致被追诉人对认罪认罚的有关信息存在认识和理解上的偏差,其所作出认罪认罚的意思表示具有随意性、反复性特点。

(三)推进刑事诉讼模式转型发展不到位

2018年刑事诉讼法修改后,认罪认罚从宽制度成为刑事诉讼的基本原则,对我国刑事诉讼格局带来重大改变。认罪认罚从宽制度将我国刑事诉讼程序划分为认罪认罚案件诉讼程序和不认罪认罚案件诉讼程序两大类。从适用范围和程度来看,前者不仅远远超过后者,而且占据着绝对优势,这已经成为刑事诉讼新格局,直接推动刑事诉讼模式的转型,即由传统的对抗式诉讼模式向新型的合意式诉讼模式转变。刑事诉讼模式转型发展中也面临着新问题,需要进一步认识和研究。

1. 主导作用发挥不充分。认罪认罚案件中,被追诉人在审前程序已自愿认罪,并与检察机关就罪名、刑罚、程序适用等事项达成合意,庭审中仅就被追诉人认罪认罚的自愿性、真实性、合法性予以审查。这就决定了大多数案件中的被追诉人选择在审前程序认罪认罚,致使审前程序特别是审查起诉程序成为制度适用的重心。诉讼重心前移,要求检察机关在审前程序中发挥好主导作用。检察官在审查卷宗材料外,要与辩护人或值班律师沟通,达成量刑共识;要与法官沟通,确保指控罪名和量刑建议得到采纳;要与被害人沟通,取得对被追诉人谅解;等等。这些工作都需要检察官来完成,有的工作还要反复去做,无疑会增加检察官工作量,加之有的地方对制度适用率设定考核指标,又增加了工作压力,导致很多工作疲于应付、流于形式,未能充分发挥主导作用。

2. 控辩关系不协调。认罪认罚从宽制度推动控辩关系变化,由传统的"对抗"向"合作与对抗"的关系转变。多数情形下,合作是认罪认罚程序中控辩关系发展的主要方向。由于诉讼重心前移,辩护律师工作的重心也随之前移。辩护律师更加注重在审前阶段与检察官进行平等、充分沟通,更加关注检察官履职的合法性、规范性。当然,控辩关系也会出现紧张,有的检察官与辩护律师沟通有抵触心理,绕开辩护律师与值班律师沟通见证具结,引起辩护律师申诉不满;有的辩护律师坚持"独立辩护",结果是被追诉人认罪认罚,但辩护律师做无罪或罪轻辩护,影响诉讼效果;等等。这些情形,主要原因是控辩双方对合意式诉讼模式的不适应,需要进一步调整和改进。

3. 庭审实质化落实不够。如前文所述,认罪认罚案件中,被追诉人的罪名、刑罚、程序适用等问题均在审前程序已经达成合意,庭审围绕被追诉人"认罪认罚的自愿性和其所签署认罪认罚具结书的真实性、合法性"进行审查。而且《指导意见》第39条规范了自愿性、真实性、合法性审查的重点内容,但是实践中庭审对自愿性、真实性、合法性审查趋于形式化,尤其是缺少对自愿性的审查程序。为提高审判效率,法官往往以简单问答的方式进行查明,有的案件整个庭审只有五分钟,很难说做到了实质性审查。如果法庭对被追诉人的认罪认罚审查形式化,相当于架空了认罪认罚从宽制度,偏离了以审判为中心诉讼制度改革目标,实现诉讼效率与司法公正的有机统一也无从谈起。

三、认罪认罚从宽制度的改革完善

回顾7年来的改革实践,认罪认罚从宽制度已逐渐趋于成熟和完善,但仍有许多理论问题有待进一步研究,也有一些立法问题需要进一步明确,还有一些司法实践问题需要进一步探索。原因在于:一是关于认罪认罚从宽制度的理论还有很多认识上的分歧,有必要加以厘清、统一认识;二是认罪认罚从宽制度涉及实体和程序问题,范围广泛、内容庞杂,而刑法、刑事诉讼法等未能涵盖全部问题;三是认罪认罚从宽制度在快速发展过程中遇到一些新问题,也面临一些新挑战,需要持续研究解决。鉴于此,笔者提出以下改革完善建议。

(一)完善认罪认罚从宽制度立法规范

认罪认罚从宽制度的立法完善,包括实体法和程序法两个方面。实体法上,主要是在刑法中作出认罪认罚量刑情节规定,将认罪认罚量刑情节法定化;程序法上,主要是消除对检察机关量刑建议方面的认识误区,细化《刑事诉讼法》第201条规定,规范被告人救济权的正当行使,完善不起诉后的刑事司法与其他制度衔接。

三、法律监督机制现代化

1. 修改完善《刑法》第 61 条之规定。我国《刑法》第 61 条[①]是关于量刑根据规定,即对犯罪分子决定刑罚时要综合考量犯罪的事实、犯罪的性质、情节和对于社会的危害程度等因素,但遗漏了对犯罪分子的人身危险性因素的规定。很显然,犯罪分子在犯罪前的一贯表现抑或犯罪后的自首、坦白、立功、认罪认罚等事实情况,都属于人身危险性因素范畴,对犯罪分子量刑处罚有着实质性影响,应当在《刑法》第 61 条中加以明确。有观点认为,应将《刑法》第 61 条规定修改为"对于犯罪分子决定刑罚的时候,应当根据犯罪的事实、犯罪的性质、情节和对于社会的危害程度,以及犯罪分子的认罪认罚情况,依照本法的有关规定判处"[②]。此观点考虑到认罪认罚量刑情节的法定化问题,但是忽略了认罪认罚情节仅是人身危险性因素之一,未涵盖人身危险性因素的其他情形,故这种修改完善方式不周延、不严谨。基于上述考虑,笔者认为,未来刑法修正案中,可以考虑将《刑法》第 61 条规定分列 2 款。其中,第 1 款是对量刑根据的概括性规定,第 2 款对人身危险性列举性规定。具体而言,第 1 款可以表述为"对于犯罪分子决定刑罚的时候,应当根据犯罪的事实、犯罪的性质、情节和对于社会的危害程度,以及犯罪分子的人身危险性,依照本法的有关规定判处"。第 2 款表述为"犯罪分子的人身危险性包括犯罪分子在犯罪前的一贯表现和犯罪后的认罪悔罪态度"。

2. 细化《刑事诉讼法》第 201 条之适用。认罪认罚案件的量刑建议有别于其他案件的量刑建议,因为认罪认罚案件的量刑建议是控辩双方在自愿的基础上的合意,具有正当性基础。《刑事诉讼法》第 201 条关于"一般应当采纳"的规定,就是尊重控辩双方关于量刑协商的合意,确保被追诉人对诉讼结果的相对确定性和可预期性。如果法院不采纳量刑建议而迳行判决,相当于

[①] 《刑法》第 61 条规定:"对于犯罪分子决定刑罚的时候,应当根据犯罪的事实、犯罪的性质、情节和对于社会的危害程度,依照本法的有关规定判处。"

[②] 周光权:《论刑法与认罪认罚从宽制度的衔接》,载《清华法学》2019 年第 3 期。

否认控辩双方合意，必然引起控辩双方不满。故此，《指导意见》第41条①规定，法院在改变量刑前应当通知检察机关并说明理由。法院如果不履行通知责任而迳行判决，则是否构成《刑事诉讼法》第238条②规定的"违反法律规定的诉讼程序的情形"。对此，最高人民检察院制定的《人民检察院办理认罪认罚案件开展量刑建议工作的指导意见》第37条③作出明确规定，检察机关一般应当以违反法定程序为由依法提出抗诉。而法院判决的"苏某某开设赌场案"④表明原审法院迳行判决虽有程序瑕疵，但量刑并无不当（属于迳行从轻判决），裁定驳回抗诉，维持原判。可以看出，法院对此种情形抗诉以判决方式明确了适用规则。但是，也要看到，如果一审法院对被告人迳行从重判决的，这种情形就属于严重的程序性违法，检察机关应当提起抗诉的，二审法院

---

① 《关于适用认罪认罚从宽制度的指导意见》第41条规定："对于人民检察院提出的量刑建议，人民法院应当依法进行审查。对于事实清楚，证据确实、充分，指控的罪名准确，量刑建议适当的，人民法院应当采纳。具有下列情形之一的，不予采纳：（一）被告人的行为不构成犯罪或者不应当追究刑事责任的；（二）被告人违背意愿认罪认罚的；（三）被告人否认指控的犯罪事实的；（四）起诉指控的罪名与审理认定的罪名不一致的；（五）其他可能影响公正审判的情形。对于人民检察院起诉指控的事实清楚，量刑建议适当，但指控的罪名与审理认定的罪名不一致的，人民法院可以听取人民检察院、被告人及其辩护人对审理认定罪名的意见，依法作出裁判。人民法院不采纳人民检察院量刑建议的，应当说明理由和依据。"

② 《刑事诉讼法》第238条规定："第二审人民法院发现第一审人民法院的审理有下列违反法律规定的诉讼程序的情形之一的，应当裁定撤销原判，发回原审人民法院重新审判：（一）违反本法有关公开审判的规定的；（二）违反回避制度的；（三）剥夺或者限制了当事人的法定诉讼权利，可能影响公正审判的；（四）审判组织的组成不合法的；（五）其他违反法律规定的诉讼程序，可能影响公正审判的。"

③ 《人民检察院办理认罪认罚案件开展量刑建议工作的指导意见》第37条规定："人民法院违反刑事诉讼法第二百零一条第二款规定，未告知人民检察院调整量刑建议而直接作出判决的，人民检察院一般应当以违反法定程序为由依法提出抗诉。"

④ 基本案情：湖南省浏阳市人民检察院指控被告人苏某某犯开设赌场罪，向浏阳市人民法院提起公诉，移送苏某某签署的认罪认罚具结书，建议对苏某某在有期徒刑8个月以上10个月以下判处刑罚，并处罚金。法院审理后认为，根据案件具体情况量刑建议过重，以同一罪名在没有要求检察机关调整量刑建议的情况下，从轻判处被告人有期徒刑5个月，罚金3000元。一审宣判后，检察机关以法院在事先并未书面或口头征求检察院是否调整量刑建议的情况下迳行在量刑建议幅度以下作出判决，违反《刑事诉讼法》第201条之规定，量刑畸轻为由，提起抗诉，二审法院维持原判。参见最高人民法院刑事审判第一、二、三、四、五庭编：《刑事审判参考》（2021年第3辑），人民法院出版社2021年版，第26—30页。

应当适用《刑事诉讼法》第 238 条之规定发回重审。笔者建议,在法律尚未修改之前,司法机关可以司法解释抑或指导性案例方式对法院不采纳量刑建议而径行作出从重判决之情形予以明确,以指导司法实践正确适用。

3. 规范被告人救济权之正当行使。普通刑事案件被告人可以基于不服一审判决的任何理由而"无限上诉",但认罪认罚案件中被告人在辩护律师提供法律帮助下已获得从宽处罚,如再反悔上诉,则有滥用上诉权之嫌,有必要对其作出限制。笔者认为,认罪认罚案件中被告人提出上诉的,应当说明理由,而检察机关对被告人提出的上诉理由进行审查判断,如果属于滥用上诉权的,应当及时提出抗诉。关于认罪认罚案件中被告人反悔上诉以及检察机关抗诉问题,刑事诉讼法未作详细规定,笔者根据司法办案中遇到常见情形进行具体分析,提出立法完善建议,规范被告人救济权之正当行使。一是被告人以"留所服刑"为由上诉。目前学界和实务界基本上达成共识,检察机关一般可以不提出抗诉。但是从长远来看,减少留所上诉在根本上必须解决被告人的实际利益关切,建议立法上赋予被告人选择刑罚执行地点的申请权,以及法官确定刑罚执行地点的权力。二是被告人以量刑过重为由上诉。庭审前控辩双方达成量刑合意,庭审中法院采纳量刑建议,庭审后被告人以量刑过重上诉,实属"无正当理由"上诉。绝大多数情况下,二审法院维持原判,而只有部分被告人因为检察机关抗诉而撤回上诉。因此,在法院采纳检察机关量刑建议的前提下,检察机关一般可以不提出抗诉。三是被告人以量刑情节错误或主从犯量刑不均衡为由上诉。检察机关审查一审判决是否确实存在量刑情节认定错误。如果一审判决并无量刑错误的,检察机关也没有必要提出抗诉。四是被告人以无罪为由上诉。被告人实际上是对认罪认罚的根本否定,检察机关应当提出抗诉。

4. 完善不起诉后的刑事司法与其他制度衔接。对于认罪认罚轻罪案件,如果检察机关简单不诉了之,群众尤其是被害人难以接受,可能衍生出一系列社会问题,要强化轻罪不是无罪,更不是无辜,不起诉不等于无责任,可依法轻处但绝不能姑息放纵等理念,对每一起拟作不起诉的案件进行"处罚必要性"审查。2019 年修订的《人民检察院刑事诉讼规则》第 373 条[①]规定了不起诉后的刑事司法与行政执法衔接,但衔接方式比较单一,难以因案因人施

---

① 《人民检察院刑事诉讼规则》第 373 条规定:"人民检察院决定不起诉的案件,可以根据案件的不同情况,对被不起诉人予以训诫或者责令具结悔过、赔礼道歉、赔偿损失。对被不起诉人需要给予行政处罚、政务处分或者其他处分的,经检察长批准,人民检察院应当提出检察意见,连同不起诉决定书一并移送有关主管机关处理,并要求有关主管机关及时通报处理情况。"

策,实现最佳的社会效果。笔者认为,可以完善有关司法解释,探索"不起诉+"有效方式,达到以罚促改、以罚促和之目的。实践探索中常见"不起诉+"方式有:(1)"不起诉+行政处罚",避免出现较轻行为被罚款、吊销许可证、行政拘留等行政处罚,而同类较重行为因不起诉而逃脱法律制裁问题发生;(2)"不起诉+检监对接",实现纪法衔接;(3)"不起诉+公益诉讼",督促负有监管责任的行政机关履行职责;(4)"不起诉+追赃挽损",最大限度降低受害人的经济损失;(5)"不起诉+司法修复",最大限度将损毁环境恢复到原状;(6)"不起诉+严肃训诫",责令被不起诉人具结悔过、赔礼道歉、赔偿损失;(7)"不起诉+社会服务令",使被不起诉人在公益服务中反思自己的罪行及对社会的危害,并在公益服务中修复被犯罪侵害的社会关系;(8)"不起诉+社会矫治",对未成年被不起诉人开展帮教活动;(9)"不起诉+赔偿保证金",被不起诉人有赔偿意愿,但被害人不谅解,可向公证机构或相关单位缴存一定数额的赔偿保证金;(10)"不起诉+法治宣传",通过实行不起诉公开宣布等形式,以案释法,警示他人。

(二)健全认罪认罚自愿性保障机制

被追诉人认罪认罚的自愿性是在一定压力和利益权衡下作出的选择,而非一般意义上的完全自由选择。被追诉人认罪认罚自愿性保障不充分,等于说是认罪认罚从宽制度丧失了正当性的基础。结合制度实践运行现状,笔者认为应当从权利告知、量刑协商、法律帮助三个方面健全完善认罪认罚自愿性保障机制。

1. 完善权利告知机制。被追诉人认罪认罚意味着其放弃无罪辩护,因此,只有被追诉人真正理解认罪认罚性质及其产生的法律后果,才能作出独立的、真实的选择。一是转变司法理念。被追诉人既是量刑协商一方,又是认罪认罚决定的作出者,司法机关尊重被追诉人主体地位,确保被追诉人知情权,必要时结合个案主动释明,减少被追诉人在理解和认识上的偏差。二是细化告知内容。虽然公安机关、检察机关、审判机关均负有告知义务,但由于诉讼阶段的目标任务、认罪认罚程度不同,被追诉人的诉讼权利和认罪认罚后果存有差异。告知内容应当随着诉讼阶段推进而对量刑优惠有所侧重,释放出"认罪越早,从宽越大"的积极信号。三是规范告知程序。采取口头和书面两种告知方式,前者要制作笔录并全程录音录像,后者要签署权利告知书,相关材料应当入卷存档。同时,法院在送达起诉书时和检察官宣读起诉书后,法官可以权利告知,确保被追诉人知情权。四是明确救济措施。司法机关未履行抑或未充分履行告知义务的,如果在庭审前发现的,应当及时补正,补正后符合要求的,可以继续适用;如果在庭审中发现的,应当在休庭后予以补正,不能补正

三、法律监督机制现代化

的，应当转为普通程序审理。

2. 建立实质化的量刑协商机制。认罪认罚案件中量刑协商指的是在被追诉人认罪基础上围绕量刑问题进行控辩协商。量刑问题包括是否应处刑罚以及处以怎样的刑罚。协商过程中，检察机关是主导者，多数情况下是以履行权利告知和听取意见程序为主，以签署认罪认罚具结书为终结。相对控方而言，辩方处于被动地位，需要对量刑中的实质内容进行公正、平等的协商。这些实质内容包括案件类型、认罪认罚阶段以及被追诉人犯罪性质、手段、情节、危害程度、退赃退赔、被害人谅解、真心悔罪等诸多因素，防止协商中因量刑建议失当引起辩方不满。另外，检察机关对把握不准的案件，在与辩方量刑协商前，可以与法院进行充分沟通，这样既可避免被追诉人因量刑未达到预期而反悔，又能避免审判阶段因量刑"明显不当"而导致法院不予以采纳。笔者认为，提高检察机关量刑建议水平，可以从以下几方面考虑：其一，检察机关与法院共同研发统一的量刑职能辅助系统，探索更多案件种类的量刑建议，运用大数据等科技手段，建立量刑数据比对库，提升检察机关量刑建议精准度；其二，联合出台常见罪名量刑指导意见，科学设置认罪认罚从宽的幅度，统一量刑标准；其三，通过举办法官、检察官、人民警察等同堂培训、专题研讨会等方式，总结经验，凝聚共识。

3. 构建有效的律师帮助和辩护权保障机制。根据《刑事诉讼法》第36条之规定，值班律师定位为法律帮助者，发挥着临时性、兜底性作用，类似于"准辩护人"。值班律师的法律地位有别于辩护人的诉讼地位，在缺少阅卷权和调查取证权保障之情形下，仅靠与被追诉人短暂交流便为其提供罪责与罪刑方面的法律帮助，而这种法律帮助服务质量是打折扣的。有论者认为"值班律师往往不能起到有效的法律帮助作用，相反，在很大程度上沦为司法机关认罪认罚从宽程序合法性的见证人与背书者"[①]。实际上，值班律师提供的法律帮助对被追诉人而言具有重要作用，有助于被追诉人增强其自由决定作出是否认罪的答辩能力。反观美国辩诉交易制度，其发达程度与刑事辩护权有制度保障、刑事辩护质量较高有很大关系。[②] 为确保值班律师提供法律帮助的有效性，进一步完善相关制度机制，强化值班律师的实质性参与。首先，在法律上，明确值班律师享有辩护律师同等的会见、阅卷和调查取证等权利，从根本

[①] 汪海燕：《三重悖离：认罪认罚从宽程序中值班律师制度的困境》，载《法学杂志》2019年第12期。

[②] [美] 伟恩·R. 拉费弗等：《刑事诉讼法》（下），卞建林等译，中国政法大学出版社2003年版，第1035页。

上解决值班律师"行权难"问题;赋予值班律师拒签权,即被追诉人在签署认罪认罚具结书之前,值班律师可以代替其与检察官进行量刑协商,对量刑建议持有异议时,在向被追诉人释明的同时有权拒绝签署具结书,并将其法律意见记录在案一并移送法院。其次,在机制上,建立值班律师准入和退出机制,一方面选派经验丰富、职业道德过硬的律师人员,建立值班律师库,加强专业培训和考核管理;另一方面被追诉人对值班律师不满意的,可以申请更换值班律师。针对律师资源稀缺的地区,可探索网络、电话值班模式,鼓励退休的法官、检察官以志愿者身份参与法律援助和值班律师工作。最后,在衔接上,建立值班律师工作备案机制和与辩护律师转化机制。前者主要是由于值班律师提供法律帮助工作具有临时性特点,应将其提供法律帮助工作情况记录留存,以便后续律师开展工作。后者主要是基于值班律师对前期工作的参与,在审判阶段对符合申请法律援助条件的被告人,可安排值班律师转化为法律援助律师为其提供法律辩护,更好地保障被追诉人权益。

(三)推动刑事诉讼模式转型发展

合意式诉讼模式下,通过被追诉人认罪、量刑协商、程序选择、被害人损失赔偿等多个方面实现多方参与,共同推进刑事诉讼进程,达到各方利益目标。可以说,刑事诉讼模式由"对抗式"向"合意式"转型符合我国刑事司法发展方向。推进刑事诉讼模式转型发展,还需在以下几个方面持续发力。

1. 强化检察机关主导责任。认罪认罚从宽制度推动合意式诉讼模式发展,将诉讼程序的重心前移至审查起诉阶段。检察机关主导作用的发挥,直接影响到认罪认罚从宽制度质效。强化检察机关主导责任,把好四道关口。一是把好"侦查关"。充分发挥检察机关提前介入、个案沟通、引导侦查职能作用,加强与公安机关沟通协调,确保在侦查阶段开展好认罪教育工作,夯实案件质量基础。二是把好"量刑关"。在量刑协商基础上,坚持"以确定刑为主、幅度刑为辅"原则,提出精准的量刑建议。同时,将各种量刑情节及加重或从宽幅度都在认罪认罚具结书中予以体现,连同量刑建议书一同提交法院。三是把好"见证关"。加强与司法行政部门、律师协会及律师事务所联系,推动实现审查起诉阶段律师辩护全覆盖,保障律师会见、阅卷、调查取证等权利,增强律师辩护、法律帮助的有效性。四是把好"起诉关"。正如美国学者雅各比和拉特利奇所言:"检察权层次分明,决定起诉权位居要塞,镇守

'正义之门'。"① 检察机关把守刑事案件通往的法院大门,通过开展"起诉必要性"审查,对刑事案件在审前程序进行合理分流。对具有起诉必要的案件,依法移送法院审理;反之,对无起诉必要性的案件,依法作出不起诉决定。同时,对于拟作不起诉决定的案件,可以引入公开听证程序,主动接受各方监督,有效保障当事人合法权益和办案效果。另外,要正确、科学、理性看待认罪认罚从宽制度的适用率考核问题,如果适用率低于全国通报值,有必要加大考核力度,进一步督促提升;如果等于或高于全国通报值,就不再进行排名打分,防止各地攀比,导致制度异化。

2. 构建新型的控辩关系。刑事诉讼重心的转变必然带来控辩双方职责和履职重心的转变,更加强调审前程序中控方的客观公正义务和辩方的有效辩护义务之履行,更加注重对被追诉人合法权益之保障。从这个角度来说,笔者认为构建新型的控辩关系应当是以控辩双方义务履行为前提、以被追诉人权利保障为目的的一种良性互动的关系。在控方主导的认罪认罚程序中,检察机关的责任更重②,不再是单纯在公诉机关的立场上履行指控犯罪的职责,而是要秉持客观公正立场,实现罪刑相适应的法律守护人职责。这里的客观公正立场之要求既要体现在程序上,也要落实在实体上。程序方面,控方要尊重被追诉人的主体地位,全面收集证据,客观审查案件,保障诉讼权利,与辩方平等协商的同时督促辩方正当勤勉履职,避免其所提供法律辩护、法律帮助形式化;实体方面,控方要综合考量影响被追诉人量刑的各类情节,充分听取辩方意见,在平等协商基础上提出客观、公正、合理的量刑建议,以赢得辩方的信任与认同,减少对抗与冲突。不可否认的是,辩方可以发表独立意见,作无罪、罪轻和量刑辩护。对于"独立辩护",控方应当慎重对待,根据不同情形作出不同判断。如果辩方在不否认认罪认罚具结书效力下,作进一步从轻处罚的"独立辩护",与认罪认罚不存在根本性冲突;如果辩方否认认罪认罚具结书效力,作无罪辩护,应当询问被追诉人意见,被追诉人同意辩方意见的,则认罪认罚不成立,认定认罪认罚具结书无效;反之,认罪认罚成立,认罪认罚具结书仍然有效。

3. 深化刑事庭审实质化改革。认罪认罚从宽制度作为以审判为中心诉讼制度改革的一项配套措施,给"以审判为中心"带来深刻变化。通说认为,"以审判为中心"实质上是"以庭审为中心",而"以庭审为中心"的重心又

---

① [美]琼·E. 雅各比、爱德华·C. 拉特利奇:《检察官的权力》,张英姿、何湘萍等译,法律出版社 2020 年版,第 9 页。

② 参见汪海燕:《被追诉人认罪认罚的撤回》,载《法学研究》2020 年第 5 期。

是"以证据为中心"。随着认罪认罚程序普遍适用，庭审重心由"一元"变为"二元"。即对于不认罪抑或认罪的重大疑难复杂敏感案件，庭审重心仍然是"证据为中心"，通过举证质证辩论之严格证明手段查明案件事实真相；对于认罪认罚案件，庭审重心聚焦在认罪认罚自愿性的审查上，重点审查认罪认罚的自愿性和认罪认罚具结书的真实性、合法性。庭审重心的变化，推动庭审模式的转变，通过简案快办、繁案精办，实现诉讼程序与案件难易、刑罚轻罪相适应，促进庭审实质化，推进以审判为中心的诉讼制度改革。当前，认罪认罚案件庭审的主要问题是认罪认罚自愿性审查形式化。为解决这一问题，建议在庭审中设置认罪认罚案件自愿性审查程序，法官对被追诉人认罪认罚自愿性进行核实。程序的启动，可以在检察官宣读完起诉书之后；审查核实内容重点围绕被追诉人认罪认罚的独立性和真实性展开；核实主要方式包括询问被追诉人是否认可起诉书和认罪认罚具结书内容、是否知晓被指控犯罪的性质及其产生的法律后果、诉讼权利是否得到保障以及认罪认罚形成过程中具体细节问题，尤其是辩护律师或值班律师是否提供有效法律帮助等；程序繁简程度，可以根据案件适用程序不同和被指控罪刑轻重有所区别。

四、结语

认罪认罚从宽制度是我国刑事司法领域的一项重大制度改革，体现了中国式刑事司法现代化的要求，本质上是促进国家治理体系和治理能力现代化的一种刑事诉讼模式。相较于其他刑事诉讼制度，认罪认罚从宽制度是一项集实体规范与程序规则于一体的全新的综合性法律制度，涉及了刑事诉讼侦查、批捕、起诉、审判各个环节，涉及了公安机关、检察机关、审判机关、司法行政机关等多个部门，是一项系统性、整体性、协同性很强的工作。随着中国式刑事司法现代化推进、司法体制改革深化以及司法实践创新发展，认罪认罚从宽制度也在不断发展完善，一些理论上、机制上、实践上的问题还需要进一步研究解决。例如，涉案企业合规改革、国家监察体制改革等与认罪认罚从宽制度的衔接，认罪认罚程序中被害人权利保障，认罪认罚从宽制度监督机制完善，等等。健全完善刑事诉讼中认罪认罚从宽制度，在更高层次上发挥制度功能作用，推动实现"化解矛盾、消弭对抗、修复损害、促进和谐"之司法目标，推动中国式法治现代化行稳致远，为丰富刑事司法与促进犯罪治理提供"中国方案"。

非讼程序的检察参与和监督

李龙刚[*]

非讼程序以便捷、高效率、减轻诉累等特色备受司法实践者青睐，其审理范围持续扩张、伸展，甚至在某些国家或地区已侵占了诉讼程序的"领地"——诉讼事件非讼化审理。我国非讼程序审理案件的范围亦不断扩大，适用的案件数量呈高速增长趋势。非讼程序相对简化、追求经济效率，依职权审理并采取自由证明制度，赋予了法官更大的自由裁量权，为此，设置相应的救济途径和监督措施已成为理所当然应考虑的事情。

我国非讼程序的救济途径、监督制约存在一定滞后性：实行一审终审、独任审判、当事人及第三人无法申请再审、检察机关不能提出抗诉。程序保障不完善、权力制约不平衡无疑给合法权益的保护增添了不确定性因素，个别基于非讼程序作出的错误裁判、虚假诉讼裁判却无法申请再审撤销。这不仅减损司法的权威性和公信力，也成为法治信仰道路上的阻碍。

更应值得重视的是，我国鲜有研究非讼程序检察参与、检察监督的文章[①]。以问题为导向，深入剖析非讼程序救济措施存在的缺陷，并以此为基础，通过比较考察，全面探索我国检察机关参与、监督非讼程序的路径和措施，成为一项重要的研究课题。

---

[*] 湖南省长沙市天心区人民检察院第四部副主任。
[①] 有关非讼程序的重构、立法建议稿等均未就非讼程序的检察参与、监督进行探讨。邵明、李海尧：《我国民事非讼程序立法建议稿》，载中国民事诉讼法学研究会编：《民事程序法研究》（第二十三辑），厦门大学出版社 2021 年版，第 141—212 页；章武生：《非讼程序的反思与重构》，载《中国法学》2011 年第 3 期。

一、非讼程序公益功能与检察职能之契合

非讼程序,在我国司法实践中又称特别程序①,是指审理非讼案件②适用的程序。在我国,非讼案件通常是指申请人、利害关系人就不存在民事权益争议或者争议不明显的某种权利或事实,请求法院予以确认的案件。③根据通说④,非讼程序是指现行《民事诉讼法》第十五章规定的"特别程序"、第十七章的督促程序和第十八章的公示催告程序以及海事诉讼特别程序、企业破产程序案件。但不包括第十五章的选民资格案件。⑤

非讼程序是公益性较强的程序。⑥ 可以说非讼程序是为公共利益而生,其设置的初衷便是基于公共利益的考虑和需要。罗马法时期,审判权被划分为诉讼裁判权与非讼裁判权⑦,以此分别裁判诉讼事件、非讼事件,审理非讼事件的非讼程序由此诞生。古罗马时期,监护制度设置的初衷在于保护家族财产利益,之后社会经济及私有制发展,家族财产逐步过渡为个人私有财产,但对于那些无财产管理能力的未成年人、精神病人等须为其安排监护人,通过照顾个人财产以避免整个家族的利益受到减损。到了共和国末叶,随着罗马经济的进一步发展,家族制度崩溃,此时监护制度的重心在于保护被监护人的利益。希腊哲学认为应当保护弱者的权益,着重强调保护和照顾妇女、儿童的利益,故监护被视为一种社会公益性质的职务,而非完全个人利益。⑧ 于是,国家权力机关开始介入监护的指导与监督。共和国末期的《阿体利亚法》规定,罗马

---

① 我国民事诉讼法称之为特别程序,但 2014 年《关于适用〈中华人民共和国民事诉讼法〉的解释》第 297 条使用了"非讼程序"这一称谓,上述表述一直沿用至今。

② 大陆法系所称的"事件",与我国实践中所称的案件基本类似。通常认为"事件"尚未进入审理程序,而"案件"则已进入审理程序。

③ 江伟:《民事诉讼法学》,复旦大学出版社 2002 年版,第 434 页。

④ 在司法实践中,许多判例甚至最高人民法院判例认为,非讼程序是指"不是普通诉讼程序"的程序,其应包括审判程序以外的程序,如执行程序。详见(2019)最高法民申 3512 号、(2022)辽 05 民终 673 号、(2021)云 03 民终 3275 号案裁判文书。这种观点实属扩大化解释,本文不采用此种观点。

⑤ 根据通说选民资格案件属于公法性质的案件,不是非讼事件,这是新中国特别程序的立法主要借鉴苏联民事诉讼立法的结果。选民名单案件并非与民事权利义务有关的非讼案件,而应归入行政诉讼范围。章武生:《非讼程序的反思与重构》,载《中国法学》2011 年第 3 期。

⑥ 李木贵:《民事诉讼法》,元照出版公司 2007 年版,第 51 页。

⑦ 郝振江:《非讼程序研究》,法律出版社 2017 年版,第 18 页。

⑧ 周枏:《罗马法原论》,商务印书馆 2017 年版,第 275—276 页。

和意大利的自权未适婚人和妇女如既无法定监护人又无遗嘱监护人,由内务大法官履行监护职责。① 上述理念和制度影响至今,监护制度最重要的目的仍然被认为系保护被监护人合法权益、维护社会秩序的稳定。②

以国家强制力介入私人纠纷的非讼程序结案快、效率更高,较程式程序更优越,其适用范围不断扩展和蔓延。"二战"后随着社会发展及法制完善,西方发达国家将非讼程序作为与诉讼程序相对应的一项重要审判程序,审理对象从继承事件、公证事件、监护事件等古典非讼事件扩展至收容、社团登记、公示催告、法人清算人选任等民商事领域事件,并囊括亲子关系、收养关系等家事事件。

非讼事件具有公共利益属性,缘于以下几个方面:

一是非讼事件成为国家责任或负担。继承罗马私法理念和制度的现代法治社会,将监护视为一种公职,从而形成监护的公法化、社会化趋势,它要求国家通过行政手段乃至司法力量对监护进行干预和规制。③ 法国《民法典》第394条就规定,监护是一项公共负担,它是家庭、国家的一项义务。

二是非讼事件涉及社会秩序稳定。公共利益也因时变迁,其内含和外延不断变化、发展、完善,我国学者曾把社会公共利益解读为全体社会成员的共同利益。④ 但当下,社会公共利益也包括特定区域不特定的多数人的共同利益。这种观点在司法实践中得到运用和发展。⑤ 德国、日本等国家及地区学界通常认为所谓公益还应包括对任何不特定第三人的保护。因此,在德国、日本,如果社团法人基于非法目的成立或从事有违于公共秩序、善良风俗之行为,亦被认为系对公共利益的侵害。⑥ 如商事法领域中的有关公司解散、清算涉及第三

---

① 郝振江:《非讼程序研究》,法律出版社2017年版,第29页。
② 王利明:《民法总则研究》,中国人民大学出版社2012年版,第249页。
③ 梁慧星:《民法总论》,法律出版社2017年版,第105页。
④ 许崇德:《中华人民共和国法律大百科全书:民法卷》,河北人民出版社1998年版,第21页。
⑤ 《民事诉讼法》第58条规定,对污染环境、侵害众多消费者合法权益等损害社会公共利益的行为,法律规定的机关和有关组织可以向人民法院提起诉讼。人民检察院在履行职责中发现破坏生态环境和资源保护、食品药品安全领域侵害众多消费者合法权益等损害社会公共利益的行为,在没有前款规定的机关和组织或者前款规定的机关和组织不提起诉讼的情况下,可以向人民法院提起诉讼。这里"众多"是指一定的社会群体,并非全体社会成员。
⑥ 郝振江:《德日非讼程序审理对象介评》,载《国家检察官学院学报》2012年第10期。

人权益的保护，涉及特定的社会秩序稳定。

三是某类非讼事件旨在实现社会公共利益。日本民法中财团法人必须是从事公益目的。① 财团之组织不完全、重要之管理方法不具备者，检察官申请法院依据非讼程序予以处分。财团董事，有违反捐助章程之行为时，检察官申请法院依据非讼程序宣告其行为无效。

基于非讼程序的公益性，当事人的处分权受到限制，并以此区别于普通的诉讼案件的基本特征。有学者认为，非讼程序裁判更符合命令或者处分的特征，属于民事行政，只是基于历史沿革或者政策考量才交由法院或者其监督之下。② 上述理论既是国家权力机关介入非讼程序的理论基础和原因，也是介入非讼程序的结果。无论是大陆法系还是英美法系，检察机关业已成为公共利益代表，其履行维护国家利益和社会公共利益之职能，由其介入系非讼程序公益功能实现之需要，从而为众多国家和地区普遍践行。

二、检察监督规制非讼程序自由裁量权之应然性

非讼事件的公益性昭示非讼程序具有强烈的职权主义色彩，同时职权主义亦是实现非讼程序裁判简捷、经济目的所使然。③ 但这意味着非讼程序中法官拥有更大的自由裁量权。

（一）非讼程序具有强烈的职权主义色彩

1. 非讼程序设置初衷系对不存在民事权益争议的事实进行命令或者处分。非讼事件最初的定义为"没有民事权益争议"的事实，无法亦无必要适用当事人辩论主义。日本学者兼子一认为辩论主义有以下内容：经过当事人的辩论是主要事实认定的必经程序，否则该事实不得作为裁判的基础；判决理由中所需要认定的事实只限于当事人之间争执的事实，对没有争执的事实无须证明；对争执事实的证明责任在于当事人，法院不依职权调查。④ 以此逻辑，实行辩论主义，是因为当事人对案件事实存在争议，得由当事人请求法院予以裁决，并得自行提出证据予以证明。非讼事件被传统理论认为不存在争议，故当事人无须予以证明，只需法院依职权认定或者依职权调取证据。因此，非讼事件应当适用职权主义。

---

① 胡岩：《财团法人法律机制研究》，中国政法大学 2008 年博士学位论文，第 15 页。
② ［日］兼子一：《新修民事诉讼法体系》，酒井书店 1951 年版，第 40 页。
③ 邱联恭：《民事诉讼法之研讨（二）》，三民书局 1992 年版，第 445 页。
④ 参见［日］兼子一、竹下守夫：《民事诉讼法》，白绿铉译，法律出版社 1995 年版，第 71 页。

三、法律监督机制现代化

2. 非讼事件涉及公共利益，非讼程序采取职权主义更合适。非讼事件往往涉及公益，当事人的处分权受到限制。① 在普通民事诉讼程序中，尽管适用职权探知也是基于公益性，但其主要是为了避免因裁判依据的事实违反实体真实而给社会或者当事人之外的第三人带来不利的影响。在非讼程序，它的公益性不仅仅在于探求案件事实，更重要的是实质上体现"国家监护"思想。② 由于非讼程序是以保护公益或者含公益性的私益为目的的程序，采取职权主义可以使法院从监护角度灵活地处理案件。

3. 许多非讼事件不符合两造结构特征。古典的非讼事件不存在民事权益争议，原则上无对方当事人，如无民事行为能力的认定。在司法实践中，上述案件由国家机关、社会团体担任诉讼一方当事人，因此，非讼程序在表面符合行政处理、命令的特征，实质上体现为法院司法职权行为。

（二）非讼程序采取自由证明制度

诉讼程序主要采取严格证明制度，其特征在于依法律所定之证据方法、依法固定证据调查程序。与之相对应的是自由证明制度，其可不受法定之证据方法、证据调取程序之约束。③ 具体体现在证据是否于法庭出示，出示后采用何种调查方式，由法院自由裁量。④ 由此，严格证明程序较为呆板、烦琐，这与非讼程序的经济性、时效性追求相违背。非讼程序之所以采取自由证明制度，有以下原因：一是实现诉讼经济。自由证明可以不遵循法定的证据调查程序，由法庭自主采取恰当、简便的方式和步骤，这种允许灵活柔软的证明方式，可以较快捷地查明案件事实，并以此为基础迅速作出裁定。二是更容易发现真实。由于不受法律程序、方法限制，自由证明不仅包括鉴定、谈话笔录、勘验等法定证据调查方法，法官亦可自由采取认为合适的调查方法，从而扩展了调查途径和证据来源，探明事实更简洁、有效。三是自由证明系职权探知主义的特色所在。法院就证据调查的种类、范围具有决定权，直接原则及当事人公开原则悉可不必遵守，法官亦可依职权开展调查，且无须通知当事人到场。《德国家事事件与非讼事件程序法》第29条、第30条就规定"法院以适当方式调取必要的证据"。⑤

---

① 参见［日］上田彻一郎：《民事诉讼法》，东京法学书院1997年版，第17—18页。
② 郝振江：《非讼程序研究》，法律出版社2017年版，第108页。
③ 参见占善刚：《论民事诉讼中之自由证明》，载《法学评论》2007年第4期。
④ 参见［日］田口守一：《刑事诉讼法》，刘迪译，法律出版社2000年版，第219—221页。
⑤ 郝振江："非讼程序研究"，法律出版社2017年版，第46页。

（三）法官拥有更大的自由裁量权

法官在审理非讼事件中相对于诉讼程序拥有更大的自由裁量权，主要有以下原因。

1. 非讼程序出于迅速、时效性的目的追求，它应当具有一定的灵活性。许多非讼事件具有紧迫性，必须立即采取措施以防止事态恶化或者产生新的纷争给社会秩序带来潜在的隐患。比如监护人的选定、无主财产管理人的指定。日本《非讼事件程序法》第4条规定，法院必须努力公正且迅速地进行非讼事件程序。

2. 非讼程序类似于行政干预或行政命令。与诉讼程序"消极""被动"的被请求裁判不同，非讼程序是对民事关系"积极""主动"的国家权力干预和介入，类似于行政裁量或处分。① 一方面非讼事件涉及国家利益和社会公共利益，为实现社会福利不得不依职权介入；另一方面国家干预、介入亦可预防争议、使社会秩序维持相对稳定。

3. 非讼事件较为具体繁杂，法律条款难以一一作出详细规定。法律条款表述中诸如"正当理由""酌情"等，实际适用中则赋予法官自由裁量权。在个案中，法官需要结合当地习惯、历史传承、市场价格等因素综合考虑，在此情形下无固定公式，亦无确定标尺。

4. 非讼事件审理的价值判断存在裁量空间。非讼事件涉及公益性，对其处理的影响并非只关乎个人，而事关国家利益、一定群体的社会公共利益和公共秩序，这与当地群体的主流社会价值观、道德评价等主观评价因素相关联。因此，法院处理非讼事件不仅要依据法律规定，还应当综合考虑公平性、社会性等因素。②

此外，如前所述，非讼程序所采用的自由证明方式、职权探知主义也意味着法官审理非讼事件较诉讼程序拥有更大的裁量权。

强烈的职权主义色彩、自由证明制度、较大的自由裁量权，在理论上又被视为"行政命令""行政处分"，使得非讼程序很容易被联想到"以权谋利""权力滥用""粗暴审判"等消极标签。事实上，任何权力都存在被滥用的可能而危及关联人的合法权益。有学者指出自由证明如何保障公正则是其弱点，当事人的反对询问权得不到保障，甚至可能对证据调查毫不知情……某些自由

---

① ［日］上田彻一郎：《民事诉讼法》，东京法学书院1997年版，第17—18页。
② ［韩］金镐：《韩国非讼案件程序法概述》，载中国民事诉讼法学研究会编：《民事程序法研究》第20辑，厦门大学出版社2019年版，第142页。

证明方式亦存在法官利用私知裁判案件之危险。① 因此，在民事诉讼法较为成熟的国家，对非讼程序均有较全面、规范的救济制度，检察机关亦参与和监督，以保障非讼程序既发挥迅速、经济的功能，又能防范法官职权恣意滥用，最终达到探明事实真相，维持经济、社会秩序稳定之目的。

三、非讼程序日益扩张亟须检察监督之同步

（一）不可避免的扩张趋势

由于具有灵活性、迅速性等特性，非讼程序备受司法实践宠幸和偏爱，非讼程序审理的对象不断扩大，甚至诉讼事件亦采取非讼程序审理。

1. 非讼程序较诉讼程序在节约司法资源、减少诉累等方面有明显优势。随着资本主义经济的迅速发展、人权思想的普及、权利救济意识的提高及纠纷解决的文明化、法律化，求诸法院解决争端的诉求越来越多。特别是"二战"后经济复苏，对诉讼效率的迫切需要和追求，要求法官突破现有法定流程和法律束缚，以避免诉讼程序拖沓纠缠。同时，非讼程序注重纠纷的预防，在源头上可以有效减少纠纷的发生，化解社会矛盾纠纷更缓和、更有效。

2. 非讼程序的扩展是现代社会公共福利理念深入、公共利益保护扩大化的需要。近代资产阶级革命后，自由资本主义迅速发展，在民主、平等、自由、人权等思想加持下，个人主义理念全面流行。当自由资本主义向垄断资本主义转变和过渡时，以个人自由为中心的价值观念受到挑战，公共利益、社会福利先于个人主义利益，公共干预也开始居上。特别是社会本位思潮和福利国家理念鹊起，个体的自由并非是无限度的，个人利益应当尊重和服从公共利益。这些理念亦在民事诉讼中留下了烙印，司法干预理念得到强化和发展，作为实现国家干预策略的非讼程序粉墨登场并逐渐扩张。

3. 诉讼事件与非讼事件界限不清。传统理论认为，诉讼程序审理诉讼案件，非讼程序审理非讼案件。但这一区分却并非泾渭分明。一百年前德国《非讼事件法》就已制定，其理论界与实务界现仍尚未就非讼事件形成统一、明确的概念。② 由于非讼事件的繁杂性，以致任何一种学说或方法均无法准确地定义非讼事件，或者界定其范围。同时非讼程序的功能也在扩展，在原本监

---

① ［日］高桥宏志：《民事诉讼法重点讲义》，张卫平、许可译，法律出版社2021年版，第38页。

② 陈桂明、赵蕾：《比较与分析：我国非讼程序构架过程中的基本问题》，载《河北法学》2010年第7期。

护、确认等基本功能之外衍生了纠纷解决功能。① 一些国家的立法也将诉讼事件置于非讼程序的审理范围。可以说,基于国家、社会的发展之所需,无明确审理范围界限的非讼程序与诉讼程序表现出流动性。② 特别是法律规定并不详尽,法官在具体案件的审理中产生了对诉讼程序与非讼程序适用的判断权、选择适用权,这就使两者适用的界限更处于摇摆不定的境地。出于便捷性、灵活性考虑,非讼程序成为司法实践的不二选择。

（二）非讼程序扩张的表征

非讼程序的扩张主要有两种方式:一是针对特别类型事件的扩展,非讼程序审理的范围逐步扩展,如 2002 年德国重新启动《非讼事件程序法》修改,随后家事事件全部被纳入《非讼事件程序法》的调整范围;二是一般性扩展,将特定的纠纷解决方式规定为非讼事件,依非讼程序法理进行。③ 又如日本调停制度④,1951 年日本制定民事调停法,明确将调停规定为非讼事件。

值得注意的是,垂涎非讼程序的经济性、效率性、灵活性等特性,人们还将诉讼案件以非讼程序审理并解决纠纷,非讼程序由此被奉为缓解法院诉累的"法宝",学者们称之为诉讼事件之非讼化。当下世界各国都不同程度地存在着将诉讼案件予以非讼化的倾向。⑤ 如韩国近年来非讼化现象越来越严重,引发了学者对当事人权利受到侵害的担忧。⑥ 我国有关非讼化的呼声也日渐高涨。有学者建议扩大非讼程序的审理范围,利用非讼程序快速审理无争议案件甚至一些争议案件,以缓解法院人少案多矛盾,实现纠纷解决的便捷化、经济化,⑦ 甚至认为大部分非讼案件可由无法官资格的司法人员处理,以提高审判效率。⑧

---

① 参见郝振江:《论非讼程序的功能》,载《中外法学》2011 年第 4 期。

② 参见沈冠伶:《家事非讼案件之程序保障——给予纷争类型审理论及程序法理交错适用论之观点》,载《台大法学论丛》第 35 卷第 4 期。

③ 郝振江:《非讼程序研究》,法律出版社 2017 年版,第 21 页。

④ 调停是日本的一种类似于调解的解决纠纷的方式,最初用来解决地主与佃农之间纠纷、后来用以解决商事纠纷、劳动争议、人事纠纷等。

⑤ 赵蕾:《中国非讼程序年度观察报告（2017）》,载《当代法学》2018 年第 6 期。

⑥ ［韩］金镐:《韩国非讼案件程序法概述》,载中国民事诉讼法学研究会编:《民事程序法研究》第 20 辑,厦门大学出版社 2019 年版,第 21 页、第 142—143 页。

⑦ 参见刘璐:《诉讼案件非讼审理研究》,西南政法大学 2014 年博士学位论文,第 99 页。

⑧ 参见庞小菊:《司法体制改革背景下的诉讼分流》,载《清华法学》2016 年第 5 期。

(三) 我国非讼程序的扩张

1. 非讼程序审理的案件类别及范围呈扩张趋势。自1982年的《民事诉讼法（试行）》首次规定非讼案件以来（法律条款表述为"特别案件"），其适用范围就一直扩张。最初只有"选民名单案件""认定公民无行为能力""宣告失踪人死亡""认定财产无主案件"适用非讼程序。1991年增添了"宣告公民失踪案件""认定公民限制行为能力案件"。2011年最高人民法院公布的《民事案件案由规定》的"特别程序审理的案件"不仅包括上述案件，还包括督促程序、公示催告程序、监护权特别程序案件等。2012年8月民事诉讼法在"特别程序"一章中增加了确认调解协议案件和实现担保物权案件。2017年10月1日实施的《民法总则》增加了申请撤销监护人资格案件，司法实践中亦采取非讼程序审理方式。

根据2020年《关于修改〈民事案件案由规定〉的决定》的规定，现行非讼程序的审理范围包括《民事诉讼法》第十五章"特别程序"除选民资格案件外的案件、第十七章规定的督促程序和第十八章规定的公示催告程序案件，还包括申请确认或撤销仲裁协议案件、申请人格权侵害禁令案件、申请人身安全保护令案件等。

2. 司法实践中适用非讼程序的案件日益增多。(1) 在2020年民事案件案由的修改中，非讼程序案由增加最多。2020年发布了《关于修改〈民事案件案由规定〉的决定》，对比2011年的规定，在增加的11个二级案由中，有7个为"非讼程序"类别下的案由。

(2) 适用非讼程序的案件呈现快速增长趋势。以上海市长宁区人民法院为例，该院监护权案件数呈大幅递增的态势，从2015年受理案件的66件攀升至2019年的233件，增长幅度达253%。①

从最高人民法院公布的全国法院司法统计公报数据来看，全国监护关系变更案件由2018年的2620件升至2021年的5791件，增幅达127%；行为能力认定案件由2018年的18689件升至2021年的33720件，增幅达80%；申请支付令审查案件由2018年的46091件升至2021年的105475件，增幅达129%。②

非讼案件的增多，非讼程序适用范围的扩大，但给予当事人及利害关系人的救济程序和检察监督措施严重滞后。特别是2012年增加了确认调解协议案件和实现担保物权案件适用非讼程序，这两类案件极可能成为当事人虚假诉讼

---

① 上海市长宁区人民法院：《2015—2019年涉监护权特别程序案件审判白皮书》，载上海法院网，http://shfy.chinacourt.gov.cn/article/detail/2021/03/id/5857786.shtml。

② 上述数据均来源于最高人民法院公布的《全国法院司法统计公报》。

的一种手段和工具,从而损害第三人的合法权益,减损司法权威和公信力,破坏诉讼秩序。因此,对非讼程序的检察监督应当与非讼程序扩张同步,在外部监督维度上形成动态的权力制约平衡和稳定。

四、现行非讼程序救济、监督制度之检讨

我国非讼程序以"特别程序"的表述形式在民事诉讼法内单独成章,但其条款内容较为稀少,似乎立法者无意赋予其独立地位,更像民事诉讼的附随程序。① 目前非讼程序的救济途径几乎缺失,对其生效裁判的检察监督亦处于空位状态。

(一)对当事人和第三人的救济存在缺憾

根据现行《关于适用〈中华人民共和国民事诉讼法〉的解释》(以下简称《解释》)第295条、第378条的规定,对于非讼程序案件,第三人无权提起撤销之诉,当事人亦不得申请再审。当事人或者第三人唯一的救济途径是根据《解释》第372条规定向原审人民法院提出异议。

显然,上述救济途径是不充分、不科学的。一方面,审查异议的系原审人民法院,此种自己既做运动员又做裁判员的方式,难以保证异议审查的公正性。在实践中,由于缺乏具体的操作指引,审查人员基本上是原审理案件的法官。② 于此情形下,审查法官往往存在先入为主心理,不愿意更改自己的决定。另一方面,提起异议为唯一且最后的救济途径。在非讼程序不断扩张的趋势下,对当事人、利害关系人权益的保障是堪忧的。无救济既无权力,非讼程序亦可能涉及当事人重要实体权利,法院在认定事实、适用法律等亦存在错误的可能,理应设置有效的纠错措施和救济通道。

从中国裁判文书网公布的文书来看,就非讼程序作出的裁定,即使利害关系人认为系虚假诉讼而申请再审的,但由于法律规定排斥原因被裁定驳回而未进入实质审查,如(2019)桂0126民申11号案、(2019)冀0105民撤3号案。

(二)非讼程序裁判的外部监督存在缺憾

根据《民诉事诉讼法》第216条规定,当事人就生效裁判向人民检察院申请监督的前提为:应当先向人民法院申请再审。而根据《解释》第378条

---

① 参见郝振江:《论非讼程序在我国的重构》,载《法学家》2011年第4期。
② 如(2021)陕0925民督5号案发出支付令的裁定和作出驳回支付令异议裁定为同一法官。

之规定，非讼程序审理的案件不能申请再审。很显然，检察机关无法对非讼程序裁判进行监督。《解释》第 412 条规定，适用非讼程序案件，人民检察院提出抗诉的，人民法院不予受理。这种通过司法解释来否定当事人、利害关系人的救济途径和检察监督是否妥当，值得商榷。以民事诉讼法的规定来分析，其只规定非讼程序实行一审终审制，并未否定其再审。司法解释制定的机关为最高人民法院，由其就救济制度作出重大安排，公信力自然会受到质疑。实践中，由于业绩考核①、诉累考虑，法院一方往往不愿启动再审，更难以再审改判。

奉行职权探知主义、自由证明方式、独任审判的非讼程序，缺乏相应的救济和监督是不合理的。"一审终审的案件以及法院作出的相应裁定，同样也可能存在错误因而需加纠正的问题。"② 德国、法国等将非讼程序与诉讼程序规定同样的审级结构。我国民事诉讼实行二审终审制，原本在诉讼程序设计上与大陆法系的三审终审制就减少一道审级。而实行一审终审的非讼程序，在审级利益贬损的问题上表现颇为明显。③

在非讼程序适用范围及案件数量日益扩大的趋势下，对其监督更有必要。事实上，确实有非讼裁判存在错误情形，特别是近年来，发现了诸多当事人恶意申通，捏造事实、伪造证据，损害国家利益、案外第三人的利益的案例。据最高人民法院统计，2015 年至 2020 年上半年，仅民间借贷纠纷案件就发现虚假诉讼 6142 件，涉案金额合计逾千亿元。④ 此外，还有未被法院确认、待审查核实的疑似虚假诉讼。由于非讼程序的快捷性、经济性，虚假债务在申请支付令、实现担保物权、调解书司法确认、仲裁协议效力申请确认等非讼程序中更容易实现。如（2022）川 0422 刑初 20 号判决书认定的事实：2019 年朱某与荀某、李某合谋伪造债务 10 万元，在人民调解委员会主持下达成一致意见，签订《人民调解协议书》并申请法院确认，后盐边县人民法院作出裁定确认该调解协议为有效。

---

① 生效案件发改率〔（再审案件改判数＋再审案件发回重审数）/生效案件总数〕是案件质量主要负面指标的考核，审判决案件发改率、生效案件发改率下降在考核中会占优势。贺世辉等：《探索双向评查异议反馈、持续提升案件审判质效》，载《人民法院报》2021 年 6 月 17 日，第 8 版。

② 汤维建：《民事诉讼法的全面修改与检察监督》，载《中国法学》2011 年第 3 期。

③ 参见任重：《中国大陆担保物权实现程序的定位与审级问题》，载姜世明、许政贤：《两岸民事法学会通之道》，元照出版公司 2015 年版，第 173 页。

④ 赵婕：《人民法院出重拳严惩虚假诉讼，5 年半时间发现的虚假诉讼案涉案金额逾千亿元》，载《法治日报》2021 年 4 月 15 日，第 6 版。

五、检察参与、监督非讼程序之借鉴

日本、法国及我国台湾地区的非讼程序制度较完善,对审理对象、审理原则、程序规则、救济制度等方面均作了详细的规定,并强调检察参与和监督。

(一)日本检察官对非讼程序的参与和监督

1. 非讼程序的启动。日本民法学理论上认为,公共利益亦包括第三人的合法权益。因此,检察机关向法院提出非讼程序请求的范围较为宽广,可提出监护的裁定、保佐的裁定、不在者的财产管理、非法婚姻的撤销、特别收养关系的解除、监护人的解任等事项的申请。商事法方面,亦有相关规定,如日本法人清算人的选任或者解任等事件,检察官可以向法院提出非讼请求。

2. 检察官参与诉讼。既然检察机关能启动非讼程序,事实上就承认它是非讼程序的当事人。检察官可以参与非讼事件的审理,为确保其参与的有效性,法院须将非讼事件程序的开庭期日通知检察官,检察官可以陈述意见并出席。不仅如此,在某些有关非讼程序的裁定作出前,还应当听取检察官意见。比如有关罚款裁判程序的非讼事件就罚款作出裁判,应事先听取检察官意见。

(二)法国检察机关对非讼程序的参与和监督

与日本、德国等大陆法系国家不同,法国未制定单一非讼程序法,有关非讼程序的规定散见于民事诉讼法典等法律中。

1. 检察院启动程序。检察院可以成为非讼程序的主当事人。当存在妨害公共秩序的事实时,检察院可依职权提起诉讼,如检察院可以请求确认失踪推定。

2. 检察院参与诉讼。检察院还可以作为从当事人参与民事诉讼。亲子关系、未成年人监护安排的案件,关于挽救企业、司法重整或司法清算、追究公司负责人罚金责任的案件等,应当由法官通报检察院,检察院对法律适用问题提出意见,作为从当事人参加诉讼。且检察院可以要求通报其认为应当参加诉讼的其他案件。初审法院审理非讼案件应当报送检察院。

3. 发表意见、参与调查。如果进行辩论,检察院应当列席或提出自己的意见。法院可以邀请检察官一起进行对席调查,尤其是在当事人住所地的行政区内进行调查。

4. 检察官的上诉权、抗诉权。与诉讼案件相同,不服第一审裁判的,当事人可以提起上诉。非讼裁判通知至第三人时,第三人也可以提起上诉。没有得到裁判通知的第三人,可以提出第三人异议,即使终审裁判,也可以提出第三人异议。作为主当事人的检察院当然有上诉权。

非讼案件申请再审，应当报送检察院。于申请人提出再审申请时应报送检察院，否则不予受理。驻最高司法法院的检察长为保障法律适用，可以向最高司法法院提起抗诉。

（三）我国台湾地区检察官对非讼程序的参与和监督

1. 提出申请。事关社会公共利益的事件，检察官应当向法院提出申请。如宣告死亡或撤销、变更宣告死亡裁定，检察官可以申请；继承开始时继承人尚未明确的，在遗产管理人选定前，检察官向法院申请保存遗产必要处置。

法人目的、行为，违反法律、公共秩序或善良风俗者，社团之事务，无从依章程所定进行时，检察官向法院请求宣告解散。法人解散后，不能进行财产清算时，检察官可以申请选任清算人。财团之组织不完全、重要之管理方法不具备者，检察官申请必要之处分。

2. 提起上诉（抗告）。因裁定而权利受侵害者，得为抗告。因裁定而公益受侵害者，检察官得为抗告。不仅如此，如抗告裁定适用法规显有错误，可以提出再抗告。对于家事事件的裁判，相关主管机关或检察官可以抗告。

3. 听取检察官意见。于某些案件，法官作出裁定前应当听取检察官的意见。如法人之目的或行为，违反法律、公共秩序或善良风俗者，宣告解散的；社团之事务，不依章程所定进行时，宣告解散的，均应通知检察官陈述意见。

六、我国检察机关参与、监督非讼程序之构造

笔者认为，我国检察院也应当参与某些非讼程序，依职权启动程序、参与庭审、发表意见，并对裁判进行监督，发出再审检察建议或提起抗诉。

（一）非讼程序之检察机关参与

1. 参与案件的范围。并非所有的非讼程序都由检察机关参与，只有涉及社会公共利益案件，才由检察机关参与。这种界限亦由民事诉讼尊重当事人的自主选择权、处分权原则所决定。借鉴成熟经验，下列非讼案件可以由检察机关参与诉讼：监护权案件，宣告失踪、宣告死亡案件，申请人身安全保护令案件，认定自然人无民事行为能力、限制民事行为能力案件，指定遗产管理人案件，认定财产无主案件，破产程序案件。

确认调解协议案件、实现担保物权案件等此类与个人利益密切相关联的案件，在平等主体之间民事诉讼关系中，国家权力机关不宜介入，以免破坏两造之平衡关系。诚然，检察机关介入非讼程序也应当保持适当谨慎，介入的范围及程度应循序渐进地推进，不可急躁、急功近利。且无论立法技术还是审判实践，非讼程序属于"偏科"，普通民众对其了解程度难以有突飞猛进提升。非

讼程序的审理理念和方式、检察官监督技能等因素会制约非讼程序检察参与的程度和效果。

2. 检察机关参与的方式。(1) 程序启动的参与。对于涉及公益的非讼程序，应当实行权利义务关系人、检察院向法院申请的双向启动机制。(2) 庭审的参与。对于检察机关应当参与的案件，但未提起申请的，承办法官应当尽快通知同级人民检察院。检察官可以参与庭审调查、有权出庭发表庭审意见。此种程序与检察机关办理《民事诉讼法》第15条规定的支持起诉案件异曲同工。(3) 调查取证。对于涉及可能损害国家利益、社会公共利益的，或者案件当事人恶意串通损害他人合法权益情形的，检察机关有权调查取证，采取询问、查询、鉴定等措施，并将依法收集的证据提交至法庭审查。(4) 能否提出异议。检察机关作为非讼程序的启动者、参与者，应当为当事人。依据现行法律规定，当事人对非讼程序裁判不服的，有权提出异议。但检察机关不宜被赋予提出异议的权力。检察机关可以依职权立案监督，不受当事人申请的限制①，赋予其提出异议权力显得多余。(5) 能否和解。在检察机关参与的非讼案件中，某些案件应允许和解。按照传统法学理论，保护国家利益和社会公共利益是国家机关之职责，无法妥协和让步。但在诸如监护人的选定、指定遗产管理人等案件中，允许和解更有利于事件的解决。另外，从法律规范来看，涉及公共利益的案件仍然允许和解，《解释》第287条就规定，公益诉讼案件当事人可以和解，人民法院可以调解。

(二) 非讼程序裁判之检察监督

1. 监督之前提。就非讼程序生效裁判开展检察监督，应当具备一定条件与前提。(1) 穷尽诉讼救济。申请检察监督应为最后的救济保障，有法院救济途径的应当穷尽法院救济，这是我国生效裁判检察监督的一项重要原则。《民事诉讼法》第204条规定："申请实现担保物权，裁定驳回申请，当事人可以向人民法院提起诉讼。申请确认调解协议，裁定驳回申请，可以向人民法院提起诉讼。"上述两种案件的驳回申请裁定，不应当允许申请再审。与此类似的是《解释》第348条的规定，在认定财产无主案件审理中，于公告期间利害关系人提出请求的，法院应裁定终结程序，由申请人另行起诉。另外，某些裁判由于程序上的不可逆性及程序的可替代性亦不能再审，如终结破产程序

---

① 现行《民事诉讼监督规则》第37条规定，人民检察院对民事案件依职权启动监督程序，不受当事人是否申请再审的限制。

裁定，宣告死亡、宣告失踪的判决。①

（2）先行法院救济。先行法院救济系我国检察机关对生效裁判监督的一项基本原则。《民事诉讼法》第216条对当事人就生效裁判向人民检察院申请监督规定了前置条件：必须先向法院申请再审。非讼程序未规定再审，因此，应当作为例外，允许当事人、利害关系人就非讼程序生效裁判申请检察监督。当然，当事人、利害关系人对异议不服的或者法院未在规定期限内作出异议决定的，方能向检察院申请监督。检察机关亦可依职权监督，可不经过异议。法院依职权启动再审程序亦可不经过异议环节，这与诉讼程序生效裁判未经过二审、法院亦可依职权启动再审程序类似。

2. 监督的启动。鉴于非讼事件的公益性质，非讼程序的启动应当采取当事人、利害关系申请监督，检察机关依职权监督双重启动机制。（1）申请检察监督的诉讼时效。以对比就诉讼程序生效裁判向检察院申请监督期限为人民法院作出再审判决、裁定两年内，非讼程序应以3个月为宜，以督促其尽快行使权利。（2）检察机关依职权启动监督。检察机关依职权启动监督，不受期限的限制。但于启动前，应综合考虑非讼裁判既定秩序的稳定性、公共利益遭受损害的程度、可修复性、修复的必要性等因素综合考量。

3. 检察机关的审查。检察机关在审查非讼程序生效裁判时，发现存在《民事诉讼法》第207条规定的"有新的证据，足以推翻原判决、裁定的""适用法律确有错误"等情形的，应当依法向法院发出再审检察建议或者提出抗诉。当然，除遵循诉讼程序检察监督的规则外，应根据非讼程序特性，结合具体个案情况，注意办案理念、办案方式的妥适性。一是注重公共利益的保护。检察机关作为公共利益的代表，更应注重公益的保护，注重对弱势群体诸如未成年人权益的保护，注重青少年身心健康成长，注重对社会公序良俗、社会公德、家庭美德的维护，注重对社会主义核心价值观的导向作用，注重国家法治秩序、经济秩序、文化秩序的维护，注重不特定范围内众多居民的合法权益的维护，注重群众生命健康和财产安全的保护等。二是应迅速作出监督决定。对比诉讼程序生效裁判检察监督的办案期限为3个月。为避免程序拖沓，检察机关应在1个月内作出决定。

---

① 《民事诉讼法》第193规定，被宣告失踪、宣告死亡的公民重新出现，经本人或者利害关系人申请，人民法院应当作出新判决，撤销原判决。

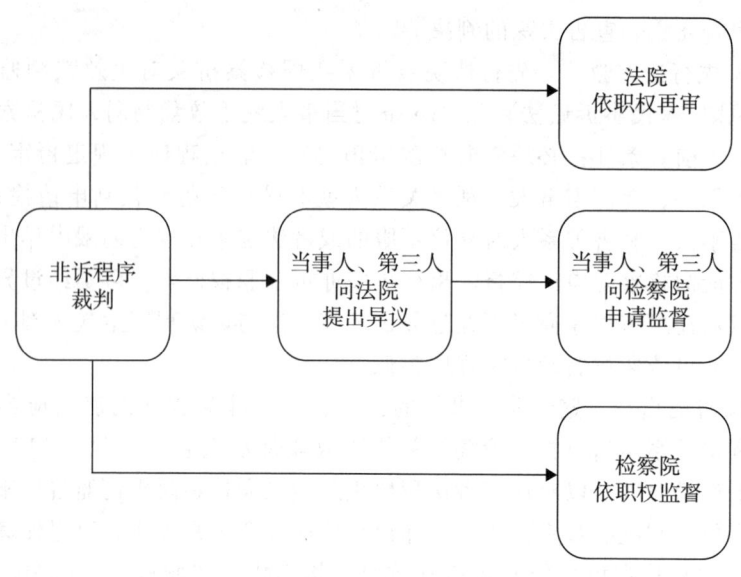

图 1　非讼程序检察监督流程

（三）法律条款的修改、增补

目前，我国尚未制定单行的非讼程序法，非讼程序被安排在民事诉讼法中，从法律条文所占比例及内容来看，非讼程序的规则并不详细。这与我国长期以来"宜粗不宜细"立法理念有关。① 要制定单一的非讼程序法或者制定民事诉讼法典，几年内实现的概率微乎其微。从《民法典》漫长的立法历程，可推断结论。且当前非讼程序并不受重视，要制定一部单行的非讼程序法的愿景过于牵强。

权宜之计是对《解释》进行修改，让非讼程序进入再审和检察监督的范围。应细化《解释》第 372 条的规定，对不服非讼程序裁判提出异议的，应另行安排审判员审查，防止异议的审查先入为主、流于形式。允许非讼程序案件可以和解、调解，删除《解释》第 143 条特别程序案件不得调解的规定。同时，删除《解释》第 412 条有关不予受理检察院对非讼程序提起抗诉的规定，增添条款或者由最高人民法院、最高人民检察院联合制定意见，明确检察机关有权启动非讼程序、参与审理及对裁判的监督。

---

① 立法宜粗不宜细的要求是邓小平在 1978 年针对改革开放开始当时的社会环境提出的，这种立法理念一直延续，1991 年民事诉讼法修改立法也是秉承"宜粗不宜细"的方针，粗线条地规范了特别程序。参见陈桂明、赵蕾：《中国特别程序论纲》，载《法学家》2010 年第 6 期；王成：《最高法院司法解释效力研究》，载《中外法学》2016 年第 1 期。

在民事诉讼案件数量呈增长的趋势下，非讼程序由于经济性、便捷性更受当事人、司法裁判者的推崇。就世界范围而言，非讼程序适用的扩大、诉讼事件非讼化审理已成为明显趋势。且非讼程序实行职权主义模式、自由证明方式，法官被赋予更大的自由裁量权。因此，非讼程序的救济、监督这一课题更应值得研究和探讨。作为公共利益代表的检察机关理应参与具有公益性的非讼事件审理程序，并开展监督。本文从检察参与、检察监督的角度对非讼程序的救济、监督进行了初步探讨，以期抛砖引玉。鉴于非讼程序种类的繁杂、诉讼事件与非讼事件界限的模糊性，系统、深入地研究上述问题必将是长期而艰辛的过程，需要学术界坚持不懈的努力。

暂予监外执行检察监督现代化研究

陈 速等*

党的二十大发出全面建设社会主义现代化国家动员令，为检察工作奋力推进中国式现代化进一步指明了方向，同时也提出了更高要求。暂予监外执行制度作为刑罚执行的重要组成部分，是宽严相济的刑事政策在刑罚执行过程中的具体体现，惩治罪犯的同时充分体现人权保障，其能否依法规范进行，关乎社会公平正义的最终实现。近几年，暂予监外执行中"权钱交易""以钱赎刑"等违法犯罪行为屡屡出现，巴图孟和案、孙小果案、郭文思案等"纸面服刑"案件，严重影响司法权威和公信力。2021年，全国政法队伍教育整顿将违规违法办理暂予监外执行案予以集中整治；2023年，《最高人民检察院工作报告》提出持续整治"纸面服刑""提钱出狱"。在此背景下，本文立足暂予监外执行检察监督实践，探析我国暂予监外执行制度设计和司法实践中出现问题的原因，提出暂予监外执行现代化解决路径，以实现人民群众更高的法治需求。

一、暂予监外执行制度运行概览

暂予监外执行是变更刑罚执行方式的一种重要制度，对刑罚执行具有重要影响。根据2012年修订的刑事诉讼法、监狱法和由"两高三部"联合印发的于2014年12月1日实施的《暂予监外执行规定》等法律法规的规定，暂予监外执行是指对被判处有期徒刑、拘役的罪犯以及无期徒刑但已怀孕或正在哺乳自己婴儿的罪犯，暂时将其放在监外交由社区矫正机构执行的一种变通方法。[①]

---

* 陈速，北京市石景山区人民检察院副检察长，二级高级检察官；蔡明璇，北京市石景山区人民检察院第三检察部主任，四级高级检察官；边志伟，北京市石景山区人民检察院驻看守所检察室主任，四级高级检察官；李玉洁，北京市石景山区人民检察院第三检察部三级检察官助理。

① 参见陈光中主编：《刑事诉讼法》，北京大学出版社2021年版，第447页。

三、法律监督机制现代化

（一）暂予监外执行的情形

《刑事诉讼法》第 265 条规定了可以暂予监外执行的情形，包括以下三类：罪犯有严重疾病需要保外就医的；罪犯怀孕或者正在哺乳自己婴儿的；罪犯生活不能自理又不致危害社会的。可以看出，暂予监外的情形都是基于身体原因，特殊情况下系由于他人的身体原因，如需要被哺乳的婴儿，同时，上述情形并不是充分条件，还要满足不致危害社会这一必要条件。

（二）暂予监外执行的医学鉴定

《刑事诉讼法》第 265 条第 4 款规定："对罪犯确有严重疾病，必须保外就医的，由省级人民政府指定的医院诊断并开具证明文件。"1990 年《罪犯保外就医执行办法》第 6 条规定："保外就医的病残鉴定由监狱、劳改队、少管所医院进行，未设医院的，可送劳改局中心医院或者就近的县级以上医院检查鉴定。鉴定结论应经医院业务院长签字，加盖公章，并附化验单、照片等有关病历档案。"2014 年《暂予监外执行规定》第 9 条第 1 款规定："对罪犯的病情诊断或者妊娠检查，应当委托省级人民政府指定的医院进行。医院出具的病情诊断或者检查证明文件，应当由两名具有副高以上专业技术职称的医师共同作出，经主管业务院长审核签名，加盖公章，并附化验单、影像学资料和病历等有关医疗文书复印件。"

（三）暂予监外执行罪犯的执行

1990 年我国并未建立社区矫正制度，因此《罪犯保外就医执行办法》第 9 条规定，对批准保外就医的罪犯，监狱、劳改队、少管所应当办理出监手续，发给其《罪犯保外就医证明书》，并对罪犯进行遵纪守法和接受公安机关监督的教育，同时，应及时将相关文书送达罪犯家属所在地的县级公安机关和人民检察院，因此，当时的罪犯暂予监外执行系由公安机关负责执行。2008 年至 2012 年 3 月，在刑事诉讼法修改前，我国对社区矫正予以试行，暂予监外执行属于社区矫正情形，由司法局进行执行，2012 年刑事诉讼法修改后，暂予监外执行作为社区矫正情形之一，在法律层面予以确定，由社区矫正机构负责执行。2020 年 7 月社区矫正法正式实施，由司法行政机关主管暂予监外执行罪犯的社区矫正工作。

（四）暂予监外执行检察监督

检察机关依照法律法规和法定程序，对暂予监外执行活动的病情诊断及鉴定程序、申请程序、审批程序、交接程序、执行程序、收监程序或释放程序等各环节的合法性，实行全方位的监督。暂予监外执行检察监督可以从以下几个方面把握：第一，暂予监外执行检察监督的主体是人民检察院。人民检察院是国家的法律监督机关，是我国宪法规定的国家机关中唯一行使检察权的机关，对刑事诉讼领域所有的法律活动进行监督，有权监督暂予监外执行活动，对暂予监外执行的决定、执行、收监进行监督。第二，暂予监外执行的对象是与暂予监外活动有关的机关。检察机关对与暂予监外执行活动直接相关的公安机关、人民法院、监狱、看守所、社区矫正机构进行监督。同时，作为被监督单位，有义务依法积极配合检察机关进行监督。第三，监督的核心是对"是否合法"实行监督。监督对象的活动是否合法是刑事执行检察开展一切工作的出发点和归宿。在暂予监外执行工作中，检察机关对罪犯是否符合暂予监外执行条件、适用程序是否符合法律规定、社区矫正机构是否依法进行社区矫正等活动进行监督。

二、检察监督实践发现的问题梳理

（一）法律规范不明确

1. 鉴定文书无法定统一标准。《暂予监外执行规定》中要求病情诊断、妊娠检查，由省级人民政府指定医院出具的病情诊断或者检查证明文件，但病情诊断或者检查证明文件在不同地区、不同医院没有一致的标准化模板，特别是针对罪犯暂予监外执行方面，很多地区制定了自己的工作模式和相关日志账表，但各地模式和相关文书也不统一。如在开展对罪犯病情诊断和妊娠检察监督过程中，发现没有相关配套规定对病情鉴定确定统一的模板，因此，均用诊断证明书作为鉴定结论，但诊断证明书只有结论项和医嘱项，没有能够列明是否符合暂予监外执行条件的位置，因此，无法在诊断证明书上明确记叙罪犯病情是否符合暂予监外执行条件。

2. 哺乳期无明确规定。我国并没有针对罪犯哺乳期的规定，有些地方仅依据有关女职工孕期保护的规定进行裁判，有失严谨，且未能真正体现出刑罚执行环节对哺乳期女性及被哺乳婴儿的有效保护。比如在对暂予监外执行罪犯周某的孩子身体检查材料审查中，发现周某之子年龄为 11 个月，营养不良、免疫力差、对母乳依赖性大，但周某根据法院暂予监外执行决定，只有 1 年的哺乳期，很快将被收监，无法再为其子进行母乳喂养，一定程度上影响了婴儿的营养需要和成长。另外，在工作中还发现有部分女性罪犯在哺乳期内并未履行哺乳义务，而是离开婴儿外出务工，甚至出现违法犯罪问题。

3. 监督起点法律规定不清晰。暂予监外执行的检察监督从何时开始，绝大多数观点认为，根据现有规定，应当从相关单位提请之日起，检察机关开始对提请工作以及后续的决定进行监督，但在提请前符合暂予监外执行病情条件的，检察机关也应当开展监督，对符合暂予监外执行条件而未提请的及时向相关单位发出监督意见。如在开展对监狱的巡回检察中发现，罪犯尚某因犯故意伤害罪被判处死刑缓刑两年执行，在死缓执行3个月时突发严重疾病，但监狱根据规定，以其短期内无生命危险，而未对其决定暂予监外执行，但其发病不到1个月突然恶化而死亡，未能实现临终前见一下母亲的愿望。同时，还发现监狱服刑罪犯邱某，入狱时已69岁，监狱在入监身体检查时，发现其患有严重疾病，并符合暂予监外执行条件，但因其是累犯，且被判处12年有期徒刑，监狱将其收监后立即送往相关医院，但根据法律关于执行期限的规定，长时间未对其决定暂予监外执行。监狱工作人员表示，法律虽然规定老年犯可以适度放宽，但监狱民警和派驻检察人员共同研究认为"适度"这一标准不好把握，怕承担风险而未对其暂予监外执行。

（二）司法、行政执法不规范

1. 公安机关管控不及时。根据公安机关监管对象管控的有关规定，被暂予监外执行的罪犯属于公安机关派出所监管对象，被监管对象每月向派出所和监督考察小组报告一次自己的活动情况，特殊情况随时报告，迁居或离开居住区域必须经县、市公安机关批准，但公安机关在此项工作上存在管控不及时问题。如暂予监外执行罪犯韩某，未向派出所报告过自己活动情况，离开居住地亦未报告，派出所也从未走访调查过韩某情况。

2. 看守所对法律规范理解不准确。《暂予监外执行规定》第2条规定了罪犯在交付执行前由人民法院决定是否暂予监外执行。法院认为相关裁判文书送达看守所后交付工作就已经完成，看守所认为需要交付监狱执行的，须将裁判文书和罪犯移送监狱后才算完成，造成看守所已决待送人员暂予监外执行成为盲区。如在工作中发现某看守所在押人员徐某是已决待送人员，由看守所接收后准备交付监狱执行，法院称已经交付，监狱管理机关说此人不在监狱服刑阶段，而目前徐某不属于看守所留所服刑人员，不属于公安机关决定的人员。笔者认为已决待送人员判决已经生效，看守所作为过渡性监管机关，依然履行刑罚执行职能，因此，还应当由看守所负责提请，设区的市一级以上公安机关批准即可。

3. 监狱法定从严标准不当扩大。部分地区监管机关将仅限制适用于"三类罪犯"①的条件扩展适用于所有罪犯，导致对一般罪犯适用更加严格的标

---

① "三类罪犯"是指职务犯罪、破坏金融管理秩序和金融诈骗犯罪、组织（领导、参加、包庇、纵容）黑社会性质组织犯罪，对这三类犯罪的罪犯适用保外就医应当从严审批，对患有高血压、糖尿病、心脏病等严重疾病，但经诊断短期内没有生命危险的，不得暂予监外执行。

准,违法提高暂予监外执行门槛,与司法部有关规定不符。如在工作中发现,某监狱服刑罪犯邹某患有高血压三级(极高危),但经鉴定短期内没有生命危险便不予暂予监外执行,而邹某罪名为合同诈骗罪,不属于三类罪犯,该监狱表示是依据该市监狱管理局通知规定,只有经诊断短期内有生命危险的罪犯才能启动暂予监外执行。

4. 司法行政机关教育管理走过场。社区矫正机构对暂予监外执行人员的监管是其法定责任,但在其工作落实上存在形式主义问题,看似法律手续和工作记录齐全,但并未开展有效的教育管理工作,刑罚执行效果不佳。如在工作发现中,暂予监外执行人员郝某存在虚管问题,某司法行政机关在工作中,对郝某不组织法制教育,考核材料不全,走访谈话流于形式,特别是郝某的病情报告和复查材料缺失,司法行政机关工作严重不到位。

(三)医疗机构鉴定工作不严谨

1. 鉴定意见出具不审慎。医院对就医人员开展病情诊断,需要在相关科学化验、检查的基础上,进行严谨科学的判断,但部分医院人员对长期患有疾病的人员,特别是病情复查的暂予监外执行罪犯,凭借以往的病历材料,未重新进行化验、检查便开具诊断材料,导致病情复查形同虚设。如在工作中发现,某司法行政机关委托某医院对暂予监外执行罪犯冯某进行病情复查,该医院出诊医生未进行检验、化验和医学影像检查,直接以冯某以往病历材料出具诊断结论,检察机关依法提出纠正意见。

2. 鉴定意见审核把关不严。目前,部分省级人民政府指定医院对暂予监外执行病情诊断和妊娠检查工作不重视,对相关规定学习不到位、贯彻不扎实、工作不规范情况较多。如在工作中发现某医院对罪犯陈某是否符合暂予监外执行的鉴定中,出具的病情诊断材料没有由两名具有副高以上专业技术职称的医师共同作出,且缺少主管业务院长审核签名,所附化验单、影像学资料和病历等材料也缺失。

3. 鉴定人员徇私舞弊。暂予监外执行涉及罪犯的切身利益,而医院结论作为是否决定暂予监外执行重要依据,往往被有关人员加以利用,导致腐败滋生。如在工作中发现,暂予监外执行罪犯何某通过贿赂某医院医生和院长,让医生开具符合暂予监外执行条件病情鉴定才被社区矫正,检察机关发现该线索后,出于慎重,对何某重新予以鉴定,发现何某不符合暂予监外执行,并对相关医务人员进行相应处理。

(四)检察监督能动履职不足

1. 入矫后监督起点滞后。检察机关对于暂予监外执行的监督是从罪犯入矫之日起，特别是对罪犯病情的审查也应当在此时开始，但部分检察机关以罪犯入矫后第 1 个月后病情报告或者 3 个月后病情复查为起点，导致监督出现盲区。如在工作中发现，暂予监外执行人员朱某在入矫后第 3 个月提交病情复查材料时，被鉴定为不符合暂予监外执行规定，经调查了解，朱某在被决定暂予监外执行时亦不符合暂予监外执行医学条件，相关单位审查和监督不严，导致朱某被错误暂予监外执行。而负责社区矫正监督的检察院没有自始开展监督，而是等到 3 个月病情复查时才开展相关工作，监督起点明显滞后。

2. 暂予监外执行决定日期认定错误。暂予监外执行决定是对罪犯采取的一种执行方式，是基于生效判决书、裁定书而作出的，有的检察机关认为，只有在判决生效后才能作出暂予监外执行决定，但笔者认为与判决同时作出决定是符合法律规定的。如在巡回检察工作中发现，某法院对罪犯谢某判决作出暂予监外执行决定，当地检察机关认为暂予监外执行是针对罪犯，判决当日还未生效，谢某还不属于罪犯，因此不能作出暂予监外执行决定，便给法院发出纠正违法通知书，暂予监外执行决定可以在判决当日同时作出，其生效的条件以判决书生效为准，检察机关纠正违法通知书存在错误。

3. 未征求意见情况遗漏监督。《暂予监外执行规定》明确法院应当提前征求检察机关意见，但有关单位未能按照规定征求意见时，部分检察机关存在监督不到位问题。如在巡回检察中发现，罪犯杨某被某法院决定暂予监外执行前，没有依法征求检察机关意见，当地检察机关未对此进行监督。因此，该法院的工作存在程序违法问题。另外，如果是看守所、监狱拟提请暂予监外执行的，也应当先向检察机关通报，检察机关亦要对提请情况进行监督。

三、暂予监外执行实践问题溯源

（一）法律规范供给不足

中国特色社会主义进入新时代，暂予监外执行工作的优化离不开不断完善和改进的法律法规，但从上述问题中不难发现，首先是在法律规范供给侧问题。

1. 鉴定工作无细化规定。《暂予监外执行规定》规定由医院出具医学鉴定，但针对该医学鉴定并没有配套的具体要求，无制式化文书模板，且医院并非鉴定机构，而是疾病诊断和治疗机构，此规定不科学、不严谨。

2. 罪犯哺乳期规范缺失。罪犯因哺乳而暂予监外执行的，对该期限不能依据女职工哺乳期相关规定，两者看似相同，但并非保护同一法益，前者为罪犯和罪犯之婴儿的基本权益，后者为劳动者和婴儿权益，因此，此方面专门法律法规的缺失是造成各种问题的根源。

3. 已决待送人员决定主体和解除主体不明确。《暂予监外执行规定》中对暂予监外执行决定或批准的主体作了规定,即法院、监狱管理机关、公安机关,并依据"交付"作为划分职责的时间点,分别对判决生效前的被告人、监狱服刑罪犯、剩余刑期 3 个月以下的看守所留所服刑人员进行暂予监外执行的决定或批准。但在司法实践中,针对看守所已决待送人员的暂予监外执行由谁确定则未明确规定,严格来说,法院确已交付了相关法律手续给看守所,而看守所还未交付给监狱,此类人员又不属于留所服刑人员,相对来说公安机关履行相应职责更为合理,但因为法律规定不明确,容易出现各单位推诿扯皮情况。同时,《暂予监外执行规定》第 27 条规定,对刑期即将届满的,社区矫正机构应当在罪犯刑期届满前 1 个月以内,书面通知罪犯原服刑或者接收其档案的监狱、看守所按期办理刑满释放手续,因此,对于已决待送人员是否由看守所办理刑满释放手续的规定亦不明确。

4. 起始期规定不科学。《暂予监外执行规定》第 7 条规定:"累犯以及故意杀人、强奸、抢劫、绑架、放火、爆炸、投放危险物质或者有组织的暴力性犯罪的罪犯,原被判处死刑缓期二年执行或者无期徒刑的,应当在减为有期徒刑后执行有期徒刑七年以上方可适用暂予监外执行;原被判处十年以上有期徒刑的,应当执行原判刑期三分之一以上方可适用暂予监外执行。"并规定对未成年罪犯、65 周岁以上的罪犯、残疾人罪犯,可以适度从宽。暂予监外执行与减刑、假释不同,其是基于罪犯患严重疾病或生活不能自理,已不再具备执行自由刑的必要,虽然有些罪犯的罪行严重,但还罪不至死,没有必要通过此种规定短期内有生命危险的罪犯,可以不受关于执行刑期的限制,但很多疾病的严重性或突发性是难以预料的,而且对于生活不能自理人员,在监狱与其说是服刑,更像在监狱进行"休养",需要大量警力进行特殊照顾。

(二) 工作理念滞后

思想决定行动,行动的无效往往是思考的停滞所引起的,罪犯暂予监外执行工作出现如此多的问题,往往是因为司法、行政执法机关工作人员以及医务工作人员工作理念陈旧导致。

1. 公正意识不足。刑罚的功能之一是教育功能,是指通过制定、适用和执行刑罚,对犯罪人乃至其他社会成员的思想所产生的触动教育作用[①],而要实现此功能,必须要保证刑罚执行的公正。司法、执法的第一理念就是公正,

---

① 参见高铭暄、赵秉志主编:《刑罚总论比较研究》,北京大学出版社 2008 年版,第 124 页。

包括程序公正和实体公正，这也是广大人民群众最为关注的问题，近年来，暂予监外执行领域有关单位暴露出的腐败现象、司法不公、执法不公等引发舆情问题。

2. 效率理念欠缺。效率是衡量工作的重要标准，同时，也可能是工作成败好坏的决定因素。如对符合条件罪犯不予暂予监外执行导致事故问题，如果监管机关及时依照医院鉴定开展相关工作，就不会造成监管事故，这说明监管机关在工作效率上存在问题，反映出工作人员缺乏效率理念，导致工作出现失误。

3. 主动意识薄弱。主动性是刑事执行监督的必然要求。[1] 以监督起点滞后的问题为例，暂予监外执行人员入矫后，检察机关应当同步开展监督工作，但盲目以3个月复查为监督起点，致使不符合规定人员长期在社会上执行，说明司法行政机关和检察机关都存在被动工作的问题，不能主动思考，未积极开展工作。

4. 担当精神缺乏。从看守所害怕监狱拒收而不敢收押轻微疾病罪犯和罪犯在监狱出现病危而急于办理暂予监外执行两种情况的例子来看，监管机关在工作中缺乏担当意识，不敢以法律履职，害怕产生事故、舆情而被追责。笔者认为，只要相关人员依法开展工作，并不会产生对其个人的不良影响，反而是因为这种推卸责任的做法，导致判处实刑罪犯不能收监执行。罪犯并非通过贿赂等非法手段被暂予监外执行，所以根据《刑事诉讼法》第268条的规定，其即便未被纳入社区矫正，依然要把其在监外而度过的刑期予以认可。

5. 理解适用法律僵化。检察院、法院等司法机关和监狱、看守所等刑罚执行机关在法律理解和适用上要符合立法精神，科学严谨地理解和适用法律。如针对社区矫正期间因生活不能自理不能提交病情复查报告的问题，个别司法行政机关缺乏科学合理的工作机制，对暂予监外执行人员提出生活不能自理的，缺乏必要的调查措施，对因生活不能自理而暂予监外执行的，没有考虑到生活不能自理系因身体疾病或残疾，而让其每三个月提供相关疾病或残疾的病情复查情况材料。

（三）队伍素能有待提升

在监督实践中发现暂予监外执行工作存在队伍结构不合理问题，老龄化、低龄化比较普遍，年富力强且富有工作经验的人员较为缺失，工作人员主动学习不够、业务培训亦严重缺乏，"等靠要"问题严重，这也对暂予监外执行工

---

[1] 参见袁其国：《刑事执行检察论》，中国检察出版社2016年版，第17页。

作造成一定影响。另外,一些司法、执法、医务工作人员,不能做到清正廉洁,在工作中徇私舞弊,出现违法违纪问题。比如最高人民检察院发布的第十九批指导性案例中罪犯王某某暂予监外执行案①,罪犯王某某不符合暂予监外执行医学条件,通过贿赂法院工作人员张某、医院医生赵某,取得虚假疾病伤残司法鉴定意见。法官依据虚假鉴定意见作出暂予监外执行决定。此案暴露出一些司法及医务人员不能严守底线,背弃职责使命,收受贿赂,滥用暂予监外执行权力,实现利益交换,严重损害司法公信力。

四、检察监督视角下暂予监外执行现代化路径

对于暂予监外执行中出现的问题,应结合产生问题的原因循序渐进地加以改进,从法律规范、工作理念、队伍建设等方面予以完善,确保暂予监外执行工作依法、科学、高质量开展。

(一) 健全暂予监外执行法律规范

法治是推动中国式现代化的重要保障,法律的完善是法治的首要环节和逻辑起点。刑罚执行是一项严肃和审慎的工作,推动法律法规的完善是保证刑罚执行公正、合理的基础,为此就要结合在工作中发现的新问题,有针对性地对法律法规予以完备,在确保法律相对稳定的情况下,出台相关司法解释、部门规章等来完善相关机制,同时保证法律法规完善工作的常态化、制度化、现代化。

1. 针对在《暂予监外执行规定》中无制式化文书模板的问题,建议国家卫生健康委员会、最高人民法院、最高人民检察院、公安部、司法部联合制定有关文件,进一步细化罪犯病情诊断和妊娠检查程序,下发工作流程和文书模板,加强医务人员业务培训,确保鉴定工作依法开展。

2. 针对罪犯因哺乳无明确规定问题,建议相关部门研究制定罪犯哺乳期有关规定,明确哺乳期的期限,建议采取浮动期限方式,根据婴儿身体需要,规定一年至一年半的期限,有特殊情况的,可以再适当延长。另外,针对哺乳期不哺乳的情况,建议依法收监执行。

3. 明确看守所已决待送人员决定机关。针对此问题,建议对《暂予监外执行》第2条第3款进行补充完善,除规定"在看守所服刑的,由看守所审查同意后提请设区的市一级以上公安机关批准"外,增加规定"对已决待送

---

① 参见检例第72号,该案的要旨在于人民检察院对暂予监外执行进行法律监督时,应注重发现暂予监外执行案件隐藏的司法腐败问题,及时查办违法暂予监外执行背后的相关司法工作人员职务犯罪案件。

三、法律监督机制现代化

人员,由看守所审查同意后提请设区的市一级以上公安机关批准",这样确保法律规定更加明确细化,防止发生推诿扯皮问题出现,切实维护罪犯合法权益。相应在《暂予监外执行规定》第 27 条也应增加规定,对于看守所已决待送人员被暂予监外执行的,暂予监外执行期满,由看守所办理刑满释放手续。

4. 严格限制"三类罪犯"的特殊从严标准。在国家对暂予监外执行标准予以明确规定的情况下,各地方不能为了便于管理便扩大从严标准,特别是针对"三类罪犯"的特殊从严标准,不能扩大至一般罪犯,这样违背了严厉打击腐败等工作的精神。同时,要加强制度的上传下达,杜绝基层单位无法及时了解有关规定的情况,还应当加强相关文件学习,防止暂予监外执行工作中出现违法违规问题。

5. 取消执行期限限制。相关规定中已经明确了暂予监外执行人员要每月报告病情,每三个月进行病情复查,说明罪犯被暂予监外执行后,对其病情的监控是充分的,没有必要规定此类人员在监狱等刑罚执行场所的执行期限,这极易引发监管事故,也会给监狱带来较大负担,相关从宽规定又操作性不强,易引发舆情问题,因此,建议取消对起始期的规定。对于确实存在滥用职权、玩忽职守或徇私舞弊暂予监外执行等问题的,依法严肃查办。

(二) 实现暂予监外执行工作理念现代化

暂予监外执行工作并不能简单、机械地开展,如何发挥暂予监外执行工作的价值,如何更好地实现刑罚作用,如何高质量完成暂予监外执行工作,这就需要通过法条本身探究立法的精神,转变司法、执法、守法理念。

1. 强化公正理念。公正是司法、执法的核心,廉洁守纪亦是确保刑事执行工作依法开展的基础,同时,负责病情鉴定和妊娠检查的医务人员,亦应本着廉洁、严谨、科学、公正的态度开展工作,确保暂予监外执行工作的依法公正开展。比如某法院委托某医院对怀孕被告人李某行妊娠检查中,李某表示其之前在某私立妇产医院建档,并向法院提交了该医院出具的妊娠检查结果,但法院表示提交检察院后,检察院向法院发出纠正违法通知书,认为李某妊娠检查医院不是省级人民政府指定医院,李某不得不重复进行妊娠检查。

2. 提升工作效率。效率是工作的生命线,没有效率的工作是没有灵魂的,在暂予监外执行的流程中,司法、执法和医务人员应当加强衔接配合,相互监督、相互促进,确保工作科学高效,保证法律正确实施。要加强大数据信息化平台的建设与应用,将分属不同系统的信息平台及数据库有效联动起来,促进对暂予监外执行人员的监管及救助、帮扶等工作,彰显司法温度与人情。

3. 提高主动意识。主动性是执行监督的必然要求,建立和完善各部门在暂予监外执行工作中的联动机制。由公检法司机关进行牵头,联合卫健委、指定医院、社会福利机构等多家单位,定期召开专题会议,通报暂予监外执行相关情况,针对刑罚执行难题共同协商予以破解。检察人员要努力思考将监督关口再前移、将监督收官点再后移的工作理念,将在暂予监外执行人员入矫时开展病情鉴定,再次确认其是否符合相关医学条件,确保监督的同步性和准确性。

4. 增强担当精神。勇于担当、敢于作为是工作成效的根本保障,司法、执法工作要严格依法开展工作,不断提升工作能力,真正做到会为、善为、能为,医务工作人员要利用自己专业知识,积极提升自身能力、勇于创新医疗方法,为司法和执法工作提供准确医学证据,确保暂予监外执行工作依法开展。

5. 培养科学素养。科学地理解和适用法律,特别是对立法精神的理解,是司法执法工作人员应具备的基本素养。司法执法者需要及时转变观念、加强法学理论学习、提升自身综合素质,真正结合法理、结合司法实践,科学严谨地去适用法律,而不能僵化地、想当然地去思考问题,只有如此,才能保证法律的正确实施。如检察机关认为法院不能在判决日作出暂予监外执行决定的问题,就属于对判决生效与暂予监外执行决定生效关系理解不准确,不能认识到暂予监外执行决定的作出并非立即生效,而是以判决书生效为依据,导致监督工作存在错误。另外,针对暂予监外执行人员提出突然生活不能自理的,要开展调查走访,让其提供医院诊断材料予以证明,才可允许其不用每3个月提交病情复查材料,并要在之后经常性走访,防止出现以虚假材料躲避病情复查的问题。

(三)推进检察监督工作机制现代化

早期的刑事执行检察监督以事后监督为主的工作模式,当前的监督以全程为着眼点,采取同步监督模式,将程序起点予以提前,将暂予监外执行的监督起点定在提请阶段。目前在司法实践中探索了监督关口再前移的前期监督,监督阶过程精细化和刑罚执行效果监督的后续监督的模式。通过暂予监外执行检察关口再前移,能够有效推进检察机关暂予监外执行提请和决定环节监督的科学化和全面化,有效避免因办案期限限制导致的仓促出具意见等情况,真正实现检察工作的与时俱进。

2014年《暂予监外执行规定》实施后,检察机关改变了以往事后监督的工作模式,从单一的对暂予监外执行决定的监督,变为对暂予监外执行提请、决定的监督,将暂予监外执行监督关口前移。对于检察机关全程监督暂予监外执行各环节工作起到了重要的推动作用。但随着该规定的深入实施,发现还存在一些问题,特别是以提请作为监督起始仍有明显的滞后性,这主要体现在速裁案件等办案期限较短的案件中,还有病情复杂导致鉴定时间较长等问题,以及一些省市特殊制度，增加了鉴定的期限。如 2018 年《北京市检察机关技术性证据审查工作办法（试行）》第 6 条规定"检察官在审查案件时认为有必要进行技术性证据审查的，可以委托北京市人民检察院司法鉴定中心开展技术性证据审查工作。有下列情形的，应当委托进行技术性证据审查：……（五）罪犯需要保外就医的"，这就导致检察机关开展暂予监外执行提请审查时，有些捉襟见肘。

为此，建议将上文提到的因病变更强制措施检察与暂予监外执行检察有效衔接，将暂予监外执行检察的关口再前移，具体来说，针对看守所羁押的犯罪嫌疑人、被告人，提前开展是否符合暂予监外执行条件的医学鉴定和技术性证据审查工作，为后期审判机关作出决定提供参考依据；对于留所服刑人员，发现患有严重疾病的，由监管机关及时与检察机关有效衔接，提早开展医学鉴定和技术性证据审查工作；对于因病被取保候审、监视居住的犯罪嫌疑人、被告人，在公诉阶段由捕诉部门与刑事执行检察部门进行沟通，在公诉阶段开展医学鉴定和技术性证据审查工作。

（四）促进暂予监外执行队伍素能现代化

人是工作的根本，目前司法机关、执法机关、医院均存在缺人、缺人才的问题。第一，加强政治建设。以习近平新时代中国特色社会主义思想为指导，坚定践行中央对政法工作的重要指示精神，强化司法、执法、医疗基础建设，不断提升管理体系制度化、规范化、科学化水平。第二，加强人才建设。提升工作的吸引力，吸纳学历高、本领强素能高的人员进入到司法、执法和医务队伍，同时进一步做好检察高层次人才培养，切实以特色专业人才的高质量培育推动工作和队伍建设的高质量发展。第三，完善队伍结构。在留住人才的基础上，形成老中青相结合的队伍，将传帮带形成传统，保证队伍的科学化和稳定性。第四，加强素能建设。利用工作机制，聘请专家对工作人员加强培训、实训，并形成常态化工作机制，同时，派遣本地工作人员定期到先进地区交流学习，并采取科学的考核措施，确保培训成效，逐步摆脱需要援助的问题，全面提升工作质效，确保工作依法开展。第五，做好廉政建设。定期开展警示宣传教育，让司法、执法和医务人员真正做到不想腐，确保工作在阳光下开展。

减刑、假释检察监督实质化研究

何 剑*

党的二十大报告中提出,"规范司法权力运行,健全公安机关、检察机关、审判机关、司法行政机关各司其职、相互配合、相互制约的体制机制"。这是自《中共中央关于全面推进依法治国若干重大问题的决定》以来,在党的重要纲领性文件中,再次一体阐述公安机关、检察机关、审判机关、司法行政机关在司法活动中的关系。对照宪法及刑事诉讼法中关于人民法院、人民检察院和公安机关"分工负责、相互配合、相互制约"的关系表述,"四机关"并举乃至"四权"并称,充分体现了党中央对刑罚执行活动的重视,也宣示了刑罚执行对于实现司法公正不可或缺的功能支撑。相较整体意义上的刑罚执行,发生于刑罚执行过程中,作为刑罚变更执行内容之一的减刑、假释,则既呈现刑罚执行活动之"共相",又不乏自身独有之"殊相",为我们深化对刑罚执行活动中司法权配置及运行规律之认知,提供了绝佳的"切口"。从理论研究看,如有学者所言,对刑事执行问题不够重视的现象在世界范围内有普遍性①,客观上有必要加强。为此,本文选取减刑、假释中的检察监督职能作为考察对象,以该职能的"实质化"为研究主线,在审视现状、探究成说的基础上提出改进方案,以期对进一步加强刑罚变更执行工作有所裨益。

一、减刑、假释检察监督实质化之必要性

(一)减刑、假释检察监督实质化是推进以审判为中心的诉讼制度改革的题中应有之义

党的十八届四中全会提出"推进以审判为中心的诉讼制度改革"。依学界有力观点,以审判为中心强调以审判职能为中心;以审判为中心不是以庭审为

---

* 陕西省汉中市人民检察院法律政策研究室副主任。
① 熊秋红:《刑事执行检察的回顾与展望》,载《中国刑事法杂志》2022年第1期。

中心，其并不否认审前程序的重要性。① 当然，对以审判为中心的讨论，更多是在"侦查—起诉—审判"这一关系格局中展开的，但这并不意味着以审判为中心仅适用于执行前诉讼环节。除了"刑事判决的执行是刑事诉讼的一部分"② 这一表层理由外，还因为，既然以审判为中心强调以审判职能为中心，那么，审判在这里就不是一个固定的时间阶段，减刑、假释虽然发生于执行阶段，但是法院行使的裁决权，本质上仍然属于审判职能。这就决定了以审判为中心完全可以兼容减刑、假释。

推进以审判为中心的诉讼制度改革，需要做好两方面工作：一是着力推进庭审实质化建设；二是积极推进审前程序的制度重构。③ 具体到减刑、假释，检察监督实质化是落实好这两方面工作的必然要求。从前一方面看，对减刑、假释庭审而言，检察机关既是不可或缺的参与方，又是重要的程序启动者④。检察机关当庭质证、发表检察意见等履职行为的质量和效果，与庭审整体的质量和效果息息相关。换言之，检察监督实质化与庭审实质化是一脉相承的。从后一方面看，在减刑假释案件的审前程序中，检察机关通过列席评审会、审查调查、反馈意见等方式，对监狱提请减刑、假释活动进行全程监督，在审前程序中发挥重要制约作用。可见，强调减刑、假释检察监督实质化，与以审判为中心的诉讼制度改革，是相互贯通的。

（二）减刑、假释检察监督实质化是发挥检察职能独特优势的重中之重

如前所述，以审判为中心并不否认法院之外其他参与主体的地位及作用。具体到减刑、假释，也就是要肯定刑罚执行机关和检察机关的重要性。比较地看，检察职能在减刑、假释中具有独特优势。具体如下：

一是兼容性。即检察职能具有与司法判断和行政管理两相适应的特点。提出检察意见、调查取证、参与庭审，体现了司法判断；开展派驻检察、巡回检察，对刑罚执行机关的监管执法实行动态监督，则与行政行为的主动性、单向性契合。相比之下，刑罚执行机关无从影响法院的审判程序，法院则无从介入刑罚执行机关的日常监管执法活动。

二是全覆盖。减刑、假释中的考量因素，并不以自由刑执行期间和羁押场

---

① 陈卫东：《以审判为中心：解读、实现与展望》，载《当代法学》2016 年第 4 期。
② 曾娇艳：《减刑庭审实质化的必要与可能——从减刑是罪犯的权利说起》，载《湖北社会科学》2019 年第 1 期。
③ 陈卫东：《以审判为中心：解读、实现与展望》，载《当代法学》2016 年第 4 期。
④ 检察异议可以启动减刑、假释的开庭审理、重新审理程序。

所为限，如犯罪性质、情节及刑罚轻重，财产性判项之履行，社区影响及再犯罪危险等，均在考察范围内。检察机关既参与侦、诉、审等执行前诉讼环节，又对交付执行、财产刑执行、社区矫正等后续环节具有监督职责，这有利于全面衡量减刑、假释的合法合理性。

三是多元化。检察机关对于发现的一般违法不当情形，可提出纠正意见或检察建议，被监督单位有回复及整改的义务。这体现了"柔性监督"。若检察异议关涉减刑、假释的合法性、正当性但不被采纳的，则可启动开庭审理或重新审理程序，由此增进了监督的刚性。对于司法工作人员涉嫌徇私舞弊减刑、假释的，则可立案侦查，体现了较强的威慑力。三种行权方式综合为用，有利于护卫刑罚变更执行公正。

不过，应该看到，减刑、假释中检察职能的独特优势，主要体现为立法层面的制度设计，具有粗线条和静态特点。申言之，制度效能无法通过制度设计本身"自动"实现。规范层面的职能优势要在实践中激活，就应避免出现"盛名之下，其实难副"，避免办案沦为"程序性空转"，即应做到检察监督实质化。

（三）减刑、假释检察监督实质化是回应当前检察工作问题现状的破题之要

从近年减刑、假释中检察履职现实表现看，虽总体向好且局部不断优化，但相对于其职能配置的独特优势，与合理期待应该说还有差距。存在的问题，一言以蔽之，即监督浅表化。虽然实行同步监督，但无论在提请阶段，还是审理、裁定阶段，检察院似乎更多扮演了"见证者"的角色。对于批量受理的监狱提请减刑案件，检察意见"附议"的占绝大多数，有限的纠正意见中，尚不乏"技术性异议"[①]。而对于法院的裁定，即使与检察官看法相左，往往也会默许，以致启动重审之程序长期处于"存而不用"状态。另外，近年来"减假暂"领域司法反腐力度加大，一些监狱为规避风险，存在怠于行使减刑、假释提请权倾向，即对符合减刑、假释条件的罪犯不及时提请减刑、假释。对此，依相关规定检察院有监督之责，而实践中则鲜有启动监督纠正程序者。已有法院人士注意到这种监督之不足，认为"在减刑、假释案件审理中，

---

① 所谓"技术性异议"，是指虽然针对监狱的提请减刑建议提出了不同意见，但这种异议只是出于技术性原因。最常见的情况，如由于批量办理案件需要较长时间，以致监狱对一部分罪犯提出的减刑幅度，在检察院书面审查过程中出现了"不够减"的问题，故在反馈的检察意见中提出了下调减刑幅度的"异议"。

检察机关往往更注重合法性监督，而办案职能作用发挥不够"。①

要破解上述监督浅表化问题，就需要反其道而行之，即在减刑、假释检察监督实质化上下功夫。

二、减刑、假释检察监督"诉讼化"改造方案评析

在对我国减刑、假释制度的研究中，刑罚执行前的诉讼程序（狭义上的"诉讼"）常被论者有意无意作为制度评价与续造的参照系，由此开出的"药方"，撇开具体观点的分歧，大致不妨统称为"诉讼化"改造方案。在此方案中，法院职能基本不变，检察院职能则有功能性改作，且这种改作被认为能更有效发挥检察职能，因此也可以说，"诉讼化"改造方案提供了一种回应减刑、假释检察监督实质化论题的备选答案。但该答案是否合理可行，尚需审慎辨析。

统观学界和实务界提出的"诉讼化"改造方案，检察院被赋予了三重角色，以下逐一进行考察。

（一）"提请者"角色

执行机关提请减刑、假释的规定，可追溯至我国1979年刑事诉讼法。②按现行规定，由执行机关向法院提请减刑、假释，检察院可向前二者提出书面意见。近20年间，屡有论者主张应由检察机关提请减刑、假释。该主张是否确当，极有回应之必要。

在主张由检察院提请减刑、假释的基本看法之下，就如何赋予检察院"提请者"角色，论者又存在如下不同观点。

第一种观点可称为"显性赋权"说。其基本构想是：刑罚执行机关经过考察和评定，认为符合减刑假释条件的，提出减刑假释意见书，连同案卷材料移送检察机关。检察院审查后符合法定条件的，提请法院审理，不符合条件的退回刑罚执行机关。③简言之，即一切减刑、假释案件，经过执行机关的前期工作后，均由检察院直接提请法院裁决。

---

① 罗智勇、董朝阳、孙自中：《〈关于加强减刑、假释案件实质化审理的意见〉的理解与适用》，载《中国应用法学》2022年第3期。

② 1979年《刑法》第162条第2款规定，被判处管制、拘役、有期徒刑或者无期徒刑的罪犯，在执行期间确有悔改或者立功表现，应当依法予以减刑、假释的时候，由执行机关提出书面意见，报请人民法院审核裁定。

③ 刘博法、祁云顺、吴轩：《减刑、假释提请权的归属变革》，载《中国检察官》2021年第21期。

第二种观点可称为"隐性赋权"说。持此观点的论者预设减刑假释活动中存在"异议",并视检察院为审前程序中的异议裁决者。在提请环节,与执行机关意见相左的"异议人"可以诉诸检察机关,由后者在听取双方意见及调查核实后作出决定。"检察机关决定不得提请减刑假释的,禁止刑罚执行机关向法院提请减刑假释,法院也不得受理;检察机关决定应当提请减刑假释的,刑罚执行机关应当向法院提出减刑假释的建议。"①可见,依此说,形式上仍由执行机关行使提请权,但检察机关有权决定"是否提请"。

无论是"显性赋权"还是"隐性赋权",均系对刑罚变更执行中公权关系的重大调整。从论者所持理由看,根本性的一点是视减刑、假释提请权为司法权。②然而,在我国,"何为司法、何为司法权这一理论议题本身就存有争议"③,以司法权证立减刑、假释提请权之应然主体,说理上很难透辟。何况,即使认定减刑、假释提请权为司法权,也无法当然地认为应由检察院行使。笔者不赞成前述主张,主要考虑到检察院对减刑假释缺乏一如刑罚执行机关那样的"亲历性"。无论是提请环节的书面审查及调查,还是体现日常监督的派驻检察、巡回检察,检察机关对罪犯服刑改造情况的掌握,总是间接性的。相反,刑罚执行机关不像公安机关、检察机关在审前程序中那样,既是犯罪事实的事后发现者、还原者,更是改造事实的参与者、见证者,故比附"公安侦查—检察起诉"程序,设计"监狱呈报—检察院提请"程序,逻辑上是不严谨的。

此外,由检察院一般性行使减刑、假释提请权之主张,还存在另一种可"击"之"懈",即审查起诉犯罪与审查提请减刑假释,是两种思维运用截然不同的工作。前者是就一起或数起涉嫌犯罪的行为进行负面评价。后者则侧重对罪犯在一段时间里的整体表现进行正面评价。这种以积极评价为主导的法律实施,是否为检察机关所擅长,是大可质疑的。甚至于,这种评价应否纳入司法控制的范畴,应以何种限度接受司法控制,也大有可探讨空间。

为此,我国一些认可西方国家信用减刑、法定假释制度的学者,提出了涉及检察院行使提请权问题的第三种观点。第三种观点可称为"例外赋权"说。该观点主张,对于绝大多数表现"不坏"的罪犯,可依法按期自动获得减刑,

---

① 张庆立、牛汉:《减刑假释同步监督程序的类诉讼化构建》,载《犯罪研究》2017年第3期。

② 参见刘博法、祁云顺、吴轩:《减刑、假释提请权的归属变革》,载《中国检察官》2021年第21期。

③ 周新:《论我国检察权的新发展》,载《中国社会科学》2020年第8期。

并由此预定假释的时间及考验期。程序上,这种减刑可以由刑罚执行机关以行政裁决的方式决定①,或依法在判决交付执行时就按既定比例确定②。在后续服刑期间,罪犯如有"不良"表现,刑罚执行机关应向检察机关移送撤销减刑、假释的证据材料,由后者向法院起诉撤销减刑乃至假释。

不难看出,与前面相比,第三种观点在"诉讼化"改造方面又推进了一步,表现为:检察院的"撤销之诉"与传统的刑事公诉权更加趋同化。从权能看,公诉权历来是检察院的"重头戏",已然相当"实质化"。由此而论,该观点也不失为促进减刑、假释检察监督实质化的有效之策。然而,综合权衡,该设计同样未尽合理。

笔者认为,"撤销之诉"检察模式的最大隐患在于,打破减刑、假释的现有公权力关系,恐与"以审判为中心"的改革路线有抵牾,使检察权轻重失当。这是因为,基于该设计,绝大多数罪犯的减刑将无需经过法院审理程序;对少数罪犯减刑之撤销虽由法院决定,而程序启动却在执行机关和检察机关。减刑的维持与撤销又会相应影响到假释。这样看来,审判职能的弱化几成必然之势。可以设想,对于服刑期间有"坏"表现的罪犯,如执行机关不移送证据材料,或检察机关不提请撤销,将出现"不应减而减"的结果。

当然,信用减刑奉表现"不坏"为实体标准,降低了减刑门槛。但仅此不足以防止权力滥用。在西方国家,"不应减而减"之所以没有成为一个值得关注的问题,减刑幅度小、徇私空间有限是一个重要原因,如单次减刑多以"天"计算,"一名罪犯最终可能所减的刑期最多为原判刑罚的五分之一或三分之一"③。对罪犯而言,如此小幅度减刑之所以可接受,是因为假释才是重点。据悉,主要西方国家"罪犯出狱的形式均以假释为主,假释人数占50%—90%不等"④。反观我国,"假释比例只有百分之一左右"⑤。受民众观念、社区发展程度、配套制度保障等条件制约,扩大假释适用率必将是个漫长过程。在假释无法大幅、迅速放开的国内背景下,维持较大幅度的减刑,对激励罪犯积极改造是必要的,而这也意味着,对"不应减而减"问题,切不可

---

① 曾娇艳:《减刑庭审实质化的必要与可能——从减刑是罪犯的权利说起》,载《湖北社会科学》2019 年第 1 期。

② 张亚平:《法国减刑、假释程序司法化之演进及其启示》,载《法商研究》2014 年第 5 期。

③ 黄永维:《中国减刑假释制度的改革与发展》,法律出版社 2012 年版,第 48 页。

④ 司法部预防犯罪研究所减刑假释问题研究课题组:《国外减刑、假释制度的发展现状及其对我国的启示》,载《犯罪与改造研究》2014 年第 6 期。

⑤ 参见最高人民检察院指导性案例"罪犯康某假释监督案"(检例第 71 号)。

放松警惕。

（二）"对抗者"角色

不同于刑事诉讼中的控辩对抗，长期以来较普遍的看法是，"作为'权利享受型的程序运作过程'，减刑假释案件庭审很难形成真正意义上的对抗式诉讼格局"①。但是，近年来，一些论者不满于此，倾向于肯定减刑、假释中对抗式关系构建的可能性与必要性。

由于法院的居中审判者角色无可争议，故可能"对抗"的主体有：执行机关、检察机关、罪犯。受控辩审三方构造启发，检方又被视为对抗关系中不可或缺的一极，由此形成了以下两种对抗模式。

1. 检察机关—执行机关。一方面，论者普遍认为，当前的减刑、假释庭审中，刑罚执行机关和检察机关之间缺乏对抗，后者对前者的提请建议，大多是"一边倒"地同意。另一方面，该现状又被认为并不符合刑事诉讼活动自身规律。如有论者提出，"罪犯被判处并执行刑罚，源于检察机关提起公诉，是通过求刑权的实现而产生的结果"②。由于刑罚变更适当与否，关乎求刑目的实现与否，故"刑罚执行机关与检察机关在刑罚执行变更阶段，是天然存在着潜在的诉求冲突的"③。对此，论者进一步举例阐释，认为着眼于主观恶性差异，对刑罚执行机关就故意杀人、抢劫、强奸等严重暴力犯罪罪犯提出的减刑、假释建议，检察机关按说是有可能提出异议的，即"在此情形下，案件有可能具有一定的对抗性"④。

2. 检察机关—罪犯。前一种观点受到质疑，理由是，刑罚执行机关并非减刑假释实质化审理的对象，并不具有减刑假释实质化审理中被审理的诉讼地位，只有被提请减刑假释的罪犯本人，才是减刑假释实质化审理的对象。⑤ 刑罚执行机关既已被否认具有诉讼地位，庭审中的对抗，似只能在检察机关和罪犯之间寻求可能了。有论者认为，在罪犯、刑罚执行机关、检察机关三者间，

---

① 曾娇艳：《关于减刑假释庭审实质化的几点建议》，载《中国应用法学》2017年第5期。

② 熊秋红：《推进减刑、假释案件实质化审理，必须审理回归司法程序》，载《人民法院报》2021年12月11日，第2版。

③ 熊秋红：《推进减刑、假释案件实质化审理，必须审理回归司法程序》，载《人民法院报》2021年12月11日，第2版。

④ 熊秋红：《推进减刑、假释案件实质化审理，必须审理回归司法程序》，载《人民法院报》2021年12月11日，第2版。

⑤ 鲁兰：《实质化审理不应再置监狱机关于舆论风口浪尖》，载为你辩护网2022年6月1日。

前二者"都是减刑假释案件的利益相关者",检察机关"代表国家行使法律监督职能,从而在一定程度上与罪犯和刑罚执行机关的立场相对立",但是,作为减刑假释制度的适用主体,"其立场又与刑罚执行机关的立场具有一定的相同性"。这样"排除"下来,结论就是:将刑罚执行机关与检察机关相对抗的对抗模式,改为服刑人员(或服刑人员与其代理律师)与检察机关相对抗的对抗模式,让刑罚执行机关仅作为提供证据材料的证人出庭。①

3. "对抗模式"论之反驳。上述两种观点,虽有具体构思上的分歧,但都认同某种模式化的对抗关系,并视其为完善减刑、假释制度,强化检察监督职能的必由之路。对此,笔者不敢苟同。

首先,预设意义上的对抗模式在减刑、假释中不存在。刑事公诉与刑罚(变更)执行,虽有时间和逻辑上的联系,但仍遵循相互独立的运行机理。从实体上看,罪犯服刑期间改造表现是审查减刑、假释的重点,至于犯罪性质、情节、犯罪人主观恶性、原判刑罚等,固然也是需要考虑的因素,但在立法及司法解释中多已明确规定,且在提请时已纳入考量,故并不必然成为"争议点"。从检察权特性看,求刑权绝不意味着"重刑"倾向,监督也非一味倾向于对提请建议说"不",故论者所谓"诉求冲突",即使加上"天然""潜在"等限定成分,仍不免令人费解。至于罪犯,称其为减刑、假释的利害关系人也好,审理对象也罢,因其不是自身权益的独立主张者,不是程序的启动者和推进者,不是检察监督的对象,故无法与检察机关形成对抗关系。

其次,或然性的对抗关系在具体情境下可以存在。尽管不存在如"控辩对抗"那样一般性的对抗模式,但或然性的对抗关系在减刑、假释中仍有可能出现,其大致情形有二。一是在提请环节,检察机关如不同意监狱内部关于减刑、假释的阶段性意见,则"对抗"出现。在监狱向法院正式提请前,如监狱决策者最终采纳检察意见,则对抗关系消失,否则继续存在。二是在庭审环节,围绕提请环节最终没有解决的争议,检察机关与刑罚执行机关在庭上形成对抗关系。

最后,不应过度放大对抗机制对于程序公正的积极作用。以审判为中心要求庭审实质化,"两造对抗"也确实为还原事实真相提供了推力。但是,这是不是说,庭审实质化必须以有对抗性的两造为前提呢?换言之,无对抗关系是否就无所谓庭审实质化?考虑到减刑、假释的特殊性,笔者对此表示质疑。庭审实质化要求事实认定、证据采信、法律适用应当完成于庭上。那么,当刑罚

---

① 参见曾娇艳:《关于减刑假释庭审实质化的几点建议》,载《中国应用法学》2017年第5期。

执行机关和检察机关对于减刑假释案件中的事实、证据意见一致时,法院是否只能支持呢?这在现行刑事诉讼法中没有依据,也不符合减刑、假释案件审理实践。尽管在大多数案件中,法院支持了监狱和检察院的主张,但确实存在相反情况,即监狱和检察院都赞成减刑、假释,但法院通过当庭提问,形成不同看法,最后裁定不予减刑、假释,或虽裁定减刑但调低减刑幅度。我们自然不能因为后一种情况下不存在"两造对抗",就认为该庭审是非实质化的。在笔者看来,对于减刑、假释而言,庭审实质化的本质在于严控事实认定和证据采信的标准,且强调法院必须独立承担判断责任,即使不存在对抗关系,也不能降低标准。对于检察机关而言,如能"抓前端",促使执行机关在开庭前就采纳合理意见,确保案件事实和证据经得起考验,也就无须寻求庭审中的"对抗"了。

(三)"抗诉者"角色

与二审终审制不同,减刑、假释案件实行一审制,检察院对法院裁定之异议表达,采取提出书面纠正意见而非抗诉的方式。对此,有论者从增强监督效果的考虑出发,建议修改刑诉法规定,明确赋予检察机关在二审及审判监督程序中的抗诉权,取代提出"书面纠正意见"。理由如下:

一是书面纠正意见性质不明。《刑事诉讼法》第274条规定,人民检察院认为人民法院减刑、假释的裁定不当,应当在收到裁定书副本后20日以内,向人民法院提出书面纠正意见。人民法院应当在收到纠正意见后1个月内重新组成合议庭进行审理,作出最终裁定。论者认为,书面纠正意见在这里类似二审抗诉,但并非向上一级法院提出的,故性质不明。[①]

二是书面纠正意见缺乏立法赋权。依据《人民检察院办理减刑、假释案件规定》(以下简称《规定》)第22条、《人民检察院刑事诉讼规则》第641条,人民检察院发现人民法院最终裁定仍不符合法律规定的,应当向同级人民法院提出纠正意见。《规定》第22条还明确要求"提请人民法院按照审判监督程序依法另行组成合议庭重新审理并作出裁定"。有论者认为,最高人民检察院的上述规定有越权嫌疑,"因为法律并未赋予人民检察院再次提出书面纠正意见的权力"。[②]

笔者认为,上述理由有一定道理,但据此不足以否定现行制度安排的合理

---

① 参见孙颖慧:《我国减刑程序诉讼化改造之路径思考》,载《法学杂志》2021年第4期。

② 王志祥、敦宁:《论我国减刑、假释程序的完善》,载《山东警察学院学报》2010年第3期。

性。换言之,变一审制下的书面纠正意见为二审制下的抗诉,实无必要。理由如下。

其一,"二审抗诉"说不符合检察机关在减刑、假释中的职权定位,在诉讼理论上无法自圆其说。"诉"以争议为前提。具体到刑事诉讼,检察机关在二审程序下的抗诉权,"从法理方面看是类似'一造当事人'权利,是公诉权的延伸"[①]。不可否认,法律效果上,"书面纠正意见"能够启动法院重审程序,与刑事二审抗诉大致相当,但在减刑、假释中,检察机关其实并不行使诉权,甚至于刑罚执行机关的提请权,可否等同于诉权,亦有可疑之处。故不取抗诉而取"书面纠正意见",以示区别,于诉权理论之周延实有助益。

其二,减刑、假释案件的自身体量与抗诉程序不匹配。刑事公诉案件一般具有事实还原难、取证质证难、法律适用难的特点,且关乎剥夺、保护公民权利,修复因为犯罪受创的社会关系,兹事体大,不可不慎。故刑事诉讼法设置了二审终审制,赋予检察机关在二审和再审程序中的抗诉权。反观减刑、假释案件,如前所述,刑罚执行机关全程参与和见证罪犯的服刑改造过程,除了作为国家执法机关的内部监督约束机制外,还有检察机关的日常监督作为保障,事实确认的难度远低于前者。而且,与定罪量刑的规定、理论和技术相比,减刑、假释在法律适用上也相对简单,故没有必要通过抗诉将案件交由上级人民法院审理。从现行规定看,减刑、假释案件审理"起步"便是中级人民法院,死缓、无期徒刑罪犯案件更是由高级人民法院审理,很大程度上已算是"高配",从繁简分流、节约司法成本考虑,常规性引入两级司法机关并不可取。

其三,现行制度在因应程序正义需求方面具有更多合理性。"书面纠正意见"在实质法律效果上与抗诉相当,在效率和成本上则优于抗诉。对收到裁定书副本后 20 日内提出的书面纠正意见,与其质疑其"性质不明",不如肯定其从案件实际出发的灵活变通性。对"最终裁定"作出后提出的书面纠正意见,虽无刑事诉讼法上的依据,但与刑事诉讼法现有规则并无抵触,且已为司法实践所接纳,对制度完善实有积极作用。当然,一些争议也值得正视。比如,对于后一种"书面纠正意见",能否径行纳入审判监督程序的范畴,法检

---

① 封安波:《论我国检察权的"三层级"结构——基于〈宪法〉与〈刑事诉讼法〉衔接的考量》,载《法学家》2015 年第 4 期。

两家的认识似有分歧。① 不过,这种认识差异,尚未妨碍实务操作。何况,变"书面纠正意见"为抗诉,有可能遮蔽减刑、假释活动的特殊性,"强行"整齐划一的结果,可能导致更多理论歧义,故非为上策。

总之,从当前"诉讼化"改造方案的主要观点及主张来看,虽不乏理论开拓的勇气,但有简单"一刀切"之嫌,在大胆"拿来"的同时,选择性忽略了"水土不服"的问题。笔者认为,"诉讼化"可以为减刑、假释制度的完善,尤其是该过程中检察监督的实质化,提供思路和策略上的若干启发,但不意味着对现有制度的"推倒重来"。

三、减刑、假释检察监督实质化的进路探索

与热衷于"重构"的论者不同,笔者认为,我国关于减刑、假释的现行制度设计,整体上看是适当的,且预计会在较长时期内保持稳定。故笔者无意于对现行制度作全局性、结构性调整,而旨在依循减刑、假释活动可能的规律,结合司法实践,有侧重点地提出几条建设性的意见或建议。

(一)增设检察机关提请减刑、假释特别程序

撇开可能的理论争执,从实务层面看,当刑罚执行机关积极行使减刑、假释提请权时,检察机关可以通过提出检察意见,进行程序内监督,且实际效果未必不及检察机关直接提请。但是,当刑罚执行机关怠于履行职责,即对本应提请减刑、假释的罪犯,采取消极不提请态度,且拒不接受检察机关提请建议时,如何保障罪犯获得刑事奖励的正当权益?除了赋予检察机关特别提请权,似无更好的办法。

---

① 对于减刑、假释重新审理(经检察院提出书面纠正意见或法院自行发现错误),刑事诉讼法和最高人民法院相关司法解释中均无"审判监督程序"之明确定性。有法院系统人士撰文指出,2012年最高人民法院《关于办理减刑、假释案件具体应用法律若干问题的规定》(法释〔2012〕2号)之所以未要求人民法院应按照审判监督程序纠正减刑、假释裁定错误,是考虑到"规定人民法院应按照审判监督程序纠正减刑、假释裁定错误,有突破法律规定之嫌。而且,按照审判监督程序审理减刑、假释案件还可能产生一些难以控制的问题,如具体应适用一审程序还是二审程序、对裁定结果能否上诉、抗诉,等等。"参见黄永维:《中国减刑假释制度的改革与发展》,法律出版社2012年版,第203页。2014年《人民检察院办理减刑、假释案件规定》(高检发监字〔2014〕8号)第22条则规定,"人民检察院发现人民法院已经生效的减刑、假释裁定确有错误的,应当向人民法院提出书面纠正意见,提请人民法院按照审判监督程序依法另行组成合议庭重新审理并作出裁定"。另外,检例第70号宣告缓刑罪犯蔡某等12人减刑监督案文本中亦明确提及减刑、假释"审判监督程序"。

当然，鉴于刑罚变更执行在执行实施环节固有的行政权属性①，即使肯定检察提请之必要性，执行机关的首次判断权仍应得到充分尊重。为此，程序设计可以是：罪犯依法应当被提请减刑、假释（具体包括：有重大立功表现的罪犯；与同批次进入提请的其他罪犯改造表现相当，且别无不宜提请之正当理由，"确有悔改表现"的罪犯），而执行机关不提请的，人民检察院应当提出检察建议。执行机关对建议不予采纳的，由人民检察院提出建议书，报请人民法院审核裁定。

在提请权因时因事改由检察院行使时，举证能力及责任将成为关乎改制成败的关键因素。2014年的《人民检察院办理减刑、假释案件规定》对检察院办理减刑、假释案件提出了调查核实的要求。2018年修改后的人民检察院组织法更从法律层面肯定了人民检察院行使法律监督职权"可以进行调查核实"。但是，考虑到当前检察院在调查核实中普遍存在的约束力欠佳、有关组织及个人不尽配合等问题，着眼于刑事法律关系中维护服刑人员正当权益的重要性和紧迫性，在调查核实"赋能"之外，尚需法律在举证问题上给予更多"关照"。有论者从刑事执行权是行政权的认知出发，主张恢复被执行人在刑事执行中的行政法律关系主体地位，允许其通过行政诉讼维护权利。② 此说在目前缺乏现实可行性，但从行政法律关系的视角寻求权利救济的思维颇有见地。笔者认为，不妨借鉴行政诉讼法中的举证责任倒置，规定：当人民检察院提请减刑、假释时，执行机关对相关罪犯接受监管改造情况负有举证责任，应当向人民检察院和人民法院提供该罪犯在刑罚执行期间的计分考核、奖罚、消费等方面证据和所依据的规范性文件。

作为特别程序，检察机关提请的减刑、假释案件，与执行机关提请且"人民检察院有异议的"案件，本质上是相通的。故参照最高人民法院《关于减刑、假释案件审理程序的规定》第6条规定，应由人民法院开庭审理。此种情形下，执行机关与检察机关在庭审中构成对抗关系，双方应分别就自己的主张举证说理，最后由法院居中作出裁定。

（二）优化提升减刑、假释同步监督办案模式

在对减刑、假释中有关机关职能定位的审视和反思中，近年出现了一种对检察机关"不利"的声音。如法院系统有人士认为，在减刑、假释案件审理

---

① 在刑罚变更执行性质认定上，有行政权说、司法权说、司法权和行政权统一说。笔者认为，刑罚变更执行无法脱离刑罚执行而自在。后者的行政权属性已是共识，这就决定了前者至少是部分地具有行政权属性。

② 曾文远：《行政诉讼对刑事执行进行监督的法理》，载《财经法学》2020年第5期。

中，检察机关往往更注重对于刑罚执行机关、审判机关职务行为的合法性监督，而对于罪犯是否符合减刑、假释的办案职能作用则发挥不够。① 还有论者提出，正是由于检察机关的职能缺失，执行机关排他性地承担了对减刑、假释案件的审查把关职能，这就为以后可能的追责埋下了伏笔，即一旦罪犯又犯罪引发舆情，"监狱机关不得不单方面为罪犯曾经获取的减刑假释买单"。该论者由此发出了"实质化审理不应再置监狱机关于舆论风口浪尖"的呼吁。②

上述观点似不无道理，但在检察人员听来不免有些"异样"感觉。因为，与论者"重监督，轻办案"的批评相反，检察系统近年自上而下恰恰高度重视办案，提出了"在监督中办案，在办案中监督"司法理念，推行了"重大监督事项案件化办理"改革。在刑事执行检察领域，也实现了从"办事"模式向"办案"模式之转变。减刑、假释作为"重大监督事项"，其同步监督亦采取了办案模式。何以其他法律同行会有"办案职能发挥不够"的感受呢？

笔者认为，上述反差的出现，首先与"旁观者"的解读方式有关。在"办案"与"监督"的认知上，论者把执行前程序中的"提起公诉"与"审判监督"当作模型，自觉不自觉地套用于检察院在减刑、假释中的"办案"与"监督"，而忽视了后者应然且必然具有的特殊性。这是需要指出的。

不过，检察系统外人士的看法虽有偏颇，却仍"旁敲侧击"地提示了当前检察工作客观存在的缺弱。依笔者之见，现行减刑、假释同步监督办案模式，似更多着力于规范化建设，而在职能发挥实质化上力有不逮。其偏重形式上的整体划一，注重检察系统内部业务管理（如设置"提请中审查—提请后审查—裁定审查"的"三段式"办案；在每一段办案中设定"受理—审查—结案"节点；在办案各环节配备对内对外一系列法律、工作文书，并要求文书入卷归档），而在事实证据的实质审查、法律适用的说理论证、参与主体的横向互动上，则成效不明显，无法符合外界对检察"办案"的合理期许。

为此，笔者认为，可从以下几方面优化提升减刑、假释同步监督办案模式。

---

① 罗智勇、董朝阳、孙自中：《〈关于加强减刑、假释案件实质化审理的意见〉的理解与适用》，载《中国应用法学》2022年第3期。

② 鲁兰：《实质化审理不应再置监狱机关于舆论风口浪尖》，载为你辩护网2022年6月1日。

三、法律监督机制现代化

1. 通过"反向排除"厘定"确有悔改表现"判断规则。认定是否"确有悔改表现",是减刑、假释司法实践中的重点和难点问题,也是实质化监督必须要啃的"硬骨头"。对罪犯计分考核结果的依赖,是实践中的一贯倾向,一直以来广受诟病。今天的论者则普遍强调罪犯主观想法的真实性,这当然是对的。只是,主观方面的认定,仍需以客观依据和广泛共识为基础,而非"察言观色""捕风捉影"式的臆测。这就需要细化规则构建,强化规范指引。

司法判断更偏重"负面评价"(如是否违法,是否侵权,是否行政不作为,是否犯罪)。为此,可行的策略是:取逆向思维,在减刑、假释的司法解释中进一步明示列举"否决事由"(即不认定确有悔改表现之情形),反向增强"确有悔改表现"条款适用的确定性,使检察机关监督实体问题更有"底气"。这在"两高两部"《关于加强减刑、假释案件实质化审理的意见》(以下简称《意见》)中已有初步体现。《意见》第5条、第7条、第9条指出,缺乏事实支撑、罪犯自书材料弄虚作假、故意不履行财产性判项、刻意隐瞒个人身份信息等情形下,"不认定罪犯确有悔改表现"。今后,可在实践积累基础上,适当拓展该"负面清单"内容。

当然,"排除法"的运用是有局限性的。一方面,相较于现实中形形色色的改造表现,可以"一票否决"的事项是很有限的(如大部分罪犯可能不存在刻意隐瞒个人身份信息问题)。为避免"一棒子打死",在司法解释和中央规范性文件层面,设定"一票否决"规则必定要反复论证、慎之又慎。另一方面,对于地方司法实务而言,上位规范中的排除式规定可能仍是粗线条的(如《意见》第7条规定,拒不交代赃款、赃物去向的,不认定罪犯确有悔改表现。那么,如果不是"拒不交代",而是交代不清,真伪难辨,无法查证的,如何认定)。对此,有以下两种解决办法。

一是出台地方层面的细化规则。省级法院、检察院、司法行政机关可以联合出台规范性文件,对"确有悔改表现"的事实认定和法律适用,作出法律和司法解释框架内符合本地执法司法实际情况并达成共识的进一步界定。如山东省公检法司四机关出台《关于办理减刑、假释案件的实施细则》①。其中规定,"对赃款赃物去向描述过于简略导致检察机关、人民法院无法据以核查或与犯罪数额差距较大而不能作出合理解释的","对尚未追缴的违法所得或尚未返还被害人的合法财物,应提供相关证据或证据线索,无正当理由不能提供相关证据或证据线索的",一般不予减刑。上述规定体现了对"两高两部"

---

① 该规范性文件系山东省公检法司四机关于2021年11月30日联合印发,2022年4月1日起执行。

《意见》第 7 条的细化，对司法实践有很强的指引作用，值得各地充分借鉴。

二是加强检察指导性案例的引领示范功能。规范性文件具有不同程度的抽象性，与司法办案实际多少存在"隔膜"。案例指导可以弥补这方面不足。尤其是在减刑、假释领域，现有的两批指导性案例均系最高人民检察院发布，检察系统的优势是显见的。检察指导性案例在进一步释明静态规则的同时，应特别注重在证明和推理上引导实践。比如，减刑、假释案件的证明标准为何？有人根据刑事诉讼法中关于起诉案件的证据规定，认为是"排除合理怀疑"[①]。此看法把追究刑责与给予刑事奖励等同视之，有"照葫芦画瓢"之嫌。又如，最高人民法院《关于办理减刑、假释案件具体应用法律的规定》第 2 条规定，对于罪犯符合"可以减刑"条件的案件，在办理时应当"综合考察"相关因素。如何综合考察，也是需要廓清的。为此，检察指导性案例可以着重"瞄准"两类案件：（1）罪犯改造表现良好，但是犯罪主客观方面有消极因素的；（2）罪犯改造表现既有积极事实，又有负面事实的。理由是：这两类"混合型"案件或更合乎罪犯服刑改造的一般情形，且自带"定性"难度，以此为素材的检察指导性案例，有望最近距离助力实践，最大限度发挥借鉴作用。

2. 在减刑监督办案中增设假释附带审查机制。"减刑为主，假释为辅"的局面在我国或将长期存在。不过，一方面，参酌世界各国情况，扩大假释适用率似是大势所趋。另一方面，我国现行假释制度的活力本就受到相当程度的抑制。因此，激活假释制度的优越性，应当成为检察监督实质化的一个重要着力点。

当然，从刑法条文看，与减刑分为"可以减刑""应当减刑"不同，假释只有"可以假释"。按最高人民法院司法解释，罪犯同时符合减刑和假释法定条件的，"可以"优先适用假释。故对实践中极为普遍的"减刑排挤假释"[②]现象，可否认定为不折不扣的"违法"情形，或许不无探讨余地。不过，检察监督实质化不应局限于"应当"条款的适用，而应致力于相关条款在个案中都得到正确适用。如《人民检察院刑事诉讼规则》第 636 条第 2 项规定，"对依法应当减刑、假释的罪犯，不提请人民法院裁定减刑、假释的"，人民检察院依法应当提出纠正意见。该条款所称的"应当假释"，显然是指考虑具体案情后认为假释"实有必要"。最高人民检察院第十九批指导性案例中的"罪犯康某假释监督案"（检例第 71 号）是为例证。

---

① 参见彭云杰、王俊威：《适应实质化审理要求优化减刑检察监督》，载《检察日报》2022 年 4 月 1 日，第 3 版。

② 张亚平：《我国减刑、假释关系之反思与重构》，载《法律科学》2016 年第 4 期。

尽管有"两高"司法解释和指导性案例的调节，但在当下实践中，对"应当假释而不提请假释"之监督，更多还是依靠检察官能动履职的自觉性，而这是远远不够的。笔者建议，可在减刑监督办案中增设假释附带审查机制。具体如下：

检察官在办理减刑提请活动审查案件中，对符合减刑条件（确有悔改表现）的罪犯，应当进一步审查其是否符合假释条件。对符合服刑期限、犯罪类型等假释法定"硬指标"的罪犯，应与执行机关联系，查证其是否符合假释实质条件（没有再犯罪危险，对所居住社区无消极影响）。经审查及调查，认为符合假释条件的，应向执行机关提出建议提请假释的检察意见。执行机关不采纳意见的，检察机关可依前述特别程序直接向法院提请假释。

3. 借力被害人在事实查明中的积极作用。纳入被害人是完善减刑、假释程序的又一惯常主张。遗憾的是，对被害人介入程序的理由及方式，认识似颇为含糊。从被害人与罪犯的对立关系出发，前者被视为减刑、假释当然的利害关系人。然而，一个无法回避的事实是，减刑、假释制度的考察重点是罪犯的服刑改造表现，而被害人通常对此并无了解。被害人的报复性情感对司法者客观评判亦有弊无益。[①] 程序介入被径行视为被害人的权利，衍生出各种具体权利，如知情权、表达权、申诉权[②]，如庭审参加权[③]、听证会参加权[④]、裁定撤销申请权[⑤]、抗诉请求权[⑥]，等等。然而，这些令人眼花缭乱的"权利"对被害人是否有实际意义？是真正有助于司法公正，还是仅系有名无实的"烦文缛礼"？这是大可质疑的。

回答上述问题的关键，在于从实体意义上衡量被害人因素在减刑、假释适用中的应然权重。依据我国现行法律规定并结合司法实践，被害人在实体层面的"贡献"大致包括：（1）假释适用中罪犯人身危险性的评价来源之一。依

[①] 陈伟：《刑罚退出机制视域下减刑假释制度的体系完善》，载《中国刑事法杂志》2022年第4期。

[②] 陈伟：《刑罚退出机制视域下减刑假释制度的体系完善》，载《中国刑事法杂志》2022年第4期。

[③] 有论者设想"检察院和被害方作为监督方出庭"。参见于同志、陈伶俐：《论减刑程序的正当化》，载《中国刑事法杂志》2006年第3期。

[④] 参见孙颖慧：《我国减刑程序诉讼化改造之路径思考》，载《法学杂志》2021年第4期。

[⑤] 杨正万：《被害人参与减刑假释程序思考》，载《政治与法律》2002年第4期。

[⑥] 参见孙颖慧：《我国减刑程序诉讼化改造之路径思考》，载《法学杂志》2021年第4期。

《社区矫正法实施办法》第 8 条第 1 项,对监狱关押罪犯拟提请假释的,监狱应当委托进行调查评估。依该办法第 14 条,社区矫正机构、有关社会组织接受委托后,在调查评估中,应当调查了解被害人意见。(2)罪犯是否"确有悔改表现"的关联主体之一。涉及情形有三:一是罪犯犯罪情节、社会危害程度等方面具体情况①;二是经济赔偿义务的后续履行情况②;三是被害人掌握的罪犯其他违法违纪线索③。

可见,与定罪量刑不同,被害人在刑罚变更执行中的实质作用虽不可忽视,但较为有限。程序配置与此应相匹配。因此,笔者不赞成对被害人专门赋权。如果说减刑、假释确实涉及被害人的利益,那这种利益的实现,也无须通过独立行使某种程序性权利,通过向办案机关提供助益即可。在监狱、检察院、法院三者中,唯有检察院既同步参与了减刑、假释从提请到裁定的全过程,又熟悉执行前诉讼环节,故在使被害人充分发挥作用方面可能更具优势。具体程序设计可如下。

在办理审查提请减刑、假释案件过程中,检察官结合具体案情,认为被害人确有知悉、参与必要的,应告知被害人拟对相关罪犯提请减刑、假释,并征求其意见。被害人表达异议并可能掌握一定事实的,或检察官经书面审查认为有必要向被害人直接核实的,应当通过走访、面询等向被害人了解情况。经调查核实认为被害人有必要参与庭审的,应当告知其可以出庭及出庭相关事宜。被害人明确拒绝出庭的,应作为存疑案件由法院开庭审理。在庭审中结合证据开示、质证的具体情况及需要,可补充开展庭外调查核实。

4. 健全以实效为导向的监督办案管理机制。推行重大监督事项案件化办理,推动刑事执行检察从"办事"模式转向"办案"模式,一个重要的出发点和着眼点是规范检察系统自身业务管理。加强司法管理要避免烦琐化、重复化、低效化,确立以实效为导向的管理理念和方法。建议从以下两方面健全相关机制。

一是设置繁简分流、责任明晰的案件流程。这主要是针对减刑案件而言。如前所述,"三段式"是目前办理减刑监督案件的标准流程。在减刑案件批量办理的前提下,对绝大多数不涉及特定情形(如"三类犯罪",累犯再犯等),

---

① 这些情况在生效裁判文书中有基本反映,但从被害人处掌握更多信息往往仍有必要。
② 如达成刑事和解后被告人在生效裁判作出前未履行到位。参见万莹:《刑事和解协议不当履行的问题及规制》,载《犯罪研究》2021 年第 5 期。
③ 被告人虽然"身陷囹圄",但仍有可能通过一些间接隐秘的方式(如家属会见、狱警"递话"),参与违法违纪行为,并为被害人所获悉。

经第一阶段审查（即提请中审查）无疑义的案件，完整的"三段式"意味着案卡填录、文书制作、审批流转等方面的大量重复事务性工作，在牵扯精力的同时，于检察监督实质化意义不大。第二、第三阶段重新分案使同一起案件在不同阶段可能由不同承办人负责，也不利于明确办案责任。

为此，建议对现行"三段式"办案进行适当"折叠收纳"。为把好"入口关"，第一阶段（提请中审查）办案设计可保持不变；对涉及特定情形，审查中有疑义的案件，循序展开第二、第三阶段办案（完成从立案到结案的各项事宜）；对既不涉及特定情形，又无需要纠正的不当情形的案件，案卡填录、文书制作、审批流转等工作应当从简从略，且不以办案对待。

另外，应确认承办检察官的"全流程"办案责任。可借鉴"捕诉一体"改革思路，规定在办理减刑监督案件时，对涉及同一罪犯的从提请到裁定的各个阶段的监督，原则上应由同一检察官负责。这样一来，检察官在三个阶段的监督意见是否一致，将成为案件评查的一个重要方面，从而进一步压实司法责任。

二是设定体现能动履职要求的办案业绩考评规则。目前，减刑、假释监督办案总体呈现两个特点：（1）基本采取"来案受理"方式，不像办理司法工作人员职务犯罪侦查案件，往往需要主动摸排线索；（2）以认同执行机关和法院的意见为主，仅在小部分案件中提出纠正不当的检察意见。这固然不乏案件本身的客观原因，但与一些检察人员能动履职的意识和能力不足也有关系。要发挥考评"指挥棒"作用，防止减刑、假释监督案件成为"简单案"的代名词。

为此，建议对减刑、假释监督办案的业绩考评，要视专业贡献、智力投入的多寡而体现区分度。例如：（1）通过主动建议，促使执行机关对原本没有提请减刑、假释的罪犯提请减刑、假释的，应当加分；（2）向执行机关或法院反馈不同意见且最终得到支持的，应当加分；（3）发现司法工作人员违法违纪线索，经依法处置予以确认，追究其法纪责任的，应当加分；（4）应当提出纠正意见而未提出，后来通过其他途径得到纠正的，给予扣分；（5）纠正意见未被采纳，没有按规定跟进监督的，给予扣分；（6）对检察官个人批量办理的"附议"式减刑案件，在计算分值时要通过下调办案系数避免出现"以量取胜"。

（三）协同发挥派驻检察、专项检察、巡回检察监督合力

减刑、假释作为刑罚变更执行制度，既有其特定性和相对独立性，又与刑罚执行的其他方面有密不可分的联系。这就决定了一种实质化的检察监督不能局限于只对始于提请而终于裁定的案件流转过程实施监督。我国现行刑事执行

检察体制下的派驻检察、专项检察、巡回检察对此提供了较好的制度支撑。

1. 以派驻检察夯实日常监督，做好减刑、假释重大监督事项的"任务分解"。近年来，在学界和实务界对减刑、假释制度的反思中，出现了一种可称之为"罪犯中心主义"的趋向，即更加强调罪犯本人在减刑、假释庭审乃至全过程中的主体性地位。如辩称减刑、假释审理的对象不是刑罚执行机关及其提请材料[1]，如提出"'确有悔改表现'的科学评定关键不在设定多少情形与指标，而在于罪犯第一人称的现场表达"[2]。这些论断，反映了对减刑、假释制度本质认识的深化，对于纠正执法司法实践中"认指为月"式偏差，有较强的指导意义。

然而，问题的难点在于如何实现对罪犯本人完整、直接、真实的认知。如前所述，与追诉犯罪不同，是否"确有悔改表现"涉及的不是单一行为的评价，而是一定时间区间的整体评价。刑罚执行机关在这方面拥有无可争议的优势。故"各个国家和地区减刑、假释裁决权在司法模式和行政模式之间抉择，更多的采取的是行政模式"[3]。只是，立足我国当前国情，加强执法司法制约监督仍有现实针对性。这方面，法院居中裁判的被动性决定其不应主动介入执行机关的日常监管执法，而检察院的派驻检察则使减刑、假释监督向日常延伸成为可能。

一言以蔽之，检察机关应通过加强派驻检察，亲历式参与罪犯改造事实经过，增加认知罪犯的"厚度"，洞悉提请材料背后的"事"和"人"，配合法院作出客观公允的判断。具体对策有二：

一是注重"两个比对"，抓实精准监督。（1）建立刑罚执行档案，在准确掌握罪犯的罪名、原判刑罚、已执行刑期、是否累犯、上次减刑时间等关乎减刑假释"刚性"要素的基础上，借助必要的科技信息化手段，梳理出可能适用减刑假释的"预备"人员名单，将此名单与执行机关报请减刑假释的名单进行比对，围绕两份名单"对不上"的人员展开重点调查，以确定刑罚执行机关对政策的运用和自由裁量权的行使是否恰当，是否平等顾及每一名罪犯的减刑假释权益。（2）建立罪犯重要奖罚事项报备制度，刑罚执行机关对罪犯因表现优秀或违纪而给予相应奖罚的，若达到一定程度，应当及时向派驻检察

---

[1] 鲁兰：《实质化审理不应再置监狱机关于舆论风口浪尖》，载为你辩护网2022年6月1日。

[2] 姚学强：《"确有悔改表现"在司法解释中存在的问题及其改进研究》，载《犯罪与改造研究》2022年第8期。

[3] 黄永维：《中国减刑假释制度的改革与发展》，法律出版社2012年版，第60页。

机构报备。派驻检察人员在办理减刑假释案件时，对相关罪犯是否"确有悔改表现"的证据审查，应当注意将提请案卷中的认定事实、证据罗列与平常掌握的该罪犯的改造情形进行比对，以锁定"考核分数的来源及其合理性"。

二是试行监狱值班律师制度，助力罪犯权益有效表达。权利救济的缺失，是论者批评现行制度的一个着眼点，如罪犯无减刑、假释程序启动权，无不服裁定的上诉权。增设这些权利目前总体上看未必妥当，但是，维护被监管人的正当权益应当成为减刑、假释检察监督的一个着力点。可借鉴执行前程序中的值班律师制度，在监狱也设立值班律师工作点，受理罪犯及其亲属关于服刑活动的法律咨询及委托。罪犯对日常监管中的劳动管理、奖罚考核等事项处理有异议的，可向值班律师提出，可通过值班律师申请派驻检察室启动监督。对于通过值班律师提出的监督申请，检察室应当作为案件线索，在初查后决定是否立案，并将处理结果及时书面反馈值班律师和罪犯本人。

2. 依托专项检察深耕细作，促进实践与规范良性互动。办案模式下的同步监督，是减刑、假释检察监督的主要方式。办案要考虑期限和确保进度，对于"批量流转"的减刑案件，尤其需要提高效率。所谓"萝卜快了不洗泥"，同步监督因此难免存在纰漏。而专项检察就有了用武之地。

一方面，专项检察通过"回头看"，集中优势力量，对一个时期的法律实施情况进行全面"复盘"，促进有法必依，有错必纠。如2014年最高人民检察院在全国开展了减刑、假释、暂予监外执行专项检察活动，从3月20日开始，到12月底结束，历时9个多月。通过审查档案、当面询问、重新体检等做法，对不符合"减假暂"规定的罪犯，撤销原错误裁定、收监执行和重新计算刑期。2021年政法队伍教育整顿中，违规违法减刑、假释、暂予监外执行作为集中整治的"六大顽瘴痼疾"之一，检察机关亦为此开展了专项活动，有力捍卫了刑罚变更执行的法律权威。

另一方面，专项检察以实践之力为制度建设提供了源头活水。以首批刑事执行检察指导性案例为例，"宣告缓刑罪犯蔡某等12人减刑监督案"（检例第70号）中，案件线索就是南京市人民检察院在开展减刑、假释、暂予监外执行专项检察活动中发现的。又如，2020年11月，最高人民检察院与司法部联合开展了集中清查服刑罪犯身份不实工作。在专项活动中，有地方检察机关针对罪犯冒用他人身份问题，监督法院撤销了减刑裁定。此做法受到最高人民检察院肯定，作为典型案例发布，其中包含的减刑实体法适用规则，亦被《意见》第9条吸纳和确认。

3. 以巡回检察延伸监督触角，推动刑罚变更执行诉源治理。巡回检察是刑事执行检察工作的创新形态。值得思考的是，巡回检察之于减刑、假释监督的特殊意义及作用是什么。相较以往检察方式,巡回检察尤其是交叉巡回检察的最大优势在其权威性。总体上看,巡回检察既有"以上督下"的纵向优势,又有打破行政区划的横向优势,还借助"外脑"凝聚合力,"高规格"与"破熟"结合,有力提升了监督的权威性。巡回检察的权威性,为从更深更广层面解决问题创造了重要条件。

一是推动完善"监规"体系。尊重罪犯的主体性地位,是"以人为本"在刑罚执行中的必然要求。在承认惩罚和强制必要性的同时,也要看到,不适当的监管制度,会造成人的异化,导致被监管人思想和行为的扭曲。"实践中,'监规'体系已经越来越庞大并有了过度泛滥的趋势。"[①] 对量化指标的过分依赖,不利于罪犯的自新。如目前在罪犯改造表现的评价方面,普遍偏重生产任务的完成数额。为此,建议以巡回检察带动监规审查。对指标设置不合理、任务分配欠公正、奖惩措施不适当的监规,及时向执行机关及其上级主管机关反馈并督促整改,做到该撤销的撤销,该修改的修改,该清查的清查,确保正本清源。

二是推动健全社区保障体系。假释制度的良好运行,有赖于监内与监外的有效衔接。目前的突出问题是,社区接管服刑人员的保障机制还不完备,社区矫正工作人员的分工和责任还不明晰。如一些基层组织在对拟假释人员的社会调查评估中表现得不尽配合,其背后深层次原因是司法所专职工作人员不足、履职尽责的边界不清。当前,巡回检察已从监狱、看守所向社区矫正领域延伸。检察机关应充分运用刑罚执行全过程监督的优势,通过巡回检察中的情况反馈和督促整改,助力基层政权组织完善配套制度,为假释走出法律文本、释放现实活力奠定坚实基础。

---

① 姚学强:《"确有悔改表现"在司法解释中存在的问题及其改进研究》,载《犯罪与改造研究》2022年第8期。

逮捕社会危险性量化评估的限度定位与构建

陆　旭　曲文博[*]

逮捕量化评估研究虽已有初步的探索成果，但研究内容主要集中于量化评估的概念、意义以及特征等方面，并对需要进行评估的详细要素具有较为明显的倾向性研究，搭建起量化评估基本框架的同时也明确了发展的侧重点。笔者针对现有成果进行反思发现，该领域仍有基础性理论问题尚未厘清。一方面，量化评估的对象为何，其所涵摄的范围与界限在哪里，即量化评估的限度问题。以逮捕必要性为限，还是以逮捕社会危险性为限，既有研究对此语焉不详，针对两者的具体阐释均有出现，并且未对所述对象进行区分，存在混淆使用的情况。[①] 除此之外，逮捕种类具有多样性，包括一般逮捕、径行逮捕、转化逮捕三种类型，量化评估是否对所有逮捕类型都适用也值得深思。另一方面，量化评估的属性为何，是决定逮捕的终极标准，还是参照适用的一般指引，即量化评估的定位问题。如果将量化评估作为硬性适用标准，可提高检察机关办案效率，但"自动售货机式"的司法决定能否满足参与各方的需求尚待考量；如果将量化评估作为一般性参照，这种适用能在多大程度上影响最终结果，会不会有适用虚置的风险。上述关于量化评估的限度与定位问题如不予以明确，势必对其构建产生消极影响。本文试图回答上述两个问题，进而提出量化评估构建的关键要点。

---

[*] 陆旭，天津市人民检察院四级高级检察官；曲文博，天津市人民检察院四级检察官助理。

[①] 以逮捕必要性为评估对象的参见龚培华、陈柏新：《建立量化评估逮捕必要性司法机制的思考》，载《人民检察》2012年第18期；张吉喜：《统计学方法在评估"逮捕必要性"中的运用》，载《广东社会科学》2014年第6期。以逮捕社会危险性为评估对象的参见王贞会：《审查逮捕社会危险性评估量化模型的原理与建构》，载《政法论坛》2016年第2期；杨秀莉、关振海：《逮捕条件中社会危险性评估模式之构建》，载《中国刑事法杂志》2014年第1期。

一、逮捕量化评估的适用限度

（一）逮捕量化评估的对象限度

当前学界对逮捕审查要件的观点可概括为三要件说和四要件说，分歧点就在于审查要件是否包含必要性要件。具体有以下几种不同的认识：有学者以社会危险性为名，并未对社会危险性要件和必要性要件进行区分，而是杂糅使用[①]；持"替代说"观点的学者基于对法律规范的变迁进行分析，认为我国的审查逮捕制度事实上已经由以必要性为中心转向社会危险性为中心[②]；持"包含说"观点的学者则认为必要性要件并未被社会危险性要件所替代，"替代说"实际上是一种对审查要件的误读，必要性要件具有双层逻辑结构，并将社会危险性作为第一重逻辑结构而存在，是必要性审查的首要要件[③]。这就涉及有关文章主题的根本性问题，即量化评估究竟是在针对哪一对象进行运作。对象限度不确定易导致后续制度构建的偏离，因此梳理社会危险性和必要性之间的关系，并指出逮捕量化评估的对象限度就显得尤为重要。

社会危险性和必要性有着本质不同。一方面，两者审查的逻辑基点不同，社会危险性审查表现出推断逻辑，而必要性审查则属于选择逻辑。社会危险性是基于法律规定的特定情形以及犯罪嫌疑人、被告人涉嫌犯罪的性质、情节、认罪认罚等各种审查要素，并结合司法人员的内心衡量而得出的结论，其推测估量的性质较为明显，是对未来大概率可能发生情况的认识论话语表达。必要性是以比例原则为基础的不可替代性，侧重强调犯罪嫌疑人、被告人所可能引发的危险境况与逮捕这一刑事强制措施具有相当性关系。换言之，犯罪嫌疑人、被告人的社会危险性达到了需要采取逮捕措施方能保障刑事诉讼顺利进行的程度，采取取保候审、监视居住等其他刑事强制措施不足以阻却这种危险的发生，可知必要性是要求根据危险程度进行与之相应的匹配性选择。另一方面，两者审查的内容侧重不同，社会危险性是对体现危险的具体要素进行审查，必要性则是把相当性关系作为审查内容。社会危险性是在对众多要素进行审查的基础上推断出的可能性结果，呈现出"多对一"的综合考量过程。这一过程关注危险增加要素所反映出的危险性大小以及危险减轻要素对危险程度

[①] 参见杨宇冠、郭凯伟：《论审查逮捕的证明标准》，载《浙江工商大学学报》2022年第4期。

[②] 参见万毅：《解读逮捕制度三个关键词——"社会危险性""逮捕必要性"与"羁押必要性"》，载《中国刑事法杂志》2021年第4期。

[③] 参见史立梅：《逮捕必要性条件的法释义学分析》，载《法学杂志》2019年第3期。

的削弱，不同于简单的概率加减，社会危险性审查是在"原子主义"的基础上开展"整体主义"的衡量研判。与注重要素考察不同，必要性是在考察社会危险性与逮捕之间的"一对一"关系，审视在两者之间能否架起相当性的桥梁，并使相当性关系经得起正当性的价值考验。从运作逻辑和审查内容可知，由社会危险性到必要性的审查显现出逐步收紧的趋势。

社会危险性和必要性各自分立呈现出非耦合的递进关系。在逮捕审查要件中，证据要件、刑罚要件、社会危险性要件和必要性要件彼此独立，呈现阶层式排布而非耦合性拼组，如同一个漏斗在逐渐收窄逮捕适用的范围。对于社会危险性和必要性而言，阶层和耦合的关键区分就在于阶层理论是将社会危险性审查作为必要性判断的前置要件。形成此种关系是基于以下两个方面：一是阶层关系有利于贯彻落实相关刑事司法政策。通过对四个要件按顺序逐步进行审查，只要不符合前置要件那么就可以直接筛除作出不予逮捕的决定，而不用对后续要件给予考虑余地。由此可以实现各个要件的严格适用，避免耦合关系中基于某一要件的不恰当考量将未达标的要件拉回到作出逮捕决定的程度。二是耦合关系难以发挥量化评估的作用。如将四个要件放在一起综合考量，必要性要件可能以"一枝独秀"的姿态让司法人员产生逮捕的心理倾向，进而引发否定社会危险性量化评估结果的制度虚置问题。阶层论视野下，必要性要件对社会危险性量化评估的不利影响则会被剥离。由此可知，笔者作出该论断是以社会危险性作为量化评估对象。首先，量化评估本身就是推断逻辑的产物。量化评估是基于既往经验数据和法定数值标准进行分析，满足社会危险性概率推断的需求。如适用于必要性判断则会使其由量化评估转为量化决定，在司法领域产生"算法替代"的风险，人的主体性地位会因此遭受质疑。其次，量化评估只能满足社会危险性内容审查的需求。量化评估是以可量化要素为必备条件，社会危险性的审查内容恰恰提供了要素基础，使量化评估在众多素材搭建的框架下开展危险预估活动。反观必要性的"一对一"关系审查则无法提供量化评估的构建所需，并且必要性的复杂程度更非量化途径可以呈现。最后，社会危险性量化评估已得到司法实务的认可。最高人民检察院在北京、河北等11个省（市）启动了"降低羁押率的有效路径与社会危险性量化评估"试点工作。[①] 可见，检察机关已经将社会危险性作为量化评估的对象限度，并开展了数据源建设、评价体系的动态调整等相关工作。故本文将研究主体明确为逮捕社会危险性的量化评估，避免模糊性的概念表达造成理论研究和制度构建的

[①] 蒋安杰：《降低羁押率的有效路径探索与社会危险性量化评估》，载《法治日报》2022年1月12日，第11版。

困扰。

（二）逮捕量化评估的类型限度

逮捕量化评估的理论研究不足需要类型化分析路径予以补充。现有的量化评估研究是置于逮捕这一大概念框架之中，未对逮捕进行类型化解构，以至于研究理论性有余而实践性不足，且缺少逮捕量化评估具体适用的深入剖析。根据刑事诉讼法的规定，逮捕可分为一般逮捕、径行逮捕和转化逮捕三种类型，对此不加区分必然会造成量化评估的"一刀切"适用。所谓量化评估是先量化而后评估，前文的对象限度已经解决了量化的对象和内容问题；评估则是先评价既定的能够体现社会危险性的要素，据此得出估量推测的结论。对象限度视角下，社会危险性的量化评估似乎并没有适用宽度的限制，然而在类型限度的视角下，量化评估必须要根据不同逮捕类型的特征调整适用范围。这根本上还是基于社会危险性审查的推断逻辑，有的逮捕类型需要推断，而有的逮捕类型只能在部分情况下进行推断，区分不明容易导致适用混乱，甚至出现对评估不能情形进行推断的乌龙。

逮捕量化评估以一般逮捕、径行逮捕和部分转化逮捕为类型限度。一般逮捕是指《刑事诉讼法》第81条第1款、第2款所规定的逮捕类型。该类型是以四要件阶层审查为内容，针对社会危险性明确列举了五项典型要素，并将犯罪嫌疑人、被告人涉嫌犯罪的性质、情节、认罪认罚等情况作为社会危险性考量的概括性考虑因素，弥补了列举式说明难以包含所有情况的不足，且上述要素情形都可以进行量化评估以推断发生社会危险的可能性。径行逮捕是《刑事诉讼法》第81条第3款所规定的逮捕类型。从表面上看该逮捕类型似乎缺少了社会危险性要件的规定，只有证据要件和刑罚要件，另外附加一个"曾经故意犯罪或者身份不明的"事实要素。实则是该条文存在两方面的特殊性：一是将刑罚要件作为社会危险性要件的侧写，认为可能判处的刑罚达到一定程度就说明了具有较高程度的社会危险，社会危险性要件失去了独立审查的地位。二是将"曾经故意犯罪或者身份不明的"事实要素的危险指数提升，只要出现该要素即可认定具有逮捕框架内的社会危险性，从而取得了要素审查的独占地位。可见，量化评估在径行逮捕中可以适用，但适用局限性较强。对于《刑事诉讼法》第81条第4款所规定的转化逮捕，《人民检察院刑事诉讼规则》第101条、第111条规定了较为详细的审查内容。大体分为两种情形：一是具有可能性，如"企图自杀、逃跑、逃避侦查、审查起诉的"；二是具有确定性，如"故意实施新的犯罪的""经传讯不到案，造成严重后果，或者经两次传讯不到案的"。根据量化评估接受可能性而排斥确定性的思维逻辑，转化逮捕只能进行部分社会危险性的量化评估。

明确逮捕量化评估的对象限度和类型限度并非指出其局限进行价值否定，而是在持肯定态度的基础上厘清适用的基础性问题。逮捕社会危险性的量化评估需要划定具体范围，使其在擅长的领域内发挥正向指引的作用，否则会信马由缰致使司法部门产生认识上的错位，反而不利于此项制度的构建。因此，笔者将逮捕量化评估的对象限度锚定于社会危险性要件，又针对三种逮捕进行社会危险性评估的类型化区分，意图完成制度构建方向指引和具体操作指引的任务。据此就可以对制度进行定位，考量社会危险性量化评估在整个逮捕决定过程中的位置，也由此总结出宏观的适用原则。

二、逮捕社会危险性量化评估的属性定位

（一）逮捕社会危险性量化评估是部分性而非整体性评价

逮捕社会危险性量化评估仅是逮捕决定作出过程中的一个环节，其部分性与限度对应，主要体现在两个方面：首先，量化评估是以社会危险性作为对象限度，仅针对一个逮捕要件进行审查。社会危险性量化评估符合推断逻辑，依靠数据与算法进行评估完全可行，而其他要件或进行事实判断，或进行价值选择，复杂的选择逻辑构建是量化所不能。量化评估依靠多要素叠加计算出社会危险性出现的概率，在"多对一"的关系中容易实现，而必要性缺乏可量化的指标，看似"一对一"的简单关系却无法凭数据进行评估。其次，量化评估并不适用于所有逮捕类型的审查。部分确定性转化逮捕是以现实的客观存在情节认定危险已经产生，所以在适用之初就失去了量化评估适用的空间。最后，量化评估的部分性评价定位就制度价值实现而言亦是合理。针对逮捕社会危险性进行量化评估有助于在阶层审查体系中将一部分不予逮捕的情形直接剔除，避免必要性审查主观逮捕倾向的弊端。如果将量化评估适用于各个要件审查当中，作用能否发挥尚且不论，其评估的有限性甚至错误难以得到最后阶层的必要纠正，缺少了制度运行的回旋余地。

（二）逮捕社会危险性量化评估是辅助性而非决定性标准

量化评估属于法律人工智能的具体应用，作为法律人工智能在长时间内可能只是一种辅助性、参考性的工具，为法官、检察官、律师等法律人提供行动参考。[①] 量化评估虽然能在社会危险性推断的范围内运行，但这并不意味着其能够作为决定性标准，评估结果只能有参照性而不具备强制适用性。

[①] 左卫民：《关于法律人工智能在中国运用前景的若干思考》，载《清华法学》2018年第2期。

量化评估在现阶段仅能达到弱人工智能的水平。逮捕社会危险性的量化评估尚处于初步探索阶段,在要素选择、影响指数和推断标准等方面仍需采取审慎态度。一方面,量化评估无法完全还原司法人员的推断思维。尽管量化评估系统极力综合所有推断社会危险性所要考量的因素,但这在实际构建中着实难以实现,其认知力和思维力都无法达到司法人员的决策水平。另一方面,量化评估难以避免数据源污染。进行评估体系构建必然基于既往司法经验所生成的量化数据,但这种数据一定程度上包含了司法人员不合理的思维倾向,虽然可以进行初步的数据筛查,但无法做到彻底清除,很难保障结果的绝对正确。

量化评估作为决定性标准不具备社会接受可能性。司法活动归根到底是人与人的交互,所以量化评估系统代替人做决定是对司法规律的僭越。从控方的角度看,量化评估结果直接适用会致使检察机关直接失去自由裁量权,即便发现评估结果明显缺乏合理性也无法对其进行纠偏处理。从辩方的角度看,逮捕要件审查结果需要控方进行合理解释说明方可实现控辩双方的交互,若量化评估作为检察机关直接适用的决定性标准,也就失去了解释说明之可能。这对辩方而言就形成了数据算法黑箱,无从得知决定作出的具体可感知化的理由,由此也就失去了控辩对抗的空间,产生架空辩护权的危险。

综上,量化评估在无法企及人类能力且决定性地位无法得到认同的情况下,只能作为司法人员参照适用的辅助性标准。通过量化评估方式对被追诉人的社会危险性进行大致评估,如果与办案人员预估结果相一致则会产生内心补强效果,在相左的情况下促使办案人员慎重作出决定,反思逮捕是否应当适用。

(三)逮捕社会危险性量化评估是推证性而非证明性手段

量化评估作为逮捕社会危险性的辅助性判定手段,其推证属性尤为明显。一方面,对象基础决定了量化评估的推证性。逮捕社会危险性是基于一定的证据和事实进行判定,其推断逻辑并非无根之水,整体上还是遵循刑事司法的证明要求,但又存在不同。传统意义上的证明要求依据具有客观性、关联性、合法性的证据,对既往已经发生的待证事实进行还原,而针对逮捕社会危险性则会涉及到偏重主观性的证据甚至是品格证据,是对未来可能发生结果的预测,严格上讲这属于推证范畴,呈现出与传统证明完全相反的向度。另一方面,量化评估的方式是推证性的具体呈现。对于待证事实,司法人员通过综合案件证据形成证据链,各个证据互相印证指向同一内容,形成对特定事实的内心确信。无论是采客观真实说还是法律真实说,传统证明都是得出最终确定性结论进而将待证事实具体化。逮捕社会危险性的量化评估由数据要素得出危险程度的概率化结果,是对被追诉人的抽象性评价。这就解释了为何对一般逮捕、径行逮捕和部分转化逮捕中的社会危险性可以进行量化评估,而另一部分转化逮捕则从根本上无法适用,前者的社会危险属于未然之害的推证,后者为已经发生的危险或者法定具体危险,是已然之害的证明。所以,量化评估只能定位于推证的范围内方为有效。

逮捕社会危险性量化评估的部分性、辅助性和推证性决定了量化评估方法的适用有限性。司法机关在构建时应清醒地认识到量化评估并不是解决逮捕率过高等顽疾的神药,要严格根据限度与定位在适宜的空间内发挥功效,否则盲目提升量化评估地位很容易导致"过犹不及"的后果。

三、逮捕社会危险性量化评估的构建路径

逮捕社会危险性量化评估制度构建的内容丰富,涉及技术算法、法律适用、社会效果等诸多方面,文章碍于篇幅难以全部涵盖。故笔者立足于本文主题从要素选择和体系适用两个维度探求构建路径,并结合相关的配套措施对制度予以丰富完善。

（一）以对象限度为核心筛选量化要素

逮捕量化评估以社会危险性为对象限度决定了应选取社会危险性要素作为量化对象。要素选取涉及两个关键点:一方面,应严格按照社会危险性要求进行选取,剔除实践中考量但根本无涉的相关项,同时对无法进行量化的社会危险要素也要予以排除。另一方面,应对选取要素进行双向区分,既要涵盖体现社会危险性的要素,也要注重将削减社会危险性的要素纳入其中。司法机关工作人员应秉持客观公正义务,正如不能一味收集、采纳有罪证据一样,在进行逮捕社会危险性量化评估时不能只关注具有社会危险性要素。笔者在此基础上选取了典型的可量化社会危险性要素,并将其划分为社会危险性增加要素、社会危险性减轻要素和社会危险性排除要素,并特别强调社会危险性无涉要素,以纠正既有的实务操作偏差,完成量化评估的要素选取。

社会危险性增加要素包括:（1）违法犯罪历史。譬如受过行政处罚、累犯、吸毒历史、多次作案等,再次违法犯罪表明行为人具有一定的行为惯性,未完全实现人身合法性改造,存在阻碍刑事诉讼程序顺利进行的潜在危险。需要注意的是量化评估需要对要素进行具体细化,譬如行为人上次违法犯罪距离本次实施行为有多久间隔,上次或本次行为是属于轻罪还是重罪,如果因醉驾进行追诉则这种危险性与故意杀人等重罪的危险性应有所区分。（2）犯罪性质情节。犯罪性质方面,一般而言故意杀人、抢劫、强奸、绑架等严重危及人身安全、扰乱社会秩序的暴力性犯罪,其犯罪性质本身就表明了高度的社会危险,即使不存在逃跑、报复、毁灭证据或者妨碍作证之虞,也可以认定为有社

会危险性。犯罪情节方面主要指罪后情节，如上下游案犯在逃、同案犯在逃则存在串供和毁灭证据的风险。（3）程序危险要素。即《刑事诉讼法》第81条所列举的情况——可能实施新的犯罪的；有危害国家安全、公共安全或者社会秩序的现实危险的；可能毁灭、伪造证据，干扰证人作证或者串供的；可能对被害人、举报人、控告人实施打击报复的；企图自杀或者逃跑的。

社会危险性减轻要素包括：（1）预备犯、中止犯、过失犯、主观恶性较小的初犯、偶犯。（2）因民间纠纷引发的犯罪或突发性冲突引发的激情犯罪。（3）自首、立功或认罪认罚等特定罪刑减轻情节。（4）事后存在悔罪表现、积极赔偿，行为人取得谅解或双方达成和解。（5）已满14周岁未满18周岁的未成年人或已满75周岁的老年人。第（1）项、第（2）项属于相对减轻要素，预备和中止相对于既遂减轻，过失犯相对于故意犯减轻，存在减轻程度上的比照，此类要素的危险性量化评估指数与相对应要素应有所区分。第（3）项、第（4）项则属于绝对减轻要素，只要出现上述情形，就说明行为人在犯罪后的社会危险性存在显著减轻的趋势。第（5）项既在客观层面说明两类人群的现实危险程度较小，同时又在主观层面上推定未成年人不具有严重的主观恶性。

社会危险性排除要素包括：（1）胁从犯。（2）正当防卫和紧急避险，包括过当情形。前者是被胁迫参加犯罪，从本质上而言并不具备实质犯意，更遑论妨害诉讼进程和再次犯罪的社会危险。同理，正当防卫和紧急避险亦不具有犯罪故意，即便存在过当情形导致出现现实损害也只是偏向意外性的结果，而不能归于社会危险层面。

社会危险性无涉要素包括：（1）是否为本地人，有无固定工作或住所。（2）是否可能判处徒刑以上刑罚。（3）是否已经实施了自伤等行为。（4）是否违反取保候审、监视居住规定。第（1）项属于价值评断偏见，在司法实务中经常纳入社会危险性考量范畴，这不利于公正地对待涉案人员，如此扩大考虑要素更不符合相关刑事司法政策。第（2）项试图从刑罚角度说明危险程度，这是将逮捕审查中的刑罚要件进行二次评价，不符合立法初衷。并且刑罚与罪名不同，罪名是根据犯罪事实而得出的判断，基本不会存在特别大的出入，而刑罚则是要基于犯罪情节、当事人情况、自首立功表现等诸多因素，判断准确性相对较弱，因此也不适宜作为选取要素。第（3）项、第（4）项属于已经发生的既有事实，前文已经指出逮捕社会危险性量化评估属于推断逻辑，所以表明危险已经发生的事实就不应作为评估要素。

在要素选取方面，应紧紧围绕社会危险性这一对象限度中心，对反映不同程度危险的要素进行分类，排除固有的要素考量顽疾。同时在逮捕社会危险性量化要素适用上应注意以下几个方面，完善制度构建之基础。首先，社会危险性量化要素的适用标准要实现公安与检察机关统一适用。社会危险性量化评估不仅涉及检察机关，而是需要多部门参与推动。批捕程序直接与公安机关拘留密切相关，同时公安内部又对批捕率有考核的要求。虽然检察机关是批捕主体，但在制定要素适用标准时应会同公安机关形成一致意见，避免量化评估结果在司法机关内部产生适用冲突。其次，社会危险性量化要素的适用标准需展开细致化描述。当前试点的量化评估多为粗线条勾勒，缺少要素细化以至于案件办理的公正性受到挑战。譬如累犯的间隔时间、累犯的犯罪种类、共同犯罪中主犯和从犯等差异都应在要素评价时进行区分，否则会在逮捕时出现机械式审查现象。再次，社会危险性量化要素的适用标准应进行动态调整。量化评估所选取的对象并非一成不变，必须应社会与法律发展进行调适。2018年将认罪认罚从宽制度纳入刑事诉讼法，审查逮捕就把认罪认罚作为社会危险性的衡量要素，这就是要素标准动态调整的典型体现。最后，社会危险性量化要素需确保真实有效。进入量化评估的所有要素都应有证据予以证明，这是确保评估正确性的根本前提。量化评估仅是一种辅助性审查方式，缺少证据与事实的支撑则会导致评估失范。

（二）以类型限度为基准区分评估体系

逮捕社会危险性要素选取完成后，需根据类型限度对各要素进行整合设置合理的要素评分标准，由此区分构建类型化的评估体系。一般逮捕的量化评估体系以综合性为要求。一般逮捕当中所涉及的要素较多，注重对所有相关要素进行全面考察，并不强调某一要素对逮捕具有格外重大的影响。因此，应将各种要素吸纳进一般逮捕量化评估体系，设置较为均衡的社会危险性影响指数，以综合评价确定最终审查结果。径行逮捕的量化评估体系以特殊性为重心。即在考虑各类要素的基础上，着重考察"曾经故意犯罪"和"身份不明"的特殊情形，一旦坐实两个要素的存在，即使存在社会危险性减轻要素也不能考虑采取替代性强制措施。尽管主张"少捕"，但这两种情况如若不捕风险较大，故径行逮捕的量化评估体系应将这两种情形设置"一票否决式"的影响指数，认定为有社会危险性。转化逮捕的量化评估体系以阶段性为特征。转化逮捕的审查重点并不在事前和事中，而是事后"企图自杀、逃跑、逃避侦查、审查起诉"等可能出现的阶段性表现。所以，转化逮捕量化评估体系的考察要素势必会进行限缩，只需考察与违反取保候审、监视居住规定相关的情形即可。

要以能动检察作为逮捕社会危险性量化评估体系的应然保障。量化评估方式只是避免主观恣意的必要规制，并不是排斥司法办案人员的主观判断。一方面，量化评估体系虽竭力综合各类体现社会危险性之要素，对于众多个案而言却无法穷尽，需要人为干预进行要素填充。另一方面，要防范量化评估体系所得出的危险性结果导致"有危即捕"的问题，这既要求办案人员发挥主观能动性对量化的危险结果进行合理性评判，同时应进行逻辑推断衡量逮捕必要性，否则会导致逮捕社会危险性量化评估的体系缺损。

（三）以公开说理为补充完成人机交互

过去逮捕要件审查具有极强的封闭性，推行量化评估的意义就在于将封闭性转为公开性，然而这种公开位于专业话语层面，应进一步提升公开普适性，实现包括被追诉人在内的社会公众理解与逮捕相关的决定，这需要通过说理、听证途径进行实质公开，完成量化评估体系与诉讼参与者的有效交互。

说理制度有助于提升涉案人员的司法认识。通过对逮捕决定进行说理，能够为实现保障人权、维护正当程序等价值助力，就逮捕社会危险性量化评估而言进行说理则尤其强调正当程序价值，让人切实感受到看得见的正义，进而确保量化评估的合理性与合法性。首先，逮捕社会危险性的量化评估结果应坚持以说理为原则。检察机关对于所有逮捕决定均应进行原因释明，最大限度得到社会认可，同时结合案件具体情况对说理细致程度可进行繁简区分，减轻办案人员工作压力。其次，司法人员应对案件证据和量化体系标准进行详细说明。量化评估的应用是以事实无争议为前提，而事实来源于证据证明，所以要将证据摆在首位用以构建清晰的事实脉络，明确证据能力和证明力，描述确定的案件事实。在此基础上，说明量化评估的运作原理（包括要素选取和适用体系），验证被追诉人的逮捕社会危险性是否达到相应标准。最后，针对最终决定应制作专门的说理性文书。说理文书以事实为基础，以法律为准绳，在事实基础上讲明法律适用，本质上就是以文本语言叙述逮捕社会危险性审查的思考过程，其书面性也保障了程序规范。

听证制度有利于确保审查决定的公开透明。社会危险性量化评估结果通过听证的方式进行说理，同时听证也是以社会危险性作为重要的审查内容。听证是实现说理目的的一种具体呈现方式，其在公开与交互方面具有明显优势，避免量化评估成为单方决定，如此也与逮捕诉讼化的审查模式改革相契合。担心不予逮捕决定会导致损害司法权威是检察官的顾虑，而做好听证公开工作恰恰能解决该问题，维护司法权威性。通过听证可以有效打破逮捕审查的封闭状态，向社会公开不予逮捕决定的价值考量，展示法理与情理的融合，同时以人民介入进行社会监督，确保在审查过程中逮捕裁量权的公正行使。检察官应履行好听证的主导责任，详细介绍案件事实情况，并依据量化评估结果说明逮捕社会危险性审查的考量要素和作出决定的具体依据。通过听证会让犯罪嫌疑人、被害人、听证员充分发表意见，进一步消除认识分歧，实现决定透明。

大数据背景下社会危险性量化评估模型科学性与公正性问题研究

王媛媛　王双印[*]

从目前理论研究和司法实践的情况来看，对于审查逮捕社会危险性量化评估模型的认识，理论界和实务界在评估模型的准确性、公平性、透明性、可解释性等方面可能还没有形成更广泛的共识，在一定程度上影响了社会危险性量化评估模型的深度开发和应用。本文尝试从探寻社会危险性量化评估模型的理论依据入手，反思社会危险性量化评估模型存在的科学性与公正性问题，并提出完善我国社会危险性量化评估模型的建议。

一、大数据背景下社会危险性量化评估模型面临的挑战与机遇：工具实践利与弊的理性反思

（一）社会危险性量化评估模型面临的挑战

大数据背景下的社会危险性量化评估模型作为司法辅助决策工具的推广，必须建立在理性选择上，那么下列问题不容回避：工具准确吗？工具能解释偏见和歧视吗？刑事司法系统中的每个人都能解释工具的输出吗？该工具是否可靠？[①] 对评估模型持批判态度的人，回答上述问题的态度是悲观的。他们认为：一是社会危险性量化评估模型的准确性是否明显超过司法者存疑，说它具有良好预测准确性，很可能是工具推行的受益方和开发方。如果工具预测准确性的验证没有经过第三方评议，那么质疑它是符合科学精神的。二是社会危险性量化评估模型可能对处在社会经济不利地位的边缘化人员存在系统偏见，而

---

[*] 王媛媛，黑龙江省佳木斯市人民检察院检察长、二级高级检察官；王双印，黑龙江省佳木斯市人民检察院副检察长、四级高级检察官。

[①] Christopher Bavitz, Sam Bookman, Jonathan Eubank & Kira Hessekiel, Vivek Krishnamurth Assessing the Assessments: Lessons from Early State Experiences in the Procurement and Implementation of Risk Assessment Tool, Research Publication No. 8 December 2018.

且有固化偏见以及排斥和压迫边缘化群体的倾向，使公正性饱受诟病和质疑。"几乎所有标准化的风险评估模型都根据衡量社会经济边际性的项目来计算风险评分，这些工具要么直接将社会经济边际性构建为风险因素（如收入和教育水平，住房和社区），要么间接地从历史犯罪数据（如逮捕和定罪）中纳入阶级和种族偏见，而且通常，它们同时具有两者，导致社会边缘化个体的风险评分更高。"① 三是社会危险性量化评估模型不符合正当程序原则，其透明性和可解释性差，因为算法黑箱的存在，变相剥夺了嫌疑人的辩护权。"透明度要求工具设计者为系统用户提供一个完整的和可访问的设计和验证过程的描述。包括在开发该工具时所测试的所有输入因素清单，包括或排除潜在因素的过程，以及在最终模型中为每个因素分配最终权重的方法。如果该工具预测了不止一个不同的结果，例如，没有出现和新的逮捕，那么每种结果的算法应该分别开发和解释。当设计师向从业者推荐特定的风险阈值或风险类别时，这些建议应该根据经验加以解释和合理化。"② 在实践中，因为各种原因，达到完全透明几乎是不可能的。算法源代码受知识产权保护，算法软件权利人通常以保护商业秘密为由拒绝开示。即使完全开示，诉讼参与人也可能缺乏专业知识无法识别算法偏差，更无法清晰地解释算法输出结果，这使得嫌疑人无法发现司法决定中所依据的评估意见是否存在偏见或错误，变相剥夺了辩护权。四是社会危险性量化评估模型的评估意见纳入司法决策的机制不明确，缺乏配套制度设计。有研究表明，"即使提供了建议，人们也无法进行风险评估；无法评估自己的表现或风险评估；并参与'不同的互动'。"③ 从这种交互关系来看，评估模型辅助司法决策是不可靠的。

鉴于国内对社会危险性量化评估的数据算法的设计应用仍在探索阶段，相关算法准确性和公正性的验证尚未充分公开，国内实证研究可能并不充分，使社会危险性量化评估模型推行一定程度上面临挑战。

(二) 社会危险性量化评估模型的发展机遇

作为推崇社会危险性量化评估模型的支持者，回答上述问题的心态是积极

---

① [英] 格温·范艾克：《通过基于风险的司法纳入和排斥：分析从审前羁押到释放的风险评估组合》，载《英国犯罪学杂志》第60卷第4期。

② Julian Adler, Sarah Picard & Caitlin Flood, Arguing the Algorithm: Pretrial Risk Assessment and the Zealous Defender, 21 Cardozo J. Conflict Resol. 581 (2020).

③ Ben Green, Yiling Chen, Disparate Interactions: An Algorithm – in – the – Loop Analysis of Fairness in Risk Assessments, Proceedings of the conference on fairness, 2019 – dl. acm. org.

乐观的，他们认为算法预测是社会进步的产物，数据科学和人工智能为预测风险提供了更好的技术支持，使司法重要决策摆脱主观主义陷阱，这是一次难得的发展机遇。虽然评估模型存在一定局限性，但这是可以克服的。一是社会危险性量化评估模型的设计，将定性与定量评估相结合，使评估结论更加准确。前提是评估模型性能得到很好的调校和验证。例如，广州市南沙区检察院开发的逮捕社会危险性量化计算小程序，2021年1月至11月投入运行期间，不批准逮捕率为51.53%。同比上升29.5%。其中因刑事和解、未达刑罚条件等无社会危险性理由不批准逮捕占比55.5%[①]。二是社会危险性量化评估模型的推行使评估工作更加科学化、标准化、客观化。社会危险性量化评估模型引入了统计学方法，明确评估因素的范围和权重大小，构建了算法预测模型，提供了结构化专业判断，解决了评价标准不统一，主观恣意判断的问题，使评估更加科学、标准、客观。例如，不再将被告人供述是否稳定、是否为本地人作为征表再犯与妨碍诉讼的评估因素。[②]三是社会危险性量化评估模型的算法偏见，通过遵守正当程序原则，加强透明性制度设计和提升释法说理水平，能够减轻和缓解算法偏见的差异性影响。透明性制度要求开发者强制披露工具信息，具体包括"数据集的特定来源信息、风险因素的选择及每一次的数据修改；让使用者能够清楚地理解输入特征和输出预测之间的关系以及预测结果的不确定性来源和自身局限性"[③]，在此基础上，司法者要解释说明决策的依据和理由。四是合理使用司法者的自由裁量权，平衡算法预测的局限性。随着算法为越来越多的高风险决策提供信息，从算法到人再到决策的链条已经变得极为重要。在人机交互关系上，司法者始终是处在监督地位，合理使用自由裁量权，可以平衡算法预测的偏差以及错误带来的负面影响，可能使评估模型的效益最大化。

　　本文认为，社会危险性量化评估模型可能是科学、客观地评估风险的有力抓手，它的推广使用可能使评估结果更加准确。至于如何使用数据算法是一种道德问题，我们不应该过度关注算法公平问题，事实上算法本身也无法真正解决公平这一问题。司法决策真正需要关注的是公众在什么程度内对预测偏差是可容忍的，而不是追求一个完美的、公正的算法企图从技术上解决根本问题。

---

① 参见：《喜讯！我院"审查逮捕社会危险性量化评估机制"又获奖了！》，载南方+网，http://static.nfapp.southcn.com/content/202111/24/c5969074.html.

② 参见杨秀莉、关振海：《逮捕条件中社会危险性评估模式之构建》，载《中国刑事法杂志》2014年第1期。

③ 江溯：《论刑事司法中的危险评估》，载《南京社会科学》2021年第5期。

换句话说,社会危险性量化评估模型本身不是完美的,但是它辅助司法决策的价值可能远远大于自身的弊端。提倡智慧司法的我们,可以拥抱大数据算法辅助司法决策的技术红利,同时寻找平衡算法预测局限性的方法,改进评估模型的效果。

二、社会危险性量化评估模型原理与实践的碰撞:中外社会危险性量化评估模型的对比分析

(一)社会危险性评估模型的原理解析

如果犯罪行为是可以预测的,违法风险是可以评估的,那么预测犯罪、评估风险的工具一定是建立在有关理论基础之上,这是社会危险性评估模型构建的理论基础。

1. 法理学层面:法律现实主义与循证实践原则。21 世纪初,由桑斯坦、麦考利等著名学者首倡"新法律现实主义"的学术运动逐渐兴起。新法律现实主义认为,无论是法律形式主义关于数学模式、逻辑推理、自上而下的判例推理还是法律现实主义关于根据灵感和直觉进行司法的结论,新法律现实主义都保持反思和怀疑的态度,坚持认为任何理论模式在没有经过经验验证之前,该理论只是一种待验证的假设或预期。它反对以法律规则为中心,坚持事实中心的研究立场,在研究方法上,主张借鉴社会学研究方法,将定量研究和定性研究引入法学研究之中。①

循证实践最早来源于医学领域研究方法的革新。21 世纪临床医学向循证医学发展。循证医学,是在 Dr. Cochrane 提出的基础上发展起来的,后来,其含义发展成为负责、审慎、明智地应用当前研究得到的最佳证据,为病人制定处理决策。后来,人们遵循循证医学的原则,指导临床实践,并提出五个步骤:一是提出临床问题;二是寻找证据;三是评价确立最佳证据;四是制定临床决策;五是效果评价。概而言之,就是将个人临床经验与最佳证据融为一体,使用科学证据解决临床问题。后来,这种研究问题的方法逐渐扩展到其他领域。受法律现实主义影响,社会危险性量化评估模型的设计思路,也遵循了循证实践原则,它的推行对降低审前羁押率有一定的积极作用。

2. 犯罪学层面:社会学习理论、社会控制理论与自我控制理论。犯罪社会学习理论认为,"犯罪行为是通过认知、情感、人格、生物因素与环境反馈

---

① 参见王彬:《法律现实主义视野下的司法决策——以外国法学为中心的考察》,载《法学论坛》2018 年第 5 期。

偶发事件的复杂交互作用而习得的"①。主要包括：犯罪史、反社会人格、反社会态度和犯罪的社会支持、缺乏亲社会习俗等因素。特拉维斯·赫希，于1969年出版的《青少年犯罪原因论》一书中，提出一种综合性的控制理论，依据此理论，诸如学校、家庭、同伴等社会团体之间具有紧密联系的青少年实施犯罪的可能性较小，重要的社会联系要素有四个：一是依恋，二是承诺，三是参与正统活动，四是信仰。② 在预测犯罪中最重要的联系是依恋。"依恋是一个人在社会中维持的价值和规范的水平。一个人的同学、同事、朋友和家庭成员对依恋程度有很大的影响。承诺是一个人必须遵守法律的奉献程度。这种承诺在很小的时候就形成了，这就影响了第三个因素，也就是一个人是选择常规行为还是越轨行为。如果一个孩子不被教导基本的对与错的规则，孩子成为不守法的成年人的可能性就会增加。最后，一个人所生活的特定社会的共同价值观也会影响一个人的社会状况。"③ 即使被告有一些危险或不露面的风险，如果他们和社区有紧密的联系，那么风险就会减轻。通过家庭和工作联系社区是成功的强大预测因素。例如，外国的法官经常询问被告在其居住社区居住了多久。1990年歌特弗雷德森和赫希提出了"低的自我控制概念"。"他们描述了可能实施普通犯罪和类似酗酒、吸烟等行为的一类人的特征，容易冲动、感觉迟钝、四肢发达、喜欢冒险、目光短浅、孤言寡语。这些特征构建了一种稳定的、有用的解释犯罪体系的构成要素，即低的自我控制。"④ 缺失自我控制的青少年，在学校表现不好，且很难干好工作。药物滥用、失业等被认为是较低的自我控制能力的表现之一，这使许多评估模型将它们作为风险预测的评估因素使用。

3. 统计学层面：回归分析、算法模型与可能性预测。"社会学上的风险评估理论和统计学上的数学建模理论为构建社会危险性评估量化模型提供了理论

---

① James Bonta, Offender Risk Assessment Guidelines for Selection and Use, Criminal justice and behavior, 2002, Volume 29.

② 参见[美]乔治·B. 沃尔德等：《理论犯罪学》，方鹏译，中国政法大学出版社2005年版，第231页。

③ Hannah Behnke, Recommendations for the Implementation of a Universal Pretrial Risk Assessment Tool, A Seminar Paper Presented to the Graduate Faculty, University of Wisconsin – Platteville, December 2016.

④ Hannah Behnke, Recommendations for the Implementation of a Universal Pretrial Risk Assessment Tool, A Seminar Paper Presented to the Graduate Faculty, University of Wisconsin – Platteville, December 2016.

方法。"① 回归分析，是一种预测性的数据建模技术，它研究的是自变量和因变量之间的关系，它的最大优势是能够表明自变量和因变量之间的显著关系；也能表明多个自变量对一个因变量的影响强度。这使司法实践中发现可疑的未知因素与风险之间是否具有显著性，风险评估因素在多大程度上影响风险决定在统计分析上有了检验的可能。在风险评估中较为常见的回归分析有一元回归分析、多元回归分析、逻辑回归分析等。在数据建模时，可能综合运用多种回归分析。"审前风险评估模型运用一元分析对每一个变量进行描述性分析，运用二元分析分别分析每一个变量与审前风险的关系，找出对审前风险有意义的影响因素。运用多元分析的方法，将二元分析中有意义的自变量带入 logistic 回归模型找出在控制了其他影响因素后仍然有意义的变量，得出对审前风险有意义的变量的系数、风险比和风险比的置信区间。"②

大数据算法为审前风险评估架设了人工智能的桥梁，为智慧司法提供技术解决方案。大数据算法，能够帮助司法官从海量数据中发现与审前风险评估有关的因素，自动化、智能化水平较高。以监督学习算法为例，输入（变量）和输出（结果）是事先已知的，该算法应用学习技术来检测它们之间的相关性。例如，审前阶段的输入可以是被告的年龄、性别和前科次数，结果可以是释放或逮捕。如果我们有 900 名被告的信息作为数据集来训练算法，那么我们将向算法输入 900 名被告的信息（450 人出现，450 人不出现），然后让算法找出每个人出现或不出现的原因。换句话说，它将决定是什么年龄、性别和前科的组合增加了不出庭的可能性。

（二）中外社会危险性量化评估模型的对比分析

1. 预测分型与评估要素的对比分析。我国的社会危险性量化评估的预测分型主要有两项：一是新的犯罪（公共安全风险）；二是妨碍诉讼顺利进行。后者包括逃跑、自杀、毁灭伪造证据、干扰作证或串供、打击报复举报人等，而外国审前风险评估预测类型因不同的工具而不同，有的两项，有的三项：一是新的犯罪（暴力犯罪）或逮捕；二是预测不出席法庭的风险；三是任何失败（以上两项二选一）。外国审前风险评估预测分型与我国相近，均属于模糊分类。对于特定风险水平的人，通常的预测逻辑是，它们是根据什么类型的风险来衡量的。任何失败的 20% 的概率，与因新的严重暴力犯罪而被捕的 20%

---

① 王贞会：《审查逮捕社会危险性评估量化模型的原理与建构》，载《政法论坛》2016 年第 2 期。

② 参见张吉喜、梁小华：《外国司法部审前风险评估模型及其对我国的启示》，载《中国刑事法杂志》2010 年第 7 期。

概率不同,与不出庭的 20% 概率也不同。如果我们使用了一种将多种风险合并在一起的工具,那么得出的分数就很难解释,因此也就更难使用。目前,现行的大多数模型以整体得分对应整体风险水平,没有细分预测风险类型。例如,没有对逃跑、自杀、伪造毁灭证据等作出专门的风险得分。极少数分类单独预测风险的除外,如 COMPAS 工具。

我国社会危险性量化风险评估的评估因素数量因工具不同而不同。一般是从法律文书中抽离的事项,其中包括大量犯罪构成要件有关的要素。例如,广州市某区人民检察院制作的 43 项逮捕社会危险性量化评估指标,其中有未遂、中止等犯罪完成形态的修正构成要件要素,也有自首、立功等量刑要素,此外,还有嫌疑人受教育情况、职业、固定住所等社会联系要素。上海检察机关开发的 206 系统中确定了 32 个逮捕社会危险性评价指标。"其中除了'重要证件尚未完全固定''可能判处三年以上徒刑'无法归入外,其余指标均可纳入核心八项指标中。核心八项指标包括犯罪历史或逃避诉讼历史、反社会人格、犯罪态度、犯罪联系、教育背景和工作情况、家庭和服役情况、药物滥用以及娱乐和休息情况。"① 外国的审前风险评估模型的评估因素不尽相同,从常见的六种审前风险评估模型来看,评估因素为 9 个至 13 个。② 大致可以分为四类。一是人口特征,包括年龄、婚姻状况、国籍、教育情况;二是社会特征,包括生活状况、就业、财产状况和本地家庭关系;三是刑事司法特征,包括当前的指控、其他未决指控、在社区居住时间、先前失败的历史、先前被暂停和撤销保释的历史、先前的轻罪、先前的重罪、先前的暴力定罪、第一次被捕的年龄、先前的监禁;四是临床特征,包括药物滥用和精神健康。③ 经过比较,外国审前风险评估的因素,与中国社会危险性评估因素有显著不同:第一,外国审前风险评估缺少反社会人格、反社会态度等方面的评估,可能是因为有关人格、认知测试方面的评估因素与结果无显著相关性,剔除了上述评估

---

① 参见高通:《逮捕社会危险性量化评估研究》,载于《北方法学》2021 年第 6 期,第 135 页。该文将自首、立功等情节归入犯罪态度,将连续作案等归入反社会人格。

② "compass - prrs"替代制裁的惩教罪犯管理分析—审前风险释放量表;"CPAT"科罗拉多州审前评估模型;"ORAS - PAT"俄亥俄州风险评估系统:审前评估模型;"PSA"公共安全评估;"PTRA"联邦审前风险评估模型;"VPRAI"弗吉尼亚州审前风险评估模型。

③ Sarah L. Desmarais Samantha A. Zottola Sarah E. Duhart Clarke Evan M. Lowder, Predictive Validity of Pretrial Risk Assessments – A Systematic Review of the Literature, Criminal Justice And Behavior, 201X, Vol. XX, No. X, Month 2020.

因素。① 外国审前风险评估模型与其他风险评估模型可能是不完全相同的两个工具,主要是按照诉讼的不同阶段特点,划分不同的风险评估模型②,二者预测的方向和预测的重点显著不同。前者预测的是嫌疑人审前释放风险,保证被告人出庭,不被再次逮捕。后者预测的大多是量刑、缓刑、假释阶段等被告的再犯风险,后者将犯罪态度与反社会人格等心理因素纳入评估要素,可能出于对犯罪需求进行干预和矫正的目的。第二,外国审前风险评估模型的评估要素不包括自首、立功、认罪、悔罪、坦白、犯罪未遂、犯罪既遂、主犯、从犯等影响量刑情节,这与中美审前风险评估模型的评估要素选择不同有关。我国将逮捕的社会危险性考察的要素概括为社会危害性、人身危险性、诉讼可控性三个方面,并把这些内容的征表因素纳入量化风险评估的评估因素,其中主观性要素较多。而在外国,虽然司法者审前拘留考虑的内容与我国基本一致③,但是,诸如自首、立功、认罪、坦白、被害人过错等影响量刑等情节并没有照搬纳入审前风险评估要素,而且已经纳入的评估因素一般都是客观的。这种不同可能与犯罪理论研究以及基于"证据"的司法实践反馈情况有关。例如,将

---

① "I-Level,CM 和 MMPI demon(人格和认知的测试工具)显示了关于再犯的较差的预测效度,因此对风险和犯罪需求的评估贡献最小(研究回顾,见 Andrews & Bonta,1998a)"。参见:James Bonta: Offender Risk Assessment Guidelines for Selection and Use,Criminal justice and behavior,2002,Volume 29.

② "鉴于单一工具不太可能在不同犯罪群体中普遍适用,审前嫌疑人与服刑的罪犯也是不同的群体,在不同的诉讼阶段也不同,显然有必要对每个特定目标群体验证风险评估模型。俄亥俄州风险评估系统被设计用来预测俄亥俄州刑事司法系统中不同时刻的再犯率。总共构建了 5 个工具:审前评估模型(PAT),社区监督工具(CST),社区监督筛选工具(CSST),监狱入口工具(PIT)和再入工具(RT)。"参见:Edward Latessa Ph. D.,Paula Smith,Ph. D.,Richard Lemke,M. A.,Matthew Makarios,Ph. D.,Christopher Lowenkamp,Ph. D.:Creation And Validation of the Ohio Risk Assessment System Final Report,University of Cincinnati School of Criminal Justice Center for Criminal Justice Research,July,2009.

③ 标准 10-5.8 审前拘留的理由。"(a)……(b)司法人员在考虑是否有任何条件或条件的组合可合理地确保被告人出庭,并保障社会和任何人的安全时,应考虑以下因素:(1)被指控犯罪的性质和情节;(2)释放被告人可能对任何人或社会构成的危险的性质和严重程度;(3)证据的分量;(4)该人的性格、身体和精神状况、家庭关系、就业状况和历史、经济资源、在社区居住的时间,包括被告离开司法管辖区的可能性、社区关系、与吸毒或酗酒有关的历史、犯罪历史、出庭记录;(5)犯罪或者被逮捕时,是否处于缓期执行、假释、其他的等待审判、量刑、上诉、服刑的释放状态;(6)是否有同意协助被告在适当的时间出庭和与社区成功监督有关的其他信息的第三方监护人;(7)任何事实证明被告会有严重的潜逃或妨碍,或对社会或任何人的安全构成危险的担忧。(c)……"转自外国律师协会刑事司法标准第三版审前释放。

征表刑罚轻重的情节作为评估因素,依据是"犯罪嫌疑人、被告人选择的倾向性与刑罚严重性与逃避代价之间差距的大小成反比。如果刑罚严重性远远大于逃避的代价,则犯罪嫌疑人、被告人越倾向于选择逃避;如果刑罚严重性远远小于逃避的代价,则犯罪嫌疑人、被告人越倾向于选择接受刑罚处罚"[1]。基于上述评估因素的"证据"实践反馈情况可能尚未得到充分的验证。

2. 循证实践和设计理念的对比分析。外国审前风险评估模型的设计思路主要是遵循循证实践原则。按照循证实践的步骤,包括发现问题、寻找证据、评价最佳证据、制定决策及评估效果。后三个步骤,对于获取最佳评估效果尤为重要。为了获得最佳效果"证据",外国审前风险评估模型对数据集及时进行更新,对算法模型进行重新训练,保障评估模型的实时性。同时,为了提高评估效果,对已经释放的案例数据进行验证,及时调整评估模型的评估因素和权重系数,提高预测准确性,把误报率确定在合理的范围。但从有的国家司法实践来看,因开发评估模型费用高昂和不菲的验证费用,将通用型的审前风险评估机构,未经验证就推广和适用,"一项调查结果表明48%的审前程序从未验证过它们的工具,这个统计数字从2001年到2009年一直保持不变",导致预测准确性良莠不齐。[2] 我国已经试行的社会危险性量化评估模型,由于相关资料获取困难,循证实践情况和设计理念鲜见公开,评估模型中评估因素和算法的开发和调试,很可能没有经过严格的循证步骤。

另外,外国审前风险评估模型的设计理念也发生巨大变化。从第三代、第四代风险评估模型开始,风险评估模型明确地将矫正规划和风险管理纳入评估过程。第四代的主要目标超出了评估风险,并着重于加强干预和监督。它的设计理念主要是基于风险原则,遵循"风险—需要—反应"(RNR)模型。这个理论是20世纪80年代末加拿大心理学家唐·安德鲁斯和詹姆斯·邦塔,将它作为一种犯罪预防的矫正方法发展起来的。"首先,依据'风险'原则,矫正和干预应与每个罪犯的再犯风险成比例,对高风险罪犯采取更多限制和强化措施。'需要'原则要求考虑到个别的犯罪需要,以便对每个罪犯进行适当的矫正。最后,'反应'原则要求根据个别罪犯的学习风格、动机、个性和优势,

---

[1] 王贞会:《审查逮捕社会危险性评估量化模型的原理与建构》,载《政法论坛》2016年第2期。

[2] 参见:Cynthia A. Mamalian, Ph. D., State of the Science of Pretrial Risk Assessment, Pretrial Justiece Institue, March 2011.

以及已知对确定的需求有反应的方法的使用,调整矫正方法。"① 外国审前风险评估模型有趋势被整合成为更为复杂的、刑事司法全过程的司法决策辅助工具。例如,有的国家惩教机构正在使用 COMPAS 系统,为有关审前释放、缓刑、社区惩教、项目规划、重返社会和假释的决策过程提供信息。与之相比,我国社会危险性量化评估模型一般仅限服务于审前羁押决定,风险评估在刑事诉讼中的链式布局和信息衔接共享优势可能没有真正发挥。

三、社会危险性量化评估模型的科学性与公正性问题反思

（一）社会危险性量化评估模型的科学性反思

1. 工具性能的不稳定性。由于测量误差和采样偏差等原因导致的预测偏差问题始终存在,算法使用的原始数据集的质量直接影响模型预测的性能。一个风险评估模型的性能好坏直接影响预测的准确性。"尽管有许多学者的多项荟萃分析研究表明审前风险评估模型一般优于专业司法人员临床判断"②,但是一个没有经过性能验证的评估模型,很难直接得出这样的结论。在预测结果整体准确比例较高的情况下,我们需要衡量工具的更加具体的准确率,一种常见的衡量法是 ROC 曲线—曲线下面积分数（AUC）③,它描述了随机抽样的再次犯罪的人比随机抽样的没有再次犯罪的人有更高风险分数的概率。一项最近对科罗拉多州审前风险评估模型（CPAT）的验证研究报告发现,"CPAT 对新逮捕或 FTA（未出庭）的验证分数为 0.58。该报告把 AUC 分数范围为 0.55—0.63 为一般,0.64—0.70 为良好;0.71 以上为优秀。并进一步指出经过验证调整,将达到 0.6 以上"④。

---

① Sarah L. Desmarais, Ph. D. & Jay P. Singh, Ph. D. , Risk Assessment Instruments Validated and Implemented in Correctional Settings in the United States.

② 参见:Sharad Goel, Ravi Shroff, Jennifer Skeem, and Christopher Slobogin : The accuracy, equity, and jurisprudence of criminal risk assessment, Research Handbook on Big Data Law , Edited by Roland Vogl, Published:14 May 2021.

③ ROC（Receiver Operating Characteristic）曲线,又称接受者操作特征曲线。该曲线最早应用于雷达信号检测领域,用于区分信号与噪声。后来人们将其用于评价模型的预测能力,ROC 曲线是基于混淆矩阵得出的。一个二分类模型的阈值可能设定为高或低,每种阈值的设定会得出不同的 FPR 和 TPR,将同一模型每个阈值的（FPR,TPR）坐标都画在 ROC 空间里,就成为特定模型的 ROC 曲线。ROC 曲线横坐标为假正率（FPR）,纵坐标为真正率（TPR）。AUC 就是曲线下面积,比较曲线下面积作为模型优劣的指标。参见汪云云、陈松灿:《基于 AUC 的分类器评价和设计综述》,第 65 页。

④ 北科罗拉多大学犯罪学和刑事司法系,维多利亚·A. 特拉诺瓦博士、Kyle C. Ward 博士在 2020 年 7 月 1 日发表的《科罗拉多州审前评估模型验证研究最终报告》,第 6 页。

三、法律监督机制现代化

从得分来看,未经较好调整的风险评估模型的预测准确率仅仅比丢硬币稍微好一点,是否值得投入巨额经费推广应用值得商榷。更何况,整体准确比率在58%。针对如此高的错报率,所承担的代价在我国的司法环境下是不容易被接受。该报告把审前风险评估模型的 AUC 值(0.65—0.7)范围称之为中等或良好。① 这在其他领域或地方可能不被接受。由此可见,评估模型的性能具有不稳定性,需要及时更新数据集并验证,使预测精准度保持在当地司法者认可的范围内。

2. 个性化正义的挑战。有一种合理的担忧是,根据过去群体数据的趋势,对现在的个人风险进行分类评估,可能是对"个案正义"司法理念的违反。"把对一个人的至关重要的释放决定建立在评估模型的输出上,有否认或贬损个人独特性的嫌疑。同时,也是对个人改变能力的否定。如果预测是基于一个人无法控制的因素或者反映了这个群体的不公正的、根深蒂固的偏见,那么,更有可能被看作是对人格的侮辱。"② 这种基于某时某地群体趋势的数据算法得出的概率,在预测个人再犯时忽略了个体例外情况。从某种意义上说,评估模型可能放大了边缘化个体的高风险,引起标签偏差,存在一定的误报率,尤其是这种标签化是因为经济不利地位导致的,这种存在误报率的算法预测在坚持个案正义的情境下,被合理地质疑科学性。

3. 算法预测纳入司法决策的难题。在司法实践中,把算法决策转化为司法决策过程中,普遍认为司法者的自由裁量权起到主要作用,而算法预测只是辅助作用。然而,司法者对评估分数的解释以及关于在多大程度上依赖它作出决定成为一个现实的难题。此外,由于缺乏将风险评估纳入司法决策的立法依据,算法预测纳入司法缺乏规范和指导。在司法实践中,算法预测与司法者的交互作用不尽相同。第一,受"自动化偏见"现象影响,完全采纳算法预测,司法决策受算法模型的准确性影响较大。受"遗漏错误"和"委托错误"影响,没有认识到自动化系统的错误,对自动化系统的严重依赖,这在司法决策和算法预测的影响之间形成一个"道德缓冲"。司法者逃避责任成为重要诱因。第二,受"算法厌恶"现象影响,人们经常错误地偏离算法预测。即使算法更

---

① 参见 Brian J. Brittain, Leah Georges, Jim Martin, Examining the Predictive Validity of the Public Safety Assessment, Criminal Justice and Behavior, 202X, Vol. XX, No. X, Month 2021, 1-19.

② 参见 Michael O'HearI Actuarial risk assessment at sentencing: Potential consequences for mass incarceration and Legitimacy, Behav. Sci. Law. 2020, 1-14. wileyonlinelibrary.com/journal/bsl.

准确，人们也不会适当地采纳算法建议来改善他们的决策，而是更愿意依靠自己或其他人的判断。第三，受锚定现象影响，使用裁量权独立作出判断。司法者使用风险评估的评分基线作为锚点，独立作出自己的判断。以上这种混乱的交互作用现象，可能影响了法官、检察官、律师等利益相关方对评估模型的认同。

（二）社会危险性量化评估模型的公正性反思

1. 算法偏见与算法公平。外国审前风险评估模型关于性别和种族的算法偏见讨论比较广泛，其中种族和民族问题讨论更加激烈。"2016 年在线非营利调查新闻机构 ProPublica 发表了题为'机器偏见'的文章。这篇文章表明，选择性制裁罪犯管理档案工具（简称 COMPAS）算法错误地将黑人被告归类为高风险的频率几乎是白人被告的 2 倍；此外，该算法错误地将白人被告归类为低风险的频率几乎是黑人被告的两倍。基于这些发现，作者声称 COMPAS 软件表现出对黑人的偏见。ProPublica 的指控在计算机科学界引发了关于算法公平性和透明度的激烈辩论。"[①] COMPAS 软件的创建者迅速回应并批评了 ProPublica，他们的研究强调，被归类为高风险的白人和黑人被告的再犯率相似，而被归类为低风险的白人和黑人被告的再犯率也相似。此外，该算法在风险量表的所有阈值上为白人和黑人被告实现了相同的预测准确性。如果将偏见定义为错误分类或假阳性率的差异，这意味着评估模型可能将一个群体错误地分类为高风险的比率高于另一个群体，这很容易导致对错误分类较多的群体的不公平、更严厉的对待。而如果将偏见定义为不同种族预测准确率的差异，那么 COMPAS 开发者并没有种族偏见。由此可见，争议分歧主要源于对算法公平的定义。

这又引申出一个更加重要的问题：什么才是算法公平？一些人工智能领域的计算机算科学家试图通过优化算法，借助可视化的数学模型，实现技术上的公平性概念。常见的方法主要有：一是误报错误率平衡，是指误报错误率在不同群体之间相等。然而"误报率的差异往往告诉我们更多的是潜在人群的情况，而不是算法中的偏差。误报率会随着一个群体的总累犯率机械地增加。在布劳沃德县，黑人被告的再次犯罪似乎比白人更频繁，因此，任何精确捕捉个人风险的算法都会产生更高的误报率……这种普遍的统计现象几乎影响到每一种常用的准确性测量方法。"[②] 因此，检查组间错误率的差异并不是评估公平

---

① ［美］米歇尔·瓦卡罗：《人类决策中的算法：使用 COMPAS 风险评估软件的一个案例研究》，载哈佛大学 2019 年计算机科学文科学士论文，第 4 页。

② Sharad Goel, Ravi Shroff, Jennifer Skeem & Christopher Slobogin, The accuracy, equity, and jurisprudence of criminal risk assessment, Research Handbook on Big Data Law , Edited by Roland Vogl, Published：14 May 2021.

的好方法。"评估和最大限度地提高预测准确性比评估错误分类具有更重要的意义,因为不可能在不降低预测准确性的情况下提高模型的错误分类,除非预测是完美的,或者各组之间的再犯基础率相等,不可能同时满足预测准确性和错误分类的公平性。"① 二是校准。"即以风险评分为条件,结果应独立于受保护属性。在审判前的情况下,校准意味着在给定风险评分的被告中,获释后再次犯罪的比例在不同种族群体中是相同的。"② 三是预测性评价。即在一个给定的阈值下的预测性评价相当于要求分类器的阳性预测值在各组之间是相同的。它传达的是高风险罪犯的再犯可能性预测值是相同的。尽管预测性评价和校准看起来是非常相似的标准,但经过良好校准的分数可能无法满足在一个给定的阈值下满足预测性评价。③ 综上,在技术上追求公平,还远没有达成一个最能描述所有情况的单一公平公式,优化一个公平公式往往会恶化另一个,它们之间是无法兼容的。此外,公平是有代价的,一个系统要想更公平,就必须降低准确性,反之亦然。"事实是,没有任何工具能够解决法律制度中系统性的种族或性别不平等。最好的情况下,科学家可以勾画出一条平衡曲线,使公平和准确性的概念形式化,并使它们的关系更加透明。然后,就轮到决策者和公众来决定算法曲线上哪一点最适合特定的社会背景了。"④ 从另一角度看,对算法公正技术的不断开发,还原了算法偏见的不同侧面,同时也为更好地作出决策提供了更为全面有用的信息。

2. 算法偏见与程序正义。风险评估模型的算法预测应当需要经过司法程序的审查,保证被告人的合法权益。在贝尔富特诉埃斯特尔案中的判决认为,"引入关于危险的极其不科学的证词并不违反宪法。法院不受审判前或定罪后正式证据规则的限制,几乎允许任何类型的关于风险的提交,无论是来自缓刑监督官员还是心理健康专业人员,无论是用精算或临床术语表述。司法驳回对预测性证词的质疑时,往往只是陈述这种证词对达到国家目的是必要的,而很

---

① Gina M. Vincent, Jodi L. Viljoen, Racist Algorithms or Systemic Problems? —Risk Assessments and Racial Disparities, Criminal Justice and Behavior, 202X, Vol. XX, No. X, Month 2020, 1 – 9.

② Sam Corbett - Davies, Sharad Goel, The Measure and Mismeasure of Fairness: A Critical Review of Fair Machine Learning, arXiv preprint arXiv: 1808.00023, 2018.

③ Alexandra Chouldechova: Fair Prediction with Disparate Impact: A Study of Bias in Recidivism Prediction Instruments, Big Data, Volume 5 Number 2, 2017.

④ Rajiv Movva, Fairness Deconstructed: A Sociotechnical View of "Fair" Algorithms in Criminal Justice arXiv preprint: arXiv: 2106.13455, 2021 – arxiv.org.

少对专家的准确性或方法进行分析"①。而这种情况随后发生改变。在威斯康星州诉卢米斯案中，卢米斯认为，对他的量刑判决在几个方面违反了正当程序。一是因为开发 COMPAS 的 Northpointe 公司不披露算法，无法分析它的准确性。二是它的风险评分是基于一个群体的数据，所以它的判决不是"个性化的"。三是他认为，由于 COMPAS 将男性列为风险因素，因此存在性别歧视。州最高法院驳回了第一个论点，理由是卢米斯可以根据他提供的答案和公共记录大致确定他的风险评分是如何产生的。因为涉及商业秘密，同意公司不披露算法。关于第二个论点，法院不予支持，认为 COMPAS 提供的结果不能决定司法，仅起参考作用。最后，关于歧视问题，法院指出，按照卢米斯的要求，将性别排除在 COMPAS 之外，会使风险评分不那么准确，而且往往会高估女性构成的风险。由此可见，法院对正当程序原则的遵守，是不真诚的。一是以商业秘密为由支持不公开算法。它夸大了商业秘密的作用，不合理地强化了对 Northpointe 公司的保护，形成了算法黑箱，使被告人无法审核算法预测是否准确和有无偏见，不利于监督控方证据的质量。二是变相剥夺被告人的救济权利。不披露算法减轻了司法者对算法预测的解释说明义务。司法者在作出司法决定时，如何参考评估结果的不为人知，导致被告人无法提出抗辩。三是法院没有正视评估模型对法官判决的实质性影响，没有赋予评估意见与诉讼作用相当的法律地位。

四、完善我国社会危险性量化评估模型的建议：加强科学性的验证和完善公正性的设计

（一）加强社会危险性量化评估模型科学性验证

1. 加强定期随访和验证评估模型性能，确保评估模型的可靠性和有效性。具体来说，应该着眼于影响模型性能的三个维度验证：（1）输入维度：进入学习过程的数据和测量；（2）分析维度：决策模型的训练方法和风险因子权重的构建方法；（3）输出维度：绩效评估的方式。一是正确选择样本和减少测量误差。数据分析和机器学习的一个基本原则是，"将垃圾输入到学习算法中也会产生垃圾输出"。因此，从源头上提高数据的质量至关重要。一方面，要准备一个具有代表性的、随机的、足够大的样本，允许对所关注的总体做出可靠的推断。另一方面，加强样本数据的标准化、客观化，减少测量误差。由

---

① Sharad Goel, Ravi Shroff, Jennifer Skeem, and Christopher Slobogin, The accuracy, equity, and jurisprudence of criminal risk assessment, Research Handbook on Big Data Law，Edited by Roland Vogl, Published: 14 May 2021.

三、法律监督机制现代化

于公检法司的案件信息标准化不同,导致提取数据共享串联分析信息效率不高,应当尽量完成标准化数据提取协议,为算法分析提供便利。此外,评估因素应当减少主观化认定,如自首认定等,增强客观性。还要加强一线执法人员的培训,规范报告填录执法事项,确保所有样本对有关事实的记录准确,能够反映真实情况,减少样本的测量误差。二是选择最佳算法模型和评估因素。为了评估哪一种方法是最好的,人们必须尝试、调整和比较一系列的方法。此外,评估因素的选择也非常重要。对机器学习算法观察到的共性特征是否纳入评估因素以及如何分配权重,应当结合犯罪学原理、对预测准确性、算法公平定义、价值判断等方面综合评价。三是保持模型性能的稳定和确定可接受的准确率水平。定期随访和评估模型性能表现是外国审前风险工具早期推行的最重要的经验总结。对性能验证的最常用的曲线下面积 AUC 值进行分析评价,结合我国推行地区的实际,确定可接受的 AUC 阈值范围,确保工具的预测精准度。必要时,可以综合运用其他性能评测指标验证工具的准确性。例如,计算 McFadden 伪 r2 值,量化预测风险和结果之间关联强度。

2. 加强社会危险性量化评估的理论探索与实证分析,推动评估模型向精细化、专业化发展。一是加强预测风险的相关原理研究,精细化评估模型预测风险的分型。例如,我们可以尝试通过理性选择理论(也称犯罪机会理论)解释妨碍诉讼顺利进行的各种技术违法风险。借助机器学习算法发掘能够代表理性选择理论的评估因素。将新发现的评估因素与预测被告人不出席法庭、逃跑、自杀或者毁灭证据、伪证、串供干扰证人作证的危险,建立统计意义上的显著相关性,同时也可通过逻辑回归算法对评估因素赋予权重系数,或凭借司法经验赋予权重得分后再逐渐调整细化。通过加强这种理论阐释和实证分析,建构更加专业、细分的算法预测风险的分型,而不是根据预测再犯的风险得分,来得出是否能够按时出席法庭的答案。二是加强机器学习算法的数据训练和提升学习能力,发现评估因素的变化,及时新增、删除、调整不适当的评估因素和权重。例如,一项科罗拉多州审前风险评估模型的验证研究显示,修订版 CPAT 消除了两个风险因素:先前的暴力逮捕和自我报告的居住在当前住所的时间,AUC 值由原来的 58% 提升至 65%。

(二)完善社会危险性量化评估模型的公正性设计

1. 客观对待算法偏见,提倡实用主义的算法公平观。诚实地说,带有偏见的数据反映出的社会不公平现象,是客观存在的,也是不可避免的。有时,甚至是观察数据角度不同导致的。本质上,算法偏见反映的是一个社会问题,它与经济、政治、历史、文化等诸多因素有关。要从根本上解决,需要有一定的客观条件,而不单单是从技术上追求一种近似完美的算法公平。正如,外国审前风险评估模型，不能解决几个世纪的种族歧视问题一样。因此，误报错误率平衡、预测准确率相等、校准等算法公平的定义，不能从根本上解决风险评估的算法偏见问题。但也不能说，这种努力和付出没有意义，最起码从技术层面上通过不同的算法公平定义，将算法偏见的不同侧面展示出来，为披露和解释算法提供更多可视角度。此外，既然无法杜绝算法偏见，也不存在完美的算法公平，那么应当提倡实用主义的公平观，也就是说，"在构建了最能捕捉个体水平风险的风险分数之后，相似的风险个体会受到相似的对待，而不管群体成员是谁。决策者在决定在候审期间释放哪些被告时，可以首先选择一个可接受的风险水平，然后释放那些估计低于该阈值的人。这种阈值方法通常会违反分类等价性，也可能会违反反分类，因为产生准确的风险评估可能需要使用受保护的特征"①。

2. 加强算法偏见的监测，尽最大努力缓解和减轻这种偏见的影响。一是加强算法偏见的自测程序设计。有学者认为："可以通过审计和关注决策过程中的外部投入和产出来实现问责制。算法在这里并不重要，重要的是数据。"②输入嵌入歧视的数据，经过算法运算输出的结果也必然是歧视的。当一种算法整合了现有的变量导致计算机编码了对少数群体造成严厉结果的特征时，偏见已经渗透到计算机预测程序中。因此，在预测准确性影响可接受的前提下，应当尽量减少或者阻止引入歧视的评估因素或代理因素，如性别、种族、年龄等。这是在构建和验证评估模型时应当重点关注的问题。如果按照反分类的算法设计，影响到预测的准确性，那么评估模型的技术开发者、运营商，应当补充算法偏见的自测程序设计。二是提出附带算法偏见的自查报告，提示注意事项。在审前提出风险评估报告时，同时提出附带算法偏见自查评估报告，说明可能嵌入算法偏见的评估因素、影响大小、重复次数以及嵌入偏见数据的提取、标注等情况。作为司法决策者解读、使用评估意见时，兼顾算法偏见自查报告的提示情况，在最大限度上缓解减轻算法偏见的负效应。

3. 遵循正当程序原则，确立算法辅助决策的合法性、透明性和可解释性。一是明确评估意见的法律地位。鉴于评估意见作为实质影响法官作出释放决定

---

① Sharad Goel, Ravi Shroff, Jennifer Skeem, Christopher Slobogin, The accuracy, equity, and jurisprudence of criminal risk assessment, Research Handbook on Big Data Law, Edited by Roland Vogl, Published: 14 May 2021.

② Mirko Bagaric, Dan Hunter, and Dr. Nigel Stobbs, Erasing the Bias Against Using Artificialintelligence to Predict Future Criminality: Algorithms are Color Blind and Never Tire, University of Cincinnati Law Review, Vol. 88.

三、法律监督机制现代化

的材料之一,其在诉讼中的地位相当于鉴定意见,应当在法庭出示并接受质证。二是强制披露证据的内容,保障嫌疑人知情权。刑事诉讼的正当程序原则要求被告人在刑事诉讼中享有知情权、参与权,任何认定的事实,都需要经过法庭的举证、质证,否则不能作为定案的依据。当庭出示风险评估意见,主要包括数据来源、算法工作基本原理、评估因素和权重系数、风险得分的分类、开发公司名称、风险报告的报告人、最近一次评估模型测评验证的时间和结果、算法偏见提示事项等必要信息,评估模型的算法源代码可以以保护知识产权和商业秘密为由,庭外出示或者保护性出示。三是强化司法者的解释说明义务,保障被告参与权和提出意见的权利。除了增强算法的透明性外,邀请法官、检察官、律师等诉讼参与人加入社会危险性量化评估模型的研发、使用和验证评估过程中,了解算法预测的基本原理,明确风险评估得分、风险分类的法律意义。此外,司法者还应当加强释法说理,主要围绕量化模型的评估纳入司法决策过程中的起到的作用进行解释说明,采纳和拒绝评估意见的理由和主要依据是什么,并允许辩论和提出意见。

4. 合理使用自由裁量权,平衡算法预测局限性的影响。基于人工智能技术架构的社会危险性量化评估结果具有一定的局限性,它只有在司法者的监督下才能实现最佳决策效果。一是平衡算法偏见导致的实质性不公。由于样本偏差、标签偏差、遗漏偏差等原因引入的结构性偏见,可能引起的各组间的差异化影响。司法者可以通过对风险得分的逆向解析,结合算法偏见的自查报告,分析带有偏见的评估因素以及对评估结果的作用力大小,考虑个案中其他未纳入算法预测的保护性因素,校正风险得分的法律意义并说明理由,平衡算法偏见导致虚假的高风险犯罪嫌疑人或者虚假的低风险犯罪嫌疑人(即假阳性或假阴性),以及因此造成的实质性不公。二是平衡病毒入侵、恶意软件、黑客攻击等导致的算法预测偏差。"当数据池中毒时,机器学习就会受到损害,插入虚假数据或代码,产生假阳性或假阴性。2019年,丹麦审查了1万多起可能因手机跟踪技术中的软件漏洞而被不当判决的案件。一些手机跟踪数据将手机连接到错误的手机信号塔,可能会将无辜的人连接到犯罪现场。"[①] 如果这些错误数据被证明对被告的决策具有决定性作用,那么司法者应当进行平衡,或者事后给予救济。

[①] Sonia M. Gipson Rankin, Technological Tethereds: Potential Impact of Untrustworthy Artificial Intelligence in Criminal Justice Risk Assessment Instruments, Bluebook 21st ed., 78 Wash. & Lee L. Rev. 647 (2021).

中国式微罪记录封存制度之构建

李 勇 曹艳晓[*]

引言

以《刑法修正案（八）》醉驾入刑为标志，截至《刑法修正案（十一）》，加快了轻罪立法的步伐，轻罪治理体系在立法上渐次形成。在司法上，30 年来我国刑事犯罪结构已然发生重大变化，呈现出"双降双升"的局面：严重暴力犯罪和重刑率大幅下降；以醉酒驾驶、帮助信息网络犯罪活动和掩饰、隐瞒犯罪所得等为代表的轻罪案件和社会危害性相对较小的经济犯、行政犯大幅上升，检察机关的不起诉率和法院判处 3 年以下有期徒刑及以下刑罚的案件占比持续上升。1999 年至 2019 年，检察机关起诉严重暴力犯罪从 16.2 万人降至 6 万人，年均下降 4.8%，被判处 3 年有期徒刑以上刑罚的占比从 1999 年的 45.4%下降至 21.3%，与此同时危险驾驶已取代盗窃成为刑事追诉第一犯罪。[①] 而在这些轻罪中被判处有期徒刑 1 年以下刑罚的微罪案件、适用非监禁刑和判处免予刑事处罚的占比也逐渐增加，比如 2019 年全国各级法院共计对 41.4 万名轻微犯罪被告人适用非监禁刑，对 1.2 万人免予刑事处罚。[②] 如此众多的轻微犯罪人，因犯罪的标签效应所产生再社会化难题，成为社会治理的重大难题，反过来也会影响相关司法政策的贯彻落实。在此背景下，轻微犯罪的前科消灭制度再次成为社会各界关注的焦点。在刑事立法活跃化、轻罪化的时代背景下，如何对刑法扩张的风险与挑战作出更妥当缜密的应对，实现"治罪"与"治理"并重，是轻罪治理体系的重大命题，也是中国法治现代化的重要命题，轻微犯罪的前科消灭制度正是轻罪治理体系的子命题。考虑到我国

---

[*] 李勇，江苏省南京市人民检察院政策研究室主任、三级高级检察官；曹艳晓，江苏省南京市秦淮区人民检察院四级检察官助理。

[①] 参见 2019 年《最高人民检察院工作报告》。

[②] 参见 2020 年《最高人民法院工作报告》。

的现实情况和文化传统，构建中国式犯罪前科消灭制度，应关注以下两点：一是立法用语宜使用"前科封存"而非"前科消灭"；二是采取循序渐进的立法策略，当前宜进行微罪前科封存立法，条件成熟时再进一步推进到轻罪前科封存乃至特定的重罪前科封存。

一、犯罪前科附随后果之反思

（一）犯罪前科附随后果的扩张化现状梳理

犯罪前科在刑事领域的处遇主要体现在以下三方面：一是累犯问题上，前科是累犯成立的条件，如曾被判处有期徒刑以上刑罚的前科是成立一般累犯的条件；而曾犯危害国家安全罪的前科是成立特殊累犯的条件。二是再犯问题上，如《刑法》第356条规定的毒品再犯，又如犯罪前科作为入罪条件、量刑升格条件、程序加重条件等。三是前科报告制度，即我国《刑法》第100条规定"依法受过刑事处罚的人，在入伍、就业的时候，应如实向有关单位报告自己曾受过刑事处罚，不得隐瞒"。犯罪前科在非刑事领域内的限制非常普遍，有前科者禁止从事国家公职、禁止从事准公职、禁止从事特殊职业和禁止担任特殊职务等不同情形，笔者对犯罪前科在非刑事领域内规定进行梳理，以前科导致的资格剥夺的期限、范围等进行分类。

1. 前科无期限剥夺型。在我国的法律体系中，大部分法律规范都规定，因犯罪受过刑事处罚就不能报考资格考试或从事某个职业，亦即前科成为永久剥夺限制资格权利的依据，如公务员法、法官法、检察官法、教师法、律师法、拍卖法和公证法等。

2. 前科固定期限剥夺型。注册会计师法、《注册建筑师条例》等法律规范规定，受刑事处罚，自刑罚执行完毕之日起至申请注册之日止不满5年，不能注册注册会计师、注册建造师等职业；《专利代理师资格考试办法》对专利代理师的限制是3年，《注册房地产估价师管理办法》《注册建造师管理规定》等规章虽然规定"刑事处罚尚未执行完毕的或者刑事处罚执行完毕后一定期限"，但并未明确所谓"一定期限"的具体时间。

3. 特殊前科剥夺型。会计法、《出租汽车驾驶员从业资格管理规定》等均有相关规定，如《会计法》第40条规定："因有提供虚假财务会计报告，做假账，隐匿或者故意销毁会计凭证、会计账簿、财务会计报告，贪污、挪用公款、职务侵占等与会计职务有关的违法行为被依法追究刑事责任的人员，不得再从事会计工作。"

笔者对我国现有法律体系中关于犯罪前科附随后果的规定进行了部分梳理。

表1 目前我国法律体系中关于犯罪前科附随后果的梳理

前科限制类别	涉及行业	法律效力层级	法律名称	限制范围
前科无期限剥夺型	公务员包括法官、检察官、警察、驻外外交人员	法律	公务员法、法官法、检察官法、人民警察法、驻外外交人员法	因犯罪受过刑事处罚
	人民陪审员	法律	人民陪审员法	因犯罪受过刑事处罚
	律师	法律	律师法	受过刑事处罚，但过失犯罪除外
	公证员	法律	公证法	因故意犯罪或者职务过失犯罪受过刑事处罚
	拍卖师	法律	拍卖法	因故意犯罪受过刑事处罚
	企业破产管理人	法律	企业破产法	因故意犯罪受过刑事处罚
	司法鉴定业务	法律	《全国人民代表大会常务委员会关于司法鉴定管理问题的决定》	因故意犯罪或者职务过失犯罪受过刑事处罚
	导游证	法规	《导游人员管理条例》	受过刑事处罚的，过失犯罪的除外
	保安员	法规	《保安服务管理条例》	曾因故意犯罪被刑事处罚的
	直销业务培训人员	法规	《直销管理条例》	无因故意犯罪受刑事处罚的记录
	处置证券公司风险工作人员	法规	《证券公司风险处置条例》	曾受过刑事处罚或者涉嫌犯罪正在被立案侦查、起诉
	证券、期货投资咨询从业资格	法规	《证券、期货投资咨询管理暂行办法》	未受过刑事处罚或者与证券、期货业务有关的严重行政处罚

三、法律监督机制现代化

续表

前科限制类别	涉及行业	法律效力层级	法律名称	限制范围
前科无期限剥夺型	公务员报考	部门规章	《公务员录用规定》	因犯罪受过刑事处罚
	法律职业资格考试	部门规章	《国家统一法律职业资格考试实施办法》	因故意犯罪受过刑事处罚
	导游	部门规章	《导游管理办法》	受过刑事处罚的,过失犯罪的除外
	法律援助志愿者	部门规章	《法律援助志愿者管理办法》	因故意犯罪受过刑事处罚的
	专利代理机构的合伙人、股东	部门规章	《专利代理管理办法》	因故意犯罪受过刑事处罚
	律师	部门规章	《律师执业管理办法》	受过刑事处罚的,但过失犯罪的除外
	交通运输行政执法	部门规章	《交通运输行政执法证件管理规定》	因犯罪受过刑事处罚
	新闻记者	部门规章	《新闻记者证管理办法》	受过刑事处罚
	司法鉴定人	部门规章	《司法鉴定人登记管理办法》	因故意犯罪或者职务过失犯罪受过刑事处罚
	商标代理人	部门规章	《商标代理人资格考核办法》	受过刑事处罚
	人民银行行员	部门规章	《中国人民银行行员管理暂行办法》	因犯罪受过刑事处罚
	公司律师	部门规章	《公司律师管理办法》	受过刑事处罚的,但过失犯罪的除外;正在调查/司法程序尚未终结的(公职律师管理办法没有该要求)
	人民监督员	部门规章	最高人民检察院、司法部《人民监督员选任管理办法》	因犯罪受过刑事处罚的

续表

前科限制类别	涉及行业	法律效力层级	法律名称	限制范围
前科无期限剥夺型	海洋督察员	部门规章	国家海洋局《海洋督察员管理办法》	因犯罪受过刑事处罚的
	司法鉴定高级专业技术职务任职资格	部门规章	司法部办公厅《司法鉴定高级专业技术职务任职资格评审细则》	因故意犯罪或者职务过失犯罪受过刑事处罚的
	广播电视编辑记者、播音员主持人	部门规章	《广播电视编辑记者、播音员主持人资格管理暂行规定》	因故意犯罪受过刑事处罚
	律所招聘律师	部门规章	司法部《律师事务所内部管理规则（试行）》	受过刑事处罚的，但过失犯罪的除外
	工程造价纠纷调解中心调解员	部门规章	《中国建设工程造价管理协会工程造价纠纷调解中心调解员聘任和管理办法（试行）》	受过刑事处罚
	专职网格员	地方规章	《江苏省城乡网格化服务管理办法》	受过刑事处罚或者涉嫌犯罪尚未结案的
	警务和城管辅助人员	地方规章	《徐州市警务和城管辅助人员管理办法》	受过刑事处罚或者涉嫌违法犯罪尚未查清的
	征兵	规范性文件	《征兵政治审查工作规定》	曾被刑事处罚、劳动教养、收容教育、行政拘留的；家庭主要成员、直接抚养人、主要社会关系成员或者对本人影响较大的其他亲属，有被刑事处罚、开除党籍、开除公职或者有严重违法问题尚未查清，本人有包庇、报复言行的

三、法律监督机制现代化

续表

前科限制类别	涉及行业	法律效力层级	法律名称	限制范围
前科无期限剥夺型	从事公共航空运输的空勤人员/民用航空安全保卫工作人员	规范性文件	《民用航空背景调查规定》	未受过刑事处罚或劳动教养；配偶、直系亲属和直接抚养人，无因危害国家安全罪或危害公共安全罪受过刑事处罚，或因其他犯罪受过15年以上有期徒刑的刑事处罚的情况
前科固定期限剥夺型	医师	法律	医师法	受刑事处罚，刑罚执行完毕不满2年或者被依法禁止从事医师职业的期限未满
	执业医师	法律	执业医师法	受刑事处罚，自刑罚执行完毕之日起至申请注册之日止不满2年
	注册会计师	法律	注册会计师法	受刑事处罚，自刑罚执行完毕之日起至申请注册之日止不满5年
		部门规章	《注册会计师注册办法》	刑事处罚执行完毕后一定期限
	乡村医生	法规	《乡村医生从业管理条例》	受刑事处罚，自刑罚执行完毕之日起至申请执业注册之日止不满2年的
	注册建筑师	法规	《注册建筑师条例》	因受刑事处罚，自刑罚执行完毕之日起至申请注册之日止不满5年的
	造价工程师	部门规章	《注册造价工程师管理办法》	刑事处罚尚未执行完毕的或者刑事处罚执行完毕后一定期限

续表

前科限制类别	涉及行业	法律效力层级	法律名称	限制范围
前科固定期限剥夺型	专利代理师	部门规章	《专利代理师资格考试办法》	因故意犯罪受过刑事处罚,自刑罚执行完毕之日起未满3年
	彩票代销者	部门规章	《彩票管理条例实施细则》	近5年内无刑事处罚记录和不良商业信用记录
	保险公估人	部门规章	《保险公估人监管规定》	刑事处罚,自刑罚执行完毕之日起不满5年
	消防工程师	部门规章	《注册消防工程师管理规定》	刑事处罚尚未执行完毕的或者刑事处罚执行完毕后一定期限
	房地产估价师	部门规章	《注册房地产估价师管理办法》	刑事处罚尚未执行完毕的或者刑事处罚执行完毕后一定期限
	注册建造师	部门规章	《注册建造师管理规定》	刑事处罚尚未执行完毕的或者刑事处罚执行完毕后一定期限
	勘察设计注册工程师	部门规章	《勘察设计注册工程师管理规定》	相关业务受到刑事处罚,自刑事处罚执行完毕之日起一定期限内
	验船师	部门规章	人事部、交通部、农业部《注册验船师制度暂行规定》	刑事处罚尚未执行完毕的或者刑事处罚执行完毕后一定期限
特殊前科剥夺型	工程造价纠纷调解中心调解中心工作人员	部门规章	《中国建设工程造价管理协会工程造价纠纷调解中心管理办法（试行）》	未受到剥夺政治权利的刑事处罚

续表

前科限制类别	涉及行业	法律效力层级	法律名称	限制范围
特殊前科剥夺型	出租汽车驾驶员	部门规章	《出租汽车驾驶员从业资格管理规定》	无特殊类型犯罪
	网约车驾驶员	部门规章	《网络预约出租汽车经营服务管理暂行办法》	无特殊类型犯罪
	学校工作人员	部门规章	《未成年人学校保护规定》	受到剥夺政治权利或者因故意犯罪受到有期徒刑以上刑事处罚的
	教师	法律	教师法	受到剥夺政治权利或者故意犯罪受到有期徒刑以上刑事处罚的

（二）犯罪前科及其附随后果反思

犯罪前科制度虽能够更好地起到社会防卫的效果，但刑罚附随后果普遍性、广泛性和长期性又引发了诸多隐患，值得反思。

1. 无差别犯罪前科制度不适应犯罪结构变化。我国现有犯罪前科制度不论罪行轻重，无差别对待，且随着刑法轻缓化和犯罪结构变化，犯罪前科处遇并未与时俱进地轻缓化，反而随着法律严密化而随之严格化。从1979年刑法的130个罪名到现行刑法的483个罪名，犯罪圈不断扩大，十一部刑法修正案增设了大量轻刑罪名。与此同时，我国刑事犯罪结构呈现出重罪比例下降、微罪及轻罪占比迅速增加、社会危险性和主观恶性较小的行政犯占多数的新特征。30年来，我国刑事犯罪结构已然发生重大变化，呈现出"双降双升"的局面，即严重暴力犯罪和重刑率大幅下降；以醉酒驾驶、帮助信息网络犯罪活动、掩饰隐瞒犯罪所得等为代表的轻罪案件和社会危害性相对较小的经济犯、行政犯大幅上升，检察机关的不起诉率和法院判处3年以下有期徒刑及以下刑罚的案件占比持续上升。轻微犯罪的性质轻微、行为的危害轻微、主观恶性轻微，刑事司法系统在面对轻微犯罪时，刑罚本身的威慑力已经能够充分保护各种法益免遭犯罪的风险。但目前的犯罪前科制度所带来的附随后果涉及多方面且总体偏严厉，不论所受刑罚轻重，凡有过刑事处罚经历的公民，在求职、求学、入伍抑或在社会评价上都会遭到不一样的对待,这种惩罚对触犯微罪的行为人来说未免太过苛刻,显然也与目前的犯罪结构变化不相匹配。

2. "刑上加刑"有违罪责相适应原则。我国《刑法》第5条规定:"刑罚的轻重,应当与犯罪分子所犯罪行和承担的刑事责任相适应。"罪责刑相适应原则是刑法基本原则,指的是行为人应当承担的责任与其所犯罪行相统一。在刑罚惩罚结束后,不应再以报应和预防作为对待刑满释放人员的价值基础,应将有利于有犯罪前科者回归社会作为首要的价值基础。① 犯罪前科制度对犯罪人所施加的权利限制与剥夺等非刑罚法律后果、对犯罪人造成的负面评价、犯罪标签、心理枷锁等非法律后果,虽然是建立在已然之罪之上,但却在犯罪所应当承担的刑罚执行完毕之后额外产生的,是基于先前犯罪行为而施加的隐形刑罚、二次惩罚,甚至"一人犯罪影响全家"的牵连已经突破罪责自负的底线。这种对非刑罚的继续评价是刑罚的无限期与无限量的膨胀,已然突破了罪责刑相适应原则的内在要求。

3. 前科者复归社会难。为有力落实前科报告制度,确保上述非刑事领域内的前科效应,2012年"两高三部"联合出台了《关于建立犯罪人员犯罪记录制度的意见》,通过要求在入伍、就业时提供"无犯罪记录证明"的方式,反向落实前科报告制度。显性的制度设置和隐形的社会排斥叠加,使得犯罪标签成为前科群体的"紧箍咒"。职业选择上,法官、检察官、公证员、播音员等资格考试中的资格限制,注册会计师、医生、拍卖师、证券从业者等工作招聘中的准入机制限制;社会关系上,日常生活、社会交往中的边缘化,回归社会、重启人生过程中的层层壁垒、重重困难;心理影响上,社会公众的"异样目光",视前科者为洪水猛兽,这些无不对前科者重归社会造成了极大阻碍。而产生这些的原因很大程度上来自刑事司法机关之卷标所致,且越"强化社会统制"越容易生成偏差,一个人被卷标后,便会产生烙印效应和自我修正为犯罪者形象因而脱离社会加深其犯罪性而成为真正的犯罪者。②

4. 刑罚附随后果不仅涉及前科者自身,甚至波及家人和工作伙伴。入学时的《高中毕业生家庭情况调查表》,就职政审时的直系亲属无犯罪记录证明,征兵时的排除"直系亲属、关系密切的旁系亲属被判处刑罚者",娱乐领域参与人员有劣迹而整部作品限制播出的劣迹禁令,等等,这些仅仅以血缘身份或工作联系为依托的权利限制与剥夺,是犯罪前科制度的扭曲化。甚至对于家庭内部的家庭暴力案件案、性侵害案件,子女本身已是犯罪的被害人,却要

---

① 参见王瑞君:《我国刑罚附随后果制度的完善》,载《政治与法律》2018年第8期。
② 许福生:《刑事政策学》,中国民主法制出版社2006年版,第417页。

因犯罪前科株连效应受到"权利限制"这样的二次伤害，显然有失公平。

5. 社会治理成本增加。刑罚虽然是国家与社会反犯罪斗争体系中最为正式、最具有国家权威性的反应方式，但是，刑罚又往往是代价最为昂贵、消极作用最为显著的一种反应方式。所以慎刑思想要求刑罚这种代价最为昂贵的社会治理方式，只有不得已才用之。实际上，除刑罚本身的社会成本外，刑罚附随后果的潜在成本也很高。犯罪前科制度的终生影响将大量的轻微刑事犯罪分子推向了社会的对立面，不利于最大限度地增加社会和谐因素、最大限度地减少社会不和谐因素、最大限度地缓解社会冲突、最大限度地防止社会对立，还容易激化社会矛盾，形成社会治安隐患，并具体表现在以下几个方面：一是社会阶层分化对立。微罪轻罪人员主观恶性往往较小，易接受改造矫正，但正如前所述，犯罪前科制度几乎无差别全覆盖地设置壁垒以及犯罪前科标签化、刑罚化无疑放大了其与普通民众的不同，不可避免地在前科者和普通民众之间划了一道"三八线"。二是威胁社会稳定。早在1984年，国务院办公厅就颁布《关于做好犯人刑满释放后落户和安置工作的通知》，对刑满释放人员的安置和帮教作出指示，同时明确我国对刑事犯罪分子实施惩罚的根本目的在于把他们中的大多数改造成为自食其力的新人。1994年2月，中央社会治安综合治理委员会、公安部、司法部、劳动部、民政部、国家工商行政管理局又联合发布了《关于进一步加强对刑满释放、解除劳教人员安置和帮教工作的意见》，再次明确提出安置和帮助教育刑满释放、解除劳教人员，使他们顺利地走上新生之路，是化解社会矛盾、预防重新犯罪、维护社会稳定的一项重要工作。如果在前科者回归社会过程中的"一刀切"式设卡阻拦，则可能因为"对归正人员过度的社会排斥，将人为制造一个不断膨胀、恶化且难以消除的社会敌对阶层，并最终对社会安全构成威胁"①。有实证数据也确实印证了这一点，根据学者对某监狱犯罪人员复归社会的反馈数据，出狱后无法就业的前科者的重新犯罪率是已就业前科者的 14 倍之多。②

---

① 姚建龙：《反社会排斥视野下的未成年人前科消灭制度》，载《中国社会科学报》2009 年 8 月 25 日，第 7 版。

② 参见李想：《全国罪犯重新犯罪率保持最低水平》，载《法制日报》2016 年 6 月 2 日，第 2 版。

二、犯罪前科消灭制度的域外借鉴及本土资源

(一) 域外犯罪前科消灭制度经验

当前,世界上一些主要国家现行刑法典基本都规定了前科消灭制度①,虽然各个国家对于前科消灭制度的称谓和适用条件有所不同,但其实质内涵和价值取向是相同的,都彰显了刑法保障人权的人道主义精神,在缓和社会矛盾、维护社会稳定、保障前科者权利等方面效用显著,成为当今法治国家普遍认可的法律制度。

1. 德国的犯罪登记及消除制度。首先,是犯罪登记制度。德国《中央犯罪登记簿和教育登记簿法》于 1971 年 3 月 18 日施行,1984 年 9 月 21 日修订,被判处的刑罚、保安处分以及科处刑罚保留的警告被载入该登记簿。另外还有交通中央登记簿用来登记因交通犯罪所判处的刑罚或报案处分,以及因违反道路交通秩序所为之裁决和行政机关的有关裁决。这些犯罪记录,一方面为公民出具"犯罪记录证明",凡年满 14 岁的公民均可申请犯罪记录证明;另一方面法院、检察院、最高联邦当局或州当局和刑警局可以查询犯罪记录。但是对于科处 90 单位以下日额金以及 3 个月以下的自由刑或禁闭,则不计入犯罪记录。在科处罚金刑和 3 个月以下的自由刑或禁闭的情况下,以及 1 年以下的自由刑或禁闭缓刑,从判决之日起经过 3 年的,也不计入犯罪记录。其次,犯罪登记事项消除制度。在德国,所有关于判决的记载事项,除终身自由刑以及在命令保安监督或安置于精神病院外,经过特定期限均被消除。这里的特定期限从一审判决确定之日起计算,根据判决的严重程度和其他记载事项分为数个等级,确定不同的期限。例如,被判处可执行的自由刑 3 个月以上的,消除期限为 15 年。为防止在消除犯罪记录条件成熟前出现还未登记的判决,德国法律还规定在消除的成熟条件出现后,设定 1 年的等待期。一旦犯罪记录被消除,就不得将犯罪记录在法律事务中被用于指责当事人和作不利于当事人的利用,该犯有权在任何人面前包括在法院宣誓中称自己未受到过处罚。② 简言之,一

---

① 比如《韩国刑法典》第 81 条规定:如果行为人被判处劳役或者有期徒刑的刑罚,在服刑结束后,要将被害人的损失予以弥补,在 7 年之后,法院可以宣告原来的判决不再发生效力。此外,蒙古《刑法》第 52 条、《朝鲜刑法》第 62 条、《阿尔巴尼亚刑法》第 56 条、《瑞士联邦刑法典》第 80 条、《意大利军事刑法典》第 70 条等都对前科消灭有明确的规定。

② 参见 [德] 汉斯·海因里希·耶塞克、托马斯·魏根特:《德国刑法教科书》(下),徐久生译,中国法制出版社 2017 年版,第 1234—1238 页。

旦犯罪记录被消除,就意味着"在本质上,刑罚污点被永远消除了。"①

2. 法国的"复权"制度。法国"复权"制度是比较彻底的,"复权"意味着"回复到犯罪前的权利状态",消除因犯罪而失去的权利、资格。《法国刑法典》设专节规定了复权制度,系统规定了复权的程序、条件、效果。其中第133-12条规定,"受重罪、轻罪或违警罪刑罚的任何人,得以本节之规定依法当然复权,或者按《刑事诉讼法典》规定的条件经法院裁判复权。"第133-13条规定了自然人复权的实践条件,"被判刑的自然人在以下确定的期限内,未再次被判处任何重罪或轻罪之刑罚者,依法当然得到复权:(1)对被判处罚金、日罚金刑,自支付罚金或日罚金总额,民事拘禁期满或第133—134条所规定的拘禁期限届满或完成时效起,3年期限之后;(2)对于单一判处不超过1年监禁,或者判处徒刑、拘押、监禁、罚金或按日罚金刑之外的其他刑罚,自刑罚执行或完成时效起,5年期限之后;(3)对单一判处不超过10年之监禁,或者对多次被判监禁总刑期不超过5年者,自服刑期满或完成时效起,10年期限之后。"第133-16条第1款规定了复权效果,"复权的效果是因被判刑所引起的丧失权利或者无能力随之消灭"。②

3. 美国的"清白法案"。与欧洲大陆相比,美国的前科消灭制度相对保守,各个州之间差异较大。近年来,美国大多数相继通过了"清白法案"(Clean Slate Act),即对那些符合法律要求的犯罪记录自动进行删除。2018年6月28日,在美国所有50个州和联邦政府中,宾夕法尼亚州成为第一个制定自动封存犯罪记录的立法的州,颁布了宾夕法尼亚州联合法令"清白法案"。这项开创性的立法于2019年6月28日正式生效,到2020年6月底,已有3400万份犯罪记录被封存,4700万份刑事犯罪记录也已被封存,占州法院数据库中指控的一半以上。许多公共政策方面的考虑是该法案起草和通过背后的推动力。这些考虑包括为某些有犯罪记录的人寻找方法,以减少他们在申请教育项目、就业机会和住房安排时遭受的耻辱。③ 一般情况下,一些二级轻罪、三级轻罪或可判处不超过两年徒刑的轻罪的犯罪记录的人,其犯罪记录自动封存("用于有限查阅"),如果满足以下条件:(1)他们因可判处1年或1年以

---

① 参见[德]汉斯·海因里希·耶塞克、托马斯·魏根特:《德国刑法教科书》(下),徐久生译,中国法制出版社2017年版,第1234—1238页。

② 参见《法国刑法典》,朱琳译,法律出版社2016年版,第58—59页。

③ See Kimberly E. Capuder, Can a Person's "Slate" Ever Really Be "Cleaned"? The Modern-Day Implications of Pennsylvania's Clean Slate Act, St. John's Law Review 94, no. 2 (2020), p. 502 (501-528).

上监禁的任何罪行被定罪后已经释放经过10年；（2）已经完成了法院判决的每一项经济义务。在上述一般规则基础上也设有例外，这些例外包括人身危险犯罪、家庭犯罪、枪支犯罪、性犯罪、虐待动物和未成年人腐败有关的刑事定罪。另外，"重罪"以及"两次以上可处二年以上有期徒刑的罪"也被排除在外。该法案背后的主要政策理由是允许那些有犯罪记录的人减少对自己的污名，以便他们更容易找到工作、住房和教育机会。① 大多数州规定，有资格获得消除的人必须经申请程序，并且规定了等待期，具体的消除资格要求各州之间差异很大。② 但是亚利桑那州目前是这一趋势的抵制者之一——它不仅没有自动删除法律，甚至不允许通过请愿删除。③

4. 日本的前科消灭制度。为了缓解前科给犯罪人复归社会带来的困难，1947年《日本刑法典》修订时增加了前科消灭的规定，也就是第34条之二的规定，即"监禁以上的刑罚已经执行完毕或者被免除执行的人，经过10年，未被判处罚金以上刑罚的，刑罚宣告丧失效力。罚金以下的刑罚已经执行完毕或者被免除执行的人，经过5年，未被判处罚金以上刑罚的，亦同""被宣告免除刑罚的人，在宣告确定后，经过2年，未被判处罚金以上刑罚的，免除刑罚的宣告丧失效力"。④ 在上述情形下，作出该刑事判决的法院可以依职权宣告刑罚丧失效力，对因受到有罪宣告而丧失或停止资格者，可恢复其资格。不过前科消灭的前提都是刑罚已执行完毕或免除执行且需经过一定期限。

5. 俄罗斯的前科消灭及前科撤销制度。俄罗斯关于前科法律后果的消除规定了前科消灭制度和前科撤销制度两种制度，且《俄罗斯联邦刑法典》第86条对两种制度进行了系统全面的阐述。第86条第1款规定："因实施犯罪而被判刑的人，自法院的有罪判决生效之日起至前科消灭或撤销时止，被认为有前科。在认定累犯时和在判处刑罚时，均应按照本法典的规定考虑前科。"第2款规定："被免除刑罚的人不认为有前科。"第3款规定："在下列情况下前科消灭：（1）被判处缓刑的人，考验期届满；（2）被判处比剥夺自由更轻刑种的人，服刑期满后1年；（3）因轻罪或中等严重的犯罪被判处剥夺自由

---

① See Kimberly E. Capuder, Can a Person's "Slate" Ever Really Be "Cleaned"? The Modern-Day Implications of Pennsylvania's Clean Slate Act, St. John's Law Review 94, no. 2 (2020), p. 504 (501-528).

② See J. J. Prescott, Sonja B. Starr, The Power of a Clean Slate, Regulation 43, no. 2 (Summer 2020), p. 28-30 (28-35).

③ See Sonja B. Starr, Expungement Reform in Arizona: The Empirical Case for a Clean Slate, Arizona State Law Journal 52, no. 3 (Fall 2020), p. 1059.

④ 参见《日本刑法典》（第2版），张明楷译，法律出版社2006年版，第19页。

的人,服刑期满后过 3 年;(4)因严重犯罪被判处剥夺自由的人,服刑期满后过 6 年;(5)因特别严重的犯罪被判处剥夺自由的人,服刑期满后过 8 年。"第 4 款规定:"如果被判刑人按法律规定的程序提前免于服刑或者未服满的部分刑罚改判较轻刑种,则前科消灭的期限根据实际服完的刑期自免于服主刑和附加刑之时起算。"第 5 款规定:"如果被判刑人在服刑期满之后表现良好,则法院可以根据他本人的请求在前科消灭的期限届满之前撤销前科。"第 6 款规定:"前科消灭或撤销后,与前科相关的一切法律后果随之消灭。"① 该条款规定了前科的范围和期限,前科消灭和撤销的具体情形,特殊情况的适用,前科消灭或撤销的效果,同时明确界定被免除刑罚的人不属于有前科。对比前科消灭和前科撤销两种制度,二者仅仅在于消灭的期限和方式不同,但无论是"消灭"还是"撤销",二者的后果均是"先前因犯罪而受刑的记录"在规范意义上归于"消失"状态。②

(二)我国未成年人犯罪记录封存制度

从 2004 年河北省某法院提出《关于未成年人前科消灭办法试行方案》,到《刑法修正案(八)》免除未成年人轻罪前科报告义务,2012 年刑事诉讼法明确规定未成年人犯罪记录封存制度,再到 2021 年公安部《公安机关办理犯罪记录查询工作规定》明确"未成年人犯罪被判五年以下的,犯罪记录查询为无",2022 年"两高两部"《关于未成年人犯罪记录封存的实施办法》,我国立法实践探索未成年人犯罪记录封存的步伐亦彰显出"前科消灭"制度的身影,折射出国家立法层面开始尝试向"前科消灭"制度进发。我国《刑事诉讼法》第 268 条规定:"犯罪的时候不满十八周岁,被判处五年有期徒刑以下刑罚的,应当对相关犯罪记录予以封存。犯罪记录被封存的,不得向任何单位和个人提供,但司法机关为办案需要或者有关单位根据国家规定进行查询的除外。依法进行查询的单位,应当对被封存的犯罪记录的情况予以保密。"虽然曾因规定较为原则,导致该制度在落实中出现封存管理失范,相关部门监管失序等问题,但从无到有,从宽泛到细化,目前关于未成年人犯罪记录封存的制度体系已日益完善,涵盖未成年人犯罪记录的定义及范围、封存情形、封存主体及程序、查询主体及申请条件、提供查询服务的主体及程序、解除封存的条件及后果、保密义务及相关责任等内容,对未成年犯复学,升学,就业以及顺利回归社会具有积极的现实意义。

---

① 《俄罗斯联邦刑法典》,黄道秀译,中国法制出版社 1998 年版,第 41 页。
② 参见庞冬梅:《俄罗斯前科制度研究》,载《政法论丛》2018 年第 2 期。

我国未成年人犯罪记录封存制度的经验和实践效果，为我国进一步规制成年人犯罪记录封存制度积累了重要的立法资源。

（三）比较分析

从各国对前科消灭制度的表述来看，犯罪前科消灭制度是指曾受过有罪宣告或被判处刑罚的人在具备法定条件时，经过法定程序，宣告注销犯罪记录，恢复正常法律地位的制度。我国的未成年人犯罪记录封存制度是指对犯罪时不满18周岁、被判处5年有期徒刑以下刑罚的未成年人的犯罪记录予以封存的制度。通过对比分析，适用对象、消灭条件、考验期限等作为犯罪前科消灭制度的基本要素是各国普遍做法。

第一，适用条件特定化。在适用的前置条件上，法国、美国和日本均未对前科罪行的轻重进行限制，轻罪重罪均可在达到一定条件时实现前科消灭，我国的未成年人犯罪记录封存制度仅适用于被判处5年有期徒刑以下刑罚以及免除刑事处罚的情形，具体包括被判处5年以下有期徒刑、拘役、管制、单处罚金、驱逐出境以及免除刑事处罚的情形。但在适用的实质条件上，法国和日本设置了一定的门槛，如未再次被判处任何重罪或轻罪之刑罚、未被判处金以上刑罚等，而俄罗斯则相对比较宽松，甚至若表现良好，则可请求在前科消灭的期限届满之前撤销前科，足以看出俄罗斯为激励前科者复归社会而作出的努力。我国的未成年人犯罪记录封存制度也未设置门槛，只要符合年龄条件和刑期条件就可适用，只不过在出现特殊情况时，可以解除封存该犯罪记录。

第二，考验期限梯度化。在适用方式上，前科消灭的考验期限基本上是所有规定前科消灭制度的国家的选择，在刑罚已执行完毕的前提下，前科者只有经过了法律规定的考验期限，才可以消灭其犯罪前科记录，而且考验期限是根据前科刑罚的轻重进行梯度设置，而非"一刀切"地设定。我国的未成年人犯罪记录封存制度未设置考验期，法院判决生效后、检察院决定不起诉后，对于被判处管制、宣告缓刑、假释或者暂予监外执行的未成年罪犯刑事执行完毕后3日内，就开始封存涉案未成年人的犯罪记录。

第三，适用程序严格化。前科消灭的方式主要有根据法律规定期限届满自动消灭、法院根据法律明确规定裁判以及依前科者申请三种。我国的未成年人犯罪记录封存有司法机关依职权封存犯罪记录和未成年人申请出具无犯罪记录证明两种方式。虽然根据法律规定届满自动消灭看起来成本最低，但实践中可操作性不大，采用依职权与依申请相结合的方式更为妥当。

三、中国式犯罪记录封存制度之构建

犯罪前科消灭制度目前已成为世界各主要法治国家刑事立法的大势所趋，

对于强化教育矫正效果、帮助前科者复归社会、维护社会秩序稳定具有积极意义。在这样的国际大环境下,我国应当因地制宜,结合国情,对现有未成年人犯罪前科封存制度进行进一步拓展。为保持立法的延续性,同时也增强民众的可接受性,我国的犯罪记录封存制度,应当在未成年人的基础上进一步扩展到成年人,在立法术语上宜延续使用"犯罪记录封存"而非"犯罪前科消灭"。

(一) 犯罪记录封存制度的理论基础

1. 犯罪记录封存制度有利于特殊预防功能的最大化。《汉书·志·刑法志》曰:"凡制刑之本,将以禁暴恶,且惩其末也。"意思是大凡制定刑法的本意,是用来禁止凶暴邪恶,而且防患于未然。自古以来刑法就有惩罚犯罪和预防犯罪的双重功能。而犯罪前科制度则尤其彰显了刑法的特殊预防功能,通过加重前科者犯罪成本,震慑前科者降低自身再犯可能性,预防前科者再犯罪,从而预防将来可能发生的未然之罪,保护社会秩序及法益,这也是犯罪前科制度的正当性基础。但目前以犯罪前科影响永久存续为主的犯罪前科制度对于社会防卫的过度强调,对前科者个体正当权利的忽视,同样容易物极必反,贬损刑法的特殊预防功能。刑罚的边际效力具有递减规律,犯罪前科的威慑力同样也遵循该规律。犯罪前科制度附随后果的扩张,尤其是永久剥夺权利的前科规定,导致前科者因前科"标签"受到权利的剥夺与限制、遭遇社会歧视,在回归社会过程中屡屡碰壁,这些否定性评价为前科者回归社会设置重重障碍与壁垒,挫伤他们改过自新的积极性和上进心,甚至会形成倒逼之势,使那些积极悔改、弃恶从善的前科者逐渐被边缘化,由格格不入到自暴自弃再到仇视社会铤而走险"破罐子破摔"重新犯罪。由此可见,犯罪前科制度虽然能防控前科群体的潜在人身危险,但不能消除前科群体因回归社会的困难而可能导致的再犯罪危险。显然,这种情形是与刑法特殊预防功能背道而驰的,刑法特殊预防功能因犯罪前科制度与罪犯再社会化的对冲而大打折扣,在缺乏系统法律制度实现前科群体与社会防卫冲突之间的缓冲作用的情形下,刑法的特殊预防功能将会在"犯罪—改造—再犯罪—再改造"的不良循环中逐渐架空。甚至最终又会有研究或学者据此得出一种"前科者比一般人更容易犯罪"的结论,实际上前科"标签"对前科群体复归社会形成障碍进而反向增加再犯可能性,与其说是前科群体的人身危险性,不如说这是犯罪前科制度的副作用——客观上增加犯罪可能性,将这种犯罪可能性加诸前科群体,解释为前科群体的人身危险性,显然是不公平的。

有效的犯罪预防不能仅靠震慑威吓预防前科群体再犯罪的做法来"堵",同时也要注意对减轻前科附随后果帮助前科群体顺利回归社会的方面进行"疏"。刑法特殊预防功能的本意,不仅是以加大犯罪成本的方式预防前科群体再犯罪,还应当以"知错能改,善莫大焉"的价值追求清除前科群体回归社会的障碍,而犯罪记录封存制度就是这把钥匙,能够以价值引导和制度保障相辅相成最大化实现刑法的特殊预防功能。

第一,记录封存制度传递弃恶从善、改过自新的价值观。正如有学者所言:"记录封存的社会公正性,实质上是一个关系范畴,国家与前科者是这一特殊关系中的对立主体,因记录封存公正性的存在而使得双方剑拔弩张的紧张关系得以缓和,两者之间深沉的张力得以消解,因而有利于增强刑法对受刑人的诱导力和亲和力。"[①] 记录封存制度给予前科者重新改造的机会,唤醒内心向善的力量,重新更正自己的行为规范,感化前科者让其认识到没有被抛弃,并有可能对社会以"恩情"回报,对社会建设作出积极回应。

第二,记录封存制度为前科者回归社会提供制度保障。与社区矫正、减刑、假释制度运行相同,推动犯罪记录封存的规范化和制度化,更能实现特殊预防功能的最大化。从社区矫正制度的特殊预防效果来看,司法部关于政协十三届全国委员会第二次会议《关于加强社区矫正工作的提案》答复的函中提到,我国社区矫正工作从 2003 年试点以来的 15 年来,全国累计接收社区矫正对象 455 万人,累计解除矫正 385 万人,在册社区矫正对象 70 万人,接近全国罪犯总数的 1/3,社区矫正的人均执行成本只有监狱的 1/10,社区矫正期间社区矫正对象的再犯罪率只有 0.2%。[②] 举轻以明重,对轻微犯罪设置犯罪记录封存制度,为前科群体回归社会创设条件清除障碍,可以缓解前科者被歧视、被差别化对待的现状,使轻微犯罪的前科群体能够像正常人一样去工作、生活,避免前科群体因前科"标签"而走向社会的对立面。

2. 犯罪记录封存制度更契合正义报应需求。"善有善报,恶有恶报""善恶终有报,天道好轮回"是与"报应"关于的俗语,亦符合人民的朴素法律情感,是人们对于刑罚简单易懂的理解。报应主义起源于原始社会的同态复仇,其最典型的表达就是杀人偿命,欠债还钱,天经地义,罪有应得。而在理论界,报应刑论与目的刑论都是关于刑罚本质的学说,报应刑论宗旨在于其主张刑罚是对犯罪的一种回报,犯罪是刑罚的先因,刑罚是犯罪的后果。犯罪前科制度本质上亦是基于报应刑论而衍生的制度,种下了犯罪这种恶因,就应该得到权利限制的恶报。刑罚是作为对犯罪(罪责)的报应加于行为者的痛苦,必须是正义报应。从报应论角度,前科者因犯罪被定罪处罚,是正义的要求和

---

① 参见彭新林:《论前科消灭制度的正当性根据》,载《北方法学》2008 年第 5 期。
② 参见司法部政府信息公开网,http://www.moj.gov.cn/pub/sfbgw/zwxxgk/fdzdgknr/fdzdgknrjyta/201911/t20191125_208275.html。

体现。但刑罚执行完毕并诚心悔改的人，却因其曾经犯过罪而承担刑罚之外的种种不利后果，显然不符合人们最朴素的报应观念。

正如刑事追诉时效制度的设置一样，某种犯罪行为经过一段时间后，一方面，报应的正义感诉求淡化，报应刑的必要性降低乃至消失，比如双方已和解，法和平已恢复。① 报应诉求淡化、处罚必要性降低的正义报应需求同样也适用于犯罪前科制度，尤其是在犯罪前科附随后果出现之前，前科群体已受到刑罚处罚，其犯罪的报应已经得到充分实现，无差别永久存续的犯罪前科"标签"让前科群体受到刑法确定的刑事责任后再次承担其他非刑罚后果和影响，尤其是一人犯罪全家受影响的"株连式"责任，更是严重超出正义报应的需求。随着法治社会的发展，人们的理性开始觉醒，简单的报应文化逐渐淡化，正义报应需求增加，建立一定范围的犯罪记录封存制度成为当务之急。随着刑罚执行完毕，前科者因犯罪而受到的刑罚惩罚就应当结束，且经过一段合理时间，前科者承受犯罪前科的非刑罚影响也应当予以消除，以体现刑法的谦抑性和宽容性。

3. 犯罪记录封存制度是宽严相济刑事政策的应然之义。《尚书·吕刑》中就记载了"刑罚世轻世重，惟齐非齐，有伦有要"的思想，而宽严相济刑事政策也是我们党和国家一贯实行的基本刑事政策。宽严相济的"宽"表现为非犯罪化、非监禁化、非司法化，"严"是指法网严密、有罪必罚、循法而治，"济"是指因时而宜、因地而宜、因罪而宜。宽严相济刑事政策要求做到"该宽则宽，当严则严；罚当其罪，严而不厉；以宽济严，以严济宽；宽严有度，宽严审势；宽中有严，严中有宽"。宽严审势就是指宽严的比例、比重不是一成不变的，而应当根据一定的形势及时地进行调整。当前中国特色社会主义进入新时代、开启新征程，轻微刑事犯罪大幅攀升、占据比例很高的新形势，为宽严相济刑事政策的司法实践提出了新要求。在新时代新征程上，犯罪治理的重心由重罪转向轻罪、由自然犯转向法定犯、由实害犯转向危险犯。因此，当前宽严相济刑事政策创新发展和落实行深，重点在轻罪领域，着眼于社会治理，通过世轻世重的方法，探索与上述要求吻合的结合点，即犯罪记录封存制度。

在目前"严而不厉"的罪刑体系下，犯罪人因犯罪而被科处刑罚、承受刑责，并在一定期限内让其承受犯罪前科的不利附随后果，体现了宽严相济的"严"。但罪刑体系的"不厉"仅仅是体现在微观层面上，与 10 年以上有期徒刑、无期徒刑等犯罪相比，微罪所科处的具体刑罚如 1 年以下有期徒刑、拘

---

① 参见李勇：《追诉时效适用遵循原则之探究》，载《中国检察官》2020 年第 6 期。

役、单处罚金刑等刑罚难以称为"厉"。但在宏观层面上,记录封存制度的长期缺位使得无论微罪刑罚再轻都难言"不厉",因为对犯罪人而言,其因犯罪而遭受的不利后果并不局限"刑罚本身",而是延伸到刑罚执行完毕后的非刑罚领域,无论是微罪、轻罪还是重罪,都处于"有罪"或"无罪""有前科"或"无前科""受影响"或"无影响"的非黑即白状态,对于刑罚之外所遭受的无限期"实质刑罚"而言并无差别。综上来看,微罪、轻罪与重罪的差异仅体现在刑罚的轻重,只要得出的仍是有罪的结论,即使轻罪本身刑罚再轻如判处免予刑事处罚,微罪案件在刑罚之外的不利后果就等同于重罪案件,即都是有犯罪前科,其权利都会受影响。因此,在记录封存制度缺位框架下,无论轻罪的标准、范围如何界定,亦无论是否适用羁押性刑罚,只要叠加刑罚以外的不利后果,中国犯罪体系中包括轻罪在内的所有犯罪均难言"不厉"。

为保证宽严相济刑事政策不打折扣,避免刑罚负面效果的波及其他而显得过分苛刻,就需要改变影响宽严相济刑事政策效果的变量即犯罪前科影响,探索建立微罪犯罪记录封存制度,设定一定时期经过规范性评价后准许消灭前科,降低轻罪的刑罚附随后果,让前科群体看到"重新做人"的希望,防止办理一个案件尤其是轻罪案件就搞垮一个企业、毁掉行为人一生。[①] 真正体现宽严相济对犯罪人的"宽"待,严而不厉刑罚体系的"不厉"。

4. 犯罪记录封存制度是完善社会治理体系的有力供给。随着我国法治建设的日趋完善,法律体系日益严密深刻体现了社会治理的精细化。刑法作为国家重器,对国家治理、社会稳定发挥了很大作用。治理犯罪应跳出刑法的狭隘视野,站在社会全局高度。要在宏观视角下将法治建设、制度创新置于国家治理体系和治理能力现代化和法治化、特殊社会群体治理、社会多元参与共治等重要的国家战略与宏大背景之中展开研究。在当下积极刑法立法观的指导下,在刑事犯罪呈现轻缓化等趋势的环境中,遵循轻罪立法导向强调刑法应积极参与社会治理。刑事犯罪的趋势变化本质上是社会依法治理内涵的深刻变化,社会治理新格局强调源头治理,注重问题解决,治罪与治理并重,实现良法善治。《中共中央关于加强新时代检察机关法律监督工作的意见》也明确指出:"根据犯罪情况和治安形势变化,准确把握宽严相济刑事政策,落实认罪认罚从宽制度,严格依法适用逮捕羁押措施,促进社会和谐稳定。积极参与社会治安防控体系建设,促进提高社会治理法治化水平。"面对新时代人民群众更高的司法需求,司法理念必须更新,制度建设必须跟上,司法机关应该坚持

---

① 参见万春:《宽严相济刑事政策创新发展的检察实践》,载《中国刑事法杂志》2022年第4期。

"轻重有别，惩治与治理并举"的司法策略，对大多数轻刑化犯罪，要从犯罪治理的观念出发，用更加理性、平和的方式去解决刑事司法纠纷，最大限度地减少、转化社会对立面。① 犯罪前科制度弊端已日益凸显，已然不能满足提升社会治理能力和治理水平现代化的要求。在新时代构建社会治理新格局的趋势下，面对轻微犯罪占比高、前科群体庞大的现实，为实现良法善治这一新型社会治理目标，就法律制度的修正完善而言，立法者必须结合轻罪立法形势和社会治理需求，强化对前科者群体的源头治理，对源头即犯罪前科制度进行合理的补充设计，构建微罪记录封存制度，附条件地消除犯罪"标签"负面效应，让前科者这类群体改头换面、积极地投身于社会建设。通过法律制度"供给侧改革"，为完善社会治理提供有力供给。

（二）犯罪前科封存的制度设计

犯罪记录封存制度作为法治国家普遍采用的法律制度，体现了人类法治文明进步，也是轻罪治理的后置端口，亦是解决犯罪前科制度弊端的主流方法。当下，国家治理体系和治理能力现代化日益推进，宽严相济刑事政策创新发展，轻罪日渐成为刑事立法与司法的主线，建立犯罪记录封存制度的呼声越来越高。2021年全国"两会"期间就有代表提交《关于我国刑法增设成年人犯轻罪之前科消灭制度的议案》。② 2023年全国"两会"期间，犯罪前科消灭制度更是热门话题，全国政协委员周世虹建议消除对罪犯子女考公的限制③，全国人大代表、江苏省南京市人大常委会主任龙翔亦建议建立轻罪前科消灭制度④。群众有所呼，司法有所应；民族有所呼，法治有所应；时代有所呼，正义有所应。时代背景、现实呼应都召唤着犯罪记录封存制度的出台。

---

① 参见陆青：《治罪与治理并重，画出社会和谐更大同心圆》，载《检察日报》2023年2月26日，第1版。

② 全国人大代表、广东省律师协会会长肖胜方在2021年两会提交该议案，建议以刑法修正案的形式在我国《刑法》第100条增设成年人犯轻罪前科消灭制度的法律规定，建议将"犯罪时已满十八周岁的人，除犯危害国家安全犯罪、恐怖活动犯罪、黑社会性质组织犯罪、毒品犯罪等四类犯罪外，被判处六个月以下管制、拘役、独立适用附加刑的刑罚或被宣告缓刑的，在刑罚执行完毕或缓刑考验期满一年后，可以消灭犯罪前科记录"作为该条文的第3款予以规定。

③ 《全国政协委员周世虹建议"消除对罪犯子女考公的限制"：不能把人一棍子打死》，载观察者网，https://www.guancha.cn/politics/2023_03_01_681898.shtml?s=zw-yxgtjbt。

④ 《龙翔代表：体现党的领导，彰显法治精神，充满为民情怀》，载微信公众号"最高人民检察院"2023年3月10日。

我国犯罪记录封存制度的构建，既不能照抄照搬域外，也不应闭门造车，而应以我国国情为根，以未成年人犯罪记录封存制度为径，借鉴先进经验，构建承载"犯罪预防""权利保护"和"社会治理"三重功能的符合中国国情的记录封存制度。探索和尝试中的事物往往非一举即能成其美，刑法制度建构也一样，鉴于目前对未成年人的犯罪记录还只是封存，成年人的犯罪记录封存制度更不可一蹴而就。一方面，立法用语宜使用"前科封存"而非"前科消灭"；另一方面，采取循序渐进的立法策略，当前宜进行微罪前科封存立法，条件成熟时再进一步推进到轻罪前科封存乃至特定的重罪前科封存。这里的"微罪"不是狭义上的法定刑较低的犯罪，而是指恶性小、罪质轻、处置缓的小微轻缓类犯罪。

1. 犯罪前科封存之适用主体范围限制。在我国社会防卫需求较大、记录封存从无到有的情形下，犯罪前科封存制度步子不能迈得太大，罪质限制仍有必要性。如前所述，随着宽严相济刑事政策和少捕慎诉慎押刑事司法政策的推进，刑事犯罪轻缓化、非监禁化趋势愈发明显，"两高"工作报告中轻罪数据和司法部公布的社区矫正数据便是佐证。刑事犯罪轻缓化、非监禁刑广泛适用本身就表明行为人罪质小、罪量轻，一方面意味着行为人本身的人身危险性和再犯可能性往往较小，而社会对行为人的接受度、容忍度也往往较高；另一方面，刑罚本身"不厉"，但前科带来的刑法附随后果程度却更为严重、期限也近乎无限，导致"直接后果轻于间接后果"的"倒挂现象"更为突出。与重罪的刑罚较重、刑法附随后果的作用不突出不同，小微轻缓类犯罪的刑罚较轻，刑法附随后果在轻罪治理中的地位自然更为凸显。因此，在小微轻缓类犯罪领域适用前科封存制度更具有迫切的现实性。（1）因微罪被判处刑罚的前科者。微罪罪名虽不多，但案件基数很大，特别是危险驾驶罪、帮助信息网络犯罪活动罪，其罪质的轻微已由其法定刑的轻微征表，而且在节约司法成本、修复社会关系、降低人身危险性等方面较一般轻罪案件具有更突出的优势，适用前科封存制度更有现实意义。（2）被判处缓刑的前科者。目前社区矫正对象已接近全国罪犯总数的1/3，缓刑这种刑事处遇措施为维护社会和谐稳定、节约国家刑罚执行成本、促进司法文明进步发挥了重要的作用。缓刑本身的适用条件就是社会危险性相对较小，社区同意接收对其进行矫治，因此对被判处缓刑的前科者适用前科封存制度，人们的法情感也能够接受。（3）过失犯罪的前科者。《刑法》第15条规定，"过失犯罪，法律有规定的才负刑事责任"。过失犯罪行为人主观上对危害结果的发生是持否定态度的，所以其主观恶性小。再者从表1可以看出，部分法律规范对前科的限制仅限于"曾因故意犯罪被刑事处罚"，不因过失犯罪而限制前科者权利，因此对过失犯罪的前科者适用前科封存制度更是理所应当。（4）限制罪名。前科制度凸显的社会防卫功能，本质上是对前科者人身危险性的隐忧。对此，基于保护公共利益的需要，需要将部分刑罚尤为严重或性质极为恶劣、存在较多犯罪记录的再犯可能性极高的犯罪人排除在封存行列之外。除了危害国家安全犯罪、恐怖活动犯罪、黑社会性质的组织犯罪以及毒品犯罪等一些人身危险性与社会危害性极大的犯罪外，一般累犯、惯犯、瘾癖性再犯罪、性侵犯罪等特殊犯罪记录的前科者应当排除在前科封存范围之外。

2. 犯罪前科封存之考验期梯度设置。依刑罚轻重渐次推进地设置犯罪前科封存的考验期限，实际上就是给刑法的附随后果设置一定的期限。根据表1，我国部分法律规范中，因有犯罪前科而剥夺权利的设置有固定期限的，在这种情况下，刑法附随后果是存在期限的，而对于那些前科永久剥夺权利的情况，为刑法的附随后果设置一定的期限十分必要。笔者认为犯罪前科封存考验期的设置可以参照一般累犯的前后罪间隔时间、法律规范中的从业禁止期限等来设置，单纯被宣告有罪但免予刑事处罚、单处财产刑、被判处管制、拘役、缓刑、过失犯罪的前科封存考验期为3年；被判处6个月以上1年以下有期徒刑的前科封存考验期为5年，考验期计算起点为刑罚执行完毕或缓刑考验期结束。具体考量因素如下：（1）一般累犯的前后罪间隔时间。从《刑法草案》中3年、5年、7年的梯度化设置到1979年刑法统一确定为3年，再到1997年刑法的5年，我国关于一般累犯成立的时间要件经历了一个发展变化过程。① 1997年《刑法》第65条规定，"被判处有期徒刑以上刑罚的犯罪分子，刑罚执行完毕

---

① 1956年11月12日的《刑法（草案）》第13稿，第65条规定：被判处有期徒刑的犯罪分子，刑期执行完毕或者赦免以后，或者被判处无期徒刑的犯罪分子，赦免以后，在下列期限内再犯应当判处有期徒刑以上罪的，是累犯，从重处罚：（一）不满5年有期徒刑的，3年；（二）5年以上不满10年有期徒刑的，5年；（三）10年以上有期徒刑的，7年；（四）无期徒刑的，10年。1957年6月27日《刑法（草案）》第21稿，第66条规定：刑罚执行完毕或者赦免以后，在下列期限以内再犯同类性质罪的，是累犯：（一）原判管制、拘役、不满5年有期徒刑的，在3年内又犯罪的；（二）原判5年以上不满10年有期徒刑，在5年内又犯罪的；（三）原判10年以上有期徒刑、无期徒刑，在7年内又犯罪的。前款规定的期限，对于被判处缓刑或者假释的犯罪分子，从缓刑期满或假释之日起计算。第67条规定：对于累犯，从重处罚。《刑法（草案）》第22稿规定的累犯制度的内容与21稿完全相同，只是条文顺序微调，都是根据前罪的严重程度合理设计成立一般累犯的后罪时间间隔，体现出轻者较轻、重者更重的刑事政策思想和罪刑均衡的处罚原则。从《刑法（草案）》27稿起，把一般累犯的时间条件改为5年，第30、33、34、35稿一直沿用这一规定，未作改动。1979年刑法出台前夕的《刑法（草案）》第36、37、38稿与第35稿的内容相比，只是将一般累犯成立的时间条件由5年修改为3年，其他内容未作改动。

或者赦免以后,在五年以内再犯应当判处有期徒刑以上刑罚之罪的,是累犯,应当从重处罚,但是过失犯罪和不满十八周岁的人犯罪的除外"。可见"5年"这个时间节点是我国刑法理论与实践中对犯罪人人身危险性、再犯可能性容忍和接受的限度。而且从可操作性角度,因为只要被判处有期徒刑以上刑罚的犯罪分子刑罚执行完毕或赦免以后在5年以内再犯应当判处有期徒刑以上刑罚之罪的是累犯,那么如果相对应的考验期未经过5年封存其前科,必然造成法律之间的互相矛盾。(2)法律规范中的从业禁止期限。我国《刑法》第37条之一规定的从业禁止期限为3—5年,《公司法》规定的董事、监事、高级管理人员从业禁止期限为5年,《道路交通安全法》规定对醉酒驾驶者不得重新取得机动车驾驶证的期限为5年,从事营运的则是10年。而结合表1,我国法律规范中因有犯罪前科而固定期限剥夺权利的规定,固定期限多为"2年""3年"和"5年"。

3. 犯罪前科封存之非刑罚替代措施考察。可以参照未成年人附条件不起诉制度的规定。《刑事诉讼法》第283—284条规定,被附条件不起诉的未成年犯罪嫌疑人,应当遵守下列规定:遵守法律法规,服从监督;按照考察机关的规定报告自己的活动情况;离开所居住的市、县或者迁居,应当报经考察机关批准;按照考察机关的要求接受矫治和教育。"正面清单+负面清单"相结合的考察方式设置,既要求前科者考验期内遵守法律法规,不能实施违法犯罪行为,还要求前科者真正改过自新,表现良好。(1)负面清单。根据我国附条件不起诉、假释、缓刑的规定,犯罪分子在附条件不起诉考验期、假释考验期、缓刑考验期内再犯新罪或违反法律、行政法规、治安管理规定情节严重等,应撤销附条件不起诉、缓刑或假释。可见再犯新罪和严重违法都被视为犯罪分子轻缓化措施的撤销要素。因此在设置犯罪前科封存制度时,再犯新罪和严重违法应当是犯罪记录封存排除适用的负面清单。(2)正面清单。犯罪前科封存制度不能削弱犯罪前科制度本身的社会防卫功能,因此前科者人身危险性和再犯可能性的降低需要客观行为予以支撑。正如菲利所主张的"刑罚尽管是永久的,但却要成为次要手段,而刑罚的替代措施则应成为社会防卫的主要手段"[①]。引入非刑罚替代措施作为犯罪前科封存制度的配套设施,设置社区服务、公益劳动等社会服务项目,开展技能培训、就业指导等综合教育帮扶,使前科者最大限度地发挥个人价值服务社会,并实现生活有着落,就业有门路,预防和减少重新违法犯罪的目标。

---

① [意] 菲利:《犯罪社会学》,郭建安译,中国人民公安大学出版社2004年版,第193页。

三、法律监督机制现代化

  一个负有社会国家原则义务的国家,不能仅满足于对违法者的处罚,而且还必须考虑到在刑罚执行完毕后,他能够在社会上重新找到一个适当的位置。对于行为人受过处罚的事实的信息加以限制,有助于犯罪行为人重返社会。①从重罪时代进入轻罪时代,犯罪治理向轻微犯罪的源头位移,而轻微犯罪治理往往更为错综复杂,需要统筹高效率、低成本、多维度等多重价值取向的平衡,以建构科学化的轻罪治理体系。建立犯罪记录封存制度,从制度层面保障前科者的再社会化,是实现特殊预防功能的应然路径,是契合正义报应需求的制度建设,是宽严相济刑事政策的应然之义,是完善轻罪治理体系的制度供给。囿于我国犯罪记录封存制度的长期缺位,兼顾我国的轻罪立法导向,应当以"微罪"作为犯罪记录封存制度的试验田,构建具有中国特色的微罪前科封存制度。

---

① 参见[德]汉斯·海因里希·耶塞克、托马斯·魏根特:《德国刑法教科书》(下),徐久生译,中国法制出版社2017年版,第1232页。

论刑事侦查中"辨认"与"指认"程序的混用与纠偏

——以S省C市218件危险驾驶、盗窃案件为例

薛 培[*]

刑事侦查程序必须在合法的维度下展开，才能确保依法搜集、固定、完善、保全并获取客观且可靠的证据，而其规范适用无疑是确保刑事诉讼在法治化轨道上运行的基石。随着现代刑事诉讼"一切靠证据说话"理念的证成，以及各种证据要素的不断丰富细化完善和证据证明力要求趋近极致及规范性的不断提升，近年来，"辨认"与"指认"作为便捷且有效的侦查取证方式被侦查机关多维度且广泛地运用到刑事侦查活动中。从实践来看，侦查人员通过"'辨认'与'指认'不仅可以获得侦查线索，而且往往可以进一步收集到有力的证据"[①]，其对于刑事犯罪的顺利侦查终结、移送指控及进入审判程序具有举足轻重的作用，尤其是在目击证人证言及相关物证、书证等直接证据较为单薄的刑事案件中，辨认笔录和指认笔录无疑具有极强的证明作用。然而，不可否认的是，辨认笔录及指认笔录因其存在的辨认、指认主体因认知、心理等主观性极强的因素影响，尤其是受现场复杂程度、观视客观条件等外在因素的制约，其客观性、可靠性、规范性等无疑会招致刑事诉讼各方的高度质疑和诘问。

事实上，在侦查程序中本质上由于最高人民法院、最高人民检察院及公安部的相关司法解释和规范性文件仅对"辨认"程序作出了相应规定[②]，并据此

---

[*] 四川省成都市武侯区人民检察院副检察长，三级高级检察官。
[①] 曹晓宝：《论侦查中"指认"的改造》，载《湖北警官学院学报》2016年第1期。
[②] 《公安机关办理刑事案件程序规定》《人民检察院刑事诉讼规则》、最高人民法院《关于适用〈中华人民共和国刑事诉讼法〉的解释》以及"两高三部"《关于办理死刑案件审查判断证据若干问题的规定》等司法解释和规范性文件均对"辨认"程序作了规定。

在法定意义上形成了"辨认笔录"这一具有效力的证据形式。而未对"指认"程序予以明晰和细化,由此使"指认"程序适用的法律依据相对不足,也并未在法定意义上形成具有证据效力的"指认笔录"(尽管侦查实务中有此笔录,也因其能够证明相应案件事实而被实务部门所认可和确认具有证明效力和证明能力)。同时,因理论及实务研究相对短缺,既对侦查实务的引领和指导不力,也对辨认和指认证据的规范收集、固定及证明力产生了极大的影响,侦查人员在辨认和指认程序适用中存在任意性较大、准确性不当、规范性失范、细致性欠佳、完备性不足等各种误区,从而致该两种证据在司法实践中的效力大打折扣并进而影响了刑事诉讼的顺利进行。就此,笔者拟就刑事侦查活动中适用"辨认"与"指认"的相关实务尤其是检察官应如何对其进行审查判断和适用进行研析,并在实践的基础上提出优化对策,以期更好地服务于刑事案件的规范办理。

一、问题的缘起——以侦查实务中"辨认"与"指认"程序混用为例

2020年,S省C市检察机关基于现实中"小案和常规案件证据不乏出现积弊性问题"之认识,根据司法实践中危险驾驶、盗窃案件位列刑事犯罪案件起诉数量前两位的特点,组织开展了全市检察机关危险驾驶、盗窃案件质量专项评查工作,其目的是进一步发现并找寻出常规刑事案件侦查活动中的突出问题,规范侦查机关的侦查行为,提升检察官对刑事侦查活动的监督能力,全面落实司法责任制,确保刑事侦查在更加规范化的轨道上运行。案件评查范围是当年全市已办结的危险驾驶、盗窃案件(包括批准逮捕、审查起诉案件),由22个基层检察院分别各抽取危险驾驶案件5件,盗窃案件5件,共抽查218件(A区检察院因2020年新成立而于当年5月起受案,故仅抽取8件,其他21个基层检察院均为10件)。重点就侦查机关提请批捕和移送审查起诉的危险驾驶、盗窃案件证据形式是否规范合法、是否符合刑事诉讼基本要求,也兼顾证据实质是否准确合法、是否符合批捕起诉判决标准问题进行了评查。总体而言,虽然两类案件是司法实践中最为常见、数量也最大的普通刑事案件,但其侦查质量皆令人担忧,几乎所有案件都存在侦查机关极易忽视的证据瑕疵问题,难以令人乐观和放心。就此,笔者拟就两类常见多发案件当中适用较为普遍的"辨认"与"指认"程序所存在的问题进行研析。

客观上,囿于缺少相关法律规定和理论研究尚不够深入之缘由,在刑事侦查辨认和指认程序适用中,目前很多案件在规范适用上尚存在诸多问题。例如,随机抽样评查的218件危险驾驶、盗窃案件,其中,涉及辨认和指认适用

存在缺陷和问题的就达 31 件，主要表现在：（1）未严格适用辨认程序，即未将检查搜查扣押在案的物证、书证交由犯罪嫌疑人进行辨认或者指认，不能确保所提取的物证、书证确为有证明效力和证明力的能证明案件事实的证据。有 1 件案件未严格适用。如某盗窃案，被害人携带的背包并非搜查、检查发现，让犯罪嫌疑人对该物证进行指认不当，而应适用辨认程序，并且犯罪嫌疑人对该物证外在特征的描述与被害人陈述之间存在矛盾。（2）未区别辨认与指认程序而混用。有 16 件案件应适用指认程序但错误适用为辨认程序，这在所有案件中所占比例最高。大部分案件事实上是由犯罪嫌疑人指认犯罪现场、作案工具，但侦查人员采用的是辨认笔录。部分案件对案发现场的指认笔录是"辨认现场笔录"，但所附照片却标注为"指认现场照片"。（3）指认程序适用不规范，指认笔录只描述指认结果而未详尽记录和描述指认过程，但记载事项过于简单粗疏。对指认的动态过程记录相对较为模糊，特别是对现场指认缺少线路轨迹的客观记录。有 6 件案件指认过程记录都非常简略，其证明力较为低下。（4）指认及辨认对象所附属照片、物品无相应搜查、提取、扣押文书证实其合法来源。指认及辨认过程中发现的实物证据未单独制作相应的搜查、提取、扣押物品清单等有效法律文书，对现场发现的犯罪嫌疑人自身的某些特征只做了照片记录，未按照笔录附属规定要求进行提取，并用相应的法律文书给予合法化固定，存在物证提取人和制作人分离现象，易导致笔录附属照片、物品、提取、扣押文书缺失。有 3 件案件辨认或指认对象无相应搜查、提取、扣押文书证实其合法来源。（5）辨认辅助对象选取不符合特征相近的基本要求，被辨认对象的外观视觉特征过于明显，不符合辨认程序的基本要求。有 1 件案件辨认对象面部特征与其他被辨认对象差异性过于明显。如某盗窃案，犯罪嫌疑人为蓄须特征，但侦查人员附列照片中参与辅助辨认的 11 名对象均不具备"蓄须"特征，其指向性过于明确。（6）指认笔录与所附指认照片存在明显矛盾，不能直接予以认定。如某盗窃案件，辨认笔录制作时间为上午时间，但所附指认照片为夜间照片，且制作人仅为一名民警签名。又如另一盗窃案，辨认笔录时间与照片说明时间存在明显时间不符，前后相差一日，可能系笔误所致，应予校正。有 3 件案件指认笔录都出现记载时间差错。（7）一名见证人在一个案件的多次犯罪地点指认过程中出现，指认的时间和地点距离相隔较大，且在多份指认笔录上签字捺印，也有手机联系方式，这与见证人选取应为随机性和见证行为偶发性的常情常理不合，疑似为辅警或职业见证人，但无相应的身份证复印件或从公安机关内网调取的身份证明，更无相应的职业见证人身份情况说明，虽然该证据证明的案件事实本身是客观真实的，但其在程序上的客观性和合法性存疑。有 1 件案件一名见证人在同一案件中多次见证指认过程,而无职业见证人身份情况说明。(8)辨认、指认笔录以及搜查、扣押、送达等笔录中均存在见证人不规范问题。辨认和指认笔录中的见证人签字捺印和附录身份情况最不规范,表现方式为有的笔录中仅有打印的见证人的姓名而无实际签字、仅有见证人签字而未捺印、未附录见证人身份情况证明及联系方式、签署的见证人住址仅为区市县或镇村及街道名称而无具体地点、将与案件有着利害关系而不符合见证人资格的犯罪嫌疑人的近亲属或证人作为见证人等。

二、刑事诉讼中"辨认"与"指认"的理论分野

(一)辨认与指认之趋近与相合

就刑事诉讼而言,"辨认"与"指认"是侦查机关查证案件事实并形成证据的两种不同的侦查方式,具体来说,是指侦查机关在对所立刑事案件展开侦查并据以查明案件事实过程当中,侦查人员依照《公安机关办理刑事案件程序规定》和刑事诉讼相关规则(《人民检察院刑事诉讼规则》及最高人民法院《关于适用〈中华人民共和国刑事诉讼法〉的解释》),对凡是涉及需要对犯罪现场、犯罪标的及指向、犯罪工具、犯罪方式、犯罪嫌疑人及被害人以及相关的特定的时空、场景、物质以及人等一切皆可证明案件事实的有形甚至无形物,由与案件有关联的可以证明案件部分、某一或多个事实的犯罪嫌疑人、被害人以及证人等以辨别或指出的方式予以确认,并由侦查人员采用文字记录或照相、录音录像的方式进行记录和固定后以此形成可以证明某一或多个排他性、唯一性案件事实的证据形式的收集、固定、保全、完善的侦查行为。辨认或指认是目前实践中较为通用的侦查方式,是通过采取辨认(指认)人的辨认(指认)程序,"将刑事案件要素一步步拼凑成型,虽未必能够竟其全功,但也是侦查实务上不可或缺的手段,为各国家或地区普遍采用"[①]。

具体而言,所谓"辨认",是指在刑事侦查活动中,侦查人员为了侦查破案、收集固定完善及保全证据,按照刑事案件办理程序规定,在侦查人员主导和主持下,让辨认人对与犯罪有关的涉案物品(包括文件、物品、场所、工具、尸体等物证、书证及视听资料、电子证据等)及人(犯罪嫌疑人、被害人)进行辨别、识别并予以确认,并进而由此对辨认之物或人形成相关客观证据的侦查活动。辨认的本质特点是从若干或多个本来不够准确、非特定的物或人中经过辨认人的辨别、识别和区分之后,形成具有唯一性、排他性的能够

---

① 黄铭煌:《论指认》,中正大学法律学系2003年硕士学位论文,第177页。

证明案件事实的证据。

而"指认",一般意义上是指出并确认某人的身份等。① 有观点认为是"指侦查人员为了侦查破案、收集证据,带领指认人对与犯罪有关的场所或者犯罪嫌疑人进行确认的侦查活动"②。也有观点认为,"指认"是"指侦查实践中,侦查机关为了查找和印证刑事案件的某些事实和情节,在抓获犯罪嫌疑人以后,组织犯罪嫌疑人对有关场所、物品等进行查找和确认的查证方法"③。还有观点认为,"'指认'又称现场指认,是指在刑事侦查过程中,由侦查人员带领犯罪嫌疑人对实施犯罪的地点或场所、来去现场的路线以及其他涉案事项进行指认,并据此收集犯罪证据、查清事实真相的一种侦查措施。现场指认的过程,通常采用文字、照相、录音录像等方式进行记录和固定"④。

虽然上述指认的概念与辨认极为相似,但从应然角度而言,指认的本质特点是在犯罪嫌疑人的供述以及被害人陈述、证人证言中已经基本能够得以确认与犯罪事实密切相关的犯罪场所、地点以及标的物等的情况下,为了进一步形成丰沛的证据以证明案件事实,在侦查人员主导主持下,按照刑事案件取证程序规则,让指认人(犯罪嫌疑人、证人或被害人)对与犯罪有关需要指出并确证的特定人员、场所、地点以及标的物(如物品、影像资料)等进行确认,形成具有唯一性、排他性的证据的侦查行为。笔者认为,指认不仅局限于对特定的现场和人进行指认,还可由指认人对不及时取证而可能导致证据湮灭时间快,无法再行寻求、提取、复制且完全能予以确定的特定的合适陪衬物或人进行指认。例如,在涉及网络犯罪的案件依法搜查、扣押、检查所获取的电脑、拍摄的网页截屏照片、其他涉案人员、银行卡、使用的密钥及U盾等,因这些可作为直接证据使用的物和人本身因特定的时间、空间、类型,很难也无必要在获取到多个外在相似的同类型陪衬物和人配置下再据以辨认,而径行适用指认程序较辨认程序更为简捷方便,同时并不违反刑事诉讼法规的各项规定且符合证据规则的基本要求,可在制作搜查、扣押、检查笔录及相应法律文书的基础上,由指认人直接指出并确认后制作相应的符合法律规范的指认笔录。指认程序不仅局限于对人和场所的指认,也可适用于对物证、书证和电子证据

---

① 中国社会科学院语言研究所词典编辑室:《现代汉语词典》,商务印书馆2005年第5版,第1754页。

② 云山城:《侦查中的辨认与指认刍议》,载《福建公安高等专科学校学报》2004年第4期。

③ 曹晓宝:《论侦查中"指认"的改造》,载《湖北警官学院学报》2016年第1期。

④ 张耀阳:《侦查现场指认存在的问题及对策》,载《检察调研与指导》2018年第4辑,中国检察出版社2018年版,第87页。

及视听资料的指认。

"辨认"与"指认"作为刑事侦查中收集固定保全完善证据的重要手段和方式，通常是以纯粹言词证据的方式出现①，但笔者认为随着刑事侦查取证方式的多样化以及科技手段的普适性、高效性、可靠性和规范性，辨认和指认不能仅局限于言词证据形式存在，也可以辅助以书证的方式出现，还可以以录音录像视听资料的方式出现，这样的适度扩展不仅能丰富辨认、指认的形式和内容，而且还能使证明刑事案件的证据体系更加规范完善。就刑事诉讼愈来愈精细化、客观化和规范化的历史发展进程来看，目前，很多能证明案件事实尤其是涉及人和物及时间、空间的证据皆可以"辨认"与"指认"两种侦查行为予以进行。当然，侦查机关在适用当中应结合案件的具体情形量力而行，并非愈加繁复和细化就为佳，在具体办案过程当中，坚持"当繁则繁，该简则简"，对案情复杂、疑难、重大的案件，通常应制作程序规范、细致入微的辨认笔录和指认笔录，而对犯罪嫌疑人供述清晰、无拒供翻供且认罪认罚的简单的普通刑事案件，在遵循刑事诉讼基本规则的前提下，则可适度简化制作辨认笔录和指认笔录。

（二）辨认与指认之区别

虽然"辨认"与"指认"表面上相若而仅有一字之差，但从严格意义上予以考量，其内涵和实质却有着本质上的差异，其适用自然应当区别对待。

目前，在侦查实务中，"辨认"和"指认"程序被广泛运用，其所形成的证据成为刑事庭审中控方指控犯罪的一种重要的说明性、客观性、印证性证据。尽管司法实务如此盛行，然而不可忽视的是，除《刑事诉讼法》第82条第2项："公安机关对于现行犯或者重大嫌疑分子，有下列情形之一的，可以先行拘留……被害人或者在场亲眼看见的人指认他犯罪的……"寥寥数语使用了"指认"一词之外，再无具体的文字对"指认"进行表述，而且此处的"指认"是作为刑事拘留的对象条件进行规定的，并非是作为一种侦查行为或者侦查手段进行的规定，是目前刑事诉讼法规对"指认"进行的较为具体的具象性规定。与"指认"最为接近的是"辨认"，在侦查实务中侦查人员通常按照辨认程序进行。《刑事诉讼法》第50条规定证据包括"勘验、检查、辨认、侦查实验等笔录"，即明确了辨认笔录是证据的一种形式，但是并未对辨认的基本含义、适用范围、程序等作进一步的严密规定。《公安机关办理刑事

---

① 葛志敏、程晓瑜：《刑案中辨认、指认笔录应归属于言词证据》，载《检察日报》2010年11月1日，第3版。

案件程序规定》第 258 规定:"为了查明案情,在必要的时候,侦查人员可以让被害人、证人或者犯罪嫌疑人对与犯罪有关的物品、文件、尸体、场所或者犯罪嫌疑人进行辨认。"根据该条规定,我们可以得出辨认是指侦查人员为了查明案情,在符合法定条件的情况下,依法组织辨认人(被害人、证人或者犯罪嫌疑人)对与犯罪有关的物品、文件、尸体、工具、场所或者犯罪嫌疑人进行识别、确认的一种侦查活动。由此,我们可以判断,辨认的最主要特征就是在侦查人员的主导或主持下,由辨认人对可能涉案的多个物或人"区别特点,加以判断并认定"[1]。而指认的最主要特征就是在侦查人员的主导或主持下,由指认人对已由其他证据能够确认的单个或多个涉案的人、物或地点再行指出并予以确认。

由上观之,辨认和指认程序适用的根本目的是尽力还原案件的真实情况并形成具有证明效力和证明力的证据,其目的是保障案件"事实的似真性"[2]。尽管辨认与指认在实践中有着高度的趋同性和相合性,但结合其具体运行并从理论上进行考量,其本质上尚有着较大的差异,可界定为两种不同的侦查方式,并非就能不加辨别地予以通用。就应然角度而言,辨认与指认都具有极强的主观性、直接性、准确性、排他性以及固定性,但从细微之处考量,辨认是从若干、多个具有外在相似性的物或人之中辨别、识别出独一性、排他性的物或人,简而言之,就是多选一并予以确认,通常运用于从多个可能涉案的物或人之中选择出一个真正与案件直接关联的物或人;或者经多个辨认程序,分别辨别、识别出多个真正与案件直接关联的物或人。而指认则是从已经存在的本身具有固定性、排他性、唯一性的物、人或地点指出其具体的特点、特征、方位等并予以确定认定,简而言之,就是一指一并予以确认,通常运用于对单个具有排他性和唯一性直接涉案的物品、地点、人之中指出其具体的特征、特点,确认其是否真正与案件有着直接关联并具有相应证明力;也可经多个指认程序,分别指认出多个与案件真正直接关联的物、人或地点。

辨认与指认的一个重要区别就是,即便辨认人在可视条件好、近距离状态下曾经真切目击被辨认对象,辨认对象也依然具有相应的模糊性特征,如非特定条件下的场景、环境、标识能唤醒辨认人的记忆,需要被辨认出的对象通常与其他物或人具有极大的相似性,加上受外在条件尤其是气候条件、地形地

---

[1] 《现代汉语辞海》编委会编:《现代汉语辞海》,光明日报出版社 2002 年版,第 64 页。
[2] [美]罗纳德·J. 艾伦:《证据与推论——兼论概率与似真性》,张月波译,载《证据科学》2011 年 1 期。

物，场景或环境的复杂程度、光线强弱的干扰，案发时间的长短，辨认人（目击者）视力、心境、记忆等各种主客观因素的影响和制约，较难准确辨别和区分辨认对象中何物、何人与案件密切相关。辨认对象如不经过辨认人从若干相似性的物、人当中极力回溯仔细加以辨别、区分并予以确认，那么被辨认对象即会因时间的流逝、空间的变换、场景的异化、个人的视力记忆方面的衰减、心理心境因素的变化等特质而迅速被辨认人误认甚至遗忘，从而难以再形成可靠的证据；而指认对象则通常具有独有的特定性特征，与其他物、人、地点具有较大的差异性，因其具有特定的区位、特定的外在及内在特征，即或因时间和空间的转换而通常不会被指认人所误认乃至遗忘。尤其需要注意的是，无论辨认还是指认，都必须在案发后及时进行，否则，所形成的辨认和指认结论的可信度和可靠性都相对较低，毕竟"对于记忆模糊之部分，人类有时会凭想象制造记忆而且信以为真"①。故通常对于时间久远、环境和场景复杂、被指认辨认对象相对复杂、变幻因素等特定案件的辨认、指认笔录，检察官并不能因辨认、指认笔录具有形式合法性就忽视其实质合法性，更不能忽视其实质是否具有证明作用并形成证据链，尤须结合其他证据进行审查并予以确定是否被确认为可资指控所用的合法、客观、可靠证据。

三、"辨认"与"指认"形式合法性与非法性的厘定

法律仅对"辨认"作了原则性的规定，而未对"指认"作出更为具体详尽的规定，实践中侦查人员通常易混淆两者之间的区别而混用，但是侦查实务中对需要待证的事实往往运用"辨认"而较少适用"指认"，其产生的法律后果则会不尽一致，且在具体适用中尚存在是否适格之问题以及是否有证明效力、证明能力和证明力问题，因此，必须对其进行严格审查以确保其形式合法和实体合法。

(一) 辨认笔录与指认笔录形式合法性的审查认定

刑事诉讼的直接目的和后果是依法追究犯罪嫌疑人、被告人的刑事责任，因此，印证和指控犯罪的证据和程序都必须是客观真实且合法规范的，证据的证明力应建立在其证明的事实是真实可靠的，即其具有实质的合法性，同时，还要保证证据的形式合法性，即证据的获得必须建立在合法的侦查程序之上，对侦查机关组织的"辨认"与"指认"，应当结合现场勘验笔录、物证、书

---

① See Frederic D. Woocher Note, Did Your Eyes Deceive You? Expert Psychological Testimony on the Unreliability of Eyewit-ness Identification, 29 Stan. L. Rev. 969, 983 (1977).

证、犯罪嫌疑人供述、证人证言、视听资料等证据进行重点审查。如不能确定其真实性的,亦言之,若不能保证侦查程序的合法和规范,那么证据就含有相应的瑕疵因素乃至直接可认定为非法证据,即或其证明的事实是真实存在的,其结果依然皆不能作为定案的根据。就"辨认"与"指认"运行的基本方式而言,不能保证"辨认"与"指认"程序的规范性,那么建立在此基础上的实体的真实性也就自然存疑,则所形成的辨认笔录与指认笔录即应认定为瑕疵证据甚至为非法证据,要么必须予以补正或予以合理性情况说明,要么则应当作为非法证据直接予以排除。毋庸讳言,目前侦查实务当中,因缺乏法律上的细致规定,"指认笔录"确实没有统一的制式法律文书与之配套,因而侦查人员实践中在适用指认程序时制作的指认笔录较为混乱,多为径行使用辨认笔录,有的则效仿辨认笔录而自创指认笔录,少数则"创制"对案笔录等,其格式差别很大,记录内容也各有侧重。对此,笔者认为,这些具有"指认"属性的笔录虽然从总体上应该尽力统一,但在个案审查中,并不因其形式多有不同和不足就否认其所具有的价值和能力、效力,若其能证明案件事实(尤其在案件证据相对单薄的情形下)且符合证据的基本要求,则可要求侦查机关及时补正补强,若无法再补正补强的,也可在要求侦查机关出具合理解释的情形下作为适格的证据适用。

从实践而言,辨认或指认必须首先向辨认、指认主体及见证人告知相应的诉讼权利和义务,一般应当在录音录像(或执法记录仪记录)条件下进行,必须有见证人在场予以证明;辨认或指认必须是由侦查人员主导主持下启动,不得由第三方进行;对于辨认(指认)人为特殊主体的,如女性、未成年人、聋哑人等脆弱证人,应结合法律规定由女性侦查人员、法定代理人(监护人)及合适成年人、哑语翻译等在场[①];辨认或指认前应由辨认(指认)人先行陈述并记录辨认(指认)对象的基本特征;辨认或指认只能是与辨认(指认)对象初见,在启动前不得让辨认(指认)人见到辨认(指认)对象,若失败则不能再行启动,更不能反复进行;辨认或指认活动应当由辨认(指认)人单独个别进行,不得有除见证人之外(未成年人、聋哑人及盲人案件除外)的其他人共同参与;辨认或指认只能在自然无干扰状态下进行,不能对辨认(指认)人有任何明显的提醒、暗示、诱导乃至误导,绝对禁止采取"不适当突出"方式[②]给辨认(指认)人明显暗示或明显有诱导嫌疑;辨认或指认前必

[①] 张吉喜:《论脆弱证人作证制度》,载《比较法研究》2016 年第 3 期。

[②] 莫然、刘婷:《实证视角下我国目击辨认程序中的暗示行为及其规制》,载《中国人民公安大学学报(社会科学版)》2016 年第 3 期。

须告诉辨认（指认）人，被辨认（指认）对象不一定出现在辨认（指认）对象中[①]；辨认对象必须有多个相似的陪衬物或人相伴或混杂，若未相伴或混杂在具有类似特征的其他对象中，或者供辨认的对象数量不符合规定的（但是尸体、场所等确无相应类似特定被辨认对象除外）；行政执法过程中原已形成的辨认、指认笔录原则上不得作为适格的刑事诉讼证据径行适用而一般应予以转换，即再行由侦查人员启动刑事诉讼意义上的辨认、指认程序并形成相应的笔录，若确实因时空条件限制或者条件丧失无法再行辨认、指认的，也须经辨认（指认）人再行确认并签字认可，并应结合其他辅助证据方能作为合法的证据使用，必要时应通知辨认（指认）人出庭质证，否则，虽然其本质上非为非法证据，但也应秉持严格证明原则作为无证据效力的证据不能采信。[②]

当然，理论界尚有观点认为，由于辨认、指认程序当中侦查人员或许可能会因熟悉了解案情而出现即使侦查人员无意诱导辨认（指认）人，也可能会在言谈举止中无意识地流露出相关信息并进而可能诱导、暗示辨认（指认）人的情形，即可能会"有意或者无意地将被辨认者中谁是嫌疑人这一信息传达给目击证人"[③]，由此可能会导致辨认、指认结果与侦查人员流露出的意图相吻合的现象，这一定程度上会影响诉讼的客观公正，由此主张在辨认（指认）中采用双盲方式，即由主持辨认（指认）的侦查人员和辨认（指认）人双方都不了解案情和辨认（指认）对象的情形下进行辨认、指认。[④] 然而，从既保证侦查程序客观公正，又提高侦查效率和诉讼经济角度考虑，双盲方式固然可有效避免侦查人员对辨认、指认结果造成影响，但其普遍适用无疑会靡费有限且不必要的侦查资源，既可指令侦查人员在辨认、指认过程中遵循基本规则，保证不得以言语、表情、动作等诱导和暗示辨认（指认）人，同时完全可以通过办案检察官在审前程序中的缜密审查以及庭审中严密质证，再由法官通过排除合理怀疑方式予以合理解决。因此，笔者认为，对于一般普通非重特大或可能有影响诉讼进程的案件，其侦查过程中辨认、指认程序一般采取常规方式进行即可，而无须适用双盲方式。此外，尚有观点认为启动辨认、指认程

[①] 沈威、徐晋雄：《以审判为中心背景下目击者单一指认的证据能力及其制度完善——以海峡两岸指认程序比较为视角》，载《现代法治研究》2018年第2期。

[②] 参见董坤：《论行刑衔接中行政执法证据的使用》，载《武汉大学学报》2015年第1期。

[③] 黄士元：《我国目击证人辨认制度的完善：从吸纳新近科学研究成果切入》，载《暨南学报（哲学社会科学版）》2018年第2期。

[④] 李安：《辨认程序与辨认结论正确性的审查》，载《中国刑事法杂志》2004年第6期。

序应实行审批制,辨认程序主持者与案件承办者应完全分离,辨认、指认应由检察官到场监督等①,对此,笔者认为,虽然完备的程序确实能保证侦查活动的规范进行,但不能一味强调侦查程序的规范性而忽视了现实中司法人力财力资源制约的现实因素,其实质是未必完全需要,也是难以实现的。从司法实践而言,还是应当在遵循刑事诉讼法基本精神的前提下,具体问题具体分析,以"相对合理主义"② 结合个案的具体特定情形合理抉择,采取可繁可简的辨认、指认侦查方式为上策。

(二) 辨认笔录与指认笔录形式瑕疵与非法性的审查认定

实践中,除了犯罪嫌疑人单独犯罪、无被害人犯罪、犯罪嫌疑人与被害人为"一对一"犯罪和无目击证人犯罪的绝大多数情况下,辨认笔录和指认笔录仅是刑事案件证据体系中众多证据的辅助证据之一,相对于其他证据,其证明的案件事实仅是整个案件事实的部分,加之其必须依赖其他证据的补充证明,才能厘清案件整体事实,故其证明效力、证明能力、证明力和可靠性、客观性都相对较低,而且必须结合其他证据予以支撑方能确认乃至采信,因而,其在审查认定过程中通常都并非是检察官据以依赖指控犯罪的主要证据,但这并不意味着就不对其合法性、规范性进行监督并予以纠正。

事实上,对于辨认、指认程序有瑕疵或不足的情形,检察官可以责令侦查机关予以补正或者出具情况说明作出合理解释,辨认或指认结果可以作为证据使用;若侦查机关不能补正或者出具情况说明作出合理解释,那么这样的辨认或指认结果应作为非法证据直接予以排除。具体而言,有以下程序上的若干情形尤须注意:主导和主持辨认、指认的侦查人员因特定可理解原因而少于二人的,一般也应有录音录像或执法记录仪予以记录;没有向辨认、指认主体详细询问被辨认对象的具体特征而径行适用辨认、指认程序的;在辨认、指认过程中,侦查人员应当通知与案件无直接利害关系的见证人在场予以见证,若因特定时空条件(如深夜及荒郊野外)无法寻找到合适的见证人进行见证的,可以录音录像或执法记录仪予以代替;对辨认、指认经过和结果没有制作专门且规范的辨认、指认笔录,或者辨认、指认笔录没有侦查人员、辨认(指认)人、见证人的签名或者盖章的;有见证人签字(盖章)或捺印,但无见证人身份情况证明的(实践中,应提供见证人的身份证复印件或公安机关内网调取的身份证明);案卷中仅有辨认、指认笔录,没有被辨认、指认对象的照

---

① 崔丽:《侦查辨认行为诱发刑事错案原因分析与制度完善》,载《中国刑警学院学报》2015 年第 2 期。

② 龙宗智:《论司法改革中的相对合理主义》,载《中国社会科学》1999 年第 2 期。

片、录像、视听资料（含执法记录仪影像）等，无法获悉辨认、指认的真实情况的；对于辨认与指认程序混用所提供的证据，如不影响诉讼程序正常进行和实体最终认定的，原则上可不予补正，但应责令侦查人员出具情况予以说明并作出合理解释；辨认、指认程序不规范，缺少对辨认、指认的动态过程和客观记录，无线路轨迹的客观记录，具有相应的不完整性，但其整个辨认、指认过程是完整和客观的，可要求侦查人员出具情况予以说明并作出合理解释；辨认辅助对象选取不符合特征相近要求，彼此之间差异较大，具有较强的指向性，使辨认人能够直接一眼确认的，尽管其辨认程序存有瑕疵，但结合案件其他证据能够确认辨认结果的客观真实，也可要求侦查人员出具情况予以说明并作出合理解释；辨认、指认笔录无制作人姓名或签名，也无侦查单位签章的，可责令侦查人员予以补正；辨认、指认过程中未提供见证人身份情况证明，也疑似使用的是职业见证人或协警，但侦查机关未予以载明的，应责令侦查机关提供见证人身份情况证明，出具情况予以说明并作出合理解释，如无明显违反法律规定的，可以由侦查机关补正后予以适用。

当然，检察官在审查案件过程中，对于适用辨认、指认程序而确因难以抗拒的因素（如深夜、荒郊野外）而无见证人在场，仅有录音录像或执法记录仪影像的案件，应结合案件其他证据重点审查录音录像或执法记录仪影像的原始性、真实性、客观性和可靠性，因为毕竟录音录像和执法记录仪的呈现内容较为有限，可能因使用操作使用不当存在监控盲区或侦查人员有意规避监控而实施影响辨认、指认准确度的行为，且录音录像或执法记录仪影像也可能被删改；对有见证人的适用辨认、指认程序的案件，必要时应通知见证人出庭作证，以其第三方身份在法庭上以直接言词证据还原辨认、指认过程的原始状态即结果，以自身的真实感知为辨认、指认程序的正当性、规范性提供印证。

实践中，侦查机关未真正组织进行辨认和指认，而侦查卷宗中有辨认、指认笔录的，则应作为非法证据完全予以排除[①]；对未将在案的证据交犯罪嫌疑人进行辨认或者比对，以确保证据同一性就径行制作了辨认笔录，虽然其形式上合法，但实质上背离了法律要求，也应作为非法证据予以排除；辨认、指认记录过于简单，只有结果没有过程，无法直接判断辨认、指认结果真实性和合法性，同时，无侦查机关情况说明予以合理解释的，也应直接作为非法证据予以排除；对于辨认和指认程序虽然符合法律规定，但在审查过程中确认辨认、指认结果本身可信度较低、可靠性较弱，虽然本质上也是合法证据，但若对证明案件事实本身无相应作用的或作用较低的，一般也不应予认定。

[①] 张智辉：《刑事非法证据排除规则研究》，北京大学出版社2006年版，第91页。

此外，客观上刑事诉讼因受不同的主体、对象、证明的方式、证明的内容等诸因素的影响，每个案件都不同程度具有特例性之特点，故而针对不同的案件事实、不同的涉案当事人，在适用"指认"和"辨认"程序当中亦须遵循刑事诉讼法的和其他法律的相关规定进行，在坚持无罪推定、自主辨认（指认）、分别辨认（指认）、保守侦查秘密、确保安全等基本原则的基础上，对于辨认和指认过程中有瑕疵的均应予以监督并纠正。通常，辨认和指认均应防止侦查人员以指供和暗示的方式进行，侦查人员不能将一些尚未查实的问题采取明显的提醒或暗示的方式向辨认（指认）人指明，并按照自身意图让辨认（指认）人依照予以确认，这是因为"虽然人的观察、记忆和辨识能力缺陷这类'诚实性错误'影响着辨认结果的准确性，但是各种暗示性、诱导性错误以及其他违反辨认规则的外部不当行为更加剧了错误辨认的风险"①；侦查机关不能为追求打击惩治规模效应甚或多种效果，而将多名同案犯罪嫌疑人或多名证人同时带至同一现场进行辨认和指认②；对涉及强奸、强制猥亵等涉及被害人隐私和犯罪嫌疑人及被害人为未成年人的案件，其辨认和指认过程应采取相应的保密措施，既不能因辨认、指认而对被害人形成"二次伤害"，也不能侵犯犯罪嫌疑人的合法权益；对于涉及未成年人为辨认、指认主体及对象的案件，还应通知监护人或合适成年人在场，同时也须见证人在场见证，当缺乏见证人时，合适成年人在未影响案件事实本质情况下又作为本案见证人亦无不可，但应向未成年犯罪嫌疑人予以说明并征得其同意；对必须由辨认（指认）人对重特大案件犯罪嫌疑人进行当面辨认、指认的，为尊重辨认（指认）人的个人意愿及避免辨认（指认）人可能招致的打击和报复，即或辨认（指认）人未提出要求，也应采取相应措施着力保护辨认（指认）人的人身安全，实行屏蔽或蒙面辨认、指认；对特定案件尤其是重特大案件的辨认和指认过程应予以严格清场，让无关人员回避，将无关物品清理，尽力还原被辨认、指认对象（现场、物品、尸体等）以及相关的场景，不能让辨认（指认）人陷于可能存在的风险和记忆、心理迷茫之中，使其可能遭受到外界干扰或影响。因为实施任何不规范、不科学的辨认、指认程序，都会"对辨认人的记忆造成干扰，也会导致最终的辨认结论出现误差"③。在目前侦查设备配置较为丰裕的

---

① 韩旭：《辨认笔录证据能力问题研究——以新〈刑事诉讼法〉为视角》，载《证据科学》2012年第2期。

② 李秀平：《集体指认现场是一场变相"游街"》，载《法律与生活》2017年第16期。

③ 王佳：《刑事辨认的原理与规制》，北京大学出版社2011年版，第79页。

条件下，侦查人员在辨认或指认过程中原则上还应当充分利用录音录像或执法记录仪以影像方式客观全面真实地记录、反映全过程等。

(三) 辨认笔录、指认笔录与其他证据的相互印证

无可否认，辨认笔录和指认笔录作为确认和指出犯罪嫌疑人及涉案物品、现场等方面的直接证据，在刑事诉讼证据体系中具有极大的证明价值和作用，但绝不能就此高估辨认笔录和指认笔录的功能和作用。毕竟，其本质上仅是刑事案件证据体系中的一项辅助性、补充性证据，相较于其他主要证据，通常仅是证据体系中的重要一环，其证明的事实往往是通常极少乃至无目击证人看到的、仅为犯罪嫌疑人或被害人所知悉的更为具体的犯罪细节，但仅为案件的部分事实，具有相对局限性和微观性，加上囿于受主客观因素的制约和影响，尤其是侦查人员侦查方式和能力的短缺，其外在表现形式相对较为单薄，所包含的证明信息也比较零散和单一，在证明犯罪的证据整体拼图当中通常可能仅是一部分（当然有时也是不可或缺的一部分），其证明力相对较弱，其客观性、真实性、可靠性也相对有限，如果仅有辨认、指认笔录予以证明，而没有可资利用的其他客观性证据予以支撑，那么，其存在的单一性特点也就使其不加审慎地使用而可能存在较大的指控运用风险，不能就此即可认定犯罪嫌疑人及犯罪事实，还必须与其他证据结合起来综合运用方能对案件事实的证明起到相应的辅助、补充证明作用。故检察官在审查辨认笔录和指认笔录过程中，尤须注意"审查笔录中记载的情况与犯罪嫌疑人（被告人）的供述、被害人陈述、鉴定意见等其他证据能否印证，有无矛盾"[1]。在保持客观公正理性的立场上，认真全面审查辨认和指认笔录是否于法有据、程序严谨、手续完备，所形成的辨认笔录或指认笔录是否具有相应的客观性、关联性和准确性，在排除合理怀疑并进一步形成内心确信之后方能适用，防范因审查证据不细致、不规范、不严谨适用可能带来的错案风险。

四、结语

证据是认定案件事实并依法适用法律予以定罪量刑的基石。证据除了需要能够完整清晰地充分反映和证明案件事实，即必须具有实质合法性之外，尚需具有严格的形式合法性。证据在侦查过程中的收集、固定、保全、完善的每一个步骤都必须按照公安机关办理刑事案件程序规定予以进行的前提下，同时尚

---

[1] 马连龙：《刑事现场指认笔录的证据属性及其规范》，载《人民检察》2017年第24期。

需符合刑事诉讼具体各项规定要求并从形式上予以规范,从而形成完整且合范的证据链对案件事实予以证明。对于刑事诉讼而言,检察官在审查案件之时应秉持客观义务,在尽力确保刑事证据规范合法的基础上,还应强化侦查监督,尽力控御侦查权力的恣意行使,确保刑事指控合法性和规范性地展开。

刑事诉讼证据在实质化庭审当中对案件事实予以证明的一个显著特征和要求就是必须经过控辩双方充分的辩驳性质证,使法官通过全面听取控辩双方含有激烈对抗的不同意见,比较双方各自观点的合理性、可靠性、严密性、准确性,并进而在居中的立场上进行仔细的分析、推断以及研判,从而形成充分的内心确信才能予以采纳。①

从应然的角度考虑,程序法的要求就是要求侦查、起诉和审判活动必须按照合范的程序规定予以展开和施行,以此形成严密、规范的证据体系。因此,只要被告人和辩护人有确切的质疑,那么其合理的抗辩理由都应该得到基本而充分的尊重乃至认可。从实然而言,证据的有效获取必须依赖侦查活动的有效展开和合法推进,而侦查活动的展开和施行必然会遇到种种不可预料的现实问题,而囿于侦查视野、侦查能力、侦查方式、侦查技术及设备等多种主观条件的限制,同时基于案件本身受客观条件的制约如证据湮灭快、时空扰动大等因素的影响,以及犯罪嫌疑人因要承担刑事责任致其供述存在虚假因素乃至完全谬误,被害人陈述和证人证言因认知和心理因素等而可能失真,甚至必然会使侦查机关所获取到的证据因种种原因不可能尽如人所愿完善和完美,那么其不利的后果和责任自当由控方负责而不能由被告人承担,该证据应作为瑕疵证据予以补正补强、出具相关情况予以说明或作为非法证据直接予以排除,要么该证据所证明的案件法律事实在一定程度上就应当予以合理地减等、降格并由被告人在所应承担的刑事责任上获取明显或隐含相应的"好处",即在量刑方面获取相应的从轻减轻处罚,这也是被告人在刑事诉讼中理应获取相应关照的重要理由,这就是刑事诉讼保障人权的现实要求和理论归宿之所在。

---

① 张泽涛:《推进以审判为中心的诉讼制度改革》,载《人民日报》2016年7月13日,第3版。

民事执行检察监督刍论

——兼论《民事强制执行法（草案）》相关规定的完善

李 易 王 伟[*]

一、民事执行检察监督制度有关问题的提出

十三届全国人大常委会第三十五次会议于 2022 年 6 月 21 日至 24 日在北京举行，审议最高人民法院关于《中华人民共和国民事强制执行法（草案）》（以下简称《草案》）的议案，并就民事强制执行法草案向社会公开征求意见。《草案》第 8 条规定，人民检察院对民事强制执行活动实行法律监督，是现行民事诉讼法中已有的内容。《草案》第七章执行监督，主要规定了上级法院监督、检察监督，进一步加强对执行权的制约和监督，但存在监督范畴存在偏差、执行检察监督程序不规范、检法认知存在分歧等问题，值得商榷。相关制度应当更加完善，怎样更有效解决违法执行问题、化解社会矛盾、能否实现民事执行检察监督核心价值，值得认真讨论。理论研究是法律规范发展和完善的助推器，是连接立法与实践的纽带。对《草案》中民事执行监督制度的完善进行理论与实践相结合、原理和规范相链接的研究，十分必要。

二、民事执行检察监督制度发展概况

1995 年 8 月 10 日，最高人民法院在给广东省高级人民法院《关于对执行程序中的裁定的抗诉不予受理的批复》中指出，人民法院为了保证已经发出法律效力的判决、裁定或者其他法律文书的执行而在执行过程中作出的裁定，不属于抗诉的范围。[①] 2000 年 6 月 30 日，《最高人民法院关于如何处理人民检察院提出的暂缓执行建议问题的批复》指出："人民检察院对人民法院生效判

---

[*] 李易，湖北省武汉铁路运输检察院党组书记、检察长；王伟，湖北省武汉铁路运输检察院第二检察部检察官。

[①] 江必新：《强制执行法理论与实务》，中国法制出版社 2014 年版，第 1536 页。

决提出暂缓执行的建议没有法律依据"。

2005 年，中央政法委印发《关于切实解决人民法院执行难问题的通知》，明确要求"各级检察机关要加大对人民法院执行工作的监督力度"。2010 年 7 月，最高人民法院、最高人民检察院、公安部、国家安全部、司法部联合制定的《关于对司法工作人员在诉讼活动中的渎职行为加强法律监督的若干规定（试行）》，从对人监督的角度规定了对民事执行、行政执行活动的监督。2010 年 11 月，最高人民检察院在民事行政检察厅设立执行检察监督处，负责对民事、行政执行活动中的违法行为进行监督。

2011 年 3 月 10 日，"两高"会签《关于在部分地方开展民事执行活动法律监督试点工作的通知》，在山西等 12 个省试点执行监督试点工作，对法院超期限划拨执行款、法定期限内对执行异议不作出裁定等五种情况以检察建议的方式进行监督，标志着检法两家首次对民事执行检察监督在一定范围内形成了一致意见。

2012 年修改后《民事诉讼法》第 235 条对检察机关执行监督对象范围作了原则性规定，结束了长期以来人民检察院是否有权对民事执行活动进行监督的争论。2016 年《最高人民法院、最高人民检察院关于民事执行活动法律监督若干问题的规定》第 3 条对此进一步细化，明确了监督对象范围。2021 年《中共中央关于加强新时代检察机关法律监督工作的意见》指出：深入推进全国执行与监督信息检法共享，推动依法解决执行难问题，加强对损害国家利益或者社会公共利益、严重损害当事人合法权益、造成重大社会影响等违法执行行为的监督。加强检察机关与审判机关、公安机关协作配合，健全对虚假诉讼的防范、发现和追究机制。2021 年《人民检察院民事诉讼监督规则》第 104 条吸收了上述规定，作出相应修改，规定人民检察院对人民法院执行生效民事判决、裁定、调解书、支付令、仲裁裁决以及公证债权文书等法律文书的活动实行法律监督。

三、《草案》关于民事执行检察监督制度规范的不足及完善路径

民事诉讼程序完结的标志不是判决文书的作出，而是诉讼中的权利义务关系已确定且已履行完毕。只有诉讼主体的利益请求得到满足，才意味着民事诉讼程序的终结。执行程序无疑是保障当事人正当权益得以实现的最后一道关卡。近年来，全国法院民事执行案件的收案量均是百万级增长，执行干警的年

均办案量在 150 件左右。① 在这样的增长之下维持了执行结案率的不断提升，可知是承担了巨大的办案压力。但是执行难和执行乱依然是民事执行工作的两大障碍。一是执行难，找人难，找物更难，还包括财产变现、清理旧账等方面。二是执行乱。其中执行难的问题与社会诚信程度较低、财产查找难、转移易，执行干扰因素多、执行法院标准不一等多种原因有关。执行乱与强制执行法律体系不完备、不健全有关，各地法院在处理问题时理解不一致、适用不统一；与法院队伍少数人廉洁和执法水平差异也有关。2016 年以来最高人民法院出台了大量规范民事执行行为的司法解释，但不够规范不成体系。"切实解决执行难""依法保障胜诉当事人及时实现权益"仍是现阶段执行工作的主要目标。执行乱不仅导致实施执行措施不规范，也造成当事人对法院执行工作的负面情绪，在这样的历史背景下，法律赋予了检察机关对于民事执行的监督职责。执行检察监督程序是执行实施及执行审查案件办理过程中的最后救济环节。《草案》中关于民事执行检察监督制度的规则构建和程序设计本身仍存在着较为突出的问题。

（一）法院内部执行监督在实施程序、救济程序上仍需细化规则

《草案》第七章将执行监督分别规定了上级人民法院监督和检察机关监督，两种监督在适用范围、立法目的上各有不同。《草案》第 95 条规定，上级人民法院认为下级人民法院已实施的执行行为违反法律规定或者在执行中作出的其他生效裁定、决定确有错误，需要纠正的，可以责令自行纠正，也可以裁定或者决定纠正。上级人民法院认为下级人民法院在办理案件中未实施执行行为违反法律规定的，可以督促下级人民法院限期实施；必要时，也可以决定由本院或者指定本辖区其他人民法院执行该案件。下级人民法院拒不执行上级人民法院的裁定、决定或者有严重违法执行行为的，上级人民法院可以建议依照有关程序对主管人员和直接责任人员依法给予处分。

这一规定最主要的目的是通过上级法院的督促或变更执行法院，排除地方和部门保护主义等因素的干扰，解决消极执行、拖延执行问题，对执行难问题的解决有着重要的现实意义。但本条对于高级人民法院以何种形式、方式、程序来纠正下级法院的执行错误，哪些错误适用裁定、决定尚不明确。从权力规范体系的完整性来看，仅有内部规范监督机制对于有效规范民事执行权是远远不够的。一方面对违法执行的处理缺乏透明度，消除不了人们对系统内部能否

---

① 王晓伟：《完善基层民事执行检察监督体系的思考——法、检与当事人从博弈到共赢的可行性探索》，载《上海法学研究》2020 年第 12 卷。

依法处理的合理怀疑。另一方面执行工作社会性、流动性强，跟复杂的社会环境接触多，与钱、物打交道多，加上执行权过分集中，执行工作比审判工作起步晚，规范化程度不高，建立外部监督制约机制更为必要和迫切。加强执行工作的检察监督，其目的就是要通过建立执行工作的监督制约机制，确保执行工作廉洁高效进行。法院的内部监督具有监督范围不清、监督程序不规范、缺乏透明度、力度有限等先天缺陷，与司法体制改革"优化司法职权配置，规范司法行为"的方向和要求相悖，"自己监督自己"的方式并不能克服民事执行权运行中产生的瑕疵。因此，引入来自民事执行机关外部的权力对民事执行行为进行过滤与矫正，有现实需要，民事执行检察监督体制正是从外部引入的一种公权力监督。

（二）民事执行检察依申请监督规则的构建和程序设置存在漏洞

《草案》第96条规定，经当事人、利害关系人申请，人民检察院认为同级或者下级人民法院的执行行为违反法律规定、应当实施执行行为而未实施或者在执行中作出的其他生效裁定、决定确有错误，需要纠正的，应当提出检察建议。但是，当事人、利害关系人依照本法可以提出异议、申请复议、提起诉讼或者人民法院正在进行异议、复议审查或者诉讼审理的除外。

执行行为违背公序良俗或者执行人员在执行案件时有贪污受贿、徇私舞弊、枉法执行等违法行为且司法机关已经立案的，人民检察院可以依职权进行监督。

1. 《草案》中执行监督程序未考虑同级或者下级人民法院的执行行为违反法律规定、应当实施执行行为而未实施或者在执行中作出的其他生效裁定、决定确有错误但当事人没有申请的情况下是否救济、如何救济等问题。当事人未申请的启动有两种途径，依申请和依职权。《草案》第96条第1款规定了执行违法、消极执行，或者裁定、决定确有错误需要纠正三种情况下当事人可以申请监督。《草案》对于法院存在执行违法、消极执行，或者裁定、决定确有错误需要纠正但当事人又没有提出申请的情形检察机关是否应当监督没有提及。这几种情形也未纳入在《草案》中依职权监督范围中。当事人放弃自己的权利和检察机关是否应当监督是两个范畴，权利救济与对公权力监督的关系并未被厘清。当事人申请和监督公权力的正确行使是两个范畴，具有不同的功能，当事人申请救济权利的行为只是监督程序启动的一种方式，但当事人不申请并不意味着法院可以消极执行、乱执行和违法执行。当事人申请是执行检察监督启动的一种方式，对于违法执行、消极执行或者裁定、决定确有错误时或者造成其他严重后果时还应综合考虑启动执行监督程序。在什么情况下，违法到什么程度时，或者造成什么样的后果，可以放任，什么情况下不能放任，立法应当有所考虑，毕竟消极执行和违法执行也可能给当事人造成严重的损失。笔者认为，该程序与立法精神不相符，立法技术不周延，且违反了治理执行难、执行乱的立法目的。监督是为了促进执行，达到双赢多赢共赢的目的，执行检察监督是执行实施及执行审查案件办理过程中的最后救济环节，在执行检察监督前设置条件，无疑达不到监督的效果，也治理不了"执行难、执行乱"的问题。

2. 对民事执行监督程序启动前设置先向法院救济的程序不完善，本条未考虑经过异议、申请复议、提起诉讼的例外情况。对于当事人认为民事执行活动存在违法情形向人民检察院申请监督是否需要先向人民法院提出异议、申请复议或者提起诉讼，根据民事诉讼法的精神，法律规定已经设定了人民法院救济程序供当事人进行选择，应先由人民法院启动程序进行审查，应当遵循人民法院自我纠错优先的原则。执行检察监督的核心价值是监督与支持并重，在遵循克制、谦抑的原则下进行的有限监督和适度监督。因此，依照法律规定可以提出异议、申请复议或者提起诉讼，但当事人在没有行使这些救济权利的情况下即向检察机关申请监督，会影响人民法院自我纠错功能的发挥。同时，也应当考虑在法律内部纠错机制不能发挥有效作用时，及时介入检察监督：一是当经过异议、申请复议、提起诉讼仍未得到纠正的或不服的，可以向上级人民检察院申请监督，二是异议、申请复议、提起诉讼超过一定期限未受理或者未处理未答复的，异议复议本身存在违法情形的，可以向人民检察院申请监督。三是有正当理由时，如人民法院执行活动中存在的违法情形导致当事人错过了提出异议、申请复议，或者提起诉讼的法定期限等情形，当事人可以向人民检察院申请监督。要在肯定执行制度自身救济功能的同时，对于其无法解决、难以解决、解决效果不佳等问题，依法予以提出并要求纠正。如何引导当事人积极向法院寻求救济，又能避免司法资源浪费，《草案》中法院的自我纠错条款和执行检察监督如何无缝衔接、达到理想状态的效果与效率，还需要实践检验。

3. 《草案》中还需明确规定法院救济程序告知义务，保证当事人合法诉讼权利。当事人、利害关系人认为已实施的执行行为违反法律规定的情况下，结合《草案》中第84条规定，当事人、利害关系人认为已实施的执行行为违反法律规定的，可以在相应的执行程序终结前，向执行法院提出书面异议，请求撤销或者变更执行行为，但是依照本法规定可以直接申请复议的除外。《草案》对于当事人行使救济权设置过于苛刻，当事人除了需要知晓救济程序外，还需在相应的执行程序终结前提出，有严苛的不确定的时间限制，当事人很难预见执行法官会在什么时候终结执行程序，否则很容易错过救济，也排除了检察机关启动监督程序。在相应的执行程序终结前增加明确告知当事人救济程序更为适宜，将告知义务做好，方能保证当事人合法权利。

（三）检察机关依职权监督的范围有待商榷

《草案》第96条第2款对检察机关依职权监督的情形作出了规定，执行行为违背公序良俗或者执行人员在执行案件时有贪污受贿、徇私舞弊、枉法执行等违法行为且司法机关已经立案的，检察机关可以依职权进行监督。

1. 以司法立案为标准的条件设置不合理。审判人员、执行人员的违法行为在民事诉讼中是一种较为严重的情形，具体指违反《法官法》第46条规定的违法行为，包括贪污受贿、徇私舞弊、枉法裁判、隐瞒、伪造、变造、故意损毁证据、案件材料等多项违法行为等。这些违法行为动摇了合法、独立审判执行的根本，还应当依法追究刑事责任，当然应当监督。这些违法行为更为严重，不仅不应当受当事人是否申请的条件限制，更不应当受是否立案的限制，执行人员只要有贪污受贿、徇私舞弊、枉法执行等违法行为，不必以最终党务政务等处理结果为条件，只需要有证据证明执行人员存在该类行为即可。司法机关对该类行为立案有立案的标准，该条款的设立，实质放宽了审判、执行人员存在贪污受贿、徇私舞弊、枉法执行等违法行为的监督标准，不仅没有将执行权力装进"笼子"，更是放宽对这类违法行为的监督，与立法本意不符。强制执行法是保障私权利实现的民事程序，其立法工作的启动，更是对实务界近年解决执行难改革成果的检验，规范执行法官的行为，加强对公权力的监督，绝不能形同虚设。以司法立案为标准的条件与进一步加强对执行权的制约和监督的立法理念背道而驰。

2. 本条规定将执行行为违背公序良俗作为检察机关依职权监督的范围不合适。《民法典》第10条规定，处理民事纠纷，应当依照法律；法律没有规定的，可以适用习惯，但是不得违背公序良俗。第143条规定，不违反法律、行政法规的强制性规定，不违背公序良俗。人民检察院系国家专门法律监督机关，担负保障国家法律统一正确实施的职责，对于执行行为违背公序良俗的行为是否适合检察监督，值得探讨。公序良俗是公共秩序和善良风俗的简称，民法之所以需要规定公序良俗原则，是因为立法当时不能预见一切损害国家利益、社会公共利益和道德秩序的行为而作出详尽的禁止性规定，故设立公序良俗原则，以弥补禁止性规定之不足。公序良俗原则包含了法院自由裁量的因素，具有极大的灵活性。执行行为在侵害国家利益、社会公共利益时属于检察机关依职权监督的范畴，但是侵犯社会道德秩序时，立法供给尚不足，检察机关能否监督，依据什么样的形式监督，还需细化。违背公序良俗与违法之间毕竟存在很大差异，实践中还存在认识上的不同，实务中可能会造成较大困扰。但从民事检察精准监督引领的价值包括诚实守信及公序良俗等民法精神上的具体指引这个角度看,这也是提高站位拓宽视野方面的监督,有探索的价值。另外,在诉讼中,虚假诉讼是检察机关依职权监督的范畴,在执行阶段的虚假诉讼是检察机关依职权监督的重点,《草案》中应予以规定。对于以规避执行为目的变更法定代表人并影响债务履行的,现行法律没有具体规定,该问题的解决也应当在《草案》中提出解决方案。

(四)检察院对协助执行机关的监督有待商榷

《草案》第97条规定,人民检察院发现有关国家机关不依法履行执行依据确定的义务或者协助履行义务的,可以提出检察建议。人民法院发现的,可以请求人民检察院依法履行法律监督职责。

2011年3月10日,"两高"会签的《关于在部分地方开展民事执行活动法律监督试点工作的通知》第2条中确定了5种情形,其中包括对于国家机关等特殊主体作为被执行人的执行案件,人民法院因不当干预难以执行的,人民检察院应当向相关国家机关等提出检察建议。国家机关不当干预是造成"执行难"的情形之一,对国家机关不当干预的监督和对执行中法院不当行使执行权的监督应有所区别。执行程序中当事人的行为以及其他有关单位和个人妨害执行活动的行为,在性质上不属于人民法院行使执行权的范畴。因此,人民检察院是否可以对上述机关、人员和行为直接进行监督,进而是否适合规定在强制执行法中有待商榷。法院对不履行执行依据确定的义务有救济的手段,法院可以依照民事诉讼法的相关规定对该违法行为予以制裁。人民检察院发现执行案件当事人或者其他有关单位和个人在执行程序中存在违法行为,而人民法院怠于对其依法处理的,人民检察院应当督促人民法院依照民事诉讼法的相关规定对该违法行为予以制裁。有关国家机关不依法履行执行依据确定的义务,是属于违反民事法律还是违反行政法律,是否与公权力相关,是否属于民事执行监督的范围,有进行更加细致区分的必要。有关国家机关不依法履行协助执行义务,属于什么性质,是否违法,是否属于民事执行监督的范围,笔者认为现阶段不应当在民事强制执行法中规定,该条款未区分有关国家机关的行为性质,也无相应法律依据,缺乏法理支撑。

(五)检察院对调查核实权的规定有完善的空间

《草案》第98条规定了检察机关的调查核实权。人民检察院因履行执行监督职责提出检察建议的需要,报经检察长审批后,可以采取以下措施,对相关事项进行调查核实:向当事人或者案外人调查核实有关情况;依照有关规定调阅人民法院的执行卷宗;法律规定的其他措施。人民检察院进行调查核实,不得采取限制人身自由和查封财产等强制措施。人民检察院依法采取本条第1

款第 2 项规定措施的，人民法院应当予以配合。

民事诉讼法规定人民检察院可以调查核实有关情况，但没有明确具体的检察调查核实措施。人民检察院民事诉讼法律监督是对人民法院审判活动和执行活动是否符合法律规定进行监督，因此判断人民法院审判活动和执行活动的有关事实，一方面需要查明人民法院审判活动和执行活动的有关事实，另一方面需要依照民事实体法和民事程序法的规定进行判断。《草案》第 98 条用例举方式和兜底条款规定了人民检察院的调查核实措施。其中，第二款中关于调阅诉讼卷宗，现在山西、内蒙古、黑龙江等 11 个省区均建立民事诉讼监督案件正卷、副卷一并调阅制度，把握案情更全面，检察监督更精准，建议将正、副卷一并调阅制度写进本条。

《草案》第 99 条规定，受监督人的回复义务人民法院或者有关国家机关收到检察建议书后，应当在 3 个月内将审查处理情况书面回复人民检察院。2020 年 7 月 10 日，《最高人民法院、最高人民检察院关于建立全国执行与法律监督工作平台进一步完善协作配合工作机制的意见》对执行检察监督和法院办理检察建议案件作出了一些新规定，如法院对检察监督意见的受理和审查程序、法院对检察监督意见的处理情况、法院的回复形式和内容等。这些内容在草案中应有体现以赋予法律强制性。再如应当对违法执行或不当执行的后果有规定，增加检察建议的刚性，实现民事执行检察监督的制度化。

四、民事执行监督制度的分析与思考

（一）从民事执行现状定位民事执行监督的功能

强制执行法中的法律监督制度要有中国特色和时代特色，要解决中国的问题。近年来，"两高"发布了全国法院执行工作态势及检察院执行监督工作数据。2018 年《最高人民法院工作报告》中载："2016 年以来推进'基本解决执行难情况'……三年来，人民法院权利攻坚，共受理执行案件 2043.5 万件，执结 1936.1 万件，执行到位金额 4.4 万亿元，与前三年相比分别增长 98.5%、105.1%、71.2%。"2019 年《最高人民法院工作报告》中载："2019 年全国法院受理执行案件 1041.4 万件，执结 654.7 万件，执行到位金额 1.7 万亿元。"2020 年《最高人民法院工作报告》中载："各级人民法院受理执行案件 1059.2 万件，执结 995.8 万件，执行到位金额 1.9 万亿元。"2021 年《最高人民法院工作报告》中载："全国法院受理执行案件 949.3 万件，执结 864.2 万件，执行到位金额 1.94 万亿元。"2021 年最高人民法院相关负责人就全国法院整治年底不立案相关工作情况答记者问时指出："2021 年 1 月 1 日至 11 月 15 日，全国法院旧存首次执行案件 49.8 万件，新收 770.1 万件，结案 613.7

三、法律监督机制现代化

万件，未结 206.1 万件。执行完毕案件占结案数比例为 35.09%，同比增长 5.34 个百分点。终本案件结案占结案数比例为 43.71%，同比下降 4.89 个百分点。截至 2021 年 11 月 15 日，有财产可供执行案件法定期限内执结率为 96.92%。"2022 年《最高人民法院工作报告》中载："五年来，受理执行案件 4577.3 万件，执结 4512.1 万件，执行到位金额 9.4 万亿元。2022 年首次突破 2 万亿元。网络查控系统对被执行人全国范围内 16 类财产一键查询、线上控制，累计查控案件 8535 万次件，有效解决查人找物难……"

2018 年《最高人民检察院工作报告》中载："监督、支持法院依法执行，对选择性执行、超范围查封扣押等违法情形提出检察建议 23814 件，同比上升 12.7%。"2019 年《最高人民检察院工作报告》中载："对执行活动中的违法情形提出检察建议 23437 件，对拒不执行判决、裁定的批捕 2318 人。"2020 年《最高人民检察院工作报告》中载："对民事执行活动中的违法情形提出检察建议 3.7 万件，同比上升 59.7%"。2021 年《最高人民检察院工作报告》中载："以检察建议监督纠正民事审判和执行活动中的违法情形 9.9 万件，同比大幅上升。"2022 年《最高人民检察院工作报告》中载："对民事审判和执行活动中的违法情形提出检察建议 38.4 万件，比 5 年前上升 88.5%，采纳率 98.7%"。

从各级法院的数据来看，执行案件量大面广。从终本案件比例看，离人民群众对执行工作的期望还有差距，执行难的现象依旧存在。从检察机关的数据来看，执行监督数量与质量均在逐年提升。自 2012 年民事诉讼法修改以来，检察机关民事执行监督制度在规范民事执行活动、维护当事人合法权益，促进司法公正等方面取得了明显成效，从努力做强民事检察到精准监督，虽然与立法目的及人民群众对民主、法治、公平、正义等更高的期待尚有一段距离，但从执行监督工作实践来看，民事执行检察监督案件在民事检察监督案件中所占比重越来越高，民事执行活动提出检察建议的数量基本均高于再审检察建议和审判活动违法检察建议的数量，民事执行检察监督已经成为全国检察机关民事诉讼检察监督工作最主要的增长点。

（二）从国家治理体系的初衷定位执行监督制度的任务

执行检察监督制度是推进国家治理体系和治理能力现代化的重要举措。充分发挥执行监督职能，推进执法司法制约监督体系改革和建设，维护司法公正、化解矛盾纠纷、促进案结事了人和，实现社会公平正义具有重要意义。从宪法规定的角度看，监督侦查机关、法院等国家公权力的行使，是检察机关及检察制度产生与存在的重要原因。检察机关代表国家行使法律监督权，监督对象是人民法院确有错误的生效判决、裁定，损害国家利益和社会公共利益的调解书，审判程序中审判人员的违法行为，以及法院在执行活动中的违法情形。民事执行检察监督的任务是人民检察院依法独立行使检察权，通过办理执行监督案件，一是维护司法公正和司法权威，二是维护国家利益和社会公共利益，维护自然人、法人和非法人组织的合法权益，三是保障国家法律的统一正确实施。

（三）从执行监督制度的性质重新定位监督与被监督的关系

从民事诉讼监督的本质看，是对公权力的监督。执行法律的实施不仅是一个动态的过程，同时也是一个依靠多种制度、机制和程序运行的系统工程。法律无法单独实现对社会的控制，必须依赖一种综合性的社会控制系统和各种手段方式的有机整合，法律监督就是法的实施机制中的重要组成部分。

民事执行和民事执行检察监督是对立统一的辩证关系，民事执行监督从来不是依法执行的对立者，而是维护者。畅通司法救济渠道，加强对损害社会公共利益、程序违法、裁判显失公平等突出问题的监督，依法保护公民、法人和其他组织的合法权益是执行监督的目的。最高人民检察院领导在中央政法领导干部专题研讨班上的讲话中指出：要在精准监督上下功夫。要坚持不懈监督、支持民事执行工作，既监督纠正个别执行活动中出现的违法情形，又有力支持法院依法执行。

（四）从双赢多赢共赢理念考虑民事执行监督的价值

最高人民检察院党组以习近平新时代中国特色社会主义思想为指导，贯彻落实新发展理念，重新审视监督者与被监督者的关系，提出了双赢多赢共赢理念。① 在民事执行监督工作中坚持双赢多赢共赢理念，直接影响到执行监督工作的开展，直接关系到监督效果的好坏。首先，执行监督中必须坚持双赢多赢共赢理念。新时代人民群众在民主、法治、公平、正义、安全、环境等方面有了更高水平，更丰富内涵的需求，不仅体现在刑事案件中，更多体现在民事案件中，体现在民事执行中。检察机关不仅要在执行检察中努力做到双赢多赢共赢，还要让人民群众感受到公平、正义、法治。其次，在执行监督中坚持双赢多赢共赢理念的可行性。中国共产党领导的中国特色社会主义制度的巨大优越性，是检察机关法律监督工作能够取得双赢多赢共赢的政治保障和制度保证。法律监督各方都是社会主义法治国家的建设者。检察机关与法院能够取得双赢多赢共赢的社会基础和群众基础。政法各机关有共同的职责使命。《宪法》第140条规定："人民法院、人民检察院和公安机关办理刑事案件，应当分工负

---

① 李文峰：《法律监督新理念：双赢多赢共赢》，载《人民检察》2020第17期。

责、互相配合，互相制约，以保证准确有效地执行法律。"《中国共产党政法工作条例》第5条规定了政法工作的主要任务，即维护国家政治安全、确保社会大局稳定、促进社会公平正义、保障人民安居乐业是政法各机关的主要职责。在开展执行监督工作中，也应当充分运用政治智慧和法律智慧开展监督，建设检察院与法院的良性、积极关系，使法律监督在主观和客观方面都发挥促进和保障执行司法机关更全面更深刻理解法律、共同履行好职责的作用，共同推进严格执法、公正司法，努力实现双赢多赢共赢理念。合作共赢已经成为新时代博弈各方的主流价值追求。监督不是你错我对的零和博弈。监督机关和被监督机关责任是共同的，目标是一致的，赢则共赢，损则同损。最后，坚持双赢多赢共赢理念更有助于化解社会矛盾，根本性解决问题。其一，当事人向检察机关申请执行监督，从检察机关受理的民事申诉案件中看，确有错误、依法须以监督程序纠正的是少数，执行不存在违法或没有突出问题，需要做好息诉工作的是多数。检察机关作出不支持监督申请的决定后，由检察机关向当事人释法说理，化解矛盾纠纷，促进案和事了，既维护司法权威又减轻当事人讼累，作为第三方机关，更容易让当事人接受和信服。其二，当执行中确实存在违法执行行为等需要监督的情形时，检察机关向法院发出检察建议，利用国家公权力和专业知识以及调查核实手段，审查得更清楚、充分和全面，违法点抓取更准确、客观，法院也更容易接受，当事人合法权益也更有保障。其三，对被执行人确无财产可供执行、法院穷尽措施仍不能执行到位的，配合法院做好释法说理工作，并对生活陷入困境、符合救助条件的申请执行人开展司法救助。其四，对局部执行判决、裁定构成该犯罪的，依法向公安机关移送犯罪线索，构成犯罪的，批准逮捕。

（五）从民事执行的特点定位民事执行检察监督的工作重点

民事执行检察监督要与强制执行工作特点相符，提高针对性和有效性。执行法从民事诉讼法中单列出来是完善中国特色社会主义法律体系的必然要求。《草案》第205条规定，本法没有规定的，适用民事诉讼法的相关规定。

1. 执行工作与审判工作的不同。审判确定权利义务，执行实现权利义务。执行与审判是两种不同性质的工作。审判工作是被动的，不告不理；执行工作是主动的，案件一旦进入执行程序，执行部门就要主动干预，围绕着生效法律文书确定的权利义务，运用强制手段去实现它，查找、扣押、拍卖、划拨等方式也都体现了强制性特征。在民事审判活动中，法官恪守中立，居中裁判，当事人有平等的诉讼权利，在适用法律上一律平等；民事执行中，生效法律文书已经确立了权利义务，法院用公权力保障债务的履行。民事审判要分清是非、正确适用法律，执着于真假，也要关注公平和利益平衡；民事执行注重效率，强化效果的同时也需要面对妥当的协调解决规则。强制执行法草案第一条确定了立法目的，保障民事生效法律文书的执行，规范民事执行行为。强制执行法是为了实现已经确立的私权，民事诉讼法是确定私权的存在。

2. 民事执行检察监督与裁判结果监督也要尊重审判、执行规律，符合法理和经济社会活动规律。与前述相对应，民事执行检察监督与裁判结果监督也有对应的不同。民事执行监督的对象是民事执行权，因此，民事执行检察监督的具体方式应当针对民事执行权的特性而进行设置。民事执行权分为执行实施权和执行裁决权。执行实施权主要表现在民事执行程序中采取具体的执行措施、强制措施来实现生效判决的内容，更注重执行程序效率价值的实现；而执行裁决权则是对民事执行程序中的实体和程序问题的加以裁断，更注重民事执行程序公正价值的实现。而民事裁判结果监督更加注重公平正义，监督重点在于事实判断、法律适用、程序合法和当事人诉讼权利的保护。民事执行检察监督重点关注执行活动是否存在违法情形、是否存在消极、拖延、违法和错误执行，监督重点在于执行的效率和效果。做好民事执行监督工作，要正确认识并尊重审判、执行规律，符合法理和经济社会活动规律，在此基础上，才能做好执行监督。

（六）从民事执行检察监督存在的问题看努力的方向

1. 监督案件线索来源不足依旧存在，办案规模有待提升。对比检法两院的数据可以发现，民事执行检察监督的数量远远低于法院民事执行案件的受案量。这说明检察机关民事执行监督的力度有很大提升空间。与公众知晓度有关，当事人的需求和检察机关的监督职能之间存在真空地带，存在信息不对称。当事人要知晓检察机关的执行监督职能并在申请监督的过程中切实体会到公平正义得以实现，检察监督这项制度才能在实践中有生命力。

2. 精准监督有待加强，部分案件监督问题层次较浅。部分案件由于监督标准把握失欠，影响监督效果。这要求检察监督工作扎实、深入开展。要摒弃蜻蜓点水、无痛不痒的监督方式，提升监督质效，注重案件三个效果的统一。同时民事执行检察领域内人才培养、储备缺乏，监督质量不高等问题依然存在并制约了民事执行检察工作的开展。从立法上健全民事执行监督常态化运行机制，检察机关内部提升队伍监督水平，迫在眉睫。

3. 部分法院与检察院尚未达成双赢多赢共赢共识，部分法院对民事执行检察监督的认识不足，法院对检察监督存在抵触情绪。部分法院还存在办案过程中对调卷、与法官调查核实案件情况、民事检察建议回复不理解不配合的情况。

五、探索民事执行监督在变更法定代表人恶意逃避执行中的作用

（一）恶意逃避执行的数据、方式和诉讼的数据

近些年来，被执行人变更法定代表人的案件比例逐年上升，大大降低了社会对司法部门的公信力，也成为执行乱的主要现象之一，直接造成执行难的后果。法院对此缺乏主动作为的立场，很多法院在相关执行规范缺失的情况下如何平衡执行权力的合法行使与申请执行人的诉求？当事人缺乏有效的调查核实手段，往往在执行不到位时，才如梦初醒。在立法时，究竟应该如何科学有效地规制被执行人恶意变更法定代表人的行为，如何给这种行为定性？《最高人民法院关于深化人民法院司法体制综合配套改革的意见——人民法院第五个五年改革纲要》第46条改革措施中明确提出了"推动完善公司法律制度，限制随意变更法定代表人和高级管理人员"的改革路径。

以上海海事法院为例，2015年有25件案件在执行结案前变更法定代表人，占所有终本执行案件数量的22.2%；2016年占16.75%，2017年占39.63%，2018年占28.71%，2019年占33.33%。该类型案件总体占比呈上升趋势。①

（二）检法机关在恶意逃避执行监督中应有作为

通过变更法定代表人，让一个没有出境需求、没有高消费需求的人来担任新的法定代表人，实质就是为了逃避执行过程中的限高、失信惩罚。这种行为违背了诚实信用原则，大大降低了司法公信力，严重影响了执行效果，客观上造成了执行难的结果。如何对该问题开展检察监督，不仅关于人民群众切身利益，而且考验着检察机关的监督智慧和监督能力。面对司法解释的空白，司法实践上的争议，检察机关应当充分运用调查核实权，一是结合新法定代表人的身份、年龄、文化水平、与前任法定代表人的关系、职业经验对"恶意"进行认定，二是对逃避债务进行核实。《草案》中也应当认真研究此类情形如何进行规制。检察机关也应当对该种行为是否属于执行中的虚假诉讼行为进行研究和界定。对该类问题，检法两家应共同促进司法公信建设，依法采取执行措施，能动履职，共同维护司法公正和法治权威。检察监督是对公权力的监督，人民检察院对民事执行监督的范围是人民法院行使执行权的民事执行活动，主要包括作出执行法律文书和采取执行措施两类。因此，在执行过程中当事人的

---

① 顾双杰：《恶意变更法定代表人逃避执行的现状与对策——以560件终结本次执行案件为例》，载《上海法学研究》2021年第17卷。

行为以及其他有关单位和个人妨害执行活动的行为，在性质上不属于人民检察院行使监督权的范畴，人民检察院不宜对上述人员和行为直接进行监督。但人民检察院发现执行案件当事人或者其他有关单位或个人在执行程序中存在违法行为，而人民法院怠于对其依法处理的，人民检察院应当督促人民法院依照民事诉讼法的相关规定对该违法行为予以制裁。

六、结语

执行检察监督任重道远。一是遵循对诚实守信、公序良俗等民法精神的指引。二是依法监督。严格把握法律界限。在执行监督对象和范围上要避免四处出击，包打天下。在监督标准上既不能吹毛求疵、肆无忌惮，也不能蜻蜓点水、水过无痕。三是要理性监督。要确保监督结果的形成符合法律规定，必须经得住逻辑推敲，必须经得住常识检验。从监督启动到调查处置，要保持理性、客观，避免任性、率性、意气用事，尤其要力戒选择性监督、报复性监督。四是在监督工作中最大程度释放司法善意，确保监督工作遵循司法规律和特点，尊重司法既判力，尊重法官的自由裁量权和审判权威，维护司法公信力。

检察公益诉讼专门立法的理论溯源[*]

田 凯[**]

一、问题之提出

2014年10月党的十八届四中全会明确提出要积极探索建立检察机关提起公益诉讼制度,经过授权试点、正式入法、建立机构、不断拓展,检察公益诉讼制度在我国正式建立,展示出公益保护的巨大制度效能,"为世界各国检察官发挥公益保护作用贡献了中国智慧、中国设计、中国道路"[①],但作为一项"具有世界首创性"制度,检察公益诉讼仍有待研究完善。目前,该制度仅通过民事诉讼法和行政诉讼法两款原则性授权条款及司法解释予以明确,诉讼规则法律位阶较低且过于分散、部分规则无法适配办案实践、关键性规则缺失等问题,已严重制约该制度继续发展完善。党的二十大报告专门指出要"完善公益诉讼制度",学界和实务界已广泛形成尽快推进检察公益诉讼专门立法,为司法实践提供基础性和前瞻性有效支撑的共识。而欲制定专门的检察公益诉讼法,首先需要回答检察公益诉讼与现有诉讼体系有何差异、检察公益诉讼专门立法的理论基础依据何在、检察公益诉讼立法逻辑及立法框架等问题。

二、检察公益诉讼专门立法的客观基础

作为一种法律现象,诉讼不是从来就有的,它是人类社会发展到一定阶段

---

[*] 本文系2021年度最高人民检察院检察理论研究重点课题"公益诉讼专门立法研究"(GJ2021B17)的阶段性成果。课题主持人为河南省人民检察院党组书记、检察长段文龙。

[**] 河南省人民检察院党组副书记、副检察长。

[①] 张雪樵:《检察公益诉讼的"智慧之门"》,载《检察日报》2018年4月9日,第3版。

的产物。① 徐朝阳先生就指出:"盖国家组织既经成立,虽文化幼稚、法制未备,而人民间之争端纠葛,不得仰求国家以为之理;国家依其公力而匡正之,是则诉讼之所由起焉"②。可见,无论从诉讼的功能视角或文化进化论视角,传统诉讼制度的产生主要用以解决个体之间或个体与社会之间的冲突,在此过程中国家权力作为社会权威主持程序,最终实现保护公民个人合法权益、维护社会秩序及推动依法行政的目的。③ 可以说,传统诉讼专注于对诉讼主体私人权益的保护,致力于解决私益纠纷,属于私益诉讼。但"随着现代社会的复杂化,单单一个行动就致使许多人或许得到利益或许蒙受不利的事件频繁发生,其结果使得传统的把一个诉讼案件仅放在两个当事人之间进行考虑的框架越发显得不甚完备"。④ 为对超越个人利益具有集合性的国家利益和社会公共利益进行有效保护,20 世纪 70 年代起,在私益诉讼基础上逐渐发展起来一种新的诉讼形态——公益诉讼。在我国,自发性的公益诉讼实践探索较早,但直至 2012 年民事诉讼法才真正将其作为一项法律制度予以明确规定。2017 年修订的民事诉讼法、行政诉讼法明确授权检察机关提起公益诉讼后,公益诉讼正式进入发展快车道,检察机关成为公益诉讼主力军,公益保护效果有目共睹。毋庸置疑,公益诉讼出现对传统诉讼制度造成冲击,检察机关作为宪法规定的法律监督机关,检察公益诉讼的诉讼目的、诉讼原则、当事人地位、诉讼功能、利益归属等方面与私益诉讼存在本质差异。

第一,诉讼目的不同。私益诉讼中原告因个体利益受损而诉诸法院,期待以正当的法律程序寻求救济,诉讼目的是为救济或填补已经受到损害的个体利益。而公益诉讼中公益是全体社会成员共同享有的,公益遭到损害,很多情况下并无特定的法律上直接利害关系人,无法依照传统私益诉讼模式启动诉讼救济程序。在我国,法律授权检察机关作为公益代表提起诉讼,检察公益诉讼以维护公益为唯一目的,检察机关在此过程中没有其他利益追求。

---

① 诉讼是人类文明进步的产物。纵观人类历史,人类的纠纷解决机制经历了由"自力救助"到"公力救助"的发展过程。法律制度史表明,在原始社会中,当人们对自然物的占有彼此发生争执时,解决纠纷的基本形式是氏族组织在公共道德律支配下的仲裁或者冲突双方"弱肉强食"的暴力争斗。在没有法官,没有诉讼,甚至连权利概念都不存在的"十分单纯质朴的氏族制度"中,是无所谓行政救助、司法救助等公力救助形式的。

② 徐朝阳:《中国诉讼法溯源》,商务印书馆 1933 年版,第 1 页。

③ 陈文曲:《现代诉讼的本质:全面理性的规范沟通》,载《政法论丛》2022 年第 2 期。

④ [意] 莫诺·卡佩莱蒂编:《福利国家与接近正义》,刘俊祥等译,法律出版社 2000 年版,第 69 页。

第二,诉讼原则不同。私益诉讼中当事人地位平等,处分原则和辩论原则贯穿诉讼始终。检察公益诉讼则具有公益性原则、职权性原则、有限性原则和协同性原则等。其中公益性原则是基础性原则,是公益诉讼存在的基础。职权性原则凸显出检察机关以公力介入私益领域进而保护公益的根本目的和依据。有限性原则涵盖的内容较多,诸如公益诉讼案件范围有限性、检察机关处分权有限性、公益诉讼程序启动有限性等。而协同性原则是指检察机关在开展公益诉讼时,要注意和各方面力量协调配合,实现双赢多赢共赢效果。

第三,当事人诉讼地位不同。私益诉讼中诉讼当事人是诉讼的直接利害关系人,其可以就诉讼的继续、诉讼的推进、诉讼的终结等进行处分。检察机关因法律授权启动公益诉讼,与诉讼结果缺乏固有的直接利害关系,处分原则适用上受到严格限制,比如不得随意撤案、调解等。

第四,诉讼功能不同。私益诉讼的功能主要是解决争议和权利救济,具有典型的事后性,受害人依据已经产生的人身和财产权益损害向法院提起诉讼,法院作出有效判决,救济当事人遭受损害的合法权益。与之不同,检察公益诉讼宗旨在于维护公益并"谋求推动制度改进和社会变革",具有显著的预防性功能,诉讼所真正关心的不仅仅是要求被告对已经遭受的损害进行赔偿和恢复,而是为"被告乃至社会其他成员提供恰当的且不同于诉讼发生前的行为选择方式",其大大拓宽了私益诉讼的作用领域。①

第五,利益归属不同。私益诉讼中直接利害关系人提起诉讼主要是为了"在审判员面前追诉取得人们所应得的东西"。② 而检察机关在公益诉讼中并非直接利害关系人,不受法律裁判的拘束,不承受法律裁判的后果,胜诉收益不归其支配,人民是公益诉讼利益的最终享有者。

因为上述本质不同,检察公益诉讼的规则程序与私益诉讼差异较大,显然检察公益诉讼"采取在传统诉讼框架中进行公益诉讼探索的模式"③ 已经无法满足检察公益诉讼制度发展需求。"法律是治国的重器,良法是善治之前提",没有科学完善的检察公益诉讼立法,就难以有公正高效的检察公益诉讼司法实践,以专门立法构建完备科学的检察公益诉讼规则体系是推动制度继续发展完善的前提和基础。

---

① 张艳瑞:《公益诉讼的本质及其理论基础》,载《行政法学研究》2006年第3期。
② [罗马]查士丁尼:《法学总论——法学阶梯》,张企泰译,商务印书馆1989年版,第205页。
③ 吴泽勇:《德国团体诉讼的历史考察》,载《中外法学》2009年第4期。

三、检察公益诉讼专门立法的理论基础

制度的建设深植于其法理基础,不同的法理基础会建构不同的制度体系。在我国,检察公益诉讼专门立法有深刻的法理基础,这些法理基础不仅明晰该制度建构根源,为创设具体程序规则提供基本根源,还能反思检视制度发展轨迹及时纠偏。鉴于本文研究的主旨,笔者拟对检察公益诉讼立法的下列法理基础进行初步探讨。①

(一)法律监督理论

从性质上看,我国检察制度是一项具有中国特色的政治和司法制度,检察机关是宪法规定的国家法律监督机关,其法律监督职能源于人民代表大会的监督权,是由国家权力机关的监督职能派生的专门监督职能。② 检察机关作为人民代表大会之下"一府一委两院"的组成部分,是独立于行政机关、监察机关和审判机关的法律监督机关。最初,检察机关法律监督职能主要通过公诉权的方式,"将国家治理问题以法律诉求的方式转化为法律问题提交法院,最终由法院进行终局裁决"③。而面对国家的政治事务、经济事务和社会事务不断扩张,检察机关法律监督职能范围逐渐向民事、行政领域扩张。而对于行政权这种对社会影响最直接、最深刻的权力形式,虽然其内部已经建立了较为完备的自我监督体系,但仍会出现超越职权或滥用职权,对国家利益和社会公共利益造成损害的情形,以及无法归属于特定主体的社会公共利益受到侵害,缺乏适合主体没有也无法提起诉讼的情况,法律授权检察机关法律监督职能范围延伸至公益保护领域。检察监督理论为检察机关提起公益诉讼提供正当性基础。

可以说,伴随检察机关反贪反渎职能的转移,检察机关的法律监督职能在社会意识中被认为是"虚设"的,而随着检察公益诉讼制度建立并积极开展,宪法赋予检察机关的法律监督职能逐渐由"虚"变"实"。不同于民事、行政检察职能的被动性与事后性,公益诉讼检察职能更具主动性与创造性。一方

---

① 笔者曾撰文认为,行政公诉作为一种维护国家利益和社会公共利益的诉讼,人民主权理论、分权制衡理论、诉的利益理论和诉讼信托理论都为行政公诉奠定了理论基础。经过数年的思索,笔者认为,作为检察公益诉讼,上述四个理论基础依然存在,但是当下论述的法律监督理论、诉讼代表理论和客观诉讼理论则是更为直接理论支撑。详见田凯:《论行政公诉制度的法理基础》,载《河南社会科学》2010年第5期。

② 李国明、晏向华:《论检察机关法律监督权的法理和现实基础》,载《当代法学》2011年第6期。

③ 王洪涛:《现代国家发展进程中的检察权研究》,武汉大学2019年博士学位论文。

面，检察机关通过公权力制约公权力的路径，借助行政公益诉讼的方式对行政权力进行有效监督和制约；另一方面，在社会公共利益保护缺位时，检察机关能够凭借专业优势，及时恰当以民事公益诉讼推动受损公益得到有效修复。党和国家从顶层设计上对检察公益诉讼制度作出安排，正是宪法赋予检察机关的法律监督职能适应新时代国家治理需求，对其法律监督职能内涵的丰富完善。①

(二) 公益代表理论

在检察制度诞生之前，刑事犯罪所造成的损害通常是通过私力救济予以填补。随着社会的发展与文明的进步，人们逐渐认识到刑事犯罪是侵害国家利益和社会公共利益的行为，为了代表国家追诉犯罪，检察制度在中世纪欧洲诞生。检察机关起初作为"国王代理人"身份，为维护王权利益代表国家行使追诉权，现代国家中检察机关为维护社会公共利益行使法律监督权，不少国家将检察官定义为"公益代表人"，我国检察机关开展公益诉讼，也是基于公益代表人的身份和定位。② 公益代表理论为检察公益诉讼提供制度目的根本遵循。

公诉作为检察机关的核心职能，承担着追诉犯罪、维护法律权威的重要任务，在法治建设方面发挥着至关重要的作用。然而，公诉不是也不应该是检察机关的唯一利器，检察机关在履行传统职责的基础上，必然要担负一定的社会管理责任。纵观世界各国的检察理论，特别是我国的检察司法实践，公益代表人的定位较大程度地提高了检察机关参与社会管理的广度和深度。检察机关作为公益代表人参与社会管理具有双重价值：第一，检察机关通过公益诉讼保护公益时，具有司法机关的性质，可以为创新社会管理提供较强的司法保障；第二，社会管理制度的创新反过来可以丰富检察机关法律监督方式和途径，检察机关基于公益诉讼将法律监督最后一道防线落到实处，维护国家法律的正确统一实施。

检察机关办理公益诉讼案件过程中，除了解决案件本身涉及的公益损害之外，往往还会发现社会管理上存在的漏洞，一方面通过检察建议的方式可以促

---

① 事实上，以检察权是独立公权力为逻辑起点，基于属性概念展开重新审视，可以发现检察权具有法律监督属性、司法属性、行政属性和公益属性，其中法律监督属性是其本质属性，从这一点看，检察机关基于法律监督理论提起公益诉讼也是本质属性使然。详见王守安、田凯：《论我国检察权的属性》，载《国家检察官学院学报》2016年第5期。

② 秦前红：《检察机关参与行政公益诉讼理论与实践的若干问题探讨》，载《政治与法律》2016年第11期。

使行政机关积极作为,在解决个案问题之后,通过推动开展专项执法活动的方式,预防避免类似情况再次发生;另一方面可以给当地政府以及相关行政机关提供解决同类问题的处理方式,推动其从集中治理到以制度化形式落实固定,推进整个地区的社会治理工作更加完善。而且,其中有代表性的建议和处理方法还可以上升为国家立法参考。在参与社会治理的过程中,检察机关公益代表人的地位愈加巩固,将公益的最终维护权赋予具有公权力的国家司法机关——检察机关,无疑给公民吃了一颗"定心丸",公民内心的认同感和信任感的增强显然对维护社会稳定和推进法治建设具有重大意义。

(三) 客观诉讼理论

根据诉讼标的性质不同,可以将诉讼分为主观诉讼和客观诉讼。[①] 主观诉讼和客观诉讼并不是法律上的术语,而是一种学理划分,该理论由法国学者莱昂·狄骥创立,成为大陆法系行政诉讼法学的重要理论。[②] 以维护原告个人利益为直接目的的诉讼称主观诉讼,以维护公益或客观的法律秩序为直接目的的诉讼称为客观诉讼。[③] 客观诉讼理论是我国检察机关提起公益诉讼的基础性理论。[④] 事实上,2018 年出台的《最高人民法院、最高人民检察院关于检察公益诉讼案件适用法律若干问题的解释》就已经体现了客观诉讼理论,明确公益诉讼兼具救济和监督两项客观诉讼特征。

客观诉讼理论为检察公益诉讼制度设计提供根本依据。第一,客观诉讼目的以法规维持、维护公益为首要目的,[⑤] 不同于主观诉讼可能具有维护公益和法律秩序的客观作用,客观诉讼维护公益的目的由法律规范预先设定。因此,检察公益诉讼中检察机关能够提起公益诉讼的范围领域必须由法律明确规定。第二,客观诉讼的原告资格突破传统"诉讼利益"理论,不以其主观权利受到侵害为能够提起诉讼的前提条件,检察公益诉讼中检察机关基于立法的特别规定具备提起公益诉讼的资格。第三,客观诉讼的对象通常为特定的公权力行

---

① 薛刚凌、杨欣:《论我国行政诉讼构造:"主观诉讼"抑或"客观诉讼"?》,载《行政法学研究》2013 年第 4 期。

② 蔡志方:《欧陆各国行政诉讼制度发展之沿革与现状》,载《行政救济与行政法学》(一),三民书局 1993 版,第 21 页。

③ 马立群:《行政诉讼标的研究:以实体与程序连接为中心》,中国政法大学出版社 2013 年版,第 51 页。

④ 刘艺:《构建行政公益诉讼的客观诉讼机制》,载《法学研究》2018 年第 3 期。

⑤ 林素凤:《日本民众诉讼与我国公益诉讼》,载曾华松大法官古稀祝寿文集编辑委员会编:《论权力保护之理论与实践》,元照出版公司 2006 年版,第 612 页。

为或具有公权力因素的事项,而非主观诉讼中权力主体之间的,因利害冲突产生的争议。因此,检察机关提起公益诉讼时特别是行政公益诉讼时,应当强调行政法规的正确适用,注重推动行政机关依法全面履职。第四,客观诉讼审查内容主要针对行为所侵害的公益而展开,更多关注公益的损害主体、损害范围、损害程度、后期修复,不同于主观诉讼仅审查私益损害情况。这要求检察机关提起的公益诉讼时,持续跟进受损公益是否最终实现有效修复。第五,客观诉讼的判决结果针对一切对公益已经或者可能造成损害的不特定人,具有绝对效力。因此,检察机关提起的公益诉讼判决生效后,其他适格主体不能再对同一受损公益提起公益诉讼,检察机关提起的公益诉讼具有一定的对世性。

检察公益诉讼专门立法具有深厚理论基础,为建构检察公益诉讼新型诉讼体系,进一步细化检察机关提起公益诉讼的具体程序提供依据。

四、检察公益诉讼专门立法依托的基本框架

制定检察公益诉讼法是检察公益诉讼制度运行和建设的起点。习近平总书记强调:"司法体制改革必须同我国根本政治制度、基本政治制度和经济社会发展水平相适应,保持我们自己的特色和优势。我们要借鉴国外法治有益成果,但不能照搬照抄国外司法制度。"① 对于检察公益诉讼立法而言也同样如此,专门立法应当在借鉴国外法治有益成果的基础之上,结合中国司法实际,根据中国特色法治建设的总体部署,服务于国家治理体系和治理能力的现代化要求。制定检察公益诉讼法笔者认为应当围绕检察公益诉讼法调整什么、检察公益诉讼法有何特点以及检察公益诉讼法框架设计等三大问题展开讨论。

(一) 检察公益诉讼法的调整对象

任何法都是以一定的社会关系为调整对象的。从制度设计层面上看,检察公益诉讼是检察机关在坚持党对检察工作的绝对领导的基础上,运用法治思维和法治方式解决公益保护的困境,创造性地解决公益保护问题的一项全新探索。从法理概念上看,检察公益诉讼相对于一般公益诉讼而言,是指检察机关根据法律授权,对侵犯国家利益和社会公共利益或不特定的多数人利益的行为,向法院提起诉讼,由法院依法追究侵害国家利益和社会共同利益的人法律责任的诉讼活动。② 因此,检察公益诉讼法的调整对象是检察公益诉讼法律关系,即发生在法院、检察机关与其他诉讼当事人之间的以诉讼权利与义务为内

---

① 《学习大国:跟着政治局一起学习深化司法体制改革》,载 http://politics.people.com.cn/n/2015/0326/c1001-26751702.html。

② 田凯:《行政公诉论》,中国检察出版社2010年版,第27页。

容的社会关系。

（二）检察公益诉讼法的主要特点

第一，检察公益诉讼立法目的是维护公益和推进依法行政。在我国的权力体系中，检察机关承担着法律监督职能，既包括源于社会治理职能的守法监督也包括源于公权力制约的执法监督，其中，执法监督权体现为监督法院审判权的行使而配置的审判监督权和为监督法院执行权的行使而配置的执行监督权，守法监督权体现为监督侵害社会公共利益的违法行为而配置的公益诉讼起诉权等。[①] 随着社会主义现代化建设的推进，现实生活中侵害公益的案件屡禁不止，特别是"一些行政机关违法行使职权或者不作为造成国家和社会公共利益侵害或者有侵害危险"的情况时有发生[②]，检察机关依法提起公益诉讼能够补足公民、法人和其他社会组织在国家利益和社会公共利益受到侵害时，没有或无法提起诉讼的法律缺位问题，督促行政机关依法履职，助推国家治理体系和治理能力现代化。

第二，检察公益诉讼的诉讼主体为检察机关。授权检察机关提起公益诉讼具有深刻的理论及现实考量。一方面，检察机关提起公益诉讼归根结底是人民间接行使权力的一种形式。我国宪法明确规定："中华人民共和国的一切权力属于人民。人民依照法律规定，通过各种途径和形式，管理国家事务，管理经济和文化事业，管理社会事务。"检察权作为国家权力的重要组成部分，检察机关能够提起公益诉讼的权力来源于人民，检察机关作为公益"看护人"，公益保护成果最终由人民享有和检验。另一方面，检察机关提起公益诉讼具有独特制度优势。目前，依据法律授权能够提起公益诉讼的主体主要包括社会组织与检察机关，与我国社会组织普遍存在发展不平衡问题相比，检察机关的法律监督属性及权力配置，更能及时有效维护公益。

第三，检察公益诉讼的诉权行使应坚持依法有限。检察机关授权行使的公益诉权是实体和程序的结合，检察权的公权力性要求检察机关的公益诉权必须依法、有限行使。首先，严格遵守公益诉权范围规定。仅得在法律明确授权检察机关能够提起公益诉讼的领域内，或法律概括授权确实存在国家利益或者社会公共利益受到损害的情况下，依法行使公益诉权。其次，严格遵守起诉顺位规定。行政公益诉讼中检察机关必须履行诉前程序，即依法发出检察建议后，行政机关仍不履职社会公共利益持续受到侵害时，才能提起公益诉讼；民事公

---

① 傅郁林：《我国民事检察权的权能与程序配置》，载《法律科学》2012年第6期。

② 《关于〈中共中央关于全面推进依法治国若干重大问题的决定〉的说明》，载 http://politics.people.com.cn/n/2014/1029/c1001 - 25926928.html。

益诉讼中,检察机关只有在没有其他原告主体提起公益诉讼时,才能以补充诉讼的角色提起诉讼,同时还必须履行公告程序。最后,严格遵守诉讼程序规定。正当程序是程序正义获得认同的最高标志,检察机关在公益诉讼中必须按照法定的诉讼程序,依法行使诉讼权利,履行诉讼义务。

第四,检察公益诉讼的作用场域应包括公民全体利益或大多数人利益。检察机关主要履行法律监督职责,显然不同于行政机关对社会公共事务普遍具有的执行、管理和调控等活动,究竟检察机关可以在哪些领域提起公益诉讼,抑或在哪些领域参与国家治理,这与公益概念密切相关。目前有关公益概念主要存在三种主流观点:其一,个人利益总和说。亚当·斯密认为个人追求自身财富增加的过程中,客观上增加了社会财富,而增加的社会财富又客观上促进了社会福利和公益的产生。① 我国学者也有相似的观点,认为在私法上,市民利益最大化的最终表现就是社会公共利益。其二,公民全体利益说。该种学说认为公益具有整体性和不可分割性,它是社会组成后体现全体公民利益的一种表现形式。② 其三,大多数人利益说。这种说法是相对于公民全体利益说而出现的,德国学者 C. E. Leuthold 提出"地域基础"理论,认为公益不一定是全体公民的利益,某一个区域大多数人的利益也应该是公益。③ 基于以上法哲学观点的梳理,结合我国司法实践中办理的公益诉讼案件,笔者认为公益的属性可以相对界定,对于侵害全体公民利益或者人数不确定多数人利益的情况,检察机关应都能提起公益诉讼。当然,这并不意味着公益诉讼能无节制地扩张。检察权本质是司法权,其行使不能脱离和违背司法权的克制属性,在行政公益诉讼案件中检察机关应当给行政机关充分的履职空间,而在民事公益诉讼案件中检察机关则应给社会组织充分的尊重、鼓励,特别是提起公益诉讼的机会。在实际立法操作及办案实践中,当前阶段应采用重点列举加概括授权的方式明确检察公益诉讼案件范围,鼓励检察机关集中司法资源优先解决公益受损严重的领域,同时弥补立法的相对滞后性。

第五,检察公益诉讼诉前程序应作为法定程序着重明确。行政公益诉讼是我国司法制度的首创,具有鲜明的中国特色。这一制度的最大特点就是设置了诉前程序,即检察机关在提起公益诉讼之前要向行政机关发出督促其依法履行

---

① 吴红列:《亚当·斯密的道德情操论与自然法》,载《浙江社会科学》2013 年第 10 期。
② 范振国:《公益的法律界定与限制研究》,吉林大学 2010 年博士学位论文。
③ 余少祥:《什么是公益——西方法哲学中公益概念解析》,载《江淮论坛》2010 年第 2 期。

职责的检察建议。就行政公益诉讼诉前建议来看，其本质上是检察机关试图通过自己的外部监督给行政机关施压，促使行政机关及时启动自我纠错机制，提高行政效能，节约司法成本。诉前程序的建构是检察权、行政权、审判权三者之间相互制衡的有效路径，这一程序充分尊重了行政机关自我纠错能力和自主权。通过推动行政机关自我纠错、依法行政，以最小司法投入获得最佳社会效果，彰显了中国特色社会主义司法制度的优越性。当行政机关仍不依法履职时，检察机关才可以依法提起行政公益诉讼。需要指出的是，我国检察公益诉讼诉前程序与英美等其他国家的公益诉讼前置程序并非相同。英美等国家的公益诉讼前置程序主要适用于公民诉讼，前置程序的目的是防止公民的滥诉，对检察官提起公益诉讼并无前置程序的限制规定。而我国的检察公益诉讼的诉前程序设置目的并不是控制滥诉，而是要督促发挥行政机关等其他社会主体的作用，节省司法资源，同时也是对检察机关公益诉权的一种限制。

（三）检察公益诉讼法的框架设计

检察公益诉讼作为一项全新的制度，制定一部完整的检察公益诉讼法，应该对检察公益诉讼制度的目的原则、检察机关诉讼地位、调查取证权、诉讼管辖、审判组织、审判程序、案件范围、诉前程序、起诉期限、提起诉讼、二审、诉讼监督、诉讼竞合、责任承担顺位等均予以明确规定。根据前期研究成果，笔者认为检察公益诉讼法可以分为六章。

第一章总则，阐述立法目的和意义；明确诉前程序是检察公益诉讼法定程序；确定检察公益诉讼应当遵循的基本原则，将人民检察院提起公益诉讼的身份定位为"公益诉讼人"。

第二章一般规定，将一些对检察公益诉讼具有统领意义，但又不适合放入总则的内容单独作为一章进行规定；授予人民检察院办案调查取证权并明确内容和保障；规定人民法院审理检察公益诉讼案件的释明义务，以及审判管辖、审判组织、二审程序、审判监督程序、移送执行、执行监督、起诉期限、诉讼费用等。

第三章诉前程序，明确人民检察院办理行政公益诉讼案件范围及行政公益诉讼检察建议制度；细化行政机关的检察建议回复义务；规定行政公益诉讼磋商、跟进监督制度；优化民事公益诉讼诉前公告制度、支持起诉制度。

第四章行政公益诉讼，明确行政公益诉讼提起条件；规定行政公益诉讼中行政机关负责人出庭应诉义务，人民检察院提起行政公益诉讼应提交的材料，登记立案条件，诉讼请求类型，撤回起诉、变更诉讼请求的条件；确定人民法院行政公益诉讼判决方式以及判决结果告知义务。

第五章民事公益诉讼，明确人民检察院提起民事公益诉讼案件范围、提起条件、提交材料、登记立案条件；规定人民检察院提起民事公益诉讼不适用反诉，可以有限调解；明确人民法院起诉书副本送达义务、调查取证权；对刑事附带民事公益诉讼审判管辖、民事公益诉讼生效裁判既判力、诉讼竞合、生效裁判认定的证据效力、被告侵权责任承担顺序、撤回起诉等进行规定。

第六章附则，对检察公益诉讼法未规定的事项如何适用法律、法律施行时间予以明确。

五、结语

在我国，虽然民事诉讼法、行政诉讼法以及相关司法解释已经初步建构检察公益诉讼规则体系，但随着检察公益诉讼司法实践的不断深入、公益诉讼范围领域的不断拓展、公益诉讼案件数量的不断提升，相关诉讼理念、诉讼原则、诉讼规则已无法满足检察公益诉讼发展需求，回应司法实践需求、推动制度不断完善需要尽快构建符合检察公益诉讼自身特质的规则体系。检察公益诉讼与私益诉讼的本质不同是专门立法的前提条件，相关法理基础为专门立法提供理论支撑，而检察公益诉讼理论体系基本框架应从六大方面总体设计。目前我国已经有体系较为完备的三大诉讼即刑事诉讼法、民事诉讼法和行政诉讼法，长远来看，检察公益诉讼法制定后总结经验成果在原有三大诉讼基础上根据公益诉讼的自身特质，建构独立于三大诉讼的公益诉讼法，将公益诉讼单列成为传统刑事诉讼、民事诉讼和行政诉讼之外一个特殊的专门诉讼类型，符合公益诉讼制度发展前景，将最大限度提升公益诉讼制度推进国家治理体系和治理能力现代化的效能。

涉案企业合规第三方监督评估机制的实践探索与完善路径

——以深圳为样本

刘山泉 李 梓 赵 恒[*]

引言

经过两年两期试点工作的有益探索，在中央有关部门和试点地区党委、政府的关心支持下，涉案企业合规改革试点工作扎实推进，积累了丰富的实践经验。2022年4月2日，最高人民检察院（以下简称最高检）正式官宣在全国检察机关全面推开这一改革试点工作，标志着该项改革进入崭新的发展阶段。

企业合规案件办理具有高度专业性，随着改革试点工作迈向"深水区"，第三方监督评估机制能否建好用好，直接关涉改革成败。

2021年6月3日，最高检会同司法部、全国工商联等八部门联合印发《关于建立涉案企业合规改革第三方监督评估机制的指导意见（试行）》（以下简称《指导意见》），通过下定义的方式，大致勾勒出我国涉案企业合规第三方监督评估机制的总体轮廓。2021年9月3日，在第三届民营经济法治建设峰会上，国家层面的企业合规第三方监督评估机制管理委员会（以下简称第三方机制管委会）宣告成立。2021年11月22日，最高检等九部门办公厅又正式出台《关于建立涉案企业合规第三方监督评估机制的指导意见（试行）实施细则》（以下简称《实施细则》）和《第三方机制专业人员选任管理办法》两个配套文件。2021年12月16日，涉案企业合规第三方监管人座谈会在北京召开，组建成立由207人参加的首批国家层面第三方机制专业人员名录

---

[*] 刘山泉，广东省深圳市人民检察院第二检察部主任、三级高级检察官；李梓，广东省深圳市人民检察院企业合规办公室成员、一级检察官；赵恒，山东大学法学院副教授、博士生导师。

三、法律监督机制现代化

库,至此基本搭建起我国涉案企业合规第三方监督评估机制的"四梁八柱"。从上述一系列文件的密集出台和会议的陆续召开,充分说明:最高检把第三方监督评估机制放在企业合规制度建设的首位。

本文以3年来深圳检察机关的涉案企业合规改革试点工作及第三方监督评估机制运行情况为研究样本,系统梳理该机制在适用范围、机制建设、履职监督、异地协作、经费保障、信息化建设等方面的实践难题和改进空间,以期为涉案企业合规第三方监督评估机制的完善提供可选路径。

一、涉案企业合规第三方监督评估机制的深圳探索

(一)深圳检察机关涉案企业合规改革试点工作基本情况

自2020年3月深圳宝安、南山开展全国首期涉案企业合规改革试点工作以来,截至2023年2月底,深圳两级检察机关共办理企业合规案件144件(适用第三方监督评估机制71件)。其中:市检察院办理32件,宝安区院办理19件,南山区院办理18件,坪山区院办理16件,龙岗区院办理14件,罗湖区院办理13件,福田区院办理12件,龙华区院办理7件,光明区院办理6件,盐田区院办理3件,前海、深汕两个区院各办理2件。目前全市12家检察院均有在办企业合规案件,具体如下列表1所示。

表1　深圳检察机关企业合规案件近3年办理情况　　　(单位:件)

序号	单位	2020年	2021年	2022年	2023年1—2月	合计
1	市检	0	15	15	2	32
2	宝安	6	6	7	0	19
3	南山	4	6	6	2	18
4	龙岗	0	9	5	0	14
5	罗湖	0	1	12	0	13
6	福田	0	2	10	0	12
7	坪山	0	1	8	7	16
8	龙华	0	4	3	0	7
9	光明	0	2	4	0	6
10	盐田	0	0	3	0	3
11	前海	0	1	1	0	2
12	深汕	0	2	0	0	2
合计		10	49	74	11	144

注:因2020年深圳只有宝安、南山区院两家单位列为首批试点单位,故其他单位数据均为0。

试点以来，深圳检察机关积极探索企业合规的适用罪名、适用类型，积累办案经验、丰富实践样本。目前，罪名适用范围从首期试点的 7 个增加到 42 个，适用罪名显著扩大，有效彰显制度生命力。

常见高发罪名集中在 13 类 26 个：（1）走私类犯罪，共 41 件，占比 28.47%，罪名涉及走私普通货物罪、走私废物罪和走私贵重金属罪。（2）行受贿犯罪，共 19 件，占比 13.19%，罪名涉及单位行贿罪、非国家工作人员受贿罪和对非国家工作人员行贿罪等 3 个罪名。（3）安全生产领域犯罪，共 18 件，占比 12.5%，罪名涉及重大责任事故罪、重大劳动安全事故罪、过失致人死亡罪、交通肇事罪、包庇罪等 5 个罪名。（4）职务侵占罪，11 件，占比 7.64%。（5）假冒注册商标罪，8 件，占比 5.56%。（6）涉税类犯罪，5 件，占比 3.47%，罪名涉及虚开增值税专用发票罪和骗取出口退税罪、虚开发票罪。（7）环境资源类犯罪，5 件，占比 3.47%，罪名涉及污染环境罪和非法占用农用地罪。（8）非法经营罪，5 件，占比 3.47%。（9）伪造印章类犯罪，5 件，占比 3.47%，罪名涉及伪造国家机关证件、印章、事业单位印章罪和伪造公司印章罪。（10）信息网络类犯罪，共 4 件，占比 2.78%，罪名涉及帮助信息网络犯罪活动罪和非法利用信息网络罪。（11）非法吸收公众存款罪，3 件，占比 2.08%。（12）违法发放贷款罪，2 件，占比 1.39%。（13）串通投标罪，2 件，占比 1.39%。

另有少见偶发罪名 16 个，涉及逃汇罪、违规披露重要信息罪、逃避商检罪、非法利用信息网络罪、破坏易燃易爆设备罪、侵犯公民个人信息罪、非法销售窃听专用器材罪、对违法票据承兑罪、销售假药罪、故意毁坏财物罪、骗取贷款罪等。

（二）深圳检察机关涉案企业合规第三方监督评估机制运行情况

根据最高检 2023 年 1 月 13 日发布的《关于 2022 年全国检察机关办理涉案企业合规案件工作情况的通报》显示：截至 2022 年 12 月，全国检察机关累计办理涉案企业合规案件 5150 件，其中适用第三方监督评估机制案件 3577 件，第三方机制适用率 69.5%。同期广东省检察机关共办理企业合规案件 319 件，其中适用第三方监督评估机制案件 182 件，第三方机制适用率 57.05%；同期深圳检察机关共办理企业合规案件 133 件，其中适用第三方监督评估机制 60 件，第三方机制适用率为 45.11%。

三、法律监督机制现代化

表 2　涉案企业合规案件工作情况①

办案单位	企业合规案件数	第三方机制案件数	第三方机制适用率
深圳市	133 件	60 件	45.11%
广东省	319 件	182 件	57.05%
全国	5150 件	3577 件	69.5%

注：本表相关数据均截至 2022 年 12 月。

从表 2 可见，对标全省、全国，深圳市企业合规案件第三方机制适用率明显低于全省、全国平均水平。

而截至 2023 年 2 月底，深圳检察机关办理的 144 件企业合规案件中，适用第三方监督评估机制 71 件，占比 49.31%。第三方机制适用率虽较先前已有较大提升，但对标全省、全国，仍有进一步大提升空间。

在前两期涉案企业合规改革试点过程中，第三方监督评估机制主要呈现出三种模式：一是检察机关联合行政机关监管模式，以宁波市人民检察院、辽宁省人民检察院为代表；二是独立监控人或合规监督员模式，以深圳市宝安区人民检察院为代表；三是第三方监管人+企业合规监督管理委员会模式，以上海市金山区人民检察院为代表。②

随着《指导意见》的出台，我国第三方监督评估基本模式已经明确，即采取"检察机关—第三方机制管委会—第三方组织"模式，该模式的监督评估考察主体通常包括第三方机制管委会和第三方组织两个层面。这也是"改革决策者总结、回应、统一试点初期形成的三种合规监管模式的制度产物"③。

近两年来，深圳市涉案企业合规第三方监督评估机制总体运行情况良好，在涉案企业合规监督考察过程中发挥了重要作用，为促进深圳市企业合规经营、服务保障特区经济社会高质量发展和营造一流国际法治化营商环境作出了积极贡献。

1. 在组织架构方面，深圳市第三方机制的"四梁八柱"基本确立。在第三方机制管委会层面，深圳市采取"9+4 模式"，即早在 2021 年 8 月 16 日，

---

① 数据来源：最高检 2023 年 1 月 13 日发布的《关于 2022 年全国检察机关办理涉案企业合规案件工作情况的通报》。

② 谈倩、李轲：《我国企业合规第三方监管实证探析》，载《中国检察官》2021 年第 6 期。

③ 刘艳红：《涉案企业合规第三方监督评估机制关键问题研究》，载《中国应用法学》2022 年第 6 期。

参照国家层面第三方机制管委会的设置组建了由市检察院、市司法局、市财政局、市生态环境局、市国资委、市税务局、市市场监管局、市工商联、市贸促委等9家单位组成的深圳市企业合规第三方机制管委会。

但也正如最高检副检察长童建明所言:"第三方机制管委会作为议事协调机构,是'开放式'的,可以根据工作需要增加成员单位"①。随着改革试点工作的逐步深入,在系统分析研判出我市目前最常见高发的走私类、安全生产领域犯罪案件类型并结合深圳特色的证券金融犯罪案件特点,深圳市检察院积极探索在国家层面9家成员单位的基础上适当拓展,于2022年7月20日正式吸纳深圳海关、深圳海关缉私局、深圳市应急管理局和深圳证监局等四家单位为市第三方机制管委会成员单位,使管委会的指导力量进一步加强、监督评估领域进一步拓宽。

第三方组织承担对涉案企业的调查、监督、评估、考核等职责,负责第三方机制的具体运行。第三方专业人员名录库能否建好用好,直接关系第三方监督评估的实际效果。在第三方专业人员名录库层面,根据深圳市九部门《企业合规第三方监控人名录库管理暂行办法》规定,深圳市的第三方组织也叫第三方监控人,第三方监控人名录库的日常管理由深圳市司法局负责。2021年,深圳市司法局面向全国范围优中选优,于2021年12月28日面向社会公布深圳市第一批企业合规第三方监控人名单,正式组建起一支由30家专业机构组成的第三方监控人名录库。与全国绝大多数地方不同,深圳市第一批第三方监控人采取机构入库模式。

2. 在制度建设方面,搭建起深圳市第三方机制运行的基本框架。2021年7月和9月,深圳市检察院在《深圳检察机关企业合规工作实施办法(试行)》的基础上,会同市司法局、市财政局等八家单位先后联合出台《企业合规第三方监督评估机制管理委员会及第三方监控人管理暂行规定》和《企业合规第三方监控人名录库管理暂行办法》。2022年6月和12月,针对第三方监控人实际运行过程中最常见的启动流程和费用支付等问题,市司法局又会同市检察院联合相继出台了《企业合规第三方监控人名录库管理工作流程指引(试行)》(以下简称《流程指引》)及《关于第三方监控人履职费用预算和支付计划审查若干问题的补充通知》(以下简称《补充通知》),并形成办案所需的常见32份企业合规文书模板,为全市企业合规案件办理提供了基本制度遵循。

---

① 参见《最高检党组副书记、常务副检察长童建明在全国检察机关全面推开涉案企业合规改革试点工作部署会上的讲话》。

3. 在机制运行方面，第三方机制程序运转基本顺畅但仍有改进空间。2022年3月4日至2022年底，市司法局共举行9场企业合规案件第三方监控人随机抽选会，针对全市30件企业合规案件抽选出30家专业机构对市内外42家涉案企业①开展合规监督考察工作。其中20件案件已通过合规验收听证会，剩余10件案件的合规监督考察工作正在有序推进中。从上述30件案件样本进行观察，深圳市第三方机制程序运转基本顺畅，但在运转效率、程序优化等方面尚有改进空间。

4. 在合规经费保障方面，深圳市采用涉案企业自负模式。目前，国家层面和省级层面的相关文件，对第三方机制的经费保障均进行了立法留白，如《广东省涉案企业合规第三方监督评估机制专业人员选任管理办法》第24条规定："第三方机制专业人员选任管理工作所需业务经费和第三方机制专业人员履职所需费用，各试点地方可以结合本地实际，探索多种经费保障模式。"

在合规经费保障方面，深圳在早期试点期间即明确采取由涉案企业承担模式。如根据深圳市《企业合规第三方监控人名录库管理暂行办法》第16条规定："涉案企业接受选任的第三方监控人的，应当支付第三方监控人履职所需费用。"

二、涉案企业合规第三方监督评估机制的实践难题

（一）企业合规及第三方机制适用范围的问题

前两期改革实践过程中，我国基本形成了检察机关自行监管和第三方监督评估两种合规考察模式。但司法实践中，对于哪些案件可以适用企业合规及第三方机制确属困扰广大检察官的一大实务难题，也是破解对监督评估机制不会用、不敢用、不愿用，以及适用不充分、不全面等问题的重要环节。

对此，最高检的《试点方案》里明确了纳入试点的企业范围，称"包括各类市场主体，主要是指涉案企业以及关联企业。国企民企、内资外资、大中小微企业，均可列入试点范围"。关于案件类型，《指导意见》则在"试点方案"的基础上进行了进一步细化，最初"试点方案"里只是概括表述："案件类型包括企业经济活动涉及的各种经济和职务犯罪"，后续出台的《指导意见》中则明确："第三方机制适用于公司、企业等市场主体在生产经营活动中涉及的经济犯罪、职务犯罪等案件，既包括公司、企业等实施的单位犯罪案

---

① 之所以涉及对深圳市外涉案企业开展合规监督考察，是因为涉及多起全国范围内的异地合规协作案件。

件，也包括公司、企业实际控制人、经营管理人员、关键技术人员等实施的与生产经营密切相关的犯罪案件。"

实践中较易产生分歧的是后一种情形，如实践中就发生涉案企业员工因离职与公司发生劳资纠纷，后公司实际负责人雇凶将离职员工打致轻伤的故意伤害案件，对该案能否启动企业合规程序、纳入试点范围等问题，办案检察院与省院之间存在较大观点分歧，办案检察院认为该案起因系企业与员工之间工资结算问题导致，而并非与企业无关的私怨，且与实际控制人的职务命令具有一定关联性，因此可以理解为"与生产经营密切相关"。而广东省检研究室则持否定观点，认为是否与生产经营活动密切相关需着重考虑两方面因素：一是案件事实是否在生产经营活动中发生，二是犯罪的形成是否主要由企业内部管理制度的缺陷所导致，采取合规能否预防类似违法犯罪行为的发生。对上述争议，最高检也在其2022年8月16日印发的《最高人民检察院关于涉案企业合规改革中案件办理有关问题的会议纪要》中予以回应："开设赌场、交通肇事、故意伤害、传播淫秽物品牟利、销售假药等不符合涉案企业合规改革目的的案件，不能适用企业合规改革。"

早期试点过程中，因有为改革积累足够案例样本的现实考量，实务中多对企业合规及第三方机制适用遵循"能启尽启"的原则，但随着试点工作的逐步深入，越来越多的理论和实务界专家学者呼吁，应进一步明晰企业合规及第三方机制的适用范围，将企业合规的改革红利让渡给真正合规守法经营的企业，以防实践中发生"劣币驱逐良币"的现象。

（二）第三方机制管委会存在的问题

1. 管委会办公室设置问题。目前，按照国家层面、省级层面的相关文件，第三方机制管委会的办公室均是设在对企业管理经验比较丰富的全国工商联和省工商联，制度设计初衷是为了使得检察机关作出司法决定更加独立，也可缓解检察资源有限的问题。而深圳的第三方机制管委会办公室设在市检察院。这固然是改革初期迫于现实的无奈之举，但目前该机制设置已经影响到我市第三方机制的深入运作。举例而言，按照《实施细则》第19条的规定，"经审查认为符合适用条件的，应当商请本地区第三方管委会启动第三方机制"。即通常是由办案检察院向当地第三方机制管委会商请启动第三方机制，由第三方管委会从专业人员名录库中分类随机抽取人员组成第三方组织，经公示无异议后由第三方管委会宣告第三方组织成立。

三、法律监督机制现代化

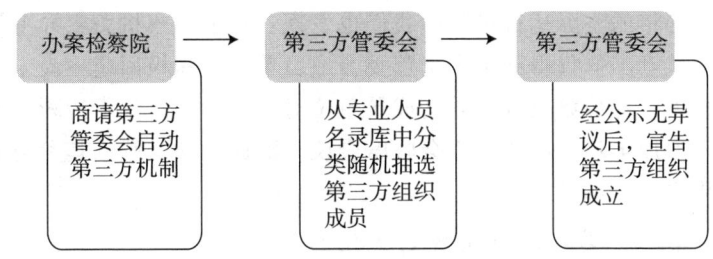

图 1　第三方机制启动流程

但上述规定在深圳的实际操作中则异化为：

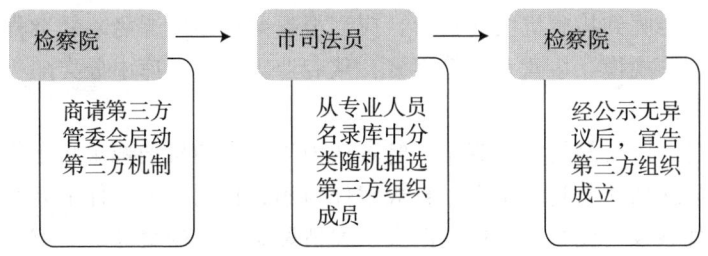

图 2　深圳市第三方机制启动流程

即由市检察院商请市司法局从第三方监控人名录库中分类随机抽选第三方监控人，市司法局经摇号随机抽选并公示无异议后将抽选结果告知第三方管委会办公室（市检察院），再由市检察院代表第三方管委会宣告第三方组织成立。由上流程简图清晰可见：市检察院既是商请启动主体又是最终宣告第三方组织成立的决定主体，容易引发公众产生"检察机关既是裁判员又是运动员"的误解，亟须对标全国、全省规定，进一步理顺现有第三方机制管委会办公室设置问题。

2. 管委会各成员单位角色定位问题。第三方机制管委会作为承担对第三方机制的宏观指导、具体管理、日常监督、统筹协调等职责的综合议事协调机构，起承上启下的作用，一方面负责与检察机关进行合作对接，另一方面通过建立第三方专业人员名录库来进行第三方组织的选取，被形象地比喻为企业合规案件办理的"作战指挥部"。正如童建明副检察长所言："第三方机制管委会是凝聚司法、执法、行业监管合力的有效平台，是落实第三方机制至关重要的基础性工作，要紧紧依靠并建设好这个平台。"①

---

① 参见最高检党组副书记、副检察长童建明在全国检察机关全面推开涉案企业合规改革试点工作部署会上的讲话。

但在近两年的实际运行过程中我们也发现：目前检察机关主导下的涉案企业合规改革试点工作仅得到了个别管委会成员单位的积极回应，尚未形成理想中的改革合力。部分第三方管委会成员单位对自身角色定位不清晰，参与感不强，仅限于参加半年一次的管委会联席会议，除此之外，鲜见其参与表现，协同合力有待进一步增强。

（三）第三方监控人抽选规则优化的问题

国家和省级层面出于保证公平公正、最大限度消除监督评估机制可能产生的寻租空间的考量，明确第三方组织的选任应以分类随机抽选为主。如《广东省涉案企业合规第三方监督评估组织运行规则》第8条第1款规定："第三方机制管委会收到检察机关商请后，应当根据案件涉嫌罪名、复杂程度以及涉案企业类型、规模、主营业务等因素，从专业人员名录库中分类随机抽取人员组成第三方组织。"

但经过一段时间的实践观察，笔者认为该分类随机抽选规则有待进一步程序优化。以深圳几起超大型企业合规案件为例，在同一个案件中涉及对多家涉案企业合规整改，此类工作体量巨大、案情疑难复杂的案件，对第三方组织的专业能力无疑提出了更高要求。而倘若实践中不论是超大型案件还是小微型企业案件，均采用分类随机抽选方式产生第三方组织，导致实践中经常上演"强制拉郎配"，要么是超大型案件抽中了规模较小专业机构，使人不禁为后续合规监督考察效果捏一把汗；要么是小微型企业案件却抽中了超优质律师事务所，让人不禁慨叹"杀鸡焉用牛刀"。故目前不少第三方监控人均建议，不妨考虑今后倘若碰到一些超大型企业合规案件，可在对涉案企业进行匿名化处理保护涉案企业隐私的基础上，提前向第三方监控人名录库成员透露大致基本案情，由第三方监控人结合自身情况和擅长领域自愿申报，再由市司法局或第三方管委会从申报单位中小范围开展随机抽选，如此既兼顾了检察机关与第三方监控人之间的双向选择，又有利于保证后期合规整改质效，同时也保证了公平公正公开规则未被践踏。

（四）异地合规协作的问题

异地合规协作在国家和广东省级文件中目前为止仅出现过三次。一是在最高检2021年12月8日公布的第二批六个合规典型案例中，上海浦东区人民检察院办理的一起假冒注册商标案件中启动了异地协作机制，在该案中确立了"委托方发起""受托方协助""第三方执行"的合规考察异地协作模式。另两处是出现在《广东省涉案企业合规第三方监督评估机制实施办法（试行）》和《第三方组织运行规则》中，前一个文件第10条第2款规定："如果涉案企业在辖区以外，也可以商请涉案企业所在地的检察机关或者报请上级检察机关协助启动第三方机制"。以此明确了企业合规"跨区域协助"机制，打破合规考察地域限制，以提高企业注册地、生产经营地和犯罪地相分离案件的处置效率。

2022年以来，深圳检察机关的异地合规协作案件有日渐增多趋势，仅2022年，全市已有异地合规协作案件10件。既涉及省内跨市协作，也涉及跨省协作，分别涉及深圳与广东省广州市、广东省中山市、广东省惠州市、江苏省南京市、山东省青岛市、湖北省武汉市、湖南省郴州市以及湖南省益阳市等多地之间的协作配合工作，具体如表3所示。

表3 深圳检察机关异地合规协作案件情况

序号	委托方	协助方	案件名称
1	江苏南京栖霞区院	深圳坪山区院	深圳Y金融信息公司串通投标、单位行贿案
2	广州市院	深圳市检	深圳M印刷公司、胡某走私普通货物案
3	湖南益阳安化县院	深圳盐田区院	广东H公司、张某等人帮助信息网络犯罪活动案
4	深圳市院	湖南郴州市院	郴州某公司、谢某等人走私贵重金属、逃汇案
5	山东青岛莱西市院	深圳罗湖区院	深圳Y国际物流公司骗取出口退税案
6	山东青岛莱西市院	深圳罗湖区院	深圳Q国际物流公司骗取出口退税案
7	湖北武汉黄陂区院	深圳龙华区院	深圳H科技公司、潘某等人单位行贿案
8	深圳光明区院	中山市院	广东Z公司、陈某等人假冒注册商标案
9	湖南益阳安化县院	深圳盐田区院	广东T公司帮助信息网络犯罪活动案
10	广东惠州惠阳区院	深圳光明区院、宝安区院	深圳Y公司、J公司、涂某等2人职务侵占案

在办理上述10件异地合规协作案件的过程中，受制于目前规范性文件的规定过于笼统，在实际办案过程中遇到不少现实困惑，具体可归结为以下

几点：

第一，协作检察机关究竟仅是程序性参与还是实质性介入？即协作的检察机关是仅负责帮助办案检察机关抽选出第三方组织即可、剩余的合规监督考察等工作均由办案检察院去主导第三方组织完成？还是说协作的检察机关不仅需要帮助办案检察机关抽选出第三方组织，而且继续负责后续的监督考察和合规验收，直至出具最终的合规审查报告交由办案检察院作为作出最终处理决定的重要参考？

目前，深圳两种协作模式都在进行探索。但笔者倾向性观点认为，办案检察机关作为委托方，是案件办理的主体，理应对合规案件办理的全过程负责；协作检察机关作为受托方，主要根据委托方的委托事项进行组织、协调及协助。办案检察机关作为涉案企业合规的主导者，应当对合规整改的有效性进行评估、准确运用评估结果，客观公正处理案件。在角色定位上，需要厘清权责，总体上应以办案检察机关为主，协作检察机关为辅、切忌喧宾夺主、越俎代庖。

第二，在办案地和协作地两地制度不一的情况下，应以何地制度为准的问题？异地合规协作案件中，涉及办案检察机关与协作检察机关、两地第三方机制管委会、第三方组织等多个角色的协调与配合，第三方组织需要同时面对办案检察机关和协作检察机关。目前，各试点地区多各自制定了相关的工作方案和指引，基于地域和制度差异，各地文件在第三方组织的选任、组成、费用给付方式、具体工作流程等方面，规定均有所差异，在二者存在冲突时应以何地的规定为准？以深圳首起异地合规协作案件为例，该案涉及深圳与江苏南京方面的合规协作，在深圳接受南京方面委托从深圳本土抽选出第三方监控人后，按照深圳方面规定，合规监督考察费用本应由涉案企业承担。但依照南京方面规定，合规监督考察费用由检察机关承担，后南京某区院直接将涉案合规监督考察费用径行打给深圳第三方监控人，并未遵照深圳《流程指引》将合规监督考察费用存至市司法局指定的资金监管银行。还有阅卷权的问题，如广州方面明确第三方组织享有阅卷权，但深圳尚无明确规定，即便可以阅卷，长途跋涉前往外地也耗时耗力，同时叠加出行不利等因素的影响，如何阅卷也是异地合规协作案件中需要面对的一大难题。

第三，业绩考评指标的问题。目前，按照上级检察机关的统计口径，办理异地合规协作案件，仅计入办案地检察机关的企业合规案件办理数量，并不计入协作地检察机关的企业合规案件办理量。深圳商事主体众多，高达396.54万家企业，与之相应，卷入刑案的风险亦高，因此异地合规协作案件高发。在协助外地办案检察院对深圳本土企业开展合规监督考察过程中，深圳检察机关的广大承办检察官所倾注的心血相较办案检察官而言,可谓有过之而无不及。若此类异地合规协作案件一直不计入协助地检察机关的工作量,长此以往势必大大打击协助地检察机关的参与积极性,也不利于在全国范围内将此项改革工作进一步推向纵深。

（五）如何协调检察主导与第三方组织履职的关系问题

《指导意见》中明确提出要探索建立"检察主导、各方参与、客观中立、强化监督"的第三方监督评估机制。根据第三方监督评估机制的定义,会发现在第三方机制中存在三个主体,即检察机关、第三方机制管委会和第三方组织。检察机关是毋庸置疑的主导角色,决定合规程序启动和验收合格与否,而第三方组织负责帮助涉案企业进行具体的合规工作实施,对企业的合规整改进行指导、监督和考察。

面对第三方机制这一新生事物,在其运行过程中如何平衡好检察主导与第三方机制的关系至关重要。"如果第三方监管机制的权限过大,可能导致检察主导束之高阁。反之,如果检察机关主导权限过大,可能会过多干预第三方监管机制的实际运行。"[1]

主导并不意味着大包大揽。检察机关作为案件的一方,既不能过多参与到整改、评估工作中,同时又要主导程序的运行,角色存在重叠的情况下工作开展困难。强化检察机关在第三方机制中的主导职责,关键是落实监督评估机制运行重点环节的审查把关责任,"督促第三方组织及其组成人员全面履职、实质履职、专业履职,促进第三方监督评估的实质化、专业化"[2]。质言之,强化检察机关在监督评估机制中的主导职责,主要是强化检察机关在程序启动环节、第三方机制运行过程中和合规结果认定中的主导作用。在前端程序启动环节,检察机关应加强程序把关以及与第三方管委会的沟通协商,确保选任出的第三方组织有能力胜任合规监督考察工作;在中端第三方机制运行过程中,加强对合规计划审查把关,重点审查企业自查报告和合规建设方案,综合判断涉案企业是否具有完成有效合规整改的能力,支持协助第三方组织深入了解企业涉案情况,从严从实确定涉案企业合规计划;在后端合规审查环节,加强对合规计划执行、第三方组织合规考察书面报告等审查把关,必要时以适当形式开展调查核实。在审查方式上,可采取书面审查与实地走访、穿行测试、听证论

---

[1] 王梦:《检察主导:论检察机关在企业合规第三方监管中的角色定位》,载《做优刑事检察之涉案企业合规制度与检察履职》,中国检察出版社2021年版,第433页。

[2] 刘艳红、高景峰、俞波涛:《涉案企业合规第三方监督评估机制有效运行的要点及把握》,载《人民检察》2022年第9期。

证等方式相结合;在审查内容上,注重从法益是否已经弥补、整改措施是否已落实到位、涉案企业除罪化处理是否已见成效等方面综合判定。综而论之,检察机关在以上关键环节必须发挥主导作用,与第三方组织密切配合,共同对执行合规计划、履行合规承诺情况进行监督、考察。

(六)合规监督考察评估的有效性问题

有效合规整改是涉案企业合规改革试点成功的关键,也是当前理论界和实务界尤为关注的命题。"第三方机制建设的出发点和最终归宿,都在于督促涉案企业进行有效合规整改,即改革决策者所强调的通过第三方组织'真监督''真评估',督促涉案企业'真整改''真合规'。"①

企业的合规整改是一项专业性较强的工作,而检察官通常不具备公司治理、合规管理等方面的知识,也缺乏督导企业开展合规整改的经验和技能,同时叠加办案期限紧张、职业风险等因素考量,他们更愿意将督导企业合规整改的工作交给那些不存在利益冲突的专业人士,而自己充当审查者、验收者甚至裁判者的角色。这就催生了第三方组织(又称第三方监控人或合规监管人)这一角色。第三方组织在开展有效合规整改方面发挥了重要作用,"一是合规计划设计的监督者;二是合规计划运行的指导者;三是合规整改验收的评估者"②。

2022年4月19日,最高检等九部门专门印发《涉案企业合规建设、评估和审查办法》,分别从涉案企业如何开展合规建设、第三方组织如何开展合规评估以及第三方机制管委会和人民检察院如何开展合规审查三个角度,规定了涉案企业从停止违规到制订专项合规计划、明确政策导向、设置合规机构、建设合规制度等5个具体步骤,以及合规管理体系所必需的合规风险评估、调查、处理、绩效考评和持续整改等制度机制。

但实践中如何具体评判涉案企业已经实现有效合规整改、能否从千差万别的案例中提炼出具有共性特点的衡量标准,尤其是在合规监督考察期有限的情况下,如何去辨别涉案企业仅是在"纸面合规""虚假合规"还是真正激活了合规计划、将合规制度真正嵌入进公司的治理结构当中,也着实考验检察官的司法智慧。目前,深圳只有1起合规案件在合规验收环节因整改不到位而未通过合规验收。但绝大多数的企业合规案件,在实践中都被认定为涉案企业已有

---

① 刘艳红:《涉案企业合规第三方监督评估机制关键问题研究》,载《中国应用法学》2022年第6期。

② 陈瑞华:《合规监管人的角色定位——以有效刑事合规整改为视角的分析》,载《比较法研究》2022年第3期。

效合规整改、堵塞了公司管理漏洞。实务中一大突出表现是检察机关在对合规整改结果进行审查时缺乏统一的判断标准、更多依赖检察官自身或听证员的自由心证。这需要我们扪心自问,我们评判其合规整改有效的标准究竟为何?能否反刍梳理出一套评价衡量标准?唯有如此,才能使"纸面合规"走向"实效合规",由"盆景式改革"迈向"风景式改革"。

(七)如何对第三方组织进行有效监督的问题

"没有监督的权力必然导致腐败,这是一条铁律。"第三方机制能否发挥其应有功能还需要有完善的监督机制。

第三方组织有权对涉案企业合规计划的可行性、有效性和全面性进行审查,并确定企业的合规考察期限,同时第三方组织在合规考察期满后,有权对企业的合规计划完成情况进行全面评估和考核,并制作合规考察书面报告,报送负责选任第三方组织的第三方机制管委会和负责办理案件的人民检察院。由此可见,第三方组织对于企业的合规计划和审查情况具有较大影响力。当前《指导意见》仅有第17条和第18条对于第三方组织的监督机制进行了原则性规定,尚需进一步细化。而从深圳的司法实践看,在涉案企业开展合规监督考察过程中,过于依赖第三方监控人的作用,第三方管委会成员单位的专业力量使用较少,对第三方监控人的监督尚显不够,长此以往,存有一定制度隐患。下一步,需要着重思考如何对第三方组织的公正履职开展有效监督的问题。

(八)合规监督考察经费保障的问题

如前文述及,目前深圳市由涉案企业独自承担合规监督考察费用。该做法的理论依据是:"合规计划是对企业施加先发制人的惩罚,申言之,合规计划所引发的支出被视为是对企业先发制人的惩罚,这是监管机构让公司为其责任'黑数'的所支付的平等对价。"[①]

合规监督考察工作具有独立性、权威性和专业性,考察时间、评估范围、考察报告的法律效力等都需要相应的经费保障。目前深圳在经费支付主体方面不存在纠结,实践中的困惑主要有以下两个方面:

一方面,合规监督考察费用大概支付多少合适?前两期试点工作中,深圳市的合规监督考察费用大约掌握在人民币5万元。随着试点工作的全面推开,倘若第三方监控人长此以往都是无偿劳动或者是象征性支付少量钱款,会造成对第三方监控人的激励不足,"难以保证监管人尽职尽责提供监管服务,使合

[①] 马明亮:《论企业合规监管制度——以独立监管人为视角》,载《中国刑事法杂志》2021年第1期。

规监管流于形式"①。2022 年以来，我市对小微企业的合规监督考察费用大致掌握在人民币 10 万元，较前期试点时有一定增幅。2022 年 9 月，深圳市检察院会同市司法局一同前往广州市检察院交流互鉴，在了解广州第三方组织的收费标准基础上，2022 年 12 月初，深圳市检察院与市司法局两家正式会签了《补充通知》，大致形成一般案件收费 10 万元（可上下浮动 50%）、重大案件收费 30 万元（可上下浮动 50%）和特别重大案件收费 50 万元（可上下浮动 50%）的收费标准。当然，关于经费的开支范围、费用标准、费用计算等问题，都还有待实践中进一步深入研究。

另一方面，费用支付方式。企业合规监督考察是一个循序渐进的过程，费用也应分阶段分批次支付。大致可以分为启动、中期考核、结项评估三个阶段，分别由涉案企业按照一定比例予以支付，实践中通常是按照首期 30%、尾期 70% 或者首期 30%、中期 40%、尾期 30% 的支付比例支付，这也与第三方监控人按阶段提交报告相对应。同时，为最大限度消除第三方机制可能产生的寻租空间，确保改革试点取得实效、制度行稳致远，2022 年 6 月，市司法局会同市检察院会签《流程指引》，主要就合规整改费用支付方式等问题进行了细化规定。但目前该费用支付方式在程序上设置得过于繁琐，一定程度上挤占了本已捉襟见肘的办案期限和合规监督考察期限，在费用的支付方面尚有优化空间。

（九）信息化建设不足的问题

目前，企业合规案件办理属于新生事物，在全国检察机关统一办案系统中尚无相关的文书和流程节点可供选择，由此导致实践中企业合规案件办理流程较为混乱，各办案检察院在审批权限设置方面也各有不同，文书流转多通过线下，严重影响办案效率。仅以深圳市首起区院提请启动第三方机制的案件为例，从 2022 年初办案检察院递交《提请启动第三方机制意见书》给市检察院，再到市检察院发函给市司法局，再到市司法局组织全市首轮现场随机抽选会抽选出第三方监控人，前后耗时将近 2 个月之久，让本不宽裕的合规监督考察期限更显捉襟见肘。目前实践中亟须设计梳理出一整套企业合规案件办理流程，并从线下搬至线上，予以规范化、系统化、可视化，以有效节约承办检察官的办案时间。

（十）第三方机制适用的必要性、比例性问题

合规是有成本的。"合规考察制度应针对更为重要的单位犯罪，只有对重

---

① 陈瑞华：《企业合规不起诉的八大争议问题》，载《中国法律评论》2021 年第 4 期。

大犯罪的涉案企业才需要耗费大量司法资源改变其经营模式和商业模式，对其进行'去犯罪化'改造"①，以此充分发挥企业合规的制度优势和效能。

虽然前期改革实践中已经基本确立了"简式"（检察机关自行监管）和"范式"（引入第三方机制）两种合规整改模式，但开展企业合规监督考察过程繁琐，专业性极强，且个案差异性极大，千案千面，需要承办检察官倾注大量心血与精力，让不少检察人员视为畏途。

加之目前检察机关为了追求更广泛的合规案例样本，在实践中在是否适用第三方机制问题上倡导"能启尽启"原则，这就导致"简式"合规整改模式慢慢陷入制度空转，而第三方机制却被滥用甚至是不当适用。"第三方机制的无差别适用将导致合规监管的公式化和形式化，使合规验收通过率保持在高位，但是整改效果始终在低水平徘徊，不足以有效预防涉案企业再次实施同类犯罪。"②

虽然在改革试点初期，为充分积累成功经验和失败教训，大力倡导启动第三方机制无可厚非，但伴随着试点经验的逐步成熟，在第三方机制的适用方面也需要我们回归理性和冷静，多注意运用诉讼经济原则、比例原则灵活选取合规整改模式，使"简式"和"范式"两种合规整改模式能够相得益彰、相映成趣。

三、涉案企业合规第三方监督评估机制的完善路径

总结前期试点工作中的得与失，笔者不揣浅陋，试就如何进一步完善涉案企业合规第三方监督评估机制略述己见。

（一）加强请示汇报

最高检尤为强调要依法稳慎有序开展涉案企业合规改革试点工作，在实践中碰到争议问题或把握不准的情况，办案检察院要强化请示意识和规范办案意识，及时向上级院请示。

（二）理顺工作机制

在管委会工作机制方面，试点初期，检察机关可以牵头推进建立涉案企业合规第三方监督评估机制，但在第三方机制建立、条件成熟后应当逐渐考虑将第三方管委会的日常联络工作交给工商联。检察机关的主责主业仍应是办案本

---

① 陈瑞华：《企业合规不起诉的八大争议问题》，载《中国法律评论》2021年第4期。
② 刘艳红：《涉案企业合规第三方监督评估机制关键问题研究》，载《中国应用法学》2022年第6期。

身。尤其在第三方机制管委会办公室的机构设置方面,笔者建议,对标全国、全省规定,将管委会办公室设置在市工商联,以使本地第三方监督评估机制运行更加顺畅。

在异地合规协作方面,建议加大对异地合规协作案件的实践观察和分析论证,及时总结实践经验并以制度成果形式加以固化。在启动异地合规协作机制前,办案地检察机关和协作地检察机关最好签订权责明晰的《第三方监督评估委托函》,明确委托事项及各方职责。异地合规协作过程中,办案地检察机关要当好合规进程的"掌舵者",实时动态跟进监督评估进度,对第三方组织成员组成、合规计划执行、企业定期书面报告、申诉控告处理等提出意见建议,并由协作地检察机关协转相关材料,同时及时与涉案企业、第三方组织保持沟通听取意见,确保信息通报及时、线索移送便捷、沟通反馈高效,为后期考察结果运用、公正处理案件打好基础。考察验收环节,由办案地检察机关实地验收为妥,协作地检察机关可在办案地检察机关的主导下参与联合督办,共同验收。在制度遵循方面,一般由涉案企业所在地的检察机关组成第三组织。第三组织在工作流程上适用本土规定,工作成果适用办案地规定。此外,建议进一步优化企业合规案件考核指标,将异地合规协作案件办理情况纳入办案地、协作地检察机关的数据统计口径,以业绩考核作为风向标来激发调动广大检察官办理异地企业合规协作案件的工作积极性。

(三) 增强改革合力

"涉案企业合规第三方监督评估机制是社会各方耦合的系统工程,尚处于起步发展阶段,需要各方坚持系统观念,协力解决影响机制行稳致远的卡点、堵点"①,针对目前第三方机制管委会部分成员单位参与积极性不高、参与主动性不强的问题,建议进一步出台工作规则、明确各单位的主要职责和履职范围;在程序启动、合规计划确认和合规验收等各环节,注意邀请具有对应行政主管职权的第三方管委会成员单位参与论证、听证,一方面通过个案带动管委会成员单位的参与热情,另一方面向专家里手借智借力,真正实现让内行监督内行。如深圳市检察院2022年下半年以来,就通过广泛邀请管委会成员单位代表作为听证员参与每场企业合规验收听证会的方式,有效调动了管委会各成员单位的合规工作积极性,他们通过"沉浸式体验"直观感受企业合规案件的具体办案过程,增强了对该项改革的认同度,进一步凝聚了改革合力。

---

① 宋文娟、孙宏健、赵岩:《涉案企业合规中的社会各方协同治理的几点思考》,载《做优刑事检察之涉案企业合规制度与检察履职》,中国检察出版社2021年版,第494页。

（四）优化抽选规则

第三方机制的制度设计初衷，是通过第三方组织自身专业特长和业务技能，客观、公正、权威地对涉案企业的合规情况作出准确监督、评估、评价。目前我市第三方组织分类抽选规则虽然兼顾了公平公正原则，但在实际整改效果保证方面尚有待商榷。建议进一步优化本地第三方组织抽选规则，在充分尊重检察机关与第三方组织合意的基础上，通过科学的程序设计最大程度确保抽选出的第三方组织"术业有专攻"、具有相应履职能力，确保最终合规整改效果，以使第三方机制更具制度生命力。2022年11月，深圳市检察院参照破产管理人制度提出对第三方监控人进行分级管理的初步构想，已获第三方机制管委会联席会议原则性讨论通过，下一步，深圳市检察院将会同管委会其他成员单位，群策群力，将该初步设想具体落地实施。

（五）把牢验收关口

企业合规制度的良性运行最为核心的环节是合规监督考察，特别是评估结果的专业性、客观性和公正性，才能在作为案件最终处理结果的重要参考时具有公信力。这就要求实践中一定要把牢合规验收的关口，避免改革沦为涉案企业无条件"免罚金牌"，最终导致"劣币驱逐良币"的不良后果。

一是充分运用公开听证等形式审查验收。涉案企业合规改革是一项在聚光灯之下的改革，有众多机构参与其中，可以充分运用公开听证等手段来保障公开透明。坚持"应听证尽听证"原则，邀请人大代表、政协委员、专家学者、人民监督员、行政监管部门、行业协会、相关企业以及第三方组织代表等参与评议，以公开促公正赢公信。

二是严把验收关。对经第三方组织评估认为合规整改无效的，应坚持严格把关，检察机关对合规整改不合格的涉案企业和个人坚持依法追究刑事责任，形成有效震慑和警示，防止以虚假合规逃避刑事制裁。

三是检察机关在作出案件处理决定之后继续督促涉案企业完善合规管理体系。仍可结合具体案件情况，就合规整改的未尽事宜制发合规检察建议，设置跟踪回访期限进行跟踪回访，推动各项合规要素有效落地、持续改进，弥补合规考察期受限于刑事诉讼办案期限的不足，以推动企业形成合规文化，构建长效合规治理体系。

（六）加强履职监督

一方面，检察机关应加强对第三方组织及其人员的日常监督和检查，可以随时对无效整改和无效监管问题作出处理。譬如，2022年11月，深圳市检察院就针对一起区院投诉第三方监控人履职不力的案件，专门约谈第三方监控人，了解其履职情况，并视情将相关情况通报给市司法局。2023年1月，市司法局方面也形成《第三方监控人年度考核工作方案》，对第三方监控人的履职表现会同市检察院一起进行年度考核，进一步强化对第三方监控人的履职监督。另一方面，善于借助第三方机制管委会的"飞行监管"职能，组建"飞行监管"队伍，对第三方组织的履职情况开展定期或不定期抽查，保证监督考察结果的公正性和有效性。

（七）明确费用标准

有学者建议，"为了合理控制服务成本，可以参考律师服务收费的管理与指导经验，司法局与物价局联合出台《企业合规服务收费管理办法》与《企业合规监管指导价标准》，确保合规监管费用有章可循"。[①] 笔者赞同该观点，建议待我市企业合规案件实现一定样本数量的积累后，司法行政机关可以会同检察机关、物价部门等单位就企业合规业务的收费标准做进一步细化规定、明确收费标准，为全市企业合规案件的费用收取提供基本制度遵循。

（八）数字检察赋能

以"检察大数据战略"赋能企业合规建设。利用深圳市检察院作为全国检察机关大数据法律监督研发创新基地的优势，推进企业合规信息化建设，着力构建企业合规业务与数字技术深度融合的工作新格局，有效提升企业合规案件办理质效。

（九）比例适用原则

在改革前期加大第三方机制的适用力度，在适用和运行中不断发现问题、解决问题；在试点成熟后，适用第三方机制应遵循相称性原则（比例原则），原则上只对有需要的大中型企业适用。将优势兵力集中到大中型企业上，将必要性和经济性判断融入第三方机制的启动条件。

[①] 马明亮：《论企业合规监管制度——以独立监管人为视角》，载《中国刑事法杂志》2021年第1期。

涉案企业合规第三方监督评估机制实效化运行问题探讨

吴婉碧[*]

习近平总书记在多次重要讲话中对弘扬企业家精神、加强合规管理、实现合规发展提出希望和要求，并在党的第二十次全国代表大会上所作的报告中就促进民营经济实现高质量发展壮大作出许多新的重要论述，报告中再次重申坚持"两个毫不动摇"，明确提出"完善中国特色现代企业制度，弘扬企业家精神，加快建设世界一流企业""完善产权保护、市场准入、公平竞争、社会信用等市场经济基础制度""营造市场化、法治化、国际化一流营商环境""依法保护民营企业产权和企业家权益"等问题。《中共中央关于加强新时代检察机关法律监督工作的意见》也明确提出，要充分发挥检察职能作用，为经济社会高质量发展提供有力司法保障。要依法维护企业合法权益。涉案企业合规改革正是检察机关结合自身职能落实中央部署的具体改革举措。

合规是一种公司治理方式，是企业为预防、控制和应对各种法律风险所采取的一种管理机制，是企业作为社会治理共同主体的职责义务。检察机关作为国家公共利益代表，开展涉案企业合规工作的目的同样是避免企业因涉案而影响经营甚至倒闭，实现企业犯罪惩处和积极预防，为企业发展营造良好的营商环境，从而最终实现企业和社会经济的长远发展。可以说，检察机关保护公共利益的职责与企业应当承担包括预防企业犯罪职责在内的社会治理责任这种内在价值目标的一致性，正是涉案企业合规改革最重要的正当性根据。[①]

我国涉案企业合规试点改革发端于 2020 年 3 月，是最高人民检察院以刑事激励为切入点，将企业合规体系纳入刑事法制范畴，通过督促企业认真履行承诺，切实开展合规整改，激活企业自我监督，促进企业依法合规经营，预防再犯，同时警示其他企业，促进诉源治理，并以个案合规推进行业合规，实现

---

[*] 福建省泉州市人民检察院四级高级检察官。
[①] 马明亮：《作为犯罪治理方式的企业合规》，载《政法论坛》2020 年第 3 期。

对市场主体"真严管""真厚爱"的一项重大司法改革。监督涉案企业开展合规整改并作出客观、公正、有效评估是涉案企业合规改革的核心环节。有鉴于此,最高人民检察院在首期改革试点经验的基础上,于 2021 年 6 月 3 日会同司法部、财政部、生态环境部、国资委、国家税务总局、国家市场监管总局、全国工商联、中国贸促会等九部门联合印发《关于建立涉案企业合规第三方监督评估机制的指导意见(试行)》(以下简称《指导意见》),引入第三方监督评估机制(以下简称第三方机制)以推动涉案企业合规建设真正的实质化。基于相关调研实践可以看出,这项改革有利于更好发挥检察机关参与社会综合治理的能动性,有利于实现预防和减少企业犯罪的社会目的,既是检察机关以更大力度保护民营企业和企业家合法权益,服务保障市场经济高质量发展和营造法治化营商环境的需要,对整个犯罪治理而言也是一场重大的刑事司法革命,是完善法律体系的需要,更是助推国家和企业治理体系和治理能力现代化的需要,目前已形成了企业、社会、国家的三重良性互动,实现了效果上的多赢双赢共赢。① 试点改革实践表明,第三方机制是检察机关通过引入刑事合规机制参与社会治理的有效探索,是我国探索和推进涉案企业合规改革试点的一个重要里程碑。当然,作为一项新的改革创新,随之而来的是一些理论和实践的争论和难题。比如,第三方机制专业人员库选任组建、职能定位、经费保障,以及检察机关如何主导合规计划的全面性、针对性、操作性,确保企业合规考察程序和验收标准的有效性、督促涉案企业的实质性整改等方面,是本文重点关注和思考的问题。

一、缘起:企业合规监管模式的试点探索

(一)企业合规监管模式的试点考察

第三方机制在最高人民检察院第一期试点就进入大众视野,其更多被称为"合规监管模式"。探索试点工作实践中,企业合规监管模式主要有三种,即检察机关主导监管模式、检察机关与行政部门联合监管模式、独立监控人监管模式。在最高人民检察院 2021 年 6 月 3 日的第一批企业合规改革试点四个典型案例中,三个适用检察机关主导监管模式,一个适用检察机关与行政部门联合监管模式。这三种模式试点经验具体如表 1 所示。②

---

① 参见董坤:《论企业合规检察主导的中国路径》,载《政法论坛》2022 年第 1 期。
② 参见陈瑞华:《企业合规不起诉制度研究》,载《中国刑事法杂志》2021 年第 1 期。

三、法律监督机制现代化

表 1　三种模式比较

企业合规监管模式	试点单位代表	现实合理性	制度局限性
检察机关主导监管模式	青岛市检察院采用检察官直接完成监督评估模式，即采取"检察官考察涉案企业合规、向企业制发检察建议、涉案企业根据检察建议开展针对性整改"等步骤进行涉案企业合规的监督评估工作	检察官更了解案情，提出的合规整改意见更具有可行性、有效性，能更有针对性地直接指导、监督合规计划落实情况和合规整改成效的全过程	检察人员专业知识不足、人手不足，以及容易引发公众对于检察机关是否"既做裁判员又做运动员"的质疑
检察机关与行政部门联合监管模式	辽宁省检察院联合10家行政机关制定《关于建立涉罪涉案企业合规考察制度的意见》规定，企业合规的考察由政府行政主管部门或企业所在辖区的街道、乡政府部门担任	行政监管部门熟悉特定领域的监管法规，在合规评估验收方面更具专业性和权威性	制度涉及牵涉面广、行政部门积极性不高，主要依赖于检察机关与行政主管部门之间协作机制的有效建立，从而面临新的"行刑衔接"问题，即检察机关如何让行政主管部门来进行监督考察①
独立监控人监管模式	深圳市宝安区创建的"企业刑事合规独立监控人"制度	借助外部专业机构的力量，对涉案企业进行合规指导和监管，保障合规监管的独立性、专业性和权威性	费用较高，且容易产生利益勾连②，面临如何对独立监控人进行有效管理等问题

上述三种监管模式虽然都是行之有效的合规监管经验，但并非最理想的监管模式。为加强第三方监管规则规范化建设，最高人民检察院在总结试点探索基础上，于 2021 年 6 月 3 日会同司法部等九部门会签了《指导意见》，创设了具有鲜明中国特色的第三方机制。《指导意见》对第三方机制进行科学定位，

---

① 参见李奋飞：《涉案企业合规行刑衔接的初步研究》，载《政法论坛》2022 年第 1 期。
② 参见陈瑞华：《企业合规不起诉制度研究》，载《中国刑事法杂志》2021 年第 1 期。

即检察机关在办理涉企案件时，对符合企业合规改革试点适用条件的，交由第三方机制管委会选任组成第三方监督评估组织（以下简称第三方组织）对涉案企业的合规承诺进行调查、评估、监督、评估和考察，第三方组织主要从中介组织、有关行业协会、商会机构、社会团体、企业合规等相关领域专家学者等专业人员以及行政机关专业人员中选取组建，第三方组织开展的考察结果作为检察机关依法处理案件的重要参考，明确构建"检察主导、各方参与、客观中立、强化监督"的多元主体协同参与的第三方机制。自此，我国涉案企业合规第三方监管的整体轮廓已经廓清，即"检察机关—第三方机制管委会—第三方组织"。第三方机制既集合试点中主要监管模式的优势，又避免了其明显缺陷，已成为目前企业合规办案的新常规程序选择。

（二）第三方机制与新时代刑事司法理念高度契合

当前，新时代中国特色刑事司法改革进入了快车道，刑事理念、制度发生了历史性变革，逐步从"治罪"走向"治理"。北京大学博雅讲席教授陈兴良在2022年9月24日"新时代中国刑事司法改革与发展研讨会"上表示，妥善适用认罪认罚从宽制度、推进涉案企业合规改革等刑事司法改革下的检察实践，充分表明了检察职能的能动性正在不断强化，在社会治理中发挥着不可或缺的作用。随着企业合规改革试点的深入推进，构建第三方机制的必要性不断凸显，在宏观和微观层面所具有的独特制度优势不断显现。

1. 第三方机制是刑事司法改革的需要。涉案企业合规改革是为充分发挥检察机关在参与社会治理中的积极作用，而作为一种合规激励为核心的合作性司法模式在刑事诉讼中开始出现的，其引入的第三方机制则是检察机关发挥其"审前过滤"角色进行诉前引导最为直接的呼应，有力推动了多元主体协同参与社会治理，是检察机关以非诉化治理方式维护社会公共利益的应然选择。[①] 涉案企业合规第三方机制的改革思路就是重预防、轻惩治、强协调，而这一思路正好契合当前我国逐渐从对抗式走向合作式的刑事司法改革模式。

2. 第三方机制是落实相关刑事政策的具体实践。第三方机制通过引进专业人才，组建第三方组织开展对涉案企业合规整改过程的调查、评估、监督和考察工作，帮助涉案企业进行合规建设，第三方组织出具的考察结果报告作为检察机关依法作出批准或不批准逮捕、起诉或不起诉以及是否变更强制措施等决定，提出量刑建议或者检察建议、检察意见的重要参考，检察机关对经整改

[①] 参见郭志远：《检察主导：论检察机关在企业合规第三方监管中的角色定位》，载《齐鲁学刊》2022年第6期。

合格的企业、企业负责人予以宽缓处理,尽最大可能让他们继续参与企业的生产经营和管理活动,让企业活下来、留得住、经营得好。可以说,第三方机制通过引进第三方专业人才监督指导涉案企业合规整改过程及结果作为检察机关行使公权力的前置性行为,有利于检察官正确充分行使不起诉裁量权,也是从源头上把好相关刑事政策入口关的创新实践。

3. 第三方机制增强案件处理的客观公正性。(1)第三方机制运行遵循平等保护原则,其适用的企业涵盖各类市场主体。(2)第三方机制引入企业合规中,能够扩充专业力量,对企业合规建设情况进行专业评价,让企业合规有"质"不纸上谈兵,避免检察官简单将案件一诉了之或不诉了之。(3)第三方机制引入企业合规中,有利于拓宽公众参与司法的渠道,如目前公众参与企业合规经验模式中的第三方专业人员参与第三方组织的"专业参与",以及人民监督员、人大代表、政协委员参与考察结果听证的"大众参与",这些经验模式更能体现程序正义的价值和司法公开的要求,契合检察官在办案过程中要始终秉持客观公正立场的检察理念。

4. 引入第三方机制的企业合规符合完善现代企业治理机制的现实需要。企业涉案会涉及很多专业性问题,检察机关因人员和专业的局限性,在实践中单独对公司经营管理中所涉及的合规风险问题作出专业评价存在短板。如何进行内外部的风险防控和消除犯罪的不良影响,使企业真正将合规承诺变成现实,防止"虚假整改""纸面合规",就需要引入第三方监管如审计、会计等方面的专业人员,不仅了解企业的真实需求,而且能够精准掌握企业运营的内外部风险,能够有效帮助企业自查自纠,做好刑事风险防控工作,主动承担社会责任,真正实现企业彻底的"去犯罪化"。①

(三)检察主导是第三方机制的基本运行逻辑

企业合规与认罪认罚从宽制度一样,本质上属于诉前程序,对涉案企业进行合规监督考察本质上仍是检察机关法律监督职能的履行。第三方机制的实践,实质上也是根据检察机关的赋权而运作的,必然是以检察机关为主导的,这是一个需要持续强化的重要课题。

1. 检察机关是第三方机制启动的决定者。第三方机制启动的方式有依职权和依申请两种方式,程序的启动虽是检察机关与当事人双方协商一致的结果,但最终决定权仍在检察机关。在涉案企业自愿认罪认罚、赔偿被害人损

---

① 谈倩、李轲:《我国企业合规第三方监管实证探析——以检察机关企业合规改革试点工作为切入点》,载《中国检察官》2021年第11期。

失、修补受损法益的前提下，检察机关既要主导选好案，准确把握案件的适用类型、企业范围，又要支持第三方组织深入调查涉案企业发展状况、社会贡献度、社会评价及处罚记录，做好社会调查，审查是否符合适用条件，防止不符合适用条件的涉企案件进入第三方监督评估程序。

2. 检察机关是合规第三方监督评估运行的主导者。（1）经随机抽取产生的第三方组织组成人员名单需要报检察机关审查备案，检察机关如发现第三方组织人员名单不符合相关规定，可以向第三方机制管委会提出建议意见，第三方机制管委会应作出调整。（2）检察机关对于公众提出的第三方组织人员履职存在不法行为的申诉或控告，应当依法进行调查并作出处理。（3）检察机关应当支持、协助第三方组织，深入了解企业涉案情况，且最终确认涉案企业合规计划是否具有可行性、有效性、全面性。（4）第三方组织在履职过程中，需要定期或不定期向检察机关报告工作进展情况，检察机关对第三方组织的履职情况可以提出意见建议。第三方组织在工作过程中，发现涉案企业还有其他尚未被发现的违法行为的，应及时向检察机关报告。检察机关可以根据情形，依法作出处理。（5）合规考察整体验收后，第三方组织针对考察期间的相关情况进行总结并形成合规考察报告。检察机关负有对合规考察报告进行综合性审查和实质性判断的职责，必要时还可以开展调查核实工作，并可以主持召开听证会，邀请人民监督员、人大代表、政协委员、行业协会等社会各界人士，在对涉案企业的处理听取各方意见后最终作出处理决定。

3. 检察机关是第三方监督评估成效转化的主导者。检察机关应当积极推进企业合规行政执法和刑事司法的衔接、合规建设成果在刑事诉讼过程中的运用、合规整改落实情况的回访等，最大限度实现合规成果在刑事和行政领域的互认，积极探索第三方监督评估的成效前伸至侦查阶段，后延到法院审判环节。例如，Q市检察院与法院、公安局联合出台《关于建立涉案企业合规改革试点工作协作机制的意见》，明确公安机关认为符合适用企业合规的案件，可以与检察机关协商，共同商请第三方管委会在侦查阶段启动第三方监督评估机制，明确法院参与涉案企业合规程序的问题，包括合规建设效果在审判阶段以及执行阶段如何适用进行了探索。[1]

另外，需要特别关注的是，检察机关在对第三方组织启动和运行履行主导职责过程中，要遵循必要性原则和适当性原则，在合规考察验收过程中要坚持体系化建设和恢复性司法理念，避免以检察主导为由，过度介入而阻碍第三方

---

[1] 张琳、叶鹏凤：《合力优化法治营商环境 洛江公检法会签〈关于建立涉案企业合规改革试点工作协作机制的意见〉》，载微信公众号"洛江检察"2022年8月5日。

三、法律监督机制现代化

监督评估组织专业性和有效性的充分发挥,以及因过度放权而弱化检察机关实质审查的程序价值。

二、实践:第三方机制的运行样态及问题呈现

最高人民检察院公布的统计数据显示,截至 2022 年 12 月,检察机关共办理合规案件 5150 件,其中适用第三方机制案件 3577 件,占比 69.5%,第三方机制已经成为涉案企业合规改革的主要路径,并实质化、专业化运行。当然,应当看到,随着合规改革的全面推开,涉案企业合规第三方机制在实践中也呈现出一些难点堵点问题,比如第三方机制专业人员名录库如何科学选任组建才能满足实践需要、对合规计划和合规整改的考察验收如何进行有效性审查、合规经费如何保障激励机制落地见效,以及检察机关在合规监管体系中如何发挥作用等关键议题,都亟须找到合理的应对方案,否则容易出现因第三方组织的专业性和有效性难以充分发挥进而影响合规监管运行的有效性。特别是正值试点改革向全国检察机关全面推开的关键节点,加快推动合规监管实效化的研究,成为关涉改革最终成效的重大课题。

(一)专业人员名录库选任与组建模式有待进一步细化规范

第三方组织是由第三方管委会根据案件需要,从专业人员名录库中选取专业人员组建的,可见专业人员选任和名录库组建是第三方机制实效化运行的人才保障。《指导意见》已明确了专业人员名录库的组成部分,即专业人员来源应当广泛,可以是律师、会计师、税务师,也可以是行政机关、行业协会组织的专家、高校的学者。在试点实践中,对于市级以下名录库而言,专业人员的覆盖领域除了应考虑尽量保持宽泛、覆盖更多业务领域,同时还应该考虑满足地方特色和对常见、多发犯罪治理的需要。另外,根据《指导意见》规定,第三方组织应当从名录库中分类随机抽取。如果名录库分类不够科学合理将导致分类随机抽取无法"随机",人为调整痕迹明显,分类过程就脱离了客观中立价值,设置的名录库本身也会受到质疑。① 目前,对于名录库的组建,特别是名录库的选任、分类组建仍处于初步探索阶段。例如,Q 市检察院办理的一起非法经营企业合规案件,犯罪涉及领域为物流行业,而因专业人员名录库中缺少熟悉物流行业的专业人员,导致无法通过分类随机抽取方式组建第三方组织,为确保第三方履职的专业性、实效性,则通过商请该市交通运输局推荐具

---

① 《企业合规第三方机制专业人员名录库构建与管理问题探索》,载微信公众号"75号咖啡·法律沙龙"2022 年 9 月 16 日。

有物流领域专业资质及行政监管经历的第三方人员。因此，名录库人员如何科学选任、分类组建等的问题，要充分考虑到不同规模、不同领域企业合规整改的专业化、科学性要求，以确保抽取组建的第三方组织能够满足企业合规监管考察、保证第三方机制顺利运行的需要，目前这个问题已成为制度实践中亟待解决的现实难题，需要我们重点关注。

（二）对合规计划有效性的评价体系尚未形成

第三方监督评估机制中，合规整改计划由企业针对与涉嫌犯罪有密切联系的合规风险制定，第三方组织对合规整改计划进行调查、评估、监督和考察，检察机关对第三方组织的评估过程和结论进行审核。有效的企业合规计划可以推动对企业违法犯罪的规制视角从事后规制转向事前预防和事中监督，鼓励引导企业建立合规组织体系和内部合规制度，从而促使其规制模式从外部规制转向内部自我管束。目前，司法实践中我国涉案企业合规制度更多是适用于中小微企业，涉案企业大都没有建立合规管理体系，也没有专门的合规顾问。第三方组织如何在指导和督促企业设计合规计划中发挥作用，实现企业提交的合规计划具有全面性、针对性，从而实现合规计划的有效性，需要在实践中摸索出一套科学有效的评价体系。

（三）有效合规建设的评估考察标准亟需科学指引

第三方组织作出的评估考核结论是检察机关对涉案企业作出处理的重要参考。第三方组织对涉案企业整改后建立的合规管理体系是否能够发挥防范、监控和应对违法违规行为的作用、涉案企业是否形成了依法依规经营的企业管理体系作出评估需要依据一定的标准。最高人民检察院《涉案企业合规建设、评估和审查办法（试行）》对第三方组织评估企业合规管理体系有效性评估作出了具体规定，即第三方组织制定评估指标体系，形成评估工作方案；评估企业是否形成合规文化，是否制定风险的识别与控制措施，是否建立违规行为处理机制，以及机构、人员和资源是否适当配置四个环节。但企业合规考察和验收标准是共性和个性的相互统一，第三方组织在实践中要如何结合企业规模、行业特点、企业发展阶段等因素，采取何种方法进行有效评估，目前无论是《指导意见》还是《涉案企业合规建设、评估和审查办法》均未作出具体规定。[①] Q市检察院办理的S公司、梁某乙假冒注册商标案中发现，第三方组织对于如何制定有针对性、可操作性强的监督评估方案，如何评估验收合规体系

---

① 谢鹏程：《〈涉案企业合规建设、评估和审查办法〉的学术解读》，载微信公众号"中国检察官"2022年10月8日。

建设情况的科学性标准等等问题在实践操作中就存在很多困惑。有鉴于此，该院探索制定《涉案企业合规第三方监督评估标准指导意见（试行）》，建立起符合辖区企业特点的、可操作性强的合规考察与验收标准，作为第三方组织合规考察监督的参考指引。当然，随着涉案企业合规改革工作的逐步发展，企业合规考察和验收的标准问题会越来越突出，将成为制约涉案企业合规改革试点深入推进的一大"瓶颈"问题。

（四）合规经费保障问题缺乏科学理想的方案

涉案企业合规监督考察工作需要相应经费激励保障，但目前第三方机制经费的来源、经费管理、费用标准、支付方式等问题均无最佳的解决方案。前期改革试点工作中，各试点单位关于合规监管费用问题形成了不同的改革模式，主要有四种（见表2）。

表2 不同经费保障模式的运行样态

经费保障模式	试点单位代表及运行样态
涉案企业单独承担模式	黄石市检察院联合市司法局、市财政局等11家单位制定《关于建立企业合规第三方监管制度的实施意见（试行）》，明确合规监管考察费用由涉案企业承担，并设置"企业合规监管保障金"，由市司法局统一管理，专门用于支付第三方监管人及合规考察验收小组专家费用；深圳市检察院出台《深圳市检察机关企业合规工作实施办法（试行）》规定："第三方监控人进行监督考察所需费用以考察所发生的实际费用为准，由涉案企业承担""涉案企业自行委托专业机构辅助制定合规计划和实施整改任务所产生的费用，由企业自行承担"
纳入地方财政经费预算模式	张家港市检察院推动企业合规监管委员会制发《第三方监督评估经费管理暂行办法（试行）》《关于确定第三方监管人报酬的规定（试行）》，明确当地财政部门设立企业合规专项资金，将合规经费列入财政预算，并明确张家港市企业合规监管委员会、市财政局、市工商联和市检察院对企业合规专项资金的立项审批、监督管理、收支使用分工负责；石狮市检察院推动将第三方机制经费纳入同级财政年度预算，以专项资金方式列拨工商联管理，并出台《石狮市涉案企业合规第三方监督评估机制管理委员会监督评估经费管理暂行办法（试行）》，细化第三方监督评估费用，明确费用使用范围，建立了第三方组织自行申报、第三方管委会审批的费用申报模式

续表

经费保障模式	试点单位代表及运行样态
检察机关从年度经费预算中列支模式	深圳市南山区检察院制发《刑事合规独立监管人工作办法（试行）》，明确独立监管人的经费列入本院年度经费预算
"涉案企业自付+财政保障"相结合模式	温州市检察院会同市司法局、市财政局等8家单位联合出台《关于建立企业刑事合规第三方监管机制的工作办法（试行）》规定，独立监管人的劳动报酬由各县（市、区）检察机关会同同级财政部门按照犯罪嫌疑单位刑事合规监督考察工作量分档次确定，建立健全相应实施细则和机制；独立监管人的劳动报酬原则上由犯罪嫌疑单位承担，确因犯罪嫌疑单位财务状况不良导致没有支付能力的，可以向检察机关提出申请，经核实后由同级财政部门安排经费给予保障

以上四种模式各有利弊。第一种模式受涉案企业自身经营状况的影响较大，最大弊端在于如何防止合规监管人与被监管企业可能发生的利益勾连的问题。第二种模式可在监管费用上为合规监管的独立性、公正性提供支撑，但由于受地方财力和财政预算限制，一般只能维持较低或者基本报酬标准，对合规监管人的激励作用不强。第三种模式除了受地方财政预算限制外，也容易让公众产生检察机关在合规监管中客观中立立场的质疑。第四种模式有利于保证支付监管费用确有困难的企业开展合规建设，但主要困惑在于企业经营困难的认定尚无明确标准。[①] 合规经费保障还需要在试点实践中积极开展案例成本研究与论证，因地制宜提出解决方案。

三、优化：第三方机制实效化运行模式的构建

第三方监督评估机制通过督促涉案企业开展合规整改，推动涉案企业乃至所属行业构建有效预防犯罪的合规体系，实现现代公司治理结构，有力推动多元主体协同推进国家治理体系和治理能力现代化。关于如何在"检察主导、各方参与、客观中立、强化监督"合规监管模式的指引下，构建优化涉案企业合规第三方机制的本土化建设路径，推动涉案企业的合规承诺落到实处，促进治罪与治理并重。笔者认为，第三方机制有效运行之道，关键在于应当结合地方特色和社会治理的需要，从第三方机制专业人员名录库选任组建、第三方

---

① 参见最高人民检察院企业合规问题研究指导工作组办公室：《企业合规改革动态》2021年第19期。

组织的职能定位、经费保障配套机制、有效合规计划和合规考察验收标准等关键问题进行优化完善。

(一) 构建公开、中立、专业的专业人员名录库组建和使用机制

企业合规建设是兼具综合性和专业性的"一揽子"工程，作为第三方机制落实的关键主体，第三方组织成立及其组成人员的中立性、科学性、专业性，直接决定涉案企业的合规计划审查是否能落到实处，能否有效监管合规整改，取得实实在在的成效。只有设计出公开公正的第三方组织选任制度，选任出一批专业性、中立性的专业人员，才能保证企业合规制度的生命力。而第三方组织的产生主要源于从名录库中分类随机抽取，与一般专注于某个行业的专家库不同，合规名录库的人员分布领域应尽量保证宽泛，名录库的分类体系应保持合理性，具有专业性。因此，需要结合本地区实际，建立第三方机制专业人员名录库，同时根据区域涉企犯罪案件的主要风险领域细分为税务管理、财务管理、环境保护、知识产权和安全生产等专业化小组，以实现随机分类抽取，最大限度降低人工干预因素。

1. 名录库应当根据地区实际以职业属性、专业属性相结合的方式合理分配专业人员的结构比例。根据《指导意见》的规定，构建第三方机制专业人员名录库应当考虑专业人员来源的广泛性和代表性，可以是律师、会计师、税务师，也可以是行政机关、行业协会组织的专家，高校的学者。Q市在选任组建名录库时，主要侧重于突出地方特色，通过全面梳理本地区涉企犯罪类型及企业常见罪名，结合本土企业合规需求，并注重与数字化改革的融合，对企业涉罪领域及关注领域进行全面调研与论证，确定生产销售、安全责任、环境保护、财务管理、税收经营、知识产权等专业领域，并基于此，明确第三方机制名录库的职业属性包括法律、财会、税务、审计和行业监管、消防、应急管理等，综合专业领域类型和职业属性的需求合理分配选任名录库人员专业人员结构比例，为第三方机制监管模式专业、有序推进搭建好了顶层设计。

2. 科学设立第三方机制专业人员名录库入选标准和条件。选任专业人员，既要考虑专业因素，也要考虑监管中立、监管效益等因素，应从专业知识、技能条件、中立性条件等方面设置，确保第三方机制专业人员的适格标准，并对其道德操守和可能存在的利益冲突作审慎调查。比如，对于具有律师身份的第三方机制专业人员，可要求其拥有企业合规及法律风险防控的相关经验，具备承担独立监督评估职责的专业知识和技能。财务审计类专家应当是高级会计师、注册会计师、注册税务师、高级审计师、高级经济师；法学专家须具备副高（含）以上职称等。除正面条件之外，还应该列明禁止入选的情形，如近年内受到行政处罚及行业处分、曾受到过刑事处罚的均不适合入选。除此之

外，还需引入社会监督机制来确保适格性。第三方机制管委会应当提前发布选任公告，内容包括选任名额、选任条件、报名方式、报名材料、意见反馈方式等相关事项，通过社会公众的监督，杜绝第三方专业人员选任时弄虚作假或提供不实材料等情形。①

3. 建立专业人员分类遴选审查机制。在组建过程中要尽量吸纳不同行业的人员，涉及的类别范围与管委会成员的类别基本一致，采取分类审查遴选的方式。以 Q 市为例，对于第三方专业人员的公告选任采取了三种方式：一是中介组织的专业人员采取公开遴选方式，符合条件的人员由其所在单位推荐后自行报名，名单汇总后再进行分类分流审查。中介组织的专业人员由所属的主管部门分别开展遴选，其中司法局负责遴选律师（根据区域涉企犯罪特点结合律师的职业专长进行细分遴选）、财政局、国资委负责遴选会计师，税务局负责遴选注册税务师，工商联、国资委负责遴选行业协会专家等等。二是管委会成员单位的行政监管专业骨干、技术专业人员由成员单位负责推荐、遴选。三是非管委会成员单位的相关行政机关（根据涉企案件办理的需要选择审计、应急管理、消防、金融保险等部门）的专业骨干、技术专业人员，以及高校的专家学者，由检察机关商请其所在单位组织推荐，充分保障遴选过程的公平、专业。

4. 坚持随机性为主、灵活性为辅的第三方组织组建原则。第三方机制管委会应当根据企业规模、涉案情况、企业合规风险等科学确定第三方组织人员人数及专业类型，在相关领域内随机抽取专业人员组建第三方组织，对于出现因办理案件需要且名录库中暂缺相关领域专业人员的，可以采取协商邀请、异地协作等方式灵活解决。第三方组织人员组建后应及时向社会公布名单，接受社会监督。

另一个值得深究的问题是，针对个案在组建第三方组织时，人员的选任需要贯彻回避原则，对与涉案企业历史上存在业务关系或者关联关系的人员，不应纳入备选对象，从而确保第三方组织人员任职的中立性，避免出现利益输送。

（二）构建科学性和可操作性强的企业有效合规计划评估审查机制

基于第三方组织的制度设计，即受第三方机制管委会对涉案企业的合规计划整改进行调查、评估、监督和考察及按期向检察机关或者第三方机制管委会

---

① 马明亮：《论企业合规监管制度——以独立监管人为视角》，载《中国刑事法杂志》2021 年第 1 期。

如实、客观报告合规进程，并在考察后向检察机关出具合规计划考察报告，检察机关可以会同第三方监督评估机制管委会成员单位及相关行业组织，对地方性常见多发的涉企犯罪类型进行个性化梳理，制定出常见涉案企业专项合规风险示例及不同的专项合规评估与审查重点等指南性质的规范性文件，旨在为涉案企业合规管理体系建设设定程序、实体兼具的基本规范，以便为第三方组织的具体履职提供更为全面可行的合规运作方案。以 Q 市为例，在收集国外规则、我国试点改革样本，并结合本市试点实践经验的基础上，起草制定《Q 市涉案企业合规管理体系建设基本标准》《Q 市涉案企业合规管理体系有效性评估和审查办法》等符合司法办案需要的软法性规定，在合规承诺的前置审查中制定了有效合规计划的基本标准和"合规管理体系＋合规风险防范机制＋合规风险识别机制＋合规风险应对机制"的有效性合规整改的建设标准和考察评估模式，确保合规计划设计具有全面性、针对性、操作性，合规计划的各项要素能够全面落地生效，切实发挥预防、识别、应对刑事合规风险的制度功能。

1. 构建明确、有效的合规计划标准和合规建设考察标准，指引第三方组织履职实践。按照企业合规制度设计，合规计划由涉案企业自行拟定，企业可根据第三方组织介入后的调查意见进行修改，对于检察机关提出的意见应当吸收完善。按照最高人民检察院的改革思路，保障涉案企业有效合规整改的基本方法有二：一是"因案明规"，二是强化审查。① 因此，企业合规的各项含义在实践中自然而然地产生了有效性需求，这种有效合规计划所包含的程式和要素，就是有效合规计划的基本标准。② 在 Q 市试点实践中，合规整改计划的设计和运行要求围绕涉案企业特定的刑事合规风险化解展开，合规整改既要体现对过去制度的纠错，亦要建立对未来可能发生违法行为的防范合规计划；专项合规的要素应紧紧围绕涉罪领域的合规风险点展开，如根据市场交易、安全生产、环境保护、产品质量、劳动用工、财务税收、知识产权等涉案环节或领域制定专项合规治理体系。由于涉案企业合规重在防止再次发生相同或者类似的违法犯罪。合规计划必须具有针对性，应当包括对犯罪原因的分析和针对犯罪

---

① 徐日丹：《如何让好制度释放司法红利——全国检察机关全面推开涉案企业合规改革试点工作部署会解读》，载《检察日报》2022 年 4 月 6 日，第 1 版。
② 刘艳红：《涉案企业合规建设的有效性标准研究——以刑事涉案企业合规的犯罪预防为视角》，载《东方法学》2022 年第 4 期。

原因而预采取的补救措施两项内容。① 有鉴于此，Q市检察院积极探索符合本地经济社会发展实际的企业合规计划标准和合规建设标准，依托历年来辖区内涉企案件大数据，结合合规制度制定、风险识别与应对等为评价目标，依托上述软法指导相关方履职。过程中对涉案企业合规计划设置的主要内容和有效性评估重点，可为第三方组织开展合规考察评估提供相对统一的标准和依据。

  需要特别关注的是，各试点单位在试点实践中大多设置了企业合规的积极、消极适用条件来保障企业合规程序启动的正当性，但这种框定式标准显然无法满足企业合规启动程序的实质性评价作用。为审慎适用企业合规，在合规承诺前置审查阶段，检察机关一方面应当坚持立足于企业实际情况及涉案情况，开展企业社会调查评估，深入调查企业的成长经历、发展环境、一贯表现及社会贡献等情况，全面评估企业的犯罪原因、再犯可能性。另一方面应当审查涉案企业合规承诺的真实性、正当性及开展企业合规的可行性，调查其履行企业合规的能力，避免出现企业为逃避刑事责任而作出虚假合规承诺等情况。关于社会调查，虽不是启动合规的必经程序，但对于准确适用企业合规很有意义，值得重点关注。例如，Q市检察院制定《关于对涉企刑事案件开展社会调查的实施意见》，通过委托所辖的Q市工商联合会作为第三方代为对涉案企业进行社会调查。社会调查实行正负面清单考核机制，将涉案企业"产值、税收、资产、荣誉"等作为正面指标，涉案企业及人员"有无前科劣迹、有无欠薪、是否失信、是否老赖"等列为负面指标，综合考察其生产经营、社会责任承担、社会关系修复等情况，并形成书面调查评估报告作为检察机关办理案件的考核意见，归档入卷。对于涉案企业应否启动企业合规有争议的，必要时可召开听证会开展充分论证。适宜启动企业合规的，及时启动；若涉及小微企业适用检察建议模式即可推进企业开展合规整改的，可以不启动第三方机制，根据企业整改情况作出相应刑事处理；不适宜做刑事合规考察的，及时进行程序转出。

  2. 赋予第三方组织"委托执法＋赋能"的履职内容。围绕合规计划的提出与监督环节，第三方组织有权对涉案企业合规计划设计、运行的全过程和全要素进行全面审查，深入了解企业发案背景、原因及涉案领域等情况，做好合规尽职调查工作。在调查确定涉案企业制定的合规计划规范可行后，有权对合规计划的运行实效开展检查评估，督促涉案企业全面、深入执行合规计划。Q市第三方机制管委会在实践运行中，充分尊重第三方组织作为企业合规考察主

---

① 王焰明、张飞飞：《企业刑事合规计划的制定要把握四个特征》，载《检察日报》2021年7月13日，第7版。

体作用，强化第三方组织、涉案企业、检察机关及第三方机制管委会的动态联系，赋能第三方组织以监督考察指导的权限，引导激励涉案企业将合规整改走得更深、更实。具体模式：赋予第三方组织以委托执法＋赋能的履职内容，确保第三方监督评估组织在对企业进行指导、监督、考察的权威作用。（1）由第三方组织根据案件具体情况和涉案企业承诺履行的期限，征询办理案件的检察机关意见，确定合规考察期限，并报告检察机关。（2）创新采取坐班式、嵌入式考察模式，在不影响企业正常经营生产的情况下，采取问卷调查、现场走访、访谈了解、询问涉案企业人员、查阅涉案企业文件、听取行政主管机关、行业协会或上下游合作企业意见等方式进行，督促企业开展实质化、精准化的合规整改。（3）考察更侧重于审查合规计划的运行实效，即对照企业制定的合规计划条款，逐项检查，对执行不到位的条款，敦促企业落实到位；对检查中发现的不可行的条款，提出合理的替代措施，并向办案单位反馈相关情况。特殊情形下，第三方组织可根据涉案企业实际整改情况，在符合条件的情况下适当延长或缩短考察期限。（4）建立第三方组织与检察机关、第三方机制管委会或者巡回小组协作配合机制，对涉案企业经营中发生可能影响企业正常生产、经营、管理的重大事项，应当及时报告检察机关及第三方组织，并经由检察机关决定是否中止或终止合规第三方机制。

（三）构建检察主导的实质性合规整改考察管理体系

评估企业合规验收报告作为检察机关依法处理案件的重要参考，是第三方组织根据企业合规建设的推进情况，向检察机关出具的监管报告，有利于检察机关及时掌握、了解企业合规计划的落实情况，有针对性地对企业的合规态度和效果进行评估。合规验收必须坚持"检察机关主导、第三方机制管委会协调、相关主管部门参与"机制，充分消除合规验收信息不对称的影响，将听取意见与意见反馈作为合规验收的重要内容，实现"验收报告"科学性、有效性、公开性。第三方组织验收的方式不能仅局限于文本审阅、访谈、问卷调查、走访等方式，更应聚焦于对企业合规整改后的企业运行情况、预期目的实现情况进行评估，保障其有效性。必要时，检察机关亦可开展验收报告审查工作，组织专家等对涉案企业合规整改有效性或者第三方组织的验收报告进行再评估，也可以自行调查评估。审查验收报告中，应注重听取第三方组织意见，并建立涉案企业诉求反映渠道，保障企业的合法权益。如 Q 市在开展某涉税案件合规验收过程中，因涉案企业出口退税资格被暂停的现状，原计划开展的流程无法进行，但第三方组织根据其文本审阅、座谈访谈等方式仍对企业作出了"验收合格"的结论。检察机关在审查验收报告过程中，为保障验收的"有效性"，结合涉案企业系工贸结合的外贸公司邀请了第三方机制管委会相关成员单位、商务局、行业协会等参加,并邀请第三方组织及专家列席,对第三方组织出具的验收报告进行全面审查,审查中除召开沟通会外,检察机关还会同上述参与审查的部分成员实地走访企业,了解涉案企业公司运行情况及其他机制运行,随机访谈部分公司员工,有效弥补了流程模拟无法演示的不足。

另外一个值得探索的模式是,检察机关在作出案件处理决定之后,应当建立合规建设回访制度和行刑衔接机制,继续督促涉案企业完善合规管理体系,推动合规效果最大化。我国企业合规试点改革实践显示,囿于办案期限的限制,各地对合规考察期限的规定都不超过12个月,实践中大多都在10个月以下,短的有2—3个月。Q市的涉案企业合规考察期限一般为1—3个月。在有限的合规考察期限内,如何实现企业建立的合规体系持续发力,建议改变监督评估工作一结束就宣告第三方组织解散的工作模式,可在第三方组织完成监督评估工作后的一定时间内,由第三方组织仍作为监督考察评估主体,定期或不定期地对不起诉的涉案企业合规建设进行监督考察评估回访,同时通过合规整改互认等行刑衔接机制,推动行政机关接续督促涉案企业以及所涉行业领域的合规建设,以解决企业合规周期的长期性与办案期限的有限性之间的矛盾,实现通过办好一个案件、扶持一批企业、规范整个行业的治理效果。① 在回访中需要特别关注的要素是,回访检查的必要性、回访检查主体、回访检查对象、回访检查结果以及回访检查期限。

(四)科学设立体现履职公益性的第三方履职经费保障机制

第三方组织经费是指在第三方机制管委会或者第三方机制管委会办公室推动涉案企业合规整改过程中,用于支付第三方监督评估组织对涉案企业进行合规监督考察的费用。科学构建合理的经费保障管理机制,关乎涉案企业、第三方专业人员切身利益,进而关系到个案处理带来的社会影响和公共利益。

1. 建立符合地方实际的经费负担模式。在美国、英国等国家,主要由涉案企业承担合规监管费用。与域外合规制度主要针对大型企业或跨国企业不同,我国涉案企业合规制度适用于大中小微各类企业,试点实践中更多的是适用于中小微企业,如果合规监管费用由涉案企业单独承担的话,可能给涉案企业造成较大经济负担,尤其是对于经济实力较弱的小微企业,则可能出现无力支付基本监管费用,进而直接影响合规监管人有效开展工作以及企业合规建设的顺利推进。目前,中小微企业也是Q市涉案企业合规第三方机制运行的重

---

① 姜昕等:《涉案企业合规第三方监督评估机制有效运行的要点及把握》,载《人民检察》2022年第9期。

点适用对象,实践运行的合规经费保障机制采用的是合规经费纳入地方财政预算支出的模式。从前期试点改革实践看,这一模式在减轻涉案企业对于费用负担问题的顾虑,以及避免涉案企业与合规监管第三人之间的利益勾连,从而保障合规第三方监管的独立、公正有效开展方面具有明显的优势。同时,从经费的金额方面看,该模式既能满足本地区涉案企业合规目前主要探索的适用对象——中小微企业合规整改的资金需求,也是政府支持中小微企业纾困发展的有效途径。

2. 建立第三方组织履职经费给付的参考性方案。涉案企业合规改革试点是从维护公共利益层面出发,审慎地处理惩治企业犯罪与维护社会经济发展之间的关系,第三方组织履职行为具有公益性。履职经费的给付标准应当以维护公共利益为基点进行分配,有必要区分第三方组织关于中介组织人员,专家学者、行业协会、商会、社会团体的专业人员,以及公职人员的经费保障标准。[①] 当前各地第三方机制专业人员的类型普遍可以区分为三类,即律师、注册会计师、注册税务师等中介服务者,专家学者及有关行业协会、商会、社会团体的专业人员,以及政府工作部门及所属企事业单位专业技术人员。对于前两类人员可以由本地区合规第三方机制管委会与专业人员充分协商,提取本类别人员薪酬基准,制定统一标准并予以公布参照执行。关于第三类人员可以采取由其所在单位对其在非常驻地外参加的合规监督工作进行差旅补助的标准。在试点实践中,Q市对于前两类人员薪酬支付标准是参照《Q市司法局关于细化法律援助补贴标准的通知》,按照跨域办理刑事案件标准计算每件基准金额为3000元,对于第三类人员采取的也是差旅补助模式。

3. 合理制定第三方组织监督评估成本费用标准。根据不同规模不同行业合规整改特点、难易程度、时间长短,制定第三方组织监督评估费用标准。比如,可以参照国家统计局《统计上大中小微型企业划分办法(2017)》划分的企业规模,结合合规考察期限,确定监督评估经费总额。另外,第三方组织在运行过程中,还可能涉及内部组成人员工作性质及参与监督考察、评估的复杂性等情况,故应结合以上情况采取由第三方组织自行申报、第三方机制管委会审批的模式,最大程度保障第三方组织及参与人员的积极性。例如,Q市关于第三方监督评估费用,明确包括合规监督评估费用、合规整改保障费用、巡回检查小组费用以及合规研究费用,其中合规整改保障费用是指对于存在经营困难,无能力或无完全能力支付企业合规整改费用,但又自愿进行合规整改的涉

---

① 赵恒、于钟君:《第三方组织经费保障应体现履职公益性》,载《检察日报》2022年12月24日,第3版。

案企业，由第三方监督专项资金给予保障。监督评估经费总额标准则是根据国家统计局《统计上大中小微型企业划分办法（2017）》划分的企业规模，结合合规考察期限予以确定，即小微型企业考察期限不超过 2 个月的，合规监督评估费用不超过 1 万元；中型企业考察期限不超过 4 个月的，合规监督评估费用不超过 2.5 万元；大型企业考察期限不超过 6 个月的，合规监督评估费用不超过 5 万元。同时，探索建立第三方组织费用申报模式，即由第三方组织出具《第三方组织组成人员报酬方案》并自行申报，第三方管委会审批。此外，在明确规定合规监督评估经费总额和第三方机制专业人员费用标准的基础上，对于报酬总额和人员费用规定 30% 的浮动范围。

四、结语

第三方机制作为具有中国特色的刑事合规考察方式，既是首次将多元主体引入企业犯罪的协同治理创新，也是司法机关引入外部专业力量协助企业监管的制度创新，为涉案企业真正进行有效的合规体系建设，确保合规计划切实发挥防控法律风险、防止再次发生违法犯罪行为的预防作用提供坚实保障，是落实涉案企业合规整改的一个重中之重的研究议题。本文结合我国国情和 Q 市改革试点实践，在国家治理体系现代化建设的框架内提出了一些涉案企业合规第三方机制体系构建的建议，但仍有不少值得深究的问题，比如，如何以第三方机制的实效化运行为目标，做好行刑衔接与监督；如何推进刑事诉讼全流程适用合规监督考察等问题，都需要在检察机关推进涉案企业合规改革试点过程中，进行更深入的改革探索和理论创新，以期探索进一步推动第三方机制实效化运行的合规监督评估模式，更充分保证企业合规整改客观、有效地落到实处。

从协作到协同：企业合规背景下的
行刑衔接路径扩展

彭 越[*]

一、问题的提出

企业合规建设是检察机关推动能动履职，助力民营企业发展的全新实践与重大尝试，是积极参与社会治理，做好"六稳"政策、落实"六保"任务的深刻实践。通过对涉案企业开展企业合规整改，并根据合规整改考察情况对涉案企业及实际经营人提出不起诉，一方面可以避免涉案企业因受到刑事处罚而出现造成员工失业、技术创新停滞等后果，另一方面也可以有效弥补企业经营管理中存在的漏洞，消除企业刑事犯罪隐患。

作为一种全新的社会治理形式，企业合规建设的理念在于直接追诉并强化个人刑事责任，以合规计划为条件暂缓或放弃追诉企业。[①] 这也意味着要在充分考量涉案企业社会危险性的前提下合理形成合规计划，引导企业形成合规经营的意识与行为模式——从这一意义上来讲，企业合规建设必然具有强烈的社会性，也必然意味着企业合规建设并非一朝一夕，而是一项涉及涉案企业、检察机关、行政机关、社会组织等多方主体参与，涵盖企业经营活动全领域的系统工程，不可能仅仅仰赖检察机关单方面的努力。因而企业合规建设从理论与实务上，都必然会涉及刑事司法与行政执法之间的衔接；从而保障企业合规建设工作的质量、效率，提升企业从事合规建设的主动性，进而优化构建法治化营商环境的角度，亟须以检察机关为主导，通过行政机关的有效参与进一步构建起相对完整科学的合规整改制度机制。

企业合规建设中如何实现检察机关与行政机关在合理目标导向下的有序分工与高效配合，从而实现从协作到协同的转变。针对此问题，笔者将从现有的

---

[*] 天津市滨海新区人民检察院第四检察部五级检察官助理。
[①] 马明亮：《作为犯罪治理方式的企业合规》，载《政法论坛》2020年第3期。

规范和实践出发,梳理现阶段涉案企业合规改革过程中检察机关与行政机关的工作分工和行刑衔接的重点路径,发掘目前企业合规建设中存在的突出问题;在此基础上从规范角度分析检察机关与行政机关在涉企事务中的职权定位,理清企业合规对于行政执法与刑事司法的新要求,归纳二者在合规建设工作中的分工与协同点,从而进一步分析企业合规改革的目标导向;结合以上两方面,进一步展望未来企业合规建设进程中,检察机关与行政机关各自如何做好分工、加强配合,实现改革进程的持续、深入、高效。

二、实践的现状:企业合规建设过程中的行刑衔接重点及潜在问题

围绕企业合规建设,从中央到地方,已经作出了若干意见进行规范,也形成了具有典型意义的若干实践做法以促进行政机关在企业合规建设进程中的参与。通过把握现阶段行刑衔接的工作重点,厘清现有企业合规中行政机关的参与途径,有助于我们进一步发现企业合规建设中行刑衔接机制需把握的重点及目前存在的问题。

(一)现有规范对于行刑衔接重点的把握

行刑衔接的存在,系基于"我国法律制度框架存在行政执法与刑事司法互不隶属的体制"[①]的特定背景;行政执法与刑事司法这两种法律程序并行不悖,有案不移、有案难移、以罚代刑或以刑代罚等诸多乱象也在一定范围内存在。

为了解决行刑衔接不畅的痼疾,早在2001年7月,国务院就颁布了《行政执法机关移送涉嫌犯罪案件的规定》,最高人民检察院和公安部也相继颁发《关于公安机关办理经济犯罪案件的若干规定》以及《关于加强行政执法与刑事司法衔接工作的意见》等,初步建立起相应的程序构架。2014年,党的十八届四中全会进一步提出"健全行政执法和刑事司法衔接机制,完善案件移送标准和程序,建立行政执法机关、公安机关、检察机关、审判机关、监察机关信息共享、案情通报、案件移送制度"。2021年8月,中共中央、国务院颁布的《法治政府建设实施纲要(2021—2025年)》中,又再次强调:"完善行政执法与刑事司法衔接机制,加强'两法'衔接信息平台建设,推动信息共享机制化、案件移送标准和程序规范"。最高人民检察院则于2021年10月11日发布了《关于推进行政执法与刑事司法衔接工作的规定》(以下简称《行刑

[①] 陈瑞华:《企业合规整改的行刑衔接问题》,载《民主与法制》2022年第12期。

衔接工作规定》），该规定欲解决的是行政执法与刑事司法之间的案件移送程序问题，避免移送不及时、"以罚代刑"等问题造成行刑衔接不畅。从程序上看，通过加强对行政执法机关不依法向公安机关移送涉嫌犯罪案件的监督，加强公安机关对涉企犯罪立案侦查活动的监督，确保企业犯罪案件能够顺利进入刑事程序轨道，为企业合规考察制度的适用奠定基础。

从上述规范的主要内容上看，现阶段构建行刑衔接机制，主要的目的在于保障行政执法与刑事司法之间的案件互通，在维护行政权与司法权独立性的同时，保障涉嫌刑事犯罪或应当予以行政处罚的案件线索能够及时移送到相应机关处理，并实现行政处罚与刑事处罚的均衡。行刑衔接工作的持续推进，无疑有助于保障涉案企业合规改革的顺利实施。特别是在企业犯罪立案侦查环节，检察机关既可以通过强化对行政执法机关不依法向公安机关移送涉嫌犯罪案件的监督，确保企业犯罪案件能够顺利进入刑事程序轨道，还可以通过强化对单位犯罪立案侦查的活动监督，防止公安机关在企业构成犯罪的情况下仅对自然人立案的情况发生，从而确保涉企刑事诉讼活动的质效。

（二）现有企业合规建设中行政机关的参与途径

最高人民检察院自开展企业合规改革以来，已发布了四批典型案例，笔者对以上典型案例和各地可检索到的企业合规相关工作规定进行了梳理。从内容来看，现有企业合规建设实践中行政机关的参与途径主要包含以下形式：

1. 提供涉案企业有关情况。听取行政机关意见的价值在于进一步了解企业的行业地位、经营现状、社会贡献等情况，并能够对涉案企业的犯罪情节做出更全面的分析。以上海市 A 公司、B 公司、关某某虚开增值税专用发票案为例，检察机关在走访涉案企业了解经营情况的基础上，向当地政府与税务主管部门进一步了解有关情况，有助于检察机关进一步把握涉案企业合规管理的接受度与执行力，把握对涉案企业开展合规建设的可行性，并结合个案，进一步了解了涉案企业纳税材料与涉案税额补缴情况，对准确认定犯罪情节、妥善适用认罪认罚从宽制度提供了重要参考。

2. 进行涉案企业合规评估。就已有的典型案例而言，行政机关在企业合规评估层面的参与包含了对合规整改前对企业制定合规计划的评估，也包含了参与第三方评估机制，对企业合规整改成果进行评估。以张家港市 L 公司、张某甲等人污染环境案为例，税务、生态环境、应急管理等部门参与到了对涉案企业合规计划的评估过程，以生态环境部门专业人员为组长的合规评估小组对 L 公司整改情况及合规建设情况进行评估；通过结合案件特点，邀请不同的行政机关参与到涉案企业合规评估过程，考察结果将作为检察机关依法处理企业刑事案件的重要参考，有利于企业合规整改过程中充分发挥行政机关的专业优势，促进合规整改向精、深、细的目标不断延伸。

3. 参与检察机关的案件听证。检察听证是推进检务公开的崭新举措，通过听取各方面的意见，实现"以公开促公正"的目标，有利于提升司法公信力；围绕企业合规建设，在已发布的典型案例中，检察机关普遍开展公开听证，邀请行政机关、人民监督员等各界代表与会，行政机关可结合合规整改成果，针对是否起诉涉案企业集中向检察机关提出意见，为检察机关作出相应决定提供重要参考。

4. 参与检察机关的联合回访。回访机制的构建是推动涉案企业做实做细合规、避免合规整改流于形式的重要方式，有助于进一步发现企业合规建设过程中的突出问题，并有针对性地进行解决。以上海市 A 公司、B 公司、关某某虚开增值税专用发票案为例，检察机关与税务主管部门通过回访，及时发现了涉案企业在财税制度上仍然存在问题，及时制发了检察建议，引导企业进一步提升税收筹划和控制成本能力，在既有的合规建设基础上进一步深化细化合规建设成果，更好地保障企业节约生产经营成本、提升市场占有份额。

5. 围绕行业专项治理开展协同监督。检察机关在推动企业合规改革的过程中注重将"治罪"向"治理"延伸，以个案发现的问题研判行业治理存在的风险，将个案合规治理的经验与成果进一步转化为行业与社会治理的探索与实践，成为检察机关延伸法律监督职能，参与社会治理的重要途径。在广西陆川县 23 家矿山企业非法采矿案、北京李某某等 9 人保险诈骗案和上海 Z 公司、陈某某等人非法获取计算机信息系统案等案例中，围绕互联网、采矿、汽车保险等行业，检察机关在依托个案办理、检察建议、法治宣传等形式加强警示教育的同时，督促相关行政部门完善制度机制与监管手段，与行政机关开展协同治理专项行动，为企业合规经营提供法律支持，推动形成"办理一个案件、规范一个行业"的良好效果。

（三）现阶段涉案企业合规行刑衔接工作的特点及问题

从长远来看，提高合规质量，将企业合规建设从刑事激励转化为企业治理的内生动力，进而带动经济环境的改善，避免"投机式合规"与"纸面合规"问题，行刑衔接的交融力度还可以更大。现阶段的实践中，对于行刑衔接机制的构建，一方面注重案件的移送，另一方面应以多种方式注重保障行政机关的参与，需要针对以下方面加以突破。

1. 行刑衔接与行政机关的职能融合不足。企业合规作为社会治理的重要方式，在检察机关发挥主导作用的基础上，需要保障多主体尤其是行政机关在其中的参与。然而，不容忽视的是，现阶段的行刑衔接围绕的是已有的刑事司法进程中存在的移送不畅、"以罚代刑"等问题所作出的针对性规范，而面向企业合规，其仅仅完成了程序上的任务；为了保障企业合规的高质量建设，仅仅完成程序化的任务远远不够。行政机关应当在加强参与的基础上进一步从职能的角度实现与检察机关在企业合规建设工作中的业务贯通，将日常行政监管与企业经营风险防范有机统一，更好地融入到企业合规建设行刑衔接进程中。

2. 行政机关参与进程的被动性。诚然，在现阶段企业合规建设进程中，检察机关采取了多种方式保证了行政机关的参与，但行政机关的参与方式大多是提出意见、提供企业相关情况等事务性内容，存在着被动性。这种被动性一方面意味着检察机关在企业合规建设进程中承担的工作更重，难以适应针对不同类型企业合规建设需要满足的专业化要求；另一方面，在刑事合规与行政合规并行的背景下，企业合规建设的成本会更大，刑事合规的质量也难以得到有效控制。

从涉企刑事犯罪成因的角度看，行政机关在监管上的漏洞往往是一个重要原因。企业经历了长时间的"野蛮生长期"，逐渐形成了病态的经营方式和商业模式。[1] 因此，行刑衔接机制的构建对于企业合规建设是一个重要的契机，这意味着对于企业合规风险的规制跳脱出了"去犯罪化"的固有套路，而进一步通过发掘企业日常经营风险实现诉源治理，从而在实质上实现对企业由"去犯罪化"到"去违法化"的延伸。

三、关系的理清：检察机关与行政机关在涉企事务中的分工

企业刑事合规建设既与涉企案件刑事诉讼环节有关，也与社会治理密切相关。检察机关与行政机关在涉企事务中的分工以各自职权为基础，需要围绕涉企刑事犯罪的构成特点、企业刑事合规建设的程序特点等角度进行分析，寻求检察机关与行政机关在企业治理方面的工作交点，从而进一步完善涉案企业合规建设机制。

（一）规范的视角：法秩序统一原则下对程序和实体的兼顾

企业合规建设所涉案件类型多与企业经营行为不法有关，而企业的违法经营行为常常存在着行政不法与刑事不法的交叠：随着20世纪以来社会化大生产带来的社会关系的复杂化，政府越来越多地介入经济活动，对经济活动主体相互之间的事有时也要干预，这样，违法行为的刑事责任和行政责任经常缠绕

---

[1] 陈瑞华：《论企业合规在行政监管机制中的地位》，载《上海政法学院学报（法治论丛）》2021年第6期。

在一起①，涉企行政执法与刑事司法之间在概念适用、法益保护等领域也必然需要相互配合，实现法秩序整体的统一。

法秩序的统一，意味着宪法、刑法、民法等多个法领域构成的法秩序之间互不矛盾，更为准确地说，在这些个别的法领域之间不应作出相互矛盾、冲突的解释。②法秩序虽然是由不同的规范，按照不同的目的，由不同的法领域组合而成，最终在目的诉求（即利益保护）上达成一致、得以统一。③诚然，刑事诉讼领域在行为违法性的判断上具有相对独立性，其对于行为违法性的判断并不局限于与行政违法行为在量上的差异，更会考虑行为是否侵犯刑法保护的特定法益；但这种独立性的考虑并不能阻却行政不法对刑事不法认定的影响。

由此，从规范的角度看，在司法认定上，行政犯构成要件符合性的判断要依赖行政法的规定，没有行政法依据的，不得轻易认定为犯罪④；而涉案企业合规建设也不仅仅局限于对刑法和刑事诉讼法的适用，其必然会涉及企业日常经营、行业市场监管等领域的法律法规，更需要在充分把握行刑界限的前提下，做好从刑事案件办理到刑事合规建设等领域在实体和程序上的衔接工作，在充分遵循检察机关刑事案件办理与合规建设规范的前提下，发挥行政机关在行政监管与企业治理领域的专业优势，实现行政合规与刑事合规的有效结合，以有效的行政监管构筑防范化解企业刑事犯罪风险的制度屏障。

（二）职能的视角：宪法法律对于检察机关与行政机关职权的规定

1. 检察机关法律监督职能的扩展。《宪法》第134条赋予了人民检察院作为国家法律监督机关的宪法定位，"法律监督"也由此作为一个宪法概念形成了进行法律解释的空间。从文义的角度看，人民检察院法律监督职能具有极强的概括性，其外延是宽广的：一方面，检察机关的监督职能的概念内涵在动态发展中不断演进，以各个历史时期中国法制改革和政治改革的需求为导向，发挥其监督职能⑤；另一方面，检察机关与宪法中规定的任何一个机关一样，是

---

① 沈开举、王钰：《行政责任研究》，郑州大学出版社2004年版，第77页，转引自孙国祥：《行政犯违法性判断的从属性和独立性研究》，载《法学家》2017年第1期。

② 王骏：《违法性判断必须一元吗？——以刑民实体关系为视角》，载《法学家》2013年第5期。

③ 陈少青：《法秩序的统一性与违法判断的相对性》，载《法学家》2016年第3期。

④ 李勇：《厘定行政犯与法定犯的界限》，载《检察日报》2020年7月2日，第3版。

⑤ 参见王海军：《"法律监督机关"的立法内涵、演进逻辑及内在机理》，载《现代法学》2022年第1期。

一个性质单一而多面向职权复合的组织①,从《人民检察院组织法》第20条对人民检察院职权的规定来看,人民检察院的法律监督职能绝不仅局限于刑事诉讼活动之中,而是包含诉讼与非诉讼,涵盖刑事、民事、行政、公益等多个领域,通过"检察"与"监督"相结合,保障国家宪法法律能在社会各个领域正确充分实施,以达成"维护法制统一"的目标。而随着检察机关重塑性改革进程的不断深化,在构建"四大检察""十大业务"的背景下,检察机关法律监督职能在融入"在监督中办案,在办案中监督"的理念后进一步扩展,成为了参与社会治理的重要手段。

而2021年中共中央印发的《中共中央关于加强新时代检察机关法律监督工作的意见》也契合了检察机关法律监督职能在文义上的广泛性,在充分履行刑事、民事、行政、公益诉讼检察职能的基础上,更要通过能动履职,加强诉源治理,在办案过程中深入分析个案、类案发生的原因,有针对性地开展监督活动,防范类案再次发生,从而主动参与、融入到社会治理进程中,服务保障经济社会高质量发展。

从这一角度来看,检察机关开展涉案企业合规的意义在于,围绕服务经济社会发展这一目标,立足法律监督职能,通过引导企业依法依规从事经营活动,参与到对社会经济活动的治理中,形成对企业经营行为的监督与经营风险的防范,确保法律在企业中能够得到正确实施,实现社会经济环境的良性循环。

2. 行政机关在企业治理中的职能定位。行政机关是企业治理的重要主体,根据《法治政府建设实施纲要(2021—2025年)》,营造法治化营商环境是构建边界清晰、分工合理、权责一致、运行高效、法治保障的政府机构职能体系的重要组成部分;而行政机关对企业的监管需要实现全覆盖,这种覆盖指的是企业经营行为规范化的全覆盖,需要结合经济社会的发展实际与国家政策的发展变化不断进行完善。从规范的角度看,能够实现对各类发展变化实现快速反应的是行政法规,这也就意味着,行政执法机关在开展企业合规建设进程中具有职责分工领域的专业化与技术化优势;从方法的角度看,相较于检察机关通过不起诉实现对涉案企业合规整改合格的激励措施,不同行政机关可以结合自身职能特点与监管领域,开展或综合,或专门性的合规体系建设。

而企业违规所导致行政责任和刑事责任,其基础和必要性前提是行政监管,刑事责任只是次生的、辅助性的,是最后一道处罚手段,这是刑法谦抑性

---

① 参见王海军:《中国语境下的"检察权"概念考察》,载《中国法学》2022年第6期。

的结果，也是保障企业合规专业性与科学性的必然要求。日本学者田口守一指出："对于企业犯罪，主要的制裁手段不是刑事制裁，而是行政制裁，即命令改正业务等，即使是金钱制裁也不过是'罚款'等非刑措施，或者是民事损害赔偿等。"① 既然当企业的规章制度以及运营方式违反公司法、反垄断法、劳动法、税法等法律规定时，行政主体可以直接通过相应的行政制裁对企业予以处罚，那么，便无须动用刑罚这一对公民权利侵害更大的措施。② 这也意味着，行政执法机关在日常监管过程中对于行政法规与部门规章的把控对于防止企业出现刑事犯罪风险尤为重要。

（三）实证的视角：涉案企业合规对于行政执法和刑事司法的新要求

前文已提及，企业合规建设是国家与社会治理的一次全新尝试，检察机关对涉案企业适用企业合规建设，根据整改结果有针对性地适用附条件不起诉。对于企业与行业发展而言，企业合规建设实现了对涉案企业的保护，通过合规建设对企业的生产经营行为进行有针对性的调整，并根据合规建设成果采取刑事激励措施，有利于促进企业长期发展，并引导行业实现健康发展；对于完善社会主义市场经济体制而言，检察机关开展企业合规建设试点并履行法律监督职能的价值在于以国际市场主体和营商环境法治化为试点的实践背景，建立我国特色的民营企业行为法治化的、健康的营商环境。③

基于社会治理与体制完善的实际目标，在企业合规的制度设计与试点实践中，企业合规建设充分发挥合规不起诉的功能，旨在通过公权力机关与企业协商达成"互利双赢"的结果，促使企业健全合规计划，激活内部合规管理机制，实现对犯罪的事前预防④；这也意味着从程序上讲，企业合规建设介于行政监管与刑事诉讼之间，以合规整改成果作为是否进入刑事诉讼程序的条件，因而合规建设绝不仅仅是检察机关单独从事的协商性司法活动，必然涉及行政执法机关等多部门的参与。

而通过协商性司法元素的引入，在充分发挥检察机关法律监督职能，实现监督职能随社会治理逐渐延伸的同时，保障行政执法机关充分发挥自身职权作用，加强对企业的日常监管与经营行为的有效引导。这也就意味着，从实践的

---

① ［日］田口守一：《企业犯罪与制裁制度的方式》，张小宁译，载李本灿等编译：《合规与刑法：全球视野的考察》，中国政法大学出版社2018年版，第250页。
② 蔡仙：《论企业合规中的刑事激励制度》，载《法律科学》2021年第5期。
③ 奚玮：《论企业合规刑事化试点中的检察监督》，载《政法论丛》2022年第1期。
④ 谢安平、刘琦：《协商性司法下的企业刑事诉讼新规制——以中小微企业适用合规不起诉为视角》，载《中国检察官》2022年第5期。

角度来看，涉案企业合规建设具有行政执法和刑事司法的贯通性，在保证程序上高效衔接的同时，需要进一步保证检察机关与行政机关的职能在行刑衔接框架下得以充分发挥和相互融合，提升企业合规建设的质效。

（四）价值的视角：涉案企业合规中价值追求与目标导向的同一性

回溯企业合规建设进程，检察机关和行政机关在涉案企业合规中的工作思路与工作性质存在着较大的不同——检察机关的刑事合规建设是以具体的刑事案件为基础，以合规整改为条件，以不起诉为激励手段，具有一定的滞后性的纠错式个案治理。行政机关的合规监管则是以企业的经营行为为基础，以风险防范为目的，具有行业规范整治性质的预防式类案治理；但这种不同并不能阻断二者在价值追求和目标导向的同一性：

一方面，检察机关与行政机关对企业合规建设开展的各项工作，其追求的不仅仅是单一案件的治理，它的直接目标在于培育企业的合规文化，终极目的在于培养企业及其人员对法律、对规则的忠诚和信赖。[①] 伯尔曼曾经提出："真正能够阻止犯罪的乃是守法的传统，这个传统又植根于一种深切而热烈的信念之中，那就是，法律不只是世俗政策的工具，它也是终极目的和生活意义的一部分。"[②] 企业合规建设不仅仅是一项基于法律与社会公序良俗等要求，通过加强监管引导，促使企业的经营行为适应法律环境外在要求的活动，更是一个出于企业自身发展需要，完善企业内部治理机制，以在经营活动中更好地规避风险的企业自律行为。

另一方面，前文提及的法秩序统一性也有助于检察机关进一步完善在企业合规建设过程中的工作思路，通过单一的刑事案件发现特定行业在经营运行中存在的突出问题以及行政机关在行业监管中存在的漏洞，以此进一步拓宽检察机关企业合规工作的视野，将合规治理进一步延伸到行政违法风险的防控，这也有利于更好地防范刑事犯罪风险，实现从单一企业刑事犯罪问题的治理，到涉案企业行政违法风险的防控，再到特定行业的充分自律与规范治理。

（五）小结

企业涉刑事案件风险介于刑事诉讼与企业日常经营行为之间，既需要检察机关发挥主导作用，也需要行政机关能够充分发挥日常监管作用。

[①] 李勇：《检察视角下中国刑事合规之构建》，载《国家检察官学院学报》2020年第4期。

[②] ［美］伯尔曼：《法律与宗教》，梁治平译，中国政法大学出版社2003年版，第18页。

从规范的角度看，在刑事责任和行政责任相互缠绕的背景下，企业的经营行为不法多以"行政犯"为主，即以违反行政法的前置性规定为前提。故从程序上看，针对企业的违法犯罪，一般先由有关行政执法机关进行查处，发现违法行为涉嫌构成犯罪的，再移交公安机关立案侦查。行政处罚程序的"前置"地位，需要我们高度关注行政执法与刑事司法两种不同程序之间的衔接问题，保障程序的正当与高效，使得行政责任与刑事责任这两种公法责任"不仅在行政法和刑法上均应得到实现，而且须以正当的行政程序和刑事司法程序两种不同的路径分别予以实现"①。

而从职权的角度来看，检察机关与行政执法机关不存在行政隶属关系，行政执法机关在企业已经涉嫌犯罪的情况下，不再对案件行使行政调查权和行政处罚权，行政执法机关并没有配合刑事执法机关办理企业犯罪案件（包括但不限于企业合规案件）的法定义务，加上标准、规则和程序的缺乏，刑事司法机关与行政执法机关在企业合规建设领域的衔接上出现问题也就不可避免。

但基于"构建合规文化""促进行业自律"等价值导向上的一致性，以及涉案企业合规在行政法和刑法领域中的贯通性，涉企刑事案件的办理过程如跳出行刑案件移送程序衔接这一固有思路，检察机关与行政机关在各自履职进程中的参与互动将为企业合规高质高效提供更多的发展空间。首先，由于检察机关在企业刑事合规中发挥着主导作用，而受限于专业知识、办案经验、司法资源等现实情况，检察机关监督和指导企业实现有效合规的能力具有明显局限，因此，围绕合规整改监管和验收、制定专项合规计划、企业合规考察等方面，检察机关需要得到行政监管部门的配合和支持，实现程序上的贯通与实体上的融合。其次，企业犯罪风险防控，一方面需要加大行政机关的日常监管作用，另一方面，也需要检察机关结合已有的办案实践加强工作引导，提升监管工作的针对性与实效性，由此实现企业日常监管与刑事合规建设的有效贯通。这一行刑衔接机制的意义在于实现行政监管部门与检察机关在企业合规建设中的同频共振，既充分调动了行政监管部门的积极性，也提升了检察机关开展涉案企业合规建设的能力与质量，由此构建起企业风险行为再构成行政违法、构成刑事犯罪的层递式阻断，从源头上预防和治理企业的违法违规经营问题。②

四、未来的展望：加强企业合规行刑高效协同的可行方向

检察机关主导的企业合规建设进程中行政机关的参与对于增强合规整改的

---

① 田宏杰：《行政优于刑事：行刑衔接的机制构建》，载《人民司法》2010年第1期。
② 李奋飞：《涉案企业合规刑行衔接的初步研究》，载《政法论坛》2022年第1期。

三、法律监督机制现代化

实效性非常重要,基于共同目标导向下的检察机关与行政机关有序的工作协同,以此实现行政执法与刑事司法在企业合规领域的贯通对于提升企业合规整改的质量、合理控制企业合规整改的成本、避免"纸面合规"具有重要意义。结合涉案企业合规对于行政执法与刑事司法的新要求以及行政机关、检察机关的不同职能特点,笔者认为,在共同的价值导向下,围绕企业合规整改进程,从合规成本的有效控制、系统观念的构建深化、法律监督的工作延伸、类案治理的思维养成等角度,促进行政机关与检察机关在企业合规建设领域相向而行,有助于实现企业合规建设领域行刑衔接从协作到协同的深化。

(一)以合规关口前移、加强行刑融合等形式实现有效的成本控制

行刑衔接机制的构建对于高效开展企业合规建设、缩短企业合规建设的时间成本具有重要意义。一旦涉嫌违法犯罪而被调查或者侦查,涉案企业便需及时从合规计划角度提出有利于自身的抗辩主张,并主动提供各种资料以证明先前合规计划的有效性,或者选择认罪答辩,并承诺完善相应的合规计划。而出于保障企业合规整改的需要,公安与检察机关此时需要及时将工作重点转为对涉案企业进行合规整改。在此背景之下,检察机关应加强与行政监管机关、公安机关的沟通力度,就涉企刑事犯罪风险问题加强提前介入,一方面避免公安、检察阶段相继履职而在合规建设领域造成时间损耗,另一方面通过尽早介入,及时引导企业形成科学合理的合规整改方案,为后续合规工作奠定坚实基础。在此过程中,检察机关也要注重对企业违法犯罪证据的收集固定,避免在企业合规考察不合格的情况下,刑事检察程序启动与运转出现迟滞。

在合规计划的审核与制定上,行政机关可依据自身职能优势,协助检察机关充分研判企业实际经营情况,结合涉案企业的具体罪名与危害程度,确定具有针对性与可行性的合规计划、合理的合规考察期限与合规考察形式。其中,针对实务中常见的中小微企业,则可以采取相对简单的合规整改方式,结合案件复杂程度,部分案件可直接由检察机关督促进行合规建设而不必适用第三方监管机制,从而降低企业合规建设的经济成本与后续运营成本,提升涉案企业合规整改工作的积极性。

(二)以强化系统观念促进行政机关与检察机关的密切协作

企业合规作为一项系统工程,其行刑衔接必然是为保证这一系统工程的高效运转,结合行政执法机关与刑事司法机关在职能上的特点而形成的工作机制。在合规建设进程中,行政机关不仅仅是涉企信息与咨询意见的提供者,更是日常监管的参与者和涉企刑事风险的防范者,检察机关也不仅仅是企业合规整改刑事激励措施的决定者,也是企业合规经营与行政机关监管行为的监

督者。

既是系统工程，就应遵循系统思维，由此，不能因双轨执法、各部门各司其职而影响其工程的系统性。① 不同机关之间在企业合规建设中都有各自的任务，一方面需要在明晰各自职能的基础上严格履行各自的职能，在各自职能范围内加强对企业合规建设的督促、引导、支持工作，实现各司其职、各尽其责；另一方面则需要在系统观念的引导下加强工作协调与配合，提升工作的前瞻性与延伸性，行政机关在日常监管行为中需要注重防范企业存在的违法风险，针对潜在的犯罪问题加强与检察机关的工作联系，适时引入企业合规机制，而检察机关也可在日常履职过程中及时发现企业存在的违法风险，通过制发检察建议等形式加强对企业、行政机关等单位的法律监督，从而保证各机关在企业合规建设过程中密切协作、紧密配合。

（三）以"联动机制""合规互认"延伸法律监督触角

企业合规整改在经评估验收合格后的结果是对涉案企业作出不起诉处理，这是对企业的一种"刑事后合规激励机制"，也就是通过对有效开展合规整改的涉案企业，给予出罪的刑事处理，对其作出制度奖励，并吸引那些潜在的犯罪企业积极选择合规整改，建立旨在预防犯罪的合规管理体系。而刑法和行政处罚相关法律法规对于同一问题在事实认定与法律适用上的不同，使得企业仍然难以规避可能存在的行政处罚的风险。

为此，检察机关可推动"合规互认"机制的实施，将涉案企业开展合规整改的情况和效果，提交给行政机关，并建议行政机关据此作出宽大的行政处罚，以此为基础，实现合规建设触角的进一步延伸，实现刑事合规与行政合规的交融，最大限度盘活行政机关既有的合规建设指引，提升合规建设质量。在很多建立了检察机关与行政机关合规"联动机制"的地方，检察机关所提出的这种"合规互认"和"宽大处理"的建议，通常都会得到行政机关的认可。② 通过这种"合规互认"机制的构建，将进一步实现对涉案企业从"刑事激励"到"行政激励"的延伸，有利于进一步促进企业规范日常经营行为，有效规避违法犯罪风险。

（四）由"个案办理"到"类案治理"实现由企业整改到行业整治的转变

开展企业合规建设绝不仅仅局限于涉案企业合规承诺与整改期间，一方

---

① 朱孝清：《企业合规中的若干疑难问题》，载《法治研究》2021年第5期。
② 陈瑞华：《企业合规整改的行刑衔接问题》，载《民主与法制》周刊2022年第12期。

面，做好合规建设的后半篇文章，防范化解纸面合规风险是确保合规建设质量的重要内容；另一方面，在日常监管过程中及时发现企业经营风险，引导企业及时堵塞漏洞也是构建法治化营商环境、推动高质量社会治理的重要方式。

一方面，需要实现的是对个案的回头看，涉案企业通过合规整改接受"刑事激励"与"行政激励"并不能实现高枕无忧的结果，更重要的是将合规整改成果持续深入地贯彻落实，检察机关与行政机关可通过开展定期的联合检查，了解企业合规整改后的经营状况，进一步发掘企业尚未发现的潜在经营风险与合规经营后发现的新问题，引导企业进一步完善合规整改机制，推动实现高质量经营。

另一方面，需要进行类案的风险分析，检察机关需要充分发挥法律监督职能的优势，在民事、刑事、行政检察履职过程中，及时发掘企业与行业在生产经营活动中存在的法律风险与其他突出问题，以此为基础引导行政机关及时有效地展开行业专项治理工作，借鉴已开展合规整改的企业的工作经验，针对同行业内的其他企业，及时查摆问题、堵塞漏洞、防范风险，推动实现高效合理的企业监管与科学有序的行业自律，将企业合规建设的成果更好地惠及更多企业，促进行业、产业规范发展。

中国式现代化语境下检察机关办理涉企案件诉源治理路径的都市化演进

——从"枫桥经验"实践环境的流变展开

叶伟忠　史笑晓　董　彬*

"枫桥经验"作为人民群众依靠自身智慧、自主探索形成的与自身治理能力相适应的诉源治理机制，萌芽于乡土中国的村镇社区、熟人社会的历史土壤和时空，至今仍有深厚的实践指导价值。党的二十大报告指出，在社会基层坚持和发展新时代"枫桥经验"。新时代，在浙江这块共同富裕和省域社会治理现代化"两个先行"的热土上，在公司林立、跨域融合的城市体系架构和不断流变的都市环境中，如何积淀、传承"枫桥经验"的历史共识，秉持、坚守检察的伦理信仰，孵化、哺育经济社会发展新的活力细胞和增长点，成为诉源治理现代化和践行新时代"枫桥经验"的新考题。

一、传承与流变——都市法治诉源治理视野下的"枫桥经验"

"枫桥经验"基于其诉源治理的丰富内涵，与现代中国法治之间始终具有相辅相成的内生性、衍生性和共生性联系。[①] 然而在中国式现代化的治理目标下，在城市化、数字化、网络化不断推进的当代社会，又难免碰撞出新的火花，形成都市语境下检察机关诉源治理的新成果。

（一）"枫桥经验"式的诉源治理方式——内涵传承与现代化演绎

1. 中国式现代化与"枫桥经验"诉源治理。2023年，是毛泽东同志批示学习推广"枫桥经验"60周年暨习近平总书记指示坚持发展新时代"枫桥经

---

* 叶伟忠，浙江省杭州市人民检察院党组书记、检察长；史笑晓，浙江省杭州市人民检察院法律政策研究室主任；董彬，浙江省杭州市人民检察院法律政策研究室副主任。

① 谌洪果：《"枫桥经验"与中国特色的法治生成模式》，载《法律科学》2009年第1期。

验"20周年。随着历史发展,人口、物资和知识的流动早已褪去了乡土社会的旧有青涩,造就了数以万计的上市公司、高新企业和制造业实体,正在成为科技创新、稳定就业、展现活力和创造财富的先行者和主力军。

习近平总书记曾指出:"发展是解决一切问题的总钥匙。"现代化的社会造就了人民对现代化发展方式的探索。如何发展才能实现"中国式现代化"?西方过去曾经采取野蛮生长的方法,依靠对外扩张发展,缺乏真正有效的治理。在中世纪的法兰克王国,"治理"一词意指"缺乏有效国家控制下的谈判和仲裁"[①]。然而,随着社会变迁,"现代意义上的市场经济体制无一例外都是混合型市场经济体制,其核心特征在于国家基于公共利益的考虑对社会经济进行全面的干预"[②]。因此,真正共赢方式的现代化发展,必须与社会治理相结合——与本土的治理方式相结合。作为以"枫桥经验"为代表的诉源治理模式,便是本土治理范式代表之一,在实现中国式现代化发展过程中不可或缺,因为中国式现代化是人口规模巨大的、以和平方式发展的现代化,不可避免地存在各种类型的社会纠纷,既然"人生而有欲,欲而不得,则不能务求。求而无度量分界,则不能够不争"[③],故诉源治理具有巨大的土壤。同样,中国式现代化也是物质文明与精神文明相互协调,人与自然和谐的现代化,作为"枫桥经验"的纠纷调解方式,本身也有着精神生活丰富、百姓安居乐业、人与自然共生共荣的现代意蕴。检察工作的现代化,是中国式现代化在检察工作中的体现。最高人民检察院应勇检察长指出:"传承红色基因,汲取奋斗力量,更加坚定走好新时代新征程检察事业新的赶考之路""以检察工作现代化服务中国式现代化",在中国式诉讼解决纠纷的过程中,检察工作大有可为,"枫桥经验"正逢其时。

2. 内涵传承——从制度价值到检察工作。第一,制度内涵。"枫桥经验"的制度内涵,源自个体化的私利[④]形成后普遍存在的利益纠葛。尽管治理纠纷的方案从弱肉强食迈向谈判协商,但利益的缺损和实力的强弱,甚至于信息的不对称,都可能导致双方矛盾的激化和升级。"枫桥经验"的制度基础和信念支柱在于"服务人民群众",依靠群众,实现"服务群众"的目的,从而不断回应群众对身边法治需求的期待。"枫桥经验"的基本手段和制度优势在于

---

① See Bernard Reber, Governance: Precautionary Principle and Pluralism, International Social Science Journal, Vol. 64, Issue 211 – 212, March – June 2013, p. 75.
② 陈承堂:《公益诉讼起诉资格研究》,载《当代法学》2015年第2期。
③ 荀况:《荀子·礼论》。
④ 参见费孝通:《差序格局》,载《乡土中国》,北京大学出版社2012年版,第39页。

"能动司法",以主动出击的司法活动形成对乡土旧有礼法的碾压优势,并且凝聚成在相当的时空领域内具有先验性和可复制的诉源治理方法。

第二,价值内涵。"枫桥经验"不是以简单说教替代传统的、礼法的评价方式,而是在法内和法外都具有独特的价值内涵。"枫桥经验"要以理服人,其内核是规范、公允的,这体现法律工作所追求的基础价值——公正;"枫桥经验"要以情动人,其方法是调解、合意的,这体现了经济发展所追求的关键价值——效率;"枫桥经验"要息事宁人,其结局是圆满、稳定的,这体现了社会活动所追求的重要价值——和谐。上述价值满足了在相当时空下人民群众对于司法活动的基本期待,进而为诉源治理制度本身注入了鲜活的生命力。

第三,检察内涵。在广阔的时空中,"枫桥经验"不仅在公正、效率、和谐的价值追求上与检察机关法律监督机关的基本定位琴瑟合拍。"枫桥经验"所倡导的特色诉源治理模式,也始终与检察机关尤其是浙江检察机关参与社会治理,实现中国式现代化的能动性,与衡平各方利益的谦抑性,与关注法益缺损和社会关系修复的恢复性有机统一,相得益彰。在实现"枫桥经验"价值的过程中,检察机关以理性、文明的司法态度;能动、规范的办案过程;协商、共赢的监督手段,达到此事终了于案后(社会治理)、彼事消亡于萌芽(诉源治理)的社会平和状态。

(二)"枫桥经验"诉源治理方式的时代流变——从个人向法人过渡

1. 风险环境的激变。当今社会,早已不再是温情脉脉的"礼俗社会"。法治建设所追求的建立在"理性祛魅"基础上的现代社会虽然脚步趋近,但仍未竣工①,由此,我们有了对中国式现代化及其项下的检察现代化的探索和追求。有人认为,当代社会已经突变并呈现一定风险社会的特征。② 风险社会总是与技术革命相互挂钩,技术被认为是人类进步以来风险增量的主要渊源。但是近年来,无论是自然疫情所导致的部分恐慌情绪,还是北约、俄罗斯角力形成的战争阴云,甚至光刻机垄断和 ChatGPT 技术的可能滥用等都成为当前最让人能够感知的风险来源。我们不必也不可否认,工业化、城市化所催生的人口流动和增长,不断受到信息化、数字化的冲击,正在经历逆向和扩散的烦恼。作为治愈原有社会纠纷药方的"枫桥经验"诉源治理方式,也必须直面时代,走出乡村,踏上都市化、现代化的必然征途。

---

① 郭星华、石任吴:《社会规范:多元、冲突与互动》,载《中州学刊》2014年第3期。
② 参见[德]乌尔里希·贝克:《世界风险社会》,吴英姿、孙淑敏译,南京大学出版社2004年版,第102页。

2. 法治理念的嬗变。法治的变迁与社会的转型总是如影随形。从法治所面临的环境看，科技和经济的发展导致街头犯罪的式微甚至消亡，却导致了具有遍在性和团伙性的网络金融犯罪的出现和兴盛；熟人社会的消亡导致了个体权利的彰显，使得过去"无问对错"的纠纷解决方式逐渐转变为"明辨是非"的矛盾化解基础；过去单纯发生在某地的个体、个案，也随着自媒体的兴盛，更为广域的热点事件，司法个案呈现出越来越明显的"司法广场化"。[①] 从法治自身的发展看，科技的发展使得过去许多雾里看花的纠纷事实得以明晰，一些长期积压的陈年案件得以侦破。在非法证据排除、"以审判为中心"的理念得以贯彻的前提下，许多新的法治火花擦亮了办案实务。以检察机关为例，在经历了包括监察体制在内的多项改革后，又经历了从创设认罪认罚从宽制度、案件比考核，到数字检察、检助共富、企业合规等理念和实务转变，这正是检察机关走向现代化的正当路径。易言之，当前的检察机关变得更为能动，其对诉源治理的需求已经历了从被动无关、可有可无到求之若渴的三个阶段。

3. 传导方式的蜕变。在肇发"枫桥经验"的计划经济时代，外部经济环境变化的转变往往与自然环境、政治形势高度相关，每当外部环境发生变化，几乎所有的行业、所有人民群众都会发生同向的转变，即使在程度上也差异无几。比如，当出现自然灾害发生和整体风调雨顺时，每个人的生活环境都会发生重大变化，但相互之间却大同小异。这种传导是一种"硬"连接，中间缺乏过渡和缓冲。然而，在当前市场经济的环境之下，作为国民中的个体却与整体的经济形势变化同时呈现出正、反相关两种趋势。在我国 20 年经济稳步推进，迈向现代化的过程中，从事不同行业、不同部门的整体生活水平虽然都在稳步提高，但总有少部分行业走向没落，一些人不得不摆脱桎梏，重新转型。我们不难发现，这种外部环境的变化和感知，并不是从事件直接向国民传导的，而是以企业为中枢，通过企业的效益、税收和就业传导到具体个体的"软连接"。因此，在建设中国式现代化新的历史机遇期，诉源治理法治实践要与历久弥新的"枫桥经验"产生共鸣，也必然要从为个体提供合理的纠纷解决机制，转变成为企业提供法律服务，助力企业发展破局。

二、破局与新局——中国式现代化语境下不断演进的"枫桥经验"

"枫桥"元素和"枫桥"法则，是讲好"中国检察故事"，以检察工作现代化助力中国式现代化所不可或缺、一以贯之的历史传承。而社会变迁又让检察机关和企业，同样面临着转型升级、"腾笼换鸟"的机遇和需求。二者的融合实

[①] 参见舒国滢：《在法律的边缘》（第三版），中国法制出版社 2020 年版，第 173 页。

践,便为"枫桥经验"注入了新的时代"血液",检察助企、检助共富,更是破局新时代检察机关落实中国式现代化和"两个先行"内核的共同理念和不懈追求。

(一)从消极被动到积极能动

无论是论及检察工作助力企业发展,还是以检察工作助力实现中国式现代化与检察机关自身的能动履职不可分割。从字面和文意上看,"助"不可能以不作为的方式完成,词语自身就意蕴着积极作为,能动履职。从过程和范围上看,被动消极的检察办案,无法突破职能的桎梏,只能在事后对严重侵害企业行为作出评价,却无法实际修复企业缺损的利益。从目的和价值上看,没有积极能动的检察监督履职,就不可能形成通过保护企业健康发展而传导至都市中绝大多数个人的社会治理价值成果,不可能在从"网络社会"到"数字社会"再到"数智社会"的跨越进程中有所作为。事实上,贯穿"枫桥经验"解决纠纷解决机制的绝不是"无为而治""后知后觉"的"事后诸葛亮",而是对案件、纠纷深度介入,形成事前预备、事中管理、事后总结的全流程系统解决方案。

当代检察机关以积极的能动履职助力企业发展理念同样是时代和社会的要求。一方面,检察能动履职是帮助各类企业解决制度瓶颈的应然理念。从系统论的观点看,当下检察系统不是孤立的,其与其他机关之间也不是简单的输入、输出线性关系,而是要形成充分的双向沟通。① 通过法律的平等保护,营造公平竞争的市场环境,避免企业受到内外部侵害的合理价值导向,其继承"枫桥经验"精神内核的同时,又不断拓展"枫桥经验"的时代外延,将"自然人"拓展为"法人",将"家庭矛盾"和"邻里纠纷"拓展为"合同纠纷""知识产权侵害"和"单位犯罪"。另一方面,检察能动履职也是破解检察监督刚性问题的重要抓手。有人认为,我国检察机关"非诉监督的力量向来孱弱,起不到应有的刚性约束作用"②,而以能动履职的方式,帮助企业建立完善规章制度和行政管理制度,进而形成良好的治理效果,也是检察机关摆脱"蹭热点式的执法检查"③ 的不当作为局面,建立有效监督、参与治理新局的

---

① 参见鲁楠、陆宇峰:《卢曼社会系统论视野中的法律之治》,载《清华法学》2008年第2期。

② 应培礼等:《检察机关服务非公企业的探索——基于江苏南通检察创新实践的分析》,载《犯罪研究》2016年第3期。

③ 陈彤彤:《从新华字典被"执法"说起:权力的边界,事关执法公平正义》,载《济南时报》2022年6月7日,第3版。

思想基础。

(二) 从借鉴域外到本土叙事

在中国追求法治的漫长经历中,不可避免地要对域外经验进行借鉴,这当然是必要的。当前,诉讼爆炸已经是全世界共同面对的治理难题,这也是域外诉源治理的重要原因。由诉讼中心主义转向对裁判外纠纷解决方式(Alternative Dispute Resolution,简称 ADR),对我国诉源治理方案的选择具有借鉴意义。

但是在借鉴的过程中,有的学者关注只言片语,强行加注,曲解外国制度本意,最终反而"去精取粗";有的学者忽视乡土民情,照搬全抄,最终与人文土壤及现有制度南辕北辙。检察机关在办理案件中,可以借鉴有益的域外经验,但不能忽视中国的社会现状,更不能扭曲基本的政治立场。否则,何以谈"三个效果"有机统一?现代化又如何体现中国式的特色?相较于办案,在推进诉源治理现代化的实践中,当然更不能忽视中国企业成长的阶段、发展的境遇与现实的问题。比如,作为"电商之都"的杭州与"世界大港"的宁波虽然距离很近,却有着充满差异的企业发展环境,也造就了完全不同的支柱行业领域,呼吁着各显神通的检察履职抓手。

在现下的时空中,"枫桥经验"之所以能够做到历久弥新,枝繁叶茂,很大原因就在于其能够通过多元化发展司法活动的群众路线和一体化属性,激发本土实践的强大动力。检察机关是司法机关,在涉企案件的处理上,既有刑法、民法、行政法条规定,又有税收、就业、技术创新的现实,在中国式现代化和浙江"两个先行"的本土叙事环境之下,要继续扼守"枫桥经验"既有的治理高地,理应抛弃在个案中简单地强调司法逻辑自洽和形式推理[①]的"纯法思维",避免导致更多的实质不公。同时,在贯通刑事政策、创新助企方法、落实企业合规、加强法律监督、提升检察机关权威的过程中,也给"枫桥经验"充实新的时空属性和法治品格。

(三) 从刑行倒置到诉源治理

长期以来,检察机关通过纠纷解决空间上的有限性,办案程序上的终结性和案件处理结果上的宽容性,以行刑倒置的方式化解已然存在的矛盾和纠纷。有人认为,在保障公正基础上不启动审判权而解决包括企业涉及的单位犯罪的

---

① 参见贾宇:《社会管理创新和司法能动》,载《法学杂志》2011 年第 12 期。

刑事法律纠纷,这便是检察权谦抑性的应有之义。① 当然,以行刑倒置的方式解决矛盾本身,是符合"枫桥经验"的,也正是有了"枫桥经验"作为指南针和量衣尺,检察机关才能够启动相对不诉程序,卸下行为人回归社会的包袱,让曾经存在过错的单位和企业"换羽重生"。但同时,这种说法又是不全面的,这与过去在检察机关的内设结构中,刑事检察一家独大的局面不无联系。在刑事、行政、民事和公益诉讼四大检察协调、均衡发展的当下,行刑倒置已不足以成为检察机关落实"枫桥经验"的指导理念。

"枫桥经验"作为东方经验的"大调解",具有"和为贵"的精神意境。② 但同时,"枫桥经验"在维护意思自治的前提下,又能够帮助人们在纠纷萌芽之时,及时帮扶,解决问题,进而实现诉源治理。既然当前检察机关内设制度的改革,解决过去畸形的业务发展格局,检察机关靠前帮扶企业,以企业的税收、就业、创新传导至整个社会共同富裕的目标,就是当前可以落地的新追求。"每一个功能系统正常操作的必要条件,是其他功能在别的功能中获得充分实现。"这是系统论对于系统内部环节有效实现功效的要求。在中国式现代化的语境下,检察活动的有效性,不妨体现在事前为企业构建合规运作方式,为企业内部员工建立预警帮教体系,为企业知识产权构建保护机制,从而将法律的外在约束蜕变为企业的基本规范和国民的内心洗礼——将事后"救火队员"式的行刑倒置,变成事前"谆谆善诱"式的有效帮扶,最终使得由各类企业所组成的整个社会系统得以更好的法治化运行。

三、坚守与拓展——涉企纠纷检察诉源治理现代化进路上的"枫桥经验"

在中国式现代化的时代语境之下,通过检察的内生耦合,形成企业与检察之间的有效外生互动,"以分析性的态度转向功能性的态度"③,讲好"枫桥经验"的"检察助企故事",不仅是其追求共同富裕理想的宣示,也是当代检察工作者在广袤的社会领域中升华检察机关与社会系统接续张力的必然共识。

---

① 参见吴建雄:《检察权的司法价值及其完善》,载《中国刑事法杂志》2011年第10期。

② 董青梅:《"枫桥经验"中的多元法治图景》,载《山东科技大学学报(社会科学版)》2018年第1期。

③ Pound, Administrative Application of Legal Standards, Proceedings American Bar Association, 1919, p. 441 – 449.

三、法律监督机制现代化

(一) 精准管束涉企犯罪——高效诉源治理的基础

既然要谈诉源治理,为何要谈事后管束犯罪问题?这是从刑罚本身的一般预防作用,以及司法活动被动能动转化方面考虑的。只有通过管束犯罪的标志性惩罚意义,才能从最低的标准上约束事前的不当侵权、违约纠纷的形成。从诉讼程序的角度看,即使仅仅关注案件审查及事后审判活动,办案程序也存在将纠纷化解模式从"诉讼中心主义"转向"诉讼与非诉并行主义"① 的必要性和可能性。

涉企犯罪办理、管束和治理的精准,来自"内脑"和"外脑"的优势互补,"内脑"当属检察官的自身专业化建设和法律监督力的提升,"外脑"尤指乡土主体和专业主体的有效参与,从而避免"法""德"暌违,引起"法""政"共鸣,如是才能准确把握法律政策界限,防止把经济纠纷当作犯罪处理;如是方可全面落实相关认罪认罚从宽制度。都市化的"枫桥经验"与检察办理涉企案件的共鸣更在于管束犯罪中的"公正"与"效率"的平衡和"严"与"宽"的"相济"。检察办案的公正和精准与效率不可偏废,只有关注效率,才能紧盯受疫情影响的关键行业、中小微企业和个体工商户,对可能影响企业正常经营的涉案财物,慎用查封、扣押、冻结等措施,力防企业因案"雪上加霜",促进社会内生稳定。杭州被誉为"全球数字之城"和"全球智慧城市",高屋建瓴的定位固然让人眼前一亮,但也给检察机关的司法、执法效率提出了更高要求。由服务对象自身运作的高效化,带来国家机关的服务高效化②,这是检察机关适应都市化"枫桥经验"叙事的应然现象。

本文所指的高效,绝不仅指办案期限的压缩和办案节奏的加快。高效在期限压缩的表征之下,更需要考虑的是矛盾化解的高效、法益恢复的高效,从遗漏的碎片化线索中发现高效治理的可能性,由此才能与检察机关的诉源治理琴瑟合拍、相得益彰。如从表面上看,检察听证势必影响案件的办理效率,但其法益恢复、社会治理的作用不可忽视,从而决定了"枫桥经验"所倡导的源头治理、多元治理的形态和格局③,在剖析"已病"的同时诊断"未病",最终的目标仍然是社会治理的高效,从而真正有效帮助形成中国式现代化的基本

---

① 参见李占国:《诉源治理的理论、实践及发展方向》,载《法律适用》2022年第10期。

② 参见[德]迪特尔·梅迪库斯:《德国民法总论》,邵建东译,法律出版社2001年版,第538页。

③ 参见于浩:《推陈出新:"枫桥经验"之于中国基层司法治理的意义》,载《法学评论》2019年第4期。

细胞。

(二) 企业合规有效展开——公正透明的诉源治理程序

企业合规建设和检察机关在企业合规建设中的作用问题已然成为法学界甚至是检察理论界探索的重要课题，也是实现检察工作现代化的一个重要抓手。应当承认，企业合规虽是新热点，但实为老话题。在我国尚未建立现代企业制度的改革开放之前，我国在工程建设行业也已形成了涵盖"规划、采购、设计、施工、使用、拆除"等工程全生命周期的法规体系。① 1992年，我国的《企业会计准则》公布，为企业内部控制管理奠定了基础。2006年，为了解决当时的商业银行呆坏账问题，我国颁布了《商业银行合规风险管理指引》。② 然而，在包括检察机关在内的职能部门通过各种方式扶助企业度过内外环境所导致的搦战中，合规成为企业经营和检察机关办理涉企案件所要关注的"必需品而非选项"。③ 从诉源治理的角度看，通过企业合规让一些案件避免进入司法审判程序，并且通过合规活动纠正问题企业及其相关人员的行为，为避免行政违法和其他社会纠纷探索新的路径。

当前，企业合规中的许多概念，仍需不断探讨和匡正。特别是在检察合规实践路径选择的过程中，一些问题仍然值得思索，并且能够从"枫桥经验"诉源治理模式中找到有价值的参考，特别是"枫桥经验"解决纠纷活动中所体现的"善用外力""公正透明""议题开放"等处理个案中的智慧。比如，在选任合规人员的问题上如何做到"善用外力"？正如著名的比较法学家达玛什卡所言，"在政策实施型的司法程序中，政府律师、检察机关、审判机关的设置，乃是内部职能分工的专业化需要"④。检察机关应与工商联、国资委、财税等部门加强沟通，利用上述部门的技术优势，公正地选任恰当的第三方合规人员，避免越俎代庖。又如，在合规活动的运作的过程中如何做到"公正透明"？一方面，检察官要加强对第三方合规人员的监督，另一方面，办案组要接受外部的监督。当然，这种监督绝不仅仅是过程性的，更是结果性的，即

---

① 参见周佑勇：《契约行政理念下的企业合规协议制度构建——以工程建设领域为视角》，载《法学杂志》2019年第9期。

② 参见陈瑞华：《中国金融监管机构确立的合规体系》，载《中国律师》2019年第8期。

③ See John J. Fons, The case for compliance: Now It's a Necessity, Not an Option, Business Law Today 13, No. 1 (2003): 26 - 29.2.

④ 参见 [美] 米尔伊安·R. 达玛什卡：《司法和国家权力的多种面孔：比较视野中的法律程序》，郑戈译，中国政法大学出版社2015年版，第193页。

企业的合规计划是否存在漏洞，其最终的合规整改是否达标，完成合规整改是否仍需要对企业进行处罚，都需要充分公开。或许，检察听证是一个合理的途径，以阻遏暗箱操作。还如，在合规计划的进行过程中如何做到"议题开放"？有人认为，企业存在经营、财务和合规三大风险[1]，但经营和财务的不合规却是引发合规风险甚至犯罪的主要源头。目前的企业合规方案设置，大多是以金融、涉税和虚假诉讼等违法犯罪活动为基本样态设置的，但在实践中，有的企业涉及的违规问题却是生产安全、生态环保甚至知识产权等。在合规的过程中"系统性"与"针对性"不可偏废，不仅第三方合规的专业人员选任是开放的，合规流程的设置也不是死板的，从而真正解决企业经营的法律风险和违规问题，防止隔靴搔痒。

（三）事前涉企法律服务——多样诉源治理方式的规范意蕴

如果说检察机关的作用发端于控方一体化的诉讼思维，那其权威的树立便依托于前置化的帮扶和监督谱系。由此，在检察现代化的谱系中，诉源治理最能体现其与中国式现代化的关联。因为前者是检察机关的"门板饭""基础题"，后者才是突出其参与社会治理能力的"新蓝海""提高题"。要做好这篇新文章，当然要有"枫桥经验"所倡导的法德融合价值取向，也要有尚德守法价值目标。

早在2017年9月，习近平主席在致第二十二届国际检察官联合年会暨会员代表大会的贺信中就深刻指出："检察官作为公共利益的代表，肩负着重要责任。"检察机关作为"法治国守护人"[2]，在具体行动上，要通过在事前法律服务过程中汲取"枫桥经验"中的各种有益经验，方可在诉源治理问题上有所作为：检察机关不仅可以通过发出检察建议监督相关部门的行为，还可以直接对企业发出检察建议，及时纠正企业的违法经营活动，督促企业加强风险防控，成为帮助企业改变经营模式。检察机关还可以发挥能动性，结合相关部门对民营企业进行普法宣传，针对涉企类犯罪进行法治宣讲，为企业高管、员工上普法课，保障民营企业的合法利益，办好企业法治课堂；在面临突发性紧急事件或者突发性纠纷时，检察机关积极实行"检企"联动，助企纾困，参与民营企业的纠纷解决和与职能部门的沟通，当好将企业小问题、小纠纷化解在萌芽状态的"老娘舅"，帮助企业渡过难关。

有人可能会有疑问，检察机关事前主动对某个行业、某个地域的企业提供

---

[1] 参见李勇：《检察视角下中国刑事合规之构建》，载《国家检察官学院学报》2020年第4期。

[2] 李乐平、韩彦霞：《培育和践行检察职业精神》，载《人民检察》2017年第15期。

服务，是否会造成选择帮扶目标上的难题，甚至会引发竞争的不平等？当然，对所有企业来说，同时、平等提供法律辅助，确实是一种有助于企业合规发展（即预防性合规）、健康竞争的目标取向，也是当代"枫桥经验"中"服务不缺位"[①] 所倡导的，但这在实务中却可能无法成行。如果从社会学的角度看待这一问题，也许能够窥到合理的逻辑。提出问题的角度是，企业自身的发展具有私益性，这是从权利的主体性、可用性角度来观察的。解决问题的逻辑是企业的利益同时具有公益性，这关系到国家整体的经济利益和大多数国民的生存和发展，这是从权利的价值性和聚合性的范畴来探讨的。企业扶助的公益性取向，为检察机关向企业提供服务提供法理意义上的基础，也成为检察机关行使权力的社会论和系统论依据。

（四）涉企数字检察监督——个体趋进全域的诉源治理

"枫桥经验"的基本内核就是"矛盾及时、就地解决，不上交"的诉源治理方法。不过，在当下网络社会、陌生社会和都市社会的发展期，如果将"就地"狭隘理解为地理方位、行政区划，顺利"解决"的可能性便微乎其微。只有对"矛盾及时就地解决"的新内涵再认知，将"就地"解释为依法、合理、及时并使得社会治理呈现正向价值关系，方可真正实现诉源的"顺利"治理，这便带给人们两个新的课题：当"矛盾"和"错误"尚在"潜伏期"，人们如何精准发现？在单个"矛盾"解决的过程中，有没有可能形成系统性、全域性的"纠纷发现""及时化解"以及"有效治理"的叙事？而当前正在开展的全域数字化法律监督活动，作为检察现代化的关键组成部分成为实现上述目标的重要手段。

海量数据的获取是检察机关进行数字化法律监督的前提和基础。同时，在检察机关内部，也需要进行数据的保存和整合，从而成为数字化监督的有效线索来源，及时发现企业内部和外部"潜伏"的"问题"和"错误"，为下一步的治理挖掘有效的诉源线索。而在大数据时代，个案的线索可以通过模型对外复制和扩展，单株的"盆景"借助模型之手，经过克隆成为"风景"甚至"全景"。当然，这种应用并非一蹴而就，更非灵光乍现的，其依靠的是检察官对于法律充分认识和对数据背后所代表的案件意义的深度挖掘；依靠的是技术部门对于数据与法律、数据与数据之间的逻辑关系的有效理解；依靠的是办案部门与技术部门之间的理念一致、深度协同、工作共融。在诉源问题的治理上，特别要强调的是杭州检察机关与浙江法院研发推广在线矛盾纠纷多元化解

[①] 李林：《推进新时代"枫桥经验"的法治化》，载《法学杂志》2019年第1期。

平台（ODR）及其形成的递进式、漏斗型的纠纷分层过滤化解模式①相互融合。由此，才能够让"人人都是数据员"的新时代检察官打通大数据法律监督的"最后一公里"。让每个企业和由企业所牵连到的单个国民主体都能感受到当代都市"枫桥经验"指导下的数字化监督所形成的现代化诉源治理价值。需要指出的是，当数据从数字脱胎成为信息之时，其中立性便荡然无存。为了实现"数据向善"的目标②，检察机关在提供涉企诉源治理的工作中除了要对个人信息加以保护外，还要对作为市场细胞——企业的知识产权、商业秘密加以保护。

对数据进行识别和判断，进而以公共利益为取向作出利益衡量，根据比例原则检验合理性③，在数字监督的过程中贯彻数字法治和数字人权需求，做好企业法治守护者和参与者，这是检察机关通过大数据法律监督践行新时代"枫桥经验"、实现诉源治理现代化的拓展创新，也是不断以检察现代化助力中国式现代化目标所涵括的"国之大者"。

---

① 参见李占国：《诉源治理的理论、实践及发展方向》，载《法律适用》2022年第10期。

② 参见马长山：《智慧社会背景下"第四代人权"及其保障》，载《中国法学》2019年第5期。

③ 参见高一飞：《数字人权规范构造的体系化展开》，载《法学研究》2023年第2期。

完善检察建议工作机制
推动诉源治理的实践与探索

王水明　宋生琳　张天佑[*]

人民检察院作为宪法赋权的法律监督机关,必须坚持依法能动履职,助推诉源治理,推动国家治理体系和治理能力现代化。[①] 检察建议是检察实践长期发展的产物,在主动参与诉源治理方面具有天然优势,检察机关要"更好发挥检察建议在国家和社会治理中的规范引领作用"。[②]

一、检察建议与诉源治理具有天然耦合性

(一)诉源治理的定义及其重要意义

2021年2月19日,中央全面深化改革委员会第十八次会议审议通过《关于加强诉源治理推动矛盾纠纷源头化解的意见》,再次将"诉源治理"推为热点词汇。由东汉许慎《说文解字·言部》中"诉,告也。从言,厈省聲"可知,"诉"的本义为告状、控告,后引申为求助。由《说文解字》中"源,水,泉本也,从水原聲"可知,"源"的本义为水源、源泉,后引申为来源、根源。有些学者从狭义的角度看,将诉源治理限定为对法院的诉讼案件进行源头治理。这种观点从单一视角对诉源治理进行界定,对诉源治理缺乏整体性、系统性的解释与概括。笔者认为,对诉源治理的理解应与经济社会整体发展、国家治理现代化需求及人民日益增长的法治需求相结合,不能简单地以单个司

---

[*] 王水明,青海省人民检察院法律政策研究室主任、三级高级检察官;宋生琳,青海省人民检察院法律政策研究室四级检察官助理;张天佑,青海省西宁市人民检察院法律政策研究室副主任。

[①] 参见元明、薛慧:《检察建议抓前端治未病的优势与落实》,载《人民检察》2022年第8期。

[②] 参见每周社评:《发挥检察建议在社会治理中的规范引领作用》,载《检察日报》2020年1月13日,第2版。

法机关为主，而是需要多元主体的参与。这里的"诉源"不仅指法院的诉讼案件，还应包括未发生的或已发生的其他来源的法律纠纷，而化解纠纷的方式也不仅是诉讼，也可能是调解、仲裁、裁决、复议、信访等。因此，笔者认为，诉源治理是指社会组织及个体利用各种机制，采取各种措施对纠纷进行预防和化解，使潜在纠纷和已发纠纷得以妥善解决，使纠纷双方当事人相关利益和冲突得以调和的过程。

1. 诉源治理是推动社会治理现代化的必然要求。当前，全球经济下行压力增大，与社会变革矛盾交织，各类矛盾纠纷引发因素增多，呈现易发、多发现象。因此，准确把握新矛盾的新特点，积极推进诉源治理，扎实做好矛盾纠纷多元化解工作，使纠纷止于未发、止于萌芽，才能有效提升社会治理的效果。

2. 诉源治理是满足人民群众日益增长的司法需求的必然要求。随着我国经济社会的迅猛发展，人民日益增长的司法需求与司法供给的相对不足存在矛盾，两者不相匹配所造成的矛盾纠纷也逐渐走上高发阶段，许多最终形成诉讼的矛盾纠纷在起初只是一些完全可以妥善处理的"小"矛盾，由于相关职能部门未能有效解决，最后由小拖大、由大拖炸。推进诉源治理，形成多层次多领域集成式纠纷解决体系，实现多数纠纷通过非诉多元化解方式及时就地解决，有助于推动化解矛盾纠纷的政治效果、法律效果和社会效果的有机统一。

3. 诉源治理是司法体制改革的必然要求。司法改革"四梁八柱"逐渐搭建，"内部精装"初步完成，加强综合配套改革是目前重中之重。司法作为维护社会公平正义的最后一道防线，司法机关资源有限，司法公平正义高效权威不应仅仅体现在案件办理的数量上，更应体现在案件的质量、效率和效果上。过重的办案负担和压力，会占用司法机关人员大量的精力，而未使得司法能力得到同步提升，难以实现司法的公正高效。推进诉源治理，坚持把非诉讼纠纷解决机制挺在解决矛盾纠纷的最前面，切实发挥多元化解纠纷机制的最大作用，推动从源头上减少诉讼增量，就是深化多元解纷，从而努力实现公平正义的目标。

（二）检察建议的定义及其与诉源治理的关系

检察建议制度作为一项极具中国特色的司法制度，充分体现了宪法赋予检察机关的法律监督职能，在社会治理体系中发挥着独特作用。中共中央在1981年提出了"社会治安综合治理"的方针政策，主要通过在政治、经济、法律等方面采取综合性措施，从根源上防止和减少违法犯罪现象。与此同时，检察机关提出可以以检察建议作为助推社会治理的有效举措。在全国各级检察机关的共同努力下，逐步形成国"检察建议是人民检察院通过办理案件，针对发案单位和有关部门存在的不安全因素和可能被犯罪分子利用的漏洞等问题,提出改章建制、改进工作、堵塞漏洞的建议,以达到减少和预防犯罪目、参与社会治安综合治理工作的一种形式"的共识①。正如最高人民检察院在1988年工作报告中提到,各级检察机关把综合治理各项内容寓于法律监督之中,有针对性地及时提出"检察建议",其作用正逐步为人熟知。2019年,最高人民检察院首次对检察建议的定义、范围进行规定,《人民检察院检察建议工作规定》(以下简称《工作规定》)将检察建议划分为五种类型,搭建起制度框架。2020年,《人民检察院刑事诉讼规则》第551条规定:"人民检察院对刑事诉讼活动实行法律监督,发现违法情形的,依法提出抗诉、纠正意见或者检察建议"。这些法律法规与工作规定的相继出台,标志着检察建议制度体系和运行体系基本形成,其"既有高位阶的法律又有司法解释性文件,既有概括性授权又有操作性规定,既有实体性规定又有程序性规定,形成了法律、司法解释、工作规则等多层次的法律制度体系"②。尤其是2021年,中共中央在中国共产党成立100周年、党绝对领导下的人民检察制度创立90周年之际,专门印发《中共中央关于加强检察机关法律监督工作的意见》,这是党的历史上第一次,充分展现了以习近平同志为核心的党中央对检察机关法律监督工作的高度重视,对检察机关发挥职能作用、推进国家治理体系和治理能力现代化具有重大意义。

(三)检察建议与诉源治理具有天然耦合性

1. 检察建议的司法属性与诉源治理的内在要求天然耦合。2018年,新修订的人民检察院组织法第一次以法律形式明确行使法律监督权的法定方式有:检察建议、抗诉与纠正意见③;2019年,最高人民检察院颁布新修订的《工作规定》,将检察建议划分为五种类型,搭建起制度框架;2020年,《人民检察院刑事诉讼规则》第551条规定"人民检察院对刑事诉讼活动实行法律监督,发现违法情形的,依法提出抗诉、纠正意见或者检察建议"。这些法律法规与工作规定的相继出台,标志着检察建议制度体系和运行体系基本形成,其"既有高位阶的法律又有司法解释性文件,既有概括性授权又有操作性规定,

---

① 参见《发挥检察建议在社会治理中的规范引领作用》,载《检察日报》2020年1月13日,第2版。

② 韩静茹:《民事检察建议的分类重构与原理探寻——以二元化权能结构为背景》,载《大连理工大学学报》2015年第1期。

③ 万毅:《〈人民检察院组织法〉第21条之法理分析》,载《国家检察官学院学报》2019年第1期。

既有实体性规定又有程序性规定，形成了法律、司法解释、工作规则等多层次的法律制度体系"①。尤其是 2021 年，中共中央在中国共产党成立 100 周年、党绝对领导下的人民检察制度创立 90 周年之际，专门印发《中共中央关于加强检察机关法律监督工作的意见》，这是党的历史上第一次，充分展现了以习近平同志为核心的党中央对检察机关法律监督工作的高度重视，对检察机关发挥职能作用、推进国家治理体系和治理能力现代化具有重大意义。因此，检察建议的提出具有天然的司法属性。利用检察建议，拓展检察机关法律监督权的广度，延伸至社会治理的前端，这是检察机关落实习近平法治思想、践行司法为民理念的具体实践，更体现了坚持在党的领导下建设多元化纠纷解决机制的思路与对策，有利于形成社会各方力量共同推进诉源治理的强大合力。

2. 检察建议的基本功能与诉源治理的基本理念天然耦合。《黄帝内经》指出，"上医治未病，中医治欲病，下医治已病"。中国传统中医防重于治的思想，对当前社会治理工作依然具有十分重要的启示意义，同时也与诉源治理中的"源头预防为先"理念不谋而合。《工作规定》第 2 条规定指明检察建议是人民检察院参与社会治理的重要方式之一②，能够预防和减少可能发生的违法犯罪、有效帮助防范化解社会风险。《工作规定》第 11 条特别规定了社会治理检察建议的适用情形，其主要目的在于"改进工作、完善治理"。检察建议的这种将问题解决于萌芽状态的基本功能与诉源治理中发现、解决源头性问题的基本理念是一致的，与"抓前端、治未病"的基本理念也是一致的。

3. 检察建议的基础作用与诉源治理的实践要求天然耦合。司法工作向矛盾纠纷的源头防控延伸，人民检察院发挥着参与、推动、规范和保障的重要作用，而从根源上减少或者避免矛盾纠纷是一个系统工程，诉源治理致力于将治理链条延伸到社会各个角落，仅凭单一部门作为一项孤立工作来抓，收效甚微。随着依法治国实践的发展，检察建议"在推动检察机关发挥法律监督主责主业的作用日益凸显"③。比如检察机关对照社会治理检察建议的六条具体制发情形，第一时间启动纠错程序，以协商、沟通、互动的方式提醒、监督被

---

① 韩静茹：《民事检察建议的分类重构与原理探寻——以二元化权能结构为背景》，载《大连理工大学学报》2015 年第 1 期。

② 参见杨建顺：《论社会治理检察建议的规范引领作用》，载《人民检察》2021 年第 17 期。

③ 参见赵静东、王晓伟、王端端：《社会治理检察建议工作实践问题研究》，载《中国检察官》2020 年第 21 期。

建议单位开展自查自纠、整改提升,"将监督柔性化处理"①,变以前的主要依靠检察机关自身力量监督为各方力量协作配合、借力监督,更好地保障了国家、人民权益,充分体现双赢多赢共赢的监督理念。

4. 检察建议的适用范围与诉源治理的广泛性内在耦合。实践中,检察建议的适用领域和范围逐渐突破单一的刑事诉讼领域,向刑事、民事、行政诉讼领域拓展延伸。比如 2001 年,《人民检察院民事行政抗诉案件办案规则》对如何使用检察建议的情形专门进行了规定。2012 年民事诉讼法首次将检察建议正式写入法律,明确了检察建议对民事执行活动和审判违法的监督,解决了检察建议合法性的问题;2014 年行政诉讼法明确了检察建议在行政诉讼监督中的法律地位。检察建议真正实现覆盖刑事、民事、行政三大检察,在检察工作中的比重大幅增加,其功能和作用也进一步扩展,由预防违法犯罪、提出治理建议向实现诉讼监督功能转变,在多种专项监督工作中被灵活、广泛应用。2017 年,习近平总书记指出,检察机关是"公共利益代表",以"四大检察"职能为核心的新时代检察工作的新范式逐渐开启。同年,《关于民事执行活动法律监督若干问题的规定》中明确了再审检察建议和纠正违法检察建议的回复期限等内容。2018 年,《关于检察公益诉讼案件适用法律若干问题的解释》中规定了公益诉讼(诉前)检察建议的具体适用情形。2019 年《工作规定》第 5 条中将检察建议划为五种类型,检察建议在司法实践中运用的广泛性使得检察机关在"四大检察"职能范围内均可制发检察建议。以社会治理类检察建议为例,各业务部门根据实际履职情况均可以制发;其制发对象既可以是各类企业及民间组织,也可以是其行业监管部门;制发内容既可以针对个案,也可以就一定时期某类违法犯罪案件多发、频发或已发案件暴露出的明显管理监督漏洞制发检察建议。党的十九届四中全会提出"必须加强和创新社会治理,完善党委领导、政府负责、民主协商、社会协同、公众参与、法治保障、科技支撑的社会治理体系"。作为一项复杂的系统性工程,为推动诉源治理落地落实,需要各地各相关部门将诉源治理融入党委、政府治理大格局。检察建议广泛的适用范围与诉源治理广泛而复杂的工作实践相契合,有利于拓展诉源治理的深度与广度。

二、检察建议助推诉源治理存在的困境

检察建议在发挥检察机关法律监督职能、参与诉源治理、回应人民群众更

---

① 参见陈勇:《以新时代法律监督理念为引领 推动检察建议规范化建设深入科学发展》,载《人民检察》2018 年第 16 期。

高司法需求、实现双赢多赢共赢方面具有重要作用。但实践中也发现，检察建议在推动诉源治理中作用发挥不充分，保障机制不健全。

1. 制、收检察建议双方存在对抗性影响诉源治理的效果。检察机关制发检察建议与被建议单位接受检察建议之间存在对抗性影响诉源治理作用发挥。检察机关行使宪法赋予的法律监督职能，与被监督者之间存在"主动"与"被动"的关系，由于双方的立场不同，两者无不可避免地具有对抗性，这表现在检察机关向被建议单位制发检察建议时存在"犯错与纠错之间对抗性的博弈现象"。因此，如何协调好检察机关主动履行法律监督职能与被监督部门愿意履行改错纠错工作的关系，不仅需要在法律层面进行"硬性规定"，也需要更多的"软性要求"。在认定是否依法履职方面，双方也存在一些差异：针对违法行为，双方依据相关法律、法规即可作出认定；而对不作为行为，双方则可能存在不同的认识。被建议单位可能坚持以行为为标准，认为只要行动起来，采取了一定的措施，向检察机关进行回复就算履职；但检察机关可能坚持以结果为标准，既要看被建议单位是否已经开展整改行动，还要看整改结果是否真正有效，并针对不同的结果采取不同的督促落实措施，这种不同的判断标准也会加剧双方的对抗关系。

2. 检察建议的质量不高影响诉源治理作用的发挥。主要表现在五个方面。一是重程序建设、轻实体建设。实践中普遍存在对检察建议文书制作质量不够重视的情况，提出的建议针对性、操作性差，被建议单位难以落实，容易产生抵触情绪，从而影响到检察建议的实效。二是重制作发出、轻督促落实。通过梳理我们发现，一些地方的检察机关及干警仍然存在重数量、轻质量的问题，乐于制作和发出检察建议，但却疏于跟踪及督促落实，导致监督效果大打折扣。三是重非诉讼性检察建议、轻诉讼性检察建议。由于受考核数据等因素的影响，实践中普遍存在关注诉前检察建议（公益诉讼）多，而对诉讼中的检察建议（纠正违法、再审检察建议）和诉讼后的检察建议（社会治理）关注度少，重视程度不够，制发数量明显偏少。四是重个案工作、轻类案分析。从青海检察工作实际来看，各地检察机关普遍存在重视个案制发、忽视类案分析的情况，缺少对相似性个案普遍规律的分析归纳，未能对检察建议进行进一步的提炼和升华。五是重工作开展、轻总结提高。主要表现为人力、精力投入不够，检察建议制发人员与统计分析人员衔接不畅，总结分析的力度、深度还不够，补短板、强弱项的针对性举措还不多、思路还不全。

三、如何有效发挥检察建议推动诉源治理

2022年《最高人民检察院工作报告》首次专门用一个部分"诉源治理——

以检察履职保障高水平安全"来介绍治理成效,其中重要内容之一就是"以检察建议推动源头治理"。检察机关要积极建立完善检察建议运行机制、制发机制、落实机制、考评机制和配套机制等,推动检察建议制度在新时代国家治理现代化中发挥更大更显著的作用。

(一)以"我管"促"都管",完善检察建议运行机制,促进系统治理

1. 完善立法,进一步构建完备的检察建议法律体系。在三大诉讼法修改后,检察建议虽然作为检察机关行使法律监督的一种重要手段已经被纳入审判监督程序,但相关法律规定比较原则性,在实践中操作会造成认识不一、程序混乱等问题,需要进一步就配套法律制度机制加强立法,尤其是要进一步明确检察建议的法定效力,对制发检察建议后被建议单位不予履行职责的后果作出明确规定,赋予其一定的强制性效力。比如在完善诉讼监督方面,通过在刑事诉讼法中明确刑事再审检察建议、纠正违法检察建议的程序与方式对诉讼程序进行监督,进一步提升检察建议的"刚性"制约作用。

2. 争取支持,进一步完善检察建议保障机制。党的领导是诉源治理取得实质性成效的根本保障,要坚持在地方党委的领导下推动检察建议发挥作用,建立健全工作汇报机制,主动向党委、人大报告检察建议工作开展情况,由地方党委、政府或人大出台关于加强检察建议工作的规定与决议,与地方纪委、监察委联合出台督促落实检察建议和加强监检协作的实施意见,以地方性法规重申法律规定,进一步提升检察建议的效力。要积极寻求地方党委、政府支持,将检察建议纳入党政考核指标体系,使被建议单位真正认识到不纠正将产生的后果,强化监督保障力,进一步发挥检察建议在社会治理中的规范、引领作用。

3. 合力监督,进一步完善检察建议协作机制。一方面,严格检察建议的审核把关,检察官在起草检察建议书时,要积极借鉴外地经验做法,参考典型案例样本,进一步提升检察建议的规范性。要加强检察机关内部各部门的协调配合,严格落实社会治理检察建议的备案、审查制度,及时与本院负责法律政策研究的部门沟通协调,协力提升检察建议的必要性、合法性、说理性。另一方面,要建立诉前圆桌会议机制,召集相关部门、组织及群众代表,在必要时还可以邀请人大代表、政协委员或者特约检察员、人民监督员等第三方人员参加,共同探讨解决问题的措施、商定整改提升的方案等,通过整合多方力量,

集成工作合力,在监督中实现双赢多赢共赢。①

4. 强化引导,进一步完善解释宣传机制。要建立完善解释宣传机制,通过组织观摩庭审、进机关、进社区、进企业等方式,进一步加强对检察建议工作的宣传报道,进一步提升检察建议的知晓度。要广泛使用公开宣告、公开送达等方式,向被建议方进行主动宣示、集中宣传,可以邀请第三方人员如人大代表、政协委员、人民监督员等充分参与其中,形成良性互动,切实提升检察建议的影响力,进而引导全社会共同参与诉源治理。

(二)"抓前端、治未病",完善检察建议制发机制,促进源头治理

1. 建立完善学习培训机制。检察官是制发检察建议的主体,要建立检察委员会、检察官联席会议定期学习检察建议相关规定机制,通过讲解、领悟,切实提高检察人员政治站位,引导检察官站在加强和创新社会治理的高度去充分认识检察建议的重要意义,纠正就案办案思想,切实增强开展检察建议工作的积极性和主动性。通过学习、培训,进一步提升检察官制发检察建议的水平与能力,从而提出合法合规合理、可行性与操作性都比较强的检察建议,确保检察建议文书更加规范。

2. 建立文书抽查及评比机制。检察建议的核心和生命线是质量,要以"求极致"的态度去抓好抓实检察建议文书质量的提升。要完善调查核实机制,严格工作程序,要求检察官制发检察建议必须进行调查核实,找准找透存在问题,深入分析问题成因,撰写调查报告,坚决杜绝出现模板化套用现象。要建立优秀检察建议文书评选机制及检察建议通报批评机制,通过评选活动,将好的检察建议选出来;通过通报批评,将差的检察建议挑出来,进一步明确奖惩措施,让检察官有可借鉴的范本、可比对的标准,提升检察官写好检察建议书的责任感和使命感。

3. 建立整理分析及归纳总结机制。要建立检察建议整理分析机制,各业务部门对制发的检察建议可以定期组织开展分析,在检察官联席会议上分享心得、对比效果,互相找差距、补不足,对成效显著的检察建议可以在全省、全市范围内进行推广和应用;对成效不显著的检察建议及时进行改进和提升。要建立归纳总结机制,特别是对某一现象某一类型的问题,组织开展部门检察官思考会,对司法办案中反映出的倾向性、趋势性问题集思广益,进行归纳总结,发现管理漏洞,实事求是地提出检察建议,力争让一个建议堵塞多个漏

---

① 参见王斌:《创新工作机制 增强检察建议刚性》,载《检察日报》2019年6月17日,第3版。

洞、解决一批问题,实现"办理一案、治理一片"的目的,切实提升检察建议的实效。

(三)"抓末端、治已病",完善检察建议落实机制,促进全流程治理

1. 建立持续跟进落实机制。检察建议要发挥作用,关键靠落实。要建立持续跟进落实机制,主要把握好两点:一是对回复期限的把握,要严格按照检察建议的回复期,提前对被建议单位进行预警提醒;二是对落实情况的把握,要实时掌握被建议单位执行落实情况,了解清楚被建议单位是否采取了一些措施、采取了哪些措施、是否建立了相应的机制、落实的效果好不好等内容,通过精细化管控,全面掌握检察建议制发后的落实效果。

2. 建立完善督促整改机制。检察建议送达后,检察机关在主动跟踪落实的基础上,要建立完善督促整改机制,对检察建议未回复情况进行分类处理。对于确实存在困难、难以保证落实效果的,可以通过召开联席会议、组织多部门协商等方式,推动问题得到解决。对于无正当理由不落实检察建议的,要严格落实《工作规定》第25条内容。一方面,可以及时报请检察长决定,将相关情况报告上级人民检察院,通报被建议单位的上级机关、行政主管部门或者行业自律组织等;另一方面,在必要时向同级党委、人大报告,通报同级政府、纪检监察机关,让被建议单位切实感受到压力,体会到检察机关法律监督的权威性。①

3. 建立健全定期回访机制。检察建议不能"一发了之",而应"没完没了"地抓下去。要建立健全定期回访机制,完善检察建议"案件化"管理制度,对长期性、易反复的社会治理难题,定期组织开展"回头看",由制发检察建议的承办检察官负责对被建议单位进行定期回访,了解和掌握检察建议的落实整改情况,督促整改措施落到实处,确保检察建议既抓成效更抓长效。

(四)坚持精细化管理,完善检察建议考评及配套机制,促进系统治理

1. 建立健全考核评价机制。科学、健全、完善的检察建议考评制度是开展检察建议工作的有力保障。要以检察建议的制发效果为评价依据,把检察建议纳入业绩考评指标体系,把检察建议工作成效当作部门或个人工作表现实绩内容的重要内容之一,推动检察建议由重数量轻质量、重发送轻落实向重质更重落实转变;可以采取考评加分制规则,突出检察建议质效的考评标准,预防各部门及人员在考评时为多得分而牺牲检察建议工作质量的情况出现,引领检

---

① 参见周新:《论我国检察权的新发展》,载《中国社会科学》2020年第8期。

三、法律监督机制现代化

察建议工作朝着更高质量、更大效果的方向发展。

2. 建立健全反馈评价机制。在实践中应建立完善反馈评价机制，可以通过采取调查问卷、座谈会等形式，站在被监督对象的角度，定期听取被建议单位的意见建议，推动检察建议反向改进提升。通过将检察建议工作纳入党政目标考核体系，对落实检察建议认真扎实、成效显著的单位进行加分表彰；对落实检察建议不采纳、不回复的采取减分通报，倒逼检察建议得到有效落实。

3. 建立健全容错纠错与复议机制。应建立健全容错纠错机制，在制发检察建议后，对发现制发的检察建议确有不当的，应当及时变更或者撤回。为保证程序的规范性，需将此纳入检察委员会审议内容，经检察委员会的同意后变更或撤回检察建议；如果上级检察院对下级检察院制发的检察建议存在异议，认为确有不当的，可直接指令下级检察院变更或者撤回。此外，还应建立完善检察建议复议机制，被建议单位确有异议的，可以书面提出复议要求，说明复议理由及依据；检察官应立即进行复核，并根据复核结果进行有区别的处理：对于经复核异议成立的，要报检察委员会讨论决定后，根据被建议单位认可程度，可采取变更或撤回措施；对于经复核异议不成立的，报经检察长同意后，向被建议单位说明理由，可以要求被建议单位接受；对于被建议单位拒绝接受的，也可向上一级检察机关申请复核，由上一级检察机关作出最终决定。

法律监督机制现代化视域下能动履职服务保障法治化营商环境路径研究

刘清洋*

营商环境是国家和地区的重要软实力和核心竞争力,优化营商环境事关发展全局。当前,百年变局加速演进,国际国内风险挑战增多,经济发展环境的复杂性不确定性上升。在此形势下,把握法律监督理念现代化,扎实做好"六稳"工作、全面落实"六保"任务,营造市场化、法治化、国际化营商环境显得尤为重要。

一、问题缘起:检察机关服务保障新疆市场化、法治化、国际化营商环境的重要意义

(一)检察机关服务保障市场化、法治化、国际化营商环境是服务大局的必然要求

优化营商环境是推进高质量发展的重要举措。党的十八大以来,国家专门出台《优化营商环境条例》,全面深化"放管服"改革,清理精简审批核准事项,减税降费缓解企业负担,全面推动营商环境建设提质增效。[①] 各地各部门以市场需求为导向,持续降低准入门槛,推进投资便利、贸易便利,加快培育市场主体参与国际竞争合作新优势。党的二十大报告指出:"合理缩减外资准入负面清单,依法保护外商投资权益,营造市场化、法治化、国际化一流营商环境"[②]。2021 年,党中央印发《中共中央关于加强新时代检察机关法律监督

---

* 新疆维吾尔自治区人民检察院办公室副主任。

① 邱需恩、王俊康:《推进市场监管法治化 更好服务全国统一大市场建设》,载《中国市场监管研究》2022 年第 9 期。

② 习近平:《高举中国特色社会主义伟大旗帜 为全面建设社会主义现代化国家而团结奋斗——在中国共产党第二十次全国代表大会上的报告》,载《人民日报》2022 年 10 月 26 日,第 1 版。

三、法律监督机制现代化

工作的意见》,要求"依法维护企业合法权益""积极主动服务保障经济社会高质量发展"。习近平总书记强调,司法工作要聚焦大局、服务大局、保障大局①,作为党绝对领导下的国家法律监督机关和司法机关,围绕中心、服务大局是检察机关的政治责任。最高人民检察院反复强调,要全面贯彻新发展理念,多措并举平等保护各类市场主体合法权益、营造法治化的营商环境,并作出一系列具体部署,为新疆检察机关找准检察工作与服务大局的结合点、着力点,服务保障市场化、法治化、国际化营商环境指明了努力方向。

(二)检察机关服务保障市场化、法治化、国际化营商环境是落实党的部署的具体体现

习近平总书记指出:"要发挥新疆区位优势,以推进丝绸之路经济带核心区建设为驱动,把新疆自身的区域性开放战略纳入国家向西开放的总体布局中,丰富对外开放载体,提升对外开放层次,创新开放型经济体制,打造内陆开放和沿边开放的高地。"②"一带一路"倡议是国家实现睦邻友好,推动周边国家共同发展繁荣的重要举措。最高人民检察院提出明确要求,要为推进"丝绸之路经济带"建设迈向更高水平提供更多更优的"法治产品"和"检察产品"③,为新疆检察机关指明了工作方向。新疆区位、资源优势突出,产业发展条件充足,与176个国家和地区建立了经贸关系,累计始发中欧(中亚)班列6242列、年均增长55.1%④,成为国家向西开放、辐射中亚的前沿。打造市场化、法治化、国际化营商环境,是新疆加快融入全国统一大市场,深化与周边国家全方位交流合作的题中应有之义。自治区党委高度重视加快推进"丝绸之路经济带"核心区建设,新疆将努力打造市场化、法治化、国际化的营商环境,持续改善投资、创业、发展条件,加大对市场主体的支持和服务力

---

① 《顺应大局实现平衡充分全面发展——二论深入学习贯彻大检察官研讨班精神》,载《检察日报》2018年7月31日,第1版。

② 习近平:《坚持依法治疆团结稳疆文化润疆富民兴疆长期建疆 努力建设新时代中国特色社会主义新疆》,载《新疆日报》2020年9月27日,第1版。

③ 《张志杰在服务保障"丝绸之路经济带"(国内西北段)建设,加强区域检察协作第二次联席会议上要求:深化区域检察协作 服务保障"一带一路"建设》,载《检察日报》2022年7月26日,第1版。

④ 马兴瑞:《奋力建设团结和谐、繁荣富裕、文明进步、安居乐业、生态良好的美好新疆——中共新疆维吾尔自治区委员会"中国这十年·新疆"主题新闻发布会实录》,载《新疆日报》2022年8月28日,第2版。

度，努力实现互利共赢、共同发展。① 自治区在乌鲁木齐等五地探索建立了营商环境监督员，组织优化营商环境专题培训。自治区近期出台《实施营商环境优化提升三年行动方案（2022—2025年）》②，明确112项工作任务，这些系列举措，充分体现了自治区党委对高质量发展规律特点的深刻把握，为新疆检察机关系统把握高质量发展部署，推动市场化、法治化、国际化营商环境指明了工作方向。

（三）检察机关服务保障市场化、法治化、国际化营商环境是能动履职的内在需求

理念是法律监督现代化之"魂"。党的二十大报告指出，贯彻新发展理念是新时代我国发展壮大的必由之路。近年来，最高人民检察院顺应人民群众更高要求，提出了一系列检察工作新理念，成为引领检察工作高质量发展的灵魂。实践证明，这些现代化司法理念契合中国式现代化内在要求，是习近平法治思想在检察领域的深刻诠释，是新发展理念在检察工作中的生动体现。以现代化司法理念凝聚共识、统一思想、指导办案，推动政治和业务建设融为一体，是推进检察工作现代化的必由之路。能动履职是检察机关近年来突出强调的工作理念，是对传统被动执法、机械司法观念的突破和创新。检察机关作为法治建设的重要力量，在优化营商环境中担负着重要的职责和使命。市场主体对外部环境的需求，包括自身安全、有序的市场交易秩序、便利高效的政务环境、鼓励创新的良好机制等内容。对比市场主体需求，"四大检察""十大业务"每一项都与营商环境密切相关，检察机关既是参与者，又是保障者和服务者。有的检察职能直接对市场主体产生影响，如刑事检察中的批捕起诉职能，打击侵害企业利益犯罪与办理企业及高管犯罪案件。有的检察职能通过监督公安、法院或行政机关依法履职而对市场主体产生影响，如刑事立案监督、侦查活动监督、审判监督、民事诉讼监督、行政诉讼监督和行政违法行为监督等。还有的检察职能对营商环境建设会产生潜移默化的影响，如社会综合治理类检察建议、检察官释法说理、发布典型案例等。服务经济社会发展、推动构建市场化、法治化、市场化营商环境，离不开检察机关主动跟进、职能延伸和诉源治理，通过办理一案、教育一片、治理一方，这与能动履职的理念是高度

---

① 《马兴瑞会见亚布力论坛企业家一行　艾尔肯·吐尼亚孜一同会见》，载《新疆日报》2022年2月19日，第1版。

② 《马兴瑞在自治区党委全面深化改革委员会会议上强调　进一步提升谋划推进改革的能力水平　以更实举措推动全面深化改革走深走实》，载《新疆日报》2022年8月2日，第1版。

契合的。党的二十大对高质量发展作出全面部署，检察机关作为中国特色社会主义事业建设者、捍卫者，必须深入学习领会习近平总书记重要讲话精神，胸怀"国之大者"，坚持"两个毫不动摇"，以"如我在诉"的境界和"求极致"的精神，把服务保障经济健康发展作为责无旁贷的政治责任，运用法治思维、法治方式和检察智慧办好每一件涉企案件，为市场化、法治化、国际化营商环境夯基垒土，铢积寸累提升企业和人民群众的安全感获得感，厚植党执政的政治基础。

二、现实问题：检察机关服务保障新疆市场化、法治化、国际化营商环境能动履职中存在的不足和短板

（一）依法能动的服务理念尚有差距

市场化、法治化、国际化营商环境涵盖内容丰富、涉及面广泛，需要检察机关有更高站位、更广视野、更大格局，从服务保障高质量发展行稳致远的角度来定位和行使检察监督职权，以更高的标准做好自身工作。当前，个别基层检察院将服务保障营商环境局限于检察办案中，没有自觉主动融入到检察工作各环节，精准对接高质量发展大局、服务保障营商环境的方式较为单一，落实方案和制定措施有待深化细化实化。少数干警对服务保障营商环境的精神领会不够深入透彻，对营商环境建设存在认识误区，认为政策要求可能是一阵风，存在应付与侥幸心理。还有部分检察人员践行服务保障营商环境的主动性、积极性不够高，职业化专业化水平还未能完全适应高质量要求。

（二）内外联动的保障机制有待创新

服务保障市场化、法治化、国际化营商环境除了司法领域外，还涉及依法行政、民商事仲裁、法律服务、公司治理等多领域多环节。根据国家发改委相关评价体系，营商环境涉及劳动力市场监管、建筑许可、政府采购、用水用气等18项指标，乌鲁木齐市作为新疆唯一参评城市，仅有2项指标进步较快[1]，还有较大提升空间。优化营商环境是一项社会工程，需要多部门共同参与、协调联动。从当前来看，检察机关虽与工商联、公安、法院形成了一些联系沟通机制，但在常态化、深层次上的工作联动还存在不足，具体工作措施尚在探索和试行阶段。由于相关权利义务不够明确，在为市场主体提供具体服务过程中，各方主体缺乏统筹配合。在打击经济违法犯罪、协调化解经济纠纷、提供企业发展的法律保障以及提供营商便利司法服务等方面，行政执法与刑事司法

---

[1] 艾玲：《持续优化营商环境》，载《新疆日报》2022年3月17日，第7版。

共享衔接平台尚未有效建立和运行,各部门间缺乏充分配合协作,无法完全满足市场主体的司法需求。

(三)检察监督办案的力度需要加大

随着经济社会发展,刑事案件发生结构性变化,严重暴力犯罪下降,涉企经济犯罪持续增长。经济犯罪成因复杂,许多涉及经济社会系统性、深层次矛盾问题正在逐步显现。数据显示,2019年12月至2020年11月企业家犯罪案件2635件,民营企业家犯罪数占91.85%。① 根据调研显示,有较多企业反映遭遇法律风险,集中在合同民事纠纷、刑事诈骗、涉税问题、劳动争议等领域。多数中小民营企业没有专门法律顾问,缺乏风险防控意识,应对刑事法律风险能力尚显不足,遭遇诉讼时不清楚如何维权。

与此同时,检察法治服务供给还不能很好地满足市场主体的需要,民事、行政诉讼监督、公益诉讼在优化营商环境中担当着更为直接的职责,但整体上检察监督职能在维护营商环境的工作中作用发挥不足。此外,受经济区域发展不平衡的影响,各地州市检察机关在服务保障营商环境方面的作用发挥不均衡,天山以北地区检察机关相关工作开展较好,南疆部分经济薄弱地区检察机关还需持续发力,服务保障新疆市场化、法治化、国际化营商环境检察整体效能有较大提升空间。

三、路径选择:检察机关服务保障新疆市场化、法治化、国际化营商环境能动履职的实践进路

(一)加强组织领导,提高服务优化营商环境的理念认识和专业素能

一是在工作理念上求转变。检察机关在打击犯罪上要保持司法的谦抑性,但在履行监督职能,推进工作上应积极发挥主动性。在优化营商环境工作中,要突出市场主体地位,确立服务意识谋划开展工作,围绕市场主体需求和投资者合法权益保护提供优质检察服务。深化涉案企业合规工作,办理涉及企业的案件时,在依法作出不批捕、不起诉决定或者提出轻缓量刑建议的同时,督促涉案企业作出合规承诺并积极整改。突出服务导向,帮助企业查找管理漏洞、完善机制,同时落实涉案企业合规第三方监管评估机制,促进合规守法经营,为营造良好市场化法治化国际化营商环境贡献更大检察力量。

二是在服务机制上求突破。积极广泛听取市场主体关于营造和维护营商环

---

① 蒋安杰:《2019—2020企业家刑事风险分析报告》,载《法治日报》2021年4月28日,第9版。

境的需求，统一司法办案标准。积极借鉴沿海发达地区已有成果，围绕"丝绸之路经济带"核心区建设，紧盯营商环境重点领域，按照"谁执法谁普法"工作要求，推动相关单位发布指导意见和相关合同示范文本等方式，助力市场主体合规经营。综合运用检察建议、调研报告等形式，主动参与区域市场环境综合治理，在职能作用上向基层延伸、向一线延伸，在优化营商环境中发挥更大作用。

三是在工作方向上有侧重。坚持依法、全面、平等保护市场主体，着力加强对公平交易和自由竞争秩序的维护，让市场发挥资源配置决定性作用，确保市场主体有持久的安全感和可靠的预期。完善办案机制和专门办案组织，加强与相关部门、社会组织的协调联动，共同研究解决营商环境建设中的关键问题。立足区域特点，围绕"一港、两区、五大中心、口岸经济带"建设，制定针对性措施提供精细化服务，鼓励企业利用聚集优势进行品牌培育，加强商标、专利保护。围绕伊犁国家级跨境电商综合试验区，鼓励市场主体加大研发投入，在"双循环"背景下积极做好涉外维权针对性预防。

四是在人才建设上求提升。在检察人员招录政策上，可向具备商法、经济法、金融法、知识产权法等方向专业知识的复合型人才倾斜，通过内部调整、外部选调等方式，吸收办理营商环境案件经验丰富的人员充实到经济检察队伍。组建专业化经济检察办案团队，聘请行政机关专业人员担任兼职检察官助理，参与案件审查，提供专业意见。对现有经济检察办案人员加强培训，通过举办讲座、开展交流、组织竞赛、选派人员到相关部门挂职锻炼等多种形式，充实专业办案知识，提高专业办案能力。加强与高校的合作交流，联合开展人才培养、课题攻关、案例研究，培养具有国际视野的经济检察人才。

（二）完善工作机制，推动形成服务优化营商环境综合保护格局

一是完善内部业务一体化联动机制。着眼服务营商环境，推动刑事、民事、行政、公益诉讼"四大检察"一体联动、融合发展，助力营商环境建设。一方面，统一涉营商环境案件线索研判归口、在案件管理部门设立涉营商环境案件监督线索数据库，通过对关键线索数据的抓取、整合等为后续分析研判提供充分依据。明确涉营商环境案件中法律监督要素，加强对"四大检察"服务营商环境案件的排查研判，细化法律文书制作、释法说理、信访反馈、沟通协调等具体工作步骤，在审查报告中列明营商环境相关要素的审查情况。优化检察职权运作方式，规范调查核实等程序性、群众来信回复等阶段性履职行为，提升监督效能。另一方面，搭建涉营商环境案件法律监督流转、协作通道。巩固和坚持刑事检察监督优势领域，反哺和带动民事、行政监督短板弱项，促进"四大检察"领域间法律监督线索移转、调查核实协同配合、联合

监督等工作。细化刑事、民事、行政、公益诉讼领域法律监督职权，并在具体领域设立与其他检察领域相联通的流转渠道，发现监督线索及时移送，推动营商环境法律监督事项一体履职融合发展。

二是完善外部协作配合机制。加强与相关行政执法机关、公安机关、审判机关的协作配合，在双赢多赢共赢中统一执法司法认识、理念和标准，有效促进相关执法司法机关严格公正执法司法，目标一致协同护航"丝绸之路经济带"核心区建设。深化数字检察工作，为市场主体提供线上线下融合优质检察服务。完善营商环境案件行政执法与刑事司法衔接机制，用好"两法"衔接平台，落实好案件线索双向移送机制。对于行政执法部门移送的涉嫌犯罪线索，依法履行法律监督职责，防止以罚代刑对于可不起诉但应予行政处罚的案件，应当及时移送行政执法部门，实现刑事处罚和行政处罚的双向衔接；对于移送的民事行政诉讼监督线索，要依法审查并及时反馈。同时，注意办理、挖掘、总结一批具有示范引领意义的典型案例，体现强化协同保护、联合执法司法成效，为提升协作水平提供更多更好"样本"。

三是完善跨区域协作机制。依托西北五省（区）检察机关服务"丝绸之路经济带"建设协作机制，发挥好内外联动的桥梁和纽带作用，加强同西北五省（区）检察机关的协调联动，围绕落实总体国家安全观、常态化疫情防控下的经济高质量发展，立足新时代"四大检察""十大业务"，服务中国企业"走出去"和外资"引进来"、维护平等有序的经济金融环境。[①] 加强接壤地带联系，推动相邻市、县级检察院建立便捷的双边、多边协作机制，共同营造区域发展的良好营商环境。加强联合调研和业务交流，推动区域内办理案件在量刑平衡、宽严相济刑事司法政策的落实等方面达成共识，促进区域法律政策执行的统一性。对跨区域犯罪涉及管辖权问题的，由立案审查地检察机关和行为发生地检察机关及时会商解决。在严厉打击相关刑事犯罪的同时，探索开展联合检察监督，共同参与，堵漏建制，以发挥出检察监督的合力。

四是完善涉外司法检察合作机制。以保障"丝绸之路经济带"核心区建设为抓手，创新开展沿边口岸检察工作，依托26个沿边口岸地区检察院，通过严厉打击各类走私、洗钱、骗取出口退税及相关犯罪，加大民事、行政和公益诉讼检察办案力度。依托铁路运输检察职能，服务保障中欧班列安全畅通，服务口岸经济带建设。强化国际司法合作，依托上合组织总检察长会议和中哈

---

① 刘清洋、王胜华：《"一带一路"视域下完善检察供给研究——基于新疆作为"丝绸之路经济带核心区"的考察》，载《中国检察官》2021年第1期。

三、法律监督机制现代化

边境地区检察机关定期会晤机制,用好霍尔果斯中哈合作中心检察室①,联合新疆大学建立中亚司法检察研究基地,为企业"走出去"提供优质的法律服务。依托国家检察官学院新疆分院加快中亚司法交流基地建设,更好保障企业在国际贸易、境外展会签约、跨境投资等商业活动中的合法权益。

(三)提升办案效能,推动全面综合有效履职打造良好营商环境

一是做精做优刑事检察。依法严厉打击各类破坏社会主义市场经济秩序犯罪,用好认罪认罚从宽制度,加大对市场主体的平等保护力度。高效、严厉打击妨碍市场公平竞争、侵害市场主体经营权的各类暴力侵财犯罪。高效打击市场管理、调控、协调等行政执法过程中,执法主体滥用职权、徇私舞弊等犯罪,确保服务保障营商环境措施落实落地。精准打击招商引资过程中以权代法、违规审批、骗取资金、侵害股权等犯罪和插手工程领域承包、干预招投标、利益输送等权力腐败犯罪。着力打击非法传销、集资诈骗、金融骗贷、套路贷欺诈、非法吸收公众存款等扰乱市场秩序、扰乱金融环境、严重侵害社会诚信环境的违法犯罪和侵害商标权、专利权、著作权等犯罪。严厉打击证券违法行为,积极稳妥办理利用互联网、云计算、大数据为媒介侵犯网络知识产权、侵害各类市场主体商业秘密和个人隐私等各类网络犯罪。深入开展涉民营企业"挂案"清理工作,为社区矫正人员跨区开展经营活动提供便利,依法保护各类市场主体产权和合法权益,为企业提供良好的法治环境。

二是做实做强民事行政检察。加大对市场主体相关的民事、行政案件监督力度,对确有错误的案件依法提出抗诉、发出再审检察建议或检察建议,积极开展民事和解促进案结事了。发挥支持起诉职能,助力证券投资者依法维权。加强民事执行监督工作,保障当事人合法权益及时兑现。围绕市场主体破产重整、兼并重组等领域,深化数字化改革,探索法律监督的新机制和新方式,切实保障投资人、债权人和企业职工合法权益。深化行政争议实质性化解,探索行政执法监督新机制,推动优化亲清新型政商关系。贯彻落实双赢多赢共赢监督理念,加强对生态环境和资源保护、食品药品安全等关系国计民生领域的行政执法行为监督。探索推进涉营商环境管理和服务领域的行政违法行为监督。结合知识产权检察职能集中统一履行试点,健全与法院知识产权案件刑事、民事、行政"三审合一"相适应的检察统一履职模式,切实维护创新主体的合法权益。

---

① 刘清洋、王胜华:《"一带一路"视域下完善检察供给研究——基于新疆作为"丝绸之路经济带核心区"的考察》,载《中国检察官》2021年第1期。

三是做深做细公益诉讼检察。在检察履职中推进社会治理模式创新，围绕营商环境市场化和治理能力现代化加强诉源治理，进一步拓宽和畅通市场主体诉求表达和纠纷多元化解渠道，听取和反馈企业意见诉求，与相关单位共同研究解决营商环境建设中遇到的法律风险和相关问题。发挥公益诉讼保障民生、维护公益的职能，综合运用联合执法、检察建议、诉前磋商等方式，督促行政机关依法履行职责，及时高效执法，净化市场环境。落实新修改的反垄断法关于反垄断公益诉讼的规定，维护公平竞争的市场环境。聚焦消费者权益保护持续发力，及时支持相关当事人起诉，符合公益诉讼案件的及时依法提起公益诉讼。稳妥推进公益诉讼"等"外领域探索，推动营商环境不断优化。

好的营商环境就像阳光、水和空气，对市场主体须臾不可缺少。[①] 服务保障市场化法治化国际化营商环境，不是权宜之计、一时之谋，而是一项系统工程。检察机关要提高站位、把握时势，找准突破口和切入点，通过检察履职助力提升市场主体活力和创造力，持续彰显司法检察责任与担当。

[①] 吴秋余：《用更好营商环境提升企业竞争力》，载《人民日报》2022年10月25日，第5版。

从实践发展看加快推进国家司法救助立法的必要性

商凤廷　林　建[*]

国家司法救助是对遭受犯罪侵害或者民事侵权,无法通过诉讼获得有效赔偿的当事人,采取的辅助性救济措施。[①] 国家司法救助制度对保障人权,维护公平正义,缓和社会矛盾有着重要的意义。我国从 21 世纪初的实践探索、试点,到建立全国性规范,经历了 20 年的发展,救助规模不断扩大,民众认知度、关注度日益提升,救助方式、程序等不断创新,已经成为中国特色社会主义司法制度和国家社会保障体系的重要组成部分。但从实践情况看,由于缺乏全国统一立法,区域间差异较大、各部门衔接不畅,救助工作不透明、缺乏监督,救助程序不规范等问题长期得不到有效解决,严重制约了国家司法救助制度的发展和作用的发挥,建立统一规范的全国性立法迫在眉睫。

一、我国国家司法救助的源起与制度发展

我国司法救助制度的概念可以追溯至法院的诉讼费减免。但当前语境下的国家司法救助制度,起源于 2004 年的刑事被害人救助实践探索,经历了国家试点、制定刑事被害人救助规范性文件,到中央政法委等出台《关于建立完善国家司法救助制度的意见(试行)》制度正式确立的一个发展过程。

---

[*] 商凤廷,河北省人民检察院雄安新区分院三级高级检察官;林建,河北省人民检察院雄安新区分院检察官助理。

[①] 参照中共中央政法委员会、财政部、最高人民法院、最高人民检察院、公安部、司法部《关于印发〈关于建立完善国家司法救助制度的意见(试行)〉的通知》(中政委〔2014〕3 号)中对国家司法救助的界定,该意见中还规定,"涉法涉诉信访人,其诉求具有一定合理性,但通过法律途径难以解决,且生活困难,愿意接受国家司法救助后息诉息访的,可参照执行"。

（一）以法院为主体的诉讼费减免

关于我国国家司法救助制度，一些学者认为可以追溯至 20 世纪 80 年代法院对诉讼费用的减免，且认为当前诉讼费用的减免是广义国家司法救助制度的组成部分。① 这主要是由于最高人民法院当时在相关文件中将诉讼费减免定义为司法救助。

1984 年 9 月，最高人民法院颁布的《民事诉讼收费办法（试行）》第 12 条规定："自然人交纳诉讼费用确有困难的，申请缓交、减交或免交的，由人民法院审查决定。"首次对诉讼费减免作出规定。随后，1989 年最高人民法院颁布的《人民法院诉讼收费办法》和 1991 年施行的民事诉讼法中，均有关于诉讼费减免的规定，但尚未提及司法救助的概念。

司法救助概念首次出现，是在 1999 年 7 月最高人民法院制定的《〈人民法院诉讼收费办法〉补充规定》中："有下列情形之一者，人民法院应当进行司法救助，根据案件具体情况决定当事人缓交、减交或者免交诉讼费用：……（5）人民法院认为其他应当进行司法救助的。"此后，2000 年 7 月颁布、2005 年 4 月修订的《关于对经济确有困难的当事人提供司法救助规定》，进一步明确司法救助就是指的诉讼费减免，并规定了详细的申请、批准程序。②

（二）以刑事被害人为主要救助对象的探索与试点

2004 年 2 月，山东省淄博市委政法委与市中级人民法院联合出台了《关于建立刑事被害人经济困难救助制度的实施意见》，在全国率先开展刑事被害人救助工作。③ 2006 年，最高人民法院确定了 10 个高级法院为救助试点。④ 2007 年以来，最高人民检察院刑事申诉检察厅在全国部分检察机关部署开展刑事被害人救助试点工作，截至 2008 年底，全国有 25 个省份已经开展试点工

---

① 参见袁钢、何君、李颖：《人民法院司法救助法治化的实证研究》，载《人民司法》2020 年第 10 期。

② 《最高人民法院关于对经济确有困难的当事人提供司法救助的规定》第 2 条规定："本法所称司法救助，是指人民法院对于民事、行政案件中确有充分理由证明自己合法权益受到侵害但经济确有困难的当事人，实行诉讼费缓交、减交、免交。"

③ 参见杨树明：《彰显人文关怀　化解社会矛盾——最高人民法院推动刑事被害人救助制度改革综述》，载《人民法院报》2012 年 6 月 11 日，第 1 版。

④ 参见赵国玲、徐然：《中国刑事被害人国家救助的现状、突围与立法建构》，载《福建师范大学学报（哲学社会科学版）》2015 年第 1 期。

作。① 2009 年中央政法委等八部委出台《关于开展刑事被害人救助工作的若干意见》，全面部署开展被害人救助工作。救助对象为严重暴力犯罪造成严重伤残的被害人及被害人死亡的近亲属，通过诉讼途径得不到解决的；救助标准为不超过上一年度职工 36 个月平均工资的总额；救助资金由地方各级政府财政部门统筹安排，鼓励社会组织和个人捐助；公检法三机关提出救助意见和救助金额，报当地政法委审批决定；并提出要加强与其他相关制度包括社会救助制度的衔接。这些规定一直延续至今，成为现行国家司法救助制度的基本组成部分。

此外，2005 年江苏无锡开始在法院系统探索执行救助。2006 年 1 月 23 日，中央政法委发布《关于切实解决人民法院执行难问题的通知》，明确提出要"探索建立解决特困群体案例执行的救助办法"。基本要求为"对于双方当事人均为特困群体的案件，如刑事附带民事赔偿、按一定程序给予申请执行人适当救助"。虽然救助条件不同，但其中的主要救助对象，还是进入执行程序的刑事被害人及其近亲属。

（三）现行国家司法救助制度的形成与完善

2013 年，党的十八届三中全会通过《中共中央关于全面深化改革若干重大问题的决定》，提出完善人权司法保障制度和健全国家司法救助制度。2014 年 1 月，中央政法委员会、财政部、最高人民法院、最高人民检察院、公安部、司法部联合出台《关于建立完善国家司法救助制度的意见（试行）》（以下简称《司法救助意见（试行）》）。《司法救助意见（试行）》承继了上述刑事被害人救助意见的基本内容，将救助对象扩大到民事侵权案件的原告以及诉求具有一定合理性的涉法涉诉信访人。具体细分为八种情形，主要包括刑事案件被害人重伤或严重残疾，危及生命、急需救治；被害人死亡，依靠其收入为主要生活来源的近亲属；财产遭受重大损失；举报人、证人、鉴定人受到打击报复，人身受到伤害或财产受到重大损失；追索赡养费、扶养费、抚育费等，被执行人没有履行能力；道路交通事故等民事侵权行为造成人身伤害的；以上情形均限定了无法经过诉讼获得赔偿，造成生活困难的条件。最后是兜底条款"根据实际情况，认为需要救助的其他人员"；具有一定合理性的涉法涉诉信访人，同意息诉罢访的参照执行。同时，确立了辅助性救助、一次性救助、属地救助、及时救助等原则，对救助条件、标准和程序，资金保障、制度衔接及

---

① 参见北京市顺义区人民检察院课题组：《检察机关司法救助工作实证分析——以完善被害人司法救助运作机制为视角》，载《人民检察》2016 年第 5 期。

不予救助情形等进行了全面细化，构建起我国国家司法救助制度基本框架。

2016年7月，最高人民法院印发《关于加强和规范人民法院国家司法救助工作的意见》（以下简称《法院意见》）；2019年1月，印发《人民法院国家司法救助案件办理程序规定（试行）》及文书样式、救助委员会工作规则。2014年3月，最高人民检察院出台《最高人民检察院关于贯彻实施〈关于建立完善国家司法救助制度的意见（试行）〉的若干意见》；2016年8月印发《人民检察院国家司法救助工作细则（试行）》，2021年印发《人民检察院开展国家司法救助工作细则》（以下简称《检察院细则》）。各省、自治区、直辖市也均出台了本地区国家司法救助制度实施办法。这些部门和地方规定，多是在《司法救助意见（试行）》基本要求下，结合部门职能特定或区域情况的进一步细化，对具体救助情形进一步拓展、救助程序进一步优化。

其间，还专门出台了加强对特殊群体救助的意见。2018年2月，印发《最高人民检察院关于全面加强未成年人国家司法救助工作的意见》；2019年3月，最高人民检察院联合国务院扶贫领导小组制定《关于检察机关国家司法救助工作支持脱贫攻坚战的实施意见》；2020年11月，中央政法委、最高人民法院、最高人民检察院、公安部、司法部、退役军人事务部联合印发《关于加强退役军人司法救助工作的意见》。这些规定在救助对象、原则、基本情形等方面均未超出《司法救助意见（试行）》的要求，主要是针对特殊群众的特点，在救助条件有所放宽，在救助内容上有所侧重，如未成年人救助中不再强调生活贫困的要求，将心理受到伤害作为获得救助的条件之一，进一步丰富了国家司法救助制度的内容。

（四）司法救助制度的立法探索

早在《司法救助意见（试行）》出台之前，江苏无锡、浙江一些地方就开始了司法救助制度的地方性立法探索。2009年5月20日无锡人大常委会通过的《无锡市刑事被害人特困救助条例》，成为我国首部关于刑事被害人司法救助的地方性立法；2010年1月1日实施的《宁夏回族自治区刑事被害人困难救助条例》，成为首部省级相关地方立法。[①] 后续虽然也有一些地方出台相关条例，但《司法救助意见（试行）》出台后，各地的规定多以《实施办法》形式存在。

2007年全国人大代表孙谦向十届全国人大五次会议提交了关于制定《中

[①] 参见李科：《刑事被害人国家救助制度在我国的构建——以无锡、宁夏实践模式为视角》，载《法治研究》2013年第5期。

华人民共和国刑事被害人国家补偿法》的议案，并被列入 2007 年预备立法项目。其后，每年全国"两会"期间，均有部分代表、委员提出有关议案或者建议。十二届全国人大常委会也将制定刑事被害人国家司法救助法纳入立法规划，全国人大常委会法工委开展了域外考察、理论研讨、专家论证等一系列立法活动。2015 年 2 月，最高人民法院发布的《人民法院第四个五年改革纲要》明确提出："推动国家司法救助立法，切实发挥司法救助在帮扶群众、化解矛盾中的积极作用。"司法救助的统一立法被正式提上日程。近几年，全国"两会"期间，也有人大代表、政协委员提出司法救助立法建议。

二、我国国家司法救助制度实践发展

司法救助制度自提出以来，特别是《司法救助意见（试行）》出台以来，实践中办理的救助案件稳步增长，制度建设与实践良性互动，不断丰富完善，促进了国家司法救助工作的快速发展。

（一）司法救助案件数量持续增长

2015 年至 2018 年，全国法院办理救助案件及发放救助金情况如下[①]：

年度	案件数	发放救助金额（余元）
2015	4.1 万件	8.5 亿
2016	4.2 万件	9.3 亿
2017	3.73 万件 4.85 万人	8.92 亿
2018	4.62 万件 5.75 万人	10.75 亿

2018 年至 2022 年，全国检察机关办理救助案件及发放救助金情况如下[②]：

---

① 参见张晨：《2018 年全国法院发放司法救助金 10.75 亿》，载法制网，http://finance.sina.com.cn/roll/2019-02-26/doc-ihrfqzka9441512.shtml。

② 参见陆青：《近 5 年办理 12.9 万件司法救助案》，载《检察日报》2022 年 10 月 21 日，第 2 版。

年度	案件数	同比增长	发放救助金额（余元）	同比增长
2018	1.3万余件	34.1%	1.9亿	36.4%
2019	1.5万余件	17.7%	2.5亿	31.4%
2020	2.4万余件	59.2%	4.1亿	61.2%
2021	3.8万余件	54.9%	6.1亿	47.2%
2022①	8.1万人	113.2%	8.6亿	41.0%

由上述数据结合调研了解到的情况，法院前期救助案件数量及救助金发放在司法救助工作中占据较大比重，发展相对平稳；检察机关2018年以来增长迅速，特别是2020年至2022年，办案量增长均在50%以上，救助金增加幅度均在40%以上。

（二）主动救助、应救尽救理念逐步确立

随着司法救助工作的全面推进、不断深化，救助的工作理念、方法不断转变。最初救助的案件主要集中于有一定信访隐患的案件，更多的是被动受案救助，一般由负责控告申诉部门单独办理。即使在司法机关内部，非职能部门对司法救助工作的认知度也不高，社会公众对司法救助的了解更少。近些年，司法机关尤其是检察机关加大了司法救助工作的力度，明确提出要主动救助、应救尽救，并要求将司法救助工作贯穿于审查逮捕、审查起诉、提起公诉等各环节，主动发现救助线索，及时开展救助工作，推动了司法救助工作的快速发展。实践反过来推动制度完善，2021年9月1日，最高人民检察院发布正式的《人民检察院开展国家司法救助工作细则》，确立了全新的工作理念和方式，促进了国家司法救助制度的发展完善。

（三）案件救助类型日益丰富

救助工作开展初期，救助的案件类型主要集中于因暴力犯罪死亡和受到重伤的案件，原案罪名主要为故意杀人、故意伤害致人死亡或重伤等，其他类型的案件很少涉及。近些年，随着司法救助工作的深入，救助意识的增强，案件类型也呈现出多元化特点，救助覆盖面得以进一步扩大。以某地检察机关为例，2020年涉及3个罪名：故意杀人罪、故意伤害罪、强奸罪；2021年11个罪名、2022年15个罪名。

---

① 参见张素：《2022年中国检察机关司法救助8.1万余人、发放救助金额8.6亿余元》，载中国新闻网，https://baijiahao.baidu.com/s?id=1759349170578553215&wfr=spider&for=pc。

（四）救助方式和工作制度日趋完善

为突破国家司法救助一次性经济救助在效果上的局限性，实践中，司法机关积极探索出与团委、妇联、民政、教育等相关职能部门及基层组织协调联动、联合救助的工作模式，丰富了救助手段、增强了救助效果，多元化救助目前已经成为司法救助工作遵循的一项基本原则。例如，江苏省连云港市检察机关与民政、教育、残联等10个单位联合会签《关于建立国家司法救助与其他救助衔接机制的意见》，建立起"国家司法救助+多元社会救助"。[①] 很多地方司法机关也先后与相关职能部门签订了协作意见，构建起协作机制。

为解决基层救助资金不足问题，各地探索上下级法院联动救助、检察机关"一体化"联合救助等模式，相关案例不仅被最高人民法院、最高人民检察院作为典型案例予以发布，且先后纳入后续出台的相关规定之中。此外，救助程序、法律文书等在实践中进一步规范，促进了制度进一步完善。

（五）在社会治理中发挥的作用日益明显

随着推进国家社会治理现代化目标的提出，司法机关开始探索司法救助工作在促进社会治理现代化体系建设中作用的发挥。如上述最高人民检察院联合相关部门先后出台的服务乡村振兴、退伍军人等实施意见；近两年，持续开展服务脱贫攻坚、妇女儿童保护、退伍军人权益保护等领域的专项救助行动，办案数量持续增长，取得良好效果。此外，《法院意见》《检察院细则》中，均提出了与促进纠纷化解决、认罪认罚案件刑事和解等相结合的要求，发挥司法救助最大效用，促进社会矛盾纠纷化解，促进社会和谐。

三、我国国家司法救助制度存在的问题

实践中，我国国家司法救助工作得到全面开展，司法救助制度基本框架制度已经形成，但目前作为最高层次制度规范，依然是2014年中央政法委联合多部门出台的《司法救助意见（试行）》。由于全国统一立法性规范的缺失，各部门、各地区各自为政，执行中出现很大差异。加之现行规范缺乏法律强制力，一些要求的落实和制度的发展不尽如人意，造成一系列问题。

（一）区域、部门发展不平衡

由于国家层面司法救助文件均以部门文件形式存在，没有法的强制力，对文件的贯彻执行主要依赖于各地主要领导的重视程度和经济基础。重视程度

---

① 参见何建明：《地方检察机关司法救助工作实践探析》，载《中国检察官》2021年第10期。

高，经济发达、资金充裕的，办理的司法救助的案件数量就多，司法救助率[①]就高；相反，司法救助率则相对较低，前期很多基层司法机关司法救助案件量为零。这种差异不仅存在于省与省之间，一个省内不同市、县之间也存在很大差异。以某省检察机关为例，2022年，司法救助率最高的地区为17.51%，最低的为5.83%。这就会导致权益保障上的不公平，同样是刑事案件被害人或是民事案件被侵权人，在司法救助工作受重视地区会得到救助，救助金可能还很高；在不受重视地区则可能得不到救助。

此外，各司法机关间发展也不平衡。依现有制度，司法救助的承办机关是公安机关、检察机关及人民法院，由于各机关所处诉讼环节不同、加之领导重视程度不同，救助案件数量上也存在很大差异。从上文检法两院司法救助数据对比可以看出，2015年法院办案量就达到4.1万件，发放救助金8.5亿元；2021年检察机关办案量和救助金额才刚刚与法院的规模接近。公安机关没有公布过全国数据，据调研了解到的情况，救助规模相对较小，主要集中于涉及信访的案件。

(二) 救助条件把握不统一

《司法救助意见（试行）》规定了八类救助对象，限定了不同的条件。以刑事被害人案件为例，涉及被害人救助的情形，均规定了"案件无法侦破、犯罪嫌疑人或被告人死亡或没有赔偿能力，无法通过诉讼获得赔偿"及类似条件。对此如何把握，实践中难以统一。若将"无法通过诉讼获得赔偿"严格理解为诉讼终结、执行不能，公安、检察机关则无刑事被害人救助案件可办。这也是前期公安、检察机关救助案件量较少的一项重要原因。这显然与司法救助的及时性原则相违背。后期，特别是2018年以来，检察机关灵活把握这一条件，根据办案掌握的证据、了解的情况，及时对犯罪嫌疑人的赔偿能力及能否通过诉讼获得赔偿作出预判，救助案件数量迅速增长。此外，生活困难证明由被害人所在地基层组织出具，相应标准的把握更不统一，有的甚至取决于被害人与出具证明人员的关系好坏。

(三) 救助金数额差异大

关于救助金的标准，《司法救助意见（试行）》规定了"根据办案机关所在省、自治区、直辖市上一年度职工月平均工资为基准确定，一般不超过三十六个月的工资总额"的最高标准。具体确定个案救助金额时，要求综合考虑申请人的实际损失、过错程度、家庭状况等因素。但实践运行中，救助金额的

[①] 司法救助率指办理司法救助案件占同期办理刑事案件及相关其他案件的总量。

多少，首先取决于财政拨付的年度预算有多少；其次取决于办案机关自行确定救助标准，例如有的单位确定一个案件不超过 3 万元等；最后才是案件的具体情况。这就造成同性质案件、被害人遭受同样损害，获得的救助数额相差较大。这就造成"同等情况不同救"，类似情况差异大。这一问题随着对司法救助制度知晓度、关注度的提升，难免会引发攀比，造成负面影响，违背司法救助制度设立的初衷。

（四）各职能部门衔接配合不畅

首先是公检法三机关的衔接不畅，三机关缺少救助信息共享互通机制，检察机关虽然要求将救助相关手续随案移送，但有的案件系在刑事抗诉或申诉环节提出，有的办案人工作不规范，造成三机关对各自救助案件办理情况不了解、不掌握，有的甚至出现重复救助情况。其次是司法机关与其他职能部门衔接不畅。各地司法机关为弥补司法救助的单一性、一次性等不足，着力推进与相关职能部门的协作，与社会救助的衔接。部门间也签署了一系列协作文件，但一方面很多协作文件是由某一检察机关或某一法院与其他职能部门，并未形成完整的协作体系；另一方面，协作类文件的约束力有限，多元化救助、多部门协作救助往往限于个案，长效机制难以建立。

（五）救助金来源单一、保障不足

虽然《司法救助意见（试行）》中明确了"政府主导、社会广泛参与的资金筹措方式"，但由于不是强制性规范，又没有明确具体的规定，更多是倡导性意义。因此，实践中，司法救助金的来源依赖于财政预算资金。加之司法救助的属地原则，导致救助金的供给情况，完全取决于地方财政预算的支持情况，救助金不足成为长期困扰司法救助工作开展的瓶颈性因素。往往会造成有的地方因为救助金不够就不办理救助案件；有的虽然办理了案件但象征性发几千元；有的作出了救助决定，救助金到不了位，长达几个月发不了。这样一来，司法救助就失去了其应有之义。此外，实践中还存在着上级机关救助金预算相对充裕，越往基层可使用的救助金预算越低，形成了下级机关有案没钱、上级机关有钱没案的局面。实践中上下级之间联动、联合救助，很多也是为了摆脱这一困局。

（六）救助决策过程相对封闭，缺乏监督和救济途径

当前的司法救助的提起、审查决定是一个行政审批式的决策过程，当事人参与度不高，社会公众更无从知晓。这种模式下，一方面公信力较低，另一方面也难免出现权力的滥用。虽然《司法救助意见（试行）》中就规定了，公检法是司法救助的办案机关，提出解决意见和金额，统一报当地政法委审批。但

实践中，随着救助案件数量的增加，政法委更多是对工作的统筹，救助金发放程序性的审批，很难对个案进行实质性审查，监督作用有限。根据现行规定，申请人的救助申请一旦被否决，便没有接下来的程序，当事人完全处于一种被动状态。这对于那些确实需要救助，由于案外原因被否决的刑事被害人不公平。

上述问题的存在，根本原因在于缺乏统一的司法救助法律支撑，从而造成司法救助规则尺度的紊乱。为促进司法救助工作进一步发展，实现其维护公平正义、完善社会治理、促进社会和谐稳定的价值，全国性立法应加快推进。

四、关于我国国家司法救助立法初步构想

当前，无论从实践积累、制度准备，还是公众认知，都已具备了对国家司法救助进行专门立法的条件，建议在对现行规范文件进行梳理提炼的基础上，进一步改进、完善具体制度，加快立法进程。

（一）救助范围的界定

救助范围和对象是开展救助工作的基础，其他各项具体制度均需围绕此展开。如前所述，关于国家司法救助制度的界定出现过很大的变化。理论界对此也有着广义和狭义之分，广义的涵盖诉讼费减免、其他相关救助手段等，狭义的以《司法救助意见（试行）》确定的范围为限，即包括刑事被害人、民事被侵权人以及诉求有一定合理性的涉法涉诉信访人。关于立法，也有学者提出构建综合司法救助制度的设想。对此我们认为，诉讼费减免虽然也是对生活困难当事人的关照，但其性质是对当事人法定义务减免。这与主动履行国家责任、弥补诉讼中对受害人权益保障不足，扶危救困的司法救助，在制度定位和性质上是完全不同的。因此，不宜将诉讼费的减免纳入司法救助的范畴。还是应以《司法救助意见（试行）》及后续文件规定的司法救助对象三类对象为限。以此为基础，在具体救助类型和条件要求上予以拓展。例如，将目前刑事案件被害人救助中的"无法经过诉讼获得赔偿"调整为"可能无法经过诉讼获得赔偿"，同时配套建立获得赔偿后救助金的退还制度，避免救助与赔偿的重叠。

（二）基本原则的确定

基本原则反映国家司法救助法的定位、价值追求，统领整个法律规范。关于国家司法救助的定位，理论上有国家责任说，即国家没有履行好所负的保护公民人身、财产安全之责，因而要承担责任；社会福利说，即将被害人视为社会的弱势群体，需要对其生活加以援助；社会公正说，即被害人无法从犯罪人处实现矫正正义，通过国家再分配实现正义等。我国当前司法救助制度强制救

急、救贫，更多体现的是社会福利说的价值观。这与我国目前实际情况相适用，下一步立法，建议在社会福利说基础上，吸纳其他两个学说的内容，进一步强化国家救助责任和维护社会公平正义的价值追求。从而与救贫救弱的一般社会救助制度相区别。具体原则确定上，可在辅助性救助、属地救助、公正救助、及时救助，增加应救尽救原则；将生活贫困作为参考条件，而非必备条件，避免造成对被害人的歧视和二次伤害。

（三）现有制度的继承与改进

现行规范文件建立的制度，很多经过具体工作的不断实践、修改，相对完善，立法时可轻微调整后直接纳入。比如不予救助的情形；救助的申请、审查、调查、救助金发放等程序相对完善，可直接纳入立法规范之中。在一些具体制度上，应充分吸收实践发展成果，对现行制度进一步改进和完善。2021年最高人民检察院发布的《检察院细则》，凝聚了很多实践发展的最新成果，可以作为未来立法的重要参考。将"因案件无法侦破"及"已过追诉时效"无法通过诉讼获得赔偿造成生活困难的刑事案件被害人及其近亲属，增加作为司法救助对象；将"刑事案件被害人受到犯罪侵害危及生命，急需救治，无力承担医疗救治费用的"中的"危及生命"修改为"致人身伤害"等。

此外，还应考虑将人身伤害，特别是性侵案件被害人心理受到伤害的情形纳入救助范围，以解决实践中此类案件物质伤害不大，精神伤害巨大，无法救助的问题。

（四）对制度体系进一步补充和完善

对于现有制度不完善和欠缺问题，要进行全面研究，进行补充与完善。一是救助工作机构上。目前制度虽然规定由各级政法委负责，但由于政法委没有常设的内设机构负责，司法救助工作主要依赖办案机关，造成各自为政、标准不一、衔接不畅，甚至会出现重复救助。因此，立法中应明确专门的职能部门，统一负责司法救助案件的审批、救助金发放与多元化救助的组织协调。二是明确获得国家司法救助为特定刑事被害人、民事被侵权人的一种权利，强化办案机关救助责任和当事人对驳回申请的复议权。三是强化程序性监督，各地设立专门司法救助委员会，由同级司法机关相关人员组成，负责对救助案件办理情况的审查监督；同时强化救助案件审查的公开性和救助金发放的公开性，强化社会监督。四是建立救助资金统筹制度，设立专项基金，从法律上明确多渠道筹措资金的合法性。五是进一步完善标准，明确要求各地结合实际制定分类型、分层次的细化标准等。

我国国家司法救助立法有着现实的必要性、紧迫性和可行性，但立法是一个体系化的推进过程，也需要与现实基础相适应。目前，国家司法救助立法建议以实施条例的形式，便于立法的快速推进，以及与之后可能出现的社会救助法、保障法等法律的衔接。

矿产资源领域行政执法与刑事司法衔接机制研究

王天栋 何国安[*]

矿产资源是人类发展史上的重要资源，作为一种重要的自然资源，它是人类赖以生存和发展的物质基础。随着社会经济的发展，由于供需矛盾紧张等原因，我国某些地区非法开采石矿现象日益严重，导致破坏生态环境、诱发生产安全事故等系列问题。自然资源行政执法中矿产资源领域犯罪案件的移送与司法机关的承接衔接机制不是一个部门、一个部门法能够解决的问题，需要矿产资源领域行政执法机关与刑事司法机关、监察机关协同共治予以解决。从我国目前实际情况来看，破坏矿产资源犯罪案件数量呈高发态势，犯罪形势较为严峻，为进一步加强生态文明建设，有效遏制对矿产资源的非法开采和破坏性开采行为，有必要全面、系统地研究矿产资源领域行政执法与刑事司法（以下简称"两法"）衔接机制，促进"两法"的衔接和完善，形成有效的惩治合力，进而推动新时代我国矿产资源保护、开发与利用的实践创新。

一、矿产资源领域行政执法与刑事司法衔接的学理分析

（一）概念界定

2000年10月，国务院在全国范围内开展打假联合行动中，第一次提出了"两法"衔接。矿产资源"两法"，在程序、适用条件和主体等方面各有不同，但二者并非相互排斥。通常根据当事人行为所造成的危害程度来判断二者的选择适用，如果行为危害不大构成违法，则运用行政执法手段对其进行调整，如果危害严重构成犯罪，则必须通过刑事诉讼程序对其进行规制。矿产资源领域"两法"衔接机制是指自然资源部门将在行政执法过程中发现的涉嫌犯罪的案

---

[*] 王天栋，宁夏回族自治区石嘴山市人民检察院第七检察部副主任；何国安，宁夏回族自治区石嘴山市自然资源局综合法规科负责人。

件或线索移交给有管辖权的刑事司法机关,以及公检法机关将其在办案中发现的、涉及行政违法行为的案件或者线索移交给自然资源部门的工作机制。①"两法"衔接机制作为行政权和司法权参与社会治理的一种制度,目前已经从过去注重行政执法向刑事司法单向移送转为关注刑事、行政"双向衔接"②,更加注重相关各方通过建立某种联系以共同解决问题的工作方式。

(二) 理论基础

1. 行政刑法理论。1902年,德国学者郭特希密特在其著作《行政刑法》中率先提出了行政刑法的概念。我国以行政刑法理论的奠基人李晓明为代表的一些学者所提出的"行政刑法学"概念,说明了对行政犯罪的危害与规制问题的研究日益受到学术界的重视,至此,"两法"衔接问题有了更深层次的理论基础。基于刑法理论可得出具有行政属性的刑法种类称为行政刑法,矿产资源领域行政执法与刑事司法的衔接问题取决于破坏矿产资源犯罪的行政属性。行政法律规范是保证行政行为正常运行的先决条件,一旦出现行政法律规范不制止的行为,就必须通过刑罚来制约。刑法的保障功能也是刑法学理论的一项重要内容,如果没有该保障功能作为后盾支持,其他部门法就无法有效实施。③从破坏矿产资源犯罪的角度来看,其行政属性直接决定了当事人破坏矿产资源的行为是否构成犯罪,是否违反了行政法的基本规定。通常办理破坏矿产资源犯罪案件时先开展行政执法,再决定是否移送刑事司法机关。因此,行政刑法学说的理论内涵为"两法"衔接机制的构建完善奠定了坚实的理论依据。

2. 检察权性质理论。人民检察院行使权力的性质大体有四种不同学理观点,即司法权说、行政权说、双重属性说、法律监督说。一是司法权说。该学说认为,检察权属于司法权,主要是为了解决检察权独立行使的问题,强调检察权应当具有功能的独立性。二是行政权说。该学说认为,检察权就是行政权,有学者认为,检察权仅具备一定的司法特征,并且这种特征是相对的、不全面的,不能把它的某些特征视为其基本性质,因此,从根本上来讲,它应该

---

① 杨建顺:《把握体系特色推进行刑衔接机制完善发展》,载《检察日报》2021年11月15日,第3版。

② 高景峰、李文峰、王佳:《〈最高人民检察院关于推进行政执法与刑事司法衔接工作的规定〉的理解与适用》,载《人民检察》2021年第23期。

③ 王志远:《规范确证:刑法社会机能的当代选择》,载《东南大学学报(哲学社会科学版)》2017年第5期。

属于行政权力。① 该学说主要是为了解决人民检察院职能定位的问题。三是双重属性说。该学说主张，检察权具有司法与行政的双重属性。检察一体制和有关制度凸显了检察权的行政性质。② 该学说在多数国家被学者认可而成为通说。四是法律监督说。该学说主张，检察权的本质特征是法律监督，不论是司法属性还是行政属性都仅仅是其兼容和局部性特征。要对检察权性质进行全方位理解，就必须在法律监督基础上，兼顾司法与行政的双重属性。③ 虽然《行政执法机关移送涉嫌犯罪案件的规定》赋予了检察机关在"两法"衔接工作中具有监督行政执法机关及时移送涉嫌犯罪案件的职权，但因缺乏宪法、人民检察院组织法上的依据，导致检察机关在履行这一职责时会遇到困难。只有根据检察权属于法律监督权的理论基础，经过上位法的修正，赋予检察机关对行政执法机关的一般法律监督权，矿产资源领域行政执法与刑事司法衔接工作才能得以更好开展。

3. 权力制衡理论。权力制衡理论是现代权力制度的基石。孟德斯鸠曾经说过，一切有权力的人都容易滥用权力，这是万古不易的一条经验。有权力的人们使用权力直到有界限的地方才休止。④ 权力制衡实质上就是权力制约理论，是指在公权力内外都有与权力主体相抗衡的力量，这种力量是由个人、团体、机构、组织等社会主体构成的。国家权力之间的协作是从一开始就有的，自分权原则诞生以来就隐匿于国家权力的运作规范中。孟德斯鸠的分权理论将司法权与立法权、行政权并列，并强调三者之间的制约。⑤ 行政执法与刑事司法虽然分属完全不同的两个权力范畴，但二者在行政犯罪中存在着客观上的联系，而"两法"衔接机制就是连接这种联系运转的纽带，使行政犯罪案件顺利、及时地从行政执法程序进入到刑事司法程序，从而有效地打击犯罪，维护公平，实现行政权与司法权的双重价值。⑥

（三）现实价值

1. 抑制矿产资源领域违法犯罪，保护自然资源和生态环境。虽然自然资

---

① 陈卫东：《我国检察权的反思与重构——以公诉权为核心的分析》，载《法学研究》2002年第2期。

② 龙宗智：《论检察权的性质与检察机关的改革》，载《法学》1999年第10期。

③ 谢鹏程：《论检察权的性质》，载《法学》2000年第2期。

④ ［法］孟德斯鸠：《论法的精神》（上册），张雁深译，商务印书馆1982年版，第153页。

⑤ 赵永行：《论行政权与司法权的关系》，载《现代法学》1997年第5期。

⑥ 邓刚宏：《行政诉讼维持判决的理论基础及其完善》，载《政治与法律》2009年第4期。

源和生态环境保护需要全社会参与，但问题根治还主要依赖于国家的立法、司法和行政权力。在矿产资源保护权力体系中，行政权保护是最主要力量，司法权仅是最后的保护手段，这是由两种权力的性质决定的。矿产资源行政执法与刑事司法是矿产资源领域犯罪问题治理中的"两条腿"，二者既不能相互取代，也不能越俎代庖，只有相辅相成才能共同为维护国家的秩序稳定发挥重要作用。① 矿产资源行政执法与刑事司法形成"两法"衔接合力，可以更好地打击矿产资源领域违法犯罪，实现矿产资源违法犯罪共治，进而更好地促进我国生态文明建设和绿色发展。

2. 有利于推动我国"两法"衔接工作向好发展。矿产资源领域"两法"衔接与我国"两法"的衔接是部分和整体、特殊和一般的关系。"两法"在矿产资源领域的衔接，是根据矿产资源的特殊性，综合考虑该领域中存在的特殊问题，进行了拓展延伸，建立了矿产资源领域"两法"衔接机制。我国"两法"的衔接问题是一个涉及面很广的问题，既要兼顾行政违法与刑事犯罪的定性，还要兼顾行政处罚与刑罚的衔接，考虑行政违法与刑事犯罪的体系划分，以及行政刑法的立法模式选择。而对"两法"在矿产资源领域衔接问题的深入研究和发展，将促进我国"两法"衔接制度的全面协调和贯彻落实，既可以解决矿产资源领域"两法"衔接的问题，又可以为推进"两法"衔接整体工作的开展和实施提供一些有益的实践经验。

3. 衡平矿产资源行政执法与刑事司法权。矿产资源行政执法刑事案件与司法承接的衔接机制可以实现权力的双向制约，司法权可以制约、衡平行政权，行政权也可以在一定程度上约束司法权。对于自然资源行政执法机关该移交不移交的案件来说，应当通过检察机关、监察机关的监督来纠正或处理。对于司法机关将自然资源行政执法机关移送的矿产资源犯罪案件，因玩忽职守、徇私舞弊不作犯罪处理，或者枉法裁判的，自然资源行政机关可请求检察机关抗诉。对司法机关工作人员构成违纪、犯罪的，可向检察机关或监察机关控告。

二、矿产资源领域行政执法与刑事司法衔接机制的实证分析

（一）规定现状

1. 法律及司法解释方面。从宪法、刑法、刑事诉讼法到行政处罚法、矿

---

① 刘福谦：《行政执法与刑事司法衔接工作的几个问题》，载《国家检察官学院学报》2012年第1期。

产资源法,再到相关司法解释,均有涉及,具体如表1所示。

表1 相关法律及司法解释规定

法律及司法解释名称	条文及相关内容
宪法	第134条、第136条、第137条、第138条、第140条规定,检察机关是国家的法律监督机关,检察机关具有监督行政执法的法定职责,为行政执法权与刑事司法权的合理衔接提供了基本法律依据
刑法	1979年刑法中有5个条文涉及"两法"衔接的规定
	1997年刑法中有4个条文涉及"两法"衔接的规定,即第17条、第18条、第37条、第402条。规定了行政执法与刑事司法具有关联性和界分性,行政执法在惩治违法方面与刑事司法共同构筑法制平台,互为补充和依赖,但行政执法与刑事司法的规范对象存在本质区别,必然需要明确界分,这是"两法"衔接机制实体法的基础
	2011年《刑法修正案(八)》对非法采矿罪构成要件做了进一步地作出修改,使得非法采矿从结果犯转交为情节犯,降低了入罪门槛,反映了加大惩治破坏矿产资源犯罪力度的价值取向
刑事诉讼法	2018修订的《刑事诉讼法》第54条,是关于行政执法机关收集的证据材料可以在刑事诉讼中使用的规定。第110条,任何单位和个人包括行政执法机关,是关于行政执法机关在发现犯罪线索时,有义务向公检法机关报案或者举报的规定
行政处罚法	第7条、第22条规定,为处理同一案件中行政处罚与刑事处罚竞合的情况提供了法律依据
矿产资源法	第39条至第49条,针对矿产资源违法、违规案件的具体法律责任作出了明确的要求,包括无证采矿、超越批准矿区范围采矿、非法转让探采矿权等多种情况
司法解释	2003年《最高人民法院关于审理非法采矿、破坏性采矿刑事案件具体应用法律若干问题的解释》,对非法采矿、破坏性采矿的涉刑案件进行了明确的规定
	2013年《最高人民法院关于适用〈中华人民共和国刑事诉讼法〉的解释》第65条,是行政机关收集的证据材料在刑事诉讼中可作为证据使用的规定

续表

法律及司法解释名称	条文及相关内容
司法解释	2016年最高人民法院、最高人民检察院修订颁布了《关于办理非法采矿、破坏性采矿刑事案件适用法律若干问题的解释》（以下简称2016年《解释》），对罪名情节认定标准、涉案矿产资源的价值认定方法和非法采砂问题做了详细阐述，赋予了司法机关更大的裁量权，为办理破坏矿产资源犯罪案件提供了有力的法律保障
	2019年《人民检察院刑事诉讼规则（试行）》第64条，是关于行政机关在行政执法和查办案件过程中收集的证据材料，经人民检察院审查符合法定要求的，可以作为证据使用的规定

2. 行政法规方面。2001年《行政执法机关移送涉嫌犯罪案件的规定》（以下简称2001年《规定》）的制定在行政执法与刑事司法衔接制度发展的历程中具有里程碑意义。2020年8月7日，国务院发布了《关于修改行政执法机关移送涉嫌犯罪案件的规定的决定》，规定行政执法机关对违法行为进行依法查处时，如果发现公职人员有违法的行为，或者涉嫌构成职务犯罪的，应当依法及时将案件线索移送监察机关或者人民检察院处理。

3. 规范性文件方面。一是全国性规范文件方面。规范性文件数量较多，主要选取了具有典型性的一部分，具体如表2所示。

表2 相关规范性文件规定

年份	规范性文件名称	相关内容
2001年	《人民检察院办理行政执法机关移送涉嫌犯罪案件的规定》（以下简称2001年《人民检察院规定》）	保证行政执法机关向公安机关及时移送涉嫌犯罪案件
2004年	《最高人民检察院　全国整顿和规范市场经济秩序领导小组办公室　公安部关于加强行政执法机关与公安机关、人民检察院工作联系的意见》（以下简称2004年《意见》）	建立起行政执法机关与公安机关、人民检察院相互配合的长效工作机制

三、法律监督机制现代化

续表

年份	规范性文件名称	相关内容
2006 年	《最高人民检察院 全国整顿和规范市场经济秩序领导小组办公室 公安部 监察部关于在行政执法中及时移送涉嫌犯罪案件的意见》（以下简称 2006 年《意见》）	要求行政机关及时移送涉嫌犯罪案件
2008 年	《国土资源部、最高人民检察院、公安部关于国土资源行政主管部门移送涉嫌国土资源犯罪案件的若干意见》	明确规定了非法采矿罪等国土资源犯罪案件移送范围、证据资料移送及移送程序等内容
2011 年	中央办公厅、国务院办公厅共同转发了国务院法制办等 8 部门共同制定的《关于加强行政执法与刑事司法衔接工作的意见》（以下简称 2011 年《意见》）	行政执法与刑事司法衔接的表述成为了通用表述
2013 年 11 月	党的十八届三中全会通过的《中共中央关于全面深化改革若干重大问题的决定》	将完善行政执法与刑事司法衔接机制作为全面深化改革的战略部署之一
2014 年 10 月	党的十八届四中全会通过的《中共中央关于全面推进依法治国若干重大问题的决定》	提出要健全行政执法与刑事司法衔接机制，完善案件移送标准和程序，建立行政执法机关、公安机关、检察机关、审判机关信息共享、案情通报、案件移送制度，坚决克服有案不移、有案难移、以罚代刑现象，实现行政处罚与刑事处罚无缝衔接
2015 年 12 月	中共中央、国务院印发的《法治政府建设实施纲要（2015—2020 年）》	再次强调了健全行政执法与刑事司法衔接机制
2021 年 6 月	中共中央专门印发《中共中央关于加强新时代检察机关法律监督工作的意见》	再次强调要健全行政执法和刑事司法衔接机制内容要求基础上，又提出健全检察机关对决定不起诉的犯罪嫌疑人依法移送有关主管机关给予行政处罚、政务处分或其他处分的制度

续表

年份	规范性文件名称	相关内容
2021年9月	最高人民检察院印发《关于推进行政执法与刑事司法衔接工作的规定》	作出具体规定确保行政执法与刑事司法有效衔接
2022年7月	最高人民法院发布《关于充分发挥环境资源审判职能作用 依法惩处盗采矿采资源犯罪的意见》	强调加强与纪检监察机关、检察机关、公安机关、行政主管机关的协作配合，建立健全打击盗采矿产资源行政执法与刑事司法衔接长效工作机制

二是地方性规范文件方面。主要以宁夏回族自治区出台的规范性文件为例，如2013年《中共宁夏回族自治区党委办公厅、人民政府办公厅转发自治区人民检察院等机关和部门关于进一步推进行政执法与刑事司法衔接工作的实施意见的通知》。再如2020年8月20日，宁夏回族自治区公安厅联合自治区高级人民法院、人民检察院、自然资源厅、生态环境厅、水利厅、农业农村厅、市场监督管理厅、林业和草原局出台《宁夏回族自治区自然资源保护行政执法与刑事司法衔接工作办法（试行）》（以下简称《办法》）、《关于建立部门间联合打击破坏自然资源违法犯罪工作机制的意见（试行）》（以下简称《意见》），进一步加大打击破坏自然资源违法犯罪的工作合力。该《办法》规定建立自然资源行政执法与刑事司法衔接的长效工作机制、双向案件咨询制度等机制，将有效保证自然资源领域涉刑案件的及时移交和查处。该《意见》明确提出建立联席会议制度、信息共享、执法办案协作、违法违纪线索移送等衔接机制。

综上，从法律规范的角度来看，1996年行政处罚法最先对"两法"衔接作出了明确规定，有第7条、第22条、第28条、第38条、第61条共5个条文，但该法是对行政处罚与刑罚的衔接规定，而不是行政执法与刑事司法的衔接。《刑法》第402条，对不移交案件构成的徇私舞弊不移交刑事案件罪作出了规定。从这些条文来看，着重指出了违法行为构成犯罪，应当对其追究刑事责任，预防以罚代刑，是一种结果衔接，但没有涉及具体衔接机制运行方面。从政策层面来看，2001年《关于整顿和规范市场经济秩序的决定》率先提出"两法"的协作衔接机制，为具体落实有关衔接协助机制，先后制定了1部行政法规①，目的是解决社会秩序尤其是市场秩序的稳定问题；3部规范性文件②，目的是加强和完善"两法"衔接工作。近年来，在"两法"衔接机制中存在的问题及其完善路径引起了高层的高度重视，不断出台规范性文件，健全完善行政执法与刑事司法衔接机制。

(二) 实践现状

1. 实证数据分析。一是全国性数据方面。笔者通过"中国裁判文书网"，以"非法采矿罪""破坏性采矿罪""刑事判决书""一审"作为限定条件，共搜集到861起案件，其中非法采矿罪案件842件，破坏性采矿罪19件。从时间来看，2018年共有92件，2019年共有175件，2020年案件数量达到252件，2021年共有98件，由此可见，2018年至2020年间，我国破坏矿产资源犯罪案件数量整体呈上升趋势，犯罪形势较为严峻，在2021年案件数量大幅下降。从地域来看，主要集中于福建、安徽、山西、河北等省份。

二是地方性数据方面。笔者对宁夏回族自治区石嘴山市矿产资源违法犯罪案件数据进行统计分析。从时间上来看，2019年至2021年矿产资源违法案件立案共有78件，其中2019年有43件，2020年有21件，2021年有14件；涉嫌犯罪构成非法采矿罪2件。从违法主体上来看，有个人、民营企业、企事业单位等，个人居多。从违法类型来看，有无证开采、不按批准的方式开采、非法侵占矿产资源、越界开采等，其中无证开采居多。从涉及矿种来看，主要是砂石和煤。从发现违法渠道来看，主要有动态巡查、卫片检查、交办转办及群众举报，以动态巡查为主。从行政处罚种类来看，主要是罚款。

从全国性数据来看，破坏矿产资源犯罪案件数量从2018年整体上升至2021年出现下降趋势，既有法律因素原因，也有社会因素原因。一方面，认定犯罪取决于刑法的评价和司法的确认，公检法机关打击犯罪力度的差异，也会直接影响整体犯罪发生率。2016年《解释》进一步降低了破坏矿产资源犯罪的入罪门槛，使执法部门惩治相关犯罪行为有了明确的法律依据，增强了刑事审判的可操作性，打击破坏矿产资源犯罪的工作效率显著提升。另一方面，国家政策的变化也会促使执法办案机关重视此类犯罪，从2018年起开展了为

---

① 即2001年《行政执法机关移送涉嫌犯罪案件的规定》。

② 即2004年《最高人民检察院 全国整顿和规范市场经济秩序领导小组办公室 公安部关于加强行政执法机关与公安机关、人民检察院工作联系的意见》；2006年《最高人民检察院 全国整顿和规范市场经济秩序领导小组办公室 公安部 监察部关于在行政执法中及时移送涉嫌犯罪案件的意见》；2011年中共中央办公厅、国务院办公厅共同转发了国务院法制办等八部门共同制定的《关于加强行政执法与刑事司法衔接工作的意见》。

期 3 年的扫黑除恶专项斗争，通过扎实推进扫黑除恶行业治理，切实守护好宝贵矿产资源，从 2021 年起扫黑除恶斗争趋于常态化、制度化。从地方性数据来看，矿产资源违法案件涉嫌犯罪移送司法机关追究刑事责任的较少，一定程度上反映出矿产资源领域行政执法与刑事司法衔接机制不完善。

2. 典型案例分析。为预防和惩治破坏矿产资源犯罪，提升全社会环境资源保护法治意识，最高人民法院发布了依法惩处盗采矿产资源犯罪典型案例。同时，为发挥典型案例的警示教育作用，维护自然资源利用和管理的良好秩序，自然资源部也公布了重大典型违法采矿案件。笔者通过查询梳理，挑选出其中较为典型的案例进行分析，以期找出矿产资源领域"两法"衔接在适用中存在的问题。

案例一：宋某友非法采砂案①。该案明确对同一事实所缴纳的行政罚款可以折抵罚金，将刑事、民事及行政责任进行了统筹协调。据了解，此案是由河南省濮阳市纪检监察机关移交给司法机关办理的一批非法采矿案件之一，移交司法机关 12 人，受到党政纪处分 3 人，彰显了人民法院、纪检监察机关、检察机关、公安机关协同联动、多元共治的工作成效。

案例二：奇台县某服务部、林某斌非法开采金矿案②。该案反映出，尽管行政机关对违法开采行为进行了多次罚款，但没有采取进一步治理的监管措施，不仅没有督促其按照规定程序办理采矿许可证，也没有对其进行整顿、关停和治理，而是单纯地"一罚了之"，存在着"以罚代管"的问题。

案例三：靖边县林家湾村村民谢某无证开采案③，案例四：江西省峡江县某矿越界采矿案④。这两个案例均系由自然资源行政执法机关作出行政处罚，又因涉嫌非法采矿犯罪而移交公安机关追究刑事责任的典型案例。

3. "两法"衔接机制运行现状。通过实证数据分析和典型案例梳理分析，总结出如下"两法"衔接机制运行现状情况。一是行政执法机关对涉嫌犯罪案件进行移送。自然资源部门对涉嫌犯罪案件的移交，是矿产资源领域"两法"衔接工作的第一步。实践中，一些案件是否进入刑事司法程序，通常都

---

① 参见《人民法院依法惩处盗采矿产资源犯罪典型案例》，载搜狐网，https://www.sohu.com/a/565112923_117927。

② 参见《人民法院依法惩处盗采矿产资源犯罪典型案例》，载搜狐网，https://www.sohu.com/a/565112923_117927。

③ 参见《自然资源部公布 4 起违法用地采矿案调查处理意见》，载中华人民共和国自然资源部网，https://m.mnr.gov.cn/dt/td/202112/t20211206_2709753.html。

④ 参见《自然资源部公开通报长江黄河流域土地矿产违法案件》，载中国新闻网，http://www.chinanews.com.cn/gn/2022/07-15/9804285.shtml。

是由自然资源部门来决定的，因此，公安机关、检察机关想要提前介入或者提前了解案件具体情况，往往存在一定困难。二是公安机关受理涉嫌犯罪案件。公安机关接到自然资源部门移交的有关案件后，是否受理，应以书面方式作出处理。对涉嫌犯罪的案件，由公安机关受理并在回执上签字，至此涉嫌破坏矿产资源犯罪案件正式进入刑事诉讼程序。三是涉嫌犯罪案件移送的监督程序。针对自然资源部门不移送案件及公安机关不予立案的矿产资源类案件，自然资源部门可以在自收到不予立案决定通知后的3日内，向上级机关申请行政复议。若对复议结论有异议，则可以向检察机关提出监督意见。此外，针对矿产资源类案件，针对自然资源部门应当移送但是未移送的，检察机关可以通过制发检察建议等方式进行监督。四是证据规则与信息共享平台。行政证据转化为刑事证据是一大难题，存在证据认定困难、证据衔接困难问题，通过信息共享平台实现"两法"在证据转换过程的衔接，实现行政案件向刑事案件的移送、受理等整个办案流程。五是行政处罚缺乏强制权。当前法律尚未赋予自然资源执法强制权，上述案例中，自然资源部门发现了矿产资源违法行为仅通过采取制止、查处、罚款等行为来履职，在案例二中，尽管行政机关对非法开采行为进行了3次罚款，但没有采取进一步的监管措施，该违法行为没有得到有效的制止，严重影响了政府的公信力，对国家矿产资源利益造成了的损害。六是案件移送的双向性。矿产资源领域"两法"衔接目的在于突出行政权与司法权的双向衔接，但实践中司法机关向行政机关移送明显不足。

三、矿产资源领域行政执法与刑事司法衔接的实践困境

（一）规范的立法位阶较低

缺乏统一的法律、既存的规范效力层级较低、缺乏强制性规范等问题是现存立法问题。法律层级较低依然是现阶段矿产资源领域"两法"衔接机制运行的主要阻却因素之一，在执行中规范力和约束力不强。目前相对层级较高的规范和司法解释主要是2001年《规定》和2001年《人民检察院规定》，前者缺乏针对刑事司法领域的覆盖能力，并没有解决矿产资源领域处理"两法"衔接事务的一体化问题，只是对"两法"衔接制度的总体思路进行了阐述；后者对于检察机关行使检察权有较强约束力，但仍然缺乏针对"两法"衔接机制运行过程中其他参与主体的规范效应。2017年最高人民检察院与环境保护部等印发《环境保护行政执法与刑事司法衔接工作办法》，对"两法"衔接制度的有关流程和内容作了具体规定，但对送案、受案及衔接程序缺乏详细规定。依据法律规定，检察机关对于公安机关应当立案侦查而不立案的，有权进行监督，但对于行政执法机关有案不移、以罚代刑的情形，却没有明确进行监

督的法律依据和法律程序，使得"两法"衔接机制不具有全面覆盖性。

(二) 衔接思想认识不充分

矿产资源领域"两法"衔接机制注重合作和程序，当相关规则并不完善时，就需要参与主体的思想能动性进行弥补。自然资源行政执法部门主体意识缺乏、有案不移、以罚代刑、缺乏有力的组织协调等问题是实施方面现存的问题。实践中主要体现在三个方面：第一，自然资源行政执法机关与刑事司法机关对"两法"衔接工作重视程度不高。一些办案人员衔接意识不强，有的自然资源行政执法机关对适合进入"两法"衔接机制的案件的敏感度不够，虽然"两法"衔接政策和法规已出台多年，但由于大多数规范内容是原则性、倡导性或建议性的，缺乏刚性约束力，以至于相关工作人员在主观上刻意建设和加强针对行政犯罪的衔接意识。第二，衔接机制内部监督意识薄弱。在矿产资源领域"两法"衔接机制中，缺乏统一调度，检察机关因缺乏对行政执法机关明确具体的一般法律监督职能而未能积极实施，导致监督质量不高，行政执法机关和刑事司法机关内部的监督部门因碍于情面，往往怠于行使相应监督权推进"两法"衔接工作。第三，心理因素相互影响。对于已经确定移送的矿产资源领域"两法"衔接案件，行政执法人员在执法过程中往往操作简单，而对涉嫌犯罪的行为处置规程较为严格，这会使得接受移送机关动力不足或寻求免责，造成退回案件增加。

(三) 实体衔接上的困境

1. 如何认定"构成犯罪"。矿产资源领域"两法"衔接的前提就是违法行为涉嫌构成犯罪。行政处罚法、《行政执法机关移送涉嫌犯罪案件的规定》都着重指出"两法"衔接必须以行政执法机关判断违法行为构成犯罪或者涉嫌构成犯罪为前提，而我国现行刑法及刑事诉讼法规定，只有检察机关和法院才是判断违法行为是否构成犯罪的主体。所以行政执法机关是否具备判断一个违法行为是否构成犯罪的资格或能力，值得我们深思。

2. 如何认定违法、犯罪"行为"的同一性。违法行为的"同一性"判断是矿产资源领域行政执法与刑事司法衔接中的关键，也是实践中一大难题。我国现行法律中"两法"衔接的规定模式，大体分为三种：第一种是在"法律责任"一节中，用一个法律条文概况说明；第二种是在特定的法律条文中，首先对具体的违法行为进行行政处罚，然后对其进行定罪，依法追究刑事责任；第三种是在立法中，一般用一个法律条文来笼统规定"构成犯罪应追究刑事责任"，并在具体条款中明确行政处罚后，再追究刑事责任。相较于第一种立法模式，行政执法人员在第二、第三种立法模式下，对同一违法行为的犯罪认定有了直观的认识判断,并根据相同的法律条款来判定是否涉嫌犯罪,进而移交公安机关。

3. 如何进行"折抵"。对涉嫌犯罪的违法行为,在移交司法机关之前,其所受的行政处罚应在后续的刑罚中予以抵扣。从《行政处罚法》第28条可以看出,折抵发生在财产罚和自由罚中。在财产罚中,罚款与罚金如何折抵、行政处罚中的"没收"与刑罚中的"没收"衔接是需要思考的问题。

(四)程序衔接上的困境

1. 如何移送方面。一是网络信息共享平台尚未完全建立。网络信息共享平台的建立在矿产资源领域"两法"衔接机制中发挥着举足轻重的作用,因经济等条件的限制,各地方存在着信息共享平台建设参差不齐、案件录入范围、录入标准不统一等问题。按照矿产资源法和其他有关法律法规的规定,各级地矿主管部门对本辖区内的矿产资源进行监管。国土、林业、环保等部门根据自身行政职责,协同做好矿产资源管理工作。对于违法采矿的,由地矿主管部门依法查处,构成犯罪的,移交司法机关处理。但是,在司法实践中,由于"两法"衔接的案件移送协调机制不完善,加之有的行政机关及其工作人员主动移送意识不强、执法水平不高、习惯于"以罚代刑"等方式,致使此类案件存在实际发生多、查处少;行政处罚多、移交司法机关少等问题。

2. 移送什么方面,即司法机关如何对待行政执法机关收集、调取的证据问题。有研究指出,行政执法与刑事司法相衔接的程序性设计中,证据衔接问题是必须考虑的一个基础性因素。[①] 根据有关规定,我国现行的矿产资源领域行政执法证据与刑事司法证据在收集主体和认定标准方面都存在差异,这也是造成矿产资源领域"两法"在程序衔接困境上的重要原因。同时自然资源部门的工作人员因缺乏取证经验,无法在程序上达到刑事侦查取证的标准,所取得的证据往往存在瑕疵。[②]

3. 双向衔接机制探索适用不足。当前,行政机关向刑事司法机关移交涉嫌犯罪案件的标准和程序已较为完善,但对于刑事司法机关向行政执法机关移送案件[③]问题,在理论界和实务界得到的关注较少,虽然最高人民检察院新颁布的《关于推进行政执法与刑事司法衔接工作的规定》,规定了反向衔接的启

---

① 刘艳红、周佑勇:《行政刑法的一般理论》,北京大学出版社2008年版,第182页。
② 蒋兰香:《论行刑衔接刑事优先原则及其在环保领域的适用与例外》,载《时代法学》2020年第4期。
③ 即刑事司法机关在侦查阶段、审查起诉阶段和审判阶段,对依法不需要追究刑事责任或免予刑事处罚,但应当给予行政处罚的违法行为人,及时将案件移送行政机关处理。

动情形,但在具体操作和刚性效力上还有进一步细化的空间,在处理程序规定方面也有一些缺陷。① 在实践中,检察机关作为矿产资源领域"两法"衔接工作的主导机关,着重于以罚代刑、有罪不究、降格处理等方面的监督,片面地把"两法"的衔接变成了一个单向的衔接,忽视了将涉矿刑事案件移送到行政执法部门的具体内容,有些检察人员会将案件的判决结果反馈到行政执法部门,这仅仅是一个简单的工作信息上的双向衔接,并非"两法"衔接工作中要求的案件移送上的双向衔接。

(五)衔接监督上的困境

1. 行政监督流于形式。2001 年《行政执法机关移送涉嫌犯罪案件的规定》及 2011 年《意见》中,明确了人民政府对行政执法与刑事司法衔接具有监督的职责,虽然公安机关是人民政府的组成部门,理应接受其领导,但在"两法"的衔接中,公安机关是否立案的职权应归于司法权范畴,而作为行使行政权力的人民政府又该如何对其进行监督是一个问题,按照有关法律,对人民政府监督主体地位的确立,仅是象征性的,明显属于虚置主体。

2. 检察监督力度不足。一是检察监督权依据欠缺。现行具体法律条文中,没有明确赋予人民检察院对行政执法机关及其工作人员的一般法律监督权。二是检察监督方式刚性不足。对不移交涉嫌犯罪案件的行政执法机关,目前可采取的措施主要是以柔性手段制发检察建议或者提出检察意见。虽然《刑法》第 402 条了以徇私舞弊不移交刑事案件罪但该罪的认定条件是比较严格的。三是社会监督作用有限。矿产资源违法犯罪案件具有特殊性,一般具有牵涉复杂、偏僻、办案周期长、事态进展缓慢等特点,此类案件的处理过程和结果常常处在社会监督的盲区。此外,因宣传力度不够,信息公开不及时,很难吸引公众的舆论监督。

四、矿产资源领域行政执法与刑事司法衔接机制的完善建议

(一)完善相关立法

通过对法律规定的修正,强化检察机关对行政机关查处涉嫌犯罪案件移送工作的监督权,将任意性规范转变为强制性规范,为涉嫌犯罪案件移送制度的建立提供充足的法治保障。② 可以通过立法的形式来提高衔接立法的层次,并

---

① 张红:《行政处罚与刑罚处罚的双向衔接》,载《中国法律评论》2020 年第 5 期。
② 钱云灿:《论行政执法与刑事诉讼的衔接》,载《国家检察官学院学报》2006 年第 2 期。

采用独立性、散在型相结合的立法方式,在行政法的刑事法律规范中直接规定罪名、法定刑以解决衔接不畅的问题,并逐步建立独立型的立法模式来规范行政犯罪,确保"两法"衔接机制有法可依,确保有罪入刑,实现罪当其罚。要明确行政执法机关的证据材料在刑事诉讼中的法律地位,对具有客观性、真实性和关联性的证据,可以用作刑事证据使用。此外,要从法律层面完善检察机关对行政执法机关移送涉嫌犯罪案件的一般监督权,如对行政处罚依据的质询权,对行政处罚是否合法的调查权。①

(二)建构多元的衔接意识机制

一是加强法治理念教育。要围绕"两法"衔接机制全面学习,广泛组织讨论,甚至征求改进意见,提高行政执法人员、检察和审判人员等对该机制的认识,了解衔接机制的目的和意义,通过执法人员、司法人员不断提高认识性、判断力、创造力,为"两法"衔接工作的顺利进行以及提高工作效率增添重要的砝码。二是提高职业化程度。行政机关、司法机关在培养行政执法人员、司法人员过程中,必须强化职业态度和价值观的培养,树立国家法制工作者的职业化精神,树立先进典型进行价值观、荣辱观教育,逐步改善有关部门执法人员和司法人员的职业化。

(三)建立健全案件衔接移送标准机制

移送标准要从实体标准和证明标准等角度进行考量。对涉嫌破坏矿产资源犯罪案件的移送标准,要与公安立案标准、检察追诉标准保持一致。一是制定全国统一的"两法"衔接案件移送标准。案件的移送标准应当是:构成行政违法,应受行政处罚,并且符合刑事立案标准。二是强化移送监督。在矿产资源领域"两法"衔接信息系统中,对符合刑事立案条件的违法采矿案件,将会自动发布预警,对其进行重点追踪、监督。要明确受移送机关与移送的具体条件,规范移送的期限及细化相关程序。三是倡导建立完善的检察机关提前介入机制。对依法查处的可能涉嫌犯罪的破坏矿产资源案件,可以由检察机关先行派员提前介入,指导行政执法机关收集、固定和保全证据,并加强对行政执法机关移送涉嫌犯罪案件的监督。四是探索建立"两法"衔接中公安机关先行介入制度。建议从国家层面建立公安机关先行介入机制,明确公安机关介入后的具体工作流程,以及行政执法机关协助配合公安机关的工作程序,并推动检察机关对行政执法机关、公安机关的监督,积极构建三方联动机制,实行

---

① 郭华:《行政执法与刑事司法衔接机制的立法问题研究——以公安机关的经济犯罪侦查为中心》,载《犯罪研究》2009年第1期。

"以公安机关主动介入为主,行政执法机关辅助"的"双轨制"追查机制。①

(四) 完善衔接证据转化程序机制

1. 完善证据衔接机制。一是应当明确矿产资源领域"两法"衔接证据种类的转化范围。证据必须具有真实性、合法性和关联性,这是行政证据向刑事证据转变的必要条件。在将自然资源执法过程中获得的证据转化为刑事证据时,应当先行对其进行核实。二是协同处理证据转化与适用难题。加强自然资源、公安、检察等部门之间的协同联动,是完善"两法"衔接机制、预防和惩治矿产资源违法犯罪的重要措施。② 如通过检察机关提前介入制度、开展联席会议等方式,可以共同讨论案件中遇到的复杂疑难证据问题,自然资源部门、公安机关通过对证据的收集、固定的过程进行分析与展示,可以使检察机关对证据形成更直观的认识,并提供专业的法律指导。三是加强对行政执法人员的培训。自然资源行政执法人员在处理违法犯罪的案件时,要提高法律意识和程序性意识的认识。对涉嫌犯罪的矿产资源行政案件,要及时移交给司法机关,不能及时移送的,或在案件办理中发现涉嫌违法犯罪的,要及时地固定、保存言词证据,并对所有言词证据进行录音录像,禁止使用暴力、胁迫或欺骗等手段取得口供。

2. 健全案件线索双向移送机制。一是理顺法律责任的衔接。鉴于我国行政处罚法、治安管理处罚法、刑法、2016 年《解释》等对相关的治安管理责任、刑事责任等进行了规定,故在双向衔接中要做好各种法律责任的有机衔接,依法追究法律责任。二是构建双向移送制度。要进一步依据国家权力分工制约理论,完善双向移送机制。自然资源部门将案件向司法机关的移送过程称为正向移送,自然资源部门无须考虑行为人的主观过错,对行为人客观行为的评判应当依据收集的证据。自然资源部门移送的案件不是全部都要追究刑事责任,对此类案件应当再移交给自然资源部门。因此,很有必要将司法机关不予追究刑事责任的案件,反向移送给自然资源部门,明确规定移送的证据内容、程序、时间等内容,确保此类案件的双向衔接。

(五) 建立完善衔接保障机制

1. 建立有效的考核与责任追究机制。由检察机关与同级政府法制部门,

---

① 肖颖、郑云丹、邓勇、印剑、朱英才:《行刑衔接机制中建立公安机关先行介入制度的探讨》,载《中国动物检疫》2020 年第 12 期。

② 蒋云飞:《环境行政执法与刑事司法衔接的检察监督——基于检察机关提前介入视角》,载《重庆理工大学学报(社会科学版)》2019 年第 4 期。

建立完整的矿产资源"两法"衔接单位成员名单，相关部门的执法权限，并对有关责任进行划分，建立健全"两法"衔接工作考评体系、奖励机制和问责机制。积极争取当地政法委的支持，将"两法"衔接工作情况纳入年终考核的范围。

2. 加强部门协作，完善信息共享。一是建立健全信息共享平台模式。矿产资源领域"两法"衔接机制的一般运行模式是移送衔接、联动机制启动、运行和监督反馈四个阶段，而信息共享平台是该模式高效运行的基础工作平台。信息共享平台通过设定线索移送、案件受理和审查、立案决定等流程模块，对各办案环节的步骤、内容、方式等作出明确规定，保证行政执法机关与刑事司法机关信息传递的规范性和准确性。二是制定明确统一的信息录入标准。在统一信息录入标准的基础上，运用大数据、云计算等现代化的信息技术对案件进行分类、评估，系统平台将依据评估结果，自动将涉嫌犯罪案件移交给公安机关，从而提高案件移送率。三是建立案件信息共享机制。逐步建立自然资源行政执法与行政检察衔接机制，可以在省（区）级或市级行政执法综合管理监督平台上，建立矿产资源领域"两法"衔接系统，实现数据平台共享；自然资源、公安、检察等机关要主动融入衔接机制大局，自然资源部门要及时向公安、检察机关通报查处的破坏矿产资源案件情况，公安机关要及时向自然资源部门反馈案件办理进度，检察机关则要及时通报批捕起诉犯罪案件情况，实现案件备案共享；对破坏矿产资源犯罪案件的取证和鉴定工作具有很强的专业性，通过技术共享，可以让自然资源、公安、检察机关就"两法"衔接中的专业性问题达成一致意见，从而确保案件数据的完整性和权威性。

（六）完善监督机制

1. 强化行政机关的内部监督，建立长效运行的督察机制。由自然资源部牵头开展矿产资源保护督察活动，在监督矿产资源领域的行政执法、督促移送涉嫌矿产资源犯罪案件、刑事案件的侦破等方面具有十分重要的意义。建立一套长期有效的矿产资源督察机制，对实现自然资源行政机关的内部监督具有重要意义，能够促进依法行政，也有助于促进自然资源部门与公安、检察机关的协作和衔接，建立矿产资源督察长效工作机制是促进矿产资源"两法"衔接的重要路径。

2. 探索建立检察机关全过程监督机制。一是构建"刑事＋公益诉讼"监督机制，对破坏矿产资源犯罪行为造成公共利益损害的，依法提起刑事附带民事公益诉讼，在追究相关人员刑事责任的同时判令其承担民事赔偿责任，对被破坏的生态环境予以恢复，切实维护环境公益。二是要优化现有检察监督方式，整合现有的监督资源，形成便捷高效的监督合力。检察机关可以充分利用检察建议监督方式，注重引导，不断延伸监督触角，促进源头治理。在监督过程中，检察机关可以协助自然资源部门树立证据保全和移送意识，并将收集的证据移交公安机关进行补充侦查。① 三是健全检察监督的保障措施，比如可以考虑增加处罚建议权，即检察机关在办案中发现有未按时移送、不及时立案等问题，可以责令其限期改正，情节严重的，可以向办案机关的上级或者监察委员会，提出对相关责任人员的处分建议。②

3. 完善社会监督机制。一是加强法治宣传，鼓励群众参与。严格落实"谁执法、谁普法"要求，可以通过报纸、电视、"两微一端"等新闻媒体渠道，结合办案加强政策宣传和释法说理，提升社会保护生态环境和矿产资源的意识。二是畅通举报渠道，鼓励群众对违法采矿行为进行积极举报。经查证属实的，按照相关标准予以物质奖励。对打击处理的案件及违法犯罪人员，加大曝光力度，发挥警示和震慑作用，同时激发群众举报的积极性。三是通过听证制度建立完备的社会监督机制。将听证制度作为社会监督的重要方式，是生态法治对于共建共享共治社会治理理念的法治保障，是推动我国社会治理能力和治理体系现代化的重要途径。在案件办理过程中，要在保密基础上，对矿产资源领域"两法"衔接中的案件移送等问题，向社会尽可能全面公开，主动并接受监督。

---

① 康慧强：《我国环境行政执法与刑事司法衔接的困境与出路》，载《郑州大学学报（哲学社会科学版）》2017年第1期。

② 周兆进：《环境行政执法与刑事司法衔接的法律省思》，载《法学论坛》2020年第1期。

涉案中小微企业定向简式合规问题研究

——以吉林省涉案企业合规改革为视角

刘志惠*

目前，我国数量众多的中小微企业，因发展活力充足，用工条件宽松，创设了更多工作岗位，吸纳了城镇众多就业人口，承担着为实体经济"造血"的基础功能。在风险社会的大背景下，大多数中小微企业对于经营风险和政策风险的关注度较高，如融资政策、贸易业态规定、知识产权法律保护等，但对刑事风险预防相对不足。但从司法实践情况看，刑事风险对中小微企业实际影响更大。一旦涉刑事案件，波及整个企业生产经营，甚至影响上下游产业链上的第三方利益。传统企业犯罪治理模式下，法网日益严密化，但刑罚严厉化并未产生良好的企业犯罪治理效果，相反企业犯罪的态势越发严重。[①] 自2020年3月，最高人民检察院推动涉案企业合规试点以来[②]，吉林省检察机关对企业合规改革的制度创设、程序正当性都进行了深入的实践和理论探索。因此，本文从吉林省涉案企业合规改革的视角，分析涉案中小微企业的现状与特点、合规改革的治理效能，系统地对中小微企业的合规模式、路径及效力进行深入探讨，寻找适合涉案中小微企业的合规之路。

一、吉林省涉案中小微企业的现状和特点

2018年美国制裁中兴事件之后，企业合规问题开始受到国内关注。截至2022年10月，吉林省检察机关共办理了83件涉企合规案件，涉及企业92家，全部为中小微企业。从分布行业分布情况看，主要集中在安全生产、服务贸易、工程招投标等领域；从涉案罪名来看，主要以虚开增值税发票罪、串通投

---

* 吉林省人民检察院第四检察部一级检察官助理。
① 李本灿：《刑事合规的基础理论》，北京大学出版社2002年版，第12—13页。
② 本文所讨论的"涉案"仅指涉刑事案件，不包括吉林省中小微企业所涉及的民事案件、行政案件等。

标罪、重大责任事故罪为主;从管理体系来看,吉林省涉案中小微企业经营方式相对单一,正处于传统经营模式向现代化企业经营管理模式过渡时期。

(一) 行业分布集中于安全生产、服务贸易、工程建设领域

吉林省作为传统的农业大省,产业分布较为集中,中小微企业也具有很强的行业依附性,市场需求旺盛、行业发展潜力较大的行业也多为中小微企业发案的主要领域。从吉林省涉案中小微企业行业分布看,主要集中分布安全生产、服务贸易、工程招投标等领域。在吉林省检察机关办理的83件合规案件中,这三类领域共计61件,占比约73.5%。其中,生产领域合规案件24件,服务贸易领域合规案件25件,工程建设领域合规案件12件。这些涉案中小微企业在经营方式上灵活多样,虽然体量小,但成长空间很大,发展前景较为广阔。

(二) 涉案罪名以串通投标、涉税犯罪为主

从吉林省涉企犯罪的整体来看,与各地区经济发展程度呈正相关趋势,主要集中在中、东部经济较为活跃地区,涉罪主体主要以中小微企业为主。自2021年6月以来,吉林省检察机关参照全国其他试点地区,开展涉案企业合规改革试点,适用企业合规的案件主要集中在工程、涉税、安全生产等领域,涉嫌罪名主要以串通投标罪、虚开增值税发票这两类犯罪为主。其中,涉及串通投标罪17件73人,占比16%;虚开发票罪15件21人,占比15%;其他罪名案件51件77人,占比69%。

(三) 经营模式相对单一

吉林省涉案中小微企业大部分为劳动密集型企业,经营者本身的知识水平相对有限,多以提供优质价廉的产品、服务,赢得市场和消费者的信誉度,在经营管理制度方面,企业治理结构相对单一,企业的组织管理架构、决策方式相对粗放,正处于传统经营模式向现代化企业经营管理模式过渡时期。

二、涉案中小微企业合规改革的效能

2021年12月吉林省正式成为涉案企业改革试点省份,为推动"合规"改革有序开展,吉林省检察院梳理分析了全省2018年以来的涉企案件,创新制定了《涉案企业合规评估审查罪名清单》《涉案企业合规评估重点清单》,系统完善第三方监督评估机制构建,与省级各成员单位密切配合,制定了《吉林涉案企业合规第三方监督评估机制管理中心实施办法(试行)》《吉林省涉案企业合规第三方监督评估机制专业人员选任管理实施细则(试行)》2个文件并完成会签。同时,根据涉案企业多为中小微企业的特点,制定了一系列规

范文件，逐步探索适合吉林省中小微企业的合规模式。这一系列改革举措取得了良好的成效。

（一）激发中小微企业自治效能

中小微企业一旦涉罪，极易被标签化，在舆论压力下的涉案企业很难继续维持正常生产经营，因此，为了避免"死亡"风险，中小微企业需要寻求一种契机将依法守规精神真正根植于企业内核从宽制度。① 吉林省检察机关开展的涉案企业合规改革，立足于司法权的诉源治理，将合规改革与企业需求紧密结合，以专项合规计划为主，全面合规为目标，给涉案中小微企业注入内部的合规动力，督促中小微企业逐渐改变粗放式发展格局，改善人员管理架构、经营方式等，全面优化吉林省涉案中小微企业的经营管理模式、提升吉林省中小微企业的自身风险管理能力，实现企业自治能力的跃升。

1. 优化涉案中小微企业经营管理模式。吉林省检察机关在涉案企业合规改革中，发挥检察一体化优势，综合运用检察建议和第三方监督评估机制等方式，以认罪认罚从宽制度为切入点，督促涉案中小微企业从内部主动制定合规计划和员工合规手册，进行除罪化改造和治理结构调整，帮助涉案的中小微企业构建企业经营合规的内控机制和合规文化，起到了加速涉案中小微企业治理结构、治理模式转变的催化剂作用。目前，全省已有50%以上的涉案中小微企业构建起较为成熟的内部组织体系，实现经营治理模式的初步转变，进一步提升了涉案中小微企业自身的竞争力，为企业稳步成长和发展壮大提供了有力保障。

2. 提升涉案中小微企业风险管理能力。从既往吉林省中小微企业涉案情况看，多数中小微企业风险管理制度不够健全，尤其是一些依赖企业家自身人格、信誉建立的家族式中小微企业，抵御风险能力与企业实际控制人存在人身附着属性。一旦涉案，企业面临的不仅是高额的罚金，还有信誉受损、丧失市场交易机会等企业生存的重要条件受损的后果。因此，涉案企业合规改革将涉案企业合规风险防控作为重点目标，契合当前中小微企业的风险管理需求，与涉案中小微企业的长远利益具有一致性。在合规案件办理中，检察机关监督涉案中小微企业合规计划是否重点围绕风险防控的目标，构建合规体系，对紧迫现实的合规风险和潜在的风险进行系统识别、梳理、汇总和分类处理，如德惠市检察院办理的王某涉嫌重大责任事故案一案，由相关领域专家等人员组成第

---

① 郁程博：《小微企业刑事合规本土化探索》，载《武汉交通职业学院学报》2022年第2期。

三方监督评估小组,依法对王某经营的某养殖公司合规整改情况进行监督、检查,促进企业投入150余万元进行污水处理,堵漏洞、建立养殖粪水净化机制,实现了企业对安全生产风险等"可视化"管理,增强了企业的风险抵御能力。

(二)提升检察机关参与社会治理的效能

对于涉企犯罪而言,刑事治理方案有两种基本样态:一是重刑主义模式,主张动用严刑峻罚遏制犯罪行为;二是协商合作模式,主张通过对话合作规制犯罪行为,刑事合规是后一种模式。① 涉案企业合规改革正是在探索如何能动履职、有效参与社会治理的大背景下,逐渐从以检察建议规范涉罪主体过渡到推行涉案企业合规改革加强涉罪企业合规协商改造的模式,从而激发了吉林省检察机关参与社会治理的效能。

1. 充分发挥检察机关职能作用,有效参与社会治理。对于吉林省涉案中小微企业,既往处理模式大多是司法机关单项行使职能,涉案中小微企业协商式治理的空间很小。但从社会效果看,起诉和惩罚企业严重损害了公司投资者、雇员、客户等无辜第三方的利益,形成所谓"水波效应",波及其他市场主体,造成多方权益损害。因此,吉林省检察机关在涉案企业合规改革中,针对吉林省涉案中小微企业合规案件的特点,深入激发检察干警能动履职,实现检察办案职能和社会治理职能的协同发力,帮助和监督涉案中小微企业进行合规整改,秉持治罪与治理并重的理念,既"抓末端、治已病",更"抓前端、治未病",以推动源头治理为着力点,督促推动涉案中小企业完善治理制度机制,进一步激发了吉林省涉案中小微企业的社会责任意识,促进涉案的中小微企业堵漏洞、建机制,积极合规整改,防范刑事违法犯罪风险,主动承担起当地就业、税收、上下游产业融合发展的社会责任,实现了企业利益和社会价值的双赢。

2. 实现涉案中小微企业犯罪治理模式深层变革。从近年来吉林省中小微企业涉嫌犯罪刑事处罚情况来看,惯行的刑罚处置方式以传统犯罪治理模式为主,但严刑峻罚并没有起到遏制企业犯罪高发事态的效果。而现代刑法和刑罚文明化的趋势表明,宽和的法律能够使一个民族的生活方式更具人性,传达理性、宽和精神。② 因此,围绕涉案中小微企业犯罪行为轻重和刑事法律宽缓适用统筹办案和保护的平衡,成为当下司法机关的职能转向目标。吉林省检察机

---

① 逢晓枫:《企业刑事合规的经济学分析》,载《行政与法》2022年第3期。
② 陈卫东:《从实体到程序:刑事合规和企业"非罪化"治理》,载《中国刑事法杂志》2021年第2期。

关开展涉案企业合规改革，不再单纯从刑事法律职能角度探索涉案中小微企业如何宽缓处理或者轻微犯罪免责免罚，而是从有效督促涉案中小微企业改变治理模式，参与社会治理的全新角度，建立起涉案中小微企业自治变革换取刑事激励的犯罪治理模式。截至目前，吉林省检察机关对合规整改后完成除罪化改造、构建合规治理体系的14家企业、57名个人依法作出不起诉处理决定。此举不仅优化了吉林省涉案中小微企业治理结构，同时，也拓展了司法职能参与社会治理的深度和广度，实现了司法机关处置中小微企业犯罪社会治理模式的深层次变革，形成了合规的司法实践与刑事理论双向反馈机制。

三、涉案中小微企业合规改革中存在的问题

（一）系统性合规动力不足

涉案中小微企业大多数规模小，企业管理架构单一。但合规整改要求的周期较长，合规机制和体系建设要求具有一定的复杂性，短期考察难以实现除罪化改造、全面合规整改的效果。因此，涉案的中小微企业关注点更多落在企业合规整改后能够不起诉处理，以避免刑事处罚的严重后果，系统性合规的动力不足。

（二）合规模式不统一

涉案中小微企业因体量小、经营模式粗放、风险偏好差特点，造成合规改革中适用模式的差异性大。为了使涉案中小微企业合规整改具有针对性，各地检察机关多是根据涉案中小微企业所触发刑事罪名和企业的实际状况，采取检察建议或适用第三方监督评估模式，合规模式的差异导致涉案中小微企业合规整改应对措施差别较大，不利于涉案中小微企业达到预期的合规整改效果。

（三）合规外部监管不规范

合规治理从企业内部自治的内部概念逐渐转换为合规的外部监管，无论是理论界或者司法实务界都缺乏成熟的监管架构和监管模式。对于如何对涉案中小微企业进行有效的外部监管，全国各个试点省份做法不一，有的采用相关行政机关监管的模式，有的检察机关直接监管，合规外部监管措施和方法也都是因案而异，缺乏规范性的外部监管。

（四）合规监管模式需要规范化

2022年以来，吉林省检察院与省工商联等各成员单位密切配合，协同发力，通过召开省级层面第三方机制联席会议的方式，制发第三方监督评估组织有关规定等系列文件，指导各市州完成第三方监督评估机制和专业人员库建设，进一步强化了合规监督的法律支撑。但从各地涉案企业合规改革来看，对

于涉案中小微企业合规治理的机制文件仍需要进一步规范化、体系化，明确涉案中小微企业的合规模式和合规路径，以便探索出符合切实可行的监管架构和监管模式。

四、全面推进涉案中小微企业合规改革的建议

从涉案中小微企业现有管理模式来看，企业人格和经营者人格多数高度混同，或者单位人格高度依赖于经营者人格。经营者一旦被刑事处罚，会对中小微企业造成毁灭性打击。从合规费用成本来看，涉案中小微企业目前很难承担巨大的合规费用支出，在企业涉案已遭受重创的情况下，再进行耗资巨大的全面合规建设将给其带来不能承受之重，此时强行推行合规会起到相反作用。综上可以看出，对于涉案中小微企业而言，不适合建立过于宏大的合规体系，追求形式上的"高、大、全"。否则，建设的合规体系目标与企业的合规执行力差距过大，不但无法针对性消除、抑制内生性犯罪的诱因，避免刑事风险的再次侵袭，反而会造成企业合规的失败，给涉案企业合规改革带来负面的效果。为实现涉案企业合规改革的效能最大化，涉案企业合规改革顶层设计要坚持以涉案中小微企业治理模式存在的问题为导向：既要能直达涉案中小微企业的核心诉求，实现精准化定向，也要力避繁杂，缺乏可操作性，给涉案中小微企业造成额外负担。因此，根据涉案中小微企业的特点，可以创设简式定向合规的模式，给予涉案中小企业相对较优的选择和现实的合规预期，在技术和实践操作上也简便易行。简式定向合规体系主要包括内部定向合规机制和外部第三方独立监管，并且利用适当的考察期监督涉案中小微企作出相应的合规整改，督促涉案中小微企业完成除罪化改造，最大限度降低涉案中小微企业的合规成本，保障企业经营的延续性和稳定性。

（一）涉案中小微企业内部定向合规机制构建

涉案中小微企业合规简式定向合规模式，并非是对正常合规体系建设的全盘否定，而是因应涉案中小微企业的特点，对合规模式进行优化和调整，以便于灵活适应不同中小微企业的合规需求。合规体系建设的关键在于围绕中小微企业涉案的风险点制订定向合规计划，涵盖风险点筛查、风险评估、合规整改等主要内容，实现中小微企业合规改革的体系化。

1. 合规风险点筛查。合规风险点既是涉案中小微企业合规整改的出发点，也是合规制度建立的目的所在。涉案中小微企业很少有法务部门及相类似的机构，但是，中小微企业内部的风险并不难筛查和发现。涉案犯罪指向就是涉案中小微企业的风险点，往往涉及中小微企业的主营业务。一般而言，涉案中小微企业的合规风险点在涉案的情况下已经具体化，所涉及的合规风险可能仅仅

是一项或者几项具体问题。合规风险筛查重点方向就是及时跟进企业的主营业务变化情况，适时作出风险项的收集和汇总，梳理中小微企业生产经营、经营模式、财务管理等业务领域中的潜在风险点，构建形成涉案中小微企业风险档案，为中小微企业合规整改评估奠定坚实的基础。

2. 合规风险评估。在涉案合规风险档案的基础上，中小微企业可以在涉案企业主要管理人员中设立1名合规安全员，具体负责对企业的合规风险进行系统的梳理、分类和处置。合规安全员可以根据不同风险项按照合规法律风险等级划分三类风险等级——重大风险、中等风险、低风险。风险等级的划分主要应以影响中小微企业生产经营发展的核心风险指标作为依据。同时，根据中小微企业生产经营等各项活动变化情况，合规安全员可以对风险筛查项目及时调整并跟踪风险项变化情况，适时进行必要的监督、评估，重点判断对关涉中小微企业的重大法律风险变化趋势情况并进行详细的记录，实现精准化识别中小微企业的潜在风险项，为合规整改决策提供依据。

3. 合规整改。合规整改是涉案中小微企业合规计划的重中之重，如何实现对企业合规风险的识别、分类，都是合规整改的前期基础工作，合规整改才最终决定中小微企业合规的效果。从犯罪学角度，这也是刑事法治所追求的积极的一般预防与特殊预防共同宗旨所在。合规建设对中大型企业而言都非易事，合规整改计划的关联因素繁多，合规风险预警的准确性和及时性都往往滞后。但是对涉案中小微企业来说，体量小、主营业务和组织结构单一的特点却可以成为其优势。只要前期的合规风险点梳理和合规风险评估做实、做细，精准识别并合规整改对于涉案中小微企业执行能力而言，也是不难做到的。综上，涉案中小微企业合规整改建设，可在企业内部管理人员中设置合规安全员岗位，编制合规整改简易手册，实施合规风险动态跟踪处置管理。编制的合规手册应符合涉案中小微企业的主营业务风险、经营模式风险、员工履职政策风险、财务收支法律风险等重点项，并根据中小微企业灵活性强的特点，由合规风险安全员定期通报合规风险处置情况，将合规风险消灭在萌芽之中或者控制在合理范围内。更为重要的是，合规安全员要在合规风险识别和评估的基础上，对于引起中小微企业的合规风险原因和相应后果及时预判，从而最大限度地避免合规风险恶化而触犯违法犯罪的红线。

（二）涉案中小微企业合规的外部机制构建

内部定向简式合规机制对于中小微企业而言，操作性更强，便于实施。但中小微企业作为市场主体，业务营利性仍是其主要目标属性，因此，内部建立的合规风险制约规范，在实践发挥作用仍需要外部的监督和推动。目前，在全国检察机关涉案企业合规改革试点中，各试点单位围绕合规监督评估机制探索形成了第三方独立监管人、行政机关监督考察、联合监督考察等不同模式。如深圳，在124家申请报名的专业机构中选取30家专业机构组成第三方监控人名录库，包括23家律师事务所、4家会计师和税务师事务所，3家其他机构，作为涉案企业候选独立监管人，专门对涉案企业的合规体系构建、合规整改进行监督。① 有些试点地区则成立第三方组织进行监督评估，这种模式为了保证合规整改监督评估的客观性和有效性，专门建立了专业人员库，利用各领域的专家共同对涉案企业建立合规体系、制订合规计划，合规整改情况进行监督和评估。截至2022年6月，全国77个市级管委会组建完成第三方监督评估机制专业人员库，并开始探索第三方组织对涉案企业合规整改的监督、评估。② 但是涉案小微企业的业务相对集中，聘请具有专业资质的机构作为独立监管人，在财力和其他方面都难以有效支撑，若单独组成庞大的第三方组织又容易造成监督评估专业资源的浪费。

针对涉案中小微企业的情况，应在第三方组织基础上，简化人员组成架构，在已有专业人员库中随机抽取组2—3人组成第三方监管小组，负责对涉案中小微企业进行合规监督、评估。第三方监管小组可以充分利用自身的专业资源和政策资源优势，从外部和全行业的角度对中小微企业的合规整改作出更为客观的评估和研判，及时进行反馈，为中小微企业的合规计划提供客观的建议和咨询，避免中小微企业因自身合规力量的有限性而作出错误判断和决策，最后以监督评估报告的形式完整客观地呈现涉案中小微企业合规整改的具体情况和合规整改成效。这样既节约司法资源和人力资源，同时也能发挥监督评估的实质性审查职能。

（三）涉案中小微企业合规的效力

企业合规的效力问题，是目前争议较大的问题，也是企业合规制度核心问题。对于合规的效力大致有两种主要观点，一种是将合规作为违法和责任的阻却事由，另一种是将合规作为刑事起诉和量刑的激励政策。就涉案的中小微企业而言，目前刑事不起诉激励更符合企业自身利益和涉案企业合规改革试点的精神，推行刑事不起诉激励措施更符合当前的司法实际。一方面，检察机关主动践行的涉案企业合规改革试点，从本质上讲是对协商性司法的深入实践，检

---

① 《深圳企业合规第三方监控人首批入库名单审议通过》，载微信公众号"深圳市人民检察院"2021年11月9日。
② 最高人民检察院法律政策研究室：《关于〈建立涉案企业合规第三方监督评估机制指导意见（试行）〉解读》，载《刑事检察工作指导》2021年第3辑，中国检察出版社2021年版，第33页。

察机关的刑事不起诉决定作为涉案中小微企业刑罚的替代性措施符合企业合规直接动因；另一方面，涉案中小微企业有效合规整改后，以检察机关不起诉作为激励，也节约了紧张的司法资源，消除了企业犯罪进入审判阶段所带来的司法对立，调动了中小微企业合规的积极性，进而积极作出合规承诺并有效进行合规整改。此外，在中小微企业的合规整改流程中，由第三方监管小组进行调查、监督和评估，并形成涉案中小微企业合规整改效果的监督评估报告，对其合规整改的有效性作出具有客观中立的第三方评查结论，为检察机关处理案件提供了重要参考，也为涉案企业合规刑事不起诉激励提供了充分的依据和保障。

综上，涉案中小微企业的特点决定了其合规建设路径不能像大型企业、公司一样建设资费甚巨的合规体系，定向简式合规的模式则可以为涉案中小微企业提供基本的合规指引，从涉案中小微企业内部和外部两个视角构建的简式合规体系，突出中小微企业合规重点，兼顾涉案中小微企业的长远利益诉求，为中小微企业抵御营商风险注入合规的动力和保障。从涉案中小微企业发展角度，定向简式合规的模式也将提高中小微企业在民营经济的经营活力和在多变的经济环境下的成长能力，推动中小微企业在规范经营模式下发展、壮大，走上正规化的经营道路，增强中小微企业自我风险管理能力和抵御风险的韧性，为构建中国企业本土合规制度提供有价值的参考。

基层检察院服务和保障乡村振兴战略探析
——以贵州省剑河县人民检察院为视角

余 敏 黄卡铁 周乐灿[*]

2022年2月,《中共中央、国务院关于做好2022年全面推进乡村振兴重点工作的意见》发布,这是21世纪以来第19个指导"三农"工作的中央一号文件。随着我们国家胜利打赢脱贫攻坚战、全面建成小康社会,党中央就乘势而上一刻不停地部署实施乡村振兴战略。作为基层检察机关,离农村群众近、和百姓生活贴得紧,面对的"三农"问题也很多、很具体。以检察履职服务保障"三农"问题既是一项民生工程,更是一项政治工作。如何把总书记的重要指示要求落到实处,把巩固拓展脱贫攻坚成果同服务乡村振兴战略有效衔接,为乡村振兴和"十四五"时期"三农"工作提供优质检察服务,是检察机关必须面对和回答的时代课题。我们要以习近平新时代中国特色社会主义思想为指导,全面贯彻习近平法治思想,适应新时代依法治国新需要,紧密结合本地实际,以高度的政治自觉、法治自觉、检察自觉为乡村振兴提供优质检察产品。

一、服务和保障乡村振兴战略是检察机关职责所在

《中共中央关于加强新时代检察机关法律监督工作的意见》强调,检察机关是国家法律监督机关,是保障国家法律统一正确实施的司法机关,是保护国家利益和社会公共利益的重要力量,是国家监督体系的重要组成部分,在推进全面依法治国、建设社会主义法治国家中发挥着重要作用。《国务院关于支持贵州在新时代西部大开发上创新路的意见》(以下简称新国发2号文件)要求,在新的历史起点上,全省各级各部门要在坚持稳中求进中,完整、准确、全面贯彻新发展理念,坚决扛起建设"四区一高地"的重大使命。检察机关

---

[*] 余敏,贵州省人民检察院党组副书记、常务副检察长;黄卡铁,贵州省剑河县人民检察院党组书记、检察长;周乐灿,贵州省剑河县人民检察院办公室主任、四级主任科员。

充分发挥检察职能作用、全力服务保障乡村振兴，既是新时代新发展阶段坚持以人民为中心的法治思想、满足人民群众更多司法需求的现实需要，也是以高标准推进检察工作、更好服务保障经济社会高质量发展的内在要求。检察机关应积极参与市域治理、乡村治理等不同层级区域的社会治理，特别在实施乡村振兴战略中，要积极作为、主动作为，让"四大检察"在乡村治理中发挥更突出的作用，助力提升乡村善治水平，同时要注重提升办案质效，让人民群众在每一起案件和每一项司法活动中既感受到公平正义，又体会到司法关怀。

二、新时代影响和制约检察机关更好服务保障乡村振兴的主要因素

中国特色社会主义进入新时代，社会主要矛盾已经转化为人民日益增长的美好生活需要和不平衡不充分的发展之间的矛盾。随着人民生活水平提高、小康社会建成和法治意识增强，人民群众对美好生活的向往更加强烈，不仅对物质文化生活有了更高要求，而且在民主、法治、公平、正义、安全、环境等方面的要求日益增长，这也必然作为重要内容包含在乡村振兴战略中。面对新时代人民群众对检察工作的新要求新期待，我们在理念、服务、保障、素能等方面还存在诸多跟不上、不适应的情况。

（一）司法理念有待进一步转变更新

理念是指导、引领我们做好各项检察工作、服务好乡村振兴的思想和精神力量。在一体推进法治国家、法治政府、法治社会建设的依法治国新时代，面对能动服务和保障乡村振兴的新课题，如何在检察办案中实现政治效果、社会效果和法律效果的有机统一，怎样让群众在每个具体案件中感受到公平正义，法律监督如何实现双赢多赢共赢而最大限度体现司法效能，是检察人需要思考和解决的难题。由于各方面原因，有的检察干警身体进入了新时代，思想理念还停留在过去时，对新时代法治建设的新要求还存在理解不深入、行动跟不上、履职缺乏能动性、执行缺乏创造性的问题；少数干警办案中还存在就案办案、机械执法，不够重视群众的朴素情感和正义观念的问题，贯彻"以人民为中心"的司法理念有待加强。

（二）检察职能发挥得还不平衡、不充分、不全面

监察体制改革后，职务犯罪侦查职能随之转隶，检察职能更加聚焦法律监督的主责主业。但长期以来"四大检察"在发展中仍然存在不够平衡的问题，比如民事行政检察与刑事检察"一头轻一头重"的问题一直没有很好解决。虽然近年来从最高人民检察院到各级检察机关都在补短板、强弱项，但受观

念、人才和办案量等一些因素影响,还没有得到根本性改观。公益诉讼检察工作起步较晚,如何积极作为、主动作为、充分发挥法律监督职能作用维护社会公共利益、推动诉源治理、提升社会治理效能、实现监督办案的双赢多赢共赢还有很大的提升空间。就刑事检察工作来讲,也存在偏重批捕、起诉审查而忽视其他诉讼监督工作的问题,对偏远山区、农村基层群众的法律服务还不够到位。而助力乡村振兴大量的工作正是在公共利益维护、民事纠纷化解、司法救助、法律宣传、诉讼指导、释法说理等方面。因此,推动"四大检察"全面协调充分发展亟待加强。

(三)检察管理机制需进一步优化

众人拾柴火焰高。检察机关开展法律监督的效能、服务和保障乡村振兴的能力和水平,既需要一线检察干警的精准执法,也需要各内设机构的协作配合,科学合理的内部管理协作机制对发挥检察服务保障作用非常重要。这就需要检察人员进一步强化系统观念、法治思维,一体推进检察管理的科学化,通过健全完善内部管理机制,设置可操作性强的考核考评指标,引导和激励检察人员更加积极有效服务和保障乡村振兴战略实施。我们还要加强调查研究,以人民群众的更高要求作为衡量标准,结合工作实际,根据不同类别人员的岗位职责,因地制宜、因人而异制定更为科学合理、便于操作的管理制度,以提高检察服务保障水平和综合管理效能。

(四)检察队伍素质能力有待提升

面对人民群众对民主、法治、公平、正义、安全、环境新要求新期待,以及新时代检察工作高质量发展的新使命,基层检察队伍整体素质能力存在跟不上、不适用的情况,离革命化、专业化、正规化、职业化的要求还有不小差距。一方面,加强检察队伍政治建设,深化巩固政法队伍教育整顿成果,打造绝对忠诚、绝对可靠、绝对廉洁的检察队伍仍需持续加强,滴水穿石、久久为功;另一方面,如何发挥检察职能,找准服务乡村振兴的发力点,不断提升检察干警的法律监督专业素能,提升监督水平,推动队伍建设职业化、正规化依然任重而道远。

三、基层检察院服务和保障乡村振兴的基本思路

实施乡村振兴战略是党和国家根据我国发展的现实情况以及广大人民的意愿所作出的决策,也为农村地区在完成脱贫攻坚任务后指明了"道路",点亮了"明灯"。检察机关在服务和保障乡村振兴战略中,要把党的绝对领导与依法独立行使检察权有机统一起来,以"国之大者"的理念把党的政策主张贯

三、法律监督机制现代化

彻落实到具体检察工作中,转变思想观念,打破思维定式,从服务保障乡村振兴和提高社会治理效能的高度,努力谋求法律监督工作的双赢多赢共赢,既维护法律的尊严、保障法律统一正确实施,也维护有关当事方的合法权益,更好地发挥法律监督的积极作用,为乡村振兴创造优良法治环境,提供优质司法保障。

2021年以来,贵州省剑河县检察院认真贯彻落实习近平总书记关于全面推进乡村振兴、加快农业农村现代化建设的一系列重要讲话精神,立足检察职能,多措并举保障乡村振兴战略实施。先后成立了以党组书记、检察长为组长的乡村振兴工作领导小组,出台了《剑河县人民检察院巩固脱贫攻坚成果与服务乡村振兴战略的实施意见》《国家司法救助与巩固拓展脱贫攻坚成果助推乡村振兴有效衔接工作机制》等多个规范性文件,为服务全县乡村振兴提供组织和制度保障。全院现有帮扶村3个,长期驻村干部2名(第一书记1名),帮扶干部20名,三类帮扶户共计55户。

(一)党建帮扶要更加精准到位

一是严格落实驻村帮扶责任,严格落实"四个不摘"要求,做好对派出驻村干警的管理服务。按要求选好配强第一书记、驻村干部,强化驻村工作队力量。加强对驻村干警的管理,严格驻村各项工作纪律,切实做到真蹲实驻。严格落实和及时兑现驻村干警的待遇保障,根据季节变化适时为他们配备、增补必要的工作和生活物资。

二是加强党建结对帮扶,帮助帮扶村建强基层党组织。与帮扶点党支部结对共建,在工作中重点落实好"理论政策同学、规范建设同抓、党内活动同开、困难问题同解、产业同推、扶助关怀同行"六项任务,每半年共同开展一次组织生活,每半年同上一次党课。帮助健全两委工作制度,帮助指导建立完善村规民约,帮助发展农民党员,支助党支部,真正把基层党组织建设成带领群众脱贫致富的坚强战斗堡垒。

三是大力支持帮扶村产业发展,促进农民增收。全力配合党委、政府狠抓产业脱贫,按照久仰镇在该帮扶村的产业发展规划,积极帮助村居"两委"出主意、想办法,特别是在资金上尽最大努力予以支持和帮助协调,大力帮助扶贫产业发展,增加群众收入,真正实现"一村一品"产业发展。

四是密切联系群众,做好帮贫、济困、解民忧工作。坚持将"献爱心、送温暖"贯穿整个结对帮扶工作,持续开展结对帮扶走访活动,与结对群众交心谈心,积极引导和保护外出务工人员合法权益,帮助提升就业能力,促进务工群众劳务收入增长。力所能及地解决帮扶村困难党员、困难群众的生产生活问题,切实增强群众对党委、政府以及检察机关的感情,增强群众对巩固脱贫攻坚成果，推进乡村振兴工作的获得感、满意度。

(二)检察履职要更加全面到位

一是严厉打击涉农刑事犯罪，维护农村社会稳定。充分发挥刑事检察职能作用，将检察工作融入乡村基层治理建设中谋划和推进。依法严厉打击严重影响人民群众生命财产、生产和生活安全等各类刑事犯罪。2021年以来，贵州省剑河县检察院共批准逮捕涉农案件18件21人，提起公诉103件121人；维护群众"钱袋子"的安全，协同推进"全民反诈"行动，认真开展打击整治养老诈骗专项行动，起诉电信诈骗及关联犯罪20人。坚持惩治犯罪与追赃挽损并重，帮助挽回经济损失10余万元；维护群众"邮包里"的安全，组织相关单位和快递企业负责人参加全县快递企业合规运营座谈会暨检察建议公开宣告送达会，发出首份督促快递企业合规运营检察建议书。坚持打击与推动社会治理并重。

二是助力农民工和弱势群体维权，切实维护群众合法权益。牢牢把握为大局服务、为人民司法理念，助力解决农民工讨薪和老人赡养问题。通过支持起诉等方式，为多名农民工讨回拖欠工资5万余元，为两名农村留守儿童讨回抚养费600元每月；为1名86岁老人追索赡养费每月5000元。有力地维护了农村弱势群体的合法权益。

三是做实做细司法救助工作，助力农村居民收入提升。联合乡村振兴局制定《国家司法救助与巩固拓展脱贫攻坚成果 助推乡村振兴有效衔接工作机制》，办理司法救助案件6件6人。切实解决农村低收入当事人的实际困难，避免因案致贫返贫，保障民生惠及困难群众，实现社会公平正义、促进社会和谐稳定。

四是积极参与农村人居环境整治，提升乡村宜居水平。贵州省剑河县检察院探索认购碳汇替代性修复生态，办理了全省首例以碳汇补偿方式结案的检察公益诉讼案件；向毁林建房者发出黔东南州首份生态环境和安全生产领域公益诉讼"诉前禁止令"；剑河县检察院诉剑河县某局不履行水土保持补偿费征缴法定职责行政公益诉讼案，被最高人民法院评为2021年度人民法院环境资源审判典型案例。通过监督、办案，促进改善农村人居环境和生态环境，服务打造山清水秀美丽宜居乡村。

五是维护群众民生民利，守住农村耕地保护红线。充分发挥行政、公益诉讼检察职能，针对农村违法占用耕地、违规发放地力补贴等相关行政部门未依法履行职责导致国家利益和人民群众的合法权益受到侵害的情况，向行政机关发出社会治理检察建议15件，督促相关职能部门及时整改、有效保障社会保障金的规范发放。

六是加强社区矫正检察工作，优化精准监督方式。针对贵州省剑河县农村山高路远、沟壑纵横交通不便的特点，有针对性地开展社区矫正工作。通过入户串寨等方式发现剥夺政治权利人员漏管线索2人，发出检察建议2件。开展监外执行（社区矫正）检察工作3次，与矫正对象谈话7人次，电话抽查矫正对象28人次，保障了社区矫正工作规范进行，促进了农村社区矫正对象顺利融入社会，预防和减少了再犯罪。

七是加强农村法治宣传，提高法治意识。成立"仰阿莎"法治宣传队定期深入乡镇开展送法进乡村活动。借助县委党校培训乡镇、村组干部的机会，与县委党校签订《公益诉讼促进依法行政合作框架协议书》，共建"公益诉讼依法行政教学实践基地"，并完成了3期培训课程。聘请25名公益诉讼乡村观察员结合自身立足基层的优势，积极支持和配合公益诉讼工作。联合县妇联在仰阿莎街道办幸福社区挂牌建立全州首个家庭教育指导站，聘请5对夫妻为家庭教育辅导员。

(三) 检察履职要更加开放协同

乡村振兴战略统筹乡村政治、经济、文化、生态文明、社会治理协同发展，是一项复杂的系统工程，须由多方力量共同发力，检察机关只是其中的一个参与者。在检察履职中，应坚持双赢多赢共赢理念，加强与多部门的通力协作，搞好配合，同频共振，增进良性、互动、积极的工作关系，凝聚推动乡村振兴战略实施的强大合力。

一要切实抓好检调对接工作，加强同政府部门、法院调解部门的沟通交流，主动融入"大调解"格局，对一些符合条件的案件，可通过调解、和解的方式进行处理。民事检察要充分发挥连接法院与当事人的桥梁作用，促成调解结案；行政检察要在保障私权、监督公权同时，将当事人和行政机关从诉讼漩涡里拉出来，实现案结事了人和。

二要以公开促公正，以公正促公信，坚持"应听证尽听证"，准确把握检察听证案件范围，建立听证员库，全面推进检察听证工作，真正选择群众诉求强烈，矛盾纠纷突出，疑难、复杂、引领性案件进行听证。对于地处偏远或当事人确有困难的，要主动进村下乡，把检察听证室"搬"到当事人居住地，把矛盾纠纷化解在当事人家门口，以最大限度彰显检察听证的功能和价值。

三要耐心倾听群众声音。坚持司法为民，改进司法作风，热情服务群众，善于从群众的批评中发现工作的差距、不足，从人民群众满意的地方做起，从人民群众不满意的地方改起，最大限度维护司法的公平正义。进一步加强与人大代表、政协委员沟通联络工作，积极听取人大代表、政协委员对检察工作的意见建议，并积极反馈办理落实情况。通过公开听证、庭审旁听、检察开放日、视察工作、通报工作情况等方式，进一步增强检察机关办案透明度，营造公开、公平、公正的司法环境。

（四）司法服务要更加能动有效

实施乡村振兴战略需要司法服务及时跟进，检察机关要找准服务和保障乡村振兴的着力点，聚焦新国发2号文件对巩固拓展脱贫攻坚成果样板区的战略定位，抢抓打造对接融入粤港澳大湾区"桥头堡"重大机遇，立足检察职能，精准服务，依法保障，实实在在为基层解难题，真心实意为百姓办好事，把好事办实，把实事办好，为乡村振兴提供有力司法保障。

一是服务乡村政治生态优化。深入村"两委"和群众开展换届选举等相关法律法规宣讲。依法打击村"两委"换届中以不正当手段干扰破坏选举的犯罪行为。深入推进扫黑除恶专项斗争常态化，严厉打击"乡霸""村霸"等黑恶势力及"保护伞"等犯罪，推动形成良好的乡村政治生态。

二是服务平安乡村建设。依法打击盗窃、赌博、故意伤害、非法集资、电信诈骗、涉农职务犯罪等乡村易发多发犯罪活动，严惩故意杀人、故意伤害、强奸等危害农村稳定的严重暴力犯罪，着力提升乡村群众安全感。

三是服务保障粮食安全。严厉打击非法占用耕地、破坏耕地等犯罪活动，加强对耕地及周边环境污染整治、土地流转中耕地保护利用等工作的监督力度，保障高标准农田保护和建设。严厉打击制售假种子、假化肥、假农药等伪劣农资犯罪活动，加强对农产品质量安全管理的监督力度，主动服务农村特色产业、林下经济、农产品加工业等发展。

四是服务乡村产业高质量发展。审慎办理涉农企业案件，主动提供法律咨询服务，引导企业合规经营，着力为现代农业产业化建设创造法治化营商环境。积极为特色小镇、精品民宿建设、田园观光、农耕体验等新业态发展提供法律支持，服务副中心乡村旅游提挡升级。

五是推动诉源治理。创新开展"枫桥式检察"，妥善办理村民之间因宅基地、农用地纠纷等引起的轻微刑事案件和民事行政申诉案件，努力促成当事人和解，促进乡村和谐。坚持"抓前端、治未病"，积极参与乡村矛盾纠纷排查调处，强化主动治理，推动基层矛盾纠纷化解从"接诉即办"到"未诉先办"。

六是服务保障民生民利。严厉打击农村涉食品、药品安全等重点民生领域犯罪，保障群众"舌尖上的安全"。加大对农村妇女儿童、老年人、残疾人等群体和农民就业创业等领域的合法权益保护的监督力度。继续加强侵害农民工权益犯罪立案监督，依法严惩恶意欠薪犯罪。在涉农案件办理过程中，充分发挥司法救助职能，落实"应救尽救"工作要求，推动"司法救助+多元化救助"，防止出现因案返贫、因案致贫。

七是服务美丽乡村建设。综合运用"专业化监督+恢复性司法+社会化治理"三位一体检察生态环境治理模式，探索开展"碳汇"检察工作，促进生态环境治理、农村人居环境整治、民族文化和传统村落保护，助推乡村振兴。

八是服务法治乡村建设。进一步加强普法教育，经常深入农村地区特别是偏远山区对群众开展普法教育，提高群众学法、懂法、守法、用法的主动性，帮助群众自觉运用法律来维护自己的合法权益。

（五）检察服务要更加多元优化

世界正经历百年未有之大变局，既是大发展的时代，也是大变革的时代，经济全球化、社会信息化、文化多样化深入发展，社会治理向现代化、多元化、专业化方向发展，国家治理也顺应时代要求，由过去的偏重管理型逐步向服务型转变，逐步从社会管控、社会管理向社会治理转变，更多体现以人民为中心，治理方式更加规范化、人性化、民主化。检察机关在服务和保障乡村振兴战略中，就要适应这些变化趋势，把握好民生大势，加强农村社会综合治理，提升农村基层法治化管理水平，以能动履职满足人民群众更高要求。坚持将惩治犯罪与服务群众一体推进，要以"初心"的执着、"守心"的标准为民司法，主动研究思考人民群众对美好生活有哪些更丰富、更高的要求。要切实转变"坐堂办案""来料加工"式的被动工作理念，坚持"走出去"，主动深入基层一线，深入了解群众诉求、积极回应群众关切，把检察工作的政治性与业务性统一起来，落实为司法为民、护民、助民的实际行动、实际成效。检察人员要摒弃旧观念，不断解放思想，转变理念，充分认识人民群众对新时代检察工作的需求变化，跨越思想固化的"鸿沟"，在办案中追求法律条文背后的价值，以"如我在诉"的担当和境界，真正把"讲政治与抓业务"有机统一、"三个效果"相统一、将"天理、国法、人情"融为一体、"办案就是办别人的人生""双赢多赢共赢"、法治"最大公约数"、以"我管"促"都管"、办案求"极致"、"在办案中监督、在监督中办案"等理念贯彻落实好，彰显检察机关服务和保障乡村振兴的政治自觉、法治自觉、检察自觉。2021年以来，贵州省剑河县检察院通过办案发现农村社会治理方面存在的漏洞，向相关部门发出社会治理类和类案监督检察建议16件。如向留守家庭较多的部分乡（镇）政府公开宣告送达检察建议书，建议镇政府做好家庭教育指导工作，对留守未成年人、困境未成年人摸底排查、建档立卡、建立协同育人机制等，防止辍学和提高家庭教育水平，以检察督促的方式将"家事"变"国事"。又如在办理某村2名干部贪污案中，发现该乡（镇）政府在涉农项目监督管理工作中存在信息公开制度落实不到位、项目审核和验收把关不严格、部分干部法治观念淡薄等问题，向该镇政府发出促管补漏的检察建议书，守护涉农资金安全。

（六）质效评价要更加科学合理

案件质量是检察司法办案的生命线，关乎"自然生命""社会生命""政治生命"，要始终把保证案件质量放在首位，守住事实证据和法律适用的底线。检察机关在服务和保障乡村振兴中，要建立健全内部办案质量考核机制、检察人员考核制度、错案责任制、倒查问责制，促进充分能动履职。

一要探求和实现法、理、情的有机融合。依法办案不是简单机械适用法律规则，而是要将情理与法理、政策与法律、案结与事了有机结合起来，在依法惩治犯罪同时充分考虑社会矛盾化解、社会关系修复等诸多因素，谋求政治效果、社会效果和法律效果的有机统一。

二要处理好个案和类案的辩证统一。在推进乡村法治建设中要增强类案监督意识，善于从个案中发现共性问题，聚焦党委政府关注、人民群众反映强烈的突出问题和薄弱环节，通过调查核实、公开听证、专题调研、专项监督活动等，发现、分析执法司法活动、社会治理中存在的普遍性问题，找准问题症结和根源，以检察建议、年度或专题报告等方式进行类案监督。同时，发挥好行政检察"一手托两家"作用，将精准监督贯穿类案监督全过程，坚持穿透式监督、系统监督等，把类案监督转化为社会治理效能，力求"办理一案、治理一片"。

三要以"求极致"标准提升检察工作质效。深化落实以"案－件比"为核心的案件质量评价体系，检察官要站在人民群众的立场看问题，更加重视案件整体质量，及时介入侦查、调查工作，积极推进认罪认罚从宽工作开展，把不必要的办案环节挤掉，把"件"降下来，把质和效提上去，切实减少当事人的讼累，提升人民群众的司法体验和司法评价。

总之，站在新的历史起点，检察机关应以更高的政治站位，更实的担当服务和保障乡村振兴战略实施。综合运用惩治、预防、监督、教育、保护等职能，依法能动履职，深化外部协作，努力为乡村振兴提供更多更优的法治产品、检察产品，推动乡村振兴取得新进展、农业农村现代化迈出新步伐，为全面推进乡村振兴营造良好法治环境。

四、法律监督能力现代化

大数据赋能法律监督工作机制研究

季美君　杜依宁[*]

引言

人类社会发展历史表明，每一次经济形态的重大变革，往往催生并依赖新的生产要素。正如劳动力和土地是农业经济时代主要的生产要素，资本和技术是工业经济时代重要的生产要素，而进入数字经济时代，数据已成为驱动经济社会发展的新的生产要素。[①] 在大数据智能化时代，数据赋能监督，监督促进治理，不但是当前检察机关破解监督瓶颈、优化监督流程、重构监督工作机制的一项重大变革，也是新时代检察工作高质量发展的重大战略。

大数据，是指种类多、流量大、容量大、价值高、处理和分析速度快的真实数据汇聚的产物。大数据具有体量大（Volume）、多样化（Variety）、速度快（Velocity）、真实性（Veracity）和价值性（Value）的"四V特点"。大数据是人类史上一次重大革新，对人类社会的未来发展具有重要意义，它迅速而广泛地改变着人们的日常生活、工作方式和思维模式。大数据不仅给人类带来了方方面面的重大变革，也为人类发展带来了前所未有的挑战与发展机遇。《法治中国建设规划（2020—2025年）》明确提出："充分运用大数据、云计算、人工智能等现代科技手段，全面建设'智慧法治'，推进法治中国建设的数据化、网络化、智能化。"2021年6月发布的《中共中央关于加强新时代检察机关法律监督工作的意见》（以下简称《意见》）也明确要求："运用大数据、区块链等技术推进公安机关、检察机关、审判机关、司法行政机关等跨部门大数据协同办案。"笔者以"大数据赋能法律监督"为主题，不设时间段在中国知网上进行检索，结果仅17条，最早发表的相关文章是2021年11月份

---

[*] 季美君，最高人民检察院检察理论研究所研究员；杜依宁，浙江省衢州市柯城区人民检察院第二检察部副主任、二级检察官。

[①] 参见吴秋余：《大数据驱动大未来》，载《人民日报》2021年5月10日，第18版。

的，且多为检察机关内部刊物发表，尤其是《检察日报》。① 由此可见，就这一主题而言，目前还是一个正在走向热门的话题。从检察实践来看，作为国家司法机关之一的检察机关，如何树立大数据新理念、如何运用大数据赋能法律监督，开发应用性司法、监督模型，推进跨部门大数据协同办案，促进检察机关法律监督"本"的提升和"质"的嬗变，这无疑是我国检察机关当前面临的一大急迫而重要的课题。

一、大数据赋能检察监督的实践经验

检察机关运用大数据办案最根本的目标是实现司法公正、促进社会治理，最核心的是涵养"数字赋能"，从大数据里找监督线索，通过大数据技术分析、挖掘案情，最基础的是一线检察官的积极参与和获得感，最紧要的是推进内部融合和外部协同，实现多样化全方位法律监督模式。本文主要以浙江省开发运用大数据走在前列的部分基层检察院的数字检察工作实践为例，阐述大数据赋能法律监督的实践经验。

（一）创新机制打通数据壁垒，实现数据共享

数字监督的基础是数据，而数据背后或许就隐藏着案件线索。因此，大数据赋能法律监督的首要环节就是以信息技术为手段，在办案中构建打破"数据孤岛""信息壁垒"等工作机制，以实现内外融合、上下对接、数据共享的新格局。2020年以来，浙江省衢州市柯城区人民检察院以系统化、数字化思维为引领，探索出一类以民事检察为枢纽的融合监督模式。

一是创立"2+1"线索发现、处置机制，打通监督瓶颈。这里的"2"是指两张表格：一张是监督要素审查表，包含"四大检察"主要监督要素，设置在审查报告中，作为办案节点的核心审查内容；另一张是"线索移送情况表"。两张表格主要解决部门之间缺乏相互了解造成线索遗漏问题。"1"是指1个线索管理部门，线索统一归口案件管理部门负责流转、督办，解决线索没有得到充分有效挖掘而流失的问题，为融合监督夯实基础。

该机制建立以来，成效明显。2021年4月30日至今，刑事检察部门（以下简称刑检部门）移送民事检察线索9条，成案线索5条，办出虚假诉讼监督案件12件，移送行政检察线索5条，成案线索1条，办出侦查机关行政违法行为监督案1件；民事检察部门移送刑检线索3条，均被采纳成案，这些线索

---

① 笔者在中国知网上检索的时间为2022年10月13日。有关这一主题，发表文章数量之少，其原因可能是多方面的，但其中之一可能是大数据赋能法律监督是一项实践性很强的工作，要从理论上予以总结阐述并不容易，而这正好是本文研究的价值所在。

涉及虚假诉讼罪、诈骗罪、拒不执行判决裁定罪（详见图1）。

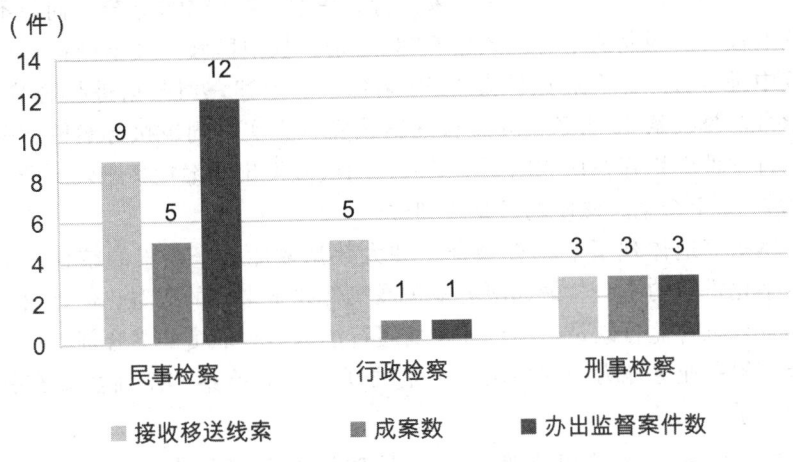

图1 柯域区检察院"2+1"机制成效

比如，刑检部门在办理姜某涉嫌虚假诉讼案中，审查发现姜某通过虚构借贷事实提起民事虚假诉讼非法获利30万元。承办人审查后在监督要素审查表中的是否存在"虚假诉讼"一栏上勾选"是"，同时填写"线索移送表"送案件管理部门。经刑检、民事检察部门共同会商后，将线索交办民事检察部门（以下简称民检部门）。民检部门进行全程、全面审查后，即展开民事法律监督，取得了三项监督成果：一是提出再审检察建议，就虚假诉讼建议法院撤销原错误判决；二是查实法院拍卖被执行人唯一住房，却未依法保留相应保障费用的违法行为，提出执行检察建议，拓展了监督范围；三是反哺刑事案件办理，查实法院拍卖被害人孙某房屋过程中，犯罪嫌疑人姜某提交了一份虚假的该房屋租赁协议，骗取法院将孙某房屋拍卖款中的30万元作为已付租金优先分配给姜某。民检部门反馈后，刑检部门据此追加了该事实，最终姜某虚假诉讼犯罪金额从公安机关移送审查起诉时30万元增加到起诉时60万元，全面查清了案件事实。

二是创立"数字+类案"办案机制。遵循"个案办理—梳理类案线索—提炼关键要素—数字赋能—类案监督突破"的思路，改变了以往"个案为主、案卷审查"办案模式中案件规模小、监督成效低等问题。

以财产保全执行类案民事法律监督为例。当事人刘某向民检部门反映其本人在2年前已经履行完生效判决确定的给付义务，但房产至今仍被法院查封。了解此情况后，民检部门干警迅速查清案件事实，监督法院予以解封。在类案思维指引下，民检部门干警判断该问题绝非个案，应当还会存在一批同类案件，就通过数字化手段进行批量筛查。通过分析个案，总结出该类问题，要同时具备两个要素，一是案件执行完毕；二是在诉讼、执行过程中进行了财产保全。办案干警向区法院调取近 3 年来执行完毕案件数据 400 余条，向市不动产中心调取被司法限制的不动产数据 6900 余条，从中国裁判文书网批量提取诉讼过程中进行房产保全后撤诉案件 50 余件，对上述三组数据进行碰撞比对，发现批量监督线索 30 余条，并进行逐案核实，查实在刑事执行案件、民事诉讼和执行案件中均存在该类问题。最后，向法院发出类案检察建议 1 份，涉及 3 个领域、8 个个案，法院均已整改到位。

此案很好地体现了"三查融合"和大数据赋能排查线索的结合，是充分运用数字化搭建的平台，最大限度地拓展案件线索来源的典型。侦查权、审查权、调查权融合监督既是检察机关全面履行法律监督职责的黏合剂，也是检察人员全面提高业务能力的练兵场，更是推动"四大检察"全面协调充分发展的关键抓手。

（二）建立融合协同办案模式，加强数据分析与清洗

大数据是推动检察工作高质量发展的"桥梁"。但海量数据的归集不能依赖平台的一键完成，应充分发挥人的能动性进行审查、调查、侦查，穿透监督异常案件背后存在的执法司法突出问题，最终实现线索成案。这就需要各部门精准融合、开展联合审查，加强数据分析与清洗。

以浙江省衢州市柯城区检察院郑某某虚假诉讼系列案为例。该案系浙江省院移送的案件线索，反映郑某某近 5 年涉及民事诉讼 130 余起，在 2 起民事案件中，当事人陈述存在虚增借款本金情形，但因缺乏证据证明均败诉。因该案时间要求紧、涉案人员广、关系复杂，单靠一个部门单打独斗难以保质保量完成任务。因此，柯城区检察院建立了"部门初查+专班深查"的协同办案模式。

首先，确定由民检部门主导初查，通过智能排查、调卷审查，查实郑某某系职业放贷人，案件呈现模式化特点；通过向金融机构调取交易流水，询问部分当事人，查实与陈某某等人密切关联；但操作手法隐蔽老练，人员关系网脉络尚不清晰。

其次，组建由民检、刑检、有侦查经验的检察人员组成的工作专班深入调查，以自侦案件的思路确定调查方向分工协作，刑检人员重在查找被害人以及涉案人员身份背景摸底调查；民检人员重在制定询问框架、设计询问环节；侦查人员重在对相关人员反映审执人员违法问题进行核查。专案组仅用时十多天，就完成 40 余份证据的调查取证工作并作出郑某某涉嫌套路贷犯罪的定性分析。随后，公安、检察进行"两长对话"，将案件初查报告附上证据材料，书面移送公安机关建议立案侦查。公安机关在翔实高质量证据支撑下快速立案，民检、刑检部门同步介入，多次就案件侦查方向研讨会商，补充完善监督所需的相关证据。

四、法律监督能力现代化

最后,民检部门在 2021 年 4 月至 2022 年 7 月,就该系列案件分批向衢州市检察院提请抗诉 33 件,市中级法院已裁定再审 15 件;提出送达等程序违法类案检察建议 2 份,提出撤销司法确认裁定检察建议 3 份。郑某某等人因犯诈骗罪、虚假诉讼罪一审被判处有期徒刑 11 年 8 个月。

此案的成功办理,是加强数据分析和清洗,充分运用大数据价值,以部门初查为基础,随后配以专班深查这一协同办案模式的典型案例。另外,在监督民事虚假诉讼 App 研发方面,做得不错的还有浙江省绍兴市人民检察院。该院自主研发了一套民事裁判文书智慧监督系统,办案成效显著。该系统"突出需求导向,建立了场景式民事类案监督线索发现机制,特别是虚假诉讼类监督线索,构建监督线索分类模型,以'智能排查—人工审查—深入调查—移送侦查—判决监督'五步审查法实现民事检察监督的转型升级。"①

(三)紧扣监督需求,构建数字监督场景和模型

大数据的价值主要体现在现实场景的应用上。一切数字化技术、项目、平台都应服务于办案需求、中心工作需求、社会治理需求。数字检察的改革价值最终也要体现在大数据法律监督的实效上。而数字检察的实战重点在于以需求为导向、以数据为基础、以平台为支撑,准确构建数字模型、打造应用场景。

以衢州市开化县检察院办理的林业部门"责令补种"行政处罚执行不到位类案监督为例,主要分三步走。首先是确定思路,从个案中查找规律性问题。2020 年 1 月,开化县检察院生态检察办案团队在办理一起滥伐林木案件过程中,发现当事人未履行"责令补种"行政处罚决定②,行政执法部门也未督促当事人履行补种义务和申请强制执行。通过初步筛查分析,发现行刑脱节问题客观存在,且不止一案,遂将该线索移送给公益诉讼检察部门。公益诉讼检察部门经过进一步调查发现,由于对被处罚人的补种行为难以监管,对树种、面积、补种形式等规定不明确、操作性不强,造成执行难和监管难,且工作量大,最终导致行政处罚决定变成"一纸空文"。为进一步摸排数据,公益诉讼部门通过数据建模进行精准分析研判。

其次是数据建模。确定数据来源有以下四个方面:一是盗伐、滥伐林木案

---

① 季美君:《新时代法律监督工作高质量发展的思考》,载《检察日报》2021 年 11 月 16 日,第 3 版。

② 《森林法》第 76 条规定,盗伐林木的,责令限期在原地或者异地补种盗伐株数一倍以上五倍以下的树木,并处盗伐林木价值五倍以上十倍以下的罚款。滥伐林木的,责令限期在原地补种或者异地补种一倍以上三倍以下的树木,可以处滥伐林木价值三倍以上五倍以下的罚款。

件数据及电子卷宗（来源于检察业务应用系统）。二是林业执法部门行政处罚案件信息数据（来源于林业执法部门）。三是林业执法部门"掌上林业"应用系统数据（来源于林业执法部门）。四是法院申请强制执行案件数据信息（来源于法院办案办公系统）。随后，准确构建思维导图（详见图2）。

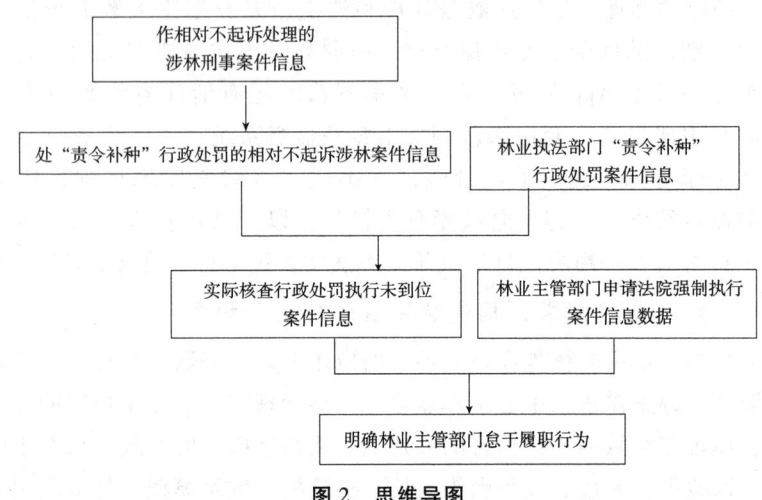

图2　思维导图

最后是数据分析。第一步是通过检察业务应用系统导出一定时间段内，作相对不起诉处理的盗伐、滥伐林木案件信息。第二步是以承办检察官建议作"责令补种"行政处罚为筛查原则，导出被"责令补种"行政处罚的相对不起诉涉林案件信息。第三步是通过林业执法系统，调取林业执法部门一定时间段内"责令补种"行政处罚数据，筛查除相对不起诉刑事案件外，其他行政处罚案件中也存在的"责令补种"处罚措施。第四步是通过"掌上林业"应用系统，明确盗伐、滥伐林地地理位置、面积、性质、权属、树种等情况，核查涉林行政处罚案件执行未到位信息。第五步是通过法院办案办公系统，导出林业主管部门申请强制执行的行政执行案件信息，并与行政处罚未执行到位案件数据进行碰撞对比。第六步是比对后确定林业主管部门未向法院申请强制执行案件数量，针对林业主管部门怠于履职行为开展公益诉讼监督。

公益诉讼部门通过上述数字化手段排查明确，2018年以来，共有96件行政处罚案件"责令补种"义务未履行到位，涉林木达9832株，根据《森林法实施条例》规定，核算需补种苗木约47100株，未修复面积约230余亩（以每亩土地适宜种植苗木200株计），其中涉及公益林未进行修复面积约25亩。开化县公益诉讼检察部门对该批案件开展类案监督，向林业执法部门提出行政公益诉讼诉前检察建议，督促林业执法部门依法履行职责。针对林业主管部门对

"责令补种"的行政处罚决定存在执行难、监管难、养护难等现实困境,梳理涉林行政处罚案件中"责令补种"执行过程中的难点和堵点,形成《破解"责令补种"执行困境推动生态修复工作见实效》调研报告,为党委、政府决策提供参考。同时,开化县检察院联合法院、林业主管部门对"责令补种"行为进行细化,共同出台《关于严格落实林业责令补种行政处罚的实施方案》,对各部门工作职责、适用范围、计算方法、补种形式、验收办法、操作流程六个方面进行了详细规定,为维护钱江源国家公园生态环境,展示生态文明建设成果的示范窗口建设作出检察贡献。该案很好地体现了检察机关以需求为导向,聚焦问题、确定思路,建立监督模型、思维导图,充分运用大数据池,清理、筛选出有价值数据、异常数据进行再分析,实现由个案向类案、被动向主动、办理向治理转变的法律监督新格局。

(四)融合监督手段放大监督效能、促进社会治理

促进社会治理现代化,是新时代检察机关依法能动履职的应有之义和必然要求。法律监督模式重塑变革要求的核心是"数字赋能监督、监督促进治理"。运用大数据发现案件背后的社会治理风险隐患和难点堵点,以监督聚合推进领域问题治理、系统治理,是对传统检察办案价值的升华,赋予法律监督新的内涵和活力。如此,才能不断增强党委和政府的感知度、人民群众的获得感、被监督者的认同感。

以浙江省江山市检察院办理的督促整治养鸭场养殖污染及非法占地行政公益诉讼案为例。2021年初,江山市院"网格+检察"系统智能检索出6条信息,显示某村有多名群众反映自家门前原本清澈的河水,不知何故变得又脏又臭,严重影响生活。检察指挥中心对上述线索进行审查、研判后,向公益诉讼部门发出中心指令,前往现场调查。通过初查发现,在辖区内两村交界处有一大型养鸭场,占地面积达15亩,建有鸭棚3处、仓库棚1处、水塘5个,内养蛋鸭1.6万余只,水塘水质经江山市院快检实验室抽样检测为劣V类水。因鸭场地势较高,排出的污水流经一段小河道排入毗邻的江山港,直接对下游10余个村庄4300余户居民生产生活造成严重影响。

事实上,鸭场污染问题由来已久,群众反映强烈,但行政主管部门与属地乡镇间因考核等原因,对是否行政立案产生严重分歧,致使问题久拖不决。检察机关主动介入,通过公开送达形式向农业农村局、生态环境局等主管单位发出检察建议,督促整改。相关部门单位高度重视,逐步形成统一意见,细化分工责任,履行监管职责,明确行政部门、属地乡镇目标任务、整改期限。检察机关跟进整改过程中进一步调查发现,该鸭场曾为种植水稻的耕地。调查人员顺藤摸瓜,通过现场定位,调阅卫星地图、土地性质图进行比对,证实养鸭场

占用的15亩农田属于永久基本农田，存在基本农田"非粮化"问题，遂依法监督资规局对该违法行为予以查处，并建议对江山市占用基本农田情况进行全面排查。经多次跟进监督，协调处理，耐心释法，紧急控制污染源头，分步处置鸭棚，整改工作逐步推进。截至2021年底，全市共计排查基本农田"非粮化"问题15900余亩，完成整治14300余亩；共计排查基本农田"非农化"问题1300余亩，完成整治600余亩，整体整改率为86%。到2022年3月，涉案鸭棚等设施全部拆除，水质复检达到Ⅱ类水标准，3月底全部实现基本农田复耕。

该案以个案为切入点，以数字赋能、融合监督，推动协同治理，充分彰显了检察机关在推进社会综合治理中的强势监督作用，取得了较好的监督效果。其一，促进环境整治，助推美丽乡村建设。借助数字手段精准研判线索，深入开展检察调查，准确查实案件情况，扎实开展刚性监督，推动问题整改，及时清除污染源头。其二，整治基本农田"非粮化"，保护粮食安全。秉持"粮食安全生命线"的责任担当，及时监督市资规局、镇政府查处基本农田"非粮化"问题，先后4次协同两家单位会商解决执法难题，凝聚合力促使养殖场主动退出耕地，助推基本农田"非粮化"整治。其三，保护群众合法权益，维护社会稳定。面对鸭场经营主的抵触情绪，检察机关牵头，会同资规部门、属地乡镇多次上门释法说理，阐明非法占用基本农田的法律后果，成功落实复耕举措。同时，建议江山市农业农村局指导农场主采用围堵、储存污水等临时性环保措施，停止污水外排。并充分考虑存栏蛋鸭的处置问题，采取分步骤、分时段拆除鸭棚的办法，既解决了关键问题，又保护了群众利益，避免引发矛盾纠纷，维护社会稳定，历时一年，终得圆满解决。其办案思路如图3所示。

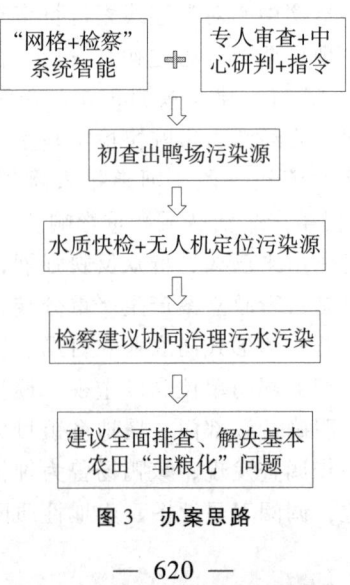

图3 办案思路

（五）聚焦重点类案，创建"三查融合"新模式

检察机关加强"三查（审查、调查、侦查）融合"，是实现类案监督、提升法律监督效能的重要手段。① 在"三查融合"办案理念指导下，浙江省衢州市龙游县人民检察院从个案出发，针对重点类案，开展"人工＋智能"双驱动审查，创建"刑检＋自侦＋公益＋技术"的"井"字形多部门融合办案模式。个案起源于2021年8月，龙游县检察院在开展日常派驻公安机关检察官办公室工作中发现，公安机关在一起行政处罚案件中，将口淫服务与手淫等非进入式卖淫等同，认为不属于刑法意义上的"卖淫"，因此对足浴店的两名经营管理者均作了行政拘留处罚决定。检察机关对该案开展立案监督并引导取证，最终认定足浴店的经营管理者陈某某、王某某构成组织卖淫罪，犯罪所得共计140余万元，均被法院一审判处有期徒刑10年以上，并处罚金；店内负责接待顾客、介绍含有"口淫服务"内容套餐项目、代收嫖资的服务员也相继以协助组织卖淫罪被判刑。刑检部门就此案进一步打击问题同步向自侦部门移送线索。经侦查，本案确属公安人员对法律适用理解不当所致。经本案启发，检察机关随即开展卖淫类类案专项监督工作。

建立"数字＋人工"类案线索筛查机制。通过调取浙江检察大数据平台关于龙游县近3年卖淫类行政处罚案件信息，以"口交""经营""老板""出资"等为关键词进行线索筛查，同时将近5年内受理的卖淫类审查起诉案件中犯罪嫌疑人、案发地点、作案方式、承办民警等要素提取，从中筛查相关线索，发现可疑线索3条移送市院统筹处理。同时，对近5年卖淫类案件的审查报告逐案回头看，发现自侦线索3条。

在上述基础上寻求类案监督模式的拓展与深化。根据办案实践，梳理常见监督类型及办案风险点，除卖淫类案件外，将故意伤害、寻衅滋事、聚众斗殴、开设赌场、以帮助网络信息犯罪活动为主的涉网络类犯罪作为重点监督领域。建立"代号"类监督线索筛查机制。当前主要抗诉来源是基于出现新证据证明原判决或是裁定确有错误，而这些新证据主要指向原判决、裁定可能存

---

① 所谓"三查融合"，是指检察机关在依法履行法律监督职能过程中，充分运用审查、调查、侦查三种办案方式，促进三者之间有机贯通、高效协同、形成合力，构建起以审查为基础、调查为关键，侦查为核心的调查核实新格局，实现检察机关法律监督政治效果、法律效果和社会效果的有机统一。参见贾宇：《以审查、调查、侦查"三查融合"，全面提升新时代检察机关法律监督质效》，载《法治时代》2022年创刊号。这一说法，也是浙江省人民检察院原检察长贾宇在2021年2月28日的数字检察专题会议上的讲话《加快建设"数字检察"全面融入改革大局 以数字化改革撬动法律监督》中提出来的。

在"人头搞错""法定量刑情节认定错误"等问题,之所以存在上述问题主要源于有些犯罪嫌疑人身份不明,无法通过其绰号、微信号等"代号"识别其真实身份。对此,龙游检察建立了"代号库",重点收录黄赌毒类、帮信类以及"三类案件"中涉案人员的绰号、微信号等,以便实现较长时间段内案件之间的线索关联,通过其他案件中透露的身份指向线索锁定犯罪嫌疑人身份。2022年8月,通过结合嫌疑人供出原"帮信案"上家真实信息的新证据,结合代号库线索,已提请市院抗诉1件,查实真实身份2人,监督立案1人。代号线索库的建立,大大减少了因个案当中犯罪嫌疑人有意隐瞒、信息偏少导致案件难以深挖、部分罪犯无法被严惩的情况,也极大地打开了刑事检察监督工作的局面。

另外,龙游县检察院还建立民事、公益诉讼线索筛查机制。如建立对公安机关移送法律意见文书预审筛查制度,以周为单位,由内勤将本周公安机关提请批准逮捕书与移送审查起诉意见书移交部门主任、分管领导进行审查,对发现的涉民事、公益诉讼线索提前掌握,确保线索及早移送、证据及时固定。该院在文书预审中发现一起盗窃人防门案件。人防门属于人防设施,涉案物业公司随意拆除人防门且未设专人看管,导致被该物业从业人员切割转移,危害人防工程及设施安全,损害国家和社会公共利益。公益诉讼部门接到线索后组织公开听证,及时开展监督并督促对全县54个人防工程进行监管。该案被列入浙江省检察机关指引案件,出台《人民防空工程领域检察公益诉讼专项监督行动实施方案》,在全省部署开展专项活动。

二、大数据赋能检察监督工作机制存在的主要问题

从上述各基层检察院开展大数据赋能法律监督的诸多经验和工作机制来看,成效确实相当显著。但是,从应然层面来审视,当前各地检察院在开展大数据赋能法律监督工作过程中,还存在不少问题和阻碍。从认识上来说,基层办案人员的数字化实战意识仍有待提升;从监督效能上看,数字化监督转化成社会治理成效的案例不够丰富、整体效果不够突出,数字办案与数据共享的相互转化不够充分;从数字化条件和基础来说,存在大数据新型人才短缺、技术力量不足等问题。这些问题与阻碍主要有以下方面:

(一)数字赋能监督理念问题

大数据时代,一个基本特征就是数字化。要实现数字认知、数字思维、数字赋能法律监督,其前提是要树立智能监督理念。理念虽然是看不见、摸不着的,但又是强大而执着的。在理念方面,数年来,就办案而言,最高人民检察院已提出了一系列的理念,如"双赢多赢共赢"理念、在"办案中监督在监

督中办案"理念、"精准监督理念"等,但就大数据赋能法律监督而言,在检察办案中,应树立大数据理念、智能监督理念等。

检察机关是法律监督和办案机关的统一体,无论法律监督还是办理案件,其终归与证据和司法判断密切相关。在大数据智能化时代,数字成为证据和司法判断不可或缺的元素。在办案中,数字既是证据,又是对事件进行记录的电子痕迹,更是提供知识的手段,而且还是管理的方法。① 运用数字化的手段进行监督,是检察机关应对全球科技数字化浪潮的必然手段。

但是,在树立大数据智能监督理念时,不少基层院仍存在两大问题:一是大数据虚空论。部分办案人员,尤其是比较资深的检察官在面对信息化、数字化办案系统和模式时,仍然存在抵触和茫然情绪,认为大数据是虚空的、不足信的,不如传统的纸质卷宗、调查方式来得实在,有控制感。在数字化办案推进过程中,一些检察人员缺乏创新思维和数字变革意识,不愿意做出改变,也缺乏数字化监督理念和执行力,习惯于传统的办案模式。二是唯数据论。这种想法主要存在于一些年轻干警的头脑中。年轻人脑子灵活,接受新事物比较快,在大数据新技术浪潮的冲击下,认为大数据是无所不能的。但实际上,大数据的统计预测只是一个高概率而已,并不是百分之百准确。因此,无论是大数据虚空论还是唯大数据论都是需要纠偏的。受大数据智能监督理念不强的影响,司法实践中,数据壁垒问题依然存在。

(二) 数据壁垒问题

数据共享是大数据运用的"牛鼻子"。可以说,随着大数据在日常生活中的广泛应用,尤其是2020年新冠肺炎疫情暴发后,健康码行程跟踪让人们对大数据的独特功能有了切身的认识与体会。数年来,全国各地检察机关也特别重视对大数据和人工智能的开发应用。如2017年,最高人民检察院检察技术信息研究中心专门建立了智慧检务创新研究院,中国检察出版社2018年就着手检察知识服务智能化平台建设,不少基层检察院工作力度很大、热情很高,也投入了大量资金来研发各种App,一时之间有种遍地开花的景象。

但是,从实证调研情况来看,目前数据壁垒问题依然严峻。拥有海量数据是开展大数据应用的基础。一方面是检察系统内部的数据壁垒问题,目前检察系统自身的大数据资源远没有得到充分利用开发,数据壁垒沉睡问题严重。涉及大数据赋能法律监督方面(包括区块链技术应用)的研发,做得比较好的

---

① 参见钱昌夫、赵少案:《数字检察范式的实践应用》,载《中国检察官》2022年第3期。

有浙江、江苏、广东等地检察机关,如浙江省杭州市院、杭州市西湖区院、绍兴市院、台州市院,广东省佛山市禅城区院,江苏省苏州市相城区院等,这些检察院在某一领域的大数据开发应用都相当出色,其工作也已初显成效。但这些有益经验并没有普及到全国各地基层检察院,当然其原因也是多方面的。另一方面是公、检、法、司之间的数据共享问题,目前也没有实现不同系统之间的数据联通与分享,各自聘用相关的技术公司在研制开发运用,相比之下,总体上看,最为成熟的是公安机关,而检察机关的要相对缓慢一些;再次是司法系统与政府管理系统之间的数据断裂。这一问题在涉未成年人犯罪需要综合治理方面所产生的后果尤为严重,因涉罪未成年人治理帮教是需要动用全社会各方力量才能有效遏制的一个领域。

实践中,在数据获取方面,针对涉及相互配合、层层递进领域的数据,其他司法、行政机关一般是乐于向检察机关提供、共享互通的。但如果涉及监督和被监督等核心领域的数据,数据共享就比较困难。要破除数据壁垒这一难题,任重而道远。

(三) 数据分析应用能力问题

大数据就像一片待开垦的荒地,要想在这片荒地上开垦、培土、种植、长出庄稼,是必须以必要的人力和技术为基础的。就检察大数据应用而言,只懂法律业务的办案人员无法敏锐地将数据信息转化成监督线索,其数据分析应用能力不足。而技术人员又不懂办案业务,在研发相应的 App 时,无法做到有的放矢。数字办案人才严重不足,懂技术的不会办案,办案的不懂技术,在各自业务范畴转圈。就数据本身而言,客观上又存在这样那样的问题:一是数据质量参差不齐,不少数据因共享权限有限、数据涉密等原因,存在信息不全、格式混乱等问题,导致部分数据虽然量大但是不精、不全,且清洗工作耗时耗力;二是数据与监督需求的关联度欠缺,海量信息中只有部分信息是有用信息,如何缩小数据范围、提高匹配度是提高监督质效的关键,共享信息的质量直接影响数字监督效果[①];三是在应用能力方面,大数据建模的方法是无穷尽的,对于一个领域、一个类别的监督事项,能否建立一个类案数据模型助力于法律监督线索挖掘是一大难点。类似的监督项目,各地基层检察院都在研发,但是如何从个案中总结思路、找出规律,从而形成一套行之有效的工作机制却是一大难点。

---

① 参见陈雨禾:《运用数字思维拓展大数据法律监督》,载《检察日报》2022 年 8 月 22 日,第 3 版。

（四）社会治理成效问题

"法律监督数字化智能化是新阶段数字法治、智慧法治建构的重要变量。"[①] 数年前，最高人民检察院提出的"双赢多赢共赢"监督理念已在全国检察机关内生根开花，这一理念对检察机关有效开展法律监督意义重大。但如何将数字检察与社会治理深度结合，仍是目前大数据赋能监督需要解决的重点问题。当前，数字检察监督存在类案监督浅表化，党委政府感知度、法治同行认可度、人民群众满意度不太高问题，主要表现在：一是监督效果延伸问题。不少时候，检察机关通过数字化监督挖掘出某一领域存在的共性问题，但最终结果却止于一份检察建议、一篇调研文章上，未能以此为契机，提升案件的影响力和社会治理参与度、贡献度。二是数字赋能监督项目可复制性问题。以浙江省为例，在全域全民大数据推动下，浙江省的数字化改革正在如火如荼地进行，数字化建模项目不断涌现，其本身自有价值，但其长远性和普适性问题，是需要时间和实践去检验的。大数据监督建模是一项需要大量资金投入和人才支持的工作，类似项目的重复研发，无疑会造成大量人力、物力、财力的浪费。另外，已经研发成功的数字化项目，因缺乏可复制性，并没有得到有效推广，其适用面不够广阔、共享度偏低，无法实现预期价值，造成投入产出不成正比。三是当前申报的数字化项目不少，但具有典型意义和普遍推广意义的项目不多。在数字化改革过程中，有的地区存在"重自行开发轻经验复制""重本地特色轻全省统筹"的本位意识，有的地区缺乏"一域突破、全省共享"和"数字赋能监督、监督促进治理"的理念，只拘泥于一地、一域，导致监督效果不佳、社会治理成效不显。

上述所归纳的诸多问题，虽然多以浙江省各级检察机关在开发运用大数据赋能法律监督的工作情况为样本，但具有窥一斑见全豹的作用，在实证调研中，笔者也发现这些问题是具有普遍性的。因此，全国检察机关如何运用大数据思维，推动传统的"被动受案、个案办理"监督模式向"主动挖掘、类案办理、诉源治理"新时代监督模式重塑性变革，从"数量驱动、个案为主、案卷审查"的个案办理式监督向"质效导向、类案为主、数据赋能"的类案治理式监督转变[②]，就涉及数字化赋能法律监督的工作机制具体路径问题。

---

① 参见高景峰：《法律监督数字化智能化的改革图景》，载《中国刑事法杂志》2022年第5期。

② 参见陈雨禾：《运用数字思维拓展大数据法律监督》，载《检察日报》2022年8月22日，第3版。

三、完善数字化赋能法律监督工作机制的具体路径

大数据赋能法律监督,既是适应社会治理现代化更高需求,更好承担统筹发展和安全政治责任的必然要求,也是补齐法律监督短板,更好维护社会公平正义的必然要求。① 而建立一套科学合理的工作机制,是实现大数据赋能法律监督、提升数字化监督效能的前提和利器,更是深入落实《意见》的实践路径。从一些基层检察院的成功经验来看,在具体路径上,必须着力形成一套与数字检察实践相适应的包括组织架构、方式流程、作战方法、功能应用、经验推广等诸多内容的工作机制,才能行之有效地承接、推进法律监督模式重塑性变革。笔者在总结各基层检察院有效运用大数据赋能法律监督工作机制的基础上,以理想的运作状态为视角,制定的工作机制总图谱如图4所示。

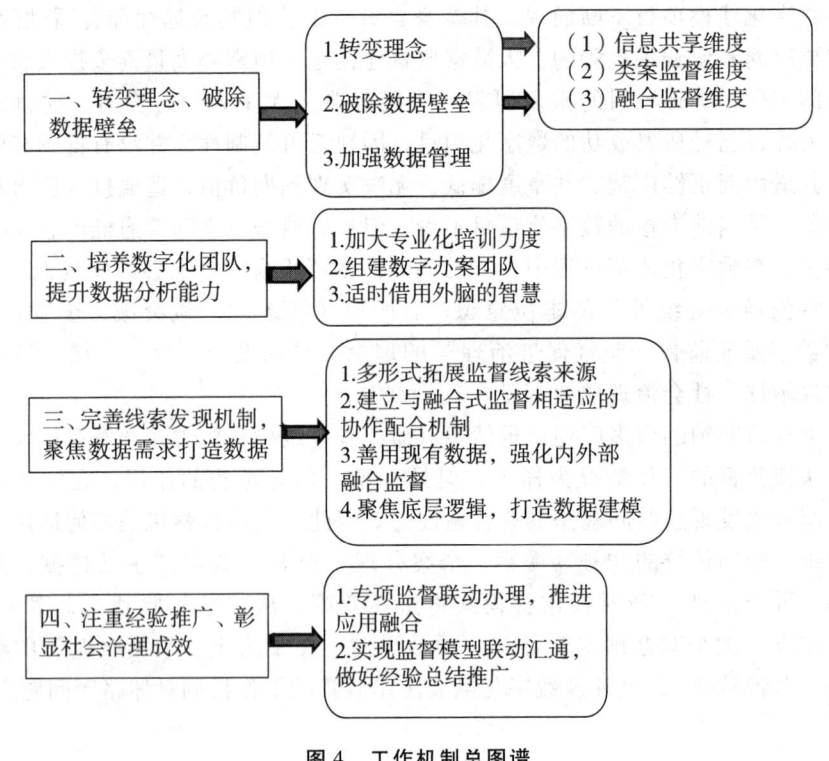

图 4 工作机制总图谱

---

① 《深入贯彻习近平法治思想 以"数字革命"驱动新时代检察工作高质量发展》,载《人民检察》2022 年第 13 期。

四、法律监督能力现代化

(一) 转变理念,破除数据壁垒

深化大数据法律监督,数据获取是前提,数据利用是关键。数据壁垒的存在,很大程度上是因为这种模式给数据提供单位一种"吃饭砸锅"的感觉,要解决这个问题确非易事,但也并非毫无可能,关键要做到以下三点:

1. 转变理念。理念一变天地宽,理念与行为密切相关。一个人的理念会对其行为产生巨大的影响力。俗话说:境随心移。这就是理念的力量。若想有效运用大数据来拓展法律监督案源、精准监督,检察人员就应转变各种理念,在日常工作中,要树立:一是"双赢多赢共赢"理念。在检察实践中,要以双赢多赢共赢理念为指导,与被监督方达成共识:公、检、法、司都是国家公权力机关,从国家层面来看,只是权力分工不同、职责各异,但其目标是相同的,都是为了实现司法公正。因此,无论是刑事诉讼监督,还是民事、行政监督,抑或是办理公益诉讼案件,要积极主动"上门",寻求公安、法院、司法行政机关等执法司法机关共享数字办案所需的海量数据,以检察建议、风险提示函、口头通报等形式,推动相关部门积极履职、堵塞漏洞,在实现司法公正的同时,形成社会治理合力。二是"在监督中办案,在办案中监督"理念。[①] 检察机关就其自身业务而言,办案与监督是一体的,检察官要充分发挥大数据在发现监督案件线索、类案监督途径以及寻找相关证据方面的优势,就要处理好办案与监督之间的辩证关系,搞清楚该怎么去办案、怎么去监督,从而在办案时时刻不忘监督职责,在监督时以办案的思路去实现精准监督,从而实现这一理念的理想目标,发挥检察监督职能的应有作用。三是大数据监督理念。大数据监督理念,也包含了智慧监督理念和类案监督理念,也就是说在大数据时代,要改变传统的以案找人、个案监督的模式,代之以智能方式获取监督信息,开发智能化、职能化的数据统计和判断模型,在办案过程中采取多样化的取证方式,从侦查、行政、审判机关获取可以进行司法活动的各类证据和数据,从而形成大数据线索获取、大数据取证以及证据上链等概念,进而予以类案监督,实现"办理一案、影响一片"的效果。

2. 破除数据壁垒。大数据的应用基础就是数据源充足,其前提是破除数据壁垒、解决数据孤岛问题。理想状态的检察大数据监督应当包括三个维度:一是信息共享维度,即实现执法司法信息共享和业务协同。在司法实践中,要打通部门间的数据壁垒,通过建立健全司法各单位协同办案机制,进一步完善

[①] 有关"在办案中监督,在监督中办案"的详细内容,可参见季美君、赖敏妮、徐旭:《论办案与监督一体的检察理念——以刑事案件办理为切入点》,载《人民检察》2020年第20期。

线索数据共享，实现司法办案的双赢多赢共赢，也就是公、检、法、司等机关要实现跨部门大数据协同办案。二是类案监督维度，即建立"个案办理—类案监督—社会治理"的监督模式。运用大数据思维，从办理个案中发现规律性问题，通过特点梳理，从海量数据中筛选批量监督线索，形成类案监督，最后从中发现社会治理问题，通过成功办理一批案件，促进一域治理，使同类普遍性问题得到有效根治。三是融合监督维度，即以大数据思维融合"四大检察"监督。检察干警要树立整体思维、系统思维，在工作中，推进检察一体化建设，促进检察大数据战略统筹谋划、融合推进，以检察大数据战略推动新时代检察机关充分发挥法律监督职能，实现资源优化组合，共同形成监督合力。当然，理想状态的实现需要一步一步逐渐推进，可能需要相当的时日。

但在当下，为了更好地发挥大数据的独特功能，可以考虑创建检察审查与公安侦查信息共享协同系统，实现重点数据共享，以提升监督协作实效。如2022年，浙江省衢州市柯城区检察院创建了"检警+"侦查监督与协作配合新模式，以创新"检警+"融平台为基础，配套出台《关于推进侦查监督与协作配合办公室建设的实施细则》，与辖区内三家公安分局联合探索侦查监督与协作配合新机制，主要做法为：一是完善公安机关案件会商通报机制，对于可能存在争议或公安机关认为疑难复杂难以把握需要会商的案件或其他需要会商通报事宜均通过"检警+"平台推送，由公、检两家联合会商。二是建立与完善侦查人员列席检察官联席会议和检察委员会机制，规范侦查人员列席检察官联席会议机制，对上会议题、讨论内容、各方观点、讨论结果等所涉内容均在"检警+"平台中予以线上体现。三是设立通报与备案机制。对口头纠正违法案件、涉案财物退回、刑拘下行案件、同意公安机关撤回案件等9类原本通过线下通报、移送的案件，在该平台通报与备案，解决备案不规范或未备案问题。针对执法中存在的共性、倾向性问题，通过"检警+"平台统一向公安机关通报，公安部门进行核查、线上反馈。四是建立信息通报与共享机制。通过平台发布检察机关、公安机关的重点工作部署、重大决定决策、司法文件、典型案例等信息，检察公安干警共同学习、互通有无。事实上，与公安机关共享警综平台的做法，2021年在全国政法队伍教育整顿期间，山西省平遥县检察院就与公安机关沟通合作，登录平遥县公安局的警综平台获取一手报案信息，采取线上登录与线下查阅相结合、全流程查阅与大数据比对相结合等方式，提升法律监督专项检查工作成效。① 因此，检警共享平台、互通信息的

---

① 参见季美君：《新时代法律监督工作高质量发展的思考》，载《检察日报》2021年11月16日，第3版。

四、法律监督能力现代化

做法可以在全国其他基层检察院予以推广,是具有可复制性的,只是复制的前提是当地检察机关要与同级公安机关沟通协商,形成共识,并会签相关文件。

另外,检察机关在寻求数据共享时,要改变传统的导出共享方式为联邦学习(一种重要的面向隐私保护的机器学习框架,可以在不收集数据的情况下协同进行模型的训练,实现数据的"可用不可见",从而保护隐私信息)下的共享模式:通过联邦学习,可实现在不暴露真实数据的情况下完成合作建模,能够让 AI 算法借助位于不同站点的数据获得经验,摒弃将数据进行归集的方法,使得各方均能凭借本地数据获取全局数据,从而大大拓展监督数据的来源。①

3. 加强数据管理。司法实践中,各部门在数据共享过程中,有不少难题需要应对,各方都需要运用很多智慧和技巧来处理。如批量数据获取难,可以有针对性地提取接入。高层平台获取难,可以从基层其他平台数据中获取共通之处;要求获取数据时,可以细化需求清单,从具体问题具体情况入手,有针对性地向协查单位发送数据需求,请被查询单位提供数据、账号,掌握沟通技巧,而不是贪大求全,可能会收到事半功倍的效果。但在加强数据管理时,最值得关注的是信息共享与公民个人信息保护之间的平衡问题。在我国的立法语境中,"数据"和"信息"并不是通用的,② 信息相较于数据而言,具有单独或结合其他数据的可识别特征,这种可识别特征意味着信息具有隐私内容。目前,虽然我国《民法典》和个人信息保护法对隐私权作了相应的规定保护,但这些规定还不够完善,加上公民自身的保护意识也不太强,就使数据在被开发利用过程中,在个人隐私保护和数据保管使用者的监管责任方面存在一些盲区。实践中,特别是近几年,基于疫情背景下的社会管理、公共服务需要,健康码、行程码等都是以牺牲大量个人隐私数据作为代价的。

相比之下,人们通常认为 2018 年欧盟的 GDPR(The General Data Protection Regulation)对个人信息的保护是非常严格的,而这种严格与欧盟国家民众对自己的个人信息的高度重视密不可分。当然,对个人信息的保护也不是越严格越好,而是需要在个人信息保护与信息数据开发利用之间找到一种恰当的平衡,这也是加强数据管理应该具有的一种智慧。检察机关在开发利用大数据法律监督时,也离不开"共享"数据和"开放"数据,而且从浙江省数字检察办案实践来看,"共享"数据在各类数据来源中所占比重越来越大,直接影

---

① 参见陈雨禾:《运用数字思维拓展大数据法律监督》,载《检察日报》2022 年 8 月 22 日,第 3 版。

② 参见李海英:《大数据的法律挑战和建议》,载《大数据》2016 年第 2 期。

响到大数据赋能法律监督的领域拓展和具体成效。因此,未来检察大数据监督必须正确处理信息共享与隐私保护的关系,做好数据管理工作。

(二) 培养数字化团队,提升数据分析能力

推进检察大数据深度应用,提升数据分析能力,关键要有一批精通检察业务又懂技术的检察人才。人才的培养,自然不是一朝一夕的事,而且要有长远的培养计划。但是,也有一些立竿见影的方法可以采用。具体措施为:

1. 加大专业化培训力度。检察官的培训是一个非常专业的领域。为不断提高检察官的业务素质和执业能力,确保检察队伍的精英化,世界各国都非常重视检察官在职培训工作。这种培训,既有集中型的,也有分散型的,既有三五天的短期培训,也有半年、一年的长期培训,而且培训主题会随着实践的需要而更换。如澳大利亚新南威尔士州检察总署,每年年初会让检察官自行填报自己想要培训的内容,然后由单位的培训部门"学习与提高部"(Service Improvement Unit)根据检察官们的需要去安排相应的培训课程。[①] 因此,各地检察官学院可以借鉴澳大利亚的培训经验,根据本院检察干警的实际需要来安排每年的培训课程,如以大数据技术应用为主题,或以新型互联网犯罪为主题等组织培训班,以激发检察干警数字办案的积极性和能动性。同时,也可以挑选专业能力强、数字水平较高的青年干警进行重点培养,让他们参加集中型的高质量数字监督学习培训班,或者到上级检察院或大数据应用走在前列的其他检察院去挂职锻炼,开拓视野,学习更多的数字化理论和数字化技术。另外,还可以通过学习、培训、业务比赛等一系列方式让大数据战略思维、大数据监督理念深入人心。

2. 组建数字办案团队。虽然短期培训或长期培训能够快速培养出适应办案需要的人才,但这种培训也会遇到心有余而力不足的问题,无论是法律专业知识还是科学技术应用问题,不少时候还真不是想学就能学会的,这些专业素养无疑也需要相当时日的学习和积累,而且在新时代,术业有专攻。因此,另一应急的解决对策就是组建专业化的数字办案团队。在这个团队里,既有精通办案业务的检察官,又有精通大数据应用的技术人员,同时还有善于组织发挥每个人特长的人员,每个人各展其能、各善其事,充分发挥出团队合作的力量。这一做法在最高人民检察院直接立案办理的万峰湖案、南四湖案这两起公益诉讼案件中就有突出的表现,也发挥了引领和指导作用。

[①] 有关澳大利亚新南威尔士州检察总署的培训情况,可参见季美君:《中澳检察制度比较研究》,北京大学出版社 2013 年版,第 51—53 页。

四、法律监督能力现代化

3. 适时借用外脑的智慧。在大数据时代,面对人民群众在民主、法治、公平、正义、安全、环境等方面要求的日益增长,各类改革的叠加和检察职权的重塑,检察工作也面临诸多新的挑战。如检察机关新增的公益诉讼业务。实践中,公益诉讼案件,大多涉及专业知识,尤其是生态环境类公益诉讼案件,如万峰湖案、南四湖案,不但涉及多个省份、地区,还因水污染问题严重、原因复杂,不但收集案件线索、调查取证需要专业人员借助科技手段帮助,而且在损害赔偿计算、治理方案的选择上也少不了有专门知识的人的智慧协助。因此,最高人民检察院在直接立案办理这两起案件时,都组建了专业的技术团队,如万峰湖案在办理过程中,从三级检察机关抽调了10名检察技术人员组建技术办案团队,运用无人机、便携式快速检测设备等参与案件的调查取证、固定证据等;而南四湖案则专门组建了技术分组,组成"天上看、地上验、云上算""天空地"一体化的技术力量,充分发挥专业技术人员的优势,利用高科技设备为办案提供全方位的技术支持,成为科技办案的典范。

虽然作为新时代的检察官,需要与时俱进,除了拥有法律专业知识外,最好还能精通相关知识和技术,而培养既懂技术又懂法律的检察人才也是各级检察院努力要实现的目标,但人才的培养需要时日,况且一个人的精力毕竟有限,术业有专攻,可具体案件却是五花八门的,现学现卖通常都很难精通,而办案又是专业性很强的工作。因此,在办理具体案件时,检察官可以根据案件所涉专业的需要,聘请相应的专家证人参与办案或出庭作证,这是现代司法的最佳选择。

事实上,社会分工的精细化是人类社会发展的必然结果,同时也带来了社会各组成部分之间的相互依赖和人们之间的相互合作与配合。但随着社会分工的不断细化,专业化程度的不断提高,人们所能了解和掌握的知识和技能也越来越精细,隔行如隔山的现象则越来越普遍,身为事实裁判者的法官或陪审团就不再是无所不知的"万能者"。随着社会的进步,在司法活动中,法官和陪审团的经验和知识越来越不能适应案件中对专业知识判断的需要。故早在14世纪时,为了弥补事实裁判者知识上的不足,英国除了由特殊陪审团来审理案件中的专门问题以外,开始不时地聘请各个领域的专家充当法庭顾问来帮助解决案件中的专门性疑难问题,如由外科大夫来告知法官是否属于故意伤害等,因拥有专门知识、经验或技能的人更有能力对案件中的专门性问题作出准确的解读和判断,这也是西方国家设立专家证据制度的基础所在。因此,身处大数据时代的检察官们,当新型的案件如潮水般涌来时,也不能放着不办理而先学习相关专业技术知识。最为便捷的方法就是借用外脑的智慧,也就是聘请有专门知识的人参与办案。① 这也是现代司法的一大特点。

（三）完善线索发现机制，聚焦数据需求打造数据建模

检察机关要做好法律监督工作，最为基础的是要完善线索发现机制。线索之于检察，就好比大米之于巧妇，没有线索，有再好的监督本领也难为"无米之炊"。海量数据里虽然蕴藏着各类违法犯罪线索，但如何挖掘大数据这一"富矿"，却是需要相应的技术和工作方式的。梳理起来，可以从以下方面入手：

1. 多形式拓展监督线索来源。从检察实践来看，拓展监督线索来源，可以从内、外两方面下功夫。对内，充分运用全国检察业务应用系统、12309 检察服务中心、公益损害与诉讼违法举报中心等平台，有效盘活内部数据资源。在现有数据基础上，打造大数据监督平台。研发与融合监督相匹配的数字检察智能辅助系统，探索开发专题搜索引擎平台。比如，在民事检察与刑事检察融合监督过程中，可依托刑事判决数据库、统一一体化系统，在搜索平台中设定"法院""起诉""调解""判决""诉讼"等监督线索关键词，通过信息化手段完成海量刑事判决筛查、智能提取工作，锁定已被法院刑事判决推翻的民事裁判，依法进行监督。

对外，努力实现法律监督与各类监督有机贯通、相互协调，凝聚法治监督合力。如浙江检察机关充分利用 2017 年建立的"政法一体化办案系统"建设，打开各政法单位数据共享空间。积极与人大、政协及相关行政部门沟通协调，以数字化手段谋划构建"代表委员+""企业+""校园+"等法律监督线索通道。与 12309 矛盾调解中心、司法行政部门建立信息集成渠道，实现重点领域基本覆盖。发挥代表委员、基层组织、企业、校园融入基层、覆盖面广等优势，广泛收集执法司法不公、妨碍基层治理、破坏营商环境、侵害未成年人权益等方面的监督线索，深挖法律监督线索"富矿"。

2. 建立与融合式监督相适应的协作配合机制。推进平台融合，补强数据资源配置弱点。取得地方党委和各级政法委的支持，争取其他执法司法机关的配合，密切与司法机关的沟通协作。与公安机关建立专项联络员制度，与司法局等行政机关深化法律监督与服务工作的协作配合，通过文件会签、案件联合查办等形式，完善案件线索移送、信息共享等机制，搭建数据依法共享的

---

① 有关专家证人的聘请、专家证据的可采性等问题，可参见季美君：《英国专家证据可采性问题研究》，载《法律科学》2007 年第 6 期。另外，2018 年 4 月，最高人民检察院颁布了《最高人民检察院关于指派、聘请有专门知识的人参与办案若干问题的规定（试行）》，为如何聘请有专门知识的人（专家证人）参与办案提供了相关依据。

"高速公路",将零散的"数据调取"方式调整为整体的"数据流通"方式,有序实现法律监督大数据的自动对接获取与智能挖掘分析,进一步完善综合型、规范化、可持续法律监督线索归集模式,整合监督力量。

3. 善用现有数据,强化内外部数据融合。运用系统方法,找到纵向贯通、横向联动、整体智治、高效协同的运用场景,着眼于纵向一体化、横向一体化、业务一体化。[①]在顶层数据还没有贯通之前,尽可能利用目前能搜集到的大数据进行主动监督,可以分五步走:一是"智能筛查"。从海量数据中抽丝剥茧、确定方向、分类梳理。对于重大监督事项,由三级院联动开展数据归集、数据清洗,设定关键词进行建模、初查、数据比对,筛选出关键信息和有效线索。二是"初步审查"。聚焦需求、提炼要素、在线索甄别中发现疑点。三是"深入调查"。根据线索综合研判排查风险点,深层次排查具体细节、全面调查、精准分析作案动机、诱因等内在逻辑。四是"引导侦查"。通过数据模拟演练、侦查实验、假设性检验等方法进行演算,确定问题症结,引导侦查。五是"成案监督"。借助数字平台搜集关联案件,调取案件卷宗,精准锁定重大嫌疑线索,最终实现成案监督。

4. 聚焦个案背后的"底层逻辑",打造数据建模。数据建模的核心要义在于坚持实用导向,运用大数据、人工智能等前沿科学技术,对海量数据进行关联、碰撞、筛选分析,利用技术手段提炼个案监督模型,将业务模型转化为数据模型,从而发现监督线索,推动类案监督,促进社会治理。法律监督是检察机关的立身之本,大数据法律监督模型将办案职能向社会治理领域延伸,便于检察人员发现案件背后的倾向性、普遍性问题,使技术与办案深度融合。在大数据建模过程中,要注重聚焦个案办理,通过研究其问题背后的"底层逻辑",以侦查思维数字化解开表象背后的真相,寻找规律和数据特征,采用"特征筛查法+频次统计"方法,建立数字监督模型。[②]比如,在保险诈骗案专项行动中,可通过筛查特定保险公司+汽修厂+车牌出现的频次等要素特征进行建模。又如,在法官渎职犯罪监督案件中,可通过法官手中案件代理律师所在律所的"频次+数据"检验法(法律法规+规章制度)进行建模,让数据充分碰撞,摸排线索。

在数据建模、流程重塑、实现类案监督方面,浙江省各级检察机关已广泛

[①] 参见常锋:《检察大数据战略:思维、机制与实践》,载《检察日报》2022年4月1日,第3版。

[②] 参见江波均:《强根基、创场景、破壁垒,扎实推进数字检察》,载《检察日报》2021年7月28日,第11版。

开展"个案发现线索,运用数字建模,办理类案监督"的大数据运用。① 如浙江省台州市黄岩区人民检察院办理的"健康证"类案监督一案。该院在个案办理中,发现国内某知名外卖平台黄岩某站点可能存在大范围健康证造假的个案线索。通过对该线索的特性推测、归纳,认为在黄岩外卖骑手等餐饮服务行业可能普遍存在健康证造假、健康证监管缺失等问题。随后,黄岩区院跨部门组建数字办案专班,融合刑事检察、公益诉讼、行政检察职能,分析研判外卖骑手数据和在册健康证数据,调查核实了区域健康证数字化管理水平低、监管不清、监管不力等问题,遂通过立案监督、向公安机关移送犯罪线索,依法惩罚了涉健康证造假违法犯罪人员。通过制发检察建议,促进相关部门建立区域健康证管理制度,建立电子健康证信息管理系统,提升区域健康证数字化管理水平,推动落实健康证免费体检。该案在办理过程中,融合了检察机关的相关职能,实现了融合监督,推动了健康证管理领域的社会治理。

(四)注重经验推广,彰显社会治理成效

从发展的眼光来看,大数据赋能法律监督,要坚持一域突破,全市、全省乃至全国共享的思路,注重总体布局、提前谋划,推进监督模型融合,促进上下一体、联动推广,解决数据深度运用中的痛点、难点问题,进一步彰显社会治理成效。具体做法为:

1. 专项监督联动办理,推进应用融合。在实现数字监督阶段性成效的基础上,着力拓展整体性推进,扩大社会治理成效。首先,实现"一区突破、全市推广"的做法。县级检察机关先行开展监督试点,取得一定成效后,以点带面,通过在县(区)召开数字监督专项案例现场推进会、现场分析研判会,将影响力向外拓展延伸,在全市范围内开展类案专项监督。市、县两级院共同推进,先行试点地区确定专人负责线索排摸、经验共享、数字筛查方法介绍、线索异常解析等工作。继而,统筹开展全省专项,优化省级基层特色专项,通过对重点案件进行溯源倒查,融合多部门数据资源,放大监督效应,深挖彻查、辐射全省,最后在全国推广经验。

2. 实现监督模型联动会通,做好经验总结推广。根据办案进度和成效,实时更新各类建模,实现模型与办案的相互转化。汇集各县(区)数字化模型,一方面,求同存异,不断进行思路和模型优化升级,对同类案件的建模好

---

① 参见刘品新、翁跃强、李小东:《检察大数据赋能法律监督三人谈》,载《人民检察》2022年第5期。

中取优,优势共享;另一方面,通过聚合式联动互通,汇集有价值数据及模型,加强对各县域、市域监督模式和经验的复制推广,突破人口规模小、案件体量小、监督样本少的瓶颈。在此基础上,实现类案监督、系统治理的全域贯通,推进经验总结、复制推广,实现监督方式、监督模式、监督机制、监督模块等内容上的全方位共享。比如,在监督机制上,各部门分工有致、各司其职,技术部门重点负责数据清洗、业务部门重点负责厘清监督思路、找准监督需求;案管部门重点负责数字建模、数字案例指引。同时,又要相互配合,如在类案监督的基础上,由案管部门和业务部门共同研究,撰写数字办案典型案件要旨和应用模型的指导意义。

在数据共享上,发挥上下贯通、四级联动的优势,在数据统计、汇总、挖潜上实现集大成,建立完善跨部门、跨区域的大数据共享、分析、应用机制。另外,要积极探索跨部门、跨区域联合开展办案数据分析、联合发布数据分析报告机制,提高类案办理和诉源治理能力,形成共管共治合力,提升检察一体化办案的质效。在经验推广上,注重撰写、汇总数字办案典型案例,提炼法律监督应用模型的意义,扩大交流和典型推广,将异常多发案件进行罪名分类,形成数字监督类案指引,供全国检察机关参考运用。如现实中存在的大量的民事虚假诉讼问题,办案中又面临线索发现难、查证难等难点,就可以推广浙江省绍兴市检察院研发的民事裁判文书智慧监督系统,以提升各基院在民事虚假诉讼方面的监督能力,加强同公安机关、法院、司法行政机关的沟通协作,从而实现以"我管"促"都管"的社会效果。①

四、结语

现代科技正日益成为政法工作现代化的大战略、大引擎,推动政法工作跨越式发展。数字化改革是时代赋予检察机关的课题,检察机关要以大数据为助力,打造集大数据分析服务系统、大数据司法办案辅助系统、政法信息资源共享交换系统以及检务公开、为民办实事服务系统于一体的数字检察工程。以大数据法律监督促进社会治理,就有必要建立内外部之间、上下之间、区域之间的协同共管体系,有效解决在场景共建、机制共建、制度共建、工作联动上与其他部门的协同,与上下层级的贯通,与区域之间的协作,从数据归集、线索挖掘、数字建模、数字类案监督、数字成果展示、数字文化建设、数字人才培养、数字机制创新等方面入手,不断完善大数据法律监督工作机制,高效能实

---

① 有关民事虚假诉讼检察监督问题,可参见贾箫宇、王芳:《能动履职加强民事虚假诉讼检察监督》,载《人民检察》2022 年第 14 期。

现"数字法治"、高强度推进"整体智治"、高水平释放"法治动能",从而全面推进现代科技与检察工作、社会治理的深度融合,加速提升诉源治理效果,充分发挥法律监督职能在推进国家治理体系和治理能力现代化中的独特作用。

数字检察的实施逻辑与推进路径

——兼论内蒙古数字检察的改革进路

简小文　白秀峰[*]

党的二十大报告提出"在法治轨道上全面建设社会主义现代化国家",对加快建设网络强国、数字中国提出明确要求,专门强调"加强检察机关法律监督工作"。中共中央、国务院印发《数字中国建设整体布局规划》,指出"建设数字中国是数字时代推进中国式现代化的重要引擎,是构筑国家竞争新优势的有力支撑"。《中共中央关于加强新时代检察机关法律监督工作的意见》明确提出,"加强检察机关信息化、智能化建设,运用大数据、区块链等技术,推进公安机关、检察机关、审判机关、司法行政机关等跨部门大数据协同办案"。加强法律监督是落实全面依法治国和中国式现代化的必然要求。如何加强法律监督是新时代检察机关"谋发展"直面的核心命题,更是检察机关服务保障经济社会高质量发展、落实全面依法治国、助推中国式现代化的重要使命与责任担当。

从加快数字中国建设和"全面建设社会主义现代化国家"两项要求审视检察机关的职能,可以推导出检察机关在新时代应当从"数字建设"和"检察现代化"两个维度担负起职责和使命,数字检察顺理成章地成为检察工作现代化的新引擎、新驱动,助推检察工作现代化的新模式。数字检察的本质是检察,其本质属性仍然是法律监督。数字检察作为一种新范式,是检察场域的一种变革性实践,是当前全国各级检察机关应当作为基础性、前瞻性、战略性布局的重点工程。

---

[*] 简小文,内蒙古社会科学研究院党委书记;白秀峰,内蒙古自治区人民检察院检察官助理。

一、数字检察的实施逻辑

（一）数字检察的立足点

数字检察改革发轫于数字时代。习近平总书记指出："新一代人工智能正在全球范围内蓬勃兴起，为经济社会发展注入了新动能，正在深刻改变人们的生产生活方式。"大数据、人工智能等新科技深刻改变了司法工作。作为一种法律监督新范式、新内容、新实践，数字检察在理念层面、数据层面、平台层面、赋能层面、治理层面等五个层面实现变革性重塑。① 数字检察改革发轫于数字时代，是数字技术和检察业务的深度融合，其本质仍然是"检察"，数字技术是重要依托。

1. 要坚持严格依法原则。能动检察的前提是依法。"由智能系统辅助司法裁判本质上都属于司法活动，理应在法律的框架内，遵循执法司法制约监督的基本原则与要求。"② 数字检察虽以数字技术为主要依托，但其本质仍是"检察"。以数字检察推动检察工作现代化要遵循司法规律，检察工作规律，要符合本地区实际。开展数字检察工作应立足检察职能，不能一味追求扩大履职范围，更不能代替其他职能部门行使职权。检察机关开展数字检察工作，可以按照分层分类模式实施，对于确定属于检察机关监督办案职能范围内的线索，检察机关可以依法开展监督办案，如通过大数据技术发现某一领域涉及公益的监督线索，则可以按照公益诉讼办案程序进行；如果发现职务犯罪线索，则应向纪委监委移送，属于检察机关自行侦查范围的，则可以开展立案侦查；如果发现属于某一政府部门的具体监管范围，则应当将线索移交相关部门，是由其进行内部整改，还是协同治理。

2. 要坚持必要审慎原则。检察机关行使职权当然也存在一个"边界"的问题。检察机关在增强自觉性、积极性、主动性开展数字检察，履行法律监督，应当坚持必要审慎原则，厘清职权职能职责边界问题，立足于确有监督必要，最高人民检察院也指出获取数据要"谨防离开具体监督职能"。如在检察履职中发现相应线索，属于应当由检察机关进行监督的，则可以由检察机关进行监督；如果发现线索不属于检察机关管辖的，应当将线索移送有关部门，而不应代替履职；如果确有必要需要检察机关共同参与的，则可以会同有关部门进行融合监督，以双赢多赢共赢为理念，协力破解社会治理难题，共建社会治

---

① 贾宇：《论数字检察》，载《中国法学》2023年第1期。
② 高景峰：《法律监督数字化、智能化的改革图景》，载《中国刑事法杂志》2022年第5期。

理新格局。以数字检察赋能法律监督,不能离开具体职能空谈监督,不能事无巨细"一般监督",不能片面追求数字检察的办案数量,不能走向以"我管"异化为"我代管"。

3. 要恪守司法伦理与社会公正。从工具主义来看,技术和法律都是国家治理的工具,技术治理和法律治理的互嵌,为提高法治治理质效带来了新动力。作为二者深度融合的产物,技术赋能下的司法治理要尊重司法自的属性、范畴和发展规律,数字检察的本质仍然是人所主导的司法活动,"数字时代应当坚守人本主义司法责任伦理"①,人工智能切入司法改革必须恪守司法伦理的基本限度。② 数字正义本质是社会公正而非"机器正义"③,技术治理在赋能法律监督领域,决不能改变人的主导作用,异化为"机器司法",要防止数字技术对检察的反噬,使检察异化为"数字技术"。要平衡好技术赋能与法律监督之间的张力,要处理好数字检察新模式与传统检察监督办案模式的关系。人是司法活动的主体,人工智能从辅助性到人机结合,但是不能替代人,坚持人对司法活动的主导性。数字检察模式亦不能替代所有检察工作方式、方法,传统的检察办案方式、方法,如讯问犯罪嫌疑人、勘验检查、阅卷等个案办理和监督模式仍然存在必要性。事实上,数字检察也不能替代所有检察活动,它是一种新途径。要认识到,不是数字检察取代传统的问题,而是传统办案模式与数字检察新范式是融合发展的,当然这种融合有个调适过程。

(二) 数字检察的出发点

1. 法律监督工作现代化的必然要求。"法律监督质效从根本上决定着检察职能的发挥和监督价值的彰显,是检察履职和检察改革的永恒主题。"④ 宪法规定人民检察院是国家的法律监督机关,中国式现代化背景下,检察机关的职责和使命就是实现法律监督现代化。数字检察是运用大数据作为新型检察生产要素为检察机关履行法律监督职能赋予新的能量,其出发点在于实现法律监督,这也是检察机关的基本职责和使命。数字革命促推产生新型社会关系,是适应社会关系变迁的新型生产方式。数字检察不仅是对数字时代新发展趋势的回应,也是对人民群众对司法公平正义更高期待的回应,还是对自身法律监督本质属性及检察工作发展的全新探索和内生性推进,更是融入数字中国和中国

---

① 高童非:《数字时代司法责任伦理之守正》,载《法制与社会发展》2022 年第 1 期。
② 高景峰:《法律监督数字化、智能化的改革图景》,载《中国刑事法杂志》2022 年第 5 期。
③ 高景峰:《数字检察的价值目标与实践路径》,载《中国法律评论》2022 年第 6 期。
④ 贾宇:《论数字检察》,载《中国法学》2023 年第 1 期。

式现代化建设的应有之举。

2. 以检察工作现代化助推法治现代化和中国式现代化。中国式现代化的实现包含中国式法治现代化的实现，检察工作现代化是助推法治现代化和中国式现代化的重要举措，也是中国式现代化的题中之义。习近平总书记在2019年1月中央政法工作会议上强调："推动大数据、人工智能等科技创新成果同司法工作深度融合。"① 数字检察是最新科技成果与检察工作的深度融合，也是检察机关把握发展机遇，谋发展新篇章，走现代化检察之路的必经路径和重要方式。

（三）数字检察的落脚点

以数据为核心的治理体系，打破了主体之间各自为政的机构围墙和权力协作的机制壁垒，数据在各平行权力之间互为流动、共享，在系统治理大格局之下，分别建构以各自职责为中心的数据治理体系，并共同致力于实现系统治理，助推国家治理。数字检察虽然是一种新范式，但法律监督属性仍然是其本质属性。数字检察的运行逻辑是通过提高监督质效，进而提高治理效能。法律监督不是为了监督而监督，监督并非目的，而是检察机关通过监督手段服务大局、为民司法，"增强服务大局、为民司法效能，是改革创新的基本方向"②。以监督促治理是数字检察的落脚点，其远景目标在于助推法治现代化、国家治理体系和治理能力现代化，最终实现中国式现代化。

（四）数字检察的着力点

从社会治理视域审视检察职能，检察机关在国家治理体系和治理能力现代化建设中承担着重要作用。"融合监督，协同治理"是数字检察的切入点和着力点。以法律监督为中枢建构大数据法律监督体系，并不是强化检察机关的监督地位，而是以法律监督为中枢构建系统法律监督体系，融入中国特色社会主义监督体系，以法律监督为着手，加强与其他监督贯通融合，以"我管"促"都管"为切入点，协同共建共治为着力点，构建共享共赢的治理新格局，协力助推中国式现代化。

（五）数字检察的关键点

检察一体化履职是实施数字检察战略的保障。通过整合优化检察机关内部人员结构和技术力量，并统一领导组织，才能为主动履职提供充分保障。数

---

① 《习近平出席中央政法委工作会议并发表讲话》，载共产党员网，https：//www.12371.cn/2019/01/16/ARTI1547641003866936.shtml。

② 高景峰：《数字检察的价值目标与实践路径》，载《中国法律评论》2022年第6期。

检察范式不同于以往的传统办案模式,传统检察监督和办案基于诉讼法规范可由基层院独立直接办理,其流程也可由独个检察官就能全过程承担某个案件,在此过程中,可能借助社会危险性量化评估、量刑辅助等人工智能工具。但是作为深度融合性的数字检察,不同于传统办案,尤其是数据获取、分析研判、模型构建等环节,某个检察官无法承担如此复杂繁多的任务,这在客观上也需要建构检察一体化办案模式,尤其是破解信息获取、技术支持、模型建构、人力资源等难题,相对于基层院来讲,也需要在上述方面获得指导、支持,要强化上级院的一体化领导、上下共频推进,建构上下一体的信息共享机制、上下一体的模型建构机制等。

二、数字检察实施困境与难题

(一) 数据池的广度和深度制约数字检察发展

数据是检察生产活动的生产要素,只有确保充分的数据供给才能为建构法律监督模型提供数据支撑,进而才能够产出更多检察生产力。数据是基础,数字检察的展开应先以建构数据池为首要。

一方面,在静态上,数据具有局限性、不周延性。数据是对客观事物的符号表示。在质上,数据无法完美描述、穷尽覆盖某个事物的全部要素和特征;在量上,因数据本身的隐蔽性、分散性,大数据本身具有局限性,即无法穷尽所有数据,实现"全样本性"。

另一方面,在动态上,数据作为新型权利生产要素的出现预示着技术置换权利机制将启动,权力流动更为灵活和频繁,国家治理权力结构将发生多面向变化。[①] 在现有体制和运行机制上,检察机关行使检察权参与国家治理,必然要与行政权、审判权等发生碰撞,面对"长期以来,国家治理权力在主体组成、部门格局、空间配置方面形成了相对稳定的结构"[②],数据、技术和权力的流动、博弈必然受制于既有格局,如何打破格局,在法律监督领域构建以检察权为核心的监督体系和治理体系是数字时代检察机关亟待解决的重大实践难题。

从数据池的广度和深度来看,检察大数据池的建构最主要受制于检察一体化发力的客观实际,统筹性、融合性、同频性影响着发力现状及数据产生。司

---

① 梅立润:《技术置换权力:人工智能时代的国家治理权力结构变化》,载《武汉大学学报(哲学社会科学版)》2023 第 1 期。

② 梅立润:《技术置换权力:人工智能时代的国家治理权力结构变化》,载《武汉大学学报(哲学社会科学版)》2023 第 1 期。

法大数据池的构建受制于各政法单位权力流动和机制建设,社会治理数据池的建构有赖于社会各主体的协同参与,国家治理层面的大数据池建构依赖于系统性格局的重塑和以数据权力为新型格局的主导。

(二)检察人员履职能力有待进一步提升

检察人员履职能力不适应数字检察发展所需是当下的根本问题。

1. 理念更新、跃进不足。一是受司法克制主义的影响,认为检察办案应当恪守被动性、谦抑性等,只要办好案件本身,就完成了赋予的责任。这方面体现得尤为普遍和明显。二是对新时代法律监督理论的新发展了解不够深入。事实上,检察机关的法律监督内涵始终在发展变化。比如以人民为中心的现代化是中国式现代化的根本价值追求,传统检察职能以治罪为主,随着社会结构变迁和国家治理需求的转变,检察职能从治罪为主走向治罪与治理并重。三是认知系统的局限性。受法律专业及工作维度的限缩,对社会发展变迁认知不足,比如国家治理体系和治理能力现代化背景下检察机关的应然定位、数字时代的来临、社会科学演进等。

2. 思维范式固化,转换较慢。数字检察的一个核心主线是实现检察监督办案从"业务数据化"到"数据业务化"的转换。以往检察工作的职能建设更多体现在将检察业务集成为数据,并运用人工智能技术辅助司法办案和管理,但是数字检察的实施逻辑是将数据转化为业务,人工智能技术与大数据深度融合,数字技术与检察业务深度融合。一方面受传统办案思维和模式固化的影响,从被动到主动,从单一审查为主到全方位调查、审查的转变存在转换障碍;另一方面是数字检察理论的欠缺,简单认为数字检察就是数字技术辅助司法办案,或认为数字技术代替检察人为方式,或认为人工智能将代替监督等。

3. 能力不足。数字技术所引领的新一轮技术革命具有前所未有的高速运转性,这在客观上倒逼人的能动性、创造性与进步性。数字检察对检察人员的综合履职能力提出了新的挑战。部分地区数字检察仍停留在信息化建设阶段,零接触现象依然存在。比如,就检察监督办案而言,存在只顾办案、不顾监督、机械办案、被动式监督,不愿主动深入开展调查研究、以书面审查为主等不适应数字检察的工作状态在一定范围内仍然存在。

(三)数字检察的实践面向:过程与阻力

数字检察是一项长期、系统工程,在实施过程中将面临一些重点环节的阻力。

1. 数字检察可能面临分散式的布局。以数字未检发展为例,基于数字检察的前瞻性、复杂性等特征,部分地区和部分检察人员对数字检察的陌生性,加之未检工作的客观发展情况,数字未检有可能简单以实际工作需要和业务需求为导向而建构,进而可能导致零碎式、分散式、条块分割状发展。

事实上,数字检察是一项系统性重塑,以未成年人检察为例,应当整体性布局,系统性建构,递进式、层控式、螺旋式发展,数字未检应实现一体化履职和"四大检察"融合履职,将数字未检融入其他"五大保护",促进"六大保护"协同发力,与其他部门协同建构未成年人综合保护平台,实现"1+5>6""1+5>实",构建数字未检大数据法律监督子平台,从前端、中端、后端实现未检工作全流程的全覆盖,还应当涵涉综合保护的全方位,比如校园安全、信息网络安全、食品药品产品安全、场所违规接纳未成年人等多领域。

2. 模型移植可能面临"外模仿"的窘境。"外模仿"是与"内模仿"相对的概念,内模仿强调实质模仿和模仿效能,而外模仿更多体现在形式模仿、照搬照抄或简单移植等样态。数字检察的展开流程,模型构建规律,监督办案的方式方法等是共通的,具有普适性,可借鉴性,但是各地区监督重点、数据来源、数据属性可能是不同的。模型的移植适用存在一个可适性问题,即是否可以直接适用的问题,从结果来看,"适配率"是有限的,并不是百分之百的。模型的建构与运用需要一个培育过程,模型作用的发挥及其实效性,需要一个不断再造和调试的过程。

3. 检察监督办案的客观性阻力。面对复杂的人工智能技术和算法模型场景应用,充分的技术、人力和资金支持,才可能有所为。如何开展检察监督和检察办案,确保监督质效,突破从无到有的瓶颈,夯实好开局基础?如何具体展开监督办案?是在现有检察业务应用系统内生成,抑或是单独设置一个程序实现与检察业务应用系统对接,走专业化、规范化之路,亦需要实践探索和积累。要合理运用监督方式,处理好成本与效益、公正与效率的关系。无论是选择传统办案方式,抑或是运用数字检察,都要以精准监督为准则,产生实际监督效果为导向,既要避免走向技术流路线忽视监督实效,又要避免不敢开拓创新,固守老思路。简单总结来说,数字检察的实践展开及其效果需要稳步推进。

4. 数字司法公正问题。数字检察的开展可以说是以检察机关为主导实施的,那么整个实施过程,尤其是数字技术算法、逻辑过程及其所得结论的科学性、正当性、公正性等如何能够确保整体公正,进而保障实体公正,是应当认真思考的一个关键问题。要处理好效率与公正的关系,避免积极主义法律监督观引导下过度追求监督指标,而忽视公正。检察人员是数字检察活动的主体,基于积极法律监督主义观,如何在数字检察中保持客观中立立场,依法准确实施法律监督,维护法律公平正义,要从思想层面进行引导,从实践层面进行历练，从制度层面进行约束。

三、数字检察的推进路径

2022年6月，最高人民检察院召开全国检察机关数字检察工作会议，就如何开展大数据赋能法律监督提出部署和要求。2022年12月，最高人民检察院印发《关于加快推进数字检察工作的通知》，进一步部署推进数字检察工作。2023年伊始，最高人民检察院印发《2023年数字检察工作要点》，从工作机制、重点工作、基础建设等重点方面提出要求，要求各级检察机关结合实际，认真贯彻落实，深入持续推动数字检察战略。2023年，内蒙古检察机关组织"数字检察提升工程"作为全年"十大举措"之一。

（一）守正与创新：新时代法律监督的理性定位

新时代检察工作要以新发展理念和法律监督新理念为引领。要平衡好积极主义法律监督观[①]和司法克制主义之间的关系。检察履职参与国家治理，应当警惕积极法律监督主义的极端化，应当以理性的监督理念为引领，应当处理好司法克制主义和积极法律监督主义观之间的关系，处理好"以法律监督促治理"和其他治理手段的关系。新时代，从国家治理需求、人民群众对司法的新需求来审视检察机关服务保障经济社会高质量发展的角色定位，司法克制主义显然已经无法支撑检察机关更好履行服务保障职责。积极主义法律监督观虽然契合能动检察理念，但积极主义法律监督观的树立和践行必须要契合法律监督本质属性及其范畴。数字检察虽作为一种新范式，但其本质仍属于检察，开展数字检察要遵循检察规律。未来，应科学合理界定大数据技术、人工智能等在司法领域的地位和功能，我们认为"相对积极主义法律监督观"能够较好平衡二者之间的冲突，是较为科学合理的路径选择。何为相对？一方面强调检察机关的法律监督属性，另一方面强调检察机关的参与社会治理职能，二者职能并不矛盾，监督是为了更好促进治理。治理的主体和方式是多样的，监督的主体和方式也是多样的，检察机关可以与其他国家机关开展融合监督，协同治理，但是检察机关通过履行法律监督职责促进社会治理，其媒介是行使法律监督职权，"能动主义的边界是法定主义"[②]，检察机关能动履职的前提是依法，即要坚持依法独立正确行使检察权，不是广义上的监督职权，比如不得越权侵入行政等领域，防止法律监督权过度扩张。

[①] 胡铭：《论数字时代的积极主义法律监督观》，载《中国法学》2023年第1期。
[②] 贾宇：《数字经济刑事法治保障研究》，载《中国刑事法杂志》2022年第5期。

(二) 构建数字检察法律制度体系和工作机制

一是规范层面。为加快推进数字检察工作,最高人民检察院印发《关于加快推进数字检察工作的通知》(以下简称《通知》)、《2023 年数字检察工作要点》等通知,要求各地检察机关结合实际,认真贯彻落实。最高人民检察院明确提出要着手构建数字检察工作机制。各级检察机关要认真贯彻落实最高人民检察院要求和《2023 年数字检察工作要点》,加快印发推进数字检察建设的实施意见,制定未来一段时间内数字检察建设规划。从流程来看,应当制定从数据获取、分析研判、模型构建、调查核实、监督办案、社会治理等实施办法,细化监督办案规则;从各部门来看,应厘清业务、技术、监管等不同部门职责;从各主体来看,应当明确各主体的分工与配合。要坚持运用与保护并重原则。因应数字检察长远发展计划,为确保数字安全,应制定大数据安全监管机制,至少从数据权力的行使和数据权利的保护两个维度进行细化和规制。在具体工作中,应当设置专门的检察数据监管机构和人员,可以整合检察机关现有"保密机构及其人员",在数字检察工作小组或者检察大数据中心配置,做好大数据保护工作。

二是实践层面。数字检察的两个核心点是人和技术,具体而言,数字检察人员队伍建设和能力提升应当围绕三点展开。第一,要解决好检察人员的能力问题。中共中央、国务院《数字中国建设整体布局规划》强调:"增强领导干部和公务员数字思维、数字认知、数字技能。统筹布局一批数字领域学科专业点,培养创新型、应用型、复合型人才。"实施数字检察战略,要因应数字检察的专业性、复合性,需要组建专门办案团队。要全面提升检察人员数字化履职能力,要实现履职能力的跃升,以跨越精神显著提升综合能力。要充分盘活检察人员的主动性,并与检察履职深度融合,主动性是主客观的统一。第二,强化技术研发,以支持模型建构和场景应用。要建构集成"数据、算法、算力"为新型构架[①]的大数据法律监督平台,要加强现代科技信息技术的集成应用系统建设,构建完善大数据技术与区块链、云计算、人工智能等技术的融合反应系统。第三,强化"人机协同"。检察人员与数字技术的深度结合,不能简单把技术看作工具,而是一种工作的方式方法,既要融合检察理念,又要融合数据思维、技术思维。

三是要处理好顶层设计与实践探索的关系。顶层设计与实践探索互为补

---

① 参见尹巧蕊:《数据要素与数据治理——数权世界的双核驱动》,载《学术交流》202 年第 2 期。

充,整体联动。顶层设计重点在于全局性、系统性、规范性,实践探索重点在于特殊性、探究性、验证性、实效性。顶层设计要遵循检察发展规律,要尊重矛盾特殊性原理。要尊重地方探索的主体性和主导性,各地检察机关首先可以从检察数据池挖掘开启,由内向外,逐步拓展广度与深度,进而向司法大数据池、社会治理数据池、国家系统治理大数据池等延伸,这也符合检察工作的基本规律。如内蒙古某基层检察院运用大数据技术研发"社会危险性量化评估系统",将逮捕标准细化为人身因素、犯罪因素、妨碍诉讼因素3个指标,设置46条危险性评价规则,通过特定算法辅助检察官审查逮捕。

(三)坚持问题导向,推动诉源治理

以突出问题导向的调查研究,聚焦实践发展需求,以法律监督促进治理。数字检察实践应"紧跟社会发展新形势和检察工作的重点问题,聚焦主题,突出主题,解决难点。"① 注重实效性,要生产出高质量的检察产品。依法能动履职,首先要充分运用调查研究方法,对全区检察机关数字检察现状,如人员力量、技术配备、业务开展等要认清,对各地检察机关检察工作重点和方向要把握,在此基础上,因地施策,因势而为。充分调查研究也有助于验证算法公正问题。数字技术所运用的算法亦存在不规范、不科学、不公正的问题,进而影响实体公正。充分运用调查研究,能够进一步对问题或线索进行核实,做到事实清楚、准确。比如,内蒙古自治区某基层检察院运用大数据技术分析研判2020年以来办理的140件盗窃案,针对发现有20余件通过废品收购站销赃"变现"盗窃物品现象,与监管单位开展联合调查核实,后向废品收购站监管单位制发社会治理检察建议,取得良好实效。

(四)坚持系统观念,检察一体推进

检察一体推进,一要强化领导重视。根据《通知》要求,各级检察机关要把检察战略作为"一把手"工程,置于检察机关前瞻性、基础性、战略性位置来定位、谋划、推动,切实加强组织领导,加大推进力度。以领导重视带动整体运行,也只有领导重视并组织实施,才能带动推动工作向前发展,才能紧盯实施过程,及时反馈实施结果,及时总结工作做法。内蒙古自治区检察机关已成立数字检察工作领导小组,部署协同办案团队。依托现有检察大数据中心,施以转型升级,建设大数据法律监督平台,为内蒙古自治区数字检察发展提供支撑保障。

---

① 倪娜:《聚焦新时代检察实践 提升理论研究质效》,载《检察日报》2022年12月15日,第3版。

二要强化检察系统内部横向协同，纵向联动。数字检察具有系统性和整体性特征。数字检察并非单纯的"数字+检察"，它具有系统性、整体性特征。检察一体原则是检察权运行的基本准则，检察一体化履职是健全完善检察权运行的重要举措。数字检察并非某个部门或单独员额检察官能够实现的，是各项检察职能融合实践的新范式，数字检察不是某个部门的事，而是"四大检察"相互融合的典范；检察机关内部职权配置领域，通过检察一体化，强化内部协同。纵向上，省级院要统筹推进，领导、指导市一级检察院和基层院数字检察工作。

（五）坚持共治理念，协同助推国家治理

数字时代，数据是实现协同治理的要素，任何国家机关履行职责参与国家治理都需要大数据、技术和算法的支持。数字革命撬动了国家治理结构的转变，以国家治理、社会化治理、数据治理等多中心的多元化治理格局正在悄然形成。党的二十大报告提出："健全共建共治共享的社会治理制度，提升社会治理效能""中国特色社会主义治理体系是一个由多方主体参与、多元社会调节机制综合发力的共治体系"①，中国式现代化的实现有赖各主体合力推进。在国家治理体系中，权力治理体系是子系统，基于体系的整体性和目标的一致性，检察机关与行政机关、审判机关等共建治理格局，是解决单个主体在治理能量局限性难题的主要途径，是系统治理的内在要求，也是以数据为核心的数据新治理体系的发展需求。以法律监督权为构建核心的大数据法律监督板块要强调内外协同推进，比如数字检察与数字政府协同推进，打破平行权力部门之间的数据壁垒，实现数据共享，协同治理。

强调内外协同，还可以强化检察机关与人工智能企业的协同合作，完善权力治理、数据治理与社会治理融合式发展。比如，2019年，内蒙古自治区检察院联合自治区自然资源厅、生态环境厅、林业和草原局及内蒙古蒙草生态环境公司，依托蒙草公司"种质资源研究"与"草原生态大数据""标准体系规划和行业科技创新平台"，协同构建生态环境大数据共享合作机制。②

（六）具体展开：大数据模型构建

大数据监督模型和应用系统建构是数字检察战略的关键环节。大数据法律

---

① 贾宇：《数字经济刑事法治保障研究》，载《中国刑事法杂志》2022年第5期。
② 《高起点 高标准 高水平 合力打造生态公益保护的内蒙古检察模式》，载内蒙古自治区人民检察院网，http：//www.nm.jcy.gov.cn/sfba/gyss/201912/t20191210_2738882.shtml。

监督系统应至少涵摄业务与技术融合、数据融合、平台融合、方式方法融合、应用融合、监督模型融合、监督办案融合、治理融合等多维度。以方式方法融合为例。传统办案中检察人员的能动性更多体现在"主观"能动性,而行动样态不佳,行动与主观样态不一,往往不善于调查、侦查,思维和方式往往以被动式审查为主。数字检察要充分调动检察人员的主动性,从案卷审查,走向数据获取、技术研发、机制建构、案卷外调查、侦查等。比如围绕林地和草原保护问题,以非法占用农用地罪、非法采矿罪等为切入点,全区三级检察机关实施总体布局,集中力量,上下一体,跨区域协同,开展数字检察草原和林地专项保护活动。

坚持共通性与特殊性统一。模型的移植要以本土化为重点,要避免照单全收。美学的生成机制源自"节奏感""移情"和"内模仿"的审美主体的感官运动。① 就模型建构来说,在移植借鉴典型模型时,要充分结合客观实际,坚持普遍性与特殊性辩证统一发展的规律。比如养老金诈骗、套路贷虚假诉讼等模型在数字化技术、模型建构、监督办案等方面具有普遍适用的共通性。但数字检察的基础和关键要素是大数据,数据具有地缘性和特殊性,因此,数字检察在强调借鉴共通性的同时,还要强调数据的特殊性和变异性,数据始终处于变动之中。以非标油监督模型为例,其运用逻辑、模型建构等可以借鉴使用,但是本地区是否存在此类问题呢?是否随着时间的推移已经消除?或者相关职能部门已经将此类问题解决?数据碰撞所得出的结论要通过调查研究予以核实。数字检察要因地而为,走本地区发展进路。比如在研发某一算法模型时,可以基于模型的共通性设置共性因素和指标体系,但是也要"因地"设置个性因素和指标体系。

因需而建。数字检察之实施,业务是主导,技术是支撑,重点在应用。经过实证验证的算法模型能够增加决策的可靠性和有效性,还能够提高其运作的透明度。监督模型要立足于实际,立足于检察实践,因业务需求而构建,不能"大海里捞针",避免盲目冒进、随意决断、无限扩张。这里的"需"要置于"相对积极主义法律监督观"下进行理解,它包括监督职能和参与社会治理职能。需要注意的是:业务需求并非单一的、零碎的业务要求。要坚持系统观念,"要统筹推进内生需求与外生需求"②,以形成集成式的大数据法律监督平台为框架。比如,内蒙古自治区某市检察院研发了服刑人员社保医保缴存监督

---

① 杨文欢:《朱光潜情感美学的本体内涵及知识学谱系》,载《新疆大学学报(哲学·人类社会科学版)》2019年第2期。

② 高景峰:《数字检察的价值目标与实践路径》,载《中国法律评论》2022年第6期。

模型，通过与社保局关联数据，设定监督规则，发现检察机关自身在拘留逮捕犯罪嫌疑人后未及时将情况通知社保局，法院在判决后交付执行不及时以及社保局监督管理不到位等多个问题，在监督和治理的同时，也实现了"自我监督"助推自身工作高质量发展。

要坚持权责一致原则。算法本身的科学性、合理性、逻辑性、严谨性事关程序公正和实体公正。算法本身也存在缺陷，故而引发"算法黑箱"、算法失误，习近平总书记强调"有权必有责，用权受监督"，行使数据权力应当受到监督，应坚持权责一致原则，制定监督管理问责机制，尤其是要强化对算法模型的备案和监督审查。

数字司法的要素解析与反思重构

——基于数字化类案监督的实践启示

苏文玉*

引言

随着大数据的发展，机器学习尤其是深度学习在大数据时代得到广泛应用，越来越多基于机器学习的人工智能项目被启动，在20世纪90年代后陷入低谷的人工智能开始重焕生机，关于法律人工智能的研究也再次被提上日程，并随着数次起伏的人工智能浪潮日趋深入。除了探讨人工智能、大数据对法学理论、法学研究的助推与挑战，越来越多的学者开始关注实务层面，研究人工智能、大数据等数字技术在司法场景的运用以及对司法办案产生的影响。从目前的文献看，国内法学界关于人工智能、大数据在司法实务中的应用研究主要集中在以下三个层面：其一，宏观层面，围绕司法人工智能、大数据的概念内涵、属性特征等展开思考。① 其二，中观层面，关注人工智能、大数据与传统理论在实务中的衔接，着重分析人工智能运用的法律主体地位、刑事责任、证据效力等问题。② 其三，微观层面，探讨司法人工智能的、大数据具体应用，主要表现在对智能办案辅助系统和实体裁判预测预警等改革试点项目的研究，尤其是类案类判预测这一数字司法在审判领域的实践尝试，重点研究如何通过

---

* 浙江省绍兴市人民检察院法律政策研究室主任。

① 参见左卫民：《关于法律人工智能在中国运用前景的若干思考》，载《清华法学》2018年第2期；王禄生：《大数据与人工智能司法应用的话语冲突及其理论解读》，载《法学论坛》2018年第5期。

② 参见刘艳红：《人工智能的可解释性与AI的法律责任问题研究》，载《法制与社会发展》2022年第1期；谢澍：《人工智能如何"无偏见"地助力刑事司法——由"证据指引"转向"证明辅助"》，载《法律科学》2020年第5期；刘品新：《论大数据证据》，载《环球法律评论》2019年第1期。

构建规则以确保类案的精准识别与判断。① 这些理论探索为奠定司法人工智能、大数据的研究基调、范围与路径提供了丰富的基础支撑,其中对于大数据之"大"、人工智能之"智能",基本持肯定态度。相比之下,对数据、算法等核心要素的反思与再认识,理论探讨稍显不足,基于实践应用的分析论证更为缺乏。本文尝试对此展开研究,基于数字化类案监督所展示出的"小数据、简单算法"之形态,解析并重构数字司法的知识、数据、算法等要素,在此基础上对数字司法的未来走向进行合理预判。

展开论证之前,首先需明确数字司法的概念范围:第一,"数字"的范围,基于人工智能、大数据在技术逻辑方面的接续性,本文将上述技术统称为数字化技术。第二,"司法"的范围,司法有狭义和广义之分,狭义上的司法仅指审判,广义上的司法包括侦查、检察、审判。本文讨论的数字司法取广义理解,对应我国的"数字公安""数字检察""数字法院"建设。简言之,数字司法关注人工智能、大数据等数字化技术在司法实务工作中的应用情况。

一、要素局限:制约数字司法的瓶颈问题

大数据技术的爆炸式增长,为人工智能的发展加注了强劲动力,法律人工智能、司法大数据在我国司法界的运用方兴未艾,"开始初步形成了信息的电子数据化、办案辅助系统的智能化、实体裁判的预测与监督系统以及统一、电子化的证据标准等法律人工智能形式"②。但与顶层设计、官方政策、学术研究等相比,仍然呈现出官方政策层面之"热"、学术界研究层面之"热"与司法实践运用效果之"冷"的冷热差异面相③,而且从本质上看,上述数字司法应用所能处理的多是简单、机械化的法律事务,未能触及核心的实体性法律关系问题,对司法实务的辅助程度与介入空间均显不足,展现出来的"智能因素"并不多。鉴于当前的数字司法应用普遍参考人工智能建模方式,而人工

---

① 参见左卫民:《如何通过人工智能实现类案类判》,载《中国法律评论》2018年第2期;高尚:《司法类案的判断标准及其运用》,载《法律科学》2020年第1期;梁平:《基于裁判文书大数据应用的区域法治化治理进路——以京津冀类案检索机制的构建为例》,载《法学杂志》2020年第12期;刘艳红:《人工智能技术在智慧法院建设中实践运用与前景展望》,载《比较法研究》2022年第1期。

② 左卫民:《关于法律人工智能在中国运用前景的若干思考》,载《清华法学》2018年第2期。

③ 参见左卫民:《热与冷:中国法律人工智能的再思考》,载《环球法律评论》2019年第2期。

智能主要以数据、算法和算力①三个要素构造 AI，下文将从"数据"和"算法"两方面尝试分析制约数字司法发展的瓶颈问题。

（一）数据困境

数据是大数据分析的"燃料"，有数据方有智能，只有经过大量数据的训练，覆盖尽可能多的场景才能构建出良好的应用模型。但目前看来，我国的法律数据基础略显薄弱。

1. 法律数据不充分。"大数据具备'4V'（Volume、Velocity、Variety、Value）特征，是关于某一领域（行业）全样本、能够快速流转、多样化且富价值的数据。"②其中，"全样本"是其最显著的特征。然而，司法领域难以提供严格意义上的"大数据"。以我国数字司法的主要数据源泉——中国裁判文书网为例，其公布的裁判文书数量与实际结案量相差较大。截至2022年8月14日，2019年至2021年浙江全省法院的裁判文书共上网2241515份③，而根据浙江省高级人民法院的工作报告，2019年至2021年全省共审结案件469万件④，裁判文书上网率为47.76%。考虑到每一起案件可能会同时存在判决书、裁定书、通知书等多份文书，由此生成的裁判文书总量会多于469万件，实际的裁判文书上网率只会更低。除了数量上的不充分，这些裁判文书数据的质量也参差不齐。由于现实中的大数据只是"残缺"的大数据，无法以上网的裁判文书样本推论到整体样本情况，"上网裁判文书在数量、地域、案件类型等各个方面的偏差也决定了特定范围的数据研究不一定能够获得有代表性的全样本数据"⑤。根据大数据算法"错进，错出"原则，未经调整的不具有代表性的数据极有可能导致错误的结论，难以满足深度学习算法所需要的数据要求。

2. 存在"数据孤岛"。即便法律数据的收集、保存是充分的，但如果数据被垄断、割裂，不能实现合法有效共享，大数据分析算法也是"英雄无用武之地"。"目前，各司法机关的信息数据分属各系统，系统内上下联通基本实

---

① 基于算力是数字司法应用的基础设施，涉及芯片、处理器、硬件设备等，系科技领域关注内容，故本文不予展开讨论。
② 左卫民：《迈向大数据法律研究》，载《法学研究》2018年第4期。
③ 经查阅中国裁判文书网上的公开数据，浙江法院2019—2021年分别为909270份、867944份、464301份。
④ 根据浙江省高级人民法院的工作报告，浙江法院2019—2021年审结案件量分别为172.3万件、160.5万件、136.2万件。
⑤ 左卫民、王婵娟：《基于裁判文书网的大数据法律研究：反思与前瞻》，载《华东政法大学学报》2020年第2期。

现数据一体化，但各数据系统之间却壁垒重重，'数据孤岛'现象严重，司法数据难以在各系统之间互联互通和上下内外联动。"① 有学者形象描述了法律领域的"数据孤岛"现象：立法、执法、司法和法律服务数据的采集者根据不同的规则和标准采集和保存数据，相互之间没有技术接口，客观上为数据分享设置了技术障碍；数据采集机构对数据的保密是常态，进行数据分享是极其例外的；在不得已情况下，如果需要分享，也是"缺斤少两"地分享或通过"数据交换"方式分享。② 鉴于"数据孤岛"对当前数字司法发展造成的迟滞性影响，已经有地方意识到数据流通的价值意义并开始尝试架起联通桥梁。《浙江省互联网发展报告2021》中提道，"全省构建了政法一体化办案体系，已集成公、检、法、司和监委等单位的12套业务系统，开发上线'全域数字法治监督''浙警智治''全域数字法院''检察大数据法律监督'等数字化应用，开展一体化办案35万余件，99%以上的刑事案件实现全数字化线上移送"③。

（二）算法迷局

算法是支撑数据分析的"引擎"，可分为符号学派、联结学派、进化学派、贝叶斯学派与类推学派五种主要类型。④ 数十年以来，属于联结学派的深度学习算法获得重大突破，基于深度学习的数字司法应用被大量研发，但深度学习算法不可避免地面临两个难题。

1. 不可解释性。可解释性代表算法的透明程度，即能够解释如何在大数据的基础上进行算法决策，如何通过训练数据得到模型进而得到决策结果。"在人工智能领域，输入数据和输出答案之间存在着一个不可被观察的空间，这个空间通常被称为'算法黑箱'，正是它引发出了AI是否具有可解释性的问题。"⑤ "算法黑箱"是由于输入数据与输出结果之间存在"隐形层"，即只能获知机器给出的答案，却无法了解答案得出的过程，从而导致决策过程的不

---

① 赵龙、刘艳红：《司法大数据一体化共享的实践探微——以破除"数据孤岛"为切入点的逻辑证成》，载《安徽大学学报（哲学社会科学版）》2019年第6期。

② 参见程金华：《未来还未来：反思中国数字司法的基础建设》，载《中国法律评论》2018年第2期。

③ 胡宗昊：《浙江发布2021年度互联网发展报告 99%以上刑事案件实现全数字化线上移送》，载《浙江法制报》2022年5月31日，第2版。

④ 参见［美］佩德罗·多明戈斯：《终极算法机器学习和人工智能如何重塑世界》，黄芳萍译，中信出版集团2017年版，第66页。

⑤ 刘艳红：《人工智能的可解释性与AI的法律责任问题研究》，载《法制与社会发展》2022年第1期。

可解释。算法的不可解释性使得算法结果难以检验和追溯,然而,司法裁判的过程不仅是给出结论的过程,更是以一系列合乎逻辑的推理得出结论的过程。大数据算法的不可解释性、"黑箱"性可能天然地与法律决策的因果性、透明性要求相冲突。

2. 过拟合性。"过拟合"具体来说,指学习能力过于强大,将训练样本自身的特点当作所有潜在样本都具有的一般性质,即学习了训练样本当中非普遍的特性,导致模型的泛化能力下降。① 简言之,过强的学习能力把训练数据中的特异属性当成了数据集的整体特征,造成采样偏差,这将极大影响训练模型的预测准确率。②

由于上述数据困境与算法迷局的客观存在,导致大数据及法律人工智能技术在司法实务中的应用效果并不理想,其研发侧重于应用卷宗内容自动抓取、瑕疵证据智能分析、量刑智能研判等办案辅助系统,或者搭建智能化、便民化的司法服务平台和工作平台,数字司法应用只在于提高办案效率、缓解"案多人少"现实矛盾,其作用仅停留在程序性工作之辅助,未能深入作为司法内核的实体性法律关系,从而未能取得实质性突破。

二、类案监督:突破数字困局的探路之举

面对当前客观存在的数字困局,似乎只能把一切交给时间,通过时间的推移不断积累数据与发展算法,最终有可能解决大数据和学习算法的需求。但司法迈向大数据时代、拥抱人工智能,是否只有"大数据+深度学习"一种模式?近年来,检察机关在大力推进数字检察进程中,探索出一种"类案监督"新模式,通过数据筛查、碰撞,高效发现深层次监督线索,为检察监督办案提供方向,对检察工作发挥着鲜明的指引性、突破性作用。该模式在规则前置的基础上,呈现出"小数据+简单算法"的要素形态,是一种全新尝试,对于当前的法律人工智能、司法大数据应用如何走出数字困局具有探路意义,也许会成为数字司法建设的新路径。

数字化类案监督,实质上是一种类案线索研判,针对可能存在共性问题、

---

① 参见周志华:《机器学习》,清华大学出版社2016年版,第23页。
② 最著名的采样偏差来自1936年《文学文摘》对于美国总统选举结果的预测。《文学文摘》对1000万人寄送民意调查问卷后,以返回的240万张为抽样样本,预测兰登将以57%的支持率打败罗斯福,结果恰恰相反,最后罗斯福赢得了62%的选票。问题就出在采样方式:为了获取发送民意调查的地址,《文学文摘》采用了电话簿、杂志订阅名单、俱乐部会员名单等类似名簿,而所有这些名单上的人往往对富人有更大的偏好,也就更有可能支持共和党(即兰登),其抽样样本不具有针对目标总体的代表性。

有发展成类案"潜力"的个案①，在解析个案特征、梳理数据需求和研判方向的基础上，创建监督模型，有的放矢地开展大数据碰撞、关联、筛选等，从而发现并输出批量问题线索，查实后予以批量监督纠正。

（一）数字化类案监督与相关概念之区别

学界对类案监督的研究不多，以"类案监督"为内容在中国知网法律总库上检索，共有记录82条，大致分为三条研究脉络：其一，人大对司法的类案监督。"通过对同一类型案件的监督，了解其适用这类案件的司法政策是否合宪、合法，司法制度和司法工作机制是否科学合理，司法机关和有关行政机关在处理这类案件中是否依法履行职责。"②人大的类案监督出现在《各级人民代表大会常务委员会监督法》颁布实施后，是对人大如何监督司法的一种实践探索，旨在寻求监督与支持的最佳契合点，是对司法整体工作的监督，符合人大宏观监督的立场与定位。其二，民事诉讼类案监督。③最高人民检察院发布的《2018—2022年检察改革工作规划》中提出要探索民事诉讼类案监督工作机制。民事诉讼类案监督是"对基本事实、争议焦点、法律适用问题等方面具有相似性的民事案件之检察监督，检察机关通过识别类案，比对裁判规则，来实现相同情况相同处理，确保类案法律适用的正确统一性"④。该"类案"与类案检索、类案类判中的"类案"系同一概念，类案系衡量公正的标尺，立足于个案角度，着眼于个案处理之间的连续性与平衡性。其三，行政检察类案监督。最高人民检察院发布第三十六批指导性案例，归纳提炼行政检察类案监督的类型、方式及办案规则。⑤行政检察类案监督是以个案为切口，对

---

① 比如某企业与职工的劳资纠纷虚假诉讼案，经调查后发现，虚构劳资纠纷的原因在于该企业即将破产，企图利用职工工资债权优先清偿规则实现企业逃债目的，遂伪造了一个职工追索劳动报酬的诉讼案件。这一个案背后大概率存在批量类似案件，开展数字化类案监督的可能性极大。

② 参见唐莹莹、陈星言：《构建人大对司法的类案监督制度》，载《人大研究》2007年第11期；卢鸿福：《类案监督让人大司法监督由虚变实》，载《法治与社会》2017年第12期。

③ 参见李敏：《民事检察类案监督的界定及其实施路径》，载《中州学刊》2017年第7期；邱祥：《论类案的相似性判断标准——以最高人民检察院探索建立类案监督机制为背景》，载《西南石油大学学报》2021年第4期；华锰、李大扬：《民事诉讼类案监督的实践与发展》，载《人民检察》2020年第22期。

④ 肖建国：《类案监督目的与实现路径》，载《检察日报》2020年8月31日，第3版。

⑤ 张昊：《最高检首次以行政检察类案监督为主题发布指导性案例》，载《法治日报》2021年4月19日，第1版。

司法、执法活动中存在的同类错误或适用法律不一致等共性问题，或者针对行政执法、社会治理中存在的普遍性问题，与审判机关、行政机关形成共识，简言之，即通过一次性督促法院或行政机关集中整改一类问题。① 从所发布的四个指导性案例上考察，行政检察类案监督的目标有两层：一方面通过监督促进法律统一适用；另一方面通过履职发现、监督行政管理、制度运行中的问题，促进社会治理。

综上，人大对司法的类案监督是对一类案件所反映的司法工作的监督，不针对具体案件，而是司法工作监督；民事诉讼类案监督是对法院"类案类判""类案检索"研究的检察回应，旨在衡量个案审判是否公正；行政检察类案监督除促进法律统一适用外，更强调"办理一案，治理一片"，是社会治理意义上的类案监督。三者虽侧重点不同，但均有追求同类型案件相类似处理的内在逻辑，三种"类案监督"均关注类案的处理，对同类案件处理上的不同予以监督。数字化类案监督的逻辑起点与之不同，其不关注类案的处理，而关注类案的发生，若某一类案件常见多发，分析其案发原因有可能存在共性异常问题，则通过大数据分析识别异常并予以监督。此时，类案不再仅作为衡量公正的标尺，而成为发现异常线索的来源。

（二）数字化类案监督之算法模型分析

数字化类案监督的过程，一般包括解析个案、梳理要素—共性分析、筛选数据—构建模型、输出线索—问题核实、类案监督等几个步骤，其中前两个步骤是构建数字模型的关键，主要涉及如何运用数据发现监督线索。根据数据运用方式及算法的不同，数字化类案监督可分为以下三类模型。

1. 特征排序模型。对违法犯罪的特征进行梳理分析，调取相关数据并从中筛查出具有同样特征的数据，这类模型在发现诈骗类犯罪上成效显著。以车辆保险诈骗类案监督为例②，第一步，总结归纳通过机动车交通事故赔偿之诉进行诈骗犯罪的特征，即同一原告或关联原告短期内密集起诉、车主转让理赔权、保险公司对定损提出异议、二次评估后车损金额下降幅度较大等；第二步，设置数据池，根据上述特征，收集近5年的涉车辆财产保险合同纠纷民事

---

① 参见徐日丹、刘亭亭：《通过类案监督治理一个领域解决一类问题——最高检第七检察厅负责人就最高检第三十六批指导性案例答记者问》，载《检察日报》2021年4月19日，第4版；杨沧海：《关于规范开展行政检察类案监督的几点思考》，载《检察日报》2021年4月7日，第7版；王磊、汪佳妮：《行政检察类案监督目标指向与价值功能》，载《检察日报》2021年4月15日，第3版。

② 所引用案例均参见贾宇：《大数据法律监督办案指引》，中国检察出版社2022年版。

裁判文书，并将相关要素作结构化处理，以便于数据分析；第三步，构建模型，按特征赋分由高到低对裁判文书进行排序，以列表形式推送异常裁判文书清单。某市应用该模型，对本地区近 5 年 52 万份裁判文书筛查后发现，宋某等 13 人名下有 200 余件异常车险理赔诉讼，后续通过对人员、社保、资金流水等方面综合分析，挖出了一个骗取保险理赔款的犯罪利益团伙。检察机关将该批线索移送公安机关立案侦查后，以诈骗罪起诉 46 人，并对上述 200 余件异常车险理赔诉讼中的 42 件以涉嫌虚假诉讼进行民事裁判监督。

2. 碰撞对比模型。从法律法规的规定出发，根据需求设置数据池，对两个以上的数据集进行碰撞比对，提取其中重合、交叉的数据，这类模型在纠正违法方面效果明显。以政府补（救）助资金监管类案监督为例，第一步，收集相关法律法规，如退休人员服刑期间停发基本养老金、抚恤优待对象服刑期间中止其抚恤优待、死亡人员停发生活困难补助等相关规定；第二步，设置数据池，收集 9 类政府补（救）助资金领取者数据、刑事裁判文书数据、死亡人员信息数据等；第三步，构建数据碰撞模型，将 9 类政府补（救）助资金领取者数据与涉刑、死亡等不符合领取资格的特定人员数据进行比对分析，得到违规领取人名单。据此，检察机关办理行政公益诉讼案件 623 件 1317 人，追回政府补（救）助金 718 万余元。

3. 关联分析模型。经多元数据关联串并后，形成常态的规律或进展情况，以此衡量实际情况是否存在异常。以非标油偷逃税类案监督为例，收集油罐车车辆信息、行驶轨迹、卫星定位时间空间信息等数据，将油罐车行车轨迹和卫星定位时间空间进行识别关联，推送出实际卸货量并推算实际销售量，再将其与税务数据比对，差值即偷逃税数额。

以上三种算法模型并非排斥对立，在具体案件中常常是多种算法模型的组合，关键在于办案人员能否基于现有数据找到算法组合的方式。

三、认知范式：重构数字要素的路径选择

从上述实例分析可以窥见，与学界对数字司法应用的担忧不同，数字化类案监督呈现出规则前置、小数据、简单算法等特征，实际上走出了司法数据难以大而全的困境，也较好解决了机器算法对法律领域演绎思维、因果思维与说理思维等方面造成的冲突。鉴于数字化类案监督与其他数字司法应用在数据、算法等要素构成上的差异，有必要对数字司法的要素进行梳理，探索在"数据、算法"要素之中融合"知识"要素，进而形成"认知范式"数字司法的要素重构。

(一) 数字司法"认知范式"的提出

人工智能在 60 多年的发展历史中，一直存在两个相互竞争的范式：一是符号主义，即第一代人工智能，本质是基于规则的逻辑演绎，利用知识、算法和算力三个要素构造 AI，也称为知识驱动型 AI；二是连接主义，即第二代人工智能，本质是基于经验的归纳总结，利用数据、算法和算力三个要素构造 AI，又称为数据驱动型 AI。① 出于第一代、第二代 AI 各自的局限性，当前有人工智能专家提出了第三代人工智能，即结合知识驱动与数据驱动，同时运用知识、数据、算法、算力四个要素，构造更强大更智能的 AI。

人工智能和大数据领域的发展变化映射到法律领域，相应地，在法律人工智能领域也出现两种算法："第一，显示编码、封闭规则的算法，通过法律专家系统实现对人类法律推理的模拟并将之应用于司法裁判的决策；第二，机器学习算法，通过大数分析训练，发现人类司法裁判的内在规律，并将之应用于对未来裁判的预测。可用'自动判决机'和'裁判学习器'的隐喻来象征这两种不同方向"②。第一种算法围绕规则、逻辑、推理展开，先由专家对法律知识进行总结，然后"教会"计算机，让计算机按照提前设置的路线模拟人类法律推理，属于知识驱动型算法。其优势在于推理过程透明、可解释，但基于人为定义规则的不完备性，知识获取瓶颈明显，随着深度学习算法的发展而逐步被替代。第二种算法以规律、概率、预测为核心，不需要专家知识，没有理论预设，而是通过对海量样本的深度学习，让计算机自主学习如何进行司法决策，在足够数据量的训练下，计算机能够"学会"裁判量刑，但由于其并不知悉背后的法律规则以及法学理论，每次决策都是一次概率分析，而非逻辑演绎，属于数据驱动型算法。其优势在于学习结果突出并且能有效避免知识获取瓶颈，但如前文所述，存在"算法黑箱"、过拟合性等先天缺陷。基于法律推理过程的复杂性和司法裁判的不可预测性，有学者指出，"无论是'自动判决机'，还是'裁判学习器'，可能都只是存在于科幻小说中的想象而已"③。随着技术与研究的深入，数字司法领域同样出现了融合知识驱动与数据驱动两种路径的研究，如在分析司法数据本身存在的来源性、模糊性与孤立性的三重困境之后，提出我国的智能司法基础建设设施需从数据型信息嬗变为知

---

① 参见张钹、朱军、苏航：《迈向第三代人工智能》，载《中国科学：信息科学》2020 年第 9 期。

② 宋旭光：《论司法裁判的人工智能化及其限度》，载《比较法研究》2020 年第 5 期。

③ 宋旭光：《论司法裁判的人工智能化及其限度》，载《比较法研究》2020 年第 5 期。

识型信息①；又如提出"轻量级理论驱动"的数字司法认识论，将法学理论结构映射到数字司法的知识发现过程中，实现大数据与法学理论的协同，以更新通用大数据驱动的经验主义认识论。②

在人工智能领域重新强调"知识"要素的同时，对于"数据"的认识论也在发生变化，同样出现了两种范式，分别代表感知智能和认知智能两种路径。③一是"鹦鹉范式"，关键要素是学界目前普遍认可的"大数据+大算力+深度学习"，鹦鹉需要大量的数据反复训练，教什么它就说什么，它可以不断重复，但并不理解其中含义，不能反映现实中的因果逻辑，属于感知层的智能，是"大数据，小任务"范式。二是"乌鸦范式"，关键要素是"架构+任务+数据"，目标是要解决一个任务，进行观察、推理、发现规律，然后去执行和决策，属于认知层的智能，是一种"小数据，大任务"的模式。

在数字司法应用领域，学界对"数据"的普遍认识还停留在大数据层面，评价"现阶段中国数字司法整体上是以裁判文书网为主要来源的官方化、结构化或半结构化的大量数据，实质上只是法律领域中的有限数据，也是角度特定的数据"④。诸多研究成果均将法律数据不充分视为大数据与人工智能司法应用的现实困境，并在此基础上探讨应对之策。⑤但也有学者提出了对数据海量新的再认识，认为"数据规模的海量性并非数字司法的根本特征"⑥，"数字司法之'大'不在于'容量之大'，而在于可以'分析与使用'"⑦。"无法处理的海量司法数据只是一堆结构或者非结构的数据集合。"⑧ 上文考察的数字

---

① 参见陈亮、徐明：《从数据到知识：智能司法基础设施的困境反思》，载《交大法学》2022年第3期。

② 参见王禄生：《论法律大数据"领域理论"的构建》，载《中国法学》2020年第2期。

③ 参见朱松纯：《浅谈人工智能：现状、任务、构架与统一》，载微信公众号"视觉求索"2017年11月2日。

④ 左卫民：《迈向大数据法律研究》，载《法学研究》2018年第4期。

⑤ 参见陈亮、徐明：《从数据到知识：智能司法基础设施的困境反思》，载《交大法学》2022年第3期；宋旭光：《论司法裁判的人工智能化及其限度》，载《比较法研究》2020年第5期；左卫民：《关于法律人工智能在中国运用前景的若干思考》，载《清华法学》2018年第2期。

⑥ 参见王禄生：《论法律大数据"领域理论"的构建》，载《中国法学》2020年第2期。

⑦ 涂子沛：《大数据：正在到来的数据革命，以及它如何改变政府、商业与我们的生活》，广西师范大学出版社2014年版，第57页，转引自王禄生：《论法律大数据"领域理论"的构建》，载《中国法学》2020年第2期。

⑧ 姚海鹏、王露瑶、刘韵洁：《大数据与人工智能导论》，人民邮电出版社2017年版，第15页。

化类案监督印证了这一发展趋势。在各类案监督模型的数据池设置中，数据均系围绕数据分析任务而有针对性地收集，比如车辆保险诈骗类案监督模型，只需收集某地近5年的涉车辆财产保险合同纠纷民事裁判文书数据，数据量与海量相差甚远，属于小数据，但基于小数据之上的知识输出仍然成效显著。

总之，对于法律领域的数字应用而言，"知识"与"数据"缺一不可，完全脱离"知识"的大数据挖掘将由于失去航向而常常迷失在数据海洋中，而缺乏"数据"供给的知识推理也势必难以跨越从法律知识到法律获取之间的鸿沟。"知识"与"数据"两种要素的融合，本质上是法律人演绎式思维与归纳式思维的结合，它以法律推理的可解释性弥补机器学习的不可解释性缺陷，以机器学习的自动性填充法律推理知识获取的技术鸿沟。事实上，法律人工智能研究领域的先驱阿什利教授在研究人工智能与法律及其在未来法律实践中的作用时，就尝试了法律推理的计算模型与法律文本解析的融合，并提出了"认知计算"的法律推理模型典范，认为这是迈向新的法律应用程序的目标，直言"法律中的认知计算很快就会发生"①。本文认为，未来数字司法应用的发展方向，将出现融合"知识"和"数据"的"认知范式"。

（二）认知范式下数字司法的要素重构

1. 知识：从"否定"到"贯通"。知识要素，即法律理论或法律知识表示，为数据采集、挖掘、分析等后续步骤提供领域针对性。一些大数据经验主义学者认为，在理论即知识问题上，大数据主义认为"理论已经终结"，否定理论对科学发现的作用②；或者即使承认大数据时代的科学发现依然渗透着理论，但渗透的环节已延后至数据挖掘、知识提取阶段，至少在数据收集采集环节，预设理论没有"污染"数据，而要让"数据先说话"③。但"大数据时代绝对不是一个理论消亡的时代，相反地，理论贯穿于大数据分析的方方面面。"④ 在认知范式下，知识不再被否定，其作用也不受局限，它是基础的、前置的，贯通于数字司法应用的方方面面。认知范式下的知识要素，本质上是

---

① ［美］凯文·D. 阿什利：《人工智能与法律解析——数字时代法律实践的新工具》，邱昭继译，商务印书馆2020年版，第16页、第45页。
② 参见齐磊磊：《大数据经验主义——如何看待理论、因果与规律》，载《哲学动态》2015年第7期。
③ 参见黄欣荣：《大数据主义者如何看待理论、因果与规律——兼与齐磊磊博士商榷》，载《理论探索》2016年第6期。
④ ［英］维克托·迈尔-舍恩伯格、肯尼思·库克耶：《大数据时代》，盛杨燕、周涛译，浙江人民出版社2013年版，第94页。

四、法律监督能力现代化

融合了法律理论与数据分析的法律知识,可以借助法律本体来理解和表示。"知识表示一直是人工智能与法律研究的一个关键焦点,也是实施足够强大的系统作为现实世界法律实践工具的关键挑战。将法学理论与大数据分析相结合,构建本体有助于应对这一挑战。"①"本体"一词源于哲学领域,后被运用到计算机科学领域,用于描述由一套对象概念、属性以及关系类型所构成的集合。数字司法应用中的法律本体,"实质是以一种计算机可以理解的方式构建法律领域的概念体系"②。只有完成法律本体构建,计算机才知道需要从法律数据池中读取什么信息。如在车辆保险诈骗类案监督模型中,对于计算机而言,异常车辆保险理赔诉讼案件的概念体系,由同一原告或关联原告短期内密集起诉、车主转让理赔权、保险公司对定损提出异议、二次评估后车损金额下降幅度较大等信息组成,这些信息是需要计算机从裁判文书等司法数据中读取获得的,除此之外的信息可以不必关注。因此,法律知识是数字应用研发过程中需要最优先考虑的问题,是前置要素,数据采集、挖掘、分析等后续步骤都在知识要素圈定的范围内进行。"法律大数据应用开发的有用性很大程度上取决于法律本体的构建质量。如果法律领域本体构建中出现问题或偏差,那么即使面对高质量的法律大数据也无法得出高质量的法律知识,基于知识之上的大数据智能应用便成为无源之水、无本之木。"③

这里还需将认知范式下的"知识"与第一代知识驱动下的"知识"作一区分,是否与数据相结合是二者最大的区别:第一代"知识"不涉及数据,是单纯的法律推理知识;认识"知识"融合了法律理论与数据分析,是运用数据进行法律推理的知识。认知范式不仅仅是在原来第一、第二代基础上增加了"数据"元素或"知识"元素,而更强调二者运用上的融会贯通、相互作用。

2. 数据:从"海量"到"适量"。在数据驱动模式下,基于"从数据中发现规律""让数据自己说话"等导向,提倡数据规模的海量性,希望通过更多的数据反映、发现其中的规律,要求数据样本尽可能大、多、全。在认知范式下,由于知识要素的前置限定,数据不在于"多",而在于"用",致力于通过法律知识将有限的数据发挥到极限,要求数据样本具有符合法律本体构建要求的适配性。换言之,法律数据与法律知识密切关联,在完成法律本体构建之后,即可以根据需求选取数据样本,实现从海量数据向适量数据的转变。比如政府补

---

① [美]凯文·D. 阿什利:《人工智能与法律解析——数字时代法律实践的新工具》,邱昭继译,商务印书馆2020年版,第209页。
② 王禄生:《论法律大数据"领域理论"的构建》,载《中国法学》2020年第2期。
③ 王禄生:《论法律大数据"领域理论"的构建》,载《中国法学》2020年第2期。

（救）助资金监管类案监督的数据池，基于退休人员服刑期间停发基本养老金、抚恤优待对象服刑期间中止其抚恤优待、死亡人员停发生活困难补助等相关规定，预先构建该领域法律规则，形成政府补（救）助资金领域法律本体构建，即可划定数据池的范围：某地9类政府补（救）助资金领取者数据、刑事裁判文书数据、死亡人员信息数据。需明确的是，法律数据范围不仅仅包括以判决书为中心的司法办案数据，还包括立法、执法、司法和法律服务领域等相关数据信息。从目前的数字司法应用情况来看，大量法律数据处于待开发状态，走出数据困境不能一味强调数据积累，而应积极思考已有数据的适配使用。

3. 算法：从"复杂"到"简单"。算法要素，即法律模型化函数表达，包括深度回答、信息提取、论证挖掘等法律解析方式。算法主要分为传统的机器学习算法和神经网络算法，目前神经网络算法因为深度学习（源于人工神经网络的研究，特点是试图模仿大脑的神经元之间传递和处理信息的模式）的快速发展而达到了高潮。在认知范式下，由于知识的全程贯通嵌入，算法不再追求精密复杂，而是呈现出简单、人人会用的趋势，尤其是从数字化类案监督上看，常用的算法仅为数据碰撞、排序、归类等简单的初级技术。浙江省检察机关打造"检察大数据法律监督平台"，围绕数据的归集管理和建模分析，重点构建了"数管中心"和"建模中心"。"数管中心"对应"数据"，"建模中心"则对应"算法"。"'建模中心'将数据输入、输出和常用分析算法封装成'算子'，检察官基本上无须书写代码，运用'算子'可直接创建监督模型，实现建模过程'零代码'。"① "算子"即求和、排序、求差、平均等简单函数模型。从适用情况看，"不到两个月时间便有数字检察模型1600余个，其中有效模型达468个，打造了一个人人都懂、人人会用的'驾驶舱'"②。

如知识产权行刑衔接类案监督③的算法过程：第一步，碰撞比对行政执法机关向公安机关移送涉嫌侵犯知识产权犯罪案件数据、公安机关决定立案或不予立案的书面通知数据，梳理出移送后决定不予立案、移送后决定立案、移送后未书面回复三类案件。第二步，剔除立案审查未超期案件。"移送后未书面回复"案件中，提取行政执法机关移送时间，与立案审查时限规定进行比对，剔除立案审查未到期案件，形成"移送后超期未书面回复"案件清单，获取公安机关程序违法监督线索。第三步，剔除已移送检察机关案件。提取"移送后未

---

① 贾宇：《大数据法律监督办案指引》，中国检察出版社2022年版，第24页。
② 范跃红、龚婵婵：《数字潮涌，浙江检察探路大数据蓝海》，载《检察日报》2022年7月7日，第2版。
③ 贾宇：《大数据法律监督办案指引》，中国检察出版社2022年版，第68—71页。

书面回复"案件中涉案人员、侵权对象、侵权商品种类、移送案由信息,发现全部为侵犯商标专用权案件。与检察机关办理的侵犯商标专用权审查逮捕、审查起诉案件数据进行碰撞,剔除已经移送审查逮捕、审查起诉案获取公安机关"超期未回复且未移送"案件清单。第四步,设置筛选规则。从"超期未回复且未移送""移送后决定不予立案"两类案件中,提取商标标识数量、商品种类、商品数量、销售金额、犯罪嫌疑人年龄、有无授权等关键词,筛选出行为人达到刑事责任年龄、未经注册商标权利人授权,且数量、金额等要素达到定罪标准的案件。其中,缺乏实际销售价格、鉴定价格等要素,无法确定金额是否达到定罪标准的,与中国裁判文书网中判决书信息比对,通过同类商品"价值类推",初步确定涉案商品价值,筛选出明显超出定罪标准的案件。第五步,确认侵权情况。从筛选出的案件中,提取侵犯的商标信息、侵权时间,比对商标注册信息以确认侵权情况,获取刑事立案监督线索。具体流程如图1所示。

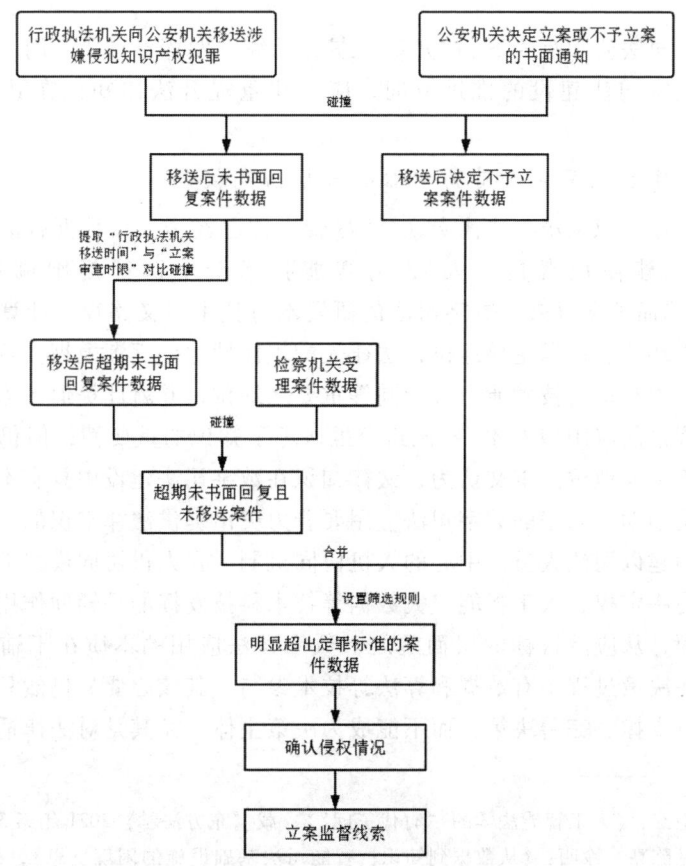

图1 知识产权行刑衔接类案监督算法流程

该模型可概括为基于法律规则设置之上的碰撞比对，数据挖掘方式是简单的碰撞比对，此处的法律规则设置即法律知识。归根结底，数字化类案监督运用简单算法即能满足数据需求的原因在于，法律知识表示清晰明确，且具有可操作性。换言之，只要基于知识表示找到运用法律数据的方法，无须运用复杂技术即可获取有效信息。

综上，认知范式下，知识、数据、算法三要素呈现出不同于知识驱动模式或者数据驱动模式的新变化，且各要素之间紧密关联，共同组成一个互动体系：知识不再单纯描述法律规则，而建立在运用数据的基础上，是用数据来描述法律规则的知识；数据不再提倡海量，而更注重其与知识的适配性，是符合知识发现需求的数据；算法不再复杂难懂，只需配合完成知识与数据的互动要求。

四、以人为本：未来数字司法的发展方向

在数字司法认知范式下，"知识"贯穿始终且发挥着重要作用，与此相对应，未来数字司法建设的推进方向，应当注重提升法律知识在其中的地位作用。

（一）建立以司法人员为中心的人机协同机制

法律专业知识来源于法律专家，"尽管人类已经步入大数据智能时代，智能技术的创建使用者是'人'，为智能技术套上法律规则枷锁的也是'人'"[1]。然而长期以来，数字司法的研发奉行技术主义路径，计算机技术人员处于核心环节、占据主导地位，法律人的主体性地位逐渐模糊。现有不少学者主张将法学知识与技术能力置于同等重要之地位，并就此提倡大力培养具有复合学科背景的应用型人才。[2] 该路径虽认可了知识的重要性，但仍然将知识与技术置于平等地位。本文认为，法律知识在数字司法建设中具有本位性，技术能力只是辅助，未来的数字司法应用要着力突出提供法律知识的法律人之主体地位，构建以司法人员为中心的人机协同机制。在人机协同模式下，司法人员具有最终决定权，人工智能、大数据等技术科技发挥的是辅助作用。

一方面，从应然目标的层面观之，数字司法应用的本质在于辅助司法决策，纵使在决策过程中有数据和算法等技术参与，其核心要义仍然只是提供辅助信息，以支撑、完善决策，而不能成为决策主体，尤其是对法律适用实质方

---

[1] 刘艳红：《人工智能法学的"时代三问"》，载《东方法学》2021 年第 5 期。
[2] 参见陈亮、徐明：《从数据到知识：智能司法基础设施的困境反思》，载《交大法学》2022 年第 3 期。

面的决策。如"预警类的数字司法应用开发应当遵循以下原则：对于实体类预警，包括事实认定和法律适用，事前预警应当是建议性的，对于程序类预警，包括证据形式和案件流程，事前预警才可以是干预性的。"① 另一方面，就实然内容的角度而言，相比于复杂的法律知识表示工作，技术与法律的衔接、交叉相对较少，技术在应用研发中所占的比例并不高。上述知识产权行刑衔接等类案监督模型，模型设计思路均系检察干警提出，继而交由技术开发人员完成模型构建，甚至部分模型从构思到设计到完成全程都没有技术人员的参与，这也是浙江省检察机关打造"建模中心"的现实考虑。检察官们只需要知道常见的数据分析算法，并且知道各种算法的作用、优劣即可，算法的研发全部可由"建模中心"提供。因此，"法律与技术的复合知识虽然对智能司法发展有刚需性，其所承担的角色仅是沟通两类知识群体的'桥梁'，基础建设的主要内容依旧是法律知识网络构建，切不可因法律与技术的交叉性而颠覆了法律知识在其中的本位"②。

如前文所述，数据型法律应用面对数据困境，破局的唯一方法是通过时间推移而不断积累数据。与之有所不同的是，建立在以法律人主体地位为基础的认知型法律应用，其建设要义并非是寻求浩如烟海的司法素材，而是构建一套体系化的法律知识表示。未来的数字司法应用建设不应依赖于时间的被动演化，其应当转向主体能动性之范畴，即由人类主体主动构造作为基础设施的法律知识。③

（二）推动以法律知识为基础的数字司法领域专属技术创新

认知范式下的技术创新应该是结合法律专业知识的专属技术创新，但现有相当部分的数字司法应用只是平移运用通用大数据技术，只是简单"搬运"而非"创新"，缺乏专属的数字司法核心技术。结合数字司法应用现状尤其是对数字化类案监督的实践考察，根据技术目标的不同，可将未来的数字司法专属技术革新划分为三个层级。

第一层级，围绕解决司法问题展开的技术创新。目前在各级法院、检察院等司法单位推广适用的庭审语音识别、庭审笔录自动生成、裁判文书自动生

---

① 王禄生：《司法大数据与人工智能技术应用的风险及伦理规制》，载《法商研究》2019年第2期。

② 陈亮、徐明：《从数据到知识：智能司法基础设施的困境反思》，载《交大法学》2022年第3期。

③ 参见陈亮、徐明：《从数据到知识：智能司法基础设施的困境反思》，载《交大法学》2022年第3期。

成、类案智能推荐、量刑建议智能辅助、同案不同判预警等数字司法应用,其大数据技术的底层逻辑均系运用大数据技术来解决既存的问题、验证既有知识。如针对案源发现难、线索分析难、调查取证难、行动指挥分散等问题,打造公益诉讼平台,其中运用的技术包括"4G执法记录仪、无人机、单兵系统连接远程办案指挥平台,能够实时上传,实时储存音视频影像,实现远程指挥调查取证,防止相关音视频资料因外来因素而灭失"①。有学者指出,这种技术路线"是一种由数据层到应用层的双层结构",并将其归类到"初级大数据技术路线"。②

第二层级,围绕发现隐藏司法问题展开的技术创新。相比第一层级而言,第二层级更进一步,着眼于"发现",创造性地运用大数据技术揭示司法过程中尚未被揭露的问题并提示解决方案。对于如何更好利用大数据开展研究,有学者指出,应当充分认识并利用大数据资源在发现新问题、创建新理论上的潜力,完全可以在未来的大数据研究中考虑一种新思路:借助数据来挖掘现实中的新问题,而非以既有问题为出发点甚至直接预设研究结论。③ 虽然该文是从大数据实证法律研究的角度出发,倡导大胆尝试新的大数据法律研究范式,但其充分认识并运用大数据资源的创新潜力之观点,对数字司法应用具有很好的启发借鉴意义。司法运用中也应充分认识大数据技术在发现新问题、创建新知识上的潜力,高度重视此类技术创新,让数据分析结果呈现出客观世界中尚未被揭露的真实及其隐藏的规律,从而推进数字司法的深度应用。数字化类案监督属于这一层次的技术创新。

第三层级,围绕自动发现隐藏司法问题展开的技术创新。与第二层级的技术创新相比,第三层级发现隐藏问题的方式着眼于"自动"。从技术路径上看,法律知识本体构建分为"手动"和"自动"两种模式,前者指人工设定好法律知识框架,后者则是在对各类法律知识框架充分学习的基础上,自动构建法律知识本体。第二层级的技术尚属于"手动"模式,车辆保险诈骗、政府补(救)助资金监管、知识产权行刑衔接等类案监督模型中,法律知识本体构建均系检察官基于前期的办案经验特别是类似个案的办理经验,归纳总结

---

① 崔亚东:《世界人工智能法治蓝皮书(2021)》,上海人民出版社2021年版,第184页。

② 刘艳红:《大数据时代审判体系和审判能力现代化的理论基础与实践展开》,载《安徽大学学报(哲学社会科学版)》2019年第3期。

③ 左卫民、王婵娟:《基于裁判文书网的大数据法律研究:反思与前瞻》,载《华东政法大学学报》2020年第2期。

后构建而成，是一种"从个案到类案"的人工"手动"构建模式。"从个案到类案"，本质上是一种"依葫芦画瓢""复制黏贴"式技术创新，在数字司法应用还未深入的当下，有利于启发司法人员的数据意识。随着第二层次技术应用实践的不断丰富，尤其是强调数据与知识互动的认知意识日益深化，相信未来的数字司法技术会实现法律知识本体的自主构建，从而进入自动发现隐藏问题的第三层次。比如，车辆保险诈骗模型，法律知识本体构建的核心在于短期内密集起诉的同一原告或原告代理人，劳资纠纷虚假诉讼模型的核心在于短期内密集起诉的同一被告，未来可以考虑将短期内密集起诉的同一原告、被告、原告代理人、被告代理人等作为民事虚假诉讼裁判监督的法律知识本体基础予以构建。又如，基于政府补（救）助资金监管模型，可以构建各类法律法规执行标准的法律知识本体，从而自动发现各领域的不规范执法问题。当然，通过机器学习后自主构建的法律知识本体，还是需要经过法律专家的校验认可。

目前，数字司法的开发与应用虽尚处于起步阶段，但拥抱数字技术、构建数字司法体系不仅是法治现代化的发展图景，也必然是可付诸实践的未来战略。现如今，当数字应用在司法实务场景中陷入困境、难以施展拳脚之时，可尝试梳理解析并优化重构其基础要素，进而以认知范式作为数字司法发展方向；同时，认知范式又有赖于人类主体为其提供运行支撑。事实上，该过程诚然揭示了数字化的本质——机器的心智并非来源于经验之数据，而是来源于人类的心智本身。无论是数字司法应用还是数字社会建设，所有研究领域的挑战及答案都在人类自身。

完善检察管理体系研究

——高质量发展标志性指标实践与探讨

韩晋丽　武德祥　牛子敬[*]

2020年,最高人民检察院发布《检察机关案件质量主要评价指标》,建立了以"案－件比"为核心的案件质量评价指标体系。作为新的检察管理手段,案件质量评价指标体系宏观上推动检务管理体系发展,微观上督导检察官办案能力提升,有助于真正实现检察工作高质量发展。[①] 2021年,山西省人民检察院在充分调查研究、广泛征求意见的基础上,立足山西检察实践,以突出标志性、实效性、引领性、合理性、权威性为原则,构建了本地化办案质效和检察管理质效评价体系——高质量发展标志性指标体系。该指标体系以年度为周期更新优化。作为评价全省办案质量的基本标准,高质量发展标志性指标的核心价值在于引导全省三级检察机关高度重视办案质量,补短板、强弱项,不断加强法律监督能力建设。

一、高质量发展标志性指标概述

(一)覆盖全面

山西省检察机关高质量发展标志性指标体系以年度为周期逐年发布,以现行的《2022年度全省检察业务高质量发展标志性指标》为例,共78项指标,其中55项从最高人民检察院2021年发布的案件质量主要评价指标中选取,20项是根据最高人民检察院业务数据分析报告及各业务条线通报所涉指标而设置,3项为根据山西省检察地域实际需求而设置。

---

[*] 韩晋丽,山西省太原市人民检察院案件管理办公室主任、一级检察官;武德祥,山西省人民检察院案件管理办公室检察官助理;牛子敬,山西省太原市人民检察院案件管理办公室检察官助理。

[①] 邵俊:《案件质量评价指标体系重在多元督导》,载《检察日报》2021年1月18日,第3版。

（二）分类客观

为突出分类应用优势，指标分为预期性指标 48 项、约束性指标 4 项、激励性指标 26 项。预期性指标是指那些已开展并且保持较高水平的工作指标，预期 2022 年迈进全国第一方阵，如开展追赃挽损工作率、监督撤案率、刑事抗诉率等。约束性指标是指案件办理质量问题会严重影响检察机关形象、需要设定约束值的指标，比如捕后不诉和无罪判决率、撤回起诉和无罪判决率等。激励性指标是指尚未进入全国第一方阵、需要迎头赶上的指标，比如不捕复议复核改变率、诉前羁押率、监督立案率等。①

（三）特色鲜明

一是优选指标项目，重点选取影响全局性、关键性的指标，选取助推山西检察矩阵等重点工作落实，强化检察业务提升内驱力的指标；二是细化指标运用，考虑不同业务条线、不同层级办案规律，具体案件情形具体分析，不搞"一刀切"，不唯数据论英雄；三是确定指标阈值，明确部分指标通报数值，既发挥指标的引领作用，又向全省检察机关发出追求质量的明确信号；四是对省内所设指标进行了准确定义，并给出计算公式和取值来源，最大限度做到标准统一、可核查可评价。

二、高质量发展标志性指标的功能定位及实践成效

高质量发展标志性指标实施以来，山西省检察监督办案质效整体向好，捕诉案件质量不断提升，民事、行政监督效果继续增强，公益诉讼办案规模和质效双提升，人民群众对检察工作的满意度不断提高，检察机关在参与社会治理、服务发展大局中作用更加突出。山西省近九成指标进入全国前二十，其中六成为全国前十。"以高质量发展指标驱动业务高质量发展"的工作思路在山西省检察机关逐步成为共识。

一是强化政策引领，促进司法理念落地落实。高质量发展标志性指标体系一头连着检察业务、检察管理，一头连着人民群众对公平正义的感受。通过指标的科学合理应用，不断加强对检察办案活动的精准科学评价，引导、推动广大检察人员牢固树立以人民为中心的理念，推动以检察工作高质量发展更好服务保障经济社会高质量发展。控告申诉 7 日内答复率、重复信访化解率、院领导刑事申诉案件息诉率等指标始终保持全国领先，在提升人民群众司法感受的

---

① 山西省人民检察院案件管理办公室：《关于〈2022 年度全省检察业务高质量发展标志性指标及任务分解〉的起草说明》。

同时,积极促进矛盾化解。

二是突出质效提升,促进检察"产品"提质增效。高质量发展标志性指标借助量化数据、指标来评价工作成效,兼顾案件数量与案件质量、办案效率与办案效果,实现从"案件到数据,再从数据到案件"的转换,对检察办案质效进行客观评价,推动检察业务工作良性循环。经过两年实践,山西省捕后不诉和无罪判决率控制在0.5%左右,撤回起诉和无罪判决率低于0.1%,始终居全国第一方阵;刑事撤回抗诉率减少了10%左右,被刑事申诉纠正率为0。

三是聚焦诉源治理,促进社会治理能力持续提升。高质量发展标志性指标体系设置了从当事人、公众等不同主体的视角进行评价的指标。如从当事人视角评价的支持起诉案件数、被刑事申诉纠正率、刑事申诉案件息诉率等,从公众视角的社会治理类检察建议数、行政案件化解行政争议数、公益诉讼诉前整改率、提起公益诉讼后法院支持率等,通过不同维度反映办案质效的评价指标运用,助力社会治理体系和治理能力不断提升。

三、高质量发展标志性指标实践运用之困惑

(一)指标设置方面

构建指标体系时,出发点是每个指标是办案规律的客观总结、准确反映,是对业务或工作的正向反馈、正向激励。同时,指标本身是中性的,只是对业务或工作的一种客观评价。但基于事物的复杂性、人的认知水平、地区差异等客观因素,指标设置难免会出现"跑偏"等问题。

一是遵循客观规律需重视,计算公式、数据获取有待优化。捕后不诉率、捕后判轻缓刑率很大程度上评价了该类案件中"捕"的质量,但从实际看,相当比例的案件是捕后出现了新证据、新情况导致的。2021年,山西省捕后不起诉案件中30%为审查逮捕阶段未和解而到了审查起诉阶段和解后作出不起诉决定的案件。但计算公式并未考虑这些客观情况,这与办案工作因时而变的客观实际不够贴切。对于追赃挽损率、社会调查适用率来说,两个指标能够很好地推动业务发展、提升办案质效,但计算指标所用数据的来源局限于承办人填录案卡,而没有任何文书、审批程序等可核查、可印证的资料。难免因填录不准确导致指标异常,进而影响领导决策。

二是个别指标逻辑需统一,地区差异、业务属性不可忽视。如刑事申诉案件息诉率,考察的是一定时期内某一单位办结的刑事申诉案件中息诉的情况,实践中不少基层院全年无刑事申诉案件,也就不存在是否息诉的问题,因此该院的息诉率为空。对于有刑事申诉案件,同时也息诉的单位,息诉率为100%。

那么,息诉率是0好,还是为100%好,不同人员的理解不同。又如诉前整改率和对到期未整改案件提起诉讼案件率,逻辑上无法自洽,一个高了另一个必然要低,让人无所适从。又如事故检察监督意见采纳率,该指标是评价本地区出现了事故后检察机关的监督力度及成效,核心目的是引导做实监督。从实际看,有的地区没有监管场所,自然没有事故检察。此外,监管场所发生事故毕竟是低概率事件,如果不加区分所有单位都考核事故检察书面监督意见采纳率,不符合客观实际。公益诉讼条线以到期未整改案件为基数的"对到期未整改的案件提起诉讼案件率"也存在类似问题。

三是客观精准特性需强化,分层分级、权重辩证不可或缺。现行78项指标中,每项指标背后的工作量和难易度大不相同,但在评价时每个指标的权重相同、"平起平坐",容易产生以下倾向:其一,不区分权重、难易程度导致评价不客观。如认罪认罚涉及的四项指标中,确定刑量刑建议提出率、确定刑量刑建议采纳率两项指标通过有效事前沟通、事中调整建议等可控方式,完成度明显低于认罪认罚上诉率,在考评时无差异化对待,不尽合理。又如刑事抗诉采纳率,某一检察院只提出1件抗诉案件且被采纳的,该院抗诉采纳率为100%;而另一检察院提出10件抗诉案件法院采纳9件,采纳率为90%,不能简单地认为前者抗诉案件质量好于后者。其二,不注重"质"和"量"的辩证关系,导致易完成指标"躺平"。对于比率指标达到100%后,个别单位有意控制"分母",以此来避免因分子小导致比率低的情况发生。调研中发现,不少基层院监督类指标提出数为1,采纳数为1,采纳率100%的指标大量存在,只要达到100%以后,很多院对该项指标所涉及的工作不再予以正更多关注,转向以维持100%为"目标",无法体现"有数量的质量"和"有质量的数量"相统一的办案质效评价要义。

(二)指标运用方面

指标的生命在于运用。实践中,有的单位对指标理解不深不透,应用指标出现了偏差,造成实际效用打了折扣。

一是容易顾此失彼,无法统筹兼顾、一体提升关联指标。指标中大多监督类项目均同时设有提出和采纳双向指标,实践中存在提出率提升了,采纳率无法同步提升,甚至有些地区出现"一高一低"的两极现象,反映出部分单位统筹兼顾能力不足,更深层次暴露出监督能力的欠缺。以刑事抗诉率与刑事抗诉采纳率为例,有的地市刑事抗诉率全省最高,但刑事抗诉采纳率仅为36%,全省倒数;而刑事抗诉采纳率全省靠前的,抗诉率相对靠后。监督立案率和监督立案判处有期徒刑以上刑罚率等指标也存在类似的较大"剪刀差"现象。再如有的基层院认罪认罚适用率提高的同时,无法有效控制上诉率,反映出为了追求适用率,可能存在释法说理不充分、量刑协商不到位、教育转化不彻底等问题,导致被告人"反悔"较多。

二是缺少组合运用,无法宏观把握、综合评价办案质效。最高人民检察院在建立案件质量主要评价指标体系时突出强调指标的组合运用,重视指标间高度的相互影响性,注重相关指标的组合运用、综合评价,防止出现"只见树木不见森林"的情况。比如刑事检察方面,不捕率、不捕复议复核、捕后不诉、无罪判决率等,组合起来方可对逮捕案件质量进行全面分析评价。再如,运用诉前羁押率、认罪认罚从宽适用率等综合评价考量刑事司法政策落实情况,引导在适用中把握提升办案质效与落实刑事司法政策之间的平衡,防止一味追求数字高低,导致办案质量下滑。

三是滋生反管理倾向,无法发挥助推提升、良性竞争作用。实践工作中,个别单位运用指标更多的是基于考核思维,关注指标排名大于过程管理,导致出现反管理现象。什么是反管理?就是事与愿违、适得其反。如个别基层院为了控制认罪认罚上诉率,反向利用认罪认罚上诉人数数据提取需以"审判阶段适用"为基础这一统计逻辑,对部分认罪认罚上诉案件,有意将审判阶段适用情况错填为"未适用"或漏填为空白,规避上诉人数采集,导致重要指标数据无法真实反映办案情况。再如检察听证。听证工作本意是邀请社会各界参与到疑难复杂案件的办理中来,广泛接受社会监督的有益之举。但在实践中,大量的听证案件是简单、无争议案件,一些院为了追求"听证覆盖率",耗费大量人力物力开展听证,特别是危险驾驶罪不起诉等轻微且无明显争议的案件通过开展听证分散办案责任风险,与听证化解矛盾、增强公信力的初衷严重背离。

四、指标完善方法与运用改进路径

要发挥好高质量发展标志性指标的导向作用,不仅需要进一步完善高质量发展指标体系,更需要科学地运用指标,坚持理念先行、按规律办事。

(一)更新理念,理性认识指标

要坚持系统观念,辩证看待业务和指标的关系;要坚持一体推进,上有部署下有反馈;要坚持调整是常态,指标促工作,工作显指标。

一要科学理性认识指标的价值和作用。要充分、认识和理性看待指标的基本价值。指标是衡量和评价检察业务工作数量、质量和效果的标准和载体。指标不仅仅是简单的数字,背后反映的是办案质量、效率、效果的有机统一,更深层次是落实习近平法治思想、坚持党的绝对领导、做到以人民为中心的"量化载体",要以系统的、联系的、辩证的思维来看待、认识和把握指标。

指标体系不是单一地以结果数据"论英雄",少做横向的"数据攀比"和结果考核,谨防陷入"唯数据论""数据竞赛"的实践偏差,否则与司法规律相违背,与改革精神相背离。要积极依靠全流程、全覆盖的指标评价来对检察办案行为进行程序督导,多做纵向监控和过程管理,真正把案件质量评价指标体系的程序督导作用落到实处,不断激励办案质量的提升。

二要坚持上下联动,确保"指挥棒"管用好用。高质量发展标志性指标的根本标准是实事求是。出现反管理、唯指标等问题,不能一味向下"打板子",责任全部推给基层。透过现象看本质,反管理对应的是考核"指挥棒"发挥了反向的指挥作用。指标设定主体要主动审视、反观指标,要巧用智慧方法,既评出差距、评出压力,更评出积极性、创新力;要加强调查研究,重点研究评价指标的设置是否全面、科学,取值定义是否严谨、合理,注重用数据实测结果检验指标体系的科学性,结合使用情况和形势发展变化进一步对指标予以优化完善。

三要坚持动态调整,做到宏观微观相结合。指标运用理念上,要充分理解标志性指标是一个整体这一基本概念,包括"案-件比"在内的各个指标不是孤立的,而是与其他指标一起,互相照应,动态平衡,共同反映办案活动质效。设置指标要动态调整,指标运用更是如此,在指标运用过程中应坚持联系的、发展的、整体的观点,而不是孤立的、静止的、片面的观点去评价办案、指导工作,要辩证、客观地看待某一指标以及与之对应的其他指标,重视彼此间的高度关联性。

(二)遵循司法规律,科学运用指标

科学管理指标重在科学运用。① 先进的指标理念和合理的指标设置固然重要,但通过不断研究探索,让评价指标在实践中的运用日臻科学规范,更是重要的方面。

一是要遵循指标数据理想状态和司法实践之间的动态平衡关系。② 实践中,办案活动受各种主客观因素影响,应当充分允许指标的应然和办案的实然之间存有一定的张力。这就要求在运用指标时要留有余地,掌握合理的度,这样才能保证指标真正发挥应有的作用。

二是要基于地域属性和业务属性来进行适度横向比较。案件质量评价指标作为反映案件质效的"测量器",必然与一地一域的案件特点紧密相关,指标

---

① 张军:《关于检察工作的若干问题》,载《国家检察官学院学报》2019年第5期。
② 崔国红:《"案-件比"指标应用的实践与思考》,载《中国检察官》2020年第10期。

数据具有地域特点也就不难理解了。如一些经济社会较为发达的地区，当地侦查机关的办案规范程度相对较高，那么该地区立案监督或侦查活动监督的数量就不会很多。又如有些地方的检察机关和侦查机关沟通交流较为充分，对批准逮捕条件和标准的共识度较高，很多案件直接取保直诉处理，那该地区的不捕率可能就不会很高。再比如有些地方的检察官和法官整体法律素质较高，起诉精准，判罚适当，那么该地区的抗诉率可能就不会很高。案件质量评价指标的高度地域属性，就决定了许多指标和数据只能用来衡量特定办案主体整体案件质量是否处于一个合理的区间和稳定的状态。实践中还存在因行政审判集中管辖要求，只有个别集中管辖区域的基层检察院可以开展行政生效裁判监督、审判活动监督的现实可能性，其他基层院全部无此类案件，相关指标只能针对集中管辖区域的检察院才可评价。

基于一地一域办案实际的千差万别，提醒我们不能把指标数据做简单的、过多的横向比较，进而得出哪个办案单位的办案质量更高的结论。因为这些具有地域属性的数据一旦被当作评判谁更优秀的指标，那么出于对更高排名的本能追求，就会让人们不由自主地陷入一种"竞赛"的状态中，并可能"激励"一些人尝试通过各种途径、手法来实现数据的"优化"，进而走向了本末倒置的"反管理"。也正是基于此，山西省院在制定高质量发展标志性指标时，对20余项指标设置了通报值用作达标评价，但结合目前实践运用情况，还远远不够。

（三）持续完善指标体系和评价方法

什么是科学性的案件质量评价指标？首先，通过指标得出的办案数据，应当是突出指导性、监督性，而不是竞争性、比较性的。其次，科学的评价指标体系，一定是多维的、结构化的，通过设计某种模型、算法，能够更加全面、立体、真实、准确地反映出特定办案主体的整体办案质量，而不是简单地依赖某项数量的多少，或者某几项比率的高低来作出评价。最后，好的指标体系应当是存在感低，价值感高的，应当具备"润物细无声"的能力。对于检察官来说，应当是先办案后指标，而不是"从指标到办案"。

一要紧密结合实际科学优化指标。总体上，检察人员对案件质量评价指标本身并不排斥，不理解、不认同的往往都是具体的指标设置、实践应用等。这恰恰说明，目前评价指标的运用实际与各级检察机关的需要和广大检察人员的期待还有差距。从这个意义上讲，评价指标必然要根据人民群众之所盼、党和国家工作大局之所向、经济社会高质量建设之所指和检察工作自身高质量发展之所需，不断丰富调整，以万变促不变。要紧跟大局，党中央关心什么、人民群众需要什么，在指标设置上要有所体现；要坚持问题导向，什么薄弱评价什么、什么落后评价什么；要坚持强基导向，多听听一线检察人员的心声、多看看办案一线的实际、多问问具体落实中的困难。普通检察人员不能只当"被评者"，而要争当"出题人"；要随事而制、逐步深化，评价指标不会一"设"永逸，虽然高质量发展标志性指标以年度为制定周期，但如果本年度内检察工作思路有调整、指标运行实际中有问题的，均有必要在年度内及时进行调整。

二要紧密围绕实效大胆运用指标。科学运用指标是一项基础性、全局性工作，运用指标的唯一目的是提升检察业务工作的质效，促进检察办案活动的质量、效率和效果同提升，做到监督办案"三个效果"的有机统一。笔者初步提出以下几种运用指标的完善路径。

1. 分类设置。① 根据指标的不同特性，可以分为考核性指标和基础性指标，分别对应刚性排序评估和柔性通报预警的方式予以衡量。考核性指标可以通过主观能动性产生积极或消极的变化，具有较强的导向性及功能性，应是反映检察职能履行情况，法律监督效果的指标。如开展追赃挽损率以及诉讼监督环节的监督立案或撤案率，侦查活动违法监督（采纳）率等。基础性指标由于不具有功利的目标，主要反映检察工作概貌和工作进展情况，在内容范围上具有更强的包容性，如反映一段时期内重点工作推进情况的诉前羁押率、撤回起诉和无罪判决率、认罪认罚从宽制度适用率等指标，对指导业务工作发展具有重要作用。这样区分设置将部分评价指标的考核功能转向预警提示功能，既能有效推动主要检察业务的运行，又能避免唯数据的功利化倾向。

2. 分层评价。江苏苏州探索的分值赋权模式就是分层分类评价的鲜活实践。首先，该模式从整体均衡、评价综合考虑出发，根据刑事、民事、行政、刑事执行、控告申诉、通用等业务指标多少、权重分别赋予不同分值和占比，如刑事检察21分、42%；民事检察，5分、10%；刑事执行4分、8%；行政检察6分，12%，通用指标4.5分、9%。业务指标按照每小项得分情况，汇总计算业务评价结果。其次，在分布序列上，按照重要事项先讲、重大指标先排的思路，以"案 – 件比"（5分，占比10%）为统领确立指标排序，将"案 – 件比"、诉前羁押率、认罪认罚从宽适用率、公益诉讼等7项指标优先排列并赋予较大分值，其他指标按照业务类别排序；负向指标根据负面影响力大小，分为重大、严重、较重三个不同的档次予以评价。最后，针对捕后不诉等同类型的负向指标，合理区分主观原因与案件的客观原因，多维度了解情况，形成定量分析和定性评价相结合的考评方式，切实尊重案件差异，防止"一刀

---

① 天津市河西区人民检察院课题组：《检察机关案件质量评价指标体系的反思与运用》，载《中国检察官》2020年第4期。

切"。

3. 指数化评价。通过构建对某项业务或工作涉及的几项指标进行组合运算，构建该业务或工作的综合评价指数。指数化评价中，组内的数量指标、质量指标的排名进行相乘。不仅要求组内各项指标都要向好发展，而且通过相乘会放大某一指标对"综合评价指数"的影响，倒逼各地量和质的全面提升。指数化评价办法中，对该项业务涉及的所有指标进行了组合运算，对该项业务评价更加全面，倒逼各地重视所有指标，努力消灭"偏科"现象。例如，"立案监督综合评价指数"要求监督立案、监督撤案工作"两手都要抓"；"侦查活动监督综合评价指数"要求侦查活动监督、漏捕漏诉工作数量、质量"两手都要硬"。

科学合理设置和运用指标，促进指标体系日臻完善科学，实现对特定办案主体整体工作质量、效率和效果的有效监测和评价，从而引导广大检察人员自觉将党中央决策部署落实到具体的检察监督办案工作中，对于管理者和检察官而言，都有着积极的作用，也是本文目的所在。

检察机关案件质量评查工作现代化的路径探索

柳 燕 沈琳梅 陆 婵[*]

案件质量评查是检察机关服务经济社会高质量发展,输出合格法治产品、检察产品的基本环节。[①] 全国检察机关第二次案件管理会议明确提出要全面开展案件质量评查,原则上检察院办结的每一起案件,都要进行质量评查,作出优质案件、合格案件、瑕疵案件、不合格案件的评查结论,并与司法责任制、业务考评挂钩。这一全覆盖式的评查概念的提出不仅是在工作层面上对评查案件数量的增加和覆盖面的拓展,更是从理念层面上对检察机关现有抽查式案件质量评查模式的革命性重塑,是主动作为探索案件质量评查新路径助推检察工作现代化的必然要求。从抽查式向全覆盖评查的迭代升级过程中,案件质量评查的对象、内容、要求都有了全新的变化,继而案件质量评查的方法也要随之进行匹配性迭代升级,更好地适应检察工作现代化发展。

一、全覆盖评查的内涵和外延分析

2017年最高人民检察院印发《人民检察院案件质量评查工作规定(试行)》(以下简称《评查规定》),从制度层面明确了案件质量评查工作的基本要求、评查方式、评查程序等,为各地检察机关开展案件质量评查工作提供了统一、明确的依据和规范要求。根据《评查规定》,案件质量评查的主要方式包括常规抽查、重点评查和专项评查,每位检察官每年被抽查的案件数不少于本人当年办案量的5%,且最低不少于2件。从上述规定可以看出,2017年版《评查规定》中案件质量评查是一种抽查式的工作模式,这是基于当时检察机关处于司法改革初期和案件评查力量配置等现实情况而作出的符合工作现状的

---

[*] 柳燕,上海市青浦区人民检察院副检察长、三级高级检察官;沈琳梅,上海市青浦区人民检察院第六检察部主任、四级高级检察官;陆婵,上海市青浦区人民检察院第六检察部副主任、二级检察官。

[①] 申国君:《检察机关案件质量评查的价值目标与组织开展》,载《人民检察》2021年第6期。

规定。随着司法责任制改革的纵深推进和"四大检察""十大业务"检察监督新格局的确立，检察工作高质量发展成为新时代检察工作的主题。近年来，检察机关内部案件管理体制机制不断完善，各地检察机关案件质量评查工作有了新的长足发展。在此背景下，最高人民检察院在2021年召开的全国检察机关第二次案件管理工作会议上明确提出了全覆盖评查的要求。通过解读相关会议和文件精神，笔者认为，相较于以往抽查式评查，全覆盖评查概念的提出对案件质量评查工作的监管类型、对象、内容赋予了新的内涵和外延。具体表现在以下几个方面：

（一）评查类型由刑事案件为主向"四大检察"全覆盖转变

案件管理与案件办理是辩证统一的关系，有案件办理就有案件管理，案件管理与案件办理的一致性主要表现在对象的一致性，当检察办案工作发生新的转变时，案件管理工作也应当及时作出相应的调整。2019年以来，检察机关逐步确立了"四大检察""十大业务"的检察监督新格局，案件质量评查作为案件管理的主要手段之一，评查案件的类型也应当随着检察监督新格局的确立而发生新的转变。这就要求案件质量评查工作也要逐步改变重刑事轻民行公的倾向，聚焦"四大检察""十大业务"全类别检察业务开展全覆盖监管，即对"每一起办结的案件"均开展评查，这是全覆盖评查概念的应有之义，也是全覆盖评查提出的主要动因之一。

（二）评查对象由部分检察官向全部检察官转变

最高人民检察院在提出全覆盖评查的同时要求案件质量评查与司法责任制、业务考评挂钩，这就意味着要对每一位检察官办结的每一起案件进行全量的检查与评定，并将评查的结果作为启动司法责任追究以及开展检察官业绩考评等依据，监管对象的全覆盖也是案件质量全覆盖评查的应有之义。尽管《评查规定》要求对每一位检察官每年办结的案件需要评查2件以上，但由于检察官之间分工不同，办案数量存在差异，每年2件的评查要求存在覆盖率较低和覆盖度不均等问题，这些都会影响到司法责任追究和业绩考评的公平性。此外，基于本院自我评查为主的评查模式，入额院领导等"关键少数"检察官办理的案件往往没有纳入评查范围或者即使纳入评查范围，评查的力度也相对较小。在全覆盖视野下，需要解决案件质量评查在检察官间的均衡覆盖和对入额院领导等具有特殊身份的检察官案件质量的有效、客观评查等问题。

（三）评查内容由卷宗文书向办案行为全程转变

全覆盖评查要求对每一起案件都要确定明确的评查结果等次，作出优质案件、合格案件、瑕疵案件、不合格案件的评查结论。目前案件质量评查的内容主要包括证据审查和采信、事实认定、法律适用、办案程序、文书制作和使用、释法说理、办案效果等方面，基本实现了对案件实体、程序规范的点上全覆盖监管。但从办案流程看，依托文书和卷宗开展的案件质量评查往往是一种结果性、事后性和表象性评价，对于办案过程中的一些规范要求如诉讼参与人权利义务的保障等内容只通过卷宗文书的检查无法窥视全貌，存在碎片化、局部性监管的问题，尚未实现对案件从受理到办结的全覆盖评查。笔者认为，全覆盖评查视野下的案件质量评查工作应当是以全流程办案行为为内容的一体化、全过程、全覆盖监管，从而实现对案件质量更加全面、准确、系统地评价，是检察机关案件质量管理现代化一种路径选择。

二、全覆盖视野下案件质量评查的现状与困境

全覆盖评查无疑是对传统案件质量评查工作的革命性重塑，尽管近年来各地检察机关在探索推进案件质量评查工作中形成了专职评查、联合评查、智能评查等创新做法，但面对由全覆盖评查新要求引发的评查案件类型、对象和内容的全方位转变，现行评查方式难以全面适应检察工作现代化发展新形势的要求。

（一）现行案件质量评查主要方法

《评查规定》明确案件质量评查由案件管理部门负责组织实施，相关业务部门予以配合，案件管理部门和业务部门都是评查的主体。在实际评查推进过程中，各地检察机关根据内设机构人员配置情况和评查工作实践经验，形成了案管组织评查和案管集中评查两大类主要评查方法，近年来随着检察数字化转型工作的推进，智能化评查逐渐发展成较为常见的评查方法。

1. 以案管组织评查为主的评查方法。该类评查方法主要适用于案管人员配置较少的基层院，主要做法是由案管部门组织评查活动，由业务部门选派业务骨干开展评查，办案质量情况如何依赖于业务部门的评查结论。[①] 实践中，有的地区将案件质量评查按照案件类型划分为侦查监督卷、公诉卷、民事行政卷、司法救助卷，各部门自行组织案件评查，评查后的卷宗，案件管理部门再进行抽查，有的地区成立工作领导小组，成员多为院领导（含政工、纪检组负责人），领导小组下设办公室，办公室设在案件管理部门，评查人员多是各

---

① 王体功：《检察机关案件质量评查机制的完善与发展》，载《人民检察》2019年第12期。

部门检察干警抽调的较为固定的人员。①

2. 以专职评查员为主的评查方法。该类评查方法主要是在案件管理部门设置专职评查员，以专职评查员开展集中评查为主，但各地作为各有差异，主要表现在人员配置数量方面，有些案管人员较少的地区基层检察院往往仅配置1名专职评查员；在人员法律职务方面，各地根据人员情况和工作需要配置，主要包括检察官助理、资深检察官、检委会委员等。上海检察机关在案件质量评查职能划转至案管部门时，实行了人和职能整体划转，因此长期以来一直采取的是专岗专人模式，即由案管部门主导案件质量评查工作开展，专职评查员承担了全市90%以上的案件质量评查任务。同时，上海经过评查探索形成了入额院领导评查、专项评查中引入评查人才库等兼职评查人员、部分案件上级抽查、人民监督员等外部监督力量参与评查等评查方式方法。②

3. 以系统评查为探索的评查方法。随着检察数字化改革的推进，部分检察机关探索运用智能化手段开展案件质量评查，从最初的通过业务数据筛选特殊案件类型、通过指标引导一类案件评查到运用系统开展智能化评查等不断深入探索。如江苏省探索依托案件评查3.0系统进行线上智能评查。具体模式如下：评查人按评查程序完成网上评查后将初评意见及问题推送给原案承办人确认，承办人将意见反馈评查人，若提出异议，由评查人审核理由是否成立，并对案件扣分项作出相应调整，收到承办人意见后，需要制作评查报告，将评查结果通知书推送承办人。③

（二）现有评查方法比较分析

1. 组织评查——运动员与裁判员之争。组织评查模式一定程度上解决了专职评查力量不足的问题，且由办案人员开展评查可以确保评查规范与办案要求的一致性。但案件质量评查工作并不简单等同于对案件的再次办理，而是需要从第三者的视角评价检察官在案件办理过程中的履职行为。业务部门检察官既办案又评查的模式容易将评查混同于办案，陷入既当运动员又当裁判员的困局，在当前业务部门本身办案压力较大的现实情况下也难以实现通过组织业务部门评查实现高质量的全覆盖评查。同时，参与评查主体过多也会造成标准执

---

① 钱小帅：《司法责任制背景下案件质量评查"案件化"办理制度设计问题研究》，载《安徽警官职业学院学报》2020年第6期。

② 葛建军、周霞琴：《科学推进案件质量评查的体系化建构——以上海市检察机关的工作实践为样本》，载《人民检察》2019年第12期。

③ 李前国、尹红、王明君：《检察机关开展案件质量异地评查的创新实践——基于对江苏省检察机关案件评查系统的考察》，载《中国检察官》2021年第11期。

行的不统一，这些都会造成对评查结果公正性和权威性的质疑。

2. 专职评查——专业性与局限性并存。专人专岗评查专业性优势凸显。以上海为例，各级院均配备至少1名案件质量评查检察官，且评查员要求具有5年以上办案部门工作经历，在此模式下的评查工作专业性和统一性较高。但专业性一定程度上会产生局限性，面对"四大检察""十大业务"全覆盖评查的要求，专职评查员队伍不仅在力量配备上显得捉襟见肘，在相关业务的经历上也难以达到各类业务精通的要求。

3. 智能评查——高效性与准确性两难。不同于上述两种人工评查模式，智能评查找到了一条高效便捷的评查路径，但案件质量评查具有价值判断的属性，这就决定了单纯依靠简单的计算机自动鉴别难以确保结果的精准性。从实践来看，智能评查方式目前只能实现少数案件类型、少数问题的筛查，且出具的评查结论难以在不经过人工甄别的情况下直接作为对检察官追责和业绩考评的依据，智能评查的精准性是全覆盖评查视野下需要着力破解的命题。

（三）全覆盖评查视角下的现实困境

最高人民检察院案件管理办公室以"八化"概括未来案件质量评查工作的发展，即组织机构专门化、评审案件全面化、评查频次常态化、评查程序规范化、评定等次标准化、评查队伍专业化、评查手段智能化、结果运用考核化。① 经比较分析发现不管是案管专职评查还是组织评查，不管是人工评查还是智能评查，均存在一些弊端。在全覆盖评查推进过程中需要着力破解以下困境：

1. 现实困境——人案矛盾加剧。基于目前智能化评查仅在探索阶段，大部分案件质量评查工作主要依靠人工开展，具体工作流程包括通过查阅系统内的电子卷宗和必要时线下调阅纸质卷宗等方式对案件事实认定、证据审查和采信、法律适用、办案程序、文书制作、释法说理等进行全面评查，需要进行撰写报告、审批、必要时听取承办检察官和部门意见、公示、通知评查结果等操作，通常以常规抽查方式评查1件案件预计要花费0.5天/人，而以重点评查方式评查1件案件则预计需花费1天/人。全覆盖评查将直接导致案件质量评查工作量明显增加，从查询各地检察机关公布的案件质量评查率来看，大部分地区的评查比例大约在20%，因此在参与评查人员数量维持基本不变的前提下，全覆盖要求的提出无疑将以数倍计地增加工作量。

---

① 申国君：《检察机关案件质量评查的价值目标与组织开展》，载《人民检察》2021年第6期。

2. 业务困境——监管合力不强。从同级院内部来讲,案件质量内部监管工作以流程监控、案件质量评查等案件管理业务分类,由不同人员根据不同监管业务的需求各自开展监管,存在多头监管、碎片监管、缺位监管等问题。特别是在案件质量评查工作中,由于与流程监控信息无法有效共享,不仅需要对办案程序规范再次检查和评价,而且通过事后查阅文书和卷宗,难以发现告知超期、裁定审查超期办案过程中存在的且会实际影响案件质量评查结论的问题。从各级院来讲,对于入额院领导办理的案件、跨流程的案件,需要通过上下级联动的方式强化案件质量监管,但相互间由于信息不畅、工作机制不全等因素,因此在案件质量评查工作中往往较难形成合力。

3. 技术困境——智能辅助不足。近年来,案件质量评查工作的智能辅助手段不断强化,2021年在全国四级检察机关上线适用的全国检察业务应用系统设置了案件质量评查模块,各级检察机关也根据案件质量评查工作的需求研发本地化的系统,但案件质量评查工作本质上是一项需要进行价值判断的工作,因此评查系统的作用多数局限于评查工作的留痕和统计,评查工作本身的智能辅助工具不足是客观存在的技术困境。目前部分省份正在探索智能化评查也仍无法满足全覆盖评查的需求,实现全覆盖评查的智能化辅助任重而道远。一方面,目前系统可自动评查案件类型较为有限,以刑事案件部分常见罪名为主,相较于全覆盖评查涉及的数百种案件类型,自动评查比例不足10%。另一方面,受到案件线上线下"二元化"办理模式的限制,系统可自动评查的办案行为比例较小,经统计,目前检察机关有上千个办案行为,但线上化率不到20%,受此影响,案件质量评查通过系统也仅能监管部分办案行为,无法实现以办案行为作为监控内容的全过程监管。

三、推动融合式评查的路径探索

全覆盖评查是对案件质量监管理念、体系、标准、流程的革命性重塑。在理念上,"三大监管"融合发展的理念是未来案件质量管理的新方向,通过实体、程序、数据的融合式监督破解碎片监管、多头监管等弊端,实现以全量办案行为为基点的案件质量全覆盖评查。在体系上,横向须融合院领导宏观监管、业务部门自我监管和案管集中监管构建完备的内部监管体系;纵向须构建省级院、市分院和基层院交叉监管、跨流程监管、提级监管的完备流程,形成各有侧重又上下一体的案件质量管理体系。在标准上,须对标"四大检察"检察监督新格局,系统梳理刑事、民事、行政、公益诉讼办案规范,建设全覆盖、体系化的案件质量评查等次认定标准。在流程上,须改变线下线上"二元化"监管模式,对案件质量评查流程进行线上化、同步化、实时化、全程化集约再造，实现全过程评查。基于上述新转变和新要求，探索"融合式"评查方法是破解困境、推动全覆盖评查要求落地的有效路径，更是构建和推动案件质量管理现代化一种模式选择。

（一）评查主体融合——构建立体化的案件质量监管体系

在全覆盖评查的推进中，需发挥案件管理部门检察业务工作中枢的作用，通过横向打通各监管主体间的信息壁垒和纵向贯通三级院交互通道，实现横纵交互、各有侧重、融合发力的立体化案件质量监督管理体系，在破解案件质量评查工作人案矛盾的同时织密检察权运行内部监督管理网络。横向，充分激发检察官和业务部门自我管理、院领导宏观管理、案件管理部门集中管理的内生动力，打造全院、全员案件质量监管体系。纵向，通过构建各级院各监管主体交叉监管、跨流程监管、提级监管的完备流程，形成全市三级院各有侧重又上下一体的内部监督管理体系，打造全系统、分层级的案件质量监管体系。

1. 构建本院内部一体化的案件质量监管体系。由案件承办院开展案件质量评查工作是案件质量监管的主要模式，在本院内部可通过评查主体的拓展形成各监管主体间各司其职又紧密配合的案件质量监管新格局。首先，发挥案件管理部门集中评查的优势，对于诉判一致、认罪认罚从宽、适用速裁、简易程序或者监督机关采纳监督意见的常规案件，以案件管理部门的专职评查为主，可通过表格式快速审查的方法解决80%左右的常规评查案件。其次，对于部分疑难复杂案件或者一些专项工作则需要统筹业务部门开展更加深入的评查。如对于诉判不一的案件、被监督单位不采纳监督意见的案件、认罪认罚专项工作开展情况等，可由案管部门牵头业务部门开展本院交叉评查、专项评查。最后，对于部门负责人办理案件、流程监控提示有重大风险的案件或者案件质量主要评价指标异常的案件，可由入额院领导等开展评查。通过"案管评查＋部门评查＋领导评查"融合的方式构建本院内部层层深入的案件质量监管体系。

2. 构建同级院之间交叉的案件质量监管体系。长期的案件质量评查实践证明，本院自我评查具有效率高、整改及时等优点，但同体监管也面临内部矛盾激化、监管尺度不一等弊端。基于上述原因，建议构建同级院交叉评查体系，对于不便由本院评查的撤回起诉、起诉后判无罪或者免予刑事处罚等特殊类型的案件，可以在上级院的统一调度下实现同级院之间的交叉评查。通过交叉评查，一方面可以更加客观地评价案件质量；另一方面，可以进一步规范特殊案件的案件质量评查流程、标准，并进而统一各级院之间办案的规范要求。

3. 构建上下级院之间联动的案件质量监管体系。受到管辖因素的影响，往往基层院的办案数量最多，依次往上递减，因此评查全覆盖的压力也主要集中在基层院。对此，可构建基层院、市分院、省级院等多层级的立体式评查机制，盘活评查力量，合力推动评查全覆盖的实现。具体来说，对于涉及上级院办案流程的如不捕不诉复核改变原决定案件、二审上诉诉判不一、改变定性或者跨幅度量刑等案件由上级院提级评查，省级院案管部门可以单独或者会同相关业务条线对一些普遍性、倾向性问题组织开展专项评查，形成以省级院为维度的评查力量的灵活调度，减轻基层院评查负担的同时提升评查的权威性。

（二）评查内容融合——形成三大监管"齐发力"的监管格局

证据审查和采信、事实认定、法律适用、办案程序、文书制作和使用、释法说理、贯彻落实司法责任制有关情况等是案件质量评查的具体内容，包含办案实体和程序规范的内容，同时也涉及数据监管的内容。传统案件管理模式下，案件质量评查工作与流程监管、数据监管往往由不同的人员分头开展，割裂监管会导致碎片监管、多头监管、事后监管、偏科监管等弊端。因此，笔者认为，需要以"三大监管"在评查中的融合，实现监管的集约化、同步化、全程化、全面化，不断提升案件质量监管等级。

1. 以数据监管赋能全覆盖评查效率提升。以业务数据分析实现案件评查繁简分流。通过对办案结果的分析，可以快速甄别捕后不诉、诉后撤回、无罪、免刑、诉判不一等重点案件类型，从而实现简案快评和要案精评，提升评查的精准度和效率。以"评价指标"推动全覆盖落地。综合案件质量主要评价指标的宏观案件质量监管与个案评查的微观监管，通过对评价指标提示案件质量异常的案件类型开展全覆盖评查，以点带面逐步推进对影响案件质量主要评价指标的办案行为开展全覆盖评查。以数据比对分析助力案件质量快速筛查。通过比对分析文书与案卡等关系实现对案件质量问题的有效预警和预判，如对于审查逮捕阶段认罪认罚案件，通过比对认罪认罚情况、讯问情况案卡以及讯问笔录等可以快速发现承办检察官在办理审查逮捕案件时没有严格遵守认罪认罚从宽制度的办案规定依法对犯罪嫌疑人开展讯问等问题。

2. 以流程监管助力全覆盖评查触角延伸。通过打通案件管理部门内部从案件受理、涉案财物管理、律师接待、流程监控等各个岗位间的数据壁垒，对于流程监管中发现的问题以及检察官的整改情况随案件办结同步移送给案件质量评查人员。在开展案件质量评查过程中，通过综合判断流程监控中的问题以及整改及时性、整改情况等因素，对案件的办案程序规范进行系统性、完整性评价。通过流程管理与评查工作的联动，实现流程监管作用和案件质量评查视角的双延伸，从实质上推动评查视角从文书、卷宗向办案行为本身的转移。

3. 以全覆盖评查撬动数据和流程监管转型。在依托数据和流程监管推动评查全覆盖实现的同时，全覆盖评查的连带效应将促使数据和流程监管的转型。在数据和流程监管中主动融入案件质量评查的思维,从评查的需求角度出发重构数据和流程监管的内容和方式,形成一种随办案流程同步监管的案件质量监管新模式。在新模式下,对于影响案件质量评价的问题在案件办理过程中通过数据和流程监管进行预先提示和整改,对于未及时整改或者整改后仍影响案件质量评定等次的,将相关线索移送至评查人员,在案件质量评查时予以重点关注和综合评定。

(三)评查手段融合——探索"人工+智能"评查模式

案件质量评查工作需要依托智能化手段开展得到了越来越多的共识,但在具体落实层面,由于案件质量评查更多是一种价值判断,智能评查在实际推进中也遇到重重障碍,其中评查结果的精准性、可靠性是核心问题。笔者认为,案件质量评查工作离不开智能辅助工具,也离不开评查员的人工审核,依托智能手段对办案规范性开展评价,依托人工快筛对办案实体等问题进行甄别,智能和人工手段相辅相成、有机融合是实现全覆盖评查的可行路径。具体流程设想如下:办案过程监管记录汇总分析+文书质量智能评价→人工快速甄别→智能评价报告→评查等次自动出具和人工确认。

1. 探索办案规范智能评价分析。对于办案程序规范、文书制作规范等具有较明确标准的案件质量评查内容,探索制定监管规则开展智能化评查。在办案程序规范评查方面,运用智能化手段开展流程监控工作不仅是一种共识,也拥有较丰富的实践经验,将这些监管记录进行汇总分析辅助案件质量评查的开展则不仅可以避免重复监管而且可以更加全面、动态评价案件质量,也是实现全覆盖评查的有效方法之一。具体来讲,在智能化的办案过程监管中要实现对监管事项和整改情况的全程流程,并随案件办结形成问题汇总分析报告推送给案件质量评查员。在文书制作规范方面,探索运用文书智能比对方式,通过对关键文书的智能比对提示可能存在的错别字以及文书制作质量问题。笔者认为,全覆盖评查视野下,文书质量智能监管工作应当按照以下思路研发:一方面,文书的种类需要涵盖"四大检察""十大业务"中关键性、决定性文书。另一方面,目前阶段可以聚焦文书制作规范性,通过文书与案卡、文书与文书中的关于犯罪嫌疑人身份、诉讼经过、处理结果等可格式化比对的内容以及文书与法条等的比对,实现对文书部分内容的智能监管,并随着监管规则的不断完善和系统的智能学习运算能力提升逐步拓展涉及价值判断的案件事实认定、证据采信等方面的内容。

2. 探索人工复核和实体问题快筛。评查结果的精准性是案件质量评查工作的生命线,因此,在完成系统自动评查后,人工介入是必不可少的环节。首先,评查员需要对系统评查的办案程序和文书制作规范情况进行人工校验复核,及时发现并纠正系统评查中的偏差,确保结果的准确。其次,对于办案实体问题等无法通过系统进行评查的内容,则应当开展人工深度评查。为提升评查效率,可以以常见案件类型、评查类型为维度设置评查要点指引,由评查员通过表格式评查方法对实体问题进行快筛。最后,在完成确认和快筛后由系统根据评查报告模板自动生成案件质量评查报告,评查员进行校验和修正,节约评查报告制作的时间,提升工作效率。

3. 探索评查等次自动出具和人工确认。评查等次认定的准确性是评查结果客观性、权威性、有效性的关键,也是全覆盖评查在推进中需要着力解决的问题,特别是在全国四级院如何做到评查等次认定的统一、规范是重点和难点。最高人民检察院制定了《人民检察院案件质量管理部门案件质量评查要点指引》,进一步细化了优质、合格、瑕疵、不合格案件的认定标准,这也为统一评查等次认定奠定了基础。可以通过对评查内容以及影响结果评查等次认定的具体因子进行赋分的方式形成智能化的案件质量等次评定标准,由系统根据评查情况自动进行计分,并根据分值确定评价等次,再由评查员进行人工确认,最终通过相应的听取意见、审批、公示等程序对每一个案件形成一个有效的评价等次。

基层检察机关检察官业绩考评机制运行与优化完善的实践思考

徐光岩　毛淑玲[*]

引言

开展检察官业绩考评是深化司法责任制综合配套改革的重要内容，对推进执法司法制约监督、提升司法办案质效、实现检察业务管理现代化具有重要作用。2020年4月，最高人民检察院发布《关于开展检察官业绩考评工作的若干规定》（以下简称《规定》），设置了涵盖"四大检察""十大业务"的检察官业绩考评指标，确定了79类业务和160项质量指标、106项效率指标、46项效果指标，明确了各类指标的计分规则，成为各级检察机关开展检察官业绩考评工作的指导性文件。当前，分层分类的检察官业绩考评指标体系已逐步成熟定型，发挥着引领检察业务高质量发展的"风向标""指挥棒"作用。但实际运行中，也发现存在一些难点问题，特别是基层检察机关，影响考评的复杂因素较多，因此有必要对其落实成效、存在的堵点开展客观分析，提出完善建议，这既是决定考评目的能否实现的关键环节，也对保证业绩考评体系有效运行具有重要的现实意义。

一、基层检察机关检察官业绩考评机制的实践考察

检察官业绩考评率先在上海、江苏、山东、吉林四个试点地区开展探索，之后在全国检察机关全面推开。从运行过程上看，大体包括制定考评指标和计分规则、开展模拟试运行、全面开展业绩考评三个阶段，一些省份检察机关还同步研发并运行了业绩考评系统软件。从实践运行的具体情况看，大体可以从以下维度开展效果评估和问题分析。

---

[*] 徐光岩，辽宁省大连经济技术开发区人民检察院第二检察部负责人；毛淑玲，辽宁师范大学法学院副教授。

（一）推进模式的多元化

试点地区和全国其他地区检察机关在检察官业绩考评工作推进过程中，结合检察业务工作和本地化特点，形成了几种不同类型的推进模式：一是上海、山西、贵州等地，实行省级检察院制定规则、三级检察院一体推进执行模式；二是辽宁、江西、四川等地，实行省级检察院统筹与市、区检察院自主探索相结合的分层推进模式；三是吉林、山东等地，实行试点市级检察院和基层检察院带动推进模式。① 上海、山东、江苏、吉林作为试点地区，都分别选择了一定数量的、业务基础较好的基层检察院作为重点关注单位或者试点单位，在上级检察机关点对点或者集中指导下，开展考评指标、计分规则等细化、优化工作。无论哪种推进模式，省级检察院对下级检察院都提出了"可以根据个性化需求，适当进行灵活调整"的要求。实践中，一些基层检察院结合模拟考评结果和自身工作实际，对考评指标、计分分值等作出动态调整，使考评体系更加务实有效。但也有不少基层检察院照抄照搬上级检察院指标体系，未结合基层实际和自身工作短板弱项等来作出合理化调整。

（二）信息化助力业绩考评

检察官业绩考评指标体系涉及项目多、评价分值计算量大，依靠人工填报，需要耗费检察官大量时间，而且易出现测算标准不统一、测算结果不准确等问题。为此，最高人民检察院要求各级检察院依托信息化系统，积极探索开展网上检察官业绩考评，提高考评工作智能化水平，力求简便、快捷、集成，防止烦琐操作。实践中，贵州、河南、上海、山东等地检察机关坚持软件设计与考评指标设计同步推进，在较短时间内研发上线检察官业绩考评系统。考评系统可以自动测算指标得分，有的可以显示排名、生成检察官司法业绩档案等。有些基层检察院还实行积分制考核管理，系统每月分析积分和排名情况，对排名靠后的检察官进行警示和提醒。在"自动抓取统一业务应用系统数据为主、人工填录为辅"的设计方向下，信息化的考评系统既使考评全程更加公开透明，减少了检察官对考核结果的异议，也极大地提高了考评效率，将检察官特别是基层检察官从应对考评事务的烦琐工作中解脱出来，将更多精力用于办理重大、疑难、复杂案件上。

（三）正向引导与检察官认可度

如何让基层检察院和一线检察官接受并认同上级检察院的考评思路、理念和制度设计，是检察官业绩考评取得实效的重点和关键。为此，在业绩考评推

---

① 于潇：《做检察官业绩考评的弄潮儿》，载《检察日报》2020年8月24日，第2版。

进过程中,各基层检察院都重视对一线检察官开展理念引领和系统培训,促使他们主动、直接地将关注点放在办案质量、效率和效果上,在实践中自觉对照具体要求开展业绩考评。与此同时,在制定业绩考评指标、计分规则等环节,也广泛地征求和吸纳一线检察官意见和建议,保证考评机制的合理性和科学性。如山东省青岛市崂山区检察院围绕"考什么、怎么考",在检察官中开展了为期半个月的大讨论活动,这样形成的考评体系显然更容易得到检察官的认可和接受。业绩考评机制运行以来,在对一些基层检察官开展的座谈、调查中,他们普遍表示,尽管业绩考评会带来较大压力,但考评内容基本符合心理预期,感到做好检察工作内生动力得到了激发,对照考评结果查漏补缺主动性更强了,办案和监督的精准度也更高了。可以说,业绩考评使检察官履职真正进入良性有序竞争的轨道。

(四)业务数据优化的实践效果

检察官业绩考评工作是否取得明显实效,主要看是否推动了检察工作的发展,主要业务数据有无提升和优化。检察官业绩考评推行前,对基层检察官来说,业务数据方面存在的问题还是比较多的,有些工作比较薄弱甚至数据空白,有些工作存在不规范、重数量轻质量等情况。业务数据是评价检察工作的"晴雨表",在反映检察工作整体情况、指导业务决策、促进业务开展等方面发挥着不可替代的作用。当前,在业绩考评机制引领下,各基层检察院将主要业务数据转化为考评目标压实到每名检察官,督促他们常态化做好优化"案-件比"、认罪认罚从宽制度适用、相关司法政策落实、追赃挽损等工作,再通过对考评得分公开、直观地展示,促使检察官找准自身差距,了解弱项短板,明确改进措施,主动提升履职自觉和业务素质能力,在能力提升中实现办案质量、效率和效果相统一。根据对基层检察机关推行业绩考评以来主要业务数据的研判分析,向好向优发展趋势明显。以笔者所在的基层检察院为例,近两年来,"案-件比"稳定在1:0.5左右;认罪认罚从宽制度适用率在90%左右;诉前羁押率在25%左右,各类监督案件的回复率、采纳率基本达到100%。

(五)实际运行中的差异化

尽管按照最高人民检察院部署,各地检察机关全面推进检察官业绩考评工作,但在推进的快慢、落实的程度、取得的成效等方面还是存在一定差异的。针对落实情况,最高人民检察院、各省级检察院也组织开展了有针对性的督导检查。经过抽查,认为多数检察机关能够认真落实检察官业绩考评部署要求,稳步推进业绩考评工作并取得较好成效,但在一定程度上也存在落实不到位、考评不够规范等情况,这在一些业务工作相对薄弱的基层检察院中较为突出。

考评的环境实际上比考评本身更为重要。检察官业绩考评作为促进检察工作质量、效率、效果持续提升的常态化任务，需要有一个常抓不懈的内部考评环境，这是取得考评预期效果的基础性条件。对工作相对薄弱的基层检察院来说，业绩考评是一项全新而复杂的工作，不论是检察长还是一线检察官，都或多或少地存在对业绩考评不够重视等靠应付、拖延松懈等思想，甚至认为可落实可不落实，这不仅违反检察一体化原则要求，更影响了检察工作质效，损害了检察机关的司法公信力。

二、基层检察机关检察官业绩考评面临的难点

检察官业绩考评机制是上级决策部署通过具体检务管理的制约传导至基层、压实到检察官的重要途径。对基层检察机关而言，其检察官业绩考评机制较其他层级检察院，又存在着更多的个性化情况，在推进运行中客观存在着一些需要解决的难点问题。这些问题解决不好，势必会影响业绩考评的公平性和权威性，降低基层检察官的工作积极性，进而影响业绩考评目标的实现。

（一）如何体现本地化特征和基层检察工作实际

检察官业绩考评内容点多面广，需要在遵循检察工作规律的前提下平稳推进。在业绩考评职能体系中，检察机关层级不同，考评职能定位也不同。最高人民检察院居指导地位，省级检察院发挥统筹和示范作用，市级检察院和基层检察院在遵循上级检察院原则性框架基础上，根据自身职能定位和办案需要增减指标、调整分值，发挥贯彻业绩考评体系"排头兵"作用。① 可见，对基层检察院来说，业绩考评体系体现本地化特点和基层实际更具有现实性和必要性。基层检察院无论在案件数量和特点、工作重点、业务特色，还是检察官结构规模方面都与上级检察院存在较大差异，如何兼顾原则性与灵活性，对指标体系作出合理而有针对性的调整，保障考评目标的实现，促进基层检察工作发展，是基层检察机关构建检察官业绩考评机制面临的难点问题。而在操作层面上，由最高人民检察院统一制定普遍适用基层检察院的检察官考评体系，还是各基层检察院结合自身实际自行创设更为务实有效，也是一个值得探讨的问题。

（二）如何科学设置基层检察机关"三个维度"指标权重

当下的检察官业绩考评机制，最大特点是改变了以数量、工作量为主导的

---

① 田宏杰：《以全新理念引领检察官业绩考评行稳致远》，载《检察日报》2020年9月28日，第3版。

考评思路，建立起以办案质量、效率和效果为基本内容的指标体系。其中，质量指标主要考察履职情况和司法能力，效率指标主要考察完成业务量情况，效果指标主要考察围绕中心、服务大局等方面的成效。按照《规定》第13条的规定，原则上质量、效率、效果以4∶3∶3的比例分配权重。那么，对基层检察院来说，这"三个维度"的指标权重配置是否适当？基层检察院办理了90%的案件，实际工作中，许多基层检察院案多人少情况十分突出。以笔者所在的市为例，郊区外来人口集中，刑事犯罪数量持续增长，辖区检察官人均办案数常年较高，而中心城区外来人口少，案件数量相对较少，辖区检察官人均办案数较低。对这些案多人少的基层检察院来说，办案量（业务量）能否完成应当成为一个重点考量要素。是否可以适当提升效率指标权重，从而更有利于提高一线检察官的工作积极性，引导检察官更加尽责履职、提高办案效率，应当是一个比较现实的问题。

（三）如何对比不同业务条线检察官考评结果

对各级检察机关来说，都面临着不同业务条线检察官横向对比的问题，基层检察院也不例外。对基层检察院来说，还存在着不少"一人一岗"情况。由于各部门检察职能不同，各检察官的办案量（业务量）存在较大差异，难以直接进行衡量和"折算"，对比缺乏客观性。即使案件量（业务量）相同，案件（业务）的复杂难易程度、责任承担大小等也有所不同。如承担刑事检察职责的检察官办案风险较大，容易出现撤回起诉、判处免予刑事处罚、无罪判决等经评查认定错误被减分的情形，而承担未成年检察职责的检察官尽管办案风险不大，但参与社会治理、开展法治宣传等业务较多。因为业绩考评结果与评先评优、薪酬待遇等挂钩，面对办案量（业务量）差异较大的情况，如何科学地进行横向比较，如何确定有比例数限制的优秀等次名额，是考评中需要面对和解决的问题。在2021年6月最高人民检察院下发的检察人员业绩考评范例中，上海市杨浦区检察院创设的"业务工作水平值"即"个人业绩+部门业绩"考评模式，实现了跨部门检察官在同一平台评价，比较有借鉴意义。但不论按照哪种考评模式，对基层检察机关不同业务条线来说，一方面，本地区各基层检察院之间的横向对比应当是重要的考评参考依据；另一方面，同样的工作岗位，谁完成得多，谁完成得好，应当得到相对公平的结果上的确认。

（四）如何科学考评从事多个业务条线检察官工作实绩

实际工作中，不少基层检察院通过调整工作量方式，解决不同岗位检察官入额后"忙闲不均"问题，从而出现许多一人从事多个类型业务工作的情况。

据统计，全国 50 人以下的检察院占 61.7%、30 人以下的检察院占 20.7%，这些基层检察院普遍存在一名检察官从事多个条线业务情况，即"一人多岗"。这些检察官承担的工作职责在考评内容、质效评价指标上各不相同，既无法对其履职情况作出全面评价，又无法与其他检察官横向对比。为解决这一考评难题，一些地方检察机关也结合实际探索相对公平的评价模式，比如江西省鹰潭市各基层检察院对不同业务条线检察官采用"最大标杆法"、设条线调整系数和岗位权重系数、增设党组评价打分等方式来综合评定。综合评定模式有创新，考虑了交叉性、平衡性和公平性，为解决"一人多岗"业绩考评难题提供了新思路。

三、基层检察机关检察官业绩考评机制的优化思路

有学者认为，检察官业绩考评发挥着类似于刑事诉讼法一样的行为指引功能。① 科学合理的检察官业绩考评机制，会对检察官的办案活动发挥重要的正向引导和激励作用；反之，负面影响不容小视。因此，无论是业绩考评模式、指标设置、评定办法等都应当体现科学性。就基层检察机关来说，笔者认为，应当从以下几个方面规范、改进、调整检察官业绩考评体系设置。

（一）规范基层考评模式

基层检察机关考评模式事关检察工作大局，应当坚持顶层设计与基层创新相结合，真正做到原则性与灵活性相统一。当前，在检察官业绩考评机制运行初期，可以鼓励各基层检察院在上级检察机关考评原则框架内，结合本地化特点、基层工作实际以及业务工作的薄弱环节，调整设置指标、权重等，通过考评办案业务，引导基层检察官关注办案质量、效率和效果，提升考评的针对性和实用性，体现和落实讲政治的要求，同时也为最高人民检察院顶层设计提供实践经验。在形成相对稳定的基层模式基础上，从慎重和统一化角度，建议由最高人民检察院整体统筹，制定适用于基层检察机关的考评指标体系，或者下发针对基层检察机关的业绩考评范例，区分基层检察机关不同类型，如 50 人以下的小院考评、案多人少的大院考评等，形成业绩考评的基层模式指引，为更高效地发挥业绩考评的"指挥棒"作用提供顶层设计，促进上级部署要求在基层检察工作中得到全面落实。

（二）完善指标设定

业绩考评指标设定是否客观、合理，关系着业绩考评的精准度以及考评的

---

① 施鹏鹏、霍丽娜：《检察官业绩指标体系的设定与完善》，载《检察日报》2020 年 9 月 30 日，第 3 版。

四、法律监督能力现代化

科学性、规范性。对基层检察机关来说，可以从以下几个方面完善指标设定：

1. 适当简化指标。当前，检察官业绩考评处于运行初期，指标设置尽可能遵循"宜粗不宜细"原则，确保符合实际，有可操作性。尤其是对案多人少的基层检察院来说，实用管用是导向，过于烦琐容易使检察官产生畏难心理，降低参与的积极性。待考评指标体系相对成熟后，可以适当再充实完善指标。同时，简化指标还包括取消容易弄虚作假的指标，对理解上容易产生歧义的指标应当配置必要的指标说明，以保证指标运用的有效性。

2. 调整效率指标权重。此项调整专门针对案多人少问题突出的基层检察院而言。最高人民检察院推进的检察官业绩考评，强调"在重质量、增效果中要效率、看数量"。《办法》第7条也规定："考评周期内检察官办理的业务量越大，效率越高"，体现出对检察官的职业勤勉程度的重视和考核。可见，检察官业绩考评虽然不"唯数量论"，但也不可忽视某些"数量"在检察官履职中的重要评判作用，如办理重大、疑难、复杂案件的数量，可以作为检察官之间考评差异的依据。① 检察官业绩考评需要把握好平衡度，把握好数量、质量、效果的辩证法。② 实践中，一些基层检察院案多人少问题十分突出，强化对职业勤勉程度的考核，适当提高效率指标权重可以鼓励办案能力强的检察官多办理重大、疑难、复杂案件，调动检察官办案的积极性，最大限度地缓解基层办案压力。具体来说，效率指标权重可以从目前的30%提高到35%，并适当降低质量或者效果指标的权重。

3. 增加社会评价指标。目前，检察官业绩考评限于内部考评，还未引入外部评议。有国内学者指出："检察官业绩考评制度如同一般产品、日常服务一样，要考虑用户体验，公众参与度较低，无助于提升老百姓对检察机关工作的认知度。"③ 在美国，检察官业绩考核指标设计也并非检察院内部独自研发，而是需要社会各方参与，以获得利益攸关者接受并支持。④ 应当说，内部评价是现阶段检察官业绩考评的基础，外部评价则是提升考评权威性的重要途径。在我国，大量案件由基层检察官办理，将对基层检察官履职的外部评价指标纳入业绩考评，有利于更快地实现考评从管理者视角向当事人视角的转变。具体

---

① 万毅：《从观念、技术与配套制度层面完善检察官考评》，载《检察日报》2019年12月16日，第3版。

② 王松苗：《发挥业绩考评的制度优势》，载《人民检察》2020年第15期。

③ 关仕新：《发挥考评指挥棒作用，破解考评难题》，载《检察日报》2020年8月11日，第3版。

④ 张鸿巍、马芷柔：《美国检察官业绩考核机制及启示》，载《人民检察》2020年第15期。

可以考虑将社会评价指标纳入质量指标和效果指标中，比如当事人满意度调查、律师问卷调查等。

（三）以综合评定方式解决跨条线比较、"一人多岗"难题

针对不同业务条线检察官业绩考评结果比较问题，《办法》中规定，可以"结合评价检察官所在部门办理案件质量、效率、效果等因素，对不同业务条线、岗位的检察官进行综合比较"。实践中，对跨条线横向比较、"一人多岗"情况，一些基层检察院探索尝试不同的解决方案，包括设置案件强度等级、引入办案系数换算模式等。笔者认为，对基层检察机关来说，在对质量、效率、效果计分的基础上，可以重点将两个因素作为跨条线、"一人多岗"考评结果比较的依据：一是检察官所属业务条线在本地区基层检察院考核中的排名；二是检察官个人对本院整体考评工作的贡献率大小。此外，对"一人多岗"情况，还可以合理运用岗位权重系数来计算检察官的综合得分。实践中，有的基层检察院采用"市级检察院对所有基层检察院检察官按业务条线进行排名比较"作为依据，但笔者认为，这一方式不具普适性，因为其前提是各基层检察院设置的业绩考评指标、权重等相同，而实践中各基层检察院都会设置一些本地化指标，难以做到一致，因此推广和借鉴意义并不大。

（四）强化与案件质量主要评价指标、主要业务数据的衔接融合

基层检察机关的案件质量主要评价指标和主要业务数据是反映上级检察机关业务工作情况的重要基础。而检察官业绩考评机制是在案件质量主要评价指标框架和内容基础上建立的，它通过考评指标项目、分值的调整，将任务分解至每名检察官，督促检察官提升办案质效，将案件办到极致。案件质量主要评价指标、主要业务数据和检察官业绩考评在作用和目标上是一致的，都是为了补短板、强弱项，促进检察工作高质量发展，促进上级决策、部署和要求在基层落实。为此，应当注重各方面的相互融合，发挥合力，以实现"1+1+1＞3"的效果。一是构建有利于推进三项工作的机制制度，以业绩考评推动优化"案－件比"核心指标和主要业务数据，以案件质量评价体系和主要业务数据引领业绩考评；二是案件质量评价体系和检察官业绩考评体系的指标项目、分值设置，应当尽可能合理对应、相互衔接，避免出现不协调等情况；三是每月对主要业务数据进行分析，及时发现工作薄弱环节，在此基础上按年度调整优化检察官业绩考评指标、权重等，督促检察官提升办案能力，补强弱项短板；四是严格统一业务应用系统案卡数据填录责任，提升检察官业务数据质量意识，确保主要业务数据等填录真实、准确，实现对办案质效以及检察官业绩的精准科学评价。此外，还应当将检察官业绩考评与案件质量评查相结合。如业

绩考评体系中的无罪、撤回起诉、捕后不诉等减分项，都需要结合评查结果来认定，这样才能保证业绩考评的准确性和权威性。

（五）改进和完善检察官考评委员会制度

最高人民检察院下发业绩考评规定后，各地检察机关包括各基层检察院大多成立了专门的检察官考评委员会。与地方组织部门或者本院政工部门组织的行政考核相比，考评委员会的优势在于专业性。但目前，由于缺乏规范性规定等原因，实践中考评委员会存在着职能不明晰、作用发挥不充分等情况。为此，应当从以下两个方面进行完善：一是建议最高人民检察院制定统一的《考评委员会工作条例》。在工作条例中，明确考评委员会具体职责，包括汇总日常考评材料、对考评执行情况开展检查、分析并解决考评中存在的问题、对年度考评结果进行分析等。明晰的职责权限，能够保证评价的相对客观准确，增强检察官对考评结果的认同感，有利于实现科学管理的目的。二是吸纳社会有关人员进入检察官考评委员会。按照《规定》第3条规定，考评委员会组成人员包括领导班子成员、相关职能部门主要负责人和检察官代表，还没有社会人员参与。为加强业绩考评工作的外部监督，有必要吸纳社会有关人员参加。在确定具体人员时，可以结合业绩考评目的、内容和不同岗位职责情况，设置不同部门、不同类型的组成人员，如对承担刑事检察职责的检察官开展业绩考评，可以吸纳公安机关侦查人员、法院审判人员、律师等参与，以提高业绩考评的公信力和权威性。

四、基层检察机关检察官业绩考评配套制度与措施的完善

检察官业绩考评引导检察官提升办案质量、效率和效果，能最大限度地激发检察官工作潜能，是提升司法质效、增强社会对检察机关满意度的现实选择。但从观念层面上，必须充分认识到，业绩考评是一把"双刃剑"，如果不施以合理而有效的规制，可能侵犯检察官的合法权益，干预检察权的有效行使，进而影响司法责任制和员额制改革的深度落实。为此，需要构建相应的配套制度和措施。

（一）构建指标动态评估调整机制

业绩考评作为管理科学，是一个发展和完善的过程。目前的检察官业绩考评机制，综合体现的是上级检察机关当前的部署要求和工作理念。但是，检察工作具有较强的政策性，随着时代发展和司法政策的变化，检察工作部署、重点内容和要求也会随之改变，只有持续创新考评理念、优化考评指标等，才能保证业绩考评机制始终沿着制度设计的理念和目标前进。《规定》第9条也规

定:"效果指标设置要体现难度和区分度,突出政策性、灵活性和阶段性,根据党中央决策部署和司法政策及时调整、动态设置,充分发挥抓落实、补短板、强弱项的指挥棒功能。"因此,应当构建业绩考评指标动态评估调整机制,这是保证考评指标体系客观性、科学性和时代性的制度条件。特别是当前,多项司法改革任务叠加、"四大检察"的深化、考评中发现的问题等,都会影响到指标项目和内容、计分方式等。对基层检察机关来说,工作开展不平衡问题更为突出,只有实行科学评估、动态调整,才能使考评体系始终符合司法规律和检察工作实际,符合补短板、强弱项的检察官履职要求。在坚持动态调整同时,我们也应当保持业绩考评的整体稳定,可以以年度为单位进行调整优化,不宜修改过频,否则容易造成检察官无所适从,影响业绩考评的平稳有效运行,进而给检察工作的稳定健康发展带来影响。

(二)依托信息化系统加强核查监督

2021年,最高人民检察院要求全国各级检察机关都要做好检察官业绩考评系统的应用部署工作。从考评系统应用、运行情况看,办案效率指标数据以统一业务应用系统抓取为主,办案质量指标中有部分数据依赖人工比对,而办案效果指标数据大多不能从统一业务应用系统中抓取,需要检察官自行录入并提交佐证材料。系统抓取也好,人工录入也好,必要的核查监督都是保证考评数据和佐证材料准确、客观、全面的重要保障。核查监督采取考评系统相关材料核查与统一业务应用系统核查相结合的方式。一方面,对统一业务应用系统抓取的数据,加强数据填录情况核查。业务系统中的数据虽然客观性较强,比人工统计的数据准确,但前提是不能存在漏填、错填等情况。实践中,特别是在案多人少的基层检察院,统一业务应用系统数据填录不规范问题并不少见,这样就容易造成立案监督、抗诉、认罪认罚从宽制度的适用等主要业务数据失真,导致考评数据提取不准确。另一方面,对人工录入的部分,加强对数据填录及相关佐证材料的核查,防止检察官测算不准确或者佐证材料弄虚作假,确保考评结果的权威性和公正性。在核查监督措施上,可以采取检察官互查、案管部门日常核查、考评委员会定期检查等方式,对发现检察官在填录等环节存在弄虚作假、伪造考评数据等行为的,坚决严肃处理。

(三)构建有利于实现业绩考评目的的结果运用机制

绩效管理理论认为,只有将绩效评价结果与人们所获得的回报挂钩,才能真正使绩效管理发挥应有的作用。① 世界各国的检察官业绩考评制度普遍将考核结果作为职务晋升、人员奖惩等重要依据。在我国，按照《规定》第29条、第39规定，检察官业绩考评的结果，作为确定检察官参加公务员年度考核等次的重要依据，作为检察官绩效奖金分配、评优奖励、等级升降、交流任职、退出员额的重要依据。检察官业绩考评制度运行以来，大多数基层检察院都注重考评结果运用，更大限度地调动检察官职业潜能，初步实现了"能者上、庸者下"的绩效考评目的。从《规定》第29条、第30条规定来看，都与检察官经济利益、职业荣誉、政治待遇等相关，属于最直接的影响，也是对调动一线检察官积极性、主动性影响最大的要素。除此之外，笔者认为，从有利于实现业绩考评目的出发，考评结果运用机制还包括以下两个层次：一是作为开展培训学习、岗位调整的主要依据。对考评结果开展分析，能够了解检察官岗位专长，准确评判职业发展潜能，从而更有针对性地开展检察官分类教育培训，合理调整工作岗位。二是作为发现问题、制订改进方案、作出决策的主要依据。领导班子依据考评结果，了解检察官工作实绩和存在的问题，从而调整决策，运用更有针对性的措施改进工作。检察官通过分析考评结果，能够发现工作上的差距和薄弱点，分析原因，制定改进措施，从而提高工作质效。当然，任何业绩考评机制都有自身的局限性，评价检察官业绩优劣，考评结果是重要的参考标准但绝不是唯一标准，应当同时结合综合评价来进行，毕竟考评考察的是重点工作而非全部工作。

（四）发挥基层检察院检察长和一线检察官的能动作用

基层检察院检察长和一线检察官的考评理念和执行力是影响考评环境的重要因素。检察官业绩考评推行以来，个别工作较为薄弱的基层检察院一定程度上存在着行动慢、考评流于形式等问题。究其原因，还是理念上不重视，导致执行力不强、上级要求落实不到位。检察官业绩考评体系聚焦为大局服务、为人民司法，将对检察官依法履职要求，通过指标评价、量化评分形式传导并落实到每个检察院和每名检察官，它既是一项常态化工作，也是一项艰巨任务，在落实过程中，需要韧性、耐心和决心，并力戒形式主义和官僚主义。从总体上看，考评是个循序渐进的过程，在业绩考评工作日益深化阶段，基层检察院检察长理念上的转变和行动上的强力推进至关重要，只有以创新、进取、务实的精神去落实业绩考评，才能够在本院内部形成公正高效、"干好干坏不一

---

① 孙柏瑛、祁光华：《公共部门人力资源开发与管理》，中国人民大学出版社2004年版，第164页。

样"的氛围和环境。此外，业绩考评的成效，很大程度上还取决于一线检察官参与和支持的程度。检察官理念上不认同、行动上不配合，业绩考评就将变成"无源之水""无本之木"，因此应当通过理念引导、制度宣传和完善考评流程，让检察官参与指标制定、赋分、论证等环节，促使检察官对考评理念形成共识，增强执行力，在办案中自觉将质量、效率和效果相结合，使业绩考评真正发挥督促检察官履职尽责、争先创优的激励作用，从而更好地引领新时代检察工作高质量发展。

新时代人民监督员制度转型分析及完善建议

王玄玮*

人民监督员制度系检察机关按照党中央关于推进司法体制和工作机制改革部署安排,主动接受人民群众对全国检察机关办理直接受理立案侦查案件监督的一项重要制度设计。制度运行近二十年来,人民监督员制度发展几经波折,甚至在国家监察体制改革的背景下一度被推上"存"与"废"的"风口浪尖"。党的十八大以来,党中央高度重视人民监督员制度的改革和发展,多措并举,促使人民监督员制度在新时代下找准了自身制度定位,为人民监督员制度的科学发展指明了方向。在新的时代背景下,有必要进一步审视人民监督员制度转型取得的现实成效,分析存在的问题,进一步规范和完善人民监督员制度,使其在新时代司法实践中迸发出新的生机与活力。

一、人民监督员制度发展沿革

人民监督员制度作为检察机关推进人民群众有序参与和监督检察工作的一项制度创新,经历了先期试点、制度推广、制度确立和深化改革等过程。2003年,最高人民检察院出台了《关于人民检察院直接受理侦查案件施行人民监督员制度的规定(试行)》,并在天津、辽宁、内蒙古等十个省、自治区、直辖市进行人民监督员制度先行试点工作。从2003年8月人民监督员制度试点开始,截至2004年5月底,全国625个试行人民监督员制度的人民检察院,共选任人民监督员6240名,每个检察院平均10名左右。[①] 2004年至2010年,"制度试点范围进一步扩大到全国3137个检察院,占全国检察院的86.5%"[②],人民监督员制度进入全面推广阶段。2010年,最高人民检察院汇总试点经验,

---

* 云南省人民检察院第六检察部主任。
① 郭华:《人民监督员制度的创新发展与改革完善——以司法行政机关人民监督员选任管理制度为中心》,载《中国司法》2017年第5期。
② 陈卫东、胡晴晴、崔永存:《新时代人民监督员制度的发展与完善》,载《法学》2019年第3期。

出台《最高人民检察院关于实行人民监督员制度的规定》，标志着人民监督员制度正式确立并进入全面实施阶段。同时，为解决人民监督员制度运行以来显现出的选任机制"人民性"不足和监督刚性缺失等问题，2016年，最高人民检察院会同司法部及时总结试点经验，研究形成《最高人民检察院关于人民监督员监督工作的规定》（以下简称2016年《规定》）[1]和《人民监督员选任管理办法》（以下简称2016年《办法》）两个规范性文件，对人民监督员制度进行了全面深化改革。

2018年，国家监察体制改革正式启动。由于检察机关职务犯罪侦查权转隶后人民监督员制度的监督对象的范围发生了变化，其制度创设初衷能否继续实现以及制度继续存在的合理性和必要性遭到了多方质疑，人民监督员制度一度"徘徊于十字路口"[2]。但值得注意的是，第十三届全国人民代表大会常务委员会第六次会议于2018年修订通过人民检察院组织法，《人民检察院组织法》第27条正式明确了"人民监督员依照规定对人民检察院的办案活动实行监督"，为人民监督员制度确立提供了明确的法律依据，也为人民监督员制度的"存废之争"画上了句号。为适应国家监察体制改革、司法体制改革以及检察权运行模式的转变，进一步落实党中央关于深化人民监督员制度改革的部署要求，2019年，最高人民检察院及时组织力量进行深入调研，起草制定了《人民检察院办案活动接受人民监督员监督的规定》（以下简称2019年《规定》），对人民监督员制度的制度定位、监督范围、监督方式等进行了较为全面的调整与完善。2021年，最高人民检察院会同司法部对《人民监督员选任管理办法》（以下简称2021年《办法》）进行修订，使其与人民检察院组织法和2019年《规定》相互配合，形成人民监督员制度开展监督和选任管理的双重合力。

二、人民监督员制度转型取得的成效

（一）制度定位：从"从属"到"独立"

从人民监督员制度规定的文件名称看，从2010年的《最高人民检察院关于实行人民监督员制度的规定》改变为2019年《规定》。人民监督员制度规范的名称从"实行"到"接受"的转变，昭示着人民监督员制度定位从从属于检察机关的一项内设制度到真正独立的外部监督制度的根本性转变。2019

---

[1] 《最高人民检察院关于人民监督员监督工作的规定》由最高人民检察院检察委员会于2015年12月21日通过，但2016年7月5日才公布实施。

[2] 陈卫东、胡晴晴、崔永存：《新时代人民监督员制度的发展与完善》，载《法学》2019年第3期。

年《规定》中明确,"从规范人民检察院接受人民监督员监督的角度对各项内容作出规定,而不是从对人民监督员提出要求、规定人民监督员如何开展监督工作的角度进行规定"①。在制度定位上,人民监督员制度终于能够跳出检察机关"自己监督自己"和"自己雇人监督自己"之藩篱,发挥外部监督的真正效能。

(二)监督范围:从"局部"到"整体"

监督范围的调整是人民监督员制度转型过程中最为根本性的一项调整。人民监督员制度设立的初衷是解决此前检察机关在办理自行侦查的职务犯罪案件"自侦""自捕""自诉"过程中缺乏外部监督的问题。而在检察机关职务犯罪侦查职能整体转隶到监察委员会后,人民监督员制度的监督范围大幅萎缩。为重振人民监督员制度活力,2019年《规定》以检察职能转变和内设机构改革为契机,将人民监督员制度的监督范围由2016年《规定》中的"人民检察院办理直接受理立案侦查案件"拓展为"人民检察院的办案活动",监督范围从原来的职务犯罪一类案件扩大辐射至检察机关"四大检察"的全部案件,深入发挥人民监督员制度在做深做实"捕诉一体"调整后的刑事检察业务以及民事、行政、公益诉讼等其他各类检察业务中的重要作用。例如,上海市闵行区人民检察院在办理涉及市政建设相关专业知识的公益诉讼案件中,就协调司法行政机关抽选具有市政建设管理领域专业知识的人民监督员参与监督并邀请人民监督员实地走访案件现场,真实、生动地呈现案件全貌,拓宽了接受监督的新场景。② 2019年8月至2020年8月,仅仅一年的时间,全国检察机关共邀请了21165位人民监督员监督检察办案活动14298件次,监督活动总量大幅提升。③

(三)监督方式:从"单一"到"全面"

2019年《规定》将2016年《规定》中仅有的人民监督员对个案监督评议的监督方式向参与案件公开审查、公开听证、巡回检察、案件质量评查、司法规范化检察,监督检察官出庭支持公诉活动,听取检察工作情况通报等多种监

---

① 徐盈雁:《人民监督员制度:优化检察监督的重要方式 规范检察权行使的重要保障——最高检案件管理办公室负责人就〈人民检察院办案活动接受人民监督员监督的规定〉答记者问》,载《检察日报》2019年9月3日,第3版。

② 参见2022年5月22日最高人民检察院发布的首批人民监督员监督检察办案活动典型案例一《上海市闵行区检察院邀请人民监督员监督公益诉讼办案活动》。

③ 孙凤娟、刘亭亭:《广度+深度:2.2万人民监督员的"刚性"监督》,载《检察日报》2020年10月27日,第1版。

督方式和监督渠道拓展,用 10 个条文对人民监督员监督检察机关办案活动的具体方式进行了规定。其中,第 8 条①作为总括性条款从整体上规定了人民监督员的监督范围,第 9 条至第 16 条进一步表述各监督方式的具体工作流程,第 17 条作为兜底条款,为实践中进一步丰富和完善人民监督员监督方式留下制度空间,在"9+1"的多样化监督模式下,进一步激发了人民监督员监督检察机关办案活动的活力与动力。

(四)监督质效:从"形式"到"实质"

长期以来,人民监督员制度由于缺乏监督"刚性",其制度效力发挥不尽如人意。有学者指出:"人民监督员制度实践状况的评价存在着制度演进的积极推进与实践地位日益边缘化、制度设计预期与社会接受性的'双重背离'现象。"② 2019 年《规定》和 2021 年《办法》进一步细化人民监督员开展监督和选任管理程序,着力提升监督"刚性"。在选任管理上,完善司法行政机关作为人民监督员的选任、公示、培训和考核的专责机关,进一步巩固此前解决检察机关自行选任人民监督员时"自己选人监督自己"弊端的成效。在组织监督过程中,加强了检察机关对人民监督员履职的各项配合义务。例如,及时送达案件材料、为人民监督员依法履职提供必要的办公场所、将人民监督员依法独立发表监督意见如实记录在案,并列入检察案卷等,充分保障人民监督员的知情权、参与权和监督权,实现了人民监督员制度从"有形监督"到"有效监督"的质的飞跃。最高人民检察院案件管理办公室相关负责人就 2019 年《规定》答记者问时指出:"《规定》共 30 条,可以说是专治'水过地皮湿',每一条都在对保障人民检察院依法接受人民监督员对办案活动实行监督作了明确要求,来让监督落地更实更'刚'。"③ 2021 年,人民监督员在参与

---

① 《人民检察院办案活动接受人民监督员监督的规定》第 8 条规定:"人民检察院下列工作可以安排人民监督员依法进行监督:(一)案件公开审查、公开听证;(二)检察官出庭支持公诉;(三)巡回检察;(四)检察建议的研究提出、督促落实等相关工作;(五)法律文书宣告送达;(六)案件质量评查;(七)司法规范化检查;(八)检察工作情况通报;(九)其他相关司法办案工作。"第 17 条规定:"人民监督员通过其他方式对检察办案活动提出意见建议的,人民检察院人民监督员工作机构应当受理审查,及时转交办理案件的检察官办案组或者独任检察官审查处理。"

② 李钢:《〈监察法〉实施后人民监督员制度的功能重塑与立法完善》,载《甘肃行政学院学报》2020 年第 2 期。

③ 孙凤娟、刘亭亭:《意见就是"令箭" 监督既实又"刚"——〈人民检察院办案活动接受人民监督员监督的规定〉实施一年来(下篇)》,载《山东人大工作》2020 年第 12 期。

检察办案活动中共提出意见建议 6.9 万余条,检察机关采纳率为 99.3%。①

三、人民监督员制度转型仍未解决的现实问题

(一) 工作定位不够清晰

在近 20 年的制度实践中,人民监督员工作定位实现由"重监督轻参与"到"重参与轻监督"的转变,"监督"与"参与"大体上是相互割裂的两个部分,没有实现"在参与中监督"的有效监督工作格局。2016 年以前出台的规定,一直注重人民监督员对检察院工作的"监督",但并未重视人民监督员"参与"相关工作。这样的后果是人民监督员的工作只能围绕检察机关开展,人民监督员要不要对一项工作开展监督、如何了解案情、以何种方式监督都取决于检察机关,无法真正发挥外部监督的主动性与独立性,导致人民监督员制度沦为"点到为止"式监督。为了改善人民监督员工作定位"重监督轻参与"的问题,2019 年《规定》在条文表述上进一步加强了人民监督员参与检察机关相关工作的规定,比如参与检察机关相关案件公开审查、公开听证、巡回检察、检察建议研究提出过程,听取检察工作情况通报等。但是,2019 年《规定》又导致人民监督员制度走向了另一个"重参与轻监督"的取向,仅仅强调人民监督员参与相关工作,而对参与工作后如何开展监督着墨较少,"部分监督方式趋同于普通社会监督"②。例如,2019 年《规定》第 9 条③、第 10 条④规定对部分公开审查案件、公开听证案件以及检察官出席法庭的公开审理案件应当邀请人民监督员参加,但是条文规定止步于"应当邀请人民监督员参加",并未说明人民监督员参与相关工作后如何开展监督。对于公开案件来说,缺乏后续监督处理措施的人民监督员享有的参加听证权和庭审旁听权与普通群

---

① 郭冰:《检察机关践行全过程人民民主的具体实践——以人民监督员制度为视角》,载《人民检察》2022 年第 7 期。

② 高一飞:《新一轮人民监督员制度改革检视与反思》,载《法治研究》2021 年第 3 期。

③ 《人民检察院办案活动接受人民监督员监督的规定》第 9 条规定:"人民检察院对不服检察机关处理决定的刑事申诉案件、拟决定不起诉的案件、羁押必要性审查案件等进行公开审查,或者对有重大影响的审查逮捕案件、行政诉讼监督案件等进行公开听证的,应当邀请人民监督员参加,听取人民监督员对案件事实、证据的认定和案件处理的意见。"

④ 《人民检察院办案活动接受人民监督员监督的规定》第 10 条规定:"人民检察院对检察官出席法庭的公开审理案件,可以协调人民法院安排人民监督员旁听,对检察官的出庭活动进行监督,庭审结束后应当听取人民监督员对检察官出庭行为规范、文书质量、讯问询问、举证答辩等指控证明犯罪情况的意见建议。"

众无异,无法体现出人民监督员制度区别于普通公民监督检察权的特殊效力。

(二) 工作重点不够突出

人民监督员的监督范围由"自侦案件"调整到"四大检察"的全部案件后,监督范围进一步拓展,但是2019年《规定》中并未明确人民监督员在各检察业务工作中的监督重点,容易造成人民监督员制度监督范围的"全而不精"。如果对全部案件不加区分地进行监督,一方面,容易使一些当事人间无异议,办理流程较为清晰简单的案件程序烦琐,降低办案效率;另一方面,又无法实现对犯罪嫌疑人、被告人以及其他案件当事人合法权益受到侵害可能性较大的案件精准监督,难以聚焦监督重点。例如,对拟不起诉案件的监督,2019年《规定》将人民监督员监督范围限定在"公开审查"的案件类型之中,在监督范围得到拓展的同时又明显限缩了应当精准监督的案件类型,制约了人民监督员制度效能在特定案件类型中的发挥。"人民监督制度的最终目的是加强对检察权监督,其监督模式上应当体现检察机关哪种权力最大、最容易滥用,哪种权力就应当是人民监督员监督的重点。人民监督员规范不能只体现形式上的范围广大,而忽略监督的重点内容。"[1] 同时,在"四大检察"业务监督工作开展的均衡性方面,当前的人民监督员制度也存在"挂一漏万"的现象。从制度规定层面来看,2019年《规定》第9条规定了对公开审查、公开听证的刑事申诉、行政诉讼监督等几类案件应当邀请人民监督员参加,未将民事诉讼监督案件纳入人民监督员程序重点启动的范围。从司法实践来看,最高人民检察院2022年5月22日发布的首批人民监督员监督检察办案活动典型案例中,3个邀请人民监督员参加公开听证案例中只有1个是公益诉讼案件,其余均是刑事案件,未能覆盖"四大检察"全部类别。

(三) 工作机制不够健全

人民监督员工作机制涵盖"人民监督员选任—监督程序启动—监督具体工作开展—监督意见反馈"等过程。根据2019年《规定》和2021年《办法》,人民监督员制度在具体工作机制上仍存在以下问题。

1. 人民监督员履职代表性不足。一方面,人民监督员选任的广泛性不足。2021年《办法》将人民监督员选任的职权交由省级和设区的市级司法行政机关行使,并在第13条规定了人民监督员候选人自荐和单位组织推荐的两种产

---

[1] 高一飞:《新一轮人民监督员制度改革检视与反思》,载《法治研究》2021年第3期。

生方式①，旨在通过发布公示公告和新增群团组织推荐等方式提升人民监督员队伍的广泛性和代表性。但与人民陪审员候选人从辖区内随机抽选的产生方式②相比，由自荐和单位组织推荐产生的人民监督员广泛性明显不足。另一方面，人民监督员抽选中"体制内"监督员抽选比例较高。虽然2016年《办法》和2021年《办法》中均规定"人民监督员人选中具有公务员或者事业单位在编工作人员身份的人员，一般不超过选任名额的50%"③，但据学者调研，实践中公职人员担任人民监督员比例仍然较高。如上海市某区检察机关2019年5月至9月办理的案件中，共邀请人民监督员15人次，其中国有企事业单位人员6人次、律师事务所人员4人次、机关单位在职人员4人次、机关单位退休人员1人次。④ 再有，在人民监督员候选人总数偏少的情况下，随机抽选的方式也无法避免人民监督员对同一检察院甚至同一检察业务部门案件的重复监督，在人民监督员任期最长可达10年的情况下，给"熟人监督"的形成潜藏了制度空间。

2. 监督程序启动的主动性欠缺。监督程序能否科学启动是决定人民监督员制度能否有效运行和实质化运行的关键性因素。2019年《规定》通过"应当＋可以"的方式规定了人民监督员制度的强制性启动模式和任意性启动模式。从人民监督员介入检察办案活动的方式上看，2019年《规定》中列明的是由检察机关"邀请"或者"安排"，无论是强制性启动模式还是任意性启动模式，人民监督员都只是在特定的案件类型中被动启动监督程序，第17条作为监督方式的兜底性规定也只给予了人民监督员在监督方式上的灵活性，其自身并不享有主动发现案件线索并启动监督程序的权利。更进一步来说，就是因为人民监督员欠缺启动监督程序的主动权，实践中合法权益受到损害的犯罪嫌疑人、被告人

---

① 《人民监督员选任管理办法》（2021）第13条规定："人民监督员候选人通过下列方式产生：（一）个人申请；（二）单位和组织推荐。支持工会、共青团、妇联等人民团体及其他社会组织推荐符合条件的人员成为人民监督员候选人。"

② 《人民陪审员法》第9条规定："司法行政机关会同基层人民法院、公安机关，从辖区内的常住居民名单中随机抽选拟任命人民陪审员数五倍以上的人员作为人民陪审员候选人，对人民陪审员候选人进行资格审查，征求候选人意见。"

③ 《人民监督员选任管理办法》（2016）第11条第2款规定："人民监督员人选中具有公务员或者事业单位在编工作人员身份的人员，一般不超过选任名额的50%。"《人民监督员选任管理办法》（2021）第14条第3款规定："人民监督员拟任人选中具有公务员或者事业单位在编工作人员身份的人员，一般不超过选任名额的百分之五十。"

④ 匡旭东、于乐乐：《人民监督员制度：改革背景、困境反思与完善进路》，载《广西政法管理干部学院学报》2020年第4期。

以及其他当事人不能把向人民监督员反映案件情况作为维权的一种手段。从这个角度看，较之2016年《规定》中赋予当事人及其辩护人、代理人主动申请启动人民监督员监督程序权利的做法①，2019年《规定》又"退了一步"。

四、人民监督员制度完善建议

（一）明确人民监督员"参与式监督"地位

明确人民监督员"在参与中监督"的工作定位，体现人民监督员对检察权监督不同于普通群众的特殊效力，应当在条文中进一步明确人民监督员在具体监督工作开展时的特殊身份。第一，对于"应当邀请"人民监督员参与的人民检察院对不服检察机关处理决定的刑事申诉案件、拟决定不起诉的案件、羁押必要性审查三类重点案件，应明确人民监督员的"审查员"身份，保障人民监督员发表的相关意见进入案件决定程序，成为最终司法决策的重要考量因素。虽然由于人民监督员制度尚未立法，要使人民监督员在案件事实、证据认定上与检察人员"同审同权"目前仍难以做到，但对这三类重点案件，应当充分发挥人民监督员的监督作用。第二，邀请人民监督员参加对有重大影响的审查逮捕案件、行政诉讼监督案件等公开听证的，应当明确人民监督员"听证员"身份，保障人民监督员能够与检察人员一同听取当事人陈述情况并就有关情况询问当事人，消解人民监督员在案情了解上对检察机关的依赖。第三，在人民监督员参与巡回检察、法律文书公告送达、司法规范化检查等其他工作时，也应进一步突出"人民监督员"身份。例如，在法律文书送达公告上列明人民监督员的姓名和联系方式，便于相关当事人向人民监督员反映情况。"亮明"人民监督员的特殊身份看似只是一个不起眼的举动，但在实现人民监督员工作定位由"重参与轻监督"向"参与式监督"转变上具有多重意义。首先，向检察机关"亮明"身份，以进一步提升检察机关对人民监督员监督工作的重视程度，避免检察机关仅把人民监督员混同于检察开放日中来观摩体验的普通群众对待。其次，向当事人"亮明"身份，为权益受到损害的案件当事人提供清晰明了的反映问题渠道，增强人民群众对人民监督员制度的理性认知和制度认同。最后，让人民监督员提升主体意识，使其认识到自身职

---

① 《最高人民检察院关于人民监督员监督工作的规定》第8条规定："人民监督员认为人民检察院办理的案件具有本规定第二条第一款情形之一，要求启动人民监督员监督程序的，由人民检察院人民监督员办事机构受理。当事人及其辩护人、诉讼代理人或者控告人、举报人、申诉人认为人民检察院办理的案件具有本规定第二条第一款情形之一或者第三款第三项情形，申请启动人民监督员监督程序的，由人民检察院控告检察部门受理。"

责特殊性与重要性，增强人民监督员履职责任感和自信心。

（二）明确人民监督员在各检察业务中的监督重点

一方面，要改变过去检察机关整体上"重刑轻民"的状况，均衡人民监督员制度在"四大检察"业务中的适用。要明确人民监督员制度对民事诉讼监督案件以及公益诉讼案件诉前程序的监督，消除人民监督员的监督"空白"。另一方面，在平衡人民监督员制度在"四大检察"业务中的适用后，应进一步突出人民监督员在各检察业务中的监督重点。在刑事检察业务中，由于在拟不起诉案件中检察机关自由裁量权较大，为防止检察机关执法不严放纵罪犯，人民监督员应将对拟不起诉案件的监督范围由公开审查环节扩大至作出决定环节，以全部类型的拟不起诉案件作为刑事检察业务监督重点。在民事检察、行政检察业务中，应加强人民监督员对信访风险较大的不支持监督申请、终结审查等案件的监督，保障司法公正，使人民群众在案件办理过程中感受到公平正义进而息访罢诉。在公益诉讼检察业务中，应着重邀请人民监督员对公益诉讼诉前程序进行精准监督，形成"法律内行+相关领域内行"的人员配置，"促进公益诉讼检察官以人民群众视角看问题、找原因、想对策，进一步提升办案质效"[①]。

（三）完善人民监督员相关工作机制

第一，设置人民监督员候选人选任的随机抽选环节。为进一步提升人民监督员选任的广泛性和随机性，可以参考人民陪审员法中关于随机抽选人民陪审员候选人的工作办法，将对人民监督员的随机抽选要求前置到候选人环节，由司法行政机关会同检察机关、公安机关，从辖区内的常住居民名单中随机抽选拟任命人民监督员人数5倍以上的人员作为人民监督员候选人，对人民监督员候选人进行资格审查，征求候选人意见。同时，为避免人民监督员履职时间较长会造成"熟人监督"问题，可以考虑修改2021年《办法》中"连续担任人民监督员不超过两届"之规定，改为"一般不得连任"，与人民陪审员法对人民陪审员的选任期限保持一致，增加人民监督员的流动性，从人员结构上尽可能体现"全过程人民民主"。

第二，增加人民监督员主动启动监督程序模式。首先，各省级检察机关可以在官方网站、微博、微信公众号等媒体平台上及时公开并更新履职人民监督员姓名和联系方式，为当事人反映案件情况提供便捷渠道。同时，在送达受案文书至当事人时，同步送达当事人可以申请人民监督员监督的告知书。其次，

[①] 邱景辉：《用好人民监督员制度做深做实检察公益诉讼》，载《检察日报》2022年6月39日，第7版。

构建人民监督员启动监督程序工作机制。目前，检察机关将案件管理部门作为人民监督员工作机构，人民监督员收到案件举报或发现相关线索后，可以向案件管理部门提出监督要求并提交初步证据材料，由案件管理部门形式审查后安排人民监督员到相关部门开展监督工作。最后，为进一步加强人民监督员启动监督程序的主动性，应明确检察机关配合人民监督员依法履职开展监督的"应当"义务，尽量减少检察机关因相关案件不属于公开审查或公开听证范围而排除监督的可能。

第三，加大人民监督员监督结果公开力度。借鉴最高人民法院工作报告对人民陪审员履职情况较为全面披露和汇报的做法，在最高人民检察院工作报告中具体呈现人民监督员参与监督案件数量、不同意检察机关办理意见案件数量以及检察机关采纳人民监督员意见案件数量，并反映每年数据较上一年相比的增减变动情况。同时，可以借鉴英国皇家检察审查会的做法[1]，由人民监督员工作机构牵头编制人民监督员年度工作报告，及时总结监督履职中发现的全国检察机关办案活动中存在的普遍问题和各地有效监督工作方法，为进一步完善人民监督员制度提供现实参考。

五、结语

人民监督员制度作为检察机关主动接受社会监督的重要制度安排，与人民陪审员制度一道，成为保障人民群众能够有序参与司法的极具中国特色的司法民主方案。新时代下，人民监督员制度在国家监察体制改革、司法体制改革背景下的转型取得了一系列不容忽视的积极成效，人员选任的广泛性和代表性进一步增强，监督"刚性"也得到进一步提升，人民监督员的"存在感"越来越强。但仍然需要看到，人民监督员制度与人民陪审员制度相比发展仍较为滞后，还存在工作定位不够清晰、工作重点不够突出和工作机制不够健全等问题。新时代下，为积极贯彻落实党中央关于加强人民监督员制度建设的部署安排，应进一步明确人民监督员"参与式监督"的工作定位，确保人民监督员对检察机关办案活动监督既有"广度"又有"深度"，通过设置人民监督员候选人随机抽选环节、增加人民监督员主动启动监督程序方式和加大人民监督员监督质效公开力度等多种举措细化完善工作机制，在适当时机下推动人民监督员制度单独立法，真正擦亮检务监督的"第三只眼"，让检察工作更加阳光透明，让人民群众在每一个案件中都能感受到公平正义。

---

[1] 高一飞、陈人豪：《英国皇家检察审查会25年：回顾与思考》，载《人民检察》2021年第5期。

政治培训和业务培训融合推进初探

邢晓芸[*]

习近平法治思想提出了许多饱含辩证思维的理论观点,如"从政治上看法治、在法治中讲政治""在法治下推进改革,在改革中完善法治""安全是发展的前提,发展是安全的保障"等。习近平法治思想精辟指出政治与法治的辩证关系——法治工作是政治性很强的业务工作,也是业务性很强的政治工作。检察机关是党绝对领导下的政法机关,具有天然的政治属性,而检察教育培训作为检察工作的重要组成部分,就必须把政治培训与业务培训有机结合起来,二者只有深度融合,才能一体提升检察人员的政治素质、业务能力和职业道德水平,有效促进检察队伍革命化、正规化、专业化、职业化建设。目前对于政治培训与业务培训融合的推进多为实践层面的操作,本文拟将辩证思维引入检察教育培训领域,在辩证思维下系统梳理政治培训和业务培训融合推进的内涵、逻辑和路径。

一、系统理解政治培训与业务培训融合推进的内涵

运用辩证思维去理解政治培训与业务培训融合推进就是要普遍联系地而不是割裂地、系统地而不是片面地去看待政治培训和业务培训,两者是相辅相成的,是需要融合推进的。

(一)从政治培训与业务培训融合推进的本质看

政治培训与业务培训融合推进的本质是正确把握政治与法治的关系。新中国成立初期,就政治和业务的关系问题,毛泽东同志要求广大党员干部"一方面要反对空头政治家,另一方面要反对迷失方向的实际家"[①]。进入新时代,就政治和法治的关系而言,只有正确把握"从政治上看法治、在法治中讲政

---

[*] 国家检察官学院教务部副主任。
[①] 茅文婷:《毛泽东:"一面工作,一面学习,注意业务,又注意政治"》,载《党的文献》2022年第2期。

治"这一本质,才能理解政治培训与业务培训融合推进。在这一本质下,检察机关是政治性很强的业务机关,也是业务性很强的政治机关。基于服务这一定位,检察教育培训就必须是政治性很强的业务培训,也应该是业务性很强的政治培训,也就是政治培训与业务培训融合推进,你中有我、我中有你,水乳交融,一体提升检察干警的履职能力,促使他们通过办好每一个案件,主动为人民群众提供更优质的检察产品,厚植党的执政基础。

(二)从政治培训与业务培训融合推进的立场看

政治培训与业务培训融合推进的立场是人民立场,人民立场是党的根本政治立场,也是中国特色社会主义法治道路的根本立场,依法保障人民权益是推进全面依法治国的根本目的。党的十八大以来,习近平总书记多次强调"民心是最大的政治",党的二十大报告中提出"必须坚持人民至上"。从这一根本立场出发,政治培训与业务培训融合推进是必然选择。作为法律机关,检察机关的履职行为直接指向权力配置,直接关乎体现谁的意志、保护谁的利益问题,深刻影响着经济社会发展。通过政治培训与业务培训融合推进,引领学员将站稳人民立场落实到检察履职的全过程。

(三)从政治培训与业务培训融合推进的目标看

政治培训与业务培训融合推进的目标是通过培训督促检察人员把"从政治上看"落实到检察履职全过程各环节,这个目标的核心就是提升政治能力,新时代想要办好每一个案件,除了需要业务能力,更需要政治能力。具体而言,检察人员要提升政治判断力,敏锐探查案件背后所体现出的法治问题、民生问题以及社会治理问题;要提升政治领悟力,在司法办案中,深刻认识案连民心民意、用心纾解人民群众急难愁盼;要提升政治执行力,以高度政治自觉、法治自觉、检察自觉三个自觉能动履职,要提升达到政治效果、法律效果、社会效果相统一。

(四)从政治培训与业务培训融合推进的方式看

单独依靠政治培训就能提升政治能力吗?答案是否定的。讲政治是具体的,衡量讲政治落得实不实,就要看检察人员有没有在履职中坚持人民至上、有没有能动服务大局等。这就要求在检察教育培训中必须融合推进政治培训和业务培训,一体提升政治能力、业务能力和职业道德水平,避免口号落实、形式落实等问题。

二、整体把握政治培训与业务培训融合推进的逻辑

任何制度机制都不是凭空出现的,政治培训与业务培训融合推进也有其自

四、法律监督能力现代化

身固有的逻辑,运用辩证思维去把握政治培训与业务培训融合推进的逻辑就是用辩证统一规律深挖政治培训与业务培训融合推进的理论基础,用主要矛盾分析法探查政治培训与业务培训融合推进形成的历史主线,用发展观点分析政治培训与业务培训融合推进的时代需求。

(一)习近平法治思想是政治培训与业务培训融合推进的理论基础

习近平法治思想精准练达的辩证思维和理论体系是政治培训与业务培训融合推进的理论基础,为政治培训与业务培训融合推进提供根本遵循和方法论指导。政治培训与业务培训的融合推进辩证统一于十一个坚持中。

坚持党对全面依法治国的领导是政治培训与业务培训融合推进必须坚守的政治方向。讲政治与讲法治是辩证统一的,根本统一于党的绝对领导。政治培训与业务培训融合推进是辩证统一的,根本统一于通过融合培训引领检察人员以能动履职厚植党执政的政治根基。通过政治业务融合培训促使学员正确认识并忠诚践行党对检察工作的绝对领导,既要始终坚持党对检察工作的绝对领导,牢牢把握根和魂,坚持和捍卫"两个确立"、坚决做到"两个维护",保证党的检察事业行有所向、进有所依,更要自觉以检察履职维护和捍卫党的全面领导,以能动履行法律监督职能,维护、保障、促进党的全面领导在法治轨道上、在执法司法活动中得到全面落实,厚植党执政的政治根基。

坚持以人民为中心是习近平法治思想最鲜明的特征,是其根本立场,更是政治培训与业务培训融合推进必须保有的根本立场。党的十八大以来,习近平总书记多次强调,"民心是最大的政治",政治培训与业务培训融合推进就是政治培训与业务培训辩证统一于以人民为中心的根本立场,坚持人民至上,引领广大检察人员牢记人民性是检察工作的根本属性,是检察工作必须保有、做优做实的"底色",通过检察履职监督办案充分体现党的初心、使命,不断满足人民群众更高水平需求。

进入全面建设社会主义现代化国家的新阶段,把握新发展阶段、贯彻新发展理念、构建新发展格局,更加离不开法治的引领和保障,要更好发挥检察机关职能作用,根本途径是推进检察工作现代化。检察工作现代化的基础在于法律监督能力现代化,而建设高素质过硬检察队伍,是提升法律监督能力现代化的基础和保障。政治培训和业务培训融合推进辩证统一于一体提升检察人员政治素质、业务素质、职业道德素质这个落脚点,推动促进法律监督能力现代化,以检察工作现代化服务中国式现代化,为全面建设社会主义现代化国家提供有力法治保障。

(二)政治培训与业务培训融合推进形成的历史主线

在这里借助矛盾分析法中的抓主要矛盾的方法来梳理检察教育培训历史主

线，从而更好把握政治培训与业务培训融合推进。检察教育培训的历史发展，始终坚持围绕党在特定历史时期的政治任务，培养符合当时历史时期党和国家需要的检察人才。

检察教育培训初期，着重解决检察干警学历低、检察理论及业务素质低，无法适应社会发展对法治的需求这个突出矛盾，检察教育培训以问题为导向，重点开展应急式、补课式培训，紧紧围绕检察工作大局，培养提高检察人才的综合素质。为不断满足社会主义市场经济和法治建设对检察官素质的新要求，检察教育培训开始着重解决系统加强检察队伍的法律监督能力、培养高素质的检察人才、引领检察队伍人才结构不断改善的主要矛盾，重点培养复合型、高层次人才。[1]"十二五""十三五"期间，全面落实大规模培训战略，检察教育培训始终围绕最高人民检察院决策部署，积极探索检察教育培训新模式，努力推动检察教育培训新发展，不断深化检察教育培训向纵深发展，创新培训理念、加强培训规划、扩大培训规模、完善培训内容、拓宽培训模式、强化培训保障、优化培训制度、改革教学管理体制机制，不断提升检察教育培训质效。为培训适应新时代、新要求的创新型检察官，检察教育培训要坚持系统观念、法治思维、强基导向，逐步建立健全现代培训体系，推动实现培训能力现代化，更好服务检察工作高质量发展。

回顾检察教育培训发展历程，"检察教育培训始终坚持党的领导，牢牢把握正确的政治方向，认真贯彻落实中央关于干部教育培训工作的部署安排；始终坚持围绕检察中心工作，在服务检察工作大局中推进教育培训制度发展"[2]，根据不同时期检察事业发展对检察队伍素质的不同要求，针对检察人才队伍建设中出现的主要矛盾，培养适应时代发展要求的检察人才。步入新时代，面对我国社会的主要矛盾的新变化给检察工作、检察人员带来的新挑战，检察履职越来越充分、检察实践越来越丰富、检察改革越来越深入，检察教育培训义不容辞应该承担起新的历史使命。2022年，最高人民检察院出台《关于加强新时代国家检察官学院检察教育培训工作的意见》，为新时代检察教育培训工作指明了方向。政治培训与业务培训融合推进就是跟着党的事业走，承担起新的时代责任。

---

[1] 马立东：《国家检察官学院教育培训二十年回顾》，载《国家检察官学院学报》，2011年第3期。

[2] 王卫东：《中国检察教育培训的制度演进与时代发展》，载《国家检察官学院学报》2019年第1期。

（三）政治培训与业务培训融合推进是推进检察工作现代化的实践需求

党的二十大报告深刻指出："全面建设社会主义现代化国家，是一项伟大而艰巨的事业，前途光明，任重道远。"同时，报告还专章部署"坚持全面依法治国，推进法治中国建设"，更加凸显了法治在治国理政中的重要作用。检察机关作为政法机关，落实"在法治轨道上全面建设社会主义现代化国家"这个全局性要求，以法治之力服务"中国之治"、服务中国式现代化的责任更重，根本途径是依法能动履行检察职能，推进检察工作现代化。检察工作现代化是一项长期艰巨的历史任务，推进过程中最根本的就是坚持中国共产党领导，检察工作现代化必然是党绝对领导下的现代化；最基础的就是建设高素质过硬检察队伍，一体提升检察人员政治素质、业务素质、职业道德素质这个落脚点，致力于促进检察队伍法律监督能力现代化。

推进检察工作现代化必须正确把握讲政治和抓业务相互融合、相互促进的辩证关系。如何提升检察人员正确把握讲政治和抓业务相互融合、相互促进的能力，促使检察队伍在理念更新、党性强化、能力提升、方法改进等方面都有进步，抓手就是不断深化政治与业务融合培训。通过政治培训与业务培训的融合推进，推进习近平新时代中国特色社会主义思想、习近平法治思想进教材、进课堂、进头脑，教育引导检察人员把坚持党的绝对领导、为大局服务、为人民司法落实到检察监督办案全过程。

三、全面落实政治培训与业务培训融合推进的路径

唯物辩证法坚持"两点论"与"重点论"的统一。马克思主义认为，重点和全面是密切联系的，全面是有重点的全面，重点是全面中的重点。在认识和解决实际问题时，只有坚持重点论和全面论的统一，才能做到既兼顾全面，又善于抓住重点。

在全面落实政治培训与业务培训融合推进过程中，就要坚持整体推进和重点突破相统一的辩证观点。既要在检察教育培训的全流程各环节落实政治培训与业务培训融合推进的要求，在理念更新、制度建设等各方面一体推进，更要在整体谋划、协同推进的框架内抓住关键环节、重点节点去突破推进。检察教育培训的核心是教学，政治培训与业务培训融合推进的关键就是在教学上去做到融合，不能单纯教业务，也不能单纯讲政治，要在业务教学中贯彻落实体现讲政治要求，在政治宣讲中做到结合检察实践。因此，全面落实政治与业务融合培训的重点是加强教学法研究，强化政治培训与业务培训融合推进的内生动力。

（一）增加教学方法与政治业务融合培训的契合度

教学方法是授课教师教学内容得以有效落实的关键所在，政治培训和业务培训融合推进的效果与教学方法的选择密切相关，应增加教学方法与政治业务融合培训的契合度，选择案例式、研讨式、体验式等教学方式、方法，把教规则、教理念、教方法融合起来贯穿培训始终。案例式教学以问题为导向，以培养检察办案新理念为目标，以解决现实案件为靶心，结合鲜活案例，在事实认定、证据运用、法律适用、政策把握、办案方法、理念传导等方面都会有所收获，一个案例胜过一打文件。研讨式教学让培训学员围绕研讨主题认识问题、分析问题、找到成因、提出解决问题的办法，将自身的工作经验和对研讨主题的理解认识通过互动交流、切磋碰撞的方式进行打磨，以润物细无声的方式将讲政治融入到检察办案中。体验式教学以特定场所或情境为载体，在授课教师的引导下，通过实地考察、现场讲解、图文展示、案例剖析、感悟体验等形式，使学员身临其境，在思想和情感上产生共鸣，以提高教学效果。还有线上线下相融合、翻转课堂、实训教学等这些教学方式都能有效增加与政治业务融合培训的契合度，更好地帮助教师实现政治和业务融合培训的教学目标。

（二）提升政治培训与业务培训内容上的融合度

教学培训的内容是"王道"，无论采取什么样的教学方式，教学内容如果不能做到深度融合，那效果可想而知。要想做到"内容为王"，应该做到以下三点。

1. 突出问题导向。以问题为导向一直以来是检察教育培训遵循的基本培训理念。授课要有问题导向，也就是要有针对性。什么是有针对性的课程？要看授课教师能否为学员释疑解惑。例如，培训前学员不明白的理论，听课后明白了；培训前学员一直坚持的观点，听课后却发现原来理解有偏差；之前不懂得如何分析的案件，听课后茅塞顿开、知道怎么办案了。这样让学员有收获，学员当然会认为这堂课讲得好。由此可见，培训教学所强调的问题导向，关键是要针对学员的困惑。这是说，教师要想讲好课，课前首先就得对学员有何困惑做到心中有数。如何知道学员的困惑呢？当然是到学员中去做需求调研。我们常说理论要联系实际，对讲课来说，其实就是理论联系"问题"，这里的"问题"，就是学员的困惑。这就是大家非常熟悉的训前学员需求调研了。比如授课教师要开发"审查逮捕实务中少捕的司法政策的理解与适用"，首先要调研审查逮捕实务中落实少捕的司法政策存在哪些问题，是检察人员还没有深入理解少捕司法政策的内涵，还是理解了但是理解有偏差、不全面；还是理解对了但是在实际工作中不能很好运用。只有找准问题的症结在哪里，课程才会更有针对性。

2. 找到融合接口。政治与业务融合培训，需要我们将表层的业务问题与深层的政治立场、检察理念等问题对接起来。如果不做对接，也就谈不上融合，还很容易成为"两张皮"。有的课程，第一部分通常是进行政治宣讲，第二部分开始谈业务问题，第三部分讲对策建议，但第一部分和后两个部分关联度并不高。这样讲课，学员当然要说"两张皮"。正因如此，在课程研发时首先要找融合接口，深挖业务问题背后隐藏的深层次问题。比如，"昆山反杀案"、杭州自诉转公诉案等这些案件背后关联的是"人民至上"的根本立场，是"三个效果相统一"的检察办案理念，这就是融合接入点。当然，要想精准找到融合接口，前提条件是"学懂弄通"。在学习习近平新时代中国特色社会主义思想、习近平法治思想和中央精神方面要做到自觉主动学、及时跟进学、联系实际学、笃信笃行学。结合检察机关职能和检察教育培训主责主业边学习边思考边研究，思考研究如何学以致用、灵活有效地落实到培训实践中，引导学员学会在检察履职中具体体现和落实好习近平法治思想。

3. 构建课程框架。找到了融合接口，就可构造课程框架。一是确立融合培训目标。在设计教学内容时，要明确培训课程需要达到的教学目标，也就是确立融合接入点。二是选择融合介质。比如，可以将政治理论融入到业务案例分析中，让学员在学习业务知识的过程中，自然地接触到政治理论。应注意挖掘案例资源，收集与融合接入点相关的案例资源，将其作为教学内容。这些案例可以帮助学员将抽象的政治理论与实际业务相结合，提高知识的实际应用能力。再比如，课程中可以创设实际办案场景，让学员在这些场景中应用需要他们掌握的融合接入点，这种方法可以帮助学员更好地理解政治理论在实际工作中的作用，提高业务操作能力。还比如，深化主题讨论，在讨论中鼓励学员从不同角度和层面分析问题，以提高对政治理论和业务知识的理解。三是设计融合教学。教学内容应紧密结合政治理论和业务知识，以解决实际工作中的问题为导向。在内容安排上可以围绕阐述政治理论在检察业务工作中的指导意义和应用、分析党的方针政策在检察业务中的具体体现和实施要求、选取典型案例或者指导性案例讲解政治理论与业务知识在实际工作中的应用和融合、引导学员进行反思和总结政治理论在实际业务中的作用以及如何更好地运用所学知识等几个方面展开。

（三）加大政治培训与业务培训教学师资的整合度

教师在教学活动中的重要作用不言而喻，通过教学师资整合促进提升政治培训和业务培训的融合度，关键在于培养一支政治素养高、业务能力强的教师队伍。一是加强师资培训。一方面帮助教师了解和学习政治理论前沿知识和检察业务实践的最新发展，促使教师主动关注党的理论创新、经济社会发展、法治建设实践、检察业务和检察队伍建设实际并及时纳入培训；另一方面促使教师熟练掌握和运用新型教学方式、方法，加强教师教学能力特别是在业务教学中贯彻落实体现讲政治要求的技能训练培养，组织教师通过政治理论融入业务教学的教学观摩、教学法研究、教学实践等提高将政治理论教育自然融入业务教学的水平。二是促进教师交流。组织教师参加相关研讨会，促进教师之间的交流和合作，拓宽知识领域；主动思考检察教育培训要着眼检察监督办案服务"国之大者"，形成宽广视野。三是鼓励组建跨学科背景的教师团队。实践中从事政治和检察理论教学的教师对法律政策、检察业务的研究尚需加强，从事法律政策和检察业务教学的教师对党的理论学习研究的系统性、深刻性尚需提高，二者在研究领域上是可以互相补充的，应促进政治理论和检察业务领域的教师相互合作，共同探讨如何在教学中实现政治培训和业务培训的融合。四是激励教师创新。鼓励教师在教学方法、课程设计和教学内容上进行创新，实现政治培训和业务培训的深度融合，对于在教学创新方面有突出贡献的教师，给予相应的激励和奖励。五是建立教师评价体系。建立一个公正、客观的教师评价体系，关注教师在政治培训和业务培训深度融合方面的表现，将融合度作为评价教师教学质量和效果的一个重要指标。